教育部新农科民族高校服务乡村振兴战略"扎根平台"建设研究项目成果
中华民族共同体与多民族文化繁荣发展高端智库研究成果
多彩贵州文化省部共建协同创新中心研究成果
贵州民族大学西江教学实践基地研究成果
贵州省民汉双语服务基地（西江）研究成果
贵州省劳动教育实践基地研究成果
西江千户苗寨文化研究院研究成果

叶昌元　李天翼　著

苗汉共性语词研究

Hveb Hmub Jangb Leix Diel

苗语与漢字

中央民族大学出版社
China Minzu University Press

图书在版编目（CIP）数据

苗语与汉字：苗汉共性语词研究／叶昌元，李天翼著. —北京：中央民族大学出版社，2023.12

ISBN 978-7-5660-2208-0

Ⅰ.①苗… Ⅱ.①叶… ②李… Ⅲ.①苗语—语音—研究②汉语—语音—研究 Ⅳ.①H216②H11

中国国家版本馆 CIP 数据核字（2023）第 012548 号

苗语与汉字——苗汉共性语词研究

著　　者	叶昌元　李天翼
责任编辑	吴　云
封面设计	舒刚卫
出版发行	中央民族大学出版社
	北京市海淀区中关村南大街 27 号　　邮编：100081
	电话：（010）68472815（发行部）　　传真：（010）68932751（发行部）
	（010）68932218（总编室）　　　　　　（010）68932447（办公室）
经 销 者	全国各地新华书店
印 刷 厂	北京时尚印佳彩色印刷有限公司
开　　本	787×1092　　1/16　　印张：40.5
字　　数	790 千字
版　　次	2023 年 12 月第 1 版　　2023 年 12 月第 1 次印刷
书　　号	ISBN 978-7-5660-2208-0
定　　价	228.00 元

作者简介

◎ 叶昌元　男，汉族，安徽省潜山市人。1987年毕业于重庆建筑工程学院工业与民用建筑专业，历任城乡建设环境保护部中国建设报社编辑、总编室主任、副总编，住建部建筑杂志社总编。现为国家民委中国少数民族语言文字应用研究院研究员、贵州民族大学多彩贵州省部共建文化协同创新中心特约研究员、西江千户苗寨文化研究院高级研究员，兼任北京市语言文字工作协会常务理事。主要从事汉字与其他民族文字比较学研究，出版专著《字理——汉字部件通解》《汉字难在哪儿》。

◎ 李天翼　男，苗族，贵州省雷山县人。1997年毕业于贵阳师专英语系，现为贵州民族大学民族学与历史学学院教授，博士生导师，外语翻译（MTI）导师，兼任西江千户苗寨文化研究院院长、贵州省民汉双语服务基地（西江）负责人。主要从事民族语言、民间文艺和民族旅游的研究与实践。先后出版有《贵州苗族古籍总目提要》（合著）、《苗语方言比较研究》（合著）、《苗语》（合著）、《文化赋能乡村振兴》（合著）等著述。

序　一

2021 年中央民族工作会议强调："做好新时代党的民族工作，要把铸牢中华民族共同体意识作为党的民族工作的主线。"同时要求"按照增进共同性的方向改进民族工作。"在学术研究中，如何增进中华民族共同体内部的共同性研究，既是铸牢中华民族共同体意识的重要方向，也是其内在要求。叶昌元研究员和李天翼教授《苗语与汉字》一书，从比较语言学入手，对苗语语词和汉语语词进行了深入细致的研究，指出苗语与汉字有着十分紧密的共性关系，无疑成为增强中华民族共同性研究的重要语言学著作。该书的出版，可喜可贺！

贵州民族大学创建于 1951 年 5 月 17 日，隶属贵州省人民政府，是新中国创建最早的民族院校之一，是贵州省重点建设高校，贵州省人民政府和国家民委共建高校。七十年来，学校全面贯彻落实党的教育方针，坚持社会主义办学方向，始终秉承服务贵州、服务民族地区、服务国家特殊需求的办学宗旨，已发展成为贵州民族地区人才培养培训基地、科技研发基地、民族优秀文化传承创新基地、民族团结进步示范基地和民族地区经济社会发展重要智库。

近年来，围绕铸牢中华民族共同体意识和增进中华民族共同体建设，本着强基础、出精品的研究导向，我校民族学、语言学、社会学、法学、哲学、管理学等学科专家学者奋发有为，成果不断。尤其自 2020 年以来，先后有《西南少数民族戏剧中华传统题材剧本整理与研究》《黔湘桂粤边区少数民族民间宗教文献搜集整理与研究》《新中国成立后各民族人口流动与深度交融的动力机制研究》等国家社科基金重大项目获得立项，充分体现了民族高校围绕繁荣发展中华民族传统文化和各民族优秀传统文化的"主干"和"枝叶"关系，服务铸牢中华民族共同体意识战略布局的科研实力和使命担当。

李天翼教授具有语言学和民族学的跨学科背景。近年来，他本人及其团队以西江千户苗寨为立足点，依托教育部新农科等项目，整合学校相关资源，通过民族团结进步创建"九个一"、设立国家语言文字推广基地、挖掘苗汉共有词汇以及举办全省民族旅游村寨讲解员大赛等形式，进行了大量卓有成效的民族团结进步创建研究与实践，学术成果丰硕，社会影响很大；叶昌元是我校多彩贵州文化省部共建协同创新中心的特聘研究员。十多年前，他来到贵州黔东南挂职，在履行好本职工作的同时，还孜孜不倦从事苗语与汉语的研究，其精神实为可嘉。他和天翼教授一个谙熟汉语，一个谙熟苗语，共同合著的《苗语与汉字》一书既是苗汉两个民族学者的学术结晶，也是我校铸牢中华民族共同体意识研究的重大成果。

贵州是一块美丽而富饶的土地，在这片土地上，居住着汉族、苗族、布依族、侗族、土家族、彝族、仡佬族、水族、回族、白族、瑶族、壮族、畲族、毛南族、满族、蒙古族、仫佬族、羌族 18 个世居民族。千百年来，在贵州这片山川秀丽的土地上，各族人民在语言上、习俗上、文化上，你中有我，我中有你，大家和谐相处、共生共融，是民族团结的典范，也是铸牢中华民族共同体意识研究的富矿。当前，铸牢中华民族共同体意识是新时代我国民族工作和民族地区各项工作的主线。围绕这条主线，满足国家之需、时代之需，是我校包括语言学研究者在内的各学科专家学者共同的责任和使命。我相信，随着《苗语与汉字》一书的出版，贵州各世居民族语言中蕴含的中华民族共同体共性要素，将会不断得到挖掘和发现，也必将提供更多体现贵州各民族交往交流交融的事实，以及各民族共同铸就中华文化和中华文明的语言学证据，从而为贵州创建铸牢中华民族共同体意识模范省提供更多研究中的贵州民大力量。

是为序。

贵州民族大学校长

王 林

2023 年 11 月

序 二

我国是一个多民族的多语文国家，但关于语言接触的研究还十分薄弱。比如对中国境内有多少种语言，学术界仍持有不同的意见，而这些语言间的关系如何，也没有展开过全面深入细致的研究。可以说，语言接触研究才刚刚起步，还谈不上语言的相互接触以及引起语言变化甚至融合的分析研究。叶昌元、李天翼两位教授潜心研究的《苗语与汉字》即将出版，这对语言接触、语言关系研究领域来说是件喜事，值得祝贺。

有史以来，苗、汉民族长期的交往、交流和交融，使苗语和汉语在语音、词汇、语法等方面都形成许多相同或相似之处，而且随着新时代各民族关系的进一步发展，苗、汉民族接触和交往会越来越密切，苗语和汉语之间的相互影响也会越来越大。因此，对苗语和汉语进行比较研究，梳理出苗族与汉族、苗语与汉语的历史渊源关系，以及苗族人民与汉族人民之间水乳交融的关系，有利于铸牢中华民族共同体意识的理论建设，有助于开展苗汉双语文教学，也有助于不断丰富苗语与汉语之间关系的研究成果。但是，几十年来有关苗语与汉语关系的研究成果，仅涉苗语的汉语借词或苗语与汉语同源词的讨论，系统而全面深入地对两种语言进行比较的研究成果却极少。《苗语与汉字》刚好弥补了这一缺口。

叶昌元教授在十多年前挂职贵州省黔东南苗族侗族自治州凯里市委常委、副市长期间，深入苗族村落，认真学习苗语；挂职结束后，又多次深入苗族聚居地进行语言田野调查，逐步积累了许多调研资料，认真核对，并查阅大量的汉文献材料，发现苗语与汉字有一定的对应规律。经过十几年的艰辛努力，整理了《苗语与汉字》近百万字的研究材料。7 年前，李天翼教授回到中部苗语标准音点——凯里市三棵树镇养蒿村附近的西江千户苗寨，创办了千户苗寨文化研究院。在开展国家通用语言文字培训的同时，他也积累了大量的苗语研究资料。两位教授的研究成果，是以独特的视角，从苗语与汉字的关系入手，由浅入深，由显及隐，总结对应规律，以苗、汉两种语言的共性语词为参照，逐一揭示每个苗语音节所对应的汉字（虽然还有少数语词没有找到相应的汉字）。《苗语与汉字》不仅涉及语言文字知识，而且涉及苗族社会生活的方方面面。因此，这项成果不只是一部苗汉语言文字宝典，也是一个知识宝库，更是苗汉两位知识分子用智慧、毅力和崇高的使命感铸造的一座丰碑！

《苗语与汉字》一书，通过深入细致的比较，梳理出许多苗语与汉字之间前人所没有触碰过的对应关系，揭开了苗语与汉语之间你中有我我中有你的复杂关系。相信会有更多的人来关注苗语与汉字之间的密切关系，引发越来越多的人对苗语与汉字的关系做深入研究。

叶昌元教授是中国民族语言文字应用研究院的特聘研究员。他长期在中央机关工作，但是他对语言学研究情有独钟，长期致力于汉语汉字的研究，出版有《字理：汉字部件通解》《汉字难在哪儿》，在文字学界和社会上引起较大反响。李天翼教授早年毕业于外语专业，出版有《苗语方言比较研究》《苗语》，近年来他扎根基层所开展的大量民族语言文化传承活动深受苗汉群众的喜爱。希望叶昌元、李天翼两位教授在《苗语与汉字》的基础上，继续深入苗族地区学习调研苗语，加强合作，在这一研究领域不断推出新的成果。

是为序。

中国民族语言文字应用研究院院长
曲木铁西
2023 年 11 月

苗语与汉字的关系[*]

（代前言）

苗语与汉语是什么关系？与汉字又有什么关系？对于这些问题，语言学界做了大量的研究①，站在前人的肩膀上，通过钻研文献与田野调查，我们对此做了较为深入的研究。我们认为苗语与汉语、汉字的关系非常紧密，紧密到苗语的每个音节几乎都能写出相应的汉字，如：ongt②，对应于瓮，即腌菜或盛水的大坛子；ghaib，一个意思是街道的街，对应于街，另一个意思是指植物的根部，泛指根部，对应于荄。也就是说，我们可以为 ongt 这个读音写出瓮这个字，为 ghaib 这个读音至少可以写出街、荄两个字。这就是所谓的"苗语与汉字"。

也许有人会说，你们所举的例证，读音与汉语的读音相同或基本相同，那可能是借用汉语的结果，苗语中大量的读音与汉语是对不上号的，又怎么解释？诚然，各民族之间的语言存在着许多借词，苗语和汉语也不例外，但在这里，词汇谁向谁借并不是我们要讨论的范畴。我们要讨论的是它们的共性关系，即苗语和汉字在音和义上的对应关系。

---

* 本书正文里所讨论的苗语，是广义上的苗语语词，从构词来看，其语词以单音节词为主。而汉字是汉语的书写系统，每一个汉字也是一个单音节词。因此，本书讨论的主要是苗语单音节和汉字的对应关系。

① 在苗汉语关系研究方面，重要著述有：王辅世《苗语的声类和韵类》，陈其光、李永燧《汉语苗瑶语同源例证》，陈其光《苗汉同源字谱》，戴庆厦《汉语与少数民族语言关系概论》，丁邦新、孙宏开《汉藏语同源词研究》，今旦《苗族古歌词汇探古》，张永祥、曹翠云《苗语与古汉语特殊语句比较研究》，曹翠云《苗汉语比较》，麻荣远《苗汉语的历史比较》，李炳泽《口传诗歌中的非口语问题》，曾晓渝《侗台苗瑶语言的汉借词研究》，王艳红《苗语汉借词研究》，吴一文、覃东平《苗族古歌与苗族历史文化研究》，等等。此外，在李云兵、姬安龙、李锦平、石德富、杨再彪、吴正彪、余金枝、瞿建汇、吴秀菊、罗兴贵、张成、李一如等学者的相关语言学研究中，也涉及苗汉语的关系研究。

② 苗语分为东部、中部、西部三大方言，本书所指的苗语是苗语中部方言。传说，苗族过去有文字，后来失传了。为了消除苗族人民没有文字之苦，党和国家于 20 世纪 50 年代组织语言学家为苗族新创了以拉丁字母为基础的拼音苗文。拼音苗文由声韵调组成，最后一个字母表示声调。中部苗语共有 8 个声调，分别用 b、x、d、l、t、s、k、f 8 个字母表示。参见附录"苗文方案（中部方言）"。

我们手头掌握了两类文献：一类是苗语经典文献，有《苗汉词典》《苗族古歌》《苗族史诗》《苗语古音构拟》《苗语同义词反义词词典》《苗族理辞》等；另一类是汉语经典文献，有《说文解字》《尔雅》《广韵》《方言》《汉字古音手册》等著述，以及含有相应例字的各种典籍。根据这些文献和相应的研究，我们认为，苗语与汉字的对应关系非常明了。以下分几种情况来解释其对应关系。

一、苗语读音、字义与汉语相同或相近

苗语中，读音、字义同时与某个汉字相对应的词其实不少，如 bod，既指宝贝的宝，也指保卫、保佑的保，duf 指读书的读，ghob 指鸽子的鸽，lox 指监牢的牢等，这些词的音、义与汉字的音、义都对应得非常好（附列表）。这里不包括明显是借用的字、词，如电视、火车、政府、社会主义等。

读音、字义都与汉字相对应的词

比	bix	当（担当）	dangb
帮	bangb	答	dab
包	bob	毒	dos
宝、保	bod	对	deid（ax gos）（对不起）
箔（帘子）	box	搭	daf
爸	bad	戴	det
本	bend	豆	def
补、卜	bud	歌	gol
把	bab	金、惊、鲸、筋	jenb
袋	daif	禁（囚）	jenk
定（稳）	dins	计、跻	jit
得	dot	嚼	jat
爹	diab	鲸（大鱼）	jent
戥	dend	距（鸡爪后趾）	jul
蹬	denf	客	khat
读	duf	开	khab
冻	dongk	刻	kheik
鞍	enb	浪	langs
分	hfenb	笼、楼	lox
坟	hfend	篓	lus
副	hfut	骡	lux
伏	hfub	沙	hsat
鸭	gas	替、剃	tit
街	ghaib	烫	tangt

杠（扁担）ghangx

古　gux

告（状）ghot

鸽　ghob

喝　hek

行　hangb

一　ib

酒　jud

教、交　job

理、礼　lil

落　lod、los

粮　liangx

笼（箱笼）longl

弄　longl

（银）两　liangl

镰　linx

稂（晾）langs

妹　mait

帽　mos

毛　mox

卯　mol

马　mal

买、卖　mail

模　mux

糯　nef

恁（那、那么）nend

茶　niad

瓮（缸）ongt

呕（吐）od

炮　pot

扒　pab

疲　pif

泡（浮肿、虚浮）pob

疱　pot

泡（疏松）pot

旗　qif

瘦　sot

送　hsongt

蓑　hsob

套（袜）tot

吐　tut

恶　vof

厄（困）vef

围　waix

学　xof

香　hxangb

印（官印）yent

吓　xaf

寅　yenx

赢　yenf

游　yel

悠悠　yeb yeb

油（菜）、（桐）油　yux

酉　yul

邑（镇）yis

札（捆、束）zal

宅　zaid

择（择菜）zaid

章　zangb

二、苗语字义与汉字字义相同、读音不同，但有转换关系

熟悉苗汉双语的人会发现，苗语的某个读音与其对应的汉字往往不是声母相同，就是韵母相同，如 niangx 对应于汉字中过年的年，显然，niangx 与年的声母相同；fangx 对应于黄色的黄，显然它们的韵母相同。这样的例子比比皆是。这应该不是偶然的。我们认为，这些字的声母或韵母发生了相应的转换。如果仅仅是声母转换了，韵母仍与汉语中的相同；如果仅仅是韵母转换了，声母仍然与汉语中的相同；如果声母、韵母同时转换了，其读音听起来与汉语就没什么关系了。

下面分几种情况来分析。

汉语中的 an 变成苗语中的 ang	汉语中的 an 变成 ai、in、en
拦变成 langl	炭变成 tait
年变成 niangx	天变成 hnaib
伞变成 hsangt	反变成 hfaid
万变成 wangs	弹（弓）变成 hnaid
锻变成 dangt	敢变成 gaix
端变成 dangl	镰变成 linx
卷变成 jangd	连变成 linf
面（脸）变成 mangl	殿变成 dins
蚺（蛇）变成 nangb	店变成 dint
转变成 diangd	奠变成 dint
甘（味道、心情好）变成 ghangb	线变成 xins
沿（口）变成 vangx	圈变成 hlinb
千变成 hsangb	算变成 hsent
铅变成 hsangt	蒜变成 hsent
橡变成 tangb	烟、冤、渊变成 yenb
番（指轮番）变成 hfangb	鞍变成 enb
管（管状物）变成 ghangd	缎变成 dens
敢变成 ghangd	

（一）韵母的转换

苗语的韵母与汉语的韵母发音无异，只是略少几个，如没有 an、ing、eng 等。另外，没有以 u 为韵首的韵母，没有 uang、uai、ui 等。

苗语中的韵母非常活跃，各地方言有较大差异。如果把各地方言都考虑进去，非常芜杂。我们以标准的苗语中部方言为基准来研究，以不同的方言作为参考。

ing 变成 en、in	eng 变成 ang
蹬（deng）变成 denf	等（deng）变成 dangl
戥（deng）变成 dend	仍（reng）变成 nangl
赢（ying）变成 yenf	崩（beng，指垮塌）变成 bangb
定（ding）变成 dins	凳（deng）变成 dangk
钉（ding）变成 dinb	行（xing）变成 hangb

韵首 u 在苗语中消失	h 与 u 结合变成 f 或 hf
锻（duan）变成 dangt	黄（huang）变成 fangx
卷（juan）变成 jangd	煌（huang）变成 fangx
柜（gui）变成 git	晃（huang）变成 fangk
缎（duan）变成 dens	荒（huang）变成 hfangb
刮（gua，用于刮痧等）变成 gaf	慌（huang）变成 hfangb
冤（yuan）变成 yenb	戽（hu）变成 hfat
铧（hua）变成 kab	護（hu，用于袒护）变成 hfut
管（管状物，guan）变成 ghangd	忽（hu，指短暂、急促）变成 hfut
诓（kuang）变成 kangb	
挂（gua）变成 ghas	
坏（huai）变成 hat	

汉语中的 ai 往往变成 a	汉语中的 iu、ou 往往变成 e
爱（ai）变成 at	吼（hou）变成 hex
亥（hai）变成 hat	九（jiu）变成 jex
害（hai）变成 hat	臼（jiu）变成 jel
稗（bai）变成 bat	究（jiu）变成 jes
百（bai）变成 bat	投（tou）变成 tef
败（bai，指损坏）变成 bal	游（you，如游方）变成 yex
殆（dai，指死亡）变成 das	眍、抠（kou）变成 kheb
	守（shou）变成 ved

除了上述以外，还有一些对应关系，如：汉语中的 i 往往对应于苗语中的 ai；汉语中的 uan 往往对应于苗语中的 ong；汉语中的 j、q、x 与 u 结合，生成 ju、qu、xu，在苗语中往往变成 ji、qi、xi；苗语中的 o 常常取代 ao 等。恕不一一列举。

（二）声母的转换

苗语中部方言里没有 zh、ch、sh、r 这几个声母，但是多出了 dl、gh、kh、hf、hl、hm、hn、hs、hv、hx、ng、v 12 个声母。

我们要向大家揭示的是汉语中的 zh、ch、sh、r 对应于苗语中的哪些声母，而苗语中的 dl、gh、kh、hf、hl、hm、hn、hs、hv、hx、ng、v 又对应于苗语中的哪些声母。

1. 汉语中的 zh 对应什么？

zh 变成 z，这同汉语中南方方言一样。

宅（zhai）——zaid；丈（zhang）——zangd；睁（zheng）——zangt。

zh 对应 j。

只、指、支、枝（zhi 表细长形的东西）——jil；

扎（zha，扎营）——jak；铡（zha，铡刀，也做动词）——jaf；

榨（zha，如榨油、压榨）——jak；

锥（zhui，包括圆锥形的东西）——jub；

缀（zhu，连缀）——juk；啄（zhuo）——juk；

皱（zhou）——juk；咒（zhou，骂）——jub；

长（zhang）——jangx；侧（zhai，指不正）——jaf。

zh 对应 dl。

诈（zha，欺骗）——dlab；展（zhan，伸展）——dliangx；

奓（zha，器物口大张）——dlias；转（zhuan，指一圈）——dlens。

zh 对应 d。

直——deix；值（相遇）——deid；斫（砍）——ded；中——diongb；冲——diongll；转——diangd；长（指生长）——diangl；仗（指兵器）——diangs；状（指官司）——diangs；逐（追，又指驱赶）——dias；着（穿着）——diot（穿鞋叫 diot hab）；勺——diof；竹——diuk；箸（筷子）——dius；蛀——diub。

2. 汉语中的 ch 对应什么？

ch 对应 c。

查（cha）——caf；坼（裂口、裂纹）——ceit；

吹（chui）——cob；惩（cheng）——cenx；

戳（chuo）——cot；出（chu）——cuf；除（chu）——cuf。

ch 对应 hl。

斥（骂）——hlab；扯（che 也可理解为掣，即拉、拽）——hlid；

钏（chuan 即手镯）——hliongt；稠（chou，本义指庄稼稠密）——hlot。

ch 对应 q。

差（相差）——qab；穿（指穿过）——qangb；处——qut。

ch 对应 hx 或 x。

丑（地支第二位）——hxud；铳（火器）——hxongt；

塍（cheng，田埂）——hxangb；差（chai，派遣）——hxab；

车（古韵母为 a）——hxab；场（市场、集市）——xangx；

重（chong）——xongx；春（chong）——xongl。

ch 对应 t。

叉、岔——tiab；撑——tiangt；掣（牵）——tiet。

3. 汉语中的 sh 对应什么？

sh 对应 s。

痧——sab；蚀（亏本、损耗）——saif；

世（一代、一辈）——sangs；耍——sax；

事——set；瘦——sot。

sh 对应 hx。

收——hxub；视——hxid；试——hxit；舍（舍得）——hxit；

升——hxenb；申（天干的第八位）——hxenb；

胜（表示超过）——hxangt；竖（站立）——hxud；

侍（伺候）——hxit；赎——hxud；受（指耐受、享受等）——hxut；

筛——hxab；时——hxib；绥——hxek。

4. 汉语中的 r 对应什么？

r 对应 z。

任（听任）——zenf；扔——zenf；

仁（果实中可吃的部分，代表果子）——zend。

r 对应 n。

人——naix；仍——nangl；瀼（河流的下游，也指东方）——nangl；

攘（偷盗，也指小偷）——niangs；扰（搅动）——niox；

茹（吃）——nongx。

r 对应 y

让——yangs；融——yangx；容（纳）——yangx；

溶——yangx；熔——yangx。

5. 苗语中的 dl 对应什么？

按照 dl 的发音特点，推测它与 z、zh、s、sh 等相关。就具体情况做分析。

dl 对应 z、zh。

dlab：有哄骗之义，推定为诈。

dlaib：指黑色，推定为缁。

dlak：有多个义项，其中一个义项指掉落，推定为砸。

dlenl：指进入，推定为进。钻的声母本相当于 z。

dlens：指围成一圈，即转（zhuan，去声），转的韵母转换为 en，同上。

dles：指紫色，即紫。

dliangx：有伸开双臂（以测量物体的长度。臂展等同于一人的身高，即一庹）之义。推定为展。

dlias：指容器的口大张，大于器身，与此对应的字为奓（zha，去声）。

dlied：指船桨，又指盛饭的器具，分别推定为櫂、箸。

dliek：dliek bil，指手铐，dliek lob 指脚铐。戴在手上的应为镯，戴在脚上的应为鋜，两字同音。

以上櫂、箸、镯三字，除了声调外，读音相同。它们在汉语里读音也基本相同，归于 zhuo。

dlok：指抽打、鞭打等，推定为搂。韵母 o 往往对应于汉语中的 ou。

dlot：指张开手指，从拇指端到中指端间的距离，推定为拃。

dl 对应 s 或 sh。

dlax：指漏、撒，推定为撒或者澈。dlax eb 为澈水；dlax jent 为漏风。

dlend：dlend nenx ob muf 即扇他两巴掌。推定为扇。

dlub：指白色，推定为素。素指线纱、布匹等未经染色。

dl 与 i 结合形成 dli，对应 x。

dliangb：指鬼神。苗语中鬼、神不分，推定 dliangb 为仙（僊）。

dliangd：指打滚，dliangd bil 一般释为跌跤，实为滚坡。大约是出门见坡，摔跤即滚。因此推定为旋。

dliangk：指皮肤上所起的斑，如 dliangk ngangl，即脚杆斑，因长期烤火而起。推定为癣。

dliangt：指光滑，引申为空的、秃顶等，推定其为铣（xian）。铣本指金属有光泽，即特别光滑。

dliub：指毛发，或像毛发一样细的东西，推定该字为须。

dl 对应于 j（参照 zh 转换成 j）。

dliuk：dliuk nangs 救命。dliuk 还有接济之义，推定其为救。

dlut：用于拔秧（dlut yib）、揪痧（dlut sab）等，推定其为揪。

6. 苗语中的 hl 对应什么？

根据 hl 是送气音的特点，再结合具体情况，我们推定主要对应 c、ch、q、s 等。

hlab：指骂人、吼叫等，推定为呲。

hliongt：指手镯，推定为钏（chuàn）。

hlaib：指棺材。棺材可以分开使用，可单称棺或材。南方不少地区将提前为老人准备好的棺材叫寿材。我们推定其为材。

hlieb：指大，与小（yut）相对，也用于粗心（hlieb hvib）等，推定为粗。

hlaid：其义为劝，定为劝。Hlaid nenx ait gid vut 劝他做好事。它还有一个义项，指用菜、肉等下饭、下酒。用劝也能解释通。因为劝的本义是奖励、鼓励、引导，如《左传·庄公十四年》："惩恶而劝善。"这里 hl 对应 q，韵母 ai 由 an 转换而来。

hlinb：指项圈，推定为圈。这里的 hl 对应 q，韵首 u 消失，in 由 an 转换而来。声调不变。

7. 苗语中的 hs 对应什么？

hs 这个声母，与汉语中的 s 发音相似，口形完全一样，但是送气音。

一是 s，如伞（hsangt）、散（hsangk，指分散、分发）、塞（hseb）、算（hsent）、蒜（hsent）、蓑（hsob）、送（hsongt）、锁（hsud）、膔（hsub）。注意，其中的算、蒜，在苗语中的读音也完全相同；伞、散的读音基本相同。

二是由 sh 转换而来。因为在黔东苗语里没有 sh 这个声母，自然转为 s，再转为 hs，也可以说直接转换成 hs。如沙（hsat）、刷（hsab）、骗（hsent）。

三是由 c 和 ch 转换而来。如锉（hsut）、错（hsut）、词（hseid）、擦（hsab）、锄（hsod）、崇（hsongb，指山高）、差（hsad）。

四是由 x 转换而来。如象（hsangt，指大象）、信（hsent）、秀（hsud，本义指禾苗抽穗，苗语正用此义）、硝（hsob）、销（hsob，指销售）、洗（hsot）。注意，苗语中的硝、销也同音。

五是对应 q，如千（hsangb）、铅（hsangt）、切（hsait，如切草、切肉）、砌（hsait）、漆（hseik）、接和椄（椄即嫁接，读音为 hsenk）。

8. 苗语中的 hm 对应什么？

从 hm 的发音来看，极靠近 p，姑且推定其对应 p。当然也可能与其他声母相对应，暂不一一表述。hmad 为泡沫的泡；hmod 指爆米花，也相当于泡。hn 和 hm 都有复辅音倾向，即由两个辅音合成，但有时一分为二，成为两个辅音，如 hniangk（汗）。有的方言从 h，作 hangk，有的方言从 n，作 niangk。hm 大概也有这种情况。

9. 苗语中的 hn 对应什么？

从 hn 的发音来看，与 t 极靠近，姑且推定其对应 t。hnaib 为天；hnangd 为听；hnaid 指弯弓，实为弹（本指弓）；hniangb 为贴（tie，但韵母有 an 的倾向，an 转换为 ang），又指锅巴，锅巴实为"锅贴"；hnet 为捅。hn 可能还对应其他声母，兹不赘述。

苗语中其他特有的声母，如 gh、kh、hx、hf 主要分别与 g、k、x、f 相对应，hv 主要与 h 相对应。ng、v 在本文的第三部分将顺便讲到。

（三）声调的对应

现代汉语有四个声调，苗语则有八个声调，如同苗语的声母、韵母与汉语有较大的对应关系一样，苗语与汉语的声调也有一定的对应关系。国内语言学界普遍认为，古代汉语有平、上、去、入4个声调。苗语声调也曾经有过平、上、去、入的分类，其中第1、第2调是平声，第3、第4调是上声，第5、第6调是去声，第7、第8调是入声。

下面是对应关系例字。

1. 平声字（第1调b）

bangb 崩、帮，ghangb 甘，gheib 鸡，hnaib 天，hsangb 千，hlangb 孙，hlieb 粗，dlaib 缁（黑色），daib 呆（孩子），deib 襌（长衣、裙），hvib 心、新，hxenb 升、申，dliub 须（毛发），hxub 酸，hxab 筛、车、差，dliangb 仙（神），fab 瓜，jib 芝（菌菇），jub 锥，bob 包，dinb 丁（天干第四位），enb 鞍，ghaib 街，ghenb 庚（天干第七位），hfangb 荒，hsenb 辛（天干第八位），hsob 蓑，jongb 弓，khab 开，xab 遮，yenb 烟，yib 秧，kub 箍，kheb 区，khob 壳（头），zangb 纤（细）。

2. 平声字（第2调x）

nix 银，dex 铜，dlenx 团（圆形），dongx 同（齐、一致），nongx 茹（吃），nox 蓝，niangx 船、年，nangx 荮（草），naix 人，fangx 黄，jux 桥、荞（麦），lix 田，ngax 衙，lox 牢、篓，vongx 虹（龙），xongx 重（叠），wangx 王，waix 围，yangx 容、融、溶，yenx 寅（地支第三位），xenx 辰（地支第五位）。

3. 上声字（第3调d）

bud 卜，hvid 数，hvongd 扠（推），daid 骶（尾），hxad 写，gend 紧，hxangd 血，dod 斗，hxed 暖，fangd 广（宽），hsud 锁，gad 谷（饭），jud 酒，ghongd 颈，khangd 孔，khed 苦，laid 短，lid 羋（羊），od 呕（吐），sad 洒（洒的本义为洗涤），sod 早，ved 守，xed 虎，bod 宝，ded 赌，ghend 管（辖），hxud 丑（地支第二位），said 子（地支第一位）。

4. 上声字（第4调l）

bol 抔（捧），lul 老，mail 买，mol 卯（地支第四位），dangl 等，mil 扁，dil 抵（挡），dul 楚（指柴火），gal 矮，liangl 两、敛，nil 拟（如同），ninl 领（带领），jangl 卷（曲），nongl 廩（粮仓），vangl 巷（寨），jil 指、趾，langl 挡，wal 雨（尿的婉转语），wangl 斡（guǎn，掌管），wel 乳，wil 我，mal 马，yul 酉（地支第十位）。

5. 去声字（第 5 调 t）

diut 六，khat 客，bit 寐（睡），khet 裤，khongt 空，deit 踶（dì，踢），ngit 睨（nì，看），sot 瘦，det 树，ghat 价，hangt 臭，hlat 朔（月），hot 镬（大锅），hsat 最，hsot 涑（sù，洗），tot 套（袜），hvent 清（qìng，凉），xit 絮（纸），yut 幼（小），hat 亥（地支第十二位），hsent 蒜；算，mait 妹，khut 锞。

6. 去声字（对应苗语第 6 调 s）

bangs 傍（靠），bes 抱，dongs 柱，mus 磨，wangs 万，lios 撩（推），mos 帽，jas 迓（迎、遇），diangs 壮（指肥大），dias 逐（追），dios 是，dius 箸，nais 臬（鼻），nins 念（记忆），nongs 屚（lòu，雨），sangs 世（辈），sos 造，dens 缎，langs 浪，mais 未（地支第八位），xangs 匠，yis 邑，zongs 緵（zòng，量词，一串）。

7. 入声字（第 7 调 k）

dok 织，xangk 识，ghuk 积，hvuk 缩，gheik 夹，delk 夹，seik 接，xok 赤，hseik 漆，diek 笑，hlik 粥，heik 舀，hleik 切，xuk 携。

8. 入声字（第 8 调 f）

yaf 八，juf 十，mangf 墨，xenf 值，neif 捏，bangf 的，yaf 迫，xangf 殖，nif 舌，def 豆，deif 掷，naf 辣，ngif 厄（窄），yif 曷，neif 捏，ngif 厄（狭窄）。

这里暂不一一举例。

三、苗语某些读音在普通话中无对应，但在古汉语中能找到答案

即便在汉语区域内，不同方言区使用不同的汉字，这种现象也非常普遍，比如：有的地方称父母为爸妈，有的称爹娘；东北人说"干啥"，贵州人说"做哪样"。苗族人用字与汉族人不同，同样可以理解。我们恰恰从不同中找到相同之处——在古汉语中找到共同点，这更能体现苗语与汉语的密切关系。举例如下。

bab 释为髀（bì），指大腿。髀的读音和字义均与其吻合。此字在当代普通话中基本上见不到，但见于《三国演义》。书中讲到刘备寄居于刘表处，某天上厕所，发现自己因久不骑马征战，大腿又长肉了，遂感叹"髀肉复生"。此字在广东话及侗语中仍在使用，香港地区方言把鸭腿叫鸭髀，只不过读如普通话中的卑。

baib 释为畀（bì），相当于给、送。畀，本是一个整体象形字，像箭，似军中射到对方阵地上的箭，以箭载信。因此，义为给、送。《左传·僖公二十八年》："分曹卫之田以畀宋人。"

baib 释为俾（bì），相当于使、让。俾，本义为役人，引申为差遣、使。《诗经·鲁颂·閟宫》："俾尔炽而昌。"方苞《狱中杂记》："苟入狱，不问罪之有无……俾困

苦不堪。"

bangb 释为崩，指垮塌。崩，从山表义，本指山滑坡或垮塌，如《诗经·小雅·十月之交》："百川沸腾，山冢崒崩。"《春秋·成公五年》："梁山崩。"崩泛指垮塌。

bed 释为伯，即今天的哥哥。苗语中指兄弟的词有 bed ut，实为伯叔。古代兄弟排行为伯、仲、叔、季，即老大、老二、老三、老四。所谓伯父，实乃父之兄，叔父实乃父之弟。叔的本义即弟。伯叔指父辈，是后来的事。

bex 释为报，指偿还、回报。在苗语中除了指偿还债务、归还物件之外，还有 bex hfud 一词，意为报仇，即以头还头、以命换命。报，很早就用于回报。《诗经·卫风·木瓜》："投我以木桃，报之以琼瑶。"司马迁的"报任安书"就是给任安回信。今仍有回报、报应、报仇等词。

box 释为箔，指门帘。箔，指用竹子编成的薄片，用作门帘。《新唐书·卢怀慎传》："门不施箔。"即门上不挂帘。

ced 释为筴（cè），指簸米扬尘用的簸箕，也用作动词，指簸米，如 ced hsaid。《庄子·人间世》："鼓筴播精，足以食十人。"精指加工很细的米，鼓是摇，播是撒。

ceit 释为坼（chè），即裂口、裂纹。坼，本指土地干裂。《淮南子·本经》："天旱地坼。"《周礼·春官·占人》："卜人占坼。"即卜人（专司占卜的人）依据龟壳上的裂纹来占吉凶。

diek 释为咥（dié），即笑或笑的样子，还引申为讥笑。《诗经·卫风·氓》："兄弟不知，咥其笑矣。"

dint 释为奠，指放置、陈列。奠，上部是散发酒香的酒坛，下部是桌几的变形，会意为将祭品放在案子上，本义就是放置。《礼记·内则》："奠之，而后取之。"苗语中的店、垫，也与奠同音，均读 dint。

diob 释为昭（zhāo），指聪明，引申为狡猾。汉语某些方言里读此为刁，正与苗语接近。《孟子·尽心下》："以其昏昏使人昭昭。"昏与昭相对、相反。

faf 释为发，指脱手了、跑了。发，繁体为發，下面有张弓，本义是发射，将箭发出去。引申为出发，如箭脱弦。跑漏的气味、说出去的话语都像离弦之箭，不能追回。

gek 释为确，意为坚硬。确，现常用于确实、正确等，读 que，另有其字：確。確，本指土地瘠薄多石，因此坚硬。

gud 释为罟（gǔ），指捕鱼的网。凡字头为罒者，多与网有关。罒实为网的变形。《孟子·梁惠王上》："数罟不入洿池，鱼鳖不可胜食也。"数罟即网眼小而密的网。

hot 释为镬（huò），即煮。镬本是煮食物的大锅，"有足曰鼎，无足曰镬"。也用作动词，即用镬来煮。《尔雅·释训》："是刈是镬，镬，煮之也。"

hvit 释为淅，指淘米，即 hvit hsaid。淅即淘米。《仪礼·士丧礼》："祝淅米于堂。"《孟子·万章下》："孔子之去齐，接淅而行。"指孔子匆忙离开齐国，捧起正在淘的米就走（等不及做饭）。

hxangd 释为衁（huāng），即血，尤指杀猪、杀羊等放出来的血，如猪衁、鸡衁。《易经·归妹》："女承筐无实，士刲羊无血。"

jangs 释为荐（繁体为薦，jiàn）。荐，本是草席、草垫。大概是因为祭祀时将供品放在垫子上，又有进献之义，如《礼记·祭仪》："奉荐而进。"在此基础上又引申出推荐、举荐。苗语用其本义，如 jangs dab，即垫单。

jel 释为臼（jiù），是舂米、捣蒜等的工具，如碓臼、蒜钵。因臼是承受舂捣之器，因此有承受、遭受之义。

jit 释为跻，即登高、往上。《说文解字》："跻，登也。"《诗经·豳风·七月》："跻彼公堂，称彼兕觥。"

mes 释为冒，指遮盖，也指盖子。《吕氏春秋·贵直论》："乃为帻以冒面死。"即死时拿一块布盖在脸上。

ngif 释为厄（è），指地方狭窄，也指心胸窄、气量小。厄，下部本是一个蜷曲的人形，像在狭窄的空间里直不起腰来。

sos 释为造。造即到达。《周礼·地官·司门》："凡四方之宾客造焉，则以告。"制造的造本为艁，起于造舟。

vongx 释为虹，相当于龙。彩虹也称"龙喝水"。早在甲骨文里就有"有虹饮于河"的字样，其中的"虹"字弧形，但下面的两端各有一个龙头。因此，虹本来就是龙。后来又造了龍字。

wud、wus 均释为骛（wù），指快跑、飞快的样子。骛，从马，本指马奔驰，引申指快速。

xit 释为胥（xù），与互相之相的意思相同。胥，有多个义项，其中一个为相互。《尚书·盘庚》："盘庚五迁，民咨胥怨。"胥怨即相怨。

yenx 释为鈏。鈏，即锡。《尔雅·释器》："鈏谓之锡。"《玉篇》："鈏，白锡也。"苗语中，yenx 就是锡。

yox 释为谣，指曲调。《韩诗章句》："有章句曰歌，无章曲曰谣。"《诗经·卫风·园有桃》："心之忧矣，我歌且谣。"谣与歌合称是一回事，细辨起来谣是曲调。

zangb 释为章，指纹理、条纹等。《诗经·小雅·六月》："织文鸟章，白旆央央。"柳宗元《捕蛇者说》:"柳州之野产异蛇,黑质而白章。"

zongb 释为聪,指聆听。聪,现在多用于聪明,做形容词,但它本来是动词,《说文解字》:"聪,察。"《管子·宙合》:"耳司听,听必须闻,闻审谓之察。"

四、苗语语法与汉语有所不同

应该说,苗语语法与汉语语法区别不大。有些苗语句子严格按顺序逐字写出来,读起来与汉语没什么区别,比如:Mongx hangb gid mongl ghaid niangb ceeb mongl?即:你走路去还是坐车去?其语言顺序是一样的。

苗语与现代汉语区别较大的是定语的位置不同。

现代汉语中,定语一般放在宾语之前,鲜有例外。但不排除某些方言里定语后置的情形。比如称母鸡为鸡母,称公鸡为鸡公。古汉语中也有定语后置的。《诗经·周南·汝坟》:"伐其条肄。"即砍伐再生的枝条。肄即再生,是条的定语。苗语里,除了表示归属关系的定语(wil zaid 即我家,wil 即余,zaid 即宅)不后置之外,其他定语多后置。比如:ud dlaib 黑衣;ud 衣;dlaib 缁,黑色;git gheib 鸡蛋;ngix bat 猪肉;vob dlub 白菜;ud hvib 新衣;det nias 拐棍;gangf sad mais 洗脸盆;dieb hsab hmid 牙刷;bad lul Lix 李伯伯;mais yut Nil 妮阿姨;等等。均属此类。另外,序数词也后置,如 ad ob 二姐、hlat juf 十月。

其实,定语后置是我国南方布依、侗、水等少数民族语言里的普遍现象。

五、小结

综合以上研究,我们认为,苗语与汉语、苗语与汉字有着紧密的对应关系,尤其苗语音节和汉字有着规律性的语言共相。今天的苗语与汉语听起来完全不同,那是因为我们没有完全揭开苗语和汉语的共同要素。从研究来看,作为中华民族语言的重要组成部分,它们同根同构的语言事实无可辩驳。应该说,在历史的某个阶段,苗、汉两个民族操持的语言十分接近,甚至他们之间可以相互交流和通话,正如语言学家陈其光先生所说的那样,汉语框架接近苗语。①

之所以得出这样的结论,是语言学家认为,在所有文化中,语言是最为稳定的部分。从史实可以得知,上古时代,苗、汉两族先民接触的时间很早,彼此交往交流交融十分频繁。汉族先民主要居住于中原一带,苗族先民主要生活在长江黄河中

---

① 参见陈其光:《汉语源流设想》,载《民族语文》1996 年 5 期。

下游地区，后来由于生存发展的需要，汉族先民和苗族先民不停地交流互动，汉族先民不断向东、向南扩展，苗族先民不断向北、向南、向西迁徙，不可避免地大面积触发苗、汉两个民族在居住地域的犬牙交错和文化上的交往重叠，应该在历史的某个阶段，苗、汉两族一度处于你中有我、我中有你的水乳交融状态。这种紧密的状态必然导致两个民族在习俗、语言上有着共同的原始底座，这也是为什么苗语与汉语的内在结构如此惊人地相似，甚至相似到几乎每个苗语音节可以书写出每个汉字。

作为汉语的书写载体，汉字是中华民族的伟大发明。有了文字，文化得以记录，文明得以呈现。由于苗语与汉语、苗语与汉字有着共同的一致性，后来就有人用改良后的汉字来记录苗语，比如清末民初的湖南秀才石板塘，就是仿照汉字的结构，创制了"板塘苗文"。这种用汉字来书写或记录自己的语言方式，在我国壮族、侗族、布依族等民族中也很常见，这就是汉字的魅力。

今天，简化汉字和普通话已经成为中华民族的通用语言文字，推广国家通用语言文字，有利于各民族的交往交流交融，有利于提高各族群众的科学文化素质，有利于社会的发展进步。不过，在强化国家通用语言文字的同时，我们也应该拓宽视野，关注汉语各方言和中华各民族的语言，尤其是与汉语密切相关的南方民族语言。因为在汉语鲜活的方言土语里、在丰富多彩的民族语言中，一定保存有我们中华民族亘古不断、丰富厚重的共同文化基因。

目　录

A

提示：A部拼音无声母，对应于汉字中无声母或声母为半元音的字。它们的上古音多在"影母"（影母相当于无声母）。

a

ab　1. 阿，上古音在影母、歌部。"阿"用于人名或称谓之前，这是我国南方地区很常见的用法，也是古汉语中可以见到的用法，如《孔雀东南飞》记载："阿母得闻之，槌床便大怒。"苗语中也常见此用法，如 ～ bangx 阿榜、～ ghet 阿公。

2. 喎（waī），现写作"歪"，"歪"是后起字。《汉字古音手册》认为其上古音在晓母、支部。这里存疑。从现在的声母看，w是半元音，易消失。韵母相当于 e，转为 a。喎，从咼、立、舛的右部（脚的象形字）。"鬲"指一种三足炊具。此字大致意为鬲断了一足，断足扔于一旁。鬲不能直立，即歪。如 Laib zaid nongd ～ mongl nangl yangx 这座宅子向东歪了。

喎，与"歪"同音，从口表义，指嘴歪。裴松之注《三国志》，引《曹瞒传》："后逢叔父于路，乃阳败面喎口。"指曹操小时候在叔父面前假装脸斜嘴歪。可为参照。

3. 啊，象声词，如打喷嚏的声音，～ ceik 阿啐。

ad　媛（aì），从爱表音。"爱"的上古音在影母、物部。韵母 a 对应于现代汉语中的 ai。"媛"本指女儿、女孩，汉语中尊称对方的女儿为令媛。苗语也是如此：Nenx maix ob dail daib, ib dail dial, ib dail ～ 他有两个孩子，一男一女。狭义上用于平辈女性间的称呼，如表姐妹、嫂子、弟妹等，一般年幼者称年长的人为 ad。如 jid dax jid ～ 弟哥妹姐，相当于兄弟姐妹。ad 又泛指女性，与 bed 相对。bed 即伯，也就是哥（见 bed 字条）的意思，与 ad 相对时，bed 泛指男人。

ak　1. 挨（aí），上古音在影母、之部，到了中古韵母才变为 ai。韵母 a 对应于现代汉语中的 ai。"挨"读第二声，与声调 k 对应。《说文解字》载："挨，击背也。"这应是它的本义，后来在汉语里多用于表达遭受之义，如挨打。但在苗语里则引申为以背承受、背负之义，如 ~ jib daib 背崽（孩子），~ daif 背袋子，~ xat 挨债、背债。

挨的"击背"与"背负"（由背来承受）两个义项如同两头蛇的两个脑袋，互为反向。汉语中还有类似的例子，如"借"既指借入，又指借出；"受"本来既指接受，也指授予，后来造"授"字来承担第二个义项。

2. 啊，拟声词，尤其是模拟某些鸟，如喜鹊、老鸹（鸦）的叫声。这种拟声词用于这些鸟的名字，如 ~ kat（又名 kat liax）喜鹊，~ wol 老鸹，~ ninx 八哥，直译为水牛鸦，因其喜欢站在牛背上而得名。用动物发出的声音为其命名，汉语中也很常见，如鸭、鸦、鸡、蛙、布谷等都属这一类。

al 啊，叹词。与汉语相同。

at 爱，上古音在影母、物部，到了中古才变为代部。韵母 a 对应于现代汉语中的 ai。"爱"本有爱惜、舍不得的意思。《论语·八佾》载："尔爱其羊，我爱其礼。"《孟子·梁惠王上》载："齐国虽褊小，吾何爱一牛？"引申为喜爱之义。如 Nenx ~ jil gix nongd 他爱这支芦笙。

ax 乌（读阳平），上古音在影母、鱼部，接近于"阿"。"乌"本是鸟形，指乌鸦，但借其音，用来做否定词或疑问词（也为了表示否定）。《史记·司马相如列传》载："乌有先生者，乌有此事也。"司马相如在他的《子虚赋》中虚构了三个人物：子虚先生、乌有先生、无是公。从字面上可看出"虚拟""哪里有""无此人"的意思，这也是"子虚乌有"一词的由来。汉语中的否定词是一种独特的现象，它跟字的本义没有直接关系，如勿、弗、无（無）等，本身并没有否定之义。比如：無与舞是同源字；而无表示的是"天倾西北"，是天的跛足之形。"不"，其象形众说不一，但在甲骨文里用于否定，如"不雨"就是没下雨。否定词主要是取其音，勿、乌、无、無、毋与弗、否等读音都有相近之处。苗语中也有类似情况，表示否定的词，除了 ax 之外，还有 max、vax，都是一个意思，表示"不""没"。如 ~ maix 没有，~ gaix 不敢，~ vut 不好。

ai

aib 1. 伊，上古音在影母、脂部。苗语中的 ai 往往对应于汉语的 i。其实从汉语内部就可看出端倪，如哀、唉，都读 ai 音，但分别以衣、矣表音。伊做代词，用于远指，与这、此相对。《诗经·秦风·蒹葭》载："所谓伊人，在水一方。"如 Dail nongd dail hmub, dail ~ dail diel 这是苗，那是汉。

2. 委，上古音在影母、微部，入声。现在的"委"，声母 w 是半元音。所谓半元音就是带有韵母性质，有时就成了"可有可无"的声母，如 wu，去掉 w，只用 u，也能达到同样的读音效果。"委"读 ai，可参照"矮"，"矮"以委表音，但读 ai。"委"还有一个读音，是阴平，正与 aib 的声调 b 相合。"委"有委弃、丢给别人的意思。《孟子·公孙丑下》载："委而去之。"今有委托、委任等，也是在此基础上引申的。引申出推诿之义，如《晋书·王衰传》载："司马欲委罪于孤耶？""委罪"即指推卸罪责给他人。在这个意义上，可以说"诿"是"委"的后起字。如 Laix ~ laix mongl ait 一个推给另一个去做。

3. 哎，叹词。与汉语相同。如 ~ yob, wil mongb qut wat! 哎哟，我肚子好疼！

4. aib lail 相当于汉语中的"倒是""虽然"。

aid 1. 嗳，叹词，表示惋惜、惊讶等。如 ~ , nongf ait nongd hot! 嗳，原来这样啊！"嗳"又做语气词，放在句尾。

2. aid ud 指秘密的事。

ait 为，上古音在匣母、歌部，入声。为什么转换为 ai？参照 aib——"委"字条，也是由 wei 转换为 ai。另外，譌（今作讹），以爲（为的繁体）表音，但读 e，声母也消失了。"为"的繁体"爲"，上面是一只手，下面是"象"的变体，会意为驯象。驯象是一件非常难的事，以此代表做各种事情。"为"的本义就是做。《战国策·齐策》载："王使人为冠。""为冠"就是做帽子，还广泛用于指做各种事情，如《左传·成公十年》载："疾不可为也。"这里的"为"是治疗的意思。在苗语里，ait（为）的使用非常广泛。如：~ gheb 做工，即干活儿；~ dok 织布；~ zangd 做游戏；~ ghab bul 做朋友，即交友；~ ghab lail 为官，即当官；~ niangs 为贼，即做贼；bit ~ ab Bangx 名为（叫）阿榜。

顺便说说，苗语中为什么不用"做""作"，而用"为"？在汉语里，"做"是较晚出现的字，自然不可能出现在苗语里。"作"的本义为站起来，如《论语·子罕》载："子见齐衰者、冕衣裳者与瞽者，见之，虽少，必作。"就是说孔子见到这几种人，即便他们年轻，也必定站起来。"作"引申为兴起、制作等之义。苗语用"为"，表达更直接。当然，汉语中，"为"用于"做"的义项，今天也仍然广泛使用，如为人、为官、为非作歹、大有可为等。

ang

angd 岸,上古音在疑母、元部。声母本为 ng,后灭失。韵母 an 转换成 ang。岸,水边高起之地,引申为雄伟之义,如伟岸。《汉书·江充传》载:"充为人魁岸,容貌甚壮。"又引申为使增高、使突出之义。《晋书·谢奕传》载:"岸帻笑咏,无异常日。"岸帻,把头巾推上去,使其显高。在苗语里有突出之义,如 Lix gil ~ jox hxangb, naix ngil ~ jox wangb 田干(gān)突出在田坎(要干先干田坎),人懒突出在装扮上。

angk 盎,象声词,如牛的叫声。

angl 卬,叹词,也是象声词。

angt 1. 臃(yōng),上古音在影母、东部,入声。影母相当于无声母。而 ong 与 ang 容易发生互转。《说文解字》释癰:"肿也,或作臃。"臃即肿,如 ~ dax hlieb laib dlox 肿得有鼎罐大,引申为鼓起来之义;~ niux ~ lot 鼓嘴鼓腮,指不高兴的样子。

2. 痈,繁体为癰、癕,上古音在影母、东部,入声。痈即脓疮,因发炎而肿起。我们注意到,与前面的"臃"一样,在简化之前,这两个字的表音部件都是"雍"。我们还可以对照后面的 ongt——"瓮"字条。"瓮"的繁体为"甕",也以"雍"为表音部件。如 ~ khob 头痈,即头疮。

3. 壅(yōng),上古音在影母、东部,入声。"壅"以"雍"表音;以"土"表义,指堵塞,《左传·宣公十二年》载:"川壅为泽。"引申为指人生气,气郁结于胸。如 ~ qit 生气,~ niangl ~ dat 指气鼓鼓的样子。当然,在 ~ niangl ~ dat 这个词组里,也可以把 angt 理解为"肿",指鼓鼓的样子。含"雍"的字往往都有堵塞、围住而不通的意思,如前面的"癰",还有"拥"(繁体为攤)。

B

提示：B 部主要对应汉语中声母为 b、f 和 p 的字。它们的上古音多在帮母和并母，少数在滂母。现代汉语中声母为 f 的字，上古音基本上都在帮母和并母。

ba

bab 1. 髀（bì），上古音在并母、支部。韵母略有偏转。髀即大腿。《淮南子·人间训》载："家富良马，其子好骑，堕而折其髀。"裴松之注《三国志·蜀书·先主备传》载："髀里肉生。"此语出自刘备之口，指久不骑马征战，大腿内侧长肉。现今广东话中仍保留此字，如鸭腿叫作鸭髀。在贵州汉语方言里，此字也读 ba，称大腿为髀腿。如 Jil ~ hlieb jil dongs 腿粗得像柱子。

2. 把，上古音在帮母、鱼部。今天，"把"有上、去两个声调，但古时也曾读阴平。《唐韵》《集韵》《韵会》均作"蒲巴切，音杷"。《说文解字》载："把，握也。"《史记·殷本纪》载："汤自把钺以伐昆吾。""把钺"即手持大斧。由"握"引申为紧贴、附着之义。在这个意义上，汉语里往往写作"巴"。元代王晔《桃花女》载："前不巴村，后不着店，怎生是好？""粥巴锅了"。"巴不得"实际上就有想贴但贴不上的意思。但"巴"字本是大蛇的象形。《说文解字》载："巴，巴虫也，或曰食象蛇。"《山海经·海内南经》载："巴蛇食象，三岁而出其骨。"

（1）指抓、握。如 Jil bil ~ ax gos ob dail ghangd（一）只手抓不住二个蝈（蛤蟆）。组成叠韵词：bab niab 把拿，把、拿字义相近，放在一起，起强化作用。"拿"有执、持之义，引申为"拘捕"。如 bab niab at ib ghenl 把拿成一团（指相互抓挠）。

（2）指紧贴、附着，相当于"巴"。如 Xet gid ~ wil 休要巴我，即不要黏我、缠着我。

（3）做量词，一手所握即一把。如 ib ~ nangx 一把草。

3. 别，上古音在帮母、月部，入声。这里的"别"是假借字，本为上折、下糸。《类篇》对此字的解释为："扁绳也。一曰弩腰钩带。"总之，它是绳子或带子，引申为靠绳子或带子来固定、拴住之义。如 Ghab dlad ~ hxongt laid 腰里别一把短枪。

bad 1. 父，上古音在并母、鱼部，读音接近于今天的"爸"。在《广韵》中，"父"的读音为扶雨切，与今天普通话读音相近。"爸"在汉语里是后起字。经典里常见"父"字，而很少见"爸"字。《广雅·释亲》载："爸，父也。"王念孙曰："爸者，父音之转。"成书于明代的《正字通》载："夷语称老者为八八，或巴巴。""夷"应该指是的少数民族地区或中原以外的地区。《康熙字典》载："吴人呼父曰爸。"我们可以大致理出这样一条脉络：

(1) 早期只有"父"字。

(2) "父"字的读音发生了分化（发生在不同时期或不同地区），有的将声母读成 f，有的读成 b。

(3) 读 f 的字由"父"字来承担；读 b 的，则为其另造形声字"爸"。

①即父亲。如 ~ daib 父子。

②指与父亲同辈的男子。《诗经·小雅·伐木》载："以速诸父。""诸父"，即与父亲同辈的各位。苗语里，"父"字放在人名之前，表示某某父辈，如：~ jenb 金叔；~ genb 爸庚，指与父亲结拜兄弟的人，相当于汉语的庚父。

③引申为男性、雄性之义，如 ~ ninx 公水牛，~ Ghet Yangx 爸告养，苗族传说中的长寿男子。

2. 把（读上声），上古音在帮母、鱼部。bad 是 bab——"把"的又音，意思有所不同。

(1) 指握裹。如 Diangb ghangx nongd lod yangx, dad diangb det lol ~ diot 这根扁担断了，拿根棍子巴上（绑在一起）。

(2) 粘着。特指味涩，粘在舌头上难以除去，如 ~ jad 涩。

3. 拔，上古音在并母、月部，入声。bad bad 叠用，指特意、专门，姑且写作"拔拔"。"拔"除了有抽、擢之义外，还有突出之义。李白《梦游天姥吟留别》载："势拔五岳掩赤城。""拔拔"可理解为因某事有突出的重要性，而特意为之。如 ~ ~ dax leit 拔拔到来，即特地来。

4. 叭，象声词。如 ~ dad 吧嗒，指滴水的声音。

baf 1. 杷（bà），上古音在并母、鱼部。不同于枇杷的杷，这里指农具。《说文解字》载："杷，收麦器。"现一般写作"耙"。

2. 拨，上古音在帮母、月部，月母的韵尾为 a，入声。《广韵》载："刘，拨进船也。"反过来说，"拨"就是划船。《说文解字》载："拨，治也。""治"不是其本义，而是引申义，如拨乱反正。如 ~ niangx 拨船，即划船。

顺便说一句，划船的"划"是后起字，与计划的"划"（繁体为劃）本是两个字。如果上古有"划"字，在苗语中也有可能读成 baf。读音的变化路径应该是这样的：hua—fa—ba。至今湘西、黔东南地区都将 hua 读成 fa。fa 变成 ba，即由唇齿音变成完全的唇音，在汉语里也不鲜见，如：反（fan）—板（ban）；丰（feng）—蚌（bang）；封（feng）—幫（帮的繁体，bang）；分（fen）—坌（ben）；甫（fu）—哺、捕、逋（bu）；阜（fu）—埠（bu）等。

在苗语里，由 f 而 b，也不是孤例，后面将会提到，如放（指放箭、放鞭炮等），读作 bangd；份（fen）读作 bens 等。

3. 把，上古音在帮母、鱼部。《说文解字》载："把，握也。"与 bad——"把"有所不同，这里从"握"引申为控制。今有"把守""把关"等词。

如 ~ nenx，ax baib nenx mongl 把住他，不让他走。

4. 吧，象声词，如 ~ daf 吧嗒，滴水声成咂嘴声。

5. 八，照搬现代汉语，如：baf gof 八角、茴香，~ lud junb 八路军。

6. 疑问词，相当于"几"。如 Mangx dax ~ laix？你们来了几位？

可以说，汉语里没有天生的疑问词。疑问词多是借用的，以最常见的疑问词"何"为例，"何"的本义相当于负荷之荷。《诗经·曹风·候人》载："彼候人兮，何戈与祋（duì）。"这里的"戈""祋"都是兵器，"何"就是扛着的意思。数量疑问词"几"（幾）本义是微细。当初选用某个字为疑问词也许是偶然的（因与本义无关），约定俗成后，这个字才成为固定的疑问词。不同地区、不同时代可以选用不同的字来做疑问词，如东北人用"啥"、天津人用"嘛"、西北人用"甚"来表示"什么"一样。有鉴于此，苗语中的疑问数词 baf，姑且写作"八"，以待将来就正于方家。

bal 1. 败，上古音在并母、月部。本来就没有韵尾 i。《说文解字》载："败，毁也。"即损坏。《左传·僖公十五年》载："涉河，侯车败。"食物变质、味道变坏也叫作"败"，《论语·乡党》载："鱼馁而肉败，不食。"今天仍有"破败""残花败柳"等词。

（1）损坏、毁坏。如 Diangb kab nongd ~ yangx 这把犁坏了；~ nios、~ niux，分别指男女青年脸部破相。

（2）引申为伤害之义。如 ~ ves，指因过于劳累或劳动强度过大而伤力气。

（3）bal 可以组成多个叠韵词。如 bal lial 指轻浮、失望，bal nial 指黏糊、蠕动的样子，bal ghal 指破烂、伤亡等。

2. 毕，上古音在帮母、质部，韵母略有转换。《说文解字》载："毕，田网也。"即捕鸟兽用的长柄网。"毕"繁体作"畢"，是这种带柄的网的象形。《诗经·小雅·鸳鸯》载："鸳鸯于飞，毕之罗之。""罗"也是一种网。"毕之罗之"就是指用网来捕捉。"毕"在苗语中指各种网。如 ~ nail 渔网，hnent ~ 织网。bal 也引申指网状物，如 ~ git，直译为蛋网，实际上指装煮熟的鸡蛋的兜，用线编成，呈网状，苗族人常用这种兜装蛋献给客人。

bas 1. 败，上古音在并母、月部。bas 是 bal——"败"的又音，两者声调不同，以示字义的区别。这里指失败，与胜利相对。汉语中也有类似情况，如"量""重"等字都有两个读音，对应不同的字义。《孙子兵法·形篇》载："故善战者，立于不败之地。"如 ~ diangs 败仗。

2. 泊，上古音在并母、铎部，入声。《集韵》载："止也，舟附岸曰泊。"停泊，使船靠岸。如 ~ niangx 泊船。

"泊"由停船引申为暂歇之义，如 ~ ib hxot yel 暂停一会儿。

3. 毕，上古音在帮母、质部，韵母略有转换。它是 bal——"毕"的又音，意思也有所不同。这里指全部、遍及。《战国策·齐策》载："责（债）毕收。"现有毕生、毕竟、群贤毕至等词。如 ~ bil 直译为"毕手"，指人手一份。

4. 蔽，上古音在帮母、月部。蔽，遮掩。屈原《九歌·国殇》载："旌蔽日兮敌若云。"苗语中多指用一边的衣襟掩蔽另一边的衣襟。

5. 用于量词，一个故事，一首歌、一群鸡，都可以用 bas 做量词，此字暂不能确定。

6. 荜、筚（bì），上古音在帮母、质部，韵母略有偏转。这两个字往往通用，如荜路蓝缕，也可作筚路蓝缕。"荜"或"筚"当指荆条或竹条。《礼记·儒行》载："筚门圭窬。"（注："筚门，荆竹织门也。"）"圭窬"，就是圭形（上圆下方）门洞。"荜路"则指用荆条编的车。"篷门筚户"，相当于柴门，指贫苦人家。荜、筚因此引申指条状物、藤状物。bas、hlat 连用，指藤条。如 ~ hlat zangx 葛藤。bas 也单用，如 Dol fab diel tiet ~ yangx 南瓜牵藤了。

用 bas 组成的叠韵词有：~ dias 叉开双脚的样子；~ dlias 急忙的样子；~ vas 松开的样子。其字待考。

bat 1. 百，上古音在帮母、铎部，入声。韵母略有偏转。"百"从"白"。甲骨文里"白"借用"白"字来表示百这个数量，如在白字上面加一横即一百，加两横即二百，加五字即五百，后来这一横就留在白字上，指的是"一百"。《诗经·秦风·黄鸟》载："如可赎兮，人百其身。"如果能用自己的身体去赎的话，人们愿意赎一百次。如 Mongx dad wil ait ob ~ zab! 你拿我当二百五!

2. 豝（bā），上古音在帮母、鱼部。《说文解字》载："豝，牝猪也。"指母猪。另一说指两岁的猪。总之，"豝"泛指猪，《诗经》中有"一发五豝""发彼小豝"之句，都指用箭射猪。苗语中 bat 指一般意义的猪。如 ~ das ax hxib eb kib 死猪不怕热水。

3. bat bat 叠用，同 bad bad，指特意、专门。其字拟作拔。

4. 被，上古音并母、歌部。《说文解字》载："被，寝衣，长一身有半。"意为睡觉时盖在身上的被子，引申指披在身上。《论语·宪问》载："微管仲，吾其被发左衽矣。"即如果没有管仲，我等还披着头发，祖着右胸呢（指落后的生活方式)!《左传·襄公十四年》载："被苦盖，蒙荆棘。"指无衣服，只能披着草与荆棘。如 ~ ud，披衣。

顺便说一句，"披"的早期字义具有扒开、分离的意思，如披露、披肝沥胆、披荆斩棘等，并无披盖之义。

5. 稗（bài），上古音在并母、支部。《广韵》中，稗为傍卦切，即读 ba。"稗"为田中杂草，幼苗与水稻苗相似，故引申为非正统之义，如稗史、稗官等。苗语中，bat 有田中的稗子之义。

用 bat 组成的叠韵词有：bat dliat，很快的样子；四字口语有：bat dliat bat dat，草草的样子。

bax 1. 牌，似乎是后起字，未见其上古音。但我们注意到，"牌"从"卑"表音，与前面的稗、髀一样，因此它们都读 ba，只是声调不同。

（1）牌，纸牌、扑克。如 dib ~，打牌。

（2）牌，标牌。如 ~ dud，指打有字的牌子。

2. 碑，上古音在帮母、支部。这又是一个以"卑"表音的字，其读音与"牌"完全相同。《说文解字》载："碑，竖石也。"相当于石柱，后专指墓碑。杜甫《李潮八分小篆歌》载："峄山之碑野火焚，枣木传刻肥失真。"如 ~ vib，石碑。

以此看来，苗语中这儿个以"卑"表音的字，其读音保持了较高的一致性，都读 ba，仅声调有所不同。反过来，汉语里髀（bi）、稗（bai）、牌（pai）、碑（bei）的读音相去甚远，不利于初学者掌握。

3. 排，上古音在并母、微部。声母接近 b。"排"指筏子。如 ~ det 木排，~ det jib 杉木排，xangt ~ det 放木排。

   应该说，排是假借字，其本义是推、挤，只能做动词。汉语里读 pai 而又指木筏或竹筏的字有排、箄、簰等。宋代赵彦卫《云麓漫钞》载："有司作浮筏，前设巨碓以捣冰，谓之冰簰。"其中说得很明白，"排"与其同音，又是常见字，才被用于竹木筏子。"箄""簰"等字仍离不开表音的"卑"字。

4. 耙（pá），上古音在并母、鱼部。声母接近 b。耙，本作"杷"。《说文解字》载："杷，收麦器。""杷"是一种有齿、带长柄的工具，晒谷子时，用以将其扒开或聚拢。还有一种用来平田的工具也叫作"耙"，人可以站在上面，靠牛来拉。这种工具叫作 ~ denf 蹬耙。"耙"也可用作动词，如 Dad diangb ~ lol ~ nax 拿耙子来耙稻。

5. 拨，上古音在帮母、月部。指划船的桨，做名词。与做动词的 baf 只是声调的区别。如 ~ niangx 指船的划子、桨。

6. 把，照搬现代汉语。如 ~ wof 把握，~ xid 把戏。

bai

baib 1. 俾（bì），上古音在帮母、支部，入声。韵母略有偏转。按《说文解字》，本义为"门侍人"，指供差遣的人。经典中多用于动词，相当于使、让。《聊斋志异·促织》载："又嘱学使俾入邑庠。"嘱咐学使（官名）让（他）入乡学。方苞《狱中杂记》载："俾困苦不可忍。"如 Mongx ~ dail naix mongl gol nenx dax 你派人叫他来；Ax ~ nenx mongl 不让他走。ax baib 连用，有不准、不许的意思。

   2. 畀（bì），上古音在帮母、质部，入声。韵母略有偏转。从"畀"的早期字形来看，它是一种箭头较宽大的箭，有学者推测，古人将情报或信绑在箭头上发射出去，达到送信的目的。"畀"因此有送、给的意思。《尔雅·释诂》载："畀，赐也。"《左传·僖公二十八年》载："分曹卫之田以畀宋人。"在黔东南某些地区，"畀"也读作 ba。如：~ seix 给钱、送钱；~ gheib gas 送鸡鸭，是订婚中的一个仪礼。

   3. 班、颁等，照搬现代汉语，但往往将 ban 读成 bai。如：~ zangx 班长；~ bud 颁布。

baid

1. 畐（bī, fú），上古音在帮母、职部，入声。这是一个整体象形字，从青铜器铭文可以看出，外形与酉略似，是一种鼓肚细脖的容器，上面的一横像水从器口溢出来，意为满。《说文解字》载："畐，满也。从高省，象高厚之形。"《说文解字》对字义的解释是对的，但对字形的解释不免牵强附会。这是因为作者没有看到金文，只是从小篆的字形（"畐"与"高"字形相近）出发来解释的缘故。如：~ hlat（孩子）满月、足月；Laib lix eb nongd ~ yangx 这个田的水满了；~ nangl ~ jes，形容东西多，东边西边都满了；~ nongl ~ laf，直译为仓里、禾架上都堆满了（稻谷），比喻吃饱喝足。

2. 逼、偪（bī），上古音在帮母、职部，入声。《说文新附》《小尔雅·广诂》载："逼，近也。"逼真，指接近于真实。"偪"与"逼"同义。《孟子·滕文公上》载："禽兽偪人，兽蹄鸟迹之道，交于中国。"意指禽兽逼近人居，对人造成威胁。苗语中，指走近、靠近。如 Bib hxub ghax nongt ~，bib khat ghax nongt des 我们亲友要走近，我们主客要相随。

3. 憋（biē），上古音在帮母、月部，入声。"憋"从"敝"表音，有些从"敝"表音的字如蔽、弊、幣（简化成币）、斃（简化成毙）等都读 bi，那是韵尾灭失的结果。同俾、畀、畐一样，韵母 i 转换成 ai，"憋"即读 bai。《集韵》载："憋，曰性急。"《后汉书·董卓传》载："羌胡憋肠狗态。"欲速而不达，引申为憋闷之义。如：~ bongt 憋气，也指生气；Jit leit ib dangl bil, wil hnangd maix nenk ~ bongt 爬到半山腰，我觉得有点憋气；Mongb hvib ax lol diux, ~ bongt ax lol zaid 痛心不进门，憋气不回家。

4. 拜，上古音在帮母、职部。《说文解字》载："拜，首至手也。"一种礼节。《尚书·诏诰》载："拜手稽首。""拜手"指叩首至手；稽首则指叩首至地。如 ~ jib 拜敬。

5. 办，照搬现代汉语，韵母 an 转为 ai，如 ~ gongb sif 办公室。

baif

1. 豼（pí），上古音在并母、脂部，入声。声母接近 b。与"貔"有共同表音部件的字如蓖、篦都读 bì。《说文解字》载："貔，豹属，出貊国。"《广雅》载："貔，狸猫也。""貔"指猫科动物，大约没错。在汉语里，"貔"多指猛兽。《尚书·牧誓》载："如虎如貔。"貔、貅连用，皆指猛兽，还比喻勇猛的军队。在苗语里，baif 指猫。"猫"在汉语中是拟音字，其名与叫声相符。苗语也一样，有 mob 这一读音，正与"猫"相对应。

2. 百，上古音在帮母、铎部，入声。如 ~ hsent 百姓。作为专用名词，区别于数字 bat——"百"。

bail 1. 俾（bì），与前面的 baib——"俾"基本同义。前面的"俾"有使、让、差遣之义，这里带有强制之义，如：~ dail liod des gid 使黄牛上路；~ eb lol lix 使水流进田。

2. 呗，象声词。组成四字口语 ~ lail ~ lail，犹如说支支吾吾，bail、lail 在此并无确切含义，与支、吾一样，有拟声作用。

bais 1. 粕（pò），上古音在滂母、铎部。"粕"以"白"表音，bais 倒是与今天"白"的读音相合。《说文新附》载："粕，糟粕，酒滓也。"即酒糟。苗语中的 bais 就是酒糟。

2. 醅（pēi），上古音在滂母、之部。"醅"以右部表音，以此表音的字既可读 pei（还有培、陪等），也可读 bei，如倍、焙、碚等，且都是去声。bais 当是由 bèi 转换而来。《广韵》载："醅，酒未漉也。"漉即滤。"醅"指未过滤的酒。杜甫《客至》载："盘飧市远无兼味，樽酒家贫只旧醅。"醅一般都是自酿的酒。如 Nenx dax ib tok ~，nenx dax ib dail gas 他带来一罐醅，他带来一只鸭。

bait 1. 白，上古音在并母、铎部，入声。白，在汉语里通常用于白色，但"白"字的原型到底是什么东西的象形，学者说法不一。《说文解字》载："白，西方色也。"并没有说清楚白是什么东西；有的说是米粒，米粒是白色的；有的（如郭沫若）说是拇指，代表老大，以此解释"伯"字……在此，我们推测"白"字的原型是雪花，甲骨文的"白"字圆中带角。苗语中的"白"就指雪，如 dax ~ 下雪。

我们说 bait 就是白，指雪，还有一个佐证。苗语中指雪的还有一个音：pet。bait pet 连用还是指雪。"白"字在汉语某些方言区（如安徽南部）读 pei，还有以"白"表音的字如粕、魄、泊等，读 po，都与 pet 读音相近。我们推测 pet 也是白。苗语中用"白"来指雪，白色的字用 dlub，应写作"素"。

顺便说一句，汉语常用的雪，原写为上雨、下彗。"雪"字的下部彐是彗的省略形。"雨"指天上落物，"彗"是扫帚，会意为"雪"，有些拐弯抹角，不如"白"字来得直接。

2. 别，上古音在帮母、月部，入声。"别"原写作"別"，指以刀剔骨。《说文解字》载："別，分解也。"引申为分离、分开之义。《尚书·禹贡》载："岷山导江，东别为沱。"《韩非子·定法》载："韩者，晋之别国也。"晋分为韩、赵、魏三国，别国即分国。其实，离别也是分手的意思。如 ~ zaid 别宅，即分家；~ daib 指植物分蘖。

今有"别扭"一词，其中"别"是简化后的字，本应为弯，指弓不正。"弯"从"敝"（bi）表音。可见 bi 与 bie 可转换。bait 这个读音应是从 bi 转换而来。

有一个后起的字：掰（bai），也指分开，值得考虑，它的发源地是否在西南地区呢？

3. 用 bait 组成的叠韵词，如 ~ dlait，一是象声，二是指很快的样子。

baix 1. 摆，上古音在帮母、歌部。

(1) 指摆放。《说文解字》中虽未收此字，但西汉张衡《西京赋》里已用到："置互摆牲。"这里的"互"是挂肉的架子，"牲"是祭品，"置"与"摆"意思相近，都是摆放的意思。如 ~ gad lol nongx 摆饭来吃；~ hut mail 摆货卖。

(2) 指摆弄。古人推算时靠摆弄算筹（用算筹代表不同的数字、干支等）。由"摆"引申出推算之义。如 ~ hnaib ~ hmangt，直译为摆日摆暮，即推算日子。

2. 白，与 bait——"雪"声调不同，以示字义有别。这里做动词，指像雪一样落下，与汉语中的"雨"相似。"雨"既指雨水，又指落下，如"冬雷震震夏雨雪"，即冬天打雷夏天下雪。如 ~ liul ghab nex seix hxib dus hfud 落片树叶也怕砸破头；~ dliud ~ diuf 落魂失魄。

bang

bangb 1. 帮，繁体作"幫"，从"封"表音，"封"的上古音在帮母、东部。《集韵》载："帮，治履边也。"指做鞋帮，也指鞋帮。《六书故》载："凡事物旁取者皆曰帮。"引申为从旁帮助之义。如 Fub fal mongx dax ~ wil, hsaib yenl wil dax ~ mongx 明天你帮我，后天我帮你。

2. 崩，上古音在帮母、蒸部。韵母 eng 转换为 ang。《说文解字》载："崩，山坏也。"《左传·成公五年》载："梁山崩。"指山滑坡、垮塌，泛指垮塌。

(1) 指垮塌。如 Jox ghab hxangb lix nongd ~ yangx 这条田塍垮塌了。

(2) 由滑坡引申为流产之义。汉语中把大量流血称为血崩。如 Dail mif liod ~ ghab daib yangx 母黄牛流崽了。

(3) 崩还比喻死亡。如 bangb bas 崩败，曲言人死。在古代汉语里只有天子死才能叫作"崩"。

bangd 1. 放，上古音在帮母、阳部。声母本来就相当于 b。《说文解字》载："放，逐也。"指赶出去，如流放、放牧。引申为放纵、释放、发射等意思。

(1) 指发射。如 ~ hnaid 放箭，~ hxongt 放铳。

(2) 引申为急速排泄之义，如 ~ ghad，放屎，即拉稀。相应地，汉语中有"放屁"一词。

2. 蹦。在早期的典籍中很少见此字。蹦从崩表音，读 bangd，与崩读 bangb 一致。蹦即跳。如 Dail xed ~ diot ghab vud dax 老虎从树林里蹦出来。

3. 反，上古音在帮母、元部。声母本来就是 b。《说文解字》载："反，覆也。""反"从"又"字表义，本指手掌翻覆。成语易如反手，其中的"反"字用其本义。引申为反复、来回之义。组成叠韵词：bangd dliangd，直译为反旋，意为反复地做某事。后面将会说到，dliangd 应写作"旋"。"旋"也有来回之义。

4. 磅，照搬现代汉语，如 bangd cend 磅秤。

bangf 相当于"的"，如：wil ~ benx dud 我的书本；Laib nongd wil ~, laib aib mongx ~ 这是我的，那是你的。大家都知道，像"的"这种虚词的使用，约定俗成，与其本义没什么关系。五四时期，有用"底"来代替"的"的，苗语用 bangf，也应是习惯沿用。暂且不定为哪个字。

bangl 1. 傍，上古音在并母、阳部。《说文解字》载："傍，近也。"指依傍。杜甫《绝句漫兴》载："沙上凫雏傍母眠。"依傍，靠。如 Nenx ~ dail det 他靠着树；~ dongd 傍日子，与日子相伴；~ ot 傍讴，与歌相伴。这两个词都是单身的委婉说法，犹如说无依无靠。

2. 组成叠韵词：~ langl、~ gangl、~ yangl，放在动词后面做补语，表示某种状态或样子。

bangs 1. 塝（bàng），半山腰，塝田即半山腰的田。如 Jit laib ~ mongl waix 登到半山腰再往上。

2. 傍，上古音在并母、阳部。bangs 是 bangl——"傍"的又音。

(1) 相当于靠，与前面的 bangl——"傍"意思一样，只是声调有别。就像汉语中"傍大款"的"傍"，有人读 bàng，有人读 bǎng。如 ~ diot laib ghob yenl mongx 靠在椅子背上。

(2) 相当于"因为"。其实，汉语中常用的"因"也有凭借、依靠之义。《孟子·离娄章句上》载："为高必因丘陵，为下必因川泽。"作为副词的"因、因为"，与作为实词的"因"有意义上的联系。"傍"也如此。如 ~ nenx ngil, jef yongt gad 因为他懒，才饿饭。

bangt 砭（biān），上古音在帮母、谈部，入声，韵母相当于 ian。韵首 i 灭失，an 转换为 ang。砭即刺、扎。《说文解字》载："砭，以石刺病也。"指针扎治病。"砭"也指石针，《素问·异法方宜论》载："其病皆为痛病，其治宜砭石。""砭"泛指刺、扎。欧阳修《秋声赋》载："其气栗冽，砭人肌骨。"《新唐书·则天武后传》载："风上逆，砭头血可愈。"可见，"砭"在古代是较常用的字。"砭"还用于针线活。如 Diangb jub ~ jib bil 针扎了手；Maix hmub mongl ~ hmub 有花去绣花。其中 ~ hmub 是绣花，而直译是砭布，即拿针扎布。

bangx 1. 卉（huì），上古音在晓母、物部。但"卉"何以读成 bang？我们假设这里有个历史的误会，即"卉"读 huì 是个错误，因为从"卉"的字有二：奔、贲，这两个字同音，都念 bēn。《说文解字》对这两个字说得很清楚："卉声"，即都是以卉表音，反过来推断，"卉"大体应和奔、贲一样读 ben。奔、贲二字的上古音均在帮母、文部。卉与奔、贲之间的读音差异为何那么大，待考。"卉"的 bang 这个音应是从 ben 转换而来。《说文解字》载："卉。草之总名也。"《诗经·小雅·出车》载："卉木萋萋。""卉"是草的总称，但也用来指花，如奇卉怪草。在苗语中，卉主要指花。如 ~ dlenx 桃花，~ jenl 茶花。bangx 与汉语中的花一样，常用于女子名，如 ~ Xangb Yel 歌中的女子，~ niangb 也指新娘。

蕃（fán），上古音在并母、元部。声母接近 b。韵母 an 可转换为 ang。《说文解字》载："蕃，草茂也。"《易经·坤卦》载："天地变化，草木蕃。"可否由草木繁茂引申为花呢？汉语中花草的"花"，本为"華"，而"華"的本义是指草木繁荣。"華"字中间是垂字头，以下垂喻枝叶花果繁荣。本来没有花朵的意思。"蕃"字可供参考。

2. 坟（fén），上古音在并母、文部。声母本来就相当于 b。坟的繁体为墳，以贲表音。因此它与卉一样，也转读为 bangx。坟本指隆起的土堆，特指坟墓。《说文解字》："坟，墓也。"《礼记·檀弓》："古也，墓而不坟。"指古时埋葬死者，不树土堆。bangx liangx 连用，组成叠韵词，即坟陵。liang 由 ling 转换而来（ing 变成 ang）。

3. 秉（bǐng），上古音在帮母、阳部。韵母本为 ang。bang 似乎比 bing 更接近古音。"秉"是以手持禾的象形，正是收获粮食的景象。《说文解字》释为"禾秉"，即禾把。《仪礼·聘礼》载："四秉曰筥。"四把粮食作一筥（筐）。白居易《观刈麦》载："右手秉遗穗，左臂悬敝筐。"这里的"秉"仍是以手持禾之义。在后来的汉语中，"秉"多用于手持，如秉笔直书、秉公办事，而苗语中用"秉"来指代粮食的产量，这大概与苗族人民的收获方式有关。他们在收割稻子后，不是马上脱粒，而是将一把把带着秸秆的稻子放在架子上晾起来。晾晒干了再脱粒。要想知道谁家的粮食多，看看禾架就知道了。这里的"一把"就是"一秉"。如 Bongx ~ 浡秉，即增产。~ nax 可以理解为稻花，也可理解为稻秉，即稻的产量。

bao

baob 包。如 ~ fuf 包袱；~ zix 包子。不排除有些词是照搬现代汉语。

baod 报。如 ~ gaod 报告；~ zix 报纸。照搬现代汉语。苗语中对应"报"的字还有 bex，后面将会讲到。

be

beb 1. 鼊（bì），从"辟"表音。从"辟"表音的字上古音多在帮母、锡部，入声。鼊，龟类动物。宋代周去非《岭外代答·鼊玳瑁》载："钦海有介属曰鼊，大如车轮，皮里有薄骨十三，如玳瑁。"似为海龟。苗语中的"鼊"指普通的龟。

　　贔，简化为赑，也可做参考。其上古音在并母、质部，入声。左思《吴都赋》载："巨鳌贔屭，首冠灵山。"《类篇》载："贔屭，鳌也。一曰雌鳌为贔。"《本草纲目》载："贔屭，大龟……好负重……今石碑下龟趺象其形。""贔屭"就是俗称"乌龟驮石碑"的龟。我们可以看出，贔或贔屭都指大龟（鳌即大龟）。"贔"从三贝，或许表示其多壳。

2. 包，上古音在帮母、幽部。韵母相当于 ou，ou 转换为 e。"包"有多个引申义，这里指包块、起包。如 ~ wex ~ dat 指树干疙疙瘩瘩。

bed 1. 伯，上古音在帮母、铎部，入声。《说文解字》载："伯，长也。"《仪礼·士冠礼》载："曰伯某甫、仲、叔、季，唯其所当。"兄弟排行依次为伯、仲、叔、季，伯是老大。伯、叔本指同辈中人，伯为兄、叔为弟。如《诗经·郑风·叔于田》载："不如叔也，洵美且仁。"这里的"叔"指的是郑庄公的弟弟共叔段。今天，伯、叔往往指父辈，是伯父、叔父的简称。苗语中，"伯"仍指同辈中的长者。

（1）大伯子。

（2）哥哥。如 ~ ut 伯叔，即兄弟。

（3）泛指男人、男孩。如 Nenx maix ob dail daib, ib dail ~, ib dail ad 他有两个孩子，一男一女。

2. 鈚（pī），从"比"表音。"比"的上古音在帮母、脂部。"鈚"是箭头，一种宽而薄的箭头。杜甫有诗云："长鈚逐狡兔，突羽当满月。"另有异体字"錍"，以"卑"表音。苗语中，bed 即箭头。

bel 1. 砭（biān），刺，名词。前面说到 bangt，即"砭"做动词，意思是刺、扎。"砭"的读音向两个方向转化：一个是韵母 am 转换为 ang，变成 bang；另一个是韵尾 m 灭失，转换为 be。向两个方向转化，是为了区别不同用法：一做动词，另一做名词。如 dub ~ 挑刺，~ ghof 刺梨。

bes 抱，上古音在并母、幽部。韵母相当于 ou，转换为 e。《集韵》载："抱，怀也。"《广韵》："抱，持也。"指用双手持于胸前。《说文解字》中作"襃"。《韩非子·和氏》载："和乃抱其璞而哭于楚山之下。"如 ~ jib daib 抱小孩；Dail det nongd maix ob ~ gid hlieb 这树有两抱粗。引申为抱养、鸡鸭等抱蛋之义。如 Nenx dios dail daib ~ 他是抱养崽；Dail gheib ~ git 鸡孵蛋。

bet 1. 扮，从"分"表音。"分"的上古音在帮母、文部。类似前文的"砭"，由 bian 转换为 bel，这里的韵尾 n 也灭失。《说文解字》载："扮，握也。"《说文解字注》载："并也。"就是指将东西捏在一起。装扮，是其后起之义。把东西捏成一团，一团也叫"一扮"。如 ~ ib ~ gad 捏一团饭。

2. 畈（fàn），从"反"表音，上古音在帮母、元部，韵尾 n 灭失。《字汇》载："畈，田畈，平畴也。"山间成片的田地，泛指场所。盖因西南多山，平畴很少，以此代表场地。如 Ib laix niangb ib ~ 每位住一处；~ nend 那里；~ deis 哪里。这也提醒我们，汉语中"里"代表处所。里，"有田有土而可居屋"（《说文解字注》），与"畈"异曲同工。

3. 爆，上古音在帮母、药部。《广韵》载："爆，火烈。"指炸裂发声，泛指声。韩愈《答柳柳州食虾蟆》载："巨堪朋娄多，沸耳作惊爆。"如 ~ hob 雷声；~ hxongt dongl dongl 枪声响咚咚。

bex 1. 板，上古音大帮母、元部，韵尾 n 灭失。《玉篇》载："板，木片也。"《说文解字》中写作"版"。

（1）指楼板、地板。苗族人一般住木屋，楼面、地面等多用木板。如 Laib zaid nongd maix ~ waix ~ dab 这屋室子有顶板有地板。

（2）苗族住宅中每层都架设木板，一层板代表一层楼。如 Laib zaid aib maix bib sangx ~ 那座宅子有三层板（三层楼）。

(3) 指盆、桶的底板。如 Jil dif dlax ~ yangx 桶底漏了。又由底板引申为裤子的裆部，如 Khet neis dal laib ~ 裤子烂了只剩裆（喻家道中落）。

2. 报，上古音在帮母、幽部。韵母相当于 ou，转换为 e。"报"的繁体为"報"，本义是囚犯回答讯问，引申为报告、回答（进而引申为回报）之义。这里指回报、偿还等。《诗经·卫风·木瓜》载："投我以木桃，报之以琼瑶。"今天还常见报仇、报答等词。如 Dat naix ~ hfed, dib naix ~ lil 杀人报头（偿命），打人赔礼；~ xat 报债，即还债。

3. 葆，上古音在帮母、幽部。韵母相当于 ou，ou 转换为 e。"葆"本指草木丛生或茂盛，引申为遮蔽物、遮盖之义。《礼记·杂记下》载："匠人执羽葆御柩。"孔颖达疏："羽葆者，以鸟羽注于柄头，如盖，谓之羽葆。葆谓盖也。"这里指车盖。《庄子·齐物论》载："注焉而不满，酌焉而不竭，而不知其所由来，此之谓葆光。"成云英注："葆，蔽也。"如 ~ hfud ~ naix 遮头盖耳；~ mais 目葆，即眼皮、上眼睑。

4. 酦（pō），从"发"表音。"发"的上古音在帮母、月部。"酦"即酿酒。北周庾信《春赋》载："石榴聊泛，蒲桃酦醅。"蒲桃即葡萄。今天用于发酵，读 fa。如 ~ jud 酦酒，即酿酒。

bei

beid 1. 辈，上古音在帮母、微部。"辈"字从"车"表义。《六书故》载："车以列分为辈。"经引申，"辈"相当于班、类、等。李白《南陵别儿童入京》载："仰天大笑出门去，我辈岂是蓬蒿人。"特指辈分。如 Ob dios jus ~ 我俩是同辈；~ lul，即老辈；~ yut，即小辈。

2. 背，上古音在帮母、职部。《说文解字》载："背，脊也。"经引申，做动词，指背对着，与面对相反。《史记·项羽本纪》载："言沛公不敢背项王也。"

(1) 背部。如 ~ daf 瘩背，背上长的疮。

(2) 背诵，犹如说背对着书本（不看）而诵读。如 ~ dud 背书。

(3) 相背。如 ~ sif 背时，即不走运。

3. 组成叠韵词：~ dleid，指很快。其字待考。

beit 啪，象声词。如 ~ dleit 啪哒。

beix 1. 其字待考。组成叠韵词：~ dleix，放在动词或形容词后面，形容某某样子。如 diek ~ dleix，突然笑的样子。

2. 肥，上古音在并母、微部。声母本接近 b。韵母中的 u 灭失。《说文解字》
载："肥，多肉也。"《论语·雍也》载："乘肥马，衣轻裘。"如 ~ dleix 肥
脽（音同谁），胖的样子。脽是屁股，也指肉多。如 diangs ~ dleix 壮肥脽，
胖乎乎的样子。

ben

benb 锛（bēn），从"奔"表音。"奔"的上古音在帮母、文部。《集韵》载："锛，
平木器。"

(1) 指木工工具，用来削平木头。如 Dad hfud ~ mongl khaid 拿锛头去敲。

(2) 指菜刀。

bend 1. 本，上古音在帮母、文部。《说文解字》载："木下曰本。""本"即树根。
引申指事物的根源、最初的样子等。《礼记·大学》载："物有本末，事有
终始。"

(1) 本来。如 ~ dios nenx bangf 本来是他的。

(2) 本钱。如 Jul ~ xus, dot linf dot 花本少，得利多。

(3) 本事、本领。如 Nenx maix ~ set bongt wat 他很有本事。

(4) 样本。如 ~ hab 做鞋的样本；~ hmub 绣花的样本。

2. 指涩的口感，像不熟的柿子味道。对应何字，待考。

benf 组成叠韵词：~ lenf，放在形容词后面，指光滑的、悄悄的样子等。字待考。

benk 1. 屏（píng、bǐng），上古音在帮母、耕部，入声。韵尾 ng 转换为 n。《说文
解字》载："屏，屏蔽也。"现今把挡门的小墙称为屏风。《左传·昭公二
十七年》载："屏王之耳目，使不聪明。"苗语中，benk 指遮蔽。如 Laib
ghab diux wangx bal yangx, mongx mongl ~ vut 园门坏了，你去屏（遮）好。

2. 平，上古音在并母、耕部。韵尾 eng 转换为 en。《说文解字》载："平，语
平舒也。"本指说话、呼吸时吐气均匀、平稳、平和。泛指平定、平稳、
平正等。如 dub ~ 置平，即放平；niangb dab ~ 坐平稳。

3. benk 组成叠韵词：~ nenk，放在动词后面，表示绵软的样子；benk tenk，
放在动词后面，表示不声不响的样子。字待考。

benl 嘣，象声词。如 Jox hvib qangt ~ ~ 心嘣嘣地跳。

bens 1. 分（fēn），上古音在并母、文部。声母接近 b。"分"本指分开，引申指物
体分开后的一部分。《孙子·谋攻》载："杀士卒三分之一而城不拔者，此
攻之灾也。"三分之一，即三份中的一份。今有部分、成分等词。在这个

意义上今天人们多写作"份"。看起来,"份"有每人分一份的意思。但古时"份"字相当于文质彬彬的"彬"。《说文解字》载:"份,文质备也。"指人的内在与外在相统一。苗语中,分指一份。如 Ib laix dot ib ~ 一位得一分(份)。

2. 伴,上古音在并母、元部。声母接近 b。韵母 an 转换为 en。《广韵》释伴:"侣也、依也、陪也。"苗语中指伴侣、配偶。如 Nil ax bil dot ~ 妹还没有得伴(丈夫);Vangb ed dod ait ~ 央(苗族祖先)取妹为妻。

3. bens 组成叠韵词:~ dlens,放在动词后面,表示快速、突然的样子;bens nens,放在形容词后面,表示难看的样子。

bent 1. 桦(bàn),上古音在并母、元部。韵母 an 转换为 en。劈开的木头、大块木柴。如 ~ hleit,碎桦。

2. 畚(běn),上古音在帮母、元部。现代汉语中,韵母 an 已经转换为 en。畚,一般人容易把它看成由"奋"组成的字。其实,它的上面是"弁"(biàn),表音;下面是"田",源于畚这种器具的象形。"畚"是典型的形声字。畚是用竹篾或蒲草等编制成的器具。《说文解字》载:"畚,所以盛粮。"用来撮土的器具也叫"畚"。《列子·汤问》载:"叩石垦壤,箕畚运于渤海之尾。"如 ~ hxab,畚筲。畚、筲的形状基本相同,也叫筲箕。如 Mongl dad laib ~ hxab lol hvit gad 你拿畚筲来滤饭。

benx 本,书本、本子。与前面的 bend——本来、样本等声调不同,也为了区别不同含义。如 ib ~ dud 一本书;~ denx 前本,指上册;~ diongb 中本,即中册。

bi

bib 1. 椑(bì),上古音在并母、脂部,与陛同音。《说文解字》载:"椑,椑柜,行马也。"椑柜是用木头相互交错穿插做成的一种拦路器械,往往放在宫门前,放行时则挪开。《周礼·天官·掌舍》载:"设椑柜再重。"即设两层椑柜。如果将这两个字拆开,它们有不同的表义方向:柜,即互,指木头在三维空间里互相垂直,有多种用途,除了指"行马"外,还指挂肉的架子——在立柱上插上不同方向的橛子,可以挂更多的肉;椑,应是三脚架,制作简便,稳定性好,不论地面平整与否,都能放稳。日常生活中,椑这种形状的东西很常见,比如将三根竿子拦腰捆扎,再将三根竿子底端掰开,就形成一个支架,用于晾晒东西。苗语中,极有可能用"椑"指数量,相当于三。与后文的 yaf——"亞"做数词、对应于"八"一样,因为亞有八个角。

（1）数词，相当于三。如 Nenx zaid maix ~ laib naix 他家有楂（三）口人；~ hnaib ob dangl 三天两头。

顺便说一句，汉语中，"三"与"参"（繁体为参）上古读音相同，都在心母、侵部，应该不是巧合。"参"本指星宿，即白虎三星，其上部本应作"晶"（表示星星），而不是厽字头，下部三撇则是三星的象形（见《说文解字注》）。大写的数词"叁"即脱胎于参。很难说是"三"借了"参"的音，还是"参"借了"三"的音；更不能断然认定"三"的读音天然就在心母、侵部。有一点可以肯定，因为"楂"与陛下之"陛"同音，汉语中能不用就不用。

（2）表示我们。表示"三"与表示"我们"的字同音，不是巧合。因为表示"我俩"的读音为 ob，而 ob 也指二。"我们"指三人或三人以上。如 ~ laib hveb hmub maix bib laib fangb yeef 我们苗语有三种方言。

汉语里似乎还没有专指"我们"的单字，一般都用两个字的词，如吾辈、我等、吾侪等。同样的，表示"你们"，汉语中没有专用字，而苗语中则用 mangx 来表示。

2. 襆（pú、fú），古音当在并母、职部，读音与"伏"相同。韵母只保留了韵首 i，而现代汉语的读音则只保留了韵腹 u。"襆"字早期经典未见，指覆盖物。王琦《汇解》载："襆即幞字，音与伏同，用以覆鞍鞯上。人将骑，则去之。"《资治通鉴·隋文帝仁寿二年》载："而私令外取肥肉脯鲊，置竹桶中，以蜡闭口，衣襆裹而纳之。"苗语中，bib 指覆盖尸体的寿布。如 Nenx nas dail lul mail dot ib liul ~ 他给老人买了一块襆。

3. 瘪（biě）。韵尾 e 灭失。从"敝"表音的字有 bi（蔽）、bie（鳖）两个读音，可见 bi、bie 可以互相转换。"瘪"字早期经典未见。《玉篇》载："瘪，枯病也。"指身体干瘪、干瘦，泛指向内凹陷。如 Nenx ~ lot dax yangx, nongt genx dax dail 他瘪着嘴，要哭起来了。

4. 被，上古音在并母、歌部，入声。被，以"皮"表音。以"皮"表音的字还有彼（bǐ）、诐（bǐ）、髲（bì，假发）等都读 bi，那是保留了韵首 i 而忽略韵尾的结果。汉语中"被"读 bei，则是忽略了韵首 i 而保留韵尾的结果。《说文解字》载："被，寝衣。"指睡觉时盖在身上的被子。如 ~ bongk 棉被。

5. 哗，象声词，如 ~ dib bob diob，犹如噼里啪啦。

bid 1. 朑（pí），上古音在并母、脂部，与蓖、篦具有相同的表音部件。《说文解字》载："膍，牛百叶也。一曰鸟膍胵。"《韵会》载："百叶，牛肚也；膍胵，鸟之肠胃也。"总之，膍或膍胵指动物的胃。苗语中，膍主要指鸟类、鸡鸭的胃，即嗉囊。如 laib ~ gheib 鸡膍，即鸡嗉子；Nenx diot dot ib ~ ghax lol mongl yangx 他填饱一嗉囊就回去了（戏语，指吃饱了就走）。

2. 字待考。bid 组成叠韵词：~ did bod diod，心神不定的样子；bid tid bod tiod，乱七八糟的样子。

bif 1. 笔，上古音在帮母、物部，入声。笔的繁体为筆，书写工具。笔原来有多种叫法。《说文解字》载："楚谓之聿，吴人谓之不律，燕谓之弗，秦谓之筆。"秦统一中国后，其他几种说法逐渐消失。如 ib diangb ~，一支笔。

2. 逼，上古音在帮母、职部，入声。与 baid——"逼"有所不同。baid 用其本义，指靠近、走近。这里用的是引申义：逼迫。《玉台新咏·古诗为焦仲卿妻作》载："其家逼之，乃投水而死。"如 Did zux ~ bib ait gheb 地主逼我们干活。

3. 敝，上古音在并母、月部。敝的左边含巾和上下四点，像巾破败凋零的样子。"敝"因此指残破。《说文解字》载："一曰败衣也。""败衣"即破衣。《史记·魏公子列传》载："侯生摄敝衣冠。"泛指破败。《墨子·公输》载："邻有敝舆而欲窃之。""敝舆"即破车。如 Dod mongl ib pit det，~ mongl ib pit dot 斫了半边树，敝了半边斧。这里的"敝"指残缺。如 ~ hmid，既可理解为刀斧缺口，也可理解为人缺牙。

4. 避，上古音在并母、锡部。"避"即回避。《史记·蔺相如列传》载："望见廉颇，引车避匿。"如 ~ bit 避讳，指不直呼齐名，而使用隐语称呼。

5. 毕，用于毕业、毕节（地名）等。如 ~ nieef 毕业，应是照搬当地现代汉语。

bik 擘（bāi），上古音在帮母、锡部，入声。"擘"以"辟"表音，自可读 bi。"擘"的一项字义是大拇指（读 bò），今有"巨擘"一词。这不是其本义。按段玉裁的解释："大指主开，余四指主合。故谓之巨擘。""擘"本指分开，相当于掰。《史记·刺客列传》载："既至王前，专诸擘鱼，因以匕首刺王僚。"因事先将匕首藏在鱼腹里，刺杀王僚时，专诸先掰开鱼再拿匕首。如 ~ ait ob xangb 掰为两半。

bil 1. 阪，上古音在并母、元部，作 bean。按一般规律，韵母 an 在苗语中转换为 ai，但这里偏转为 i。"阪"从"左阝"表义。"左阝"源于梯子的形状。从"左阝"的字除了指阶梯、台阶之外，往往指有高差的地方。"阪"即山坡。《说文解字》载："坡者曰阪。"《诗经·小雅·正月》载："瞻彼阪田。"

"阪田"即坡田、梯田。黔东南地区多山，连绵不尽，出门即是坡，故地名中也多有"阪"，如 ~ Det Nes 崇岭坡，在麻江县；~ Hxenb 别兴，在台江县；Bob ~ Jel 香炉山，在凯里市。"阪"与地相对，指高处。如 ~ ~ dab dab，直译为阪阪地地，即上上下下。

陂，上古音在帮母、歌部，入声。《说文解字》载："陂，阪也。"也指斜坡。可为参考。

2. 把，上古音在帮母、鱼部，作 bea。韵尾 a 灭失，韵首 e 转为 i。汉语中有把手掌叫作巴掌的，推测这个"巴"可能与 bil——"把"有关。"巴"本是一种大蛇的象形，据说可以吞象。在汉语中，"把"多做动词，表示手持，如《战国策·燕策三》载："臣左手把其袖。"《岳阳楼记》载："把酒临风。"实际上，手在古汉语中除了做名词外，也做动词，如《公羊传·庄公十三年》载："庄公升坛，曹子手剑而从之。"司马相如《上林赋》载："搏豺狼，手熊罴。"这里"手"与"搏"是并列的动词。反过来，"把"也可能做名词，指手。

（1）指手。如 max ~ 拍巴掌；~ jangl 左手；~ deix 右手；~ lul 老手。

（2）做量词，"一把"即一握。如 ib ~ dul，一把柴。bil 做量词，相当于"把"，强化了 bil、把、手三者的关联。

臂，上古音在帮母、锡部。《说文解字》载："臂，手上也。""厷，臂上也。""厷"即肱，上臂。《荀子·劝学》载："登高而招，臂非加长也，而见者远。"《庄子·人间世》载："汝不知夫螳螂乎？怒其臂以当其辙。"臂与手密不可分。也许，苗语用"臂"指代手。bil 也许是臂。

这里又涉及"趋简原则"：人们写字、说话总是趋向于简单——如果用手和臂能表达同样的意思，大家往往会写"手"，而不写"臂"；"臂"的发音简单，而"手"的上古音在书母、幽部，苗语中还没有书母。苗族人说话自然倾向于用 bil，不用 shou。

3. 弗（fú），上古音在帮母、物部，入声。含有韵首 i，这是"弗"转读为 bi 的基因。从"弗"表音的字"佛"也读 bì。《诗经·周颂·敬之》载："佛时仔肩。"即辅此重任。但后来用于辅佐、辅正的字多用弼（bì）。辛弃疾《永遇乐·京口北固亭怀古》载："佛狸祠下。"此中"佛"即读 bì。"弼"是将两个弓放在一起来矫正，后多取辅正之义，应是"弗"的异体字（弗，从弓，本义是将两个弓绑在一起，用标准的弓矫正变形的弓）。另外，《说文解字》在释筆（笔）、聿（yù）时说："秦谓之笔……燕谓之弗。"这是不同方言对笔的不同称呼，也可窥见弗与 bi 这个读音的关系。但"弗"后来多用作否定词。《吕氏春秋·察今》载："澭水暴益，荆人弗知。"吴越方言区，今天仍用"弗"。如 ~ dot bongl dliat mait 在妹之前弗得伴侣；~ hsaid，弗差，即差不多、几乎。苗语中还有一个独特现象，两个否定词连用，还是否定词：ax、bil 均为否定词，如 Nongx gad ax bil？吃饭没有？

4. bil 组成的叠韵词：~ dil，放在动词后面，指稳稳的样子。其字待考。

bis 1. 片，上古音在滂母、元部，同于今天的读音 pian。声母 p 转换为 b。an 往往转读成 ai，受韵首 i 的影响而灭失。《说文解字》载："片，判木也，从半木。"指的是爿、片二字，相互对称，合起来就是（篆体的）木字；将木字从中间竖向劈开，即为爿、片二字。因此称"片"是"半木"。实际上，"片"用来指被竖向剖开的木板、木片。从"片"的字，如版、牌、牍、牒（dié），都是木板或木片。今天也往往称扁平的东西为"片"。苗语中，"片"即指板子。如 ~ det jib 杉木板，~ mangl ~ mais 板面板脸，指面部没什么表情、不活泛。

2. 豍（bǐ），上古音在帮母、支部，入声。"豍"指平坦。《史记·司马相如列传》载："陂池豍豸。""豍豸"，渐平貌。"豍"应当是通假字，因从豸，与野兽有关，但这里的"豍"，主要取卑之义，卑指低下。山区平坦的地方往往都在低洼处，豍因此有平坦之义。如 Jox fangb nongd ~ 这地方很平坦。顺便说一句，汉语中"平"本指呼吸平舒。

bit 1. 讳（huì），上古音在晓母、微部。按此地苗语的发音规则，声母 h 与韵首 u 相遇，变成 f。"讳"转读成 fèi，而 fèi 又进而转换成 bì。"讳"在这里指名讳。"讳"本义是忌讳。但中国有个传统："为尊者讳，为亲者讳，为贤者讳。"除了长辈呼小辈时可直呼其名外，不能直接叫老者或对方的名字，万不得已时，要在名字前面加一讳字。久而久之，"讳"成了人名的代称。如 Mongx laib ~ gol ait deis？您讳称什么？即您名字叫什么？Dail dial ghax ~ Xongt, dail nil ghax ~ Mait 男的讳雄，女的讳妹。

2. 寐（mèi），上古音在明母、物部。bi 是 mei 的转换。声母 b 与 m 的转换可参照"百"与"陌"（mò），"秘"有 bì、mì 二音，必与泌（mì）等。《说文解字》载："寐，卧也。"指睡觉。《诗经·周南·关雎》载："寤寐求之。""寤"是睡醒，"寐"是睡着。今有"夜不能寐"一词。如 ~ dab 睡下；~ dangx 入寐；~ dint 寐店，即住店；~ vud 寐于野外，即露宿。

3. 哗，拟声词，模拟吹木叶的声音，以此表示吹木叶。如 ~ nex 吹木叶。

bix 1. 比，上古音在帮母、脂部。"比"本是二人紧挨着的象形。《汉书·路温书传》载："比肩而立。"挨近、靠着，引申出比较之义。《楚辞·涉江》载：

"与天地兮比寿，与日月兮齐光。"如 Dail xid seix ~ ax gos nenx 谁也比不上他。

2. 币，上古音在并母、月部。《说文解字》载："币，帛也。"本指用帛作为馈赠礼物，因其为通行做法，引申为流通的货币。《史记·吴王刘濞列传》载："乱天下币。"指吴王私自铸钱，扰乱货币发行。苗语中，bix 即钱币。如 ~ seix 钱币，~ seix nix 银币。

biao

biaob 标。如 ~ wix 标语，~ zunx 标准。应是照搬现代汉语。

biaox 表。如 ~ xeed 表现，~ yangx 表扬。应是照搬现代汉语。

biee

bieeb 编。如 Dad dol hveb nongd mongl ~ jangx dud hmub 拿这些话编成苗文书。biee 是 bian 的转读，应是照搬现代汉语。

bieed 变。如 Nenx jus hxot ghax ~ jangx dail daib pik 他一下变成一个姑娘。这里的 bieed 是由汉语转读而来，苗语中有 hfend 一词，指变化、变幻。

bin

binx 饼。如 ~ gaib 饼干。照搬现代汉语。

bo

bob 1. 包，上古音在帮母、幽部。韵母相当于 ou，由 ou 转换为 o。与前面的 beb——"包"没有什么太大的不同，只是前面的 beb 只指包块，而这里的字义更多一些。

（1）包、裹。如 ib ~ dangf 一包糖。

（2）包，包下来。如 Laib gheb nongd ~ diot wil ait 这活儿包给我做。

（3）包状物、小山头等。如 ~ Bil Jel 香炉山；~ ~ leif leif，形容东西盛得满满的、冒尖儿了。

（4）包围。如 Dol naix ~ hangd aib 众人包围着哪里。

2. 癶（bō），上古音在帮母、月部。《说文解字》释其读音："读若拨。"俗称"登字头"或"發字头"，本是双脚的象形，引申指停留、落脚。正如"止"字，本是脚的象形，引申为停止之义。如 Dail kak liax ~ diot dail det mangx 喜鹊落在枫树上。

3. 八，上古音在帮母、质部。韵尾作 e，转为 o。《说文解字》载："八，别也，象分别相背之形。""分"字即从"八"表义。组成叠韵词：~ tiob，八岔，指分开、岔开的样子。如 Dail bad ninx ob jil gib tiab ~ tiob 公（水）牛二只角叉八岔，指水牛两只角分得很开。

顺便说一句，汉语中用"八"作数词，应是人为指定的结果。苗语中，用 yaf 作数词 8。

bod 1. 宝，上古音在帮母、幽部。韵母相当于 ou，由 ou 转换为 o。《说文解字》载："宝，珍也。"指珍稀而贵重的东西。《史记·廉颇蔺相如列传》载："和氏璧，天下所共传宝也。"如 Mongx ghangb hvib ~ deis? 你得宝高兴吧?

2. 保，上古音在帮母、幽部。韵母相当于 ou，由 ou 转换为 o。"保"字的右部实际上含有"子"。《说文解字》载："保，养也。"本义为对婴幼儿的保护、保养，引申为保卫、保佑等意思。如 Bib ~ jox fangb nal 我们保卫祖国；Maix ghab hseib ghet niongs ~ 有祖宗保佑。

3. 泡，上古音在滂母、幽部。声母相当于 p，转读成 b。韵母相当于 ou，由 ou 转换为 o。

（1）浸泡。如 Dad jib bil ~ eb 把手泡水里。

（2）量词，如 ib ~ wal 一泡尿。

4. 骲（bào），以"包"表音，"包"的上古音在帮母、幽部。韵母相当于 ou，由 ou 转换为 o。从字形看，可大致推测出是指身体上的骨头突起处、包状物，只不过此字用得不多。《资治通鉴·宋纪十六》载："萧道成昼卧裸袒。帝立道成于室内，画腹为的，自引满，将射之。道成敛板曰：'老臣无罪。'左右王天恩曰：'领军腹大，是佳射堋；一箭便死，后无复射；不如以骲箭射之。'帝乃更以骲箭射，正中其脐。"南北朝宋帝刘昱在萧道成的肚皮上画一靶子，准备用箭射。经劝说，改用骲箭射，射中肚脐。可以想见，骲箭没有锐利的箭镞，箭头只是一个包，没有杀伤力。"骲"即鼓包、包状物。如 ~ ghongd 颈包，即喉结；~ hsent 蒜头；~ nais 鼻头；~ jenx 拳头。

5. 葆，上古音在帮母、幽部。与前面的 bex——"葆"有所不同。前面的"葆"指遮盖，这里指保持、保全。《墨子·号令》载："尽葆其老弱、粟米、畜产。"今有"永葆青春"一词。在苗语里常用于感谢别人的祝福，如

~ hfut 葆福。

6. 组成叠韵词：~ diod，放在动词后面，表示不自在的样子。如 ~ tiod 稳固的样子。其字待考。

7. 啵，象声词。如 ~ diod，水滴滴落的声音。

bof 1. 哼，象声词。如 ~ nof，低低的说话声；~ xof，低声交谈的声音。

2. 剥。如 ~ xof 剥削，可能是照搬现代汉语。

bok 阜（fù），上古音在并母、幽部。声母接近于 b；韵母相当于 ou，由 ou 转换为 o。《说文解字》载："阜，大陆也。山无石者，象形。"所谓大陆，不同于今天所说的"大陆"，"陆"是高地；所谓象形，指"阜"字的上部横过来看，像两个并列的山包。《诗经·小雅·天保》载："如山如阜，如冈如陵。""阜"与山、冈、陵并列，我们就大致知道什么是阜了。"阜"泛指山。《荀子·赋》载："有物于此，生于山阜，处于室堂。"如 jit ~ 跻阜，即爬山；~ Bil Lal 雷公山。

bol 1. 抔（póu），上古音在并母、之部。"抔"以"不"表音，声母接近于 b；韵母接近于 o。"抔"指用双手捧。《礼记·礼运》载："污尊而抔饮。"掘地为尊（酒器），手捧而饮。也用作量词，"一抔"即一捧。《史记·张释之冯唐列传》载："假令愚民取长陵一抔土，陛下何以加其法乎？"苗语中，bol 也指用双手捧，作量词。如 Dad ob jil bil mongl ~ 拿两只手去抔（捧）；ib ~ def ghab dab 一抔花生豆。

2. 嘌，象声词。如 ~ nol，小声说话；~ dlol，水沸腾的声音。

3. 跛，上古音在帮母、歌部。《说文解字》载："跛，行不正也。"《荀子·修身》载："故蹞步而不休，跛鳖千里；累土而不辍，丘山崇成。"组成叠韵词：~ diol 跛拙，表示走路、行动慢而沉重的样子。

4. 组成叠韵词：~ niol，表示密密麻麻的样子。其字待考。

bos 1. 苞，上古音在帮母、幽部。"苞"有多个义项，如指一种草、包裹等。这里指草木丛生。《尔雅·释诂》载："苞，丰也。"《诗经·唐风·鸨羽》载："集于苞栩。""苞栩"指丛生的栩树。《诗经·小雅·斯干》载："如竹苞矣，如松茂矣。""竹苞"即丛生的竹。bos 也指草木的一丛，如 ib ~ ghab nangx 一丛草。

2. 曋，象声词。如 ~ dlos 指开水的咕嘟声，犹如 bol dlol。也可单用，如 dlak ~，曋地陷下去。

bot 1. 犦（bào），从"暴"表音，"暴"的上古音在并母、药部。"犦"指颈背部隆起的牛。这种牛也叫犎（fēng）。《尔雅·释畜》中记载有"犦牛"，郭璞

注："即犎牛也，领上肉犦胅（dié）起高二尺许，状如囊驼（即骆驼）。"用此形容人驼背。苗族人与牛的关系密切，常以牛喻人。如 ~ diub 犦脊，即驼背。

2. 曝，象声词。如 bot dlot，物体下落时的声音。

box 1. 饱，上古音在帮母、幽部。韵母相当于 ou，由 ou 转换为 o。"饱"本指吃够了，引申为饱满、鼓凸之义。《广雅》载："饱，满也。"如 Nail ~ qub val lenk 鱼胀得肚鼓鼓的；~ gib mangl，脸蛋饱满。

顺便说一句，苗语中说肚子吃饱了，用 xangd。

2. 跑，上古音在并母、幽部。声母相当于 b；韵母相当于 ou，由 ou 转换为 o。"跑"本指动物以足刨地。《广韵》载："跑，足跑地也。"今杭州有虎跑泉。"跑"指快走、急走，这是后来的事。苗语里本有 zuk——"趣"（古义），相当于现在的跑。"跑"指急走，则有可能是后来从汉语里借用的。如 Mongx ~ mongl hxid 你跑过去看看。

3. 簸（bǒ），上古音在帮母、歌部。《说文解字》载："簸，扬米去糠也。"《诗经·小雅·大东》载："维南有箕，不可以簸扬。"南天有星如箕，但不能簸米。引申为像簸米一样颠动。唐代李朝威《柳毅传》载："宫殿摆簸。"现有"颠簸"一词。苗语中，box 也有类似的字义。

（1）扬米去糠。如 ~ hsaid 簸米。

（2）颠簸。如 ~ fangb ~ vangl 簸方簸寨，即震动一方、震动一寨。

4. 箔（bó），以"泊"表音，"泊"的上古音在并母、铎部。箔，用竹子编成，薄如席。用竹箔做的帘子也叫箔。《韵会》释箔："帘也。"《新唐书·卢怀慎传》载："门不施箔。"门上不挂帘子。苗语中，"箔"也指帘。

5. 藻（piáo），上古音在滂母、宵部。浮萍。《广韵》《方言》载："江东谐浮萍为藻。""藻"的读音源于"票"。从"票"的字如骠、摽（biào）、膘、镖、鳔、標（简化为标）等都念 biao。bo 由 biao 转读而来，其中 i 在转读中消失。如 Heik ~ lol yis bat 捞藻来喂猪。还指像藻的东西。如 ~ dab 草药，地星秀。

bong

bongb 丰，上古音在滂母、东部。《说文解字》载："丰，草盛丰丰也。"这是象形字，中间一竖像茎，其余笔画表示叶片多。它与丰收之"丰"（繁体为豐）是两个字。组成叠韵词：丰茸，仍指草木茂盛。司马相如《长门赋》

载："罗丰茸之游树兮。"苗语中，也组成叠韵词：～ yongb 丰茸，一般放在形容词后面，表示某某样子。如 niul ～ yongb 绿丰茸，即绿油油的样子；nox ～ yongb 蓝丰茸，指草木青幽幽的样子。

bongd 1. 嘣，象声词。如 ～ diongd 嘣咚，水滴滴入水里的声音。

2. 平，上古音在并母、耕部，入声。韵尾 eng 转换为 ong。bongd 是 benk——"平"的又音。《说文解字》载："平，语平舒也。"组成叠韵词：bongd jongd 平静。如 zongb naix ～ jongd 聪耳平静，即静静地听，"聪耳"即聆听；nos bongd jongd 虑平静，即静静地思考。

bongf 逢，上古音在并母、东部。声母接近于 b。韵母 eng 变为 ong。《说文解字》载："逢，遇也。"白居易《琵琶行》载："相逢何必曾相识。"

（1）引申为遇见。如 Mongx ～ nenx ax bil? 你遇见他没有？苗语里另有表示看、视的词 ngit、hxid，二者都有仔细瞧的意思，而 bongf 指的只是看到。如 Fangx waix jef ～ gid 天亮了才见路。

（2）逢还有迎接之义。《孟子·告子下》载："逢君之恶，其罪大。"这里的"逢"即迎合。王维《与卢象集朱家》载："主人能爱客，终日有逢迎。"如 Nenx zaid ～ jib daib yangx 他家迎来小孩（指孩子出生）。

bongk 棉，即棉花。棉花的原产地不在中国，在非洲或印度，至迟在两汉时期传到我国西北、西南边陲和南部沿海地区。刚进入我国时，其音译为白叠、帛叠、白蝶等。《梁书·高昌传》载："实如茧，丝如细纩（kuàng，絮状），名为白叠子。"因其第一个音节读"帛"，才为其专门造了个"棉"字。猜测"棉"是形声字：以"帛"表音，以"木"表义。棉读 mián，可能是误读，读成"绵"了，因二者性状相似。bongk 应当是"帛"（bó）或"白"字的转读。至于后面加鼻化音 ng，也不是独例。后面还会讲到，"茹"读为 nongx，"柱"读为 dongs。Bongk，既指棉花，也指棉被褥。如 ～ jangs dab 荐地棉，指垫在下面的棉，即褥子；～ niak 儿棉，婴儿被，即褓襁。

bongl 1. 朋，上古音在并母、蒸部。韵母 eng 转换为 ong。指一双、一对。"朋"字的原型与月无关，它是两串贝壳的象形，也是古代的一个货币单位。《诗经·小雅·菁菁者莪》载："既见君子，锡我百朋。"即赐我二百串贝。因五贝一系（一串），两串一朋，"朋"取二、双之义。如 ib ～ naix 一对夫妻；ib ～ dif 一双桶（成对，用来挑水）。

并，上古音在帮母、耕部。韵母 eng 转换为 ong。《说文解字》载："并，相从也。""并"也写作"幷"，是前后两个人、中间用两个横杆相连的象形。似也有成双成对之义。

2. 嘣，象声词，类似于击鼓声、拍打水面的声音。如 max eb bet ~ ~ 拍水响嘣嘣。~ dongl，叠韵词，也是类似响声。

3. 组成叠韵词：~ dlongl 指一下子、忽然；~ liongl 指光溜溜的样子；~ yongl 指融化的样子。

bongt 1. 风，上古音在帮母、冬部，入声。声母是 b。"风"与"凤"本是同源字。"凤"本无形，借凤这种大鸟飞行时扇出的气流来表示风。《殷墟文字甲编》收录的一句甲骨文："今日不凤。"即今天不刮风。《庄子·齐物论》载："夫大块噫气，其名为风。"认为风是大地之气。"大块"即大地。苗语中，bongt 相当于气、气息等意思。

(1) 指空气、气息。风、气本来没有什么区别，它们都是无形的。"气"的早期字形是流线型的三画，是现代漫画中风的画法。在具体用法上，选择风还是气，是习惯使然。汉语里，"风"更多地用在社会现象和活动中，如风气、风化、风俗等，"气"则多用于人体，如气息、力气。如 hvuk ~ 吸气；xangt ~ 呼气；liuf ~ yangx 断气了；faf ~ yangx 漏风了。

(2) 指气味，气味靠风传播。《左传·僖公四年》载："君处北海，寡人处南海，唯是风马牛不相及也。"贾逵云："牝牡相诱谓之风。"母畜或公畜释放出气味以吸引异性，这种气味就是"风"。"风马"与"风牛"之间没有吸引力，所以"不相及"。《尚书·费誓》载："马牛其风。"指牛马发情时释放气味，引起互相追逐。如 Laib wangx vob jenl hsent, ib jox ib diel ~ 菜园栽大蒜，一棵一个味。比喻相同环境中的人是不一样的。

2. 猛，上古音在明母、阳部。声母 m 转换为 b。"猛"指勇猛、力大，刘邦《大风歌》载："安得猛士兮守四方。"如 dail ninx ~ niox 那牛可猛了；~ ves 力势猛。"猛"也做程度副词，如 ~ bil 过分，~ wat 极其。放在谓语后面做补语，如 mongb hvib ~ bil 痛心已极；vut ~ wat 好极了。

bongx 1. 浡（bó），上古音在并母、物部。鼻音化后读 bong。"浡"指涌出。《淮南子·原道训》载："原流泉浡。"高诱注："浡，涌也。"

(1) 指涌出。如 ~ ment 涌出井水。

(2) 由水涌出引申为出产。如 Jox fangb nongd ~ yenx 这个地方出产铅（锡）。

(3) 由水涌出引申为母畜下崽。如 Dail mif liod ~ ghab daib yangx 母黄牛下崽了。

(4) 引申为出现。如 ~ dliangb 出鬼了。

2. 渤（bó），上古音在并母、物部。鼻音化。"渤"一指渤海，二指水波腾涌。元稹诗云："鲸归穴兮渤溢。"这里取后者。如 ~ eb 渤水，指激流。

3. 勃，上古音在并母、物部。鼻音化。《广雅》载："勃勃，盛也。"《荀子·非十二子》载："佛（勃）然平世之俗起焉。""勃"指兴起、兴盛。今有蓬勃、勃起、勃兴等词。实际上，"勃"从"力"表义，本义是推挤。在兴起这个义项上与"浡"通假。如 Jox fangb nongd ~ gix ~ niel 这地方兴芦笙、兴铜鼓。

4. 博，上古音在帮母、铎部。鼻音化。《玉篇》释博："广也，通也。"《荀子·劝学》载："君子博学而日参省乎己，则知明而行无过矣。"今有地大物博、渊博等词。苗语中用于粮食多产。如 ~ bangx 直译为博秉，即收获多、丰产。

5. 暴（bó），上古音在并母、药部。鼻音化。"暴"一般读 bào，用于表达暴露、急猛等词，但用于鼓起之义时，读 bó。《周礼·考工记》中讲到制陶时说："髻垦薜暴不入市。"郑玄注："暴，坟起不坚致也。"今有"青筋暴露"一词。如 Dail det nongd ~ ghaib yangx 这棵树暴根了。~ ghaib 暴根，即根鼓出地面。

6. 膨（péng），膨以"彭"表音。"彭"的上古音在并母、阳部。声母接近于 b。如 ~ mangl ~ mais 面泡脸肿。另有"胮"（pāng）音义与之相近。

bu

bub 1. 卜，上古音在帮母、屋部，入声。《周礼·大卜》注："问龟曰卜。"本义为占卜，以火灼龟，预测吉凶。占卜是在没有掌握充分的信息、难以决策时采取的办法，是无奈之举。《左传·桓公十一年》载："卜以决疑，不疑何卜？"说明在知道怎么做的情况下就没必要占卜了。"卜"引申为知道、明白之义，唐代李商隐《马嵬》载："他生未卜此生休。"今有"前途未卜"一词。如 Wil ax ~ hveb diel not 我不太懂汉语；Nenx ax ~ leix 他不识字；~ hvib 知心，能体贴人；~ lil 知礼，有礼貌。

2. 伏，上古音在并母、职部，入声。声母接近 b。"伏"本义指趴着、面向下。《礼记·曲礼上》载："寝勿伏。"即不要趴着睡。
（1）趴伏。如 ~ diub 伏蛰，犹如蛰伏，指趴着不动的样子。~ diub 泛指不动的样子。dangl ~ diub 等伏蛰，即静静地等着。hxud ~ diub 竖伏蛰，即静静地站着。

031

（2）引申为低垂。如 ~ khob 伏颗，低头。Dail dlad ~ daid 狗伏骶，即狗垂着尾巴。

3. 逋（bū），上古音在帮母、鱼部。《说文解字》释为："亡也。""亡"即逃亡。《尚书·费誓》载："臣妾逋逃，勿敢越逐。"如 ~ dliux 直译为逋神，即躲鬼神、逃命，形容急急忙忙、跑得快。

4. 溥（fū），上古音在滂母、鱼部，通"普"。"普"本义是"日无色"，普遍之"普"应为"溥"。《说文解字》载："溥，大也。"本义为水面广大，泛指大，引申为普遍的意思。《诗经·大雅·公刘》载："逝彼百泉，瞻彼溥原。""溥原"即广阔的原野。《诗经·小雅·北山》载："溥天之下，莫非王土。""溥"即遍。《礼记·祀仪》载："夫孝，置之而塞乎天地，溥之而横乎四海。"这里的"溥"即读 fū，与"敷"相同。可见，"溥"也读平声。苗语中，"溥"有普遍、遍及之义。如 ~ nongx 溥茹，即遍吃，犹如乱吃、什么都吃；~ dib 乱打；~ hangd 溥忱，即随意。

5. 胕（fū、fú），上古音在并母、侯部。声母接近 b；韵母只保留了 u。"胕"本指浮肿。浮肿之"浮"应该写作"胕"。《素问·五常政大论》载："寒热胕肿。"《山海经·西经》载："有草焉，其名曰蕽……浴之已疥，又可以已胕。""已胕"即消肿。苗语中，bub 指胖乎乎、丰满的样子，如 dlenx ~ deb 团胕嘟，即圆乎乎的样子；box ~ deb 饱胕嘟，饱满鼓胀的样子。

bud 1. 卜，上古音在帮母、屋部。这里用其本义：占卜。bud 以读音区别于表示知道的"卜"——bub。如 Xet vangs xangs lol ~ 休请鬼师来卜；~ dliangb 卜鬼（看是哪个鬼神作怪）。

2. 补，上古音在帮母、鱼部。《说文解字》载："补，完衣也。"补衣，使不完整的衣服完整。泛指修补、补充、增补、补助等。《荀子·王制》载："收孤寡，补贫穷。"如 Mongx dliok laib nongd xus nenk yangx, dad ~ nenk haib 你称得少了点，再补一点吧。

3. 部、布等，照搬现代汉语。如 ~ duid 部队；~ gaod 布告。

4. 吥，象声词。如 ~ sed，小声说话的样子；dongf ~ sed，小声议论。

5. 暴，上古音在并母、药部。韵母作 au，只保留了 u。《说文解字》载："暴，疾有所趣也。"泛指急速、猛。《吕氏春秋·孟冬》载："行夏令，国多暴风。"需要说明的是，"暴"还有另一个意思：晒，是"曝"的本字，引申为暴露。表达急与暴晒的分别是两个字，现在糅成一个了。苗语中，bud 指急速。组成叠韵词：~ dlud，暴速。该词放在动词后面，表示相应的动作急速或粗鲁的样子。

buf 1. 户，上古音在匣母、鱼部。读音由 hu 转为 fu，进而转读为 bu。《说文解字》载："半门曰户。""户"（戶）是半个门（門）字，"門"是双扇门的象形。"户"即单扇门，引申出遮挡之义。《左传·宣公十二年》载："屈荡户之。"注："户，止也。""屈荡"为人名。苗语中，"户"就是遮挡。在这个意义上汉语往往写作"护"。如 Dad pangb dinl lol ~ bet nongd, dangf jent nenk daib 拿簟子护住这里，挡着点风。Det ~ jef jangx vangl 有树护着才成寨子。

2. 阜（fù），上古音在并母、幽部。韵母作 ou，只保留了 u。buf 是 bok——"阜"的又音。阜的本义为大陆，指高而平的地方。这里指在秧田里修出一道高而平的地方——秧台，以便在其上撒种育秧。如 Jenk ib jox ~ 建一条阜（秧台）。

buk 1. 户，与 buf——"户"有所不同，这里做名词。"户"本是单扇门的象形，因此门、户常连用，但在这里指人体的"门"。如 ~ duk 直译为肚户，即肚脐眼。

2. 副，上古音在滂母、职部。声母接近于 p，转换为 b。或者说，"副"从畐（bì）表音，声母相当于 b，韵腹相当于 u。《说文解字》释副为"判也"，就是指用刀分开。《诗经·大雅·生民》载："不坼不副。""坼"是裂开。《礼记·曲礼》载："为天子削瓜者，副之。"译为削完瓜皮，再切开。buk 在苗语里指开。如 ~ diux 副宁（zhù），开门；~ hsangt 副伞，打开伞；~ mais 副目，睁开眼；~ dongd 副正，开年、回春了。

顺便说一句，现今常用于正副之副，当是从一分为二、一式两份这个意义上引申而来。"副"的异体字是疈，在"副"字的右部再加一个畐，左右对称。详见后面的 bul——"副"。

反观汉语中，"开"（開）由开门广泛引申。苗语中同时用 kaib，显然就是开。如果说 kaib huid（开会）、kaib ceeb（开车），是照搬现代汉语，那么与 buk dongd 意思相同的说法 kaib niangx（开年）可能是早已有之。

3. 腹，上古音在帮母、觉部。一般指肚子。声母为 b。《说文解字》对"腹"的解释为两个字："厚也。"苗语中，buk 指禽类的胃，即肫（zhūn）。鸡肫就非常厚，可以容纳砂子，以研磨食物，帮助消化。如 ~ dux，直译腹肚，即肫。

bul 1. 副，上古音在滂母、职部。与前面的 buk——"副"有所不同。从其异体字"疈"可以理解为：由分开引申为一分为二，两个同样的东西。

（1）有助手、伙伴之义。正副之"副"正是从这里引申而来。《汉书·张良传》记载，张良用飞锥刺杀秦始皇时"误中副车"，"副车"是秦始皇的伴车。《战国策·燕军》记载，太子丹派荆轲刺杀秦始皇时，"乃令秦武阳为副"。让秦武阳为他当助手，或者说与他为伴。如 ait ~ 为副，就是做伙伴、交朋友。

（2）副还指"另外的"。司马迁《太史公书》记载，在写完《史记》后，为防止意外，还复制了一份，即做了副本。"藏之名山，副在京师。"指将副本放在京师。"副"引申为他人、别人，与"我"相对。如 ~ lul bib xet lul，~ dol bib xet dol 别人老我们不老，别人疏远我们不疏远。

2. 噗，象声词。如 ~ liul，噗溜。

bus 1. 腐，上古音在并母、侯部，入声。声母接近于 b。《说文解字》载："腐，烂也。"指有机体腐烂、化脓。这里做名词，特指脓（汉语中，"腐"也可做名词，如豆腐、腐竹）。"脓"现指脓液，但也指腐烂。《玉篇》载："脓，痈疽溃也。"《齐民要术·水稻》载："稻苗长七八寸，陈草复起，以镰侵水芟之，草悉脓死。"指将草割后，把在水里的草都腐烂掉。可见腐、脓可通用。如 Laib dix hxangd ~ yangx 疗疮化脓了；lol ~ 流脓。

2. 赴，上古音在滂母、屋部。声母接近于 p，转而为 b。《说文解字》载："赴，趋也。""赴"即奔向、前往。《乐府诗集·木兰诗》载："万里赴戎机，关山度若飞。"如 ~ eb 直译为赴水，这里不是投水寻自尽的意思，而是走进水里。~ lix 走进田里。~ diel 赴敌，也不是指视死如归或与敌人决一死战，而是投入敌人怀抱，同 tef diel——"投敌"。

3. 叠韵词：bus dlus，放在动词后面表示突然的样子。也做象声词。

but 1. 複（fù），上古音在帮母、觉部。声母为 b。指有里子的衣服。《说文解字》载："複，重衣也。"《释名·释衣》载："有裡（里）曰複。"简化后，複、復都成复。其实这两字有明显的区别。複是重衣，即夹衣，所以衍生出重复、复杂等；复指往来，所以衍生出反复、回复等。複既指有里的衣服，在苗语中特指衣服的里子，或被里；又引申为重复、双重。

（1）指衣服的里子、被里。如 Ud denx jef maix ~ 夹衣才有里子。Pangb bongk nongd laib ~ neis yangx, laib liut dail vut 这床被子里子破了，面子还好。

（2）指重复的。如 but hlat 複月，即闰月。

2. 覆，上古音在滂母、觉部。声母相当于 p。《说文解字》："覆，覂……一曰盖也。"覂与盖是一致的：由倒扣引申为覆盖。《诗经·大雅·生民》："诞置之寒冰，鸟覆翼之。"即把（婴儿）放在寒冰上，鸟用翅膀覆盖他。苗语中，but 指缝被子，将被面与被絮缝在一起。可能来自用被面覆盖被絮。如 but pangb bongk diot 覆幡被著，即把被子缝上。

複，上古音在帮母、觉部。声母本为 b。《说文解字》："複，重衣也……一曰褚衣。""褚……一曰装衣。"複的另一义即往衣服里装绵（后来用棉）。《齐民要术·杂说》："彻（撤）複为袷。"即撤去衣服里的绵，变成夹衣。複是不是可以引申为往被套里装被絮、缝被子呢？供参考。

3. 沸（fèi），上古音在帮母、物部。沸以弗表音。声母本为 b。韵母只保留了 u，其余灭失。沸在汉语里今读 fèi，读歪了。沸指水上涌之貌。《诗经·小雅·十月之交》："百川沸腾，山冢崒崩。"指的是地震时的情景。水烧开后向上翻腾也叫沸。如 Laib eb nongd ax bil ~ 这水还没沸。苗语里还把沸做使动词，即把水烧开，如 ~ ed 烧开水。

4. 副，上古音在滂母、职部。与 bul——副的第二个义项意思相同，指别人、他人。如 dol ~ 副者，即他人。

5. 襮（bò），上古音在帮母、药部。韵母作 au，只保留了 u。《尔雅·释器》："黼领谓之襮。"郭璞注："绣刺黼文以襮领。"指绣有花纹的衣领。苗语中，but 指小孩的围嘴，围在脖子四周，用以接口水，一般用碎布拼成，犹如绣花衣领。如 but des 唾襮，即接唾液的围嘴。

bux 1. 簸，上古音在帮母、歌部，相当于 bua。韵母 u 来自其韵首 u。bux 是 box——簸的别音。如 ~ hsaid 簸米。

2. 腹，上古音在帮母、觉部。韵母 ou 转为 u。bux 同 box——腹。bux dux，也是肚。

苗语里还有一个独特的现象，在动词前面再加一个字，这个动词不论发什么音，加在前面这个字的声母、声调均与其一致，只是将韵母换成 u，组成一个双声词。如：bangt，是砭、扎，前面加 but，组成 but bangt，指乱扎；deit 是踢，前面加 dut，组成 dut deit，就是乱踢。依此类推，前面所加 but、dut 等没有确切的意义，完全是为了达成读音效果。以后类似的现象不再赘述。

提示：声母 c 对应于汉语中的 c、ch、q。

ca

cab 锄，上古音在崇母、鱼部，入声。鱼部往往对应于韵母 a 或 u。《尔雅·释名》："锄，助也，去秽助苗长也。"秽指杂草。锄指芟除地里的杂草。《楚辞·卜居》："宁诛锄草茅，以力耕乎？将游大人，以成名乎？"也引申为间苗，即芟除多余的苗。如 Laib wangx vob nongd liangs hlot wat，~ nenk mongl jef hvit hlieb 这个菜园的菜太密了，锄掉一些才长得快。

cad 1. 处，上古音在昌母、鱼部。《说文解字》："处，止也。"即停留。《孙子·军争》："是故卷甲而趋，日夜不处。"即日夜不停。也指停留的地方、居留的处所。《史记·五帝本纪》："迁徙往来无常处。"苗语中，cad 指处所。如 ~ wal，雨处，指尿所处之地，即尿脬、膀胱。wal——雨是尿的婉称。

2. 粲，上古音在清母、元部。韵母 an 一般转为 ai，这里转为 a。《说文解字》："粲，稻重一石……为米十斗曰毇，为米六斗大半斗曰粲。"粲即精加工的米：一石稻子可以加工出一般的米十斗，但只能加工出六斗半的粲。粲因此又白又亮。《谷梁传·昭公四年》："军人粲然皆笑。"粲然指露出白牙的样子。苗语中，cad 比喻霰粒。如 cad val 雪（shà）粲，即霰粒。雪是小雨，有零星之义。

caf 查，上古音在庄母、鱼部。韵尾相当于 a，本应写作查，以且表音。查本指树林被砍伐后留下的茬口。查做动词是后来的事，这里可能是照搬现代汉语，指检查、查访等。如 Nenx ~ gid deis seix ~ ax gos lol 他怎么查也查不出。

cat 筌（quán），上古音在清母、元部。声母本相当于 c。韵首 u 和 n 韵尾灭失。晋代郭璞《江赋》载："夹众罗筌。"李善注："筌，捕鱼之器。"也写作荃。《庄子·外物》载："荃者所以在鱼，得鱼而忘荃。"如 dad laib cat mongl jeb nail 拿个筌去捕鱼；cat nail 鱼筌。

cai

caib 1. 嚏，即喷嚏．嚏是拟声词，caib 也拟声。如 ~ ghad nais 喷出鼻涕。

2. 参，是 cān 的转换，照搬现代汉语。如 ~ jab 参加；~ junb 参军。

caid 1. 尺，上古音在昌母、铎部。韵母 ai 对应于现代汉语的 i。《说文解字》："尺，十寸也。"尺是较短的长度单位。《战国策·燕策》载："而秦法，群臣侍殿上者，不得持尺兵。"尺兵即较短的兵器。苗语里较小尺寸的度量单位多用拃（张开拇指、食指，两指尖的距离）——dlot，较少用尺。一般地，尺寸连用，即 ~ cenk，但不是指长度，而是指尺度不大、不起眼。构词方法犹如汉语中的毫厘、锱铢。如 Ax maix laib ~ cenk gheix xid 没有什么尺寸，犹如说没有什么名堂。

2. caid 还有一种用法：放在 hlaid（坐）之前，组成叠韵词（声母 c 与 hl 发音也接近），起到独特的叠音作用，表示乱坐。无独立意义。

cait 拆，上古音在透母、铎部，入声。声母本为 t，后来演变为 ch。《集韵》《韵会》等释拆："裂也，开也。"《易经·象传》："雷雨作，而百果草木皆甲拆。"如 ~ dius 拆兜，即分蘖、分株；~ zaid 拆宅，即分家。

cang

cangd 唱。如 ~ gob 唱歌，应是照搬现代汉语。苗语里有 gol hxak，即唱歌。

cangf 长。如 ~ jangb 长江，~ sab 长沙，也是照搬现代汉语。

cao

caob 操。如 ~ cangf 操场。照搬现代汉语。

caof 朝。如 ~ daid 朝代，~ xeex 朝鲜。照搬现代汉语。

ce

ceb 1. 簇，上古音在清母、屋部，入声。《正字通》："簇，小竹丛生也。"《史记·律书》："太簇者，言万物簇生也。"引申为簇拥。~ het，即簇护，与拥护同义。如 Nongt maix naix not lol ~ het jef jangx hlieb 要有众人的簇护才能成功。

2. 抽。如 ~ suix jib 抽水机。照搬现代语。

ced 1. 筴（cè），上古音在初母、锡部。筴是簸箕。《庄子·人间世》："鼓筴播精。"即颠动簸箕簸米。精是精加工的米。筴在这里做动词，跟簸一样。如 ~ hsaid 筴粲，即簸米。

2. 出，上古音在昌母、物部，入声。韵母中的 u 灭失，只保留了韵尾。出本指由内到外、出门，有多项引申义。其中一项为逐出、赶出去。《孟子·离娄下》载："出妻屏字。"苗语中，ced 即指逐出。如 ~ dliangb 出仙，犹如驱鬼。

3. 溅，以贱表音。贱的上古音在从母、元部。声母本接近 c。某些方言里，读溅为 càn。韵母有所偏转，an 一般应转换为 ai，这里作 e。《史记·廉颇蔺相如列传》："五步之内，相如请得以颈血溅大王矣！"如 ~ ed 溅水。

4. 竄（cuàn），上古音在清目、元部。韵母 uan 的韵首 u 灭失，an 一般应转换为 ai，这里作 e。今简化为窜。竄是会意字：老鼠跑入洞穴。《说文解字》因此释竄为"匿"，躲起来。实际上，窜还指快速跑动、逃窜。《尚书·舜典》："窜三苗于三危。"即把"三苗"驱赶到"三危"一带。这里的窜有使某某逃跑之义，是逃跑的使动用法。今有"抱头鼠窜"一词。在此基础上，人们造了蹿字，如蹿房越脊、上蹿下跳。苗语中，ced 比喻心脏激烈地跳动。如 Eb dlod bongl ghax bongl，hvib ~ wenl ghax wenl 水泻嘣嘎嘣，心蹿嗡嘎嗡。

cee

ceeb 车。读音是 che 的转换。车有两个读音，另一为 hxab，后面将进一步介绍，就如汉语有 jū、chē 两个音一样。ceeb 这一读音也可能是照搬现代汉语。如 niangb ~ 坐车。

cei

ceib 1. 策，上古音在初母、锡部，入声。策本指鞭子或用鞭子抽打。今有"鞭策"一词。

(1) 指赶牛马的鞭子。《礼记·曲礼上》："君车将驾，则仆执策立于马前。"如 ait ~ muf mal，ait zenk muf ninx 做策抽马，做鞭抽牛。

(2) 指用鞭子抽。《论语·雍也》："策其马曰：非敢后也，马不进也。"如 Nenx ~ dail ninx ib ceib 他策了水牛一策，即他抽了水牛一鞭子。

（3）同催（催的上古音在清母、微部）。读音也与催相符。cuī 的韵首 u 灭失，即读 cei。催就如说用鞭子赶。如 Mongx ~ nenx hvit ib nenk 你催他快一点。

（4）指唆使，犹如说将人往歧路上赶。如 Ceib ceib cub cub，直译为策策嗾嗾。嗾即嗾使，读音可参照簇（cù）。

2. 刺，上古音在清母、锡部，入声。它与策具有共同的表音部件束（cì）。《说文解字》："刺，直伤也。"《战国策·魏策》："夫专诸之刺王僚也，彗星袭月。"引申为刺激。如 ~ nais 刺鼻。

3. 哧，象声词。如 diek ~ ~ 笑哧哧。

ceit　1. 坼（chè），上古音在透母、铎部。声母本为 t，后来演变为 ch。《说文解字》："坼，裂也。"《淮南子·本经》："天旱地坼。"指土地因干旱开裂。泛指开裂或裂口。苗语中，ceit 做名词。如 Jil bil dus ~ yangx 手裂口了。dus ~ 隋坼，即裂开口子。隋也是裂。

2. 斥，上古音在昌母、铎部。《广韵》释斥："远也，逐也。"《汉书·武帝纪》："无益于民者，斥。"《汉书·天文志》："斥小疏弱。"斥与疏都有疏远、远离之义。今有斥资、斥退等词，都含有使离开、出去之义。引申为扔出、掷出。往水里扔石片或瓦片以打水漂，也是 ceit。如 ~ eb 斥水，即打水漂。

cen

cenb　村。如 ~ zangx 村主任，照搬现代汉语。

cend　1. 寸，上古音在清母、文部。韵首 u 灭失。是寸——cenk 的另一读音。《说文解字》："寸，十分也。人手却一寸，动脉谓之寸口。"中医按脉处，即为寸口。寸口至手的距离就是一寸。寸后来多指较小的长度单位。《后汉书·列女传》："一丝而累，以至于寸；累寸不已，遂成丈匹。"如 ib ~ gid dad 一寸来长。

2. 铲（chǎn），上古音在初母、元部。韵母 an 转换为 en。做动词。《仓颉篇》："铲，削平也。"柳宗元《钴鉧潭西小丘记》："即更取器用，铲刈秽草。"一些典籍中，此字也写作划。如 ~ dab 铲地，即铲土。

cenf　1. 层，上古音在从母、蒸部。韵母 eng 转换为 en。《说文解字》载："层，重屋也。"即楼房。《玉篇》释层："重也，累也，凡物之重者，通曰层。"引申做量词，指重叠的东西中的其中一重。《山海经·海外西经》："云盖三层。"如 ib ~ lox 一层楼。

2. 成、乘、沉等。如 cenf jif 成绩，cenf faf 乘法，cenf zof 沉着，均是照搬现代汉语。ing 或 eng 转变为 in 或 en。

cenk 燦（灿），上古音在清母、元部。韵母 an 转换为 en。燦，粲在其中表音、兼表义。粲是精加工的米，因其圆润有光泽，引申为有光亮的样子。燦（简化为灿）从火旁，也无非指光亮的样子。因此，燦与粲往往通用。《诗经·小雅·大东》："粲粲衣服。"《传》："鲜盛貌。"《谷梁传·昭公四年》："军人皆粲然而笑。"粲然，指露出白亮的牙齿的样子。灿常组成叠韵词：灿烂。曹操《步出夏门行》："星汉灿烂，若出其里。"如 ~ laib bangx bel pud，~ laib nix liangl ghaid 灿（如）鲜花开，灿（如）白银洁。

cent 刬（chàn），上古音在初母、元部。《广雅》："刬、削也。"《战国策·齐策》："刬而类，破吾家……吾无辞为之。"即不惜赶走你们、让自己的家破败，也要这样做。引申为削减、消耗。如 ~ gad 刬谷，即消耗粮食。~ bix seix 刬钱，耗钱。~ nix gad 刬银谷，即耗钱粮。

cenx 惩（chéng），上古音在定母、蒸部。声母本相当于 d，后来演变为 ch；韵母 eng 转换为 en。《玉篇》载："惩，戒也。"《广雅》载："惩，恐也。"指的是使人恐惧。引申为惩罚、惩治。《左传·成公十四年》载："惩恶而劝善。"如 Ax gid ~ naix 不要惩治人。

ci

cid 次，如 ~ xid 次序，是 cì xù 的转读，照搬现代汉语。

cif 词、辞。如 ~ dieex 词典，~ zif 辞职，照搬现代汉语。

co

cob 吹，上古音在昌母、歌部。韵首 u 灭失，韵尾与歌相同，故读 co。《说文解字》载："吹，嘘也。"吹、嘘都是撮口呼气。《韩非子·内储说上》载："齐宣王使人吹竽，必三百人。"如 ~ gix 吹管，指吹芦笙；~ gib ninx 吹牛角。~ hfat bongf hsaid 吹糠见米，犹如立竿见影。~ mongl gux，hvuk mongl niangs 吹往外，吸往里（往外吹，往里吸）。犹如里应外合。

~ dul 吹火，做饭烧柴时使火更旺。这里的吹也可理解为炊。炊事的炊正由此而来。吹与炊上古音也相同。

cod 吵（chǎo）。吵是后起字，《说文解字》作訬："訬，扰也。"《集韵》："訬，或作吵。"訬的上古音在初母、宵部。韵母 ao 转换为 o。訬即訬扰、吵扰、吵闹。～ hod 连用为叠韵词。hod 即譁，喧哗。～ hod 訬譁，犹如喧哗、吵闹。

cot 1. 戳（chuō），是后起字，可能是照搬现代汉语。韵首 u 灭失。《篇海》释戳："枪戳也。"即用枪刺。如 ～ laib khangd 戳个孔。Dad ghaid det mongl ～ laib zaid gangb niongx 拿根棍子去戳马蜂窝。

2. 措，上古音在清母、铎部。《说文解字》载："措，置也。"放置。《庄子·田子方》载："措杯水其肘上。"如 Laib zaid nongd ～ ngil ax ～ ghaib 这座宅子（顶上）措瓦不措草，即铺瓦不铺草。

厝，与措是同音字，也同义，可为参考。《列子·汤问》中讲到愚公移山的故事："命夸娥氏二子负二山，一厝朔东，一厝雍南。"不同的是，厝还有将棺材停放待葬之义。

3. 凿，上古音在从母、乐部，入声。韵母 ao 转换为 o。《说文解字》载："凿，穿木也。"即在木头上钻眼。泛指打孔、打洞。《汉书·李广苏建传》载："凿地为坎。"如 ～ khangd 凿孔。

4. 鹤（hè），上古音在匣母、乐部。按说，鹤的读音不应该转换为 co。考虑到鹤以左部表音，但以此部件表音的字如榷、確（今写为确）、摧等都读 què，q 可转换为 c，再加上韵首 u 灭失，就可以理解鹤为什么读 co。如 ～ dlub 白鹤。

cong

congb 充，上古音在昌母、东部。《小尔雅》载："充，塞也。"《周礼·大府》载："以充府库。"即往府库里塞、装。如 ～ gongb 充公。也可能是照搬现代汉语。

congf 從，今简化为从，上古音在从母、东部。"從"与"从"本来有所不同。从是二人相随，表示跟从、随从。而《尔雅·释诂》释從："自也。"表示自从。唐代贺知章《回乡偶书》："笑问客从何处来。"用于时间，如从来，实为"从开始以来"的简化，甚至简化为从。苗语中也有类似用法。如 Wil ～ ax jas nenx 我从未遇见他。

congx 怂（sǒng），上古音在心母、东部。《说文解字》载："怂，惊也。从心（以心表义），从声（以从表音）。又怂恿，劝也。"释怂为惊，这可能是将它与悚（sǒng）相混。这里取后者：怂恿，劝。王安石《和吴冲卿雪》：

"填空忽汗漫，造物谁怂恿。" 如 ~ naix xit dib 怂人脋打。即教唆人互相打架。

cu

cub 1. 触（chù），上古音在昌母、屋部，入声。《说文解字》载："触，牴也。" 指牛用角抵。《易经·大壮》："羝羊触藩。" 即公羊用角顶篱笆。如 ~ naix 触人，即顶人。Dail ninx at ~ naix bongt wat 那头水牛爱顶人得很。

2. 斥（chì），上古音在昌母、铎部，入声。从以斥表音的"诉"来看，韵母"基因"里有 u 的成分。此处与前面的 ceit——斥不同音，以区别字义。如 Nenx ngas ~ naix wat 他爱训人。cub nul 连用，还是训斥。

3. 促，上古音在清母、屋部，入声。《说文解字》释促："速也。" 促有使快速的意思。古文里也用趣（cù）。《史记·陈涉世家》载："趣赵兵亟入关。" 苗语中，~ eb 促水，特指将唧筒中的水快速推出。如 Mongx ax gid ~ eb diot nenx 你不要喷着他。

4. 初。如 ~ zongb 初中。照搬现代汉语。

cud 猝（cù），上古音在清母、屋部。《说文解字》载："猝，言犬暴出逐人也。" 指狗突然跑出来追人。《玉篇》释猝："言仓卒，暴疾，突。" 即突然。苗语中，cud 放在动词或谓宾结构后面，表示突然。如 faf bongf ~ 突然漏气了。

cuf 1. 除，上古音在定母、鱼部。读音似乎不应转换为 cu，可能是后来照搬现代汉语。一指除去。如 ~ dol nongd mongl yangx, dail maix not xus haib? 除去这些还有多少？二指除法。如 ~ faf 除法，~ haod 除号。

2. 出，上古音在昌母、物部，入声。《正韵》释出："自中而外也。" 在汉语中，引申义较多。苗语也大致如此。

（1）出去。《诗经·邶风·北门》载："出自北门。" 如 ~ caib 出差。

（2）拿出。陶渊明《桃花源记》载："余人各复延至其家，皆出酒食。" 如 Mangx ~ not xus seix bangb bib? 你们出多少钱帮我们？~ ves 出力。

（3）~ senb 出身，~ xif 出息。当是借用现代汉语。

cut 醋，上古音在清母、铎部。《齐民要术·作酢法》载："酢，今醋也。" 这种酸味液体本写作酢。《隋书·酷吏传》载："宁饮三升酢，不见崔弘度。" 苗语中，cut 即醋。

D

提示：苗语的声母 d 对应于汉语的 d、t、zh、sh。

da

dab 1. 地，上古音在定母、歌部，入声。韵母本接近于 ia。地读 di，是韵尾 a 灭失的结果；地读 da，是韵首 i 灭失的结果。《尔雅·释名》载："地，底也，其体底下，载万物也。"

（1）指土地、土壤。如 Dail ~ nongd ~ fangx，dail ~ aib ~ hsat 这块地是黄土，那块地是沙土。tait ~ 地炭，即煤。

（2）指下边。地载万物，处万物之下。地有一个异体字墬，与墜（下坠之坠的繁体）相似，向下之义明显。dab 常与 waix 相对，waix 指天。也与 bil 相对，bil 是山坡。如 Jit mongl waix，ngal lol ~ 跻上压下，犹如爬上爬下。

2. 答，上古音在端母、缉部，入声。回答，回应。《诗经·小雅·雨无正》载："听言则答。"如 Mongx gol wil ghax ~ 你问我就答。~ hveb 答话。

3. 竺（zhú），上古音在端母、觉部，入声。声母本为 d。韵母略有偏转。《说文解字》释竺为"厚也"。竺，以竹表音，以"二"表厚。"二"不是一二三之二，指上下之间，即厚度。笃厚、笃诚之笃是假借字，本应为竺，盖因竺多用于音译。竺古音与笃（dú）相同。如 ~ mangl ~ mais 厚面厚脸，即厚脸皮。~ naix 厚耳，指不听话。

还有一种可能，这个字是"地"。所谓"地势坤，君子以厚德载物。"厚莫过于大地。以地表厚是完全可以理解的。但经典中似乎未见以地表厚的例子。不敢妄定。

4. 亶（dàn），上古音在端母、元部。韵母 an 往往转换成 ai，这里进一步转为 a。亶显然以下面的旦表音，上面是粮仓的象形，同廪（lǐn）一样。《说文解字》载："亶，多谷也。"亶的本义是仓里谷子多，引申指密度大。如 ~ dius 亶苰，指庄稼种植得密。

dad 1. 短，上古音在端母、元部。duan 的韵首 u 灭失。an 转换为 a，即变成 da。《说文解字》载："有所长短也。"即有所长，也有所短。人们都不理解这句话，《说文解字注》的作者认为前面应加上"不长也"，这是他没搞清楚其来源与含义。短字在金文里可以看出，左边是个人形，类似于夫，而不是现在所看到的矢。右边是豆，是竖长的容器形。两个放在一起，一长一短，有长有短，因此本义是"有所长短"。这个字既可指长，也可指短。这种现象在汉字里并不是孤例。比如：乱，既训治，也训乱。因为乱的繁体亂，是用双手及工具整理丝的象形。因为乱，才需治理，因此兼有两个看似对立的义项。《尚书·泰誓》载："予有乱臣十人，同心同德。"这里的乱臣不是乱臣贼子，恰恰是治国能臣。另外，《离骚》的结尾，《文心雕龙》每章的结尾均有"乱曰"字样。这里的乱是对全文的总结、梳理，当然要看成"治"。

和乱一样，后来人们多偏重取其一头，而很少用另一头，短习惯上指"不长"。但苗语对这两个对立的义项同时使用，这里指长，而表示短的读音演变为 laid（后面将会讲到）。如 ～ nangs 长命，即长寿。～ lob ～ bil 直译为长脚长手，指手脚不干净、偷偷摸摸。～ ghongd 长颈，指贪吃。

2. 指，上古音在章母、脂部。章母在 d 与 zh 之间。韵母有所偏转。《说文解字》载："指，手指也。"《孟子·告子上》："今有无名之指屈而不信，非疾痛害事也。"屈而不信即屈而不伸。如 ～ bil 手指，特指食指。Dad ～ bil diot naix jub xenb 拿手指给别人削。指遭受勒索。

3. 趾，上古音在章母、之部。脚趾。章母在 d 与 zh 之间。韵母有所偏转。但趾本指脚，并不指脚趾头。《左转·桓公十三年》载："举趾高，心不固矣！"举趾即抬脚。今有"趾高气扬"一词。用于脚趾的，与手指的指是一个字。《史记·高祖本纪》载："汉王伤胸，乃扪足曰：'虏中吾指。'"后来指脚趾时，人为地用趾字代替指。如 ～ lob 足趾，也特指第二趾。

4. 持，上古音在定母、之部，入声。手拿。声母本接近 d。《说文解字》载："持，握也。"《庄子·秋水》载："庄子持竿不顾。"引申为支持、保持、持有、矜持等。苗语中，dad 也有多项字义。

（1）拿。如 ～ bix seix dax mail dud 持钱币来买书。～ deix 直译为持直，即秉直。

（2）掌握。如 ～ dins 直译为持定，即掌稳。

（3）保持。如 Hniub vut ax dal, hniub yangf ax ～ 好种不丢，坏种不留。～ bend 直译为持本，指保持传统。

（4）引申为含住。如 Ob jil hniub mais ～ eb mais gol wol 两眼含着眼泪。～ eb 也指物体含水分。

执，上古音在章母、缉部。似乎也可转读为 dad，也有手持之义。供参考。

5. 打。这里可能是照搬现代汉语。如 ～ ghet 打工。Bib niangb diub yis ～ ghet 我们在城里打工。

6. 带，上古音在端母、月部。韵母接近 a。带的繁体为帶。其中上面的一横就是腰带，其余的都是系在腰带上的东西，包括巾（佩巾）还有玉佩、香囊、小刀等。《说文解字》载："带，绅也。"即腰带。《墨子·公输》："子墨子解带围城。"即解下腰带围成城的模样。因为带子上系了很多东西，做动词，就有携带、统领、带领之义。如 ～ hfud 带头，指在前头带路。特指给死者带路，使之魂归故里。Dail naix das ed bad gheib mongl ～ hfud 人死了要公鸡带路。

7. 再，上古音在精母、之部。声母 z 与 d 也可转换，如尊在蹲里表音，但一个为 zun，一个为 dun；载、栽与戴都有一个共同的部件表音，但前者念 zai，后者念 dai。韵母 a 对应于汉语中的 ai。如 Mongl ～ dax 去了再来。

8. 大。如 ～ xof 大学；～ six 大使。应是照搬现代汉语。苗语中表示大的，有 hlieb。

daf 1. 搭，以荅表音。荅的上古音在端母、缉部，入声。同汉语一样，搭的字义较广。

（1）搭墨线，用墨线在木头上标明加工的位置。如 ～ nox yet hangb gid jut 搭好墨线再锯。

（2）凭依、借助，如搭车、搭建、搭伙等。如 ～ ceeb 搭车，～ mod gof 搭偏厦，～ hox 搭伙。～ bangd dail waix dab 搭傍天地，即托福天地。

2. 答。上古音在端母、缉部。也写作荅。《说文解字》载："荅，小尗。"即小豆，是其本义。但典籍中较少用本义，实例中往往与"合"有关。《汉书·郊祀志》载："今上帝朕亲郊，而后土无祀，则礼不答也。"即与礼不合。问答、答应之答也是从"合"引申而来；答与问必须相合，不是各说各的。《论语·宪问》载："南宫适问于孔子曰……夫子不答。"《诗经·小雅·雨无正》载："听言则答，谮言则退。"这里指答应、应允。苗语中，即有 ～ yend（答应）一词，指同意、应允。如 Bib ax ～ yend nenx ait mongx 我们不答应他那么做。也可能是照搬现代汉语。

3. 投，上古音在定母、侯部，相当于 do。韵母有所偏转。《说文解字》载："投，掷也。"《史记·魏公子列传》载："以肉投馁虎。"引申为投奔。晋代张协《杂诗》载："述职投边城，羁束戎旅间。"苗语中，daf 有类似的字义。

（1）取投的本义，掷，扔出去。如 ~ mongl ib pit mongl 扔到一边去。

（2）投奔，求助于某某。如 ~ nus 投兆，即问卦、占卜。

（3）投放，如 ~ jab 投药。

dak 翅（chì），上古音在书母、支部。声母 d 与 sh 有转换关系。其转换与 dad——持相似。韵母有所偏转。《说文解字》载："翅，翼也。"《楚辞·哀时命》载："为凤凰作鹑笼兮，虽翕翅其不容。"翕翅即收拢翅膀。如 ~ nes 鸟翅。

dal 落（là），上古音在来母、铎部。声母 l 转换为 d，在汉语内部似乎很难找到例子。但在苗语里有很多，后面将会陆续谈到，这与该地区的人们发音特点有关。l 作为弹舌音，如果弹舌不充分，极易与声母 d、n 相混。事实上正是这样，这几个声母往往有相互转换的关系。《说文解字》载："凡草曰零，木曰落。"落的本义是树木的花叶凋零、脱落，引申义较广，读音也较多。在表示遗失、丢、漏等意义时都读 là。汉语里有丢三落四等。

（1）遗漏。如 Wil hmat ~ yangx, mongx dax bud 我讲漏了，你来补。

（2）遗失。如 Bib fangb dol hxak lul hseid ghot ax maix dail xid xangs nend, ghax ~ jul dail 我们家乡的老歌古词没有谁传的话，就丢完了。~ bat jef qet ngex 丢猪才修圈，犹如亡羊补牢。

（3）落在后面。如 Nenx des ghangb geb lieb, ax baib ~ ib diex 他紧随在后，不让落一步。

das 煞（shà），上古音在山母、月部，入声。声母 d 与 sh 有转换关系。煞与殺（杀的繁体）本是同一字，后来的写法不同，在表义上与杀既有相同的地方，也有所不同。北魏杨衒之《洛阳伽蓝记》载："立性凶暴，多行煞戮。"煞戮即杀戮。

（1）指死。如令杖煞之，打煞人了，想煞我了，这里的煞都可理解为死。如 naix ~ 人死。~ hvib 煞心，即死心了。

（2）指结束、停止。煞车同刹车，煞渴即消渴。如 ~ dul 煞火，即灭火。

（3）做副词。汉语里有煞费心机、煞是好看。如 Nenx ~ seix nongt mongl 他死也要去。

dat 1. 杀，上古音在山母、月部，入声，与煞相同。《说文解字》载："杀，戮也。"《诗经·豳风·七月》载："朋酒斯飨，曰杀羔羊。"引申为草木枯死。《吕氏春秋·应同》载："及禹之时，天先见草木秋冬不杀。"苗语中，dat 也有类似的字义。

（1）杀戮。如 ~ bat 杀猪。

（2）引申为将生的变熟。如 ~ vob 杀蔬，指将蔬菜放在开水里烫、煮。

2. 晒，上古音在山母、支部。声母转换与杀相同。韵母有所偏转。《说文解字》："晒，暴也。"即置于太阳底下。如 ~ hnaib 晒日，即晒太阳。

3. 旦，上古音在端母、元部。韵母 an 一般转换为 ai，这里转换为 a。旦，像日出地平线，指天亮时分。《左传·成公十六年》载："旦而战，见星未已。"如 ~ niangx hvib 新年旦，即元旦。

4. 霮（dàn），上古音在定母、侵部。韵母接近 am，m 容易灭失。晋代左思《吴都赋》载："宵露霮䨴。"吕向注："霮䨴，露重貌。"苗语里，dat 指霜。霜是露的固态。如 Dat nongd ~ hlieb wat 今早霜很大。

dax 1. 到，上古音在端母、宵部。韵母 ao 转化为 a。到，以右边的刀表音，以至表义。至，本是鸟从高处飞向地面的象形，指从他处到我处、从彼处到此处。《诗经·大雅·韩奕》载："靡国不到。"即无国不至。如 Khat ~ yangx 客到了；~ nongs 下雨；~ bait 下雪；Nins ~ yangx 想到了，犹如说想起来了。

2. 桌，上部是卓的省略形，表音。卓的上古音在端母、药部。韵母 ao 转化为 a。我们从以卓表音的悼（dào）也可看出端倪。桌是后起字。汉代以前，人们席地而坐，案几很矮。只有人们坐上椅、凳之后，案几升高了，才能叫桌。卓在桌字中也表义，有卓立之义。《广韵》载："与卓同。"《正字通》载："俗呼几案曰桌。"如 ~ dangk 桌凳；~ dlenx 圆桌。

3. 底，上古音在端母、脂部。韵母有所偏转。五四时期，底曾被用作虚词，相当于"的"，其读音倒是比较接近 da。底从广（房子的象形）表义，指建筑的基底。《说文解字》释底："一曰下也。"泛指物体的下部。《列子·汤问》载："实惟无底之谷。"如 ~ hab 鞋底；~ tot 袜底。

4. 打，如 ~ hox jib 打火机。照搬现代汉语。

dai

daib 1. 呆，与口、木无关。呆字去掉一撇、一捺，即是子。子是褪褓中婴儿的象形——双臂张开、双腿被包裹在一起。这一撇一捺犹如抱持在孩子腋下的双手。保，所从的"呆"也是如此，有的学者据此推测呆读如保。《说文解字》还说呆是孟的异体字，孟是长子。后来用于痴呆，应是假借为獃（dāi）或懘。《西游记》中，孙悟空常常称猪八戒"獃子"。这说明呆的读音为 dāi，字义与小孩有关。苗语中，daib 指小孩，姑且认定 daib 即呆。

如 ~ dial 男孩，~ ad 女孩，~ hlieb 大孩子。daib 泛指人。如 ~ hxat 穷人，~ dlas 富人。

崽（zǎi），上古音在精母、之部。西汉扬雄《方言》载："崽者，子也。湘沅之会，凡言子者谓之崽。"黔东南在湘沅上游，离那里不远。声母 z 与 d 转换。供参考。

2. 蘸（zhàn），上古音在庄母、谈部。声母 d 对应于 zh；韵母相当于 am，与 an 一样，转换成 ai。如 Dad diangb zenk leix lol ~ vib mangf hxad dud 拿根笔蘸墨汁写字。

3. 詹，上古音在章母、谈部。从詹表音的字，如 澹、儋、擔（简化为担）、膽（简化为胆）等声母都为 d。韵母 am 像 an 一样转换为 ai。詹从言表义。《说文解字》载："詹，多言也。"《庄子·齐物论》载："大言炎炎，小言詹詹。"成玄英《疏》载："詹詹，词费也。"即话多。苗语中，daib 就指话多。如 daib lot 詹咮，指唠叨。咮是嘴。

4. 蜇，从折表音。折的上古音在章母、月部。《玉篇》载："蜇，虫螫也。"即毒虫叮刺。引申为刺痛。《列子·杨朱》载："昔人有美戎菽甘枲茎芹萍子者，对乡豪称之。乡豪取而尝之，蜇于口，惨于腹。"有人喜欢吃的山野植物，到了乡豪嘴里就痛苦得要命。柳宗元《读韩愈所撰毛颖传后题》载："苦咸酸辛，虽蜇吻刺鼻，缩舌涩齿，而咸有好之者。"蜇吻即刺激嘴唇。苗语中，daib 也指食物刺激口舌，如 ~ lot 蜇咮，即刺激嘴。指食物变质、难吃。

daid 1. 骶（dǐ），上古音在端母、脂部。韵母 ai 对应于现代汉语的 i。《玉篇》释骶："臀也。"《素问·刺热》载："七椎下间主肾热，荣在骶也。"王冰注："脊节谓之椎，脊穷谓之骶。"即躯干的最下端，引申指尾部、尾巴。苗语中，daid 指尾巴。

顺便说一句，尾是一个很奇怪的字。上面的尸是屈身或下蹲的人形，而毛本即尾巴的象形，人哪来的尾巴呢？《说文解字》解释说："古人或饰系尾，西南夷皆然。"说古人屁股上吊根尾巴作装饰，还说西南部地区的人都这样。这种语言即便不是出于歧视，也是来自道听途说。我想西南地区的人们是不会采用尾这个字的。

2. 代，如 ~ biaox 代表。照搬现代汉语。

daif 袋，从代表音。代的上古音在定母、职部。《玉篇》释袋："囊属。"即一端开口、一端有底的布筒，用来装东西。

（1）指用来装东西的袋子。如 ~ hsaid 米袋；~ eb kib 热水袋。

（2）类似袋子的东西。如 ~ bix seix 钱包；~ lot 腮帮子，尤指吃饭时鼓得高高的腮帮子。

dail 1. 隻（现简化为只），上古音在章母、铎部，入声。韵母有所偏转。《说文解字》载："隻，鸟一枚也。"隻是手持一只鸟的象形。隹就是鸟。与隻相对，雙（现简化为双）是手持两只鸟。隻是天然的量词，一隻即一个。《公羊传·僖公三十二年》载："晋人与姜戎要之殽而击之，匹马隻轮无反者。"即一匹马、一只轮子都没有回来。苗语中，dail 也是量词，可广泛用于多种事物，包括人和动植物。如 ib ~ det 一棵树；ob ~ khat 两位客人。

顺便说一句，汉语中常用的量词"个"是竹叶的象形。

2. 者，上古音在章母、鱼部。韵母有所偏转；是受韵首 i 影响，也未可知。从金文中看，者的下部是口，而非日；上部据《说文解字》说是旅的异体字，用来表音（旅字也在鱼部）。从口的字除了表示用嘴呼吸吐纳之外，往往用于语气词、象声词等。《说文解字》载："者，别事词也。"者是天然的助词，用于"别事"，区别彼与此。《孟子·公孙丑上》载："饥者易为食，渴者易为饮。"《孟子·梁惠王上》载："不为者与不能者之形何以异？"这里的"者"就是用来区别饥与渴、不为与不能。当然，也完全可以将其看作代词：饥者就是饥饿的人，渴者就是想喝水的人。苗语中，与汉语的记者、作者中者的作用相似。只不过按苗语的语法习惯，"者"字放前头。如 ~ lul 老者，~ dliul 盲人，~ hsongt xend 送信者，即邮递员。也用于"别事"，如 ~ fangx 黄者，即黄的；~ dlub 素者，即白的。

3. 递，上古音在定母、支部。《说文解字》载："递，更易也。"指顺次更迭。《荀子·天论》载："列星随旋，日月递炤。"《吕氏春秋·先己》载："巧谋并行，诈术递用。"递用犹如迭用。今有递增、递减等词。可见，递有连续、持续之义。苗语中，dail 做副词，表示持续做某一动作、保持某一状态，相当于还。如 Nenx ~ ed 他递要，即他还要；Nenx ~ duf dud 他还在读书。

顺便说一句，副词"还"可能是从"还"（huán）引申而来。所以说，它不是天生的副词。在广东话里，代替"还"的是"仲"。

4. 嘞，语气词，放在句尾，表示肯定的语气。如 dios ait nend ~ 就是这样。

dait 断（duàn），上古音在端母、元部。韵首 u 灭失，an 转换为 ai。《说文解字》载："断，截也。"《易经·系辞下》载："断木为杵。"引申为断开、中断等。苗语中，dait 也有类似的字义。

（1）指物伴折断、断裂。如 Jox hlat nongd ~ yangx 这根绳子断了。

（2）中断、间断。如 ~ eb 停水了；~ yenb 断烟，指戒烟。

daix 底,上古音在端母、脂部。韵首 i 灭失。《说文解字》《广韵》《玉篇》释底为止、下。实际上,底以广表义,广是简易建筑。底的本义是建筑的基底,泛指下面、底层。《列子·汤问》载:"有大壑焉,实惟无底之谷。"苗语中,daix 就是建筑的基底、地基。

dang

dangb 当,上古音在端母、阳部。当的繁体为當,从尚表音、从田表义。《说文解字》载:"當,田相值也。"本应指不同的田的面积或价值相当。另一解释是两田相邻、相挨。有多项引申义。苗语中,dangb 也有类似的意思。

(1) 担当,充当。如 ~ xeed zangx 当县长。

(2) 应当,该当。如 ~ ait deis ghax ait id 当怎么做就怎么做。

(3) 当(面)。如 Bib ~ laib denb nongd hmat hveb 我们当着这盏灯说话(有发誓的意味)。

(4) 相当,相符。如 ~ bit 名实相当。

(5) 当,象声词。如 Dib niel bet ~ ~ 打锣响当当。

dangd 1. 断(duǎn),上古音在端母、元部。韵首 u 灭失,an 转换成 ang。dangd 是 dait——断的又音。意思也与 dait——断不同,指拦截。南方广大地区在这个字义上都读第三声,但普通话里仍是第四声。《后汉书·杜茂传》载:"坐断兵马禀缣。"指涉嫌截留军队给养。如 Ax gid ~ nenx bangf hveb 不要断他的话头。

2. 点,上古音在端母、谈部。韵首 i 灭失,am 像 an 一样转为 ang。《说文解字》载:"點(点),小黑也。"本义是污点、斑点,经辗转引申,做动词,指一触即止。杜甫《曲江》载:"穿花蛱蝶深深见,点水蜻蜓款款飞。"今有点到为止、点卤等词。苗语中,dangd 指使液体连续地滴。如 Heik eb zas hxub lol ~ def het 舀酸汤米点豆腐。

3. 刀,上古音在端母、宵部。韵母本为 au,讹为 ang,或者说,韵母 ang 化了。后面还有类似的词,如贴读成 hniangb,dangd 与后文 diuk 是刀的不同读音。刀是象形字,无须解释。苗语中,dangd 特制大砍刀,如 Dad ~ maf ninx jangd 持刀�(mó)牯藏牛,即拿砍刀杀牯藏牛。

若 dangd、diuk 果真都是刀,根据声调 d、k 反过来推测刀的上古音应为去声或入声。备考。

dangf 1. 糖,从唐表音。唐的上古音都在定母、阳部,其声母本来就接近于 d。

糖，《说文解字》未收，可能稍晚才出现，读音与唐相同。如 ~ cad val 指像霰粒一样的糖，即白砂糖；~ gangb mongl 蜜蜂糖，即蜂蜜。

2. 当，上古音在端母、阳部。dangf 是 dangb——当的又音。《说文解字》载："当，田相值也。"引申为相当、等同。《左传·昭公二十三年》载："列国之卿当小国之君，固周制也。"《战国策·齐策》载："必一而当十，十而当百，百而当千。"苗语中，dangf 即等同。如 Hmub hmub diel diel ~ jus laib zaid naix 布布周周当一个宅人，即各民族等同一家人。布布周周，即苗苗汉汉，代指各民族。

3. 挡，是后起字，是在当的基础上造的字。当的引申义里就有阻拦、抵挡之义。《左传·桓公五年》载："郑子元请为左拒，以当蔡人、卫人，为右拒，以当陈人。"这里的当即挡。如 ~ jent 挡风，背风。

4. 停，上古音在定母、耕部。声母本接近 d。停字表音源头是右下的丁。韵母 ing 转换为 ang。《释名·释言语》载："停，定也，定于所在也。"停与定上古音同母同部。杜牧有诗："停车坐爱枫林晚。"如 ~ hveb 停话，即不作声了；~ lot 停嘴，即住嘴；~ nongs 停雨。

dangk 凳（dèng），从登表音。登的上古音在端母、蒸部。韵母 eng 转换为 ang。上古人席地而坐，凳是后来出现的字。如 ib diangb ~ 一张凳子。~ ghob yenl 指椅子，即带有靠背的凳子。大概是椅子在苗族出现得较晚或较少，于是用凳来表示椅子。

dangl 1. 等，上古音在端母、之部。韵母本不应该为 eng，后来的汉语 eng 化了。等本来只有等同、等级之义，而没有等待之义，指等待，是假借为待。待的上古音在定母、之部，与等的本来读音非常接近。在韵母 eng 的基础上转换为 ang。或者说，韵母 ang 化了。较晚的辞书《篇海》载："等，待也。"《说文解字》载："待，俟也。"《易经·系辞》载："君子藏器于身，待时而动。"如 ~ ib hxot 等一会儿，或者说待一会儿。

2. 端，上古音在端母、元部。读音转换同断（dangd）——韵首 u 灭失，an 转换成 ang。这里的端本应为耑（读如端），是草木刚刚露头的样子（耑是象形字，下部是根须，上部是刚露出的苗头，中间一横是地面）。《说文解字》载："耑，物初生之题也。"即事物的发端。引申为端头。《周礼·考工记》载："已上则摩其旁，已下则摩其耑。"耑与旁相对：耑指两端，旁支两边。苗语中，dangl 指端头。如 ob ~ ob pit 两端两边，即四周。Ghab diongb hlieb, ob ~ yut 中间粗，两头细。

顺便说一句，耑加立，作端，指站姿端正。

051

3. 断，指一半。断繁体为斷。从其左部可以看出上下一分为二的半，如 ~ sangs 半世。

4. 当，也是象声词，与 dangb 相同。

dangs 噹，象声词，今也写作当。如 Nenx denf dab bet ~ ~ 他踩地响当当。

dangt

1. 旦，上古音在端母、元部。与 dat——早晨（旦）的读音转换不同，以示字义区别。这里韵母 an 转换为 ang。dat——旦指早晨。这里做动词，指太阳跃出地平线。《尚书·太甲》载："坐以待旦。"这个旦即日出。如 Laib hnaib ~ vangx dax 太阳升上山冈了。泛指出来、露出。~ mais 直译为旦面，指婴儿露脸（出生了）。

2. 担，上古音在端母、谈部。韵母 am 转换为 ang。《说文解字》载："担，何也。"何即荷，肩挑。引申为量词，指一担挑的重量。在这个意义上也同"石"。《汉书·律历志》载："三十斤为钧，四钧为石。"一石一百二十斤。如 ib ~ hsaid 一担米。

3. 锻，上古音在端母、元部。韵母中的 u 灭失，an 转换为 ang。《说文解字》载："锻，小冶也。"即打铁。因为不需熔铸，所以叫"小冶"。《尚书·费誓》载："锻乃戈矛。"即打造兵器。引申为罗织罪名、设计陷害。《北史·隋宗室诸王传》载："有人告集咒诅，宪司希旨，锻成其狱。"苗语中，dangt 也有类似的字义。

   （1）指锻造，如 ~ sat 锻铩，即锻打柴刀。

   （2）引申为以计谋害人。如 ~ jit 锻计，即设计害人。

4. 诞，上古音在定母、元部。韵母 an 转换为 ang。诞，从言，本指说大话，言语虚妄，因此有荒诞、怪诞等词。后被假借，用以指出生。诞所替代的字很可能就是旦。唐睿宗名李旦，有可能是为避他的讳，逢旦则写作诞。《旧唐书·德宗记》载："上诞日，不纳中外之贡。"上诞，即皇上出生。如 ~ daib yis vangt 诞儿育女。

5. 当（dàng），上古音在端母、阳部。dangt 是 dangb、dangf——当的又音。这里指当作。《战国策·齐策四》载："安步以当车。"如 Mongx ~ wil ait niad 你当我为智力障碍者。

6. 荡，上古音在定母、阳部。本应写作盪，与荡同音。《说文解字》载："盪，涤器也。"即让水在容器里晃荡，以洗刷容器。摇荡、动荡等词本都应该用盪。盪泛指来回摆动。典籍中也往往假借荡为盪。《左传·僖公三年》载："齐侯与蔡姬乘舟于囿，荡公，公惧，变色。"指故意让船摇摆。又引申指将刀片在细腻的磨刀石上或布匹上来回摩擦，使刀口更锋利。如 ～ diuk diot khet 荡刀于裤。

dangx 1. 堂，上古音在定母、阳部。声母本接近于 d。堂从尚表音、从土表义，本指垒起的台子，与殿相同。《说文解字》载："堂，殿也。"只因在台子上建有宫室，宫殿连称，模糊了宫与殿的概念。《论语·先进》载："由也升堂矣，未入于室也。"可见堂高于平地，但在室外。因此，也称山上的高平处为堂。《诗经·秦风·终南》载："终南何有，有纪有堂。"苗语中的堂指公共平地，用以聚会、祭祀等。如 ～ gix 管堂，即芦笙堂；～ ninx 斗牛场。

2. 沉，上古音在定母、侵部。声母本接近于 d。沉本应写作沈（而沈阳应作瀋陽）。与沈具有共同的表音部件的字，如耽就读 dan。这就可以理解沉为什么读 dangx 了。沈的右部是人带枷锁的象形（冖象枷锁），再加水，是典型的"沉塘"景象，是对罪人或仇人的处罚。《诗经·小雅·菁菁者莪》载："泛泛杨舟，载沈载浮。"沈与浮相对。引申为沉溺、沉沦、潜伏等。苗语中，dangx 也有类似的字义。

(1) 沉没。如 ～ niangx 沉船。

(2) 引申为沉入梦乡。如 bit ～ 睡着了。

(3) 引申为消沉、情绪低落。如 ～ hvib 直译为沉心，即消沉。

(4) 引申为潜伏。如 ～ nangx ～ bit 沉名沉讳，即隐姓埋名。

3. 整（zhěng），上古音在章母、耕部。韵母 eng 转为 ang。《说文解字》载："整，齐也。"引申为完整。隋代卢思道《后周兴亡论》载："器械完整，货财产充实。"苗语中，dangx 指完整的、整个的。如 ～ jox fangb 整个地方。

4. 党，如 ～ weef 党员；～ zib bud 党支部。照搬现代汉语。

dao

daod 1. 道，量词。照搬现代汉语。如 wil leit nenx zaid bib ～, seix ax jas nenx 我去他家三次，也没遇见他。～ deef 道德。照搬现代汉语。

2. 导。如 ～ daid 导弹。照搬现代汉语。

de

deb 1. 逗，上古音在定母、侯部。韵母为 o，转换为 e。《说文解字》载："逗，止也。"逗留即停留，逗号表示停顿。逗又有撩人、招惹之义。杜甫《怀锦水居止》载："朝朝巫峡水，远逗锦江波。"唐代李贺《李凭箜篌引》载："女娲炼石补天处，石破天惊逗秋雨。"不过，逗似乎很难引出招惹之义，极有可能是假借为投，从投合这个义项上引申为招惹。投的上古音也在定母、侯部。如 Nenx ngas ~ naix 他爱逗人。~ liab 逗撩，与逗同义。

2. 蜇（zhē），从折表音。折的上古音在章母、月部。deb 是 daib——蜇的又音。《玉篇》载："蜇，虫螫也。"本指毒虫叮咬，也指刺痛。《列子·杨朱》载："乡豪取而尝之，蜇于口，惨于腹。"这里指刺痛感官。如 ~ naix 蜇耳，即刺耳。

ded 1. 堵（dǔ），上古音在端母、鱼部。大约是受声母影响，韵母与 ou 接近，转换为 e。《说文解字》载："堵，垣也。五版为一堵。"指夯土墙，泛指墙。《汉书·高帝纪》载："吏民皆按堵如故。""按堵"犹如趴墙观望。引申为堵塞。苗语中，ded 有类似的字义。

(1) 墙。堵含有阻塞之义。如 ~ eb 河堵，即河堰。

(2) 量词，用于墙、柴火垛等。如 Ib ~ hob 一堵垣，即一堵墙。Ib ~ dul 一堵楚，即一堆柴。

(3) 拦截。如 ~ gid 堵路，拦路。

2. 赌，上古音在端母、鱼部。大约是受声母影响，韵母转换为 e。《说文新附》载："赌，博簺也。"即赌博。《三国志·吴书·韦曜传》载："至或赌及衣服。"即以衣服押注，也指打赌。如 ~ bax 赌牌。Lol ob ~ 我俩打赌。

3. 鬪（dòu），上古音在端母、侯部。韵母为 o，转换为 e。《说文解字》载："鬪，遇也。"即遇合、两人或两个东西碰到一起。《国语·周语》载："谷、洛鬪，将毁王宫。"指谷、洛两条河流并道，威胁王宫。如 ~ jid hsod 鬪锄把，即把锄把安装到锄头上。有时也写成斗。

4. 注，上古音在章母、侯部。韵母为 o，转换为 e。《说文解字》释为灌，指水从此处转入彼处。《诗经·大雅·泂酌》载："挹彼注兹。"即舀彼之水灌入此地。苗语中，ded 指灌溉。如 Dol lix nongd nongt ~ eb, ax gid tongb eb 这些田要注水，不能放水。

5. 黩（dú），上古音在定母、屋部，入声。韵母为 o，转换为 e。黩以黑表义，右部表音，故与读、渎同音。本义指染上黑色，因此有典籍释为污，释"握持垢"。左思《吴都赋》载："林木为之润黩。"润与黩义相近，有浸染之义。如 ~ dob 染布。

6. 斗，如 ~ zenb 斗争。照搬现代汉语。

def 1. 豆，上古音在定母、侯部。韵母为 o，转换为 e。不过，指豆类作物或果实的，准确地说应写作尗（shū）或菽。尗、菽的上古音在书母、觉部，韵母相当于 ou，转为 e。尗或菽，是豆类作物的总称。《诗经·豳风·七月》载："黍稷重穋，禾麻菽麦。"而豆本是一种高脚杯式的容器，较早就被假借为吃的豆（我们从以叔表音的字——督、裻可以约略发现，尗或菽具有声母 d 的基因）。《战国策·韩策一》载："韩地险恶，山居，五谷所生，非麦而豆。民指所食，大抵豆饭藿羹。"苗语中，def 指吃的豆。如 Jenl ~ dot ~，jenl fab dot fab 种豆得豆，种瓜得瓜。~ dad，长豆，即豇豆。

2. 咥（dié），上古音在定母、质部。韵首 i 灭失。《易经·履卦》载："是以履虎尾，不咥人，亨。"咥人即咬人。如 Dail baif ~ nangl 猫咬老鼠。Gangb yud ~ naix 蚊子咬人。

3. 跌，上古音在定母、质部。韵首 i 灭失。《方言》载："跌，蹶也。"汉代陆贾《新语辅政》载："以赵高、李斯为杖，故有倾仆跌伤之祸。"倾、仆、跌，都是跌倒的意思。如 ~ xaf dliangd bil 跌下倒地。

dek 1. 捉，上古音在庄母、屋部。声母 zh 与 d 相转换。韵母中本来就没有韵首 u，o 转为 e。《广雅》载："捉，持也。"《左传·僖公二十八年》载："叔武将沐，闻君至，喜，捉发而出。"沐是洗头的意思，捉发即握发。《三国志·蜀书·宗预传》载："孙权捉预手，涕泣而别。"苗语中，dek 即握、捏。另外，还做量词。

（1）握。如 ~ jongt jongt 捉得紧紧的。Mongx jil bil ~ laib gheix xid？你手里握的什么？

（2）做量词，一捉即一握、一把。如 ib ~ hsaid 一捉粲，即一把米。

（3）做量词，用于丈量。一捉即一个拳头的长度。这显然是从捉手成拳而来。其实，汉语的拳也不是纯粹的名字，也可做动词或形容词。《颜氏家训·勉学篇》载："手不得拳，膝不得屈。"这里的拳即指屈指。在农耕时代，对尺寸的要求不是特别精准，用人体的某些部位来做尺度很普遍。汉语中的丈、尺、寸等均来自人体。如 juf ~ gid dad 十来拳长。

2. 逗，上古音在定母、侯部。韵母为 o，转换为 e。dek 是 deb——逗的又音，用法略有区别。前面的 deb 指逗乐，这里指逗人生气，故用声调区别，如 Dad gid ~ nenx 故意逗他（生气）。

del 1. 褚（zhǔ），上古音在端母、鱼部。与赌、堵基本同音。声母本为 d。大约是受声母影响，韵母有所偏转。褚从衣旁表音。《说文解字》载："褚……一曰装衣也。"即往夹衣里絮棉或棉花。《汉书·南粤传》载："上褚五十衣，中褚三十衣，下褚二十衣。"颜师古注："以绵装衣曰褚。上、中、下者，绵之多少薄厚之差也。"褚又指囊、袋。《左传·成公三年》载："荀罃之楚也，郑贾人将置之褚中以出。"即郑国商人把荀罃装在袋子里带出来。陆游《跋东坡帖》载："不当独私囊褚。"囊与褚同义。苗语中，del 指被套。囊也罢，被套也罢，都是用来装东西的。

2. 绿，上古音在来母、屋部。因声母 d、l、n 发音部位接近，三者易混。正如前文的落读作 dal 一样。韵母只保留了韵尾 o，o 又转为 e。它是后文 niul——绿的又音。《说文解字》载："绿，帛青黄色也。"王维《送别》载："春草年年绿，王孙归不归。"如 Hsend ~ ait bongb yongb 浸绿为丰茸，犹如染得绿油油的。

3. 嘟，象声词。如 Laib tob lab jib bet ~ ~ dax mongl 拖拉机响嘟嘟地往前跑。

des 1. 随，据《汉字古音手册》，上古音在邪母、歌部。存疑。随跟很多字有亲缘关系，如果不简化，这种关系很清楚。比较随（随）与堕（堕）、椭（椭）、惰（惰），可以看出它们有一个共同的部件隋，并以其表音。惰、堕都读 duò，韵首 u 灭失，就与 de 接近了。后文将说到，隋读 des、dus。假设随读如惰、堕，也是 duò，上古音当在定母、歌部。果然，《管子·形势解》载："臣下随而不忠。"就是假借随为惰。可见二者读音相同。《说文解字》载："随，从也。从辶，隋声。"表明随以隋表音，以辶表义。随有多项引申义。

（1）跟随。如 ~ ghangb 随尻，即跟在屁股后面。这个词后面加 hveb（话）就是随声附和。如 ~ hmib 跟踪。~ nais 直译为随臬，即驯服，指牛随着被牵制的鼻子走。臬是鼻子。

（2）引申为遵照。汉语有成语：萧规曹随，指汉代丞相曹参遵照前任萧何的规矩。如 ~ gid 随路，即顺路走；kab lix ~ gongl 犁田顺沟；~ lil 按理。

（3）有听任的意思，用重复的形式表示连着做某事。如 ~ gol ~ gol 随叫随叫，指连着喊。

至于同样是以隋表音的字，为什么读音差异那么大——分别在邪母、定母，有待研究。

2. 隋，据《汉字古音手册》，上古音在邪母、歌部，与随同音。以隋表音的字，如堕（堕）、惰（惰）均读 duò。假设隋也读 duò，韵首灭失，几近于 de。《史记·天官书》载："廷藩西有隋星五。""隋星五"即五星坠落，隋与堕相通。《淮南子·时则》载："暖风来至，民气解隋。""解隋"即懈惰，隋与惰相通。说明上面的假设是成立的。隋以右下角的月（肉）表义

（其余部分是一个表示毁城的字，在此表音）。《说文解字》载："隋，裂肉也。"裂即分割。隋也指饭前祭祀时从食物中分出来用于祭祀的肉或其他供品。《周礼·春官·守祧》载："既祭，则藏其隋与其服。"孙诒让《正义》载："藏隋者，即埋之也。"苗语中，des 指分发。如 ~ ax hsob 隋不销，即分不出去，销不出去。

3. 逐，上古音在定母、觉部，入声。声母本接近 d；韵母 ou 转为 e（现代汉语者，只取其韵尾 u）。《说文解字》载："逐，追也。"《孟子·尽心下》载："有众逐虎，虎负隅，莫之敢撄。"《史记·匈奴列传》载："逐水草移徙。"如 ~ hvangb 追债。~ ax gos 逐不及，即赶不上。

4. 咄，象声词，像东西落地的声音。如 baix ~ lol dab "咄"的一声落地。

det 1. 树，上古音在禅母、侯部。韵母中的 u 灭失，o 转换为 e（现代汉语中，则是 o 灭失）。《说文解字》载："树，木生植之总名也。"泛指树木。《左传·昭公二年》载："有嘉树焉，宣子誉之。"在部分地区，也指木头。汉代《方言》五曰："床，其杠，北燕朝鲜之间谓之树。"指床前横木。又做量词。北魏《齐民要术·序》载："种柑橘千树。"汉语中，树还指种植、树立等。苗语中，det 有不同的引申方向。

（1）指各种树木或类似树木的植物。如 ~ nangs 李树。~ mangx 枫树。~ jenl 茶树。~ dangf 糖树，即甘蔗。~ mox gheib 鸡毛树，指斑竹。

（2）指木头，或杆状的东西。如 ib ghaid ~ 一截木头。~ dib ud 捣衣树，即棒槌。~ hlet 铁棍。~ nent nail 饵鱼树，即钓鱼竿。

（3）引申为寿木、棺材，也可以说是棺材的委婉说法。如 ~ lul 老木，即寿材。ib hfut ~ 一副棺材。

（4）做量词，用于细长的东西，相当于根、条。如 ib ~ ghab dliub khob 一根头发。进而用于抽象的东西。如 ib ~ lil 一条道理；ob ~ hxak 两首歌。

2. 戴，上古音在端母、之部，几近于 de。戴字中与栽、载、哉、栽（灾）共同的部分表音，以异表义。从金文可以看出，異是一个人双手举面具遮脸的象形。正因为戴面具，才显得怪异。異是异的繁体字。在这里，異侧重于表示往脑袋上或头顶上放东西。《孟子·梁惠王上》载："颁白者不负戴于道路矣。"指上岁数的人不需劳累了。负是背负重物，戴是用头顶重物。如 ~ mos 戴帽。~ mais hnaib 戴日目，即戴眼镜。~ hsangt 戴伞，即打伞，因为伞在头顶上面。

3. 断，与 dangl——断一样，指一半。这是读音向两个方向转换的结果。如 ~ dab 半地下，指阴间。

4. 咫，上古音在章母、支部。韵尾本为 e。《说文解字》载："中妇人手长八寸谓之咫，周尺也。"即周代的一尺，比后来的一尺略短。《左传·僖公九年》载："天威不违颜咫尺。"苗语中，det 即相当于尺。如 ob ~ dob，二尺布。

dex 1. 铜，上古音在定母、东部。从同的字，如洞、侗、恫、胴、峒等，声母都是 d。韵母 ong，鼻音灭失后变成 e。《说文解字》载："铜，赤金也。"纯铜颜色发红，故称赤金。《墨子·杂守》载："寇近，亟收诸杂乡金器——若铜铁及他可以左守事者。"如 det ~ 铜树，指铜拐杖。niel ~ 铜镯，即铜鼓。

2. 桐，上古音在定母、东部。与铜同音。桐是树名，又叫荣。《说文解字》以荣、桐互训。《诗经·鄘风·定之方中》："树之榛栗，椅桐梓漆。"后六字均是树名。桐树所结桐籽可以榨油，桐油是非常好的木器防腐涂料。如 det ~ yux 桐油树，即桐树。

3. 夺，上古音在定母、月部。韵首 u 灭失。夺繁体为奪，《说文解字》释奪："手持佳失之也。"即到手的鸟飞了。奪字中间的佳是鸟；奪字下部的寸，是手的象形；上面的"大"与奮（简化为奋）上的一样，有张开（翅膀）之义。奪的本义是脱手、丢失。《史记·齐太公世家》记载：齐懿公无道，将车夫庸职的妻子据为己有。齐懿公的另一个仆人就喊庸职为"夺妻者"，这里的"夺"显然是丢失。现存"讹夺"一词，指文字错误和脱落。苗语中，dex 即脱落。如 Ghab lot diongx yenb ~ lol yangx 烟筒嘴夺落焉，即烟袋锅子的金属嘴脱落了。

4. 擢（zhuó），上古音在定母、药部。声母本接近 d；韵母相当于 eau，au 灭失。擢所从翟即读 dí。《说文解字》载："擢，引也。"有拉、抽的意思。《韩非子·奸劫杀臣》载："卓齿之用齐也，擢滑王之筋，悬之庙梁。"此处的擢即拔、抽。擢在汉语里多引申为提拔。苗语中，dex 即拔。如 ~ yib mongl jenl，dlut lis mongl jangs 擢秧去栽，揪苗去插，即拔秧插秧。

5. 着（zhuó），上古音在端母、铎部。韵母本为 d。着的原形为箸，其演变路径为：箸—著—着。着是采用著字草书的结果。也就是说，这三个字本是一个字，只不过三个不同的形态有不同的字义分工。《说文解字》载："箸，饭欹也。"即取食之具，食物被箸拈取。"着"的附着之义由此而来。今有上不着天，下不着地之语。苗语中，dex 也有类似的字义。

（1）附着、粘住。如 Dad gib lol ~ khob 持角来着头，指在头上拔火罐。将牛角剜成中空，加热里面的空气，扣在皮肤上，起拔火罐的作用。

（2）引申为跟某某在一起。如 Nenx ~ nenx dail daib ghangb vil niangb 他与他幺儿住一起。Ad nil mongl ~ dial xongt 妮姐嫁雄哥。~ bongl 着朋，即成双、成亲。

dei

deib 襌（dān），上古音在端母、元部。an 一般在苗语中转读为 ai。dei 是 dai 的别读。襌是会意字，从衣、单，即单衣。《说文解字》载："襌，衣不重（chóng）。"襌又是长衣，可拖到地面。《汉书·盖宽饶传》载："宽饶初拜司马，未出殿门，断其襌衣，令短离地。"说明襌衣在断开前是拖地的。这种衣服穿在女子身上，类似于连衣裙。苗语里，deib 指裙子。

deid 1. 值，上古音在定母、职部。声母本接近 d。《说文解字》载："值……一曰逢、遇也。"纪昀《阅微草堂笔记》载："值河间岁试。"今天仍常用正值……时候、时机等。如 ~ dlongd 值正，本义是过节、逢节，比喻好事。Nenx hat naix hat dail bongt wat, xangf nongd das ghax ~ dlongd yangx 他害人害得厉害，这下死了就好。

2. 适，上古音在书母、锡部，声母做 sh。苗语无 sh 这个声母，sh 转为 d。后面将会反复遇到这种情况。《说文解字》载："适，之也。"指到某地去。引申为女子出嫁。《左传·昭公元年》载："女自房观之……适子南氏。"大概由嫁人引申出适合、适宜等义。苗语中，deid 也有多个义项。

(1) 适合。如 ~ nangl（衣服）合穿，合身。~ hvib 合心。Nenx mais ait nenx mongl khat, nenx ax ~ hvib mongl 她妈给她找的人家，她不合心。

(2) 适当。如 Laib jud nongd hek ~ nenk, ax gid hek not 这酒喝适量些，别喝多了。~ hxib 适时。

(3) 指恰好。《左传·昭公十七年》载："我高祖鸟皞挚之立也，凤凰适至。"沈括《梦溪笔谈》载："从上观之，适与地平。"今有词"适逢其会"。如 Wil ~ jas nenx diot dangl gid 我恰好在半路上遇见他。

(4) 指偶然。《尚书·康诰》载："乃惟眚（shěng）灾，适尔……时乃不可杀。"眚本指眼睛生翳，泛指疾苦。这句话的意思是，如果有人制造了痛苦灾难，但是偶然（犯错），不可杀。如 Laib nongd ~ lol hot 这是偶然间的事。

3. 趸（dǔn）。这是后起字，dei 是 dun 的别读。因为苗语中没有韵首 u，dun 会转读为 den，再演变为 dei。此字应是在与汉人的生意交往中引进的。趸即整批。如 ~ mail mongl, ~ mail lol 趸卖出，趸买进。

deif 摘（zhì），上古音在定母、锡部。声母本接近 d。摘以适（简化为适）表音，故与适一样读 dei。《释文》载："摘，持赤反（标注读音），义与掷字同。"

《史记·刺客列传·荆轲》载："荆轲废，乃引其匕首以擿秦王。"苗语中，deif 抛掷；~ vib 掷石头；~ bil 擿臂，指甩手。

deik 1. 妲（dá），上古音在端母、月部。根据读音和字义暂定为妲。《说文新附》载："妲，女字，纣妃。"商纣王的妃子妲己广为人知。《史记·外戚世家》《索隐》载："己，姓也；妲，字也。"妲己即姓己的女子或姑娘。与之齐名的另一位祸水红颜褒姒，生于褒国，姒是姐姐。相信都不是本名，而是旁人或后人起的名。deik 相当于汉语的姑，既指姑母，又指丈夫的姐妹。如 Wil zaid ~ lol yangx 我家姑姑来了。

2. 窄（zhǎi），上古音在庄母、铎部，入声。声母 zh 转为 d。《广韵》释为："狭也，迫也。隘也。"《三国志·魏书·李典传》载："贼无故退，疑必有伏。南道狭窄，草木深，不可追也。"苗语中，deik 狭窄；~ hvib 窄心，指心胸狭窄；~ ngif 窄厄，厄指空间狭小、给人以压迫感。如 Laib zaid nongd ~ ngif bongt wat 这宅子窄厄得很。

3. 榨。榨是后起词，从窄表音兼表义。榨是窄的动词或名词形式，指挤压、夹紧，或指挤压的器具。事实上，窄正好有此义。晋代梁宗凛《荆楚岁时记》载："以糯米熬捣为末，并研胡麻汁和酿之，石窄令熟。"石窄即用石头挤压。如 ~ lob 窄脚，即双脚紧并。~ ghongd daib 宫颈窄，即产道紧、难产。

deis 1. 实，上古音在船母、质部，入声。声母接近 sh，转为 d。《说文解字》载："实，富也。"本指屋子里财物富足，引申指农作物籽粒充盈、饱满。《论语·子罕》载："苗而不秀者有矣夫？秀而不实者有矣夫？"今有果实、籽实等词。苗语中，deis 指谷粒饱满。如 Dol ghab hsab nongd ~ bongt wat, ax maix laib mut 这些谷子很实，没有一粒秕子。引申为力道实。~ mais 实目，即眼实，指看得准。

2. 谁，上古音在禅母、微部。声母 sh 与 d 转换；韵母中的 u 灭失。对应于声调 s，谁的古音可能是去声。《说文解字》载："谁，何也。"今天指何人，但典籍里谁相当于何。高适《别董大》载："天下谁人不识君。"毛泽东有诗："知向谁边？"当然也单用谁指何人、哪个。苗语中的 deis，仅相当于何。如 laib ~ 哪个；hangd ~ 何处；hnaib ~ 哪天。

还有一个习惯用法，与 nongd（相当于汉语的这）连用，表示概数，说不太清楚。如 Ghed maix ob juf laix nongd ~ 估计有二十人左右。

deit 1. 踶（dì），上古音在定母、支部。《类篇》载："牛展足谓之踶。"踶即踢，踢是后起字。《庄子·马蹄》载："喜则交颈相靡，怒则分背相踶。"如 ~

diongk gheib 踢毽子。~ lob ~ bil，直译为跷脚跷手，即手舞足蹈。

2. 蹢（dì），上古音在端母、锡部。蹢与蹄基本同义。《诗经·小雅·渐渐之石》载："有豕白蹢。"译为有猪白蹄。《尔雅·释畜》载："马四蹢皆白，首。"俗称踏雪马，有专用名，叫作"首"。苗语里，deit 指昆虫腿强劲的后腿（汉语中的腿是后起字）。如 Gangb gux ob jil ~ 蚂蚱两只蹢。

deix 直，上古音在定母、职部。声母本接近 d。dei 与直古音相近：德有异体字㥁（也是德字右部的变形），直在其中表音。《说文解字》载："直，正见也。"犹如直视，直莫过于光。泛用于曲直。《庄子·山木》："直木先伐，甘井先竭。"引申为正直。《韩非子·解老》载："所谓直者，义必公正，心不偏党也。"苗语中，deix 除了用于曲直外，也有多项引申义。

（1）与曲相对。如 ~ hvib 心直。~ ~ deis deis，直译为直直实实，即老老实实，正正经经。~ gid 直路，指不绕远。

（2）直还有一个重要的义项，指右。如 bil ~ 指右手。与之相对，bil jangl 直译为卷（弯）手，即左手。大概是由于人类多用右手做主力，而左撇子很少，用右手做事更直接。或者说，人们在拿锹、锄头等工具劳动时，一般右手在前、左手在后，右臂较直，左臂较曲。因此，将 jangl——卷、deix——直分别与左右对应。

（3）引申为正、正确。如 ~ ~ dios dios 直直是是，即完全正确。

（4）正直，与斜或邪相对。斜、邪，苗语为 dliot，正邪引申为真假。如 Bub ~ ghaid dliot 不知是真是假。

（5）正对着。这似乎是直的本义。甲骨文中，直字的写法是：下面为目，目字上加一竖，即直视。《史记·樗里子甘茂列传》载："武库正直其墓。"正直即正对。《汉书·刑法志》载："魏之武卒不可以直秦之锐士。"这里的直即直视、面对。如 Nenx zaid ~ gid 他的宅子正对着路。Nenx niangb ~ wil ghab mais 他坐我对面。

（6）从"正对着"引申为箭或子弹等射中了目标之义。如 Bangd ~ yangx 放直焉，即射中了。这个意义上也可参照"值"。"值"有遇上之义。

den

denb 1. 登，上古音在端母、蒸部。韵母 eng 变成 en，鼻音灭失。《说文解字》载："登，上车也。"上车不是其本义，是引申义。本义似乎是捧豆（礼器）进献，还引申为农作物收获后的登场、登仓，又引申为登记，即把有关信息上报官府。《周礼·秋官·司民》载："掌登万民之数。"苗语中，denb 也有类似字义。

(1) 做动词，相当于上。如 ~ xangx 登场；~ jid 登记。

(2) 用于满登登，大概源于进献时供品的丰厚。如 ib dlak baid ~ ~ 一筐畐登登，即满登登的一筐。畐即满。

2. 灯，上古音在端母、蒸部。韵母 eng 变成 en，鼻音灭失。灯的繁体为镫、燈，与登同音。《说文解字》载："镫，锭也。"徐铉注："锭中置烛，故谓之镫。今俗别作燈。"《楚辞·招魂》载："兰膏明烛，华灯错些。"如 ~ dul 炷灯，即油灯（灯盏里一炷如豆）。dieed ~ 电灯。应是照搬现代汉语。

3. 尊，上古音在精母、文部。zun 变成 den，可参照从尊表音的字蹲，读 dūn。dūn 的韵首 u 灭失，即变成 den。本义指酒器。甲骨文里是双手捧酒器的象形。后来多写作樽。樽也指酒杯。苏轼《念奴娇·赤壁怀古》载："一樽还酹江月。"有的版本也写作罇。如 ~ jud 酒樽，即酒杯。

4. 墩，以敦表音。敦的上古音在端母、文部。韵首 u 灭失。墩本指土堆。李白《登金陵冶城西北谢安墩》载："冶城访古迹，犹有谢安墩。"引申为敦实。苗语中，denb 指结实。组成双声词：~ duf 墩笃，即结实。引申指人或动物（大多指雄性）长成熟了。如 Dail bad ninx ~ duf yangx 水牯牛长大了。

dend 1. 戥（děng）。韵母 eng 转为 en。戥是后起字，指一种小秤，用来称金银或药品等，如 Dad diangb ~ lol dliok nix 拿杆戥子来称银。可能是在与汉人交往中搬过来的字。

2. 吨，指一千公斤。照搬现代汉语。

denf 1. 蹬（dèng），上古音在端母、蒸部。韵母 eng 转为 en。《广雅》载："蹬，履也。"指踩，并没有现代汉语中使劲蹬的意思。《水浒传》九十一回说："董澄两脚蹬空，扑通地倒撞下马来。"苗语中，denf 指踩。如 Ax gid ~ gos ghad sangd 不要踩着稀泥。~ niel 踩鼓，指随鼓点跳舞。~ zaid hvib 蹬新宅，指亲友到新房子里。~ ghat 蹬价，即压价。

2. 典，上古音在端母、文部。指抵押。韵母相当于 ien，韵首 i 灭失。典的上部是册子的变形，本义是典籍、典册，引申为经典、典章等。用于经济活动上的抵押、典当等，是较晚的事。杜甫《曲江》载："朝回日日典春衣，每日江头尽醉归。"苗语中，denf 指抵押、典当。极有可能是苗汉人民之间发生经济往来时传入的词。如 Gid denx ~ bat bongl, dangl ghangb ~ zangt wul 先典猪一对，后又典田坝。

3. 叠，上古音在定母、叶部。韵母疑为 n 化了。黔东南地区的方言有类似现象。如贴（tiē），常被读成 tiān，在苗语里进而转读成 hniangb。叠本指重叠。《说文解字》载："重夕为多，重日为叠。"按《说文解字》，叠字上面是三个"日"字，引申为折叠。唐代王建《宫词》载："内人对御叠花笺，绣坐移来玉案边。"苗语中，denf 指折叠。如 ~ khuk 叠裙，特指叠裙的褶子。

denk 1. 囤（dùn），上古音在定母、文部。韵首 u 灭失。《说文解字》的囤从竹字头、从屯，释囤为圌（chuán），又释圌："以判竹，圆以盛谷也。"即以类似竹垫的东西围成筒状，用来装粮食。如 Dad jil ~ lol jis ghab hsab nax 拿囤子来装稻谷。

2. 叠，同 denf——叠。声调 f 与 k 只是轻重之分。denk 仍指折叠。如 denk ait bib denk 叠为三叠。

3. 正，上古音在章母、耕部。韵母 eng 转为 en。正是会意字，像一只脚正对着一道门槛或一堵墙——其下部的止是脚的象形。正有正对着的意思。《论语·阳货》载："其犹正墙面而立也欤？"引申为副词、形容词，指恰好、正好等。叠用，做正正，同正一样。《孙子·军争》载："无邀正正之旗，勿击堂堂之陈（阵）。"苗语中，denk 也连用，denk denk 指正好、恰好。如 Nenx zaid niangb ~ ~ ghab diongb vangl 他家正正在寨子中间。

denl 1. 扽（dèn）。按说从屯表音，此字应读作 dun。读 den 是苗语的读法——韵首 u 灭失，而且该读音在字典里绝无仅有。早期典籍也无此字。此字应该是南部方言甚至有可能是黔东南地区苗族贡献的。扽是按音造的字。《广雅》载："扽，引也。"在现代汉语口语中是很常见的，一般指拉、拽物体的两端。苗语也是如此。如 ~ hlat 扽索，即扽绳子，指拔河。

2. 打（chéng），上古音在定母、耕部。打从丁表音，声母本接近于 d；韵母 eng 转为 en。《说文解字》释为"撞也。"《新唐书·五行志》载："三度征兵马，傍道打腾腾。"另外，扌亭或扌長与打同音，都有撞或碰撞之义。如 ~ naix 撞人；~ diux 撞门。

3. 噔，象声词。如 Cob gix dax qangt fangb ~ ~ 吹笙震得地方噔噔响。

dens 1. 缎（duàn），上古音在定母、元部。韵首 u 灭失，an 转为 en。《正字通》载："缎，今厚缯曰缎。"即质地厚密的丝织品。《红楼梦》六十八回说："身上月白缎袄，青缎披风。"苗语中，dens 即缎子。如 Lot nongx ngix, jid nangl ~ 嘴吃肉，身着缎（指生活水平高）。

2. 靛（diàn），早期经典未见。可以肯定的是，靛是形声字：以青表义，指从植物中提取的青色染料；以定表音，与淀同音。靛无论读 diàn，还是读如定，其韵母都可转为 en。明代陆亮辅《舟次瓜步怀徐姬石莲》载："桃花碎影江如靛。"如 ~ nix 靛蓝，也是这种植物染料。

dent 1. 顿，上古音在端母、文部。顿与囤、扽都以屯表音，韵首 u 灭失。《说文解字》载："顿，下首也。"本指叩头，引申为行军途中的休息，大概缘于以头着地。《史记·淮阴侯列传》载："今将军欲举倦弊之兵，顿之燕坚城之下，欲战恐久力不能拔。"今有"停顿"一词。又做量词，把行军途中停下来吃一餐饭叫一顿。《世说新语·任诞》载："欲乞一顿食耳！"又由吃一顿饭延伸到吃一顿打、挨一顿骂。苗语中，dent 也做量词。如 ib ~ gad 一顿饭；tat nenx ib ~ 骂他一顿。

2. 定，上古音在定母、耕部。韵母中的 eng 转为 en。《说文解字》载："定，安也。"有多项引申义，其中之一为约定。《谷梁传·宣公七年》载："来盟，前定也。"苗语中，dent 即约定。如 ~ diot yenx haib mol 定在寅（日）和卯（日）。

3. 断（duàn），上古音在定母、元部。韵首 u 灭失，an 转为 en。是 dait、dangd——断的又音。读音不同，是为了区别字义。这里引申为判断、断定。《易经·系辞》载："系辞焉以断其吉凶。"如 Wil ait laib dliangb hsent diot mongx ~ 我打个谜语给你断（猜）。

4. 段，上古音在端母、元部。韵首 u 灭失，an 转为 en。《广韵》载："段，分段也。"《释名·释言语》载："断，段也，分为异段也。"又做量词。《晋书·邓遐传》载："遐挥剑截蛟数段而去。"苗语中，dent 指时间段。如 ~ deis 何时。

5. 霮（dàn），上古音在定母、侵部。韵母相当于 em，接近于 en。dent 是 dat——霮的又音，用法不同。dat 指露重、霜，dent 指云多的样子。汉代王延寿《鲁灵光殿赋》载："云覆霮䨴（䨴应为雨头），洞杳冥分。"吕延济注："霮䨴，繁云貌。"苗语中，组成叠韵词：dent ent 霮黔，指云多。ent 即黔（yīn）。黔的上古音在影母、侵部，入声。《说文解字》载："黔，云覆日。"可比较另外一个形容云多的叠韵词：叆叇。如 ~ ent xab ax gos laib hnaib 乌云遮不住太阳。

denx 1. 前，上古音在从母、元部，《汉字古典手册》注音为 dzian。正如前面的尊读 denb 一样，声母 dz 转为 d；韵母中的 i 灭失，an 转为 en。《说文解字》载："前，不行而进也。"从其原形（从止、从舟）看，本指乘舟前行，泛指上前、向前。《庄子·盗跖》载："孔子下车而前。"又与后相对，用于时间。《孟子·梁惠王下》载："孟子之后丧踰前丧。"苗语中，denx 做形容词，用于空间或时间。如 dangl ~ 前头；hlat ~ 前个月；~ hxib 前时，即昔日。

2. 层（céng），繁体为層，以曾表音，上古音在从母、蒸部。与前一样，声母也是 dz，转为 d，可参照尊——denb。韵母 eng 转为 en。这里的层与 cenf——层（楼层）不同，用于衣服。一件单衣为一层。如 Nes dot juf ~ ud 姑娘得十层（件）衣。

di

dib 1. 打，是后起字，早期经典未见。"打"字应当是以丁表音，韵母当为 ing，ng 灭失。《说文新附》释为"击"。该动词用途广泛，很多东西都可以"打"，疑是由于打的笔画简单，而被广泛使用。苗语中，dib 的用法与打完全相符。如 ~ jud 打酒；~ niel 打鼓；~ naix 打人；~ zenb 打针；~ bax 打牌；~ zend ded 打算盘；~ diangs 打仗。

2. 织，上古音在章母、职部。《说文解字》载："织，作布帛之总名也。"《庄子·盗跖》载："耕而食，织而衣。"如 ~ hlat ud 织花带。

3. 痴，上古音在透母、之部。声母本应为 t，讹为 d。《说文解字》载："痴，不慧也。"《晋书·王湛传》载："湛初有隐德，皆以为痴。"苗语中，dib 意思与痴相同。组成双声词 dib dongb 痴忪，即痴呆、糊涂。

4. 笡（zhì），竹器。这里指打鱼者随身带的腰篓。如 ~ nail 鱼篓。

did 1. 箅（bì），上古音在帮母、质部。di 可能是 bi 的别读。如 Dad liul ~ lol hvid nail 拿算子来熏鱼。

2. 地。如 ~ zux 地主，照搬现代汉语。

dif 1. 提（tí），上古音在定母、支部。提的另一读音就是 di。《说文解字》载："提，挈也。"即用手拎。《庄子·养生主》载："提刀而立。"引申做名词。《周礼·夏官·大司马》载："师帅执提。"注："马上鼓，有曲木提持鼓立马髦上者，故名提。"也指用以舀汤、取食、打油、打酒等的工具。《礼记·曲礼》载："羹之有菜者用梜。"注："今人或谓箸梜提。"今有油提、酒提。苗语中，dif 指提水的桶。如 ~ eb 水桶；~ ghongd bat 猪食桶，即潲桶。

2. 敝，上古音在并母、月部。应是 bif——敝的别读，如同算读 did 一样。dif 的字义与 bif——敝相同，泛指破败，特指刀缺口或缺牙等。如 ~ hmid 缺口、缺牙。hmid，既指刀刃，又指牙。

dik 躍（yuè），今简化为跃。躍以翟（dí，如墨翟）表音，翟的上古音在定母、药部。韵母只保留了韵首 i。汉语读 yue，是因为声母 d 灭失了。《说文解字》载："躍，迅也。"《诗经·小雅·巧言》载："躍躍儳（chán）兔，遇犬获之。"朱熹《集传》解释道：躍躍，跳疾貌。《荀子·劝学》载："骐骥一跃，不能十步。"今有"跳跃"一词。苗语中，dik 即跳跃。如 ~ dol 跳远；~ hvib 跳高；~ dab ~ waix 跳下跳上，即上蹦下跳。

dil 抵，上古音在端母、脂部。《说文解字》载："抵，挤也。"本义为排挤、推、拒。《汉书·扬雄传》载："抵穰侯而代之。"即排挤穰侯而取代他。今有"抵挡"一词，抵即拒。苗语里，dil 取抵拒、抵挡之义。如 ~ jent 挡风；~ hnaib 挡太阳；~ niangs 防盗。

dis 1. 鸷（zhì），上古音在章母、缉部。《说文解字》载："鸷，击杀鸟也。"即雕一类凶猛的鸟。《离骚》载："鸷鸟之不群兮。"如 ~ vongl，vongl 是山谷，指在山谷里出没的雕。~ zat 岩鹰。

2. 世，上古音在书母、月部。声母 sh 转为 d；只保留了韵首 i，韵尾灭失。世是象形字，本字像树木的枝叶。从葉（叶）的本字枼可以更清楚地看到这一点。人生一世，犹如树叶一秋，"世"因此比喻一辈子、一代。《孟子·离娄下》载："君子之泽，五世而斩。"苗语中，dis 即一辈子。如 ib ~ naix 一世人，即一辈子。

3. 庤（zhì），上古音在定母、之部。声母本相当于 d。《说文解字》载："庤，储置屋下也。"庤，从广表义。广是指较简易的房子，是有后墙、没有前墙的遮蔽所的象形。广指存放工具、用于养殖等的次要建筑。典籍里，庤指往仓库里存放。《诗经·周颂、臣工》载："命我众人，庤乃钱镈。"钱、镈都是农具。苗语中，dis 做名词，指简易的房子。如 ~ ghad 粪庤，即厕所。~ gheib 鸡棚。

dit 1. 卮（zhī），上古音在章母、支部，入声。《说文解字》载："卮，圆器也。"《玉篇》载："卮，酒浆器也，受四升。"卮是盛酒的器皿。《史记·项羽本纪》记载，樊哙闯入筵席，项羽"赐之卮酒"。苗语中，dit 指碗。不知与苗族人民用碗喝酒是否有关。如 ~ dlub 白碗，指瓷碗；~ ghad dab 土碗。

2. 褶（zhě），上古音在定母、缉部，入声。褶还有一个读音：dié。韵尾 e 灭失。其字义脱胎于上古音在章母、缉部的摺。摺即折叠。褶则指衣服上的褶皱。唐代张祜《观杭州柘枝》载："看著遍头香袖褶，粉屏香帕又重隈。"苗语中，dit 即指裙子的褶，引申为脸上的褶，即皱纹。如 ~ khuk 裙褶；~

mangl 面褶，即皱纹。

3. 滞，上古音在定母、月部。滞以带表音，声母本就相当于 d。韵母只保留了韵首 i。《说文解字》释滞为凝，即水不流或流得不畅。泛指不流通、停滞。《周礼·地官·泉府》载："敛市之不售、货之滞于民用者，以其贾买之。"苗语中，dit 指肚子里食物积滞，不消化，肚子发胀。如 ~ qub 滞肷，即胀肚子。

4. 适，上古音在书母、锡部，又在端母、锡部，读如敌。《说文解字》载："适，之也。"有很多引申义。《吕氏春秋·处方》载："向者鞊偏缓，今适，何也?""今者臣适之。"即刚才一边的皮带松了，现在两边一样，为什么呢? 因为我调成一样的了。这里的"适"有齐等之义，与敌相近。今有"势均力敌"一词。苗语中，组成叠韵词 dit yit——适一，即一致、整齐，放在动词后面，表示动作一致。如 gol hxak dit yit 歌韶适一，即齐声歌唱。hangb dit yit，指一起走的样子。或者放在形容词后面，表示变成某种样子或状态。niul dit yit 绿适一，即草木都呈现绿色。

dix 1. 顶，上古音在端母、耕部。按一般规律，顶在苗语里读 dinx。这里 n 灭失。如 ~ zenb 顶针（戴在手指上用来做针线活的工具）。

抵，上古音在端母、脂部。《说文解字》载："抵，挤也。"将 ~ zenb 释为抵针，仍然指顶针，似乎也能说得通。

2. 疹（zhěn），上古音在章母、文部。按一般规律，也应读为 dinx，这里 n 灭失。《说文解字》载："疹，唇疡也。"战国宋玉《风赋》载："中唇为疹。"泛指皮肤因发炎起的疮。苗语中，dix 除了指疮，还引申为肿胀。

（1）指疮。如 ~ nangl 鼠疹，汉语叫睑腺炎或针眼。~ hluk 脱疹，指不会被吸收、会溃烂脱落的疹子，即脓疮。

（2）指肿胀。跟汉语的肿一样。《说文解字》释肿为"痈也"。肿也是发炎而起的疮，但后来多指鼓出这种状态。如 ~ qub 肚子胀；~ mangl zangt mais 干瞪眼。

dia

diab 昭，上古音在章母、宵部。本来就有韵首 i。按一般规律，昭在苗语里应读貂。这里韵尾灭失，变成 dia。《说文解字》载："昭，日明也。"《吕氏春秋·任数》载："目之见也藉于昭。"即眼睛借助光亮才能看见。苗语中，组成叠韵词：~ ab，可能就是昭昭，第二个昭的声母灭失。指亮堂堂的样子。如 fangx ~ ab 煌昭昭,即明晃晃的样子。

diad 1. 耷(dā),似乎是以大表音,未见于早期经典。与汉语相比,多出韵首 i,这在苗语里,不是孤例。可参照喇叭的苗语:lial bab。耷为会意字:大耳朵。明代有画家朱耷。一般用其引申义:下垂。组成叠韵词:~ liad 耷拉,指下垂的样子。如 hniongd ~ liad 重耷拉,形音稻穗等沉甸甸。baix eb niux ~ liad 口水耷拉,即垂涎欲滴。

2. 哒,象声词,小孩拍手的声音。

diaf 宅,上古音在定母、铎部。声母本相当于 d。《说文解字》载:"宅,所托也。"以近音字"托"释"宅",托的上古音在透母、铎部。宅即住所。《左传·昭公三年》载:"子之宅近市。"如 tid ~ xongt zaid 治宅兴宅,即起屋盖房。zaid 是 diaf——宅的又音。

dial 1. 大,上古音在定母、月部。同耷——diad 一样,与汉语相比,多出韵首 i。大与小相对。《孟子·梁惠王上》载:"以小易大。"苗语中,dial 用于称谓。与北方称伯父不同,这里指比自己稍稍年长的人,相当于哥。也泛称男子。如 ~ hlieb 大哥。~ ghab but 堂哥。Dail ~ mongl kab lix, dail nil mongl heik nail 男人去犁田,女人去捞鱼。

2. 跮(dié),上古音在定母、质部、入声。韵母略有偏转。由 die 而 dia,可参照哆读 dia。跮指走路不稳的样子。司马相如《大人赋》中有跮、踱二字。裴骃《集解》载:"跮踱,乍前乍却也。"即一会儿往前,一会儿往后。明代刘基《愁鬼言》载:"跮踱而却。"苗语中,组成双声词:~ diad,即跮踱或跮跮,指小孩学走路的样子。前后声调不同,刻意营造忽前忽后的效果。如 ~ lial ~ lib,可译作跮趔跮踪,形容走路急急忙忙,以至于歪歪倒倒。

3. 支,上古音在章母、支部、入声。韵母有所偏转。《说文解字》载:"支,去竹之支也。"离开竹子的竹枝,仍是竹枝。泛指枝条。《诗经·卫风·芄兰》载:"芄兰之支,童子佩觿。"引申为分支。《新唐书·骠国传》载:"海行五日有佛代国,有江,支流三百六十。"苗语中,dial 做量词,用于众多分支中的一支。如 Bub diot ~ deis mongl? 知道往哪支(路)去了吗?

dias 1. 逐,上古音在定母、觉部。声母本接近 d;本有韵首 i,韵尾有所偏转。dias 与 des——逐同义,只是发音不同。逐即追赶。如 ~ ngix 逐肉,即打猎;~ dliangb 逐仙,即驱鬼;~ was 逐斡,有转着圈相追逐之义,指男女青年交往,当地汉语称为"游方"。

2. 着,上古音在端母、铎部、入声,读音本接近 dia。着的本字为箸,其演变路径为：箸—著—着。现在的着是采用著的草书的结果。箸本是盛饭之具，引申做动词时，往往写作著。著再做名词时，又有另外的含义。《左传·昭公十二年》载："若不废君命，则固有著矣。"《汉书·五行志》："朝内列位有定处，所谓表著也。"这里的著，指位次。后来，将一步棋叫一着。如"他没着了"。苗语中，dias 做量词，相当于次、回。如 ~ denx 前着，即前一次。~ dad ~ 一回又一回。

3. 踎，上古音在定母、质部，入声。dias 是 dial——踎的又音，~ lias 犹如 dial lial 踎趔，走路不稳的样子。

diat 1. 夯（zhà），上古音在端母、鱼部，本相当于 dea。《集韵》释夯："张也。"《庄子·知北游》载："……夯户而入。"夯户即开门。器物的口大叫夯口。张飞的胡子向外怒张，叫夯撒。如 ~ mais 夯目，即睁眼；~ lot 张嘴；~ niux ~ lot 犹如说龇牙咧嘴。

2. 嗒，象声词。如 Dib xangd bet ~ ~ 敲碗响嗒嗒。

diax 1. 侧（zhǎi），上古音在庄母、职部。韵母有所偏转，可参照同样是以则表音的铡，韵母也为 a。《说文解字》载："侧，旁也。"引申为向一侧倾斜、斜着、歪斜。《诗经·小雅·宾之初筵》载："侧弁之俄。"指帽子歪向一边。《史记·项羽本纪》载："樊哙侧其盾以撞。"这里的"侧其盾"当指斜持其盾。苗语中，diax 指侧歪、斜着身子、斜向伸出等。

（1）做动词，指斜着身子走路。黔东南多山，走山路时，如果是沿山腰横着走，身体必侧歪，故称侧。如 ~ bangs，直译为侧塝，即横着走在山腰上。

（2）指斜向伸出。如 ~ jil 侧枝，指树枝向旁生长。~ gid 侧路，即路分岔，或分道扬镳。

踷（zhě），从者表音。者的上古音在章母、鱼部。《集韵》释踷为"斜行貌"。但未见于其他典籍。或许"踷"字在此可以替代指斜行的侧。

2. 踎，上古音在定母、质部。diax 是 dial、dias 的又音。如 diax diad 踎踎，小孩走路不稳的样子。~ lob 踎足，指随意溜达。

diang

diangb 1. 妆，上古音在庄母、阳部。声母 zh 转为 d；韵母中本来就没有 u，但有韵首 i。《说文解字》载："妆，饰也。"本义为女子打扮。白居易《琵琶行》载："妆成每被秋娘妒。"也做名词，指妆饰。杜甫《新婚别》

载："罗襦不复施，对君洗红妆。"有用于嫁妆。苗语中，diangb 又是嫁妆的引申义。

原来，按苗族旧俗，姑娘出嫁，优先嫁到舅家。嫁给别人，须征得舅家同意，并向舅家支付一笔费用。舅家将来娶媳妇，好以此作为嫁妆费，支付对方。如 Daib pik mongl khat, daib nenl nongx ~ 姑娘出嫁，舅舅吃妆（钱）。

2. 瞻（zhān），上古音在章母、谈部。韵母为 iam，其中的 am 像 an 一样转换为 ang。《说文解字》载："瞻，临视也。"即走近了看。《诗经·邶风·燕燕》载："瞻望弗及，泣涕如雨。"今人受瞻仰、高瞻远瞩等词影响，以为瞻有仰视或远看之义，其实没有。苗语中，diangb 即"临视"。

(1) 指看亲戚，须"临视"。~ khat 瞻客，客指亲戚。

(2) 依苗族习俗，在一定的日子里，对村边的古树、巨石、井等用糯米饭、酒肉等进行祭祀。祭祀时，人必须到场，也有"临视"的意思。说是祭祀，并没有汉语中体现得那么隆重，就跟带上礼物走亲戚一样。如 ~ det 瞻树，~ vib 瞻石，~ ment 瞻井。

3. 梃，上古音在定母、耕部。韵母 ing 转为 iang。疑其声调为平声，方与 b 对应。《说文解字》载："梃，一枚也。"按这种说法，梃就是量词。不过，没有天生的量词。梃的本义应是直的棍棒。《孟子·梁惠王上》载："杀人以梃与刃，有以异乎？"即用棍杀人和用刀杀人有什么不同吗？典籍中确实有以梃做量词的例子。《魏书·李孝伯传》载："骏奉酒二器，甘蔗百梃。"梃做量词，所对应的物体的形状都是长条形、棍形。苗语中，diangb 即如此。如 ib ~ zenk leix 一梃谋鎏，即一支写字笔。ib ~ niangx 一条船。ib ~ ghangx 一条扁担。同汉语中的"个"一样，diangb 也有泛用趋势，如 ib ~ ceeb 一辆车，ib ~ feib jib 一架飞机。

diangd 1. 转，上古音在端母、元部。韵首为 i，韵腹 u 灭失，韵尾 an 转为 ang。《说文解字》载："转，还也。"转从车，本义应当指车轮旋转，有多项引申义，"还"是其中之一。《论衡·说日》载："天持日月转，故日月实东行而反西旋也。"这里指旋转，又指转变、转换。《商君书·立本》载："兵生于治而异，俗生于法而万转。"万转即万变，又指回转、还家。《汉书·高帝纪》载："军士不幸死者，吏为衣衾棺敛，转送其家。"苗语中，diangd 也有类似字义。

(1) 指回转。如 Nenx ~ lol yangx 他转来焉，即他回来了。~ dangl 转端，即转头、掉头。~ ghangb 转尻，掉转屁股，与掉头一个意思。~ nangx 转刍，指吃到胃里的草料回到嘴里再嚼一遍，即反刍。~ hvib 转心，指悔恨。

（2）指回还，用于还钱、还手、退还等。如 ~ hut 转货，即退货；~ bix seix 还钱；~ bil 还手。

（3）转换、转变。如 ~ dliub（禽兽等）转须，即换毛。~ dongd 转季，指开春。~ hxed 转暖，也指开春。

2. 啭，后起字，本作转。转有一引申义，即指声音宛转动听。《左传·昭公三十一年》载："赵简子梦童子嬴嬴而转以歌。"《水经注·江水》载："常有高猿长啸，属音凄异，空谷传响，哀转久绝。"啭同样指声音宛转动听，后来多指鸟鸣。北周庾信《春赋》载："新年鸟声千种啭，二月杨花满路飞。"如 ~ hveb 啭话，鸟叫声（~ hveb 还可以释为转话，指回话、回信儿）。Dail nes ~ lid lid 鸟儿啭哩哩。

diangf 定，上古音在定母、耕部。韵母 ing 转换为 iang。《说文解字》载："定，安也。"实际上，定是会意字，像脚（止）到了房子跟前，表示到家了，引申为停止。《诗经·小雅·节南山》载："乱靡有定。"靡同没。杜甫《茅屋为秋风所破歌》载："俄顷风定云墨色。"如 Jus nend ~, ax ed yel 就此打住，不要了。

diangk 1. 獐（zhāng），上古音在章母、阳部，入声。本来就有韵首 i。香獐子，也叫麝。

2. 烫（tàng），未见于早期经典。烫以汤表音。汤的上古音在透母、阳部，声母似乎应为 t，但以汤表音的字如荡、盪都念 dàng；韵首 i 是衍生的。《红楼梦》三十八回说："把酒烫得滚滚的拿来。"如 ~ dul 火烫。

3. 斫（zhuó），上古音在章母、铎部。本来就有韵首 i，ng 是衍生的。《玉篇》释斫："刀斫。"相当于剁，剁是后起字。按苗语读音规律，斫正读如剁。《资治通鉴·赤壁之战》载："因拔刀斫前奏案曰……"如 ~ vob bat 斫（剁）猪草。~ ait ob ghaid 斫为两截。

diangl 1. 长（zhǎng），上古音在端母、阳部。声母本来就为 d，本来就有韵首 i。长是象形字，像须发长长的长者的样子。人的须发终生都在生长，且古人蓄发留须，越年长，须发越长。因此，长既有年长、生长之义，又有长短之长的意思。《论语·微子》载："长幼之节，不可废也。"是为年长。《诗经·小雅·蓼莪》载："长我育我。"这里是养育、使生长之义。苗语中，diangl 几乎具备所有 zhǎng 的字义，而没有 cháng 的字义。表示长短，苗语用 dad。

（1）生长。如 Dol vob nongd ~ ot yangx 这些菜长菜薹了。

（2）年长。如 ~ ghax ~ nenk ghaif, lul ghax lul nenk ghaif, dail xid lul xit dangf! 长就长点吧，老就老点吧，谁能一样老！指恋爱中的男女不嫌对方岁数大。

（3）从生长引申为养育。如 Jus laix naib lol ~ 同一父母所生；~ dangt 诞生。

2. 荡，上古音在定母、阳部。韵首 i 是衍生的。diangl 是 dangt——荡的又音，用法也不同。荡本应作盪。盪指洗涮器皿时，让水在里面晃盪。~ yangl 为叠韵词，荡漾。漾本是水名，在汉水上游。与荡组成叠韵词，主要取"荡"的意思。~ yangl 也取 diangl 的意思，但不是指水波起伏，而指游荡、晃荡，指不务正业的样子。如 ~ yangl bet nongd, ~ yangl bet aib 晃荡这里，晃荡那里。

diangs 1. 仗，上古音在定母、阳部。本来就有韵首 i。《广韵》释仗："剑戟总名。"唐制，殿下兵卫曰仗。《新唐书·仪卫志》载："皆带刀捉仗，列坐于两廊之下。"因此，发生战争、战斗叫打仗。苗语也是如此。如 dib ~ 打仗。

2. 状，上古音在崇母、阳部。本来就有韵首 i 而没有 u。《说文解字》载："状，犬形也。"泛指形状、情形。引申为动词，《韵会》载："形容之也，陈也。"即描述其状。《庄子·德充符》载："自状其过。"特指打官司时的陈述，即告状。告状的"状"就是还原当时的情形。苗语中，diangs 即指打官司。

（1）诉状，指官司。苗族古歌《仰阿莎》中有"Fal sod mongl ait ~ "，明天去告状。ait diangs 直译为做状。

（2）传统观念里，打官司是坏事，不管是当原告还是被告。状引申为坏事、祸事。《仰阿莎》中有"Diub zaid fal khod diangs"，家里出祸事。什么祸事？有人"ait niangs Niangx Eb Seil"，拐走了仰阿莎。khod 即祸，常与 diangs 连用。

3. 壮，上古音在庄母、阳部。本来就有韵首 i 而没有 u。《说文解字》载："壮，大也。"壮本指人成年，用于男性。《礼记·曲礼上》载："三十曰壮。"晋代《搜神记·三王墓》载："比后壮，乃问其母曰：'吾父所在?'"比后壮，即等到后来成年。引申指肥大，如"人怕出名猪怕壮"。苗语里，diangs 即指肥大。如 ~ jid 壮躯，身躯庞大，即发福。

4. 栈，上古音在崇母、元部。韵母 an 转为 ang。栈有几个看似互不相关的义项。按《说文解字》，栈是棚车（客栈之栈似乎从此引申而来）；《韵会》则称"小桥曰栈"；按《尔雅》，栈是树木名称。这种现象目前还难以解释。这里只取"小桥"之说。《淮南子·本经》载："延楼栈道。"这里的栈道指连接楼阁间的复道。这种复道正如桥梁。杜牧《阿房宫赋》载："复道行空，不霁何虹？"为大家所熟知的"栈道"还是在山崖上用木材架设的通道。《战国策·秦策三》载："栈道千里于蜀汉，使天下皆畏秦。"《史记·留侯世家》载："王何不烧绝所过栈道，示天下无还心？"我们大致可以总结出：栈是于险绝之处架设的通道。苗语中，diangs 指小桥，又指梯子。我们不妨理解为：梯子是连接上下的桥。

（1）指小桥。如 duf ～ 度桥，即过桥。顺便说一句，苗语中，对应"桥"字的是 jux。

（2）指梯子。如 jit ～ 跻栈，即爬梯子。顺便说一句，苗语中，对应"梯"字的是 tangb。

diangx 疑为"脂肪"二字的反切。脂的上古音在章母，肪的上古音在阳部，反切后的读音为 zhang。脂为油膏；肪特指动物腰部肥厚的油，即板油。diangx 指动物身上的油。～ ghad 肠油，即附着在肠外的脂肪，也称花油、网油，与整块的脂肪板油相对。～ hsongd，直译为骨脂，指骨髓。

die

dieb 1. 帚，上古音在章母、幽部，入声。本来就有韵首 i，韵母中的 ou 转为 e。帚是象形字，是扫帚的整体象形。《礼记·曲礼上》载："凡为长者粪之礼，必加帚于箕上。"即替长者扫地时，（扫完）要用扫帚掩在簸箕上。如 ～ qib dab 扠地帚，即扫帚。～ sad wil 刷锅帚。～ mox gheib 鸡毛帚，即掸子。

2. 滴，上古音在端母、锡部，入声。锡部是 ie。《说文解字》载："滴，水注也。"唐代杜甫《发同谷县》载："临歧别数子，握手泪再滴。"组成叠韵词：滴沥。沥的上古音在来母、锡部。汉代王延寿《鲁灵光殿赋》载："动滴沥以成响，殷雷应其若惊。"苗语中，同样组成叠韵词：dieb lieb 滴沥，表示滴水微弱、缓慢的样子。

3. 洔（duō），象声词，像水滴声。如 baix eb ～ ～ 洔洔地滴水。

died 拙，上古音在章母、物部。本来就有韵首 i，韵腹 u 灭失。《说文解字》载：

"拙，不巧也。"与"巧"相对，即笨。《老子》载："大直若屈，大巧若拙。"苗语中，died 即笨。如 Dail daib nongd ~ bongt wat 这个孩子太笨了。

dief 蹀（dié），上古音在定母、叶部。《广雅》释为"履"，《类篇》释为"蹈"，即踏。《淮南子·俶真训》载："足蹀阳阿之舞。"苗语中，dief 即踏。如 ~ ax hfed jox ghab gongb 踏不过条水沟。

还组成双声词：~ diax。两字实为同一字，即蹀蹀。在汉语里是小步走的样子。但在这里，同前面的 dial diad——跮踱一样，为了制造一种语音效果，表示一脚踏高、一脚踩低的样子。如 Nenx hangb gid ~ diax, ax dins ib nenk 他走路蹀蹀的，一点不稳。

~ diax 引申为高高低低，田地、房屋等错落于山上山下，不集中。如 Jox fangb nongd tid zaid ~ diax 这地方房子盖得蹀蹀的。也指唱歌跑调、离谱，忽高忽低。

diek 咥（dié），上古音在定母、质部。《说文解字》载："咥，大笑也。"《诗经·卫风·氓》载："兄弟不知，咥其笑矣。"有嘲笑的意味。苗语中，diek 既指笑，又有让人讥笑的意思。如 Ib laix ~, ib laix genx 一个笑，一个哭。~ naix 咥人，指贻笑于人、让人笑话。

diel 1. 周，上古音在章母、幽部，入声。如果像今天一样是平声应写作 dieb。周是苗人对汉人的称呼。中华民族有几大强盛时期，如汉、唐等时期。汉人称呼今天仍在使用。海外华人聚居的地方叫"唐人街"。实际上周朝是我国历史上最长的朝代，也是文明昌盛的朝代，其礼乐、冶金技术等在人类文明史上达到巅峰。周朝在苗族的集体记忆里留下了深刻的烙印。他们甚至把一些先进的工具、技术冠以 diel。的确，在不少领域，汉族的科技长期领先于苗族，如火器等。这是令他们羡慕的地方。但 diel 也给他们留下深刻的创伤。历史上，他们多次大迁徙，与 diel 不无关系。对于传统的苗族人来说，diel 是另一个世界。他们把出去打工叫作 mongl diel。如 ~ cob bat 直译为戳猪的汉人，戳猪即劁（qiāo）猪，译为阉猪匠。大概是苗族本来没有从事这一行的人。~ hfab ngil 直译为制瓦的汉人，即制瓦匠。需要说明的是，苗语中有 xangs——匠这个字。

2. 敌，上古音在定母、锡部，入声。韵母正是 ie。《说文解字》载："敌，仇也。"《左传·僖公三十三年》载："一日纵敌，数世之患也。"苗语中，diel 指敌人。如 bus ~ 赴敌，指投敌。

3. 种（zhǒng），上古音在章母、东部。按一般转换规律，种应读作 diongl。读 diel 是鼻音灭失的结果。《说文解字》载："种，先种后熟也。"本指生长期长的谷物品种，泛指种类。宋代柳永《雨霖铃》载："便纵有千种风情，更与何人说?"苗语中，diel 即种类。如 ob ~ naix 两种人；~ xid 哪一种。

dies 伫（zhù），上古音在定母、鱼部。本来就有韵首 i，韵尾略有偏转。本义为久立。李白《菩萨蛮》说："玉阶空伫立，宿鸟归飞急。"伫立，等人的样子。一般做不及物动词，但也做及物动词。谢灵运《酬从弟惠连》载："梦寐伫归舟。"苗语的"伫"指站立伺候。如 Bib ngil mongl ~ nenx 我懒得伺候他。

diet 侧，上古音在庄母、职部。同 diax ——侧，指偏、斜。如 ~ gib mais 斜着眼睛。

diex 蹀，上古音在定母、叶部。同 dief ——蹀，指踏、小步走的样子。如 Ax bub ~ mongl pit deis vut 不知蹀往哪边好。

diee

dieed 电。如 ~ huad 电话，~ yenx 电影，~ sid 电视。照搬现代汉语。

din

dinb 1. 丁，上古音在端母、耕部。鼻音灭失，ng 转为 n。天干第四位，丙之后，戊之前。

2. 疔，是后起字，与丁同音，鼻音灭失。《素问·生气通天论》载："足生大丁。"这里的"丁"即疔、疮。隋代巢元方《诸病元候论》载："疔疮者，风邪毒气于肌肉所生也。"苗语中，dinb 也指疔疮。如 Jil ghab bab jangx laib ~ 髀（大腿）上长了个疔。

3. 拎（līng），是后起字。声母 l 转换成 d；鼻音灭失。《玉篇》载："拎，手悬捻物也。"苗语中，dinb 即手提。如 Mong bangb wil ~ nenk daib 你帮我拎一点。

   提（dī），上古音在定母、支部。如果其读音 n 化，也得到此音。《说文解字》载："提，挈也。"《国语·越语下》载："范蠡乃左提鼓，右援枹。"枹是鼓槌。

4. 帧（zhēn），一帧即一幅，指一定的量。如 Wil ghab niangx hniut hxangt nenx ib ~ 我的年岁超他一帧，即大一倍。

dind 1. 点，上古音在端母、谈部。韵母为 iam，转为 in。做动词，指点播。在每株的坑里只撒一点种子，并连续做此动作。如 ~ hniub vob 点菜种。

2. 钉（去声），上古音在端母、耕部。鼻音灭失，ng 转为 n。本做名词，即钉子。《三国志·魏书·王凌传》裴松之注："凌自知罪重，试索棺钉，以观太傅意。太傅给之。"引申做动词，把钉子等尖利的东西楔进物体里面。《晋书·文苑传·顾恺之》载："以棘针钉其心。"苗语中，dind 也做动词。如 ~ xangt，钉楔子。

3. 典，上古音在端母、文部，韵母本来就相当于 in。典指典当，是后起义。dind 是 denf——典的又音，用法相同。如 Dol naix hxat dad lix mongl ~ diot dol dlas 穷人拿田典给富人。

4. 定，上古音在定母、耕部。韵母 ing 转为 in。dind 是 diangf——定的又音。定有多个引申义。这里指决定、约定。《谷梁传·宣公七年》载："来盟，前定也。"如 ~ ghat 定价；~ deis 定实，犹如说定死了。

5. 订，上古音在端母、耕部。《说文解字》载："订，平议也。"当指平等协商。《论衡·案书》载："两刃相割，利钝乃知；二论相订，是非乃见。"苗语中，dind 指双方商定、立约。如 ~ hut 订货；~ khat 订客，指定亲。

dinf 组成叠韵词：~ yenf，指行动慢悠悠的样子。dinf 是定还是停？似乎都说得通。其字待考。

dink 组成叠韵词：~ hxenk，指轻轻的样子。其字待考。

dinl 1. 簟（diàn），上古音在定母、侵部。韵尾 m 转为 n。《说文解字》载："簟，竹席也。"《礼记》载："君以簟席，大夫以蒲席。"苗语中，dinl 指竹席；如 ~ bit dab 睡地簟，即铺在地上的席子。

2. 定，上古音在定母、耕部。韵母 ing 转为 in。dinl 是 dind、diangf——定的又音。定有多个引申义。《说文解字》："定，安也。"这里指静静地。如 Zongb naix zongb ~ ~，liek baif zongb naix nangl 耸耳定定地听，就像猫听鼠（的动静）。

dins 1. 殿，上古音在定母、文部。韵母本来就相当于 in。殿的左部（是一个独立的字）指人落座的部位，即屁股，也是臀的本字。殿的左部、殿、臀，这三个字都在定母、文部。上下游都是屁股，那么处于中游的殿是什么呢？应该是打屁股。右部的殳是手持工具或器械之形。《说文解字》载："殿，击声也。"人皆莫名其妙，实际上是打屁股的声音。《论语·雍也》载："奔而殿……非敢后也，马不进也。"鲁军败退，孟之反落在最后，他说，不是他敢于殿后，而是他的马跑不动。行军时，负责殿后的要随时提防追兵、准备挨打，正是从"打屁股"这个意义上引申而来。殿为什么又用于宫殿呢？这是假借为臀或是殿的左部，比喻建筑的基座。基座相当于人的屁股。有基座的建筑多为宫廷或寺庙建筑，往往比较高大。"宫殿"二字常常连用，人们混淆了二者。《庄子·说剑》载："庄子入殿门不趋，见王不拜。"严格地说，殿是没有门的。苗语中，dins 指皇帝的宫殿。如 Dail wangx niangb laib ~ gid niangs 皇上坐在殿里面。

2. 定，上古音在定母、耕部。韵母 ing 转为 in。dins 是 dinl、dind、diangf——定的又音。定有多个引申义。《说文解字》载："定，安也。"这里指安定、稳固。《易经·家人》载："正家而天下定矣。"苗语中，dins 也取此义。如 ~ fangb ~ vangl，直译定方定寨，指地方太平。~ hvib，定心，即沉着、沉稳，又指安心。~ xent，定慎，指稳重。

dint 1. 店，稍晚出现的字。店以占表音，占的上古音在章母、谈部。韵母为 iam，转为 in。晋代崔豹《古今注都邑》载："店，所以置鬻物也。"也指旅店、客栈。唐代岑参《汉川山行》载："山店云迎客，江村犬吠船。"苗语中，dint 指店铺。如 Ait ~ ghab diux nal，nguf liek laib xangx diel 开店在门前，热闹像都市。~ gad 饭店。

2. 垫，上古音在端母、侵部。韵尾 m 转为 n。《说文解字》载："垫，下也。"《汉书·王莽传》载："武功中水乡民三舍垫为池。"这里的垫即下陷。引申为铺垫，即把东西放置于低洼处（使其变平或变高）。苗语中，dint 即指铺垫。如 ~ gid 垫路，即把路上低洼处填平。

3. 奠，上古音在定母、真部。韵母本来就相当于 in。《说文解字》载："奠，置祭也。"首先是放置，然后才是祭。实际上，奠是会意字：上部是冒着酒气的酒坛子，下部本不是大，而是丌（去除上面一横），像桌几之形。奠无非是把酒坛子放到桌几上。《礼记·内则》载："奠之，而后取之。"指男女不能直接授受，一方把东西放在那里，另一方再去取。今有"奠基"一词，也只有放置，而没有祭的意思。dint 即指放置。如 Dail xid dad dangk ~ diot hangd nongd? 哪个把凳子奠在这里？

dinx 1. 填，以真表音，上古音在定母、真部。韵母本来就相当于 in。从真表音的字有滇、颠等，都读 dian。《说文解字》载："填，塞也。"有填充之义。《汉书·沟洫志》载："令从臣群官皆负薪填河。"苗语中，dinx 也有类似字义。

（1）指填土。如 Hxangb bal ghangt dab ~ 塍败（田埂垮塌）担土填。

（2）指淤塞。如 Ghad sangd ~ jox gongb 稀泥填了沟。

2. 阗，上古音在定母、真部。韵母本来就相当于 in，与填同音。《史记·汲郑列传》载："宾客阗门。"《说文解字》载："阗，盛貌。"两相印证，无疑指人多。《诗经·小雅·采芑》载："振旅阗阗。"苗语中，dinx 指人或物聚集。

(1) 指人多，聚集一堂。如 Fangb nongd fangb ~ yat，fangb ~ diel ait zangt 这地方聚集了布依人（yat），这地方聚集了汉商。

(2) 引申为货物聚集、水积存、窝藏等。如 Ax gid ~ dol hut diot nongl gid niangs 不要把货物积存在仓库里。~ eb 积水；~ ghongd 阗颈，即噎了喉咙；~ niangs 窝匪。

3. 停，上古音在定母、耕部。鼻音灭失，ng 转为 n。dinx 是 dangf——停的又音，与 dangf 基本同义。如 ~ lob 停脚，即歇脚。

dio

diob 1. 啄（zhuó），上古音在端母、屋部，入声，相当于 deo。《说文解字》载："啄，鸟食也。"本来指鸟取食的动作。苗语中，diob 指啄木鸟。大概是因其善啄，以啄为其命名。啄木鸟又叫 ~ juk det，即掘树的鸟。

2. 蛁（diāo），以召表音。召的上古音在定母、宵部，相当于 diao。一些经典将其释为小蝉。《广韵》载 ："蛁，茅中小虫。"扬雄《太玄》："蛁鸣喁喁。"有可能这是借蛁为蜩。蜩是蝉，这是无疑的。从《说文解字》到《毛诗·小雅·小弁》等说得很清楚。而对蛁的解释，《说文解字》只说"虫也"，等于没说。倒是《晋书·束晢传》说："羽族翔林，蠯蛁赴湿。"蠯、蛁生活在湿处。这个蛁有可能就是螃蟹。苗语中，diob 就是螃蟹。如 Ib laib vib mes dlob dail ~ 一块石头盖四只蛁。

3. 昭，上古音在章母、宵部。本来就有韵首 i，韵母中的 au 转为 o。diob 是 diab——昭的又音。昭的本义是"日明"，引申为人聪明、心里亮堂。昭与昏相对。《老子》载："俗人昭昭，我独昏昏。"《孟子·尽心下》载："今以其昏昏，使人昭昭。"

(1) 仍指日明，与 diab 一样。构成叠韵词 diob ob，与 diab ab 相同。如 fangx ~ ob 煌昭昭，即亮堂堂。

(2) 指人聪明、心里亮堂。如 Daib ~ ~ khangd yut 呆昭昭在幼，即孩子聪明从小就会表现出来。

4. 刁，指狡猾。刁本无此义。《说文解字》未收此字，常见于古代军旅中携带的刁斗。此字是借用来代替昭的。昭是褒义词。但用于贬义，说人将聪明用到不正当的地方，就用刁。

5. 挑，上古音在透母、宵部。声母应为 t。不过，挑以兆表音，兆就在定母、宵部。《说文解字》载："挑，挠也。"即搅扰。《淮南子·人间训》载："夫鹊……婴儿过之则挑其卵。"今有挑逗、挑战等词。后来引申为"挑选"，大概源于在一堆东西里乱扒拉，以拣选所需。《红楼梦》二十五回说："你不嫌不好，挑两块去就是了。"今有挑肥拣瘦、挑食等词。苗语中，diob 即指挑选；~ dol vut nongx 挑好的吃。

6. 组成叠韵词 diob ghob，放在动词后面，表示轻轻而又连续的样子。

diod 1. 烧，上古音在书母、宵部，入声。声母 sh 转为 d。《韩非子·内储说下》载："左右因微令夜烧刍厩。"如 ~ dul 烧柴，~ tait 烧炭。

2. 垗（zhào），上古音在定母、宵部。本来就有韵首 i。《说文解字》载："垗，畔也。为四畔界，祭其中。"是四周有界的地块，用于祭祀。《广雅》释垗为"葬地"。泛指地块。如 ~ nongd dios bib vangl bangf ghab dab 这垗是我们寨子的地。也用作量词，如 ib ~ dab 一垗地。

3. 组成叠韵词：diod od 放在动词后面，指不自在的样子。其字待考。

diof 1. 勺，上古音在禅母、药部，入声。声母 sh 转为 d。《说文解字》载："勺，科也，所以挹取也。"用来舀取的器具。《周礼·考工记》载："梓人为饮器，勺一升。"如 ~ gad 饭勺；~ genb 羹勺，即汤匙。

组成叠韵词：~ wof 勺斡，指转动。勺与斡（斗柄或勺柄）都指可以转动的东西。今有"斡旋"一词。

2. ~ wof，放在动词后面做补语，表示某种样子。其字待考。

diok 调（tiáo），上古音在定母、幽部。韵母 ou 转为 o。《说文解字》载："调，和也。"即协调、调和。《诗经·小雅·车攻》载："弓矢既调。"即弓的强弱与矢的轻重相协调。《史记·历书》载："阴阳调，风雨节。"这里指调和。苗语中，组成叠韵词：~ hok 调和，与汉语有所不同，一般表示心情和乐、舒畅的样子。如 ghangb hvib ~ hok 甘心调和，指心里喜洋洋的。甘心，即心里甜、高兴。xit vut ~ hok 相好调和，指关系融洽、亲热的样子。相好即友好。

Dios 1. 是，上古音在禅母、支部，韵母为 ie。是，会意字，从日、正，犹如太阳当顶，一切明明白白，表示正确、明确。《论语·阳货》载："偃之言是也。"又表示两者的对应关系，即今天汉语中的用法。《论衡·死伪》载："余是所嫁妇人之父也。"

苗语中，dios 表示两者的对应关系。如 Nenx ~ dail diel, wil ~ dail hmub 他是汉人，我是苗人。

2. 着（zhào），上古音在端母、铎部，入声。dios 是 dias——着的又音。着由箸—著—着一路演变而来。箸是盛饭的工具，引申为附着，进而引申为贴合。《水浒传》载："只因用人不着，半路被贼人劫将去了。""不着"犹如不对、不合。安徽方言里常用此字，表示对、行。如 ~ lil 着理，即合理；~ bil 着手，即顺手；~ hvib 着心，即中意；~ yangs 着样，即像样。

diot 1. 着（zhuó），上古音在端母、铎部，入声。diot 是 dios、dias 的又音，表示穿着、附着。着是著的俗体。《木兰辞》载："脱我战时袍，着我旧时裳。"杜甫《初冬》载："渔舟上急水，猎火着高林。"

（1）穿着。苗语里穿与着不能混用。着只能用于穿鞋、袜、戴首饰等，如 ~ hab 着鞋；~ tot 着袜。而穿衣用 nangl。反观汉语，穿衣、穿裤说得通，因为肢体的确要"穿"过去，而鞋、袜是无法"穿"的。用"着"即附着，更贴切。穿鞋是滥用的结果。但苗语里，给死者穿衣，可以用"着"。这是可以理解的。如 Nenx das yangx, ~ ud diot nenx yal 他死了，给他着衣吧。

（2）使附着、安置。如 ~ jab diot laib ghab hsangb 给伤口上药；~ jux 架桥；~ bit 取名；~ gad mangl 种麦子。

（3）出、给。汉语有着人报信、着人办理等说法，引申为着物。如 ~ bix seix 给钱；~ diangb 给妆钱，外甥女出嫁时给舅舅的钱（除非嫁到舅舅家）；~ ves 犹如给力，支持。

（4）做介词，相当于在、给。不少介词本来是动词，动作性不强，遇到更强的动词往往成了介词。比喻"给我看看"，如果强调看，"给"就成了介词；如果强调给我，"给"就是谓语，"看看"成了亚层次的谓语。"着"就是这样一个介词。陶渊明《晋故西征大将军长史孟府君传》载："温以着坐处。"就是温（把东西）放在坐处。如 dub ~ hangd nongd 置于这里；dad ~ wil 拿给我。因为着前面有更强的动词 dub、dad，着退居介词地位。

（5）助词，放在动词后面，与汉语用法完全一样。如 Mongx niangb ~，wil mongl dail 你坐着，我走了；hangb ~ hangb ~ 走着走着。

（6）指男女相合。如 dax ghax dax, ~ ghax ~ 来就来，着就着，有对异性挑逗的意味。

2. 酌（zhuó），上古音在章母、药部。本来就有韵首 i。《说文解字》载："酌，盛酒行觞也。"本指斟酒。三国吴质《答东阿王书》载："对清酤而不酌，抑嘉爻而不享。"酳也是酒，泛指倾倒液体。欧阳修《卖油翁》载：
"以钱覆其口，徐以杓酌油沥之。"就是用勺子将油从钱孔里淋进去。如 ~
jud 酌酒；~ eb diot laib wil 酌水入锅。

diong

diongb 中，上古音在端母、冬部。声母本为 d，本有韵首 i。中字本像旗杆立于场
地的正中。金文中，旗杆上还有飘带。中即指中间、中央。《诗经·秦
风·蒹葭》载："溯游从之，宛在水中央。"如 ~ hnaib 日中，即中午；~
hmangt 夜中，即半夜；~ hnaib ~ hlat 日中月中，犹如说光天化日。

diongd 1. 咚，象声词。如 Baix eb ~ ~ 滴水咚咚。

2. 组成叠韵词：~ hxongd，指湿漉漉、泪汪汪的样子。从语义上可与汉语
的"龙钟"对译。岑参《逢入京使》载："故园东望路漫漫，双袖龙钟
泪不干。"卞和《退怨之歌》载："空山歔欷泪龙钟。"龙钟也是叠韵
词，如果单从字面上看，丝毫看不出与泪、湿有任何关系。这大约就是
语言与文字的差异吧。如 lol eb mais ~ hxongd 落泪龙钟。

diongk 踵（zhǒng），上古音在章母、东部，入声。本来就有韵首 i。《说文解字》
载："踵，追也。"《六韬·均兵》载："骑者，军之司候也，所以踵败
军，绝粮道，击便寇也。"引申为跟随之义。《汉书·武帝纪》载："步
兵踵军后数十万人。"今天常说的接踵而至，踵指脚后跟，大概是与
"跟"相混的缘故。《释名》载："踵，足后曰跟，又谓之踵。"这样由跟
随变成脚跟。diongk 在苗语常见于两种体育运动：踢毽子、踩高跷，苗
语分别为 ~ gheib、jix mal ~。前者直译为踵鸡，即追鸡。因为毽子是鸡
毛做的，好比是鸡。因为要追着它踢，所以叫踵。后者直译为"骑马
踵"，即骑马追。踩高跷好比骑马。参与者之间相互比赛，看谁跑得快，
还不能掉下来，故称"骑马追"。

Diongl 冲，上古音在定母、冬部。冲简化为冲。冲以中表音，也读 diong。冲即山
谷，山谷为泄水之所，故从氵。《老子》载："大盈若冲，其用不穷。"
这里的冲有虚空之义，应是从山谷引申而来。湖南有著名的韶山冲。在
山区，冲里土地肥沃，得水利，是种植农作物的好地方。如 ib ~ lix 一冲
田。冲有虚空之义：~ hmid 冲牙，即缺牙。对比汉语的豁嘴：豁从谷，
指开阔的山谷。冲牙与豁嘴异曲同工。

diongs 鹑（chún），上古音在禅（shan）母、文部。后来为入声字。声母 sh 转为

d；本来就有韵首 i。韵母 "ong 化" 了。鹑即鹌鹑。鹑与鹌可独立使用，有斑纹的叫鹑，无斑纹的叫鹌。成语鹑衣百结即源于其斑纹。《诗经·魏风·伐檀》载："不狩不猎，胡瞻尔庭有县鹑兮?" 苗语中，diongs 指鹌鹑；~ dlaib 黑鹑。

diongx 筒，上古音在定母、东部。韵首 i 是衍生的。从同的字如洞、侗、峒、恫等多读 dòng。《论衡·量知》载："截竹为筒。" 筒本是竹管，泛指管状物。如 ~ dul 吹火筒；~ khet 裤筒；~ nais 臬筒，指鼻孔；~ vob nix 葱管。

diu

diub 1. 膂（lǚ），上古音在来母、鱼部，入声。本来就有韵首 i；声母 l 转为 d，同样的例子，六（liù），苗语读 diut。《说文解字》认为膂是吕的异体字。"吕，脊骨也，象形。" 吕本为吕，像脊椎骨相连。膂则是形声字，以旅表音。常以膂力代表人的力量。《后汉书·董卓传》载："卓膂力过人。" 苗语中，diub 由脊骨引申指背。如 bod ~ 骲（bào）膂，即背上有包、驼背；~ diuk 刀背；~ ngangl 小腿的背，即迎面骨。

2. 里，上古音在来母、之部，入声。声母 l 转为 d，同膂；韵母相当于 io，转化成 iu。这儿的 "里" 应写作裹，以里表音，以衣表义——衣字分成上下两截。凡衣字分成上下两截，再在中间加一字的，往往指在衣服的里面：裹，用衣服包起来；衷，贴身的内衣（外衣的里面）；褒，也是内衣。裹，既指衣服的里子，也泛指里面。苗语中，diub 指里面。如 ~ eb 水里；~ senx 省里，即省会贵阳；~ vangl 寨子里，即本寨；~ xangx 场里，集市上。

3. 指抬东西。如 Diot ngex qib Xongt Mil，yaf laix ~ vuk nangl 囚笼笼起张秀眉，八人来抬下山。其字待考。

diud 1. 捉，上古音在庄母、屋部。韵母作 eo，讹变为 iu。diud 是 dek——捉的又音。捉即握、捏，如 ~ naix 捉耳，即揪耳朵。

2. 拙，上古音在章母、物部。本来就有韵首 i、韵腹 u；韵尾灭失。diud 是 died——拙的又音。组成叠韵词：~ hvud 拙肃。该词放在动词后面，表示笨拙、肢体僵硬、不自然的样子。肃是如临深渊、紧张的样子，可参看后文 hvud——肃字条。~ hvud 的韵母一为 iu，一为 u。为什么说它是叠韵词呢？肃本有韵首 i，可能是被声母 hv 所吞没。而拙在这里读 diud，而不读 died，也就是受后面肃的影响。

3. 抽，上古音在透母、幽部。声母本应为 t。不过，从由表音的字，如轴、宙、妯、胄等都为定母，也就是说，声母为 d。韵母 iou 转为 iu。《说文解字》载："抽，引也。"即拔、拉。《诗经·郑风·清人》载："左旋右抽。"指抽箭以射。引申为草木长出新的枝条、发芽。晋代束皙《补亡诗·由庚》载："木以秋零，草以春抽。"苗语中，diud 指后者：草木冒新芽。组成叠韵词：~ hvud 抽秀，犹如抽穗。秀本有抽穗之义，可参看后文 hvud——秀字条。~ hvud 泛指冒尖、尖削，一般放在形容词后面。如 zok diud hvud 削抽秀，表示尖削的样子。hvent ~ hvud 凉抽秀，比喻冷风刺肌肤的样子。

diuf 1. 椟（dú），上古音在定母、屋部。韵母 o 转为 iu，i 是衍生的。《说文解字》载："椟，匮也。"即木匣子、木盒子。《韩非子·外储说左上》载："楚人有卖其珠于郑者，为木兰之椟。"椟是装珠的盒子。成语"买椟还珠"即出于此。苗语中，diuf 即盒子。如 ~ yenb 烟盒；~ jab hxongt 铳药（火药）盒。

2. 肚，未见于早期典籍。但不能说此音、此义就是后来才出现的。肚当与杜同音，都以土表音。韵首 i 应是衍生的。《广韵》："胃谓之肚。"《西游记》七十五回："将你这里边的肝、肠、肚、肺，细细儿受用。"但苗语中，diuf 指肾、心，甚至指思想。这也可以理解：汉人把心当成思维器官；也常说肚里是怎么怎么想的。如 Ait dliud ax vut, ait ~ ax lal 起意不好，起心不良。

diuk 1. 刀，上古音在端母、宵部。韵母为 au，只保留了 u，又衍生出韵首 i。据《广韵》，刀为都牢切，应读 dáo。声调 k 正是从阳平转变而来。刀是象形字，无须解释。如 ~ hvub vob 切菜刀；~ tit khob 剃头；~ gik 刀剋的，骂人语，犹如挨刀的。

2. 触，上古音在昌母、屋部。声母应更接近于 t。本有韵首 i。diuk 是 cub——触的又音，用法也不同。cub 是两牛抵角。这里指接触，如《庄子·养生主》载："手之所触，肩之所倚。"苗语中，diuk 引申指吃菜时蘸佐料等，如 ~ eb sob 触辣椒水，即蘸辣椒水；~ dangf 触糖，即蘸糖。

diul 1. 嚲（duǒ）。此字《说文解字》未收，字理也不明晰。但典籍里使用时，意思很清楚，指柔软的物体下垂。岑参《送郭七杂言》载："朝歌城边柳嚲地，邯郸道上花扑人。"有同音字鬌（duǒ），有头发脱落的意思。如 Zent zend not bongt wat, ghab jil det ~ sos dab 结的果子多得很，树枝嚲到地面。

2. 字待考。组成叠韵词：~ gul、~ hul、~ liul，做补语，表示某种状态和样子。

dius 1. 箸，上古音在端母、铎部。本来就有韵首 i。dius 是 dias——箸的又音，即筷子。筷是后起字。《说文解字》载："箸，饭敧也。"《史记·十二诸侯年表》载："纣为象箸，而箕子唏。"象箸，即象牙筷子。苗语中，dius 引申指筷子状的东西。如 ~ nins hsenb 直译为捻棉箸，即纺纱针。

2. 株，上古音在端母、侯部，入声。声母本为 d，本有韵首 i。用作量词。《说文解字》载："株，木根也。"指树木的下部，也指树桩。《韩非子·五蠹》载："兔走触株，折颈而死。"又做量词，用于草木。《三国志·诸葛亮传》载："成都有桑八百株。"苗语中，dius 也做量词。如 ib ~ vob dlub 一株白菜。

diut 1. 六，上古音在来母、觉部。同前面的膂（吕）、里读 diub 一样，声母 d、l 相混。六是数词。《尚书·尧典》载："期三百有六旬有六日。"即一年 366 天。如 Ib ob bib dlob zab ~ 一二三四五六。

2. 触，上古音在昌母、屋部。diut 是 cub、diuk——触的又音。触从角表义，本义就是用角顶。《易·大壮》载："羝羊触藩，羸其角。"藩是篱笆。如 Yis ninx ax hxib ninx ~，yis mal ax hxib mal deit 养牛不怕牛触（用角顶），养马不怕马踢。

3. 鞣（róu），上古音在日母、幽部，入声。按一般转换规律，鞣当读成牛，声母 r 转作 n。这里由 niu 进而别读为 diu。声母 n 与 d 又可互转，正如鸟字有 n、d 两个声母一样。《说文解字》载："鞣，软也。"以革表义，革不但软，而且韧。鞣指柔韧。如 ~ dud 皮子韧，比喻疲疲沓沓，不干脆；~ bil 鞣臂，指手笨；~ nais 鞣桌，本指牛的鼻子韧性好、牵不动，指不听从。组成叠韵词：~ liut 鞣膚，指动物的皮有韧性（嚼不动）。

diux 宁（zhù），上古音在定母、鱼部。声母本接近 d；本来就有韵首 i。此字不是宁愿之宁，宁应为寧。它是伫（佇）、贮（貯）的表音部件。《尔雅·释宫》载："门屏之间谓之宁。"《国语·楚语上》载："在舆有旅贲之规，位宁有官师之典。"这里的"宁"就指门屏之间。一些典籍里，假借著为宁。《诗经·齐风·著》载："俟我于著乎而。"即在门屏间等我，犹如后世说的倚门而盼。门屏之间就是门里一点，在苗语里指门。如 ~ bil 后门，直译是坡门，即对着山坡开的门。~ ngax 衙门；~ sot 灶门。diux 常与 zaid 一起使用，~ zaid 门宅，指住房；jangx ~ jangx zaid 成门成宅，即成家立业。diux 也做量词，如 bib ~ khat 三门亲戚；ib ~ set 一门官司。

dla

提示：dl 与 s 相近，但气流从舌头两侧冲出，对应于汉语的 z、zh、s、sh、c、ch；dl 与 i 结合则对应于 j、x。

dlab 1. 诈（zhà），上古音在庄母、铎部，入声。《说文解字》载："诈，欺也。"即欺骗。《左传·宣公十五年》载："我无尔诈，尔无我虞。""尔虞我诈"即从此得来。苗语中，dlab 指欺骗、哄。

（1）说假话、欺骗。如 ~ naix 骗人。

（2）引申为哄骗、哄，特指哄小孩。拿假话哄小孩是大人常做的事。《韩非子·外储说左上》讲了曾子杀猪的故事。曾妻去市场买东西，孩子哭着也要去。她哄骗说，你回去，等一会儿为你杀猪。曾妻回来后，曾子真的要杀猪。曾妻制止说，刚才只不过是戏言。但每日三省吾身的曾子还是把猪杀了。如 Hlat ob hnaib ob, hot git ~ jib daib 二月初二，煮蛋哄崽。

2. 设，上古音在书母、月部，入声。声母 sh 转为 d。《说文解字》载："设，施陈也。"以此可解释其所含陈设、设置之义，但不是其本义。设从言表义，本义应为假设。《史记·魏其武安侯列传》载："此特帝在，即录录，设百岁后，是属宁有可信者乎？"设百岁后，即假如（皇帝）死后。苗语中，dlab 即假如、设若。如 ~ mongx mongl, wil seix mongl 如果你走，我也走。

dlad 1. 犭足，从犬、足，读音同鹊。鹊的上古音在清母、铎部。《玉篇》载："犭足，宋良犬。"《广韵》载："韩卢宋犭足。"韩国称狗为卢，宋国称狗为犭足。泛指狗。宋代王禹偁《种放徵君》载："方豪骎骎龙，已困猎猎犭足。"苗语中，dlad 即狗；~ vud 即野狗。

2. 指腰。其字待考。在人体器官的称谓上，苗汉差异较大，有待专门研究。

dlak 1. 筲（shāo），上古音在山母、宵部。中古读音是山肴切，相当于 sháo。韵母 au 转换为 a，阳平对应于声调 k。《说文解字》载："筲，饭筲，受五升。"一种竹制容器。《论语·子路》载："斗筲之人，何足算也。"说明筲的容量不大。后泛指类似容器，如筲箕、水筲。如 ~ ghad 粪筐。

2. 杀，上古音在山母、月部，入声。《说文解字》载："杀，戮也"。引申为削减、衰微。《吕氏春秋·长利》载："是故地日削，子孙弥杀。"《周礼·地官·廪人》载："诏王杀邦用。"这里的杀指减省开支。苗语中，

dlak 指变低、下沉。如 Liul bis ~ mongl dab 板子塌陷了。~ lob 杀足，即失足、脚猛然踏空。

3. 说（shuì），上古音在书母、月部。《说文解字》载："说，说释也。一曰谈说。"引申为说服。《庄子·说剑》载："孰能说王之意止剑士者，赐之千金。"今存游说、说客等词，仍读此音。苗语中，dlak 为请求。请求，必须说服对方。如 ~ nenx nas wil ait nenk gid gongb 请他跟我办点事。~ gad 讨饭。

dlas 奢（shē），上古音在书母、鱼部。奢的中古音为书麻反，韵母相当于 a。李商隐的《咏史》诗云："历览前贤国与家，成由勤俭败由奢。"奢应当与家押韵。《说文解字》载："奢，张也。"与夻相同，其义来自上面的大，张开状。奢一般引申为敞开了花钱，大手大脚。在这里奢引申为阔绰、富有。如 ~ ~ xangf xangf 奢奢兴兴，指人财两旺。dlas dlas 奢奢，财多；xangf xangf 兴兴，人口繁衍多。

dlax 1. 飐（sà），上古音在心母、缉部。《说文解字》载："飐，翔风也。"《广韵》载："飐，风声。"引申指植物在大风作用下枯萎（犹指秋风）。梁朝陆倕《思田赋》载："岁聿忽其云暮，庭草飐以萎黄。"引申为毛发衰败。岑参《岑嘉州诗》载："鬓毛飐已苍。"如 ~ dul 草枯萎。

2. 洒（sǎ），上古音在山母、支部。本指洒水。古人黎明即起，洒扫庭除。《诗经·唐风·山有枢》载："子有廷内，弗洒弗扫。"后引申指遗洒。这个意义上也作撒，如车胎撒气。如 ~ eb 漏水；~ jent 漏气；~ ghad 漏屎，比喻露马脚；~ xenb wat zaf 杀牲口时，苦胆弄破了，洒出来，弄得不好收拾。

dlai

dlaib 1. 缁（zī），上古音在庄母、支部。《说文解字》载："缁，帛黑色也。"《论语·阳货》载："不曰白乎？涅而不缁。"就是说至白的东西，染上黑泥，也不会变黑。缁与白相对。鲁迅有诗云："月光如水照缁衣。"如 ~ dab nios waix 黑地昏天。缁引申为入睡：~ yangx 睡着了，犹如进了黑甜乡。

2. 笥（sì），上古音在心母、之部，入声。《说文解字》载："笥，盛食器也。"同是盛饭器，圆形叫箪，方形叫笥。后来把方形衣箱也叫笥。笥即苗族人常用的饭篓。因山区田地分散，往往需要到离家很远的地方耕作，因此要带上午饭。

dlang

dlangb 肩，上古音在见母、元部。声母 j 似乎不能与 dl 转换，存疑；韵母 an 可转为 ang。《说文解字》载："肩，髆也。"汉语里"肩"的字义非常稳定，指肩膀、肩扛。苗语中，dlangb 即肩；~ fangd 肩宽；~ kab 直译为犁肩，是犁田时架在牛肩上的轭。

dlangd 1. 鹯（zhàn），上古音在章母、元部，入声。韵母 an 转为 ang。《尔雅》载："晨风，鹯，鹞属。"鹰鹯一类猛禽。《左传·文公十八年》载："见无礼于其君者，诛之，如鹰鹯之逐鸟雀也。"《孟子·离娄上》载："故为渊驱鱼者，獭也；为丛驱雀者，鹯也。"苗语中，dlangd 即鹰，如 ~ gud gheib 鹯握鸡，即老鹰抓小鸡，小孩玩的一种游戏。~ dud 纸鹯，相当于纸鸢，即风筝。

2. 缮（shàn），上古音在禅母、元部。韵母 an 转为 ang。《说文解字》载："缮，补也。"今天常见"修缮"一词。《左传·襄公三十年》载："聚禾粟，缮城郭。"还泛用到修身养性，如缮性、缮生。苗语中，dlangd 即修补，如 ~ laib zaid 修缮宅子。还用于修饰、补妆。如 Nenx ~ wangb vut mongl diangb khat 她缮观（修饰、打扮）好走亲戚。

3. 佔（zhàn），上古音在章母、谈部。韵母 am 转为 ang。指佔有、拥有，也写为占（占本指占卜）。《晋书·食货志》载："男子一人占田七十亩。"陆游《过小孤山大孤山》载："佔一山之胜"。今天还可见占据、霸占等词。如 Wil vut nangs, ~ yangx 我好运，佔了（得到）。

4. 骣（chǎn），从孱表音。孱的上古音在崇母、元部。韵母 an 转为 ang。《字汇》载："马不施鞍辔为骣"。唐代令狐楚《少年行》："少小边州惯放狂，骣骑藩马射黄杨。"骑未加鞍辔的马叫骣骑。苗语中，比喻不穿鞋。如 ~ lob 骣足，指赤脚。

dlangl 1. 场（chǎng），上古音在定母、阳部。早期声母相当于 d，后作 ch。《说文解字》载："场，祭神道也。一曰山田不耕者。一曰治谷田也。"这里取前者，指祭神的场所。与指平坦的空地——场——xangx 不同。泛指场所。汉代扬雄《剧秦美心》载："翱翔乎礼乐之场。"今有鸡场、农场、磁场，指一定的活动范围或空间。如 diex leit nil ~ 来到妹的场所。

2. 闪，上古音在书母、谈部。韵母 am 转为 ang。《说文解字》载："闪，窥头门中也。"即从门中偷看。但它无疑有短暂、快速之义。晋代木华

《海赋》载："蛃像暂晓而闪尸。"李善注："闪尸，暂见之貌。""闪尸"是双声词，"尸"没什么意义。苗语中，dlangl 有快速、短暂之义，一般放在动词或动宾词组后面做补语。如 yud bongt ~ 郁风闪，指突然屏住气息。郁风即屏气。

dlangs 舂（chōng），上古音在书母、东部，入声。韵母 ong 转换成 ang。《说文解字》载："舂，捣粟也。"将谷物放在臼里捣，以去皮。《史记·淮南衡山列传》载："一尺布，尚可缝；一斗粟，尚可舂。兄弟二人不能相容。"苗语中，dlangs 即舂捣。如 ~ ghab bent hsaid mongl mongl 把米粉舂得细细的。引申为打人，如 ~ nenx ib liul 捣他一拳。

dlangt 1. 装，上古音在庄母、阳部，入声。《说文解字》载："装，裹也。"《玉篇》载："装，束也。"有多项引申义。其一为安装。《后汉书·岑彭传》载："于是装直进楼船、冒突露桡数千艘。"苗语中，dlangt 即安装。如 ~ bex waix 装顶棚。

2. 骉（zhàn），从孱表音。孱的上古音在崇母、元部。韵母 an 转为 ang。dlangt 是 dlangd——骉的又音，用法有所不同。dlangt 比喻单身。如 ~ yel 骉游，打单身。

dlangx 层，上古音在从母、蒸部。韵母 eng 转为 ang。《说文解字》载："层，重屋也。"即楼房。泛指上下相叠。战国宋玉《招魂》载："层台累榭。"苗语中，dlangx 既指底，又指顶。这种情况只有楼房里才会有。如 ~ dab 地层，即地上；~ khob 颗层，即头顶。

dle

dleb 倏，上古音在书母、觉部。韵母相当于 ou，转为 e。《说文解字》载："倏，犬走疾也。从犬、攸声，读若叔。"指很快、突然的样子。《战国策·楚策四》载："倏忽之间，坠于公子之手。"苗语中，dleb 做补语，放在动词后面，表示突然的样子。如 gos ~ 俄倏，即突然倒下。

dled 卸（xiè），上古音在心母、鱼部。《广韵》里，卸为司夜切，其韵母为 s。《说文解字》载："卸，舍车解马也。"本指给马卸去负荷，泛指将物品等从原来的位置上拿下来。如 ~ mos 卸帽。Laib ghab jed kab ~ yangx 犁把儿卸了（脱落了）。

dlef 垂（chuí），上古音在禅（shàn）母、歌部。声母相当于 sh；韵腹 u 火失。垂是会意字：下部是土；上部是禾字的变形，像禾叶发蔫而下垂之形。《说文解字》释垂为"远边"，是引申义，这个意义上也写作陲。《诗经·小雅·都人士》载："彼都人士，垂带而厉。"苗语中，dlef 即下垂。如 bat ~ naix 猪垂耳。~ mangl ~ mais 垂脸垂面，即耷拉着脸。

dlel 嗦，象声词，放在动词后面，表示动作急速而发出的响声。

dles 紫，上古音在精母、支部，入声。韵母为 ie，i 灭失。《说文解字》载："紫，帛青赤色也。"红中带青的颜色。《论语·阳货》载："恶紫之夺朱也。"如 Baix vib dib nenx jil lob ~ ib dleif 落石把他脚砸紫了一块。

dlei

dleib 施，上古音在书母、歌部。同现代汉语中施的读音一样，韵母有所偏转。《说文解字》："施，旗旖施也。"旗、旖、施三个字具有共同的偏旁（包括"方"及右上部分，源于旗杆及其飘带），都与旗帜有关。旖施又作旖旎。司马相如《大人赋》："又旖旎以招摇。"旖旎与招摇都是形容旗帜飘荡的样子。《孟子·离娄下》："施从良人之所之。"指跟踪其老公。这里的施有行踪飘忽的意思，是从本义引申而来。苗语中，常常两字叠用，表示轻飘飘的样子。如 Liul qif yux ~ ~ 旗子游施施，即旗子飘呀飘。Dail nes yangt ~ ~ 鸟儿扬施施，即鸟儿飘飘地飞。扬即飞。

dleif 牒（dié），薄的竹木片，用于书写。从片表义。薄者为牒，厚者为牍。这里用作量词，用于薄的物体，如 ib ~ xit 一牒纸；ib ~ dob 一片布。

dlen

dlenb 窀（zhūn），上古音在端母、文部。从穴表义。《说文解字》载："穴，土室也。"典籍里一般将"窀穸"连用，指墓穴、墓葬。《后汉书·刘陶传》载："死者悲于窀穸，生者戚于朝野。"但典籍里对二字的分别解释则语焉不详。苗语中，dlenb 指动物在地下的窝。如 ~ gangb jongb 蚯蚓窝。

dlend 1. 搧（shān），未见于早期经典。搧从扇表音。扇的上古音在书母、元部。韵母 an 转为 en。《集韵》载："搧，批也。"即以手批颊，俗称"打耳光"。苗语中，dlend 即搧、批。如 ~ nenx ob muf 搧他两巴掌。

2. 蒸（zhēng），上古音在章母、蒸部，入声。韵母 eng 转换为 en。蒸本应作烝。《说文解字》载："烝，火气上行也。""烝"因此有向上之义，如蒸蒸（烝烝）日上，也指利用蒸汽加热食物或使之变熟。《诗经·大雅·生民》载："释之叟叟，烝之浮浮。"即淘米的淘米，蒸饭的蒸饭。苗语中。dlend 指用火加热食物。如 ~ gad 蒸谷，指热饭。

3. 扽（dèn），是 denl——扽的又音。按说，扽以屯表音，其声母本不应该为 dl。但参照同样以屯表音的㤓、纯、旾（春的本字）的声母分别为 zh、ch，其声母作 dl 就可以理解了。dlend 与 denl 的用法相同，指拉。如 ~ dail nail gad hlod 扽住七星鱼。

4. 闪，上古音在书母、谈部。韵母 am 转为 en。dlend 是 dlangl——闪的又音，用法也基本相同，指快速、突然的样子。一般放在动词后面做补语。如 mongb ~ 瘼闪，指突然疼一下。

dlenl
1. 进，上古音在精母、真部，作 tsien。韵首 i 灭失。《说文解字》载："进，登也。"有往高处走之义，也指向前，与退相对。《诗经·大雅·桑柔》载："进退维谷。"进入是后起义。晋代王嘉《拾遗记》载："驾朱马而至宫门，云欲见秦王婴，阍者许进焉。"苗语中，dlenl 也含有登、进入的意思。如 ~ fangb ~ vangl 进方进寨，指登上别人的寨子。Ax gid ~ mongl gid niangs 不要进入里面。

2. 鼟，象声词，指击鼓声。鼟以登表音。苗语中，dlenl 指物体撞击发出的沉闷的响声，一般放在动词后面。如 gos ~ 俄鼟，即鼟地倒下。

dlens
1. 钝，上古音在定母、文部。钝从屯表音。尚有纯、旾（即春）、肫（zhūn）等从屯的字的声母为 ch、zh。这应是其读 dl 的隐性基因。韵首 u 灭失。《说文解字》以钝与錭互训，指刀剑等不锋利。《韩非子·显学》载："则臧获不疑钝利。"钝与利相对。如 Diangb diuk nongd ~ yangx 这把刀钝了。

2. 噀（xùn），以巽表音。巽的上古音在心母、元部。声母本为 s。韵首 u 灭失，an 转为 en。噀即喷。唐代李贤注《后汉书·栾巴传》，引用《神仙传》："又饮酒，西南噀之。"即喷向西南。《西游记》载："大仙念动咒语，噀一口水，喷在脸上，随即解了睡魔。"如 ~ jud 酒，指喝酒喝多了发酒疯，犹如朝别人喷酒。

3. 詹（zhān），上古音在章母、谈部，入声。am 转为 en。《说文解字》载："詹，多言也。"即话多，唠叨。《庄子·齐物论》载："大言炎炎，小言詹詹。"詹詹、炎炎，指喋喋不休。苗语中，dlens 引申为念叨。如 Nenx zenx ~ zenx ~ mongx 他尽詹尽詹你，即他老念叨你。

4. 转（zhuàn），上古音在端母、元部。声母本为 d，后传为 zh；韵母中讹 u 灭失，an 转为 en。dlens 是 diangd——转的又音。转从车，本义应当指车轮旋转。《论衡·说日》载："天持日月转，故日月实东行而反西也。"做量词，指一圈、一匝。安徽方言里将四周称为四转。这个转相当于周。如 kheib ob ~ 捆了两转，即捆了两圈。

dlent 1. 俊（jùn），上古音在精母、文部。声母相当于 z。另一读音为 zùn，更接近古音。韵母中的 u 灭失。《说文解字》载："俊，材千人也。"《春秋繁露·爵国》载："万人者曰英，千人者曰俊，百人者曰杰，十人者曰豪。"也就是千里挑一的才叫俊，指才智超群。今有"俊杰"一词，但更多的指貌美。苗语中，dlent 指漂亮。如 bad nios ~ 俊小伙。Hxad dol leix nongd ~ wat 这些字写得漂亮。

2. 梃（tǐng），上古音在定母、耕部。韵母为 ieng，i 灭失，eng 转为 en。它还有一个读音 tìng，做动词，指用棍子捅。其声调 t 是从去声得来。《广雅》载："梃，杖也。"指木棒。《孟子·梁惠王上》载："杀人以梃与刃，有以异乎？"即拿木棒和刀杀人，有区别吗？dlent 即木棒；ib diangb ~ 一根梃。

dlenx 团，上古音在定母、元部。声母本相当于 d，似乎不应该转为 dl。但考虑到团的繁体为團，以専（专）表音，与抟同音，说明声母中有 zh 的基因。韵母 uan 中的 u 灭失，an 转为 en。《说文解字》载："团，圆也。"从专的字多有圆的含义。抟指用手搓物成圆形，转本指轮子旋转。更准确地说，团更多地指球形、圆形。汉代班婕妤《怨歌行》："裁为合欢扇，团团似明月。"引申为团聚、团圆等。苗语中，dlenx 即指圆，也有相应的引申义。

（1）指圆形、球形。如 Laib nongd ~，laib aib zok 这个圆，那个尖。zend ~ 团甚，即球形果实，指桃。

（2）引申为团员、圆满等。如 hnaib ~ 团日，指吉日。~ jil，直译为团枝，指的是树的枝叶茂密繁多，使得树冠呈球形，比喻人丁兴旺。~ xend，直译为团慎，指圆通、稳重，近于 dins xent——定慎。

dli

dlib 1. 苗族一个氏族、分支名称。今天，氏族住地名称仍冠以 dlib。如 ~ Jangl 西江，最著名的千户苗寨即在此，属贵州省雷山县。~ Songd 在贵州省台江县。其字待考。

2. 叠韵词：dlib wib，放在动词后面，指转动的样子。

dlid 1. 朿（cì），上古音在清母、锡部。《说文解字》："朿，木芒也。"即树上的刺。引申指麦芒、谷芒等。如 ~ mangl 麦朿，就麦芒；~ nax 稻芒。还指蜂、蝎等尾部的毒刺。如 ~ gangb wab 蜜蜂朿。也用作动词，如 Gangb hniub ~ ib ~ 马蜂朿了一朿；~ hmub 绣花。

现在，不管是做名词还是做动词，均用刺代替了朿。

2. 拾，上古音在禅母、缉部，入声。韵母只保留了韵首 i。《说文解字》载："拾，掇也。"指收拾、拾掇。《论衡·别通》载："萧何入秦，收拾文书。"如 ~ nenx mongl ib pit 收拾它到一边。

dlif 卸，上古音在心母、鱼部。dlif 是 dled——卸的又音，这里的韵母只保留部韵首 i。用法与 dled 相同，指脱落。如 ~ khet 卸裤，即裤子掉了。

dlik 1. 蛴，上古音在从母、脂部。声母在 z、c 之间。蛴字很少单独使用，一般连用。《说文解字》载："蛴，蛴螬也。""蝤，蝤蛴也。"这两种虫分别是金龟子的幼虫、天牛的幼虫。蛴螬、蝤蛴都是双声词——三个字古音都在从母。双声词有一特点，以其中一个字来表义，另一个字往往只是"配音"（叠韵词也是如此）。在这里推测，蛴就是幼虫，与不同的字相配，表示不同的幼虫。苗语中，dlik 指蛙的幼虫——蝌蚪。如 ~ bil 意为手上的蝌蚪，指手指头的腘纹。

2. 指熊，其字待考。如 ~ mob 熊猫

3. 一种烹饪方式，其字待考。

dlil 1. 侈（chǐ），上古音在昌母、歌部。韵母只保留了韵首 i。《说文解字》载："侈……曰奢也。"今天奢侈连用。奢的含义是张开、容器口大。侈也指口大。《汉书·王莽传》载："莽为人侈口。"如 dit ~ 侈卮，大口碗。

2. 闪，上古音在书母、谈部。韵母 am 像 an 一样转为 ai，进而讹为 i。dlil 是 dlend、dlangl——闪的又音，用法有所不同。这里用于闪电。《世说新语·容止》载："双目闪闪，若岩下电。"苗语中，dlil dlil 叠用，指闪闪的样子。如 lif hob ~ ~ 踩霍闪闪，即电光闪闪。

dlis 1. 卸，上古音在心母、鱼部。dlis 是 dlif、dled——卸的又音。dlis、dlif、dled 三个词均指脱落，但 dlis 一般用于脱臼等。如 ~ ghut 卸节（关节），即脱臼。

2. 眡（shi，去声），上古音在书母、锡部。《说文解字》载："眡，目疾视也。"即飞快地瞥一眼。晋代左思《吴都赋》载："忘其所以睐眡，失其所以去就。"睐也是飞快地看一眼。唐代韩语《寄崔二十六立之》载："雷电生睒眡，角鬣相撑披。"用睒眡形容雷电，足以说明睒眡之快。苗语中，

睒用其原义。如 ～ mais 睒目，犹如眨眼间、瞬间。

dlit 1. 撕，上古音在心母、支部，入声。早期经典未见撕字。但显而易见，斯在撕字里表音兼表义。《说文解字》载："斯，析也。"二字古音相近，都从斤（斧子），指用斧子劈开。《诗经・陈风・墓门》："墓门有棘，斧以斯之。"撕则指用手来使物体离析。《红楼梦》三十一回："晴雯果然接过来，嗤的一声，撕了两半。"苗语中，dlit 即用手撕。如 ～ dob 撕布。～ xit 撕纸。

2. 龇（zī），上古音在庄母、支部，入声。《说文解字》载："龇，开口见齿之貌。"今作呲，有"龇牙咧嘴"一词。苗语中，dlit 正如龇。如 ～ niux ～ lot 龇口龇嘴，犹如龇牙咧嘴。苗语中，dlit 还引申为将里面的东西露出来。如 ～ gangb ～ jil 露胸露肢，犹如袒胸露背。～ hvangb ～ jil 则指衣不蔽体，穿着破烂。

dlix 1. 疵，上古音在从母、支部。又作眦，读阳平或上声。《说文解字》载："疵，病也。"《广韵》载："疵，黑病。"指皮肤上起黑斑。瑕疵连用，瑕是玉上的斑。苗语中，dlix 指皮肤上的瘢痕。如 Ghab hsangb vut yangx, dail maix ～ 伤好了，还有一疵。

2. 甲，指动物的壳。这里用于鳖甲、龟甲等。如 ～ diob 蟹壳，～ liuk 鳖甲。

dlia

dliab 1. 碟。《汉字古音手册》标注其上古音：diap。碟的右部枼是葉（叶）的本字，含有薄的意思，它指较浅、扁平的盘子。如 Dad laib dliab lol jis ngix 拿碟子来盛肉。

2. 滑，上古音在匣母、物韵，入声。而匣后来的声母为 x。这应是其演变为 dl 的原因。如 Jox gid ～ bongt wat 路滑得很。～ lob 直译为滑足，还是指地面滑。

组成叠韵词，如 ～ ab，放在动词后面，指动作轻快的样子。

dlial 霅（zhà），上古音在定母、叶部，入声。声母本相当于 d，后转为 zh。《说文解字》载："霅霅，震电貌。"打闪的样子。宋代梅尧臣《明月楼》载："霅霅前溪白，苍苍后岭巍。"苗语中，dlial 一般放在动词后面，表示像闪电一样突然。如 fangx ～ 煌霅，指突然发亮。煌指发亮。liongx ～ 掟霅，指突然晃动。掟是晃动。

dlias 奓（zhà），上古音在端母、鱼部。声母本为 d，后来转为 zh。《集韵》载：

093

"夅，陟加切，张也。"《庄子·知北游》载："夅户而入。"即开门而入。
如 ~ lot 夅嘴，即嘴巴大，或指器物的口大。

dliat 1. 谢，上古音邪母、铎部。声母接近于 z。《说文解字》载："谢，辞去也。"
《礼记·曲礼上》载："大夫七十而致事，若不得谢，赐之几杖。"即大夫
到了七十岁，不能辞去官职，君王就要送他案几、拐杖（供其上朝时使
用）。今有"谢绝"一词；凋谢是引申义。苗语中，dliat 即辞去。如
Nenx ~ nenx dail niangb mongl yangx 他谢他的娘子去了。即他把妻子休了、
与妻子离婚了。~ khat 谢客。这里不是说不见客人，而是指妇女离婚，从
婆家辞去。

2. 置，上古音在端母、职部。声母本为 d，后转为 zh；韵母近乎 io，韵尾有
所偏转。《说文解字》载："置，赦也。"即释放，好比把进入罗网的动物
放出来。置的上面是网字头。《国语·郑语》载："王遂置之。"即王于是
放下此事、不追究。《史记·淮阴侯列传》载："高帝曰：'置之。'乃释
通之罪。引申为舍弃，相当于"罢"。罢也是网字头。《晏子春秋·内
篇·谏上》载："置大立少，乱之本也。"今有置之不理一词。又引申为
放下、安放。《玉篇》释为"安置"。《庄子·逍遥游》载："覆杯水于坳
堂之上，则芥为之舟，置杯焉则胶。"《诗经·魏风·伐檀》载："坎坎伐
檀兮，置之河之干兮。"苗语中，dliat 也有类似的字义。

(1) 作罢、罢休。如 Ait vut yangx jef ~ 做好了才罢休。

(2) 放下、留置。如 Nenx ~ benx dud nongd diot wil 他置（留置）这本书
给我。

(3) 安放。如 ~ diangb zenk leix diot diub dax 置笔于桌子之上。

3. 霅（zhà），上古音在定母、叶部，入声。声母本相当于 d，后转为 zh。
dliat 是 dlial——霅的又音。霅本指"震电貌"，这里指快速的样子。如
dliab ~ 滑霅，快速滑动的样子。lif ~ 跃霅，指快速跳动的样子。

dliang

dliangb 仙，上古音在心母、元部。声母本为 s。韵母 an 转为 ang。《说文解字》
载："仙，长生仙去。""人在山上貌。"《史记·封禅书》载："黄帝且战
且学仙。"苗语中，dliangb 指鬼神，且鬼、神不分，与汉人心目中的鬼
神有所不同。汉人把鬼神分成两极，一个在地下，一个在天上；一个令
人害怕、憎恶，一个叫人仰视、歆羡。苗族心目中的仙跟人一样，有好

有坏。

（1）指鬼或神。如 dias ~ 逐仙，即驱鬼；ait ~ 敬仙；~ dab 地神；~ duk dul 鬼点火（磷火）。

（2）用来指人或动物等。如 ~ sot 直译为瘦仙，即瘦鬼，指痨病患者。因患此病者消瘦。~ songd 字面意思为龅牙鬼，指老鼠。因其牙齿长、喜欢啃东西。~ khangb 字面为葫芦仙，指人聪明。大概源于苗族的创世纪 "yangb nangl zek jes"（洪水滔天）主角 ab Vangb 住在葫芦里躲过了洪水灾害，还靠才智战胜了对手。如 ~ hsent 直译为仙算，指谜语。

dliangd 旋（xuàn），上古音在邪母、元部。声母相当于 z。本有韵首 i，韵腹 u 灭失，an 转为 ang。《说文解字》载："旋，周旋，旌旗之指挥也。"旋与旗字同头，本指舞动旌旗，使之旋转。泛指转动。《礼记·玉藻》载："周旋中规。"苗语中，dliangd 即旋转。如 vib ~ 旋石，即石滚、碾子。也指滚下来。~ bil，直译为旋坡，即滚坡。苗族聚居地多山，摔倒易从山上滚下去。因此，~ bil 指摔跤。

顺便说到汉语的"滚"字，本指大水奔流貌，如滚滚长江东逝水。水的沸腾似乎也可叫滚，但它其实没有旋转的意思。石滚、车轮滚滚之滚实在没有"旋"贴切。

dliangd 又引申指说话流利，似 ~ bil 一般。如 Nenx hmat hveb diel ~ bongt wat 他说汉语流利得很。

dliangk 1. 獑（chán），上古音在崇母、元部。韵母 am 转为 ang。古籍中，对獑的解释语焉不详，如《玉篇》载："獑猢，兽名，似猿。"只因其读音与 dliangk 相合，姑且写作獑。苗语中，dliangk 指野猫。苗族有一首传统的理歌 diangs gheib diangs ~，讲的是鸡和野猫的官司。如 ~ ghok ghab daid xed 獑抓虎尾，犹如狐假虎威。

2. 癣（xuǎn），上古音在心母、元部，入声。声母本为 s。韵母中本没有 u，an 转为 ang。《说文解字》载："癣，干伤也。"《释名·释疾病》载："癣，徙也。侵淫移徙处日广也。"苗语中，特指小腿上长时间烤火而起的斑，如 ~ ngangl 胫癣，脚杆癣。

dliangl 1. 劲（jìng），上古音在见母、耕部。韵母 ing 转换为 ang。指力气，在汉语里，劲被人为地分成两个音：jìn，指力气；jìng 指强劲，做形容词，如一年一度秋风劲。但苗语不分。如 maix ~ maix ves 有劲有力，指身强体壮。

2. 件，上古音在群母、元部。韵母 an 转换为 ang。同汉语，做量词。如 ib

~ ud bongk 一件棉衣。

dliangt 铣（xiǎn），上古音在心母、文部。声母本为 s。韵母近于 an，转为 ang，《说文解字》释为"金之泽者"。《尔雅·释器》称："绝泽谓之铣。"本指金属有光泽，引申为光滑之义。如 dliangt khob 光头；~ vangx ~ bil 光山秃岭。

dliangx 1. 苗族氏族名，在黔东南。其字待考。

2. 展，上古音在端母、元部。声母本为 d，后转为 zh。本有韵首 i，an 转为 ang。展是一个混合了多个字义的字。最初，由四个工字排成方阵，有展示、陈列之义；再加衣字底，指一种礼服；再加尸头，指人体的动作。前二者均已废置不用，全由尸头展一身兼任。典籍里常见展转连用，如曹丕《杂诗》："展转不能寐，披衣起彷徨。"展与转是两个动作。转是身体来回反侧，展则是伸展肢体。泛指伸展。《庄子·盗跖》载："盗跖大怒，两展其足，案剑瞋目。"李白《长干行》载："十五始展眉，愿同尘与灰。"

(1) 伸展。如 ~ bil，展臂，即伸手；~ ghongd 展颈，即伸脖子。

(2) 指双臂张开的长度，与人身高相同，用以测量长度，相当于庹。如 Jox hlat nongd maix ob ~ gid dad 这根绳子有两展长。两展长即两庹长。

dlie

dlieb 1. 鼬（yòu），上古音在余母、幽部，入声。按说声母 y 不当转化为 dl。但是，鼬从由表音，而从由表音的字，如袖、轴、宙、妯、胄等的声母分别在邪母（z）、端母（d，后转为 zh），说明由或从由的字是具有这种声母基因的。韵母中的 ou 转为 e。苗语中，dlieb 即鼬、黄鼠狼。如 ~ liax 还指黄鼠狼。liax 指走路的姿态。

2. 一种植物，可做药材，利于接骨。其字待考。

dlied 1. 尺，上古音在昌母、铎部。尺是长度单位，源于人体。尺从尸，尸是屈曲的人形，另外一撇是指示符，所指部位是人的大腿。大腿长度近乎一尺。但汉语里把小臂的骨头叫尺骨，差不多的长度。

(1) 腿骨，或叫股骨，如 ~ bab 髀尺，即股骨。bab 即髀，大腿。

(2) 戒尺，同 dad。

2. 棹（zhào），上古音在定母、药部。声母本相当于 d，后转为 zh。dlied 似乎与卓的读音更接近。《说文新附》释棹"所以进船也。"即划船的桨。

曹操《船战令》载："整持橹棹，战士各持兵器就船。"如 ~ niangx 船棹。

3. 织（zhī），上古音在章母、职部，入声。韵母相当于 io。《说文解字》载："织，作布帛之总名也。"把经线、纬线交织在一起制成布帛。织有多项引申义。苗语中，dlied 也有多个义项。

（1）泛指编制。《孔子家语》载："妾织蒲。"蒲是蒲草。如 ~ vux gheib 织鸡笼。

（2）引申为组织。如 Mangx ~ hxid jangx laib hveb ax jangx 你组织一下看成一句话不成。

（3）引申指交叉，交织（由经线与纬线交织而来）。如 ~ bil 织臂，交叉双臂或双手。

4. 识（shí），上古音在书母、职部，入声。《说文解字》载："识，意也，一曰知也。"《论语·阳货》载："多识于鸟兽草木之名。"识即认知、知道。如 Nenx sux ~ hveb diel 他能识汉话。

5. 匙（chí），上古音在禅母、支部，入声。匙以匕表义，匕本身就是取食之具。《方言》十三说："匕谓之匙。"匙即盛取饭菜的工具。如 ~ gad 饭匙。

6. 抽（chōu），上古音在透母、幽部，入声。上部本为 t，后转为 ch。韵母 ou 转为 e。dlied 是 diud——抽的又音。用法与之不同。如 ~ hxid 抽筋。

dlief ~ dliangx 鸟名。其字待考。

dliek 1. 霰（xiàn），上古音在心母、元部。声母本为 s。韵母 an 一般转读为 ai，这里别读成 e。《广韵》载："霰，苏佃切。"《说文解字》载："霰，稷雪也。"即像粟一样的雪粒，或称米雪。屈原《九章·涉江》载："霰雪纷其无垠兮，云霏霏而承宇。"南方气温高，少见冰而多见霰，以霰代指冰。如 git ~ 结霰，也指结冰。~ bait 霰白，即冰雪。白本是雪花。

2. 鋜（zhuó）。与涩同音，上古音当在崇母、屋部，入声。《类篇》载："鋜，足钳。"即足箝、脚铐。如 ~ lob 足铐。也引申为手铐，~ bil 臂鋜，手铐。不过手铐有专用字——镯，与鋜同音。
苗语把戴在腕上的饰品叫 hliongt——钏。

3. 裋（shù），上古音在禅母、侯部。韵母作 iuo，u 灭失，o 转为 e。《说文解字》载："裋，竖使布长襦。""襦，短衣也。"裋就是粗布短衣，往往是下人穿的。而襦又指小孩的围嘴。围嘴是特别短的衣服，只能遮住胸前与肩膀。《方言》卷四说："淹谓之襦。"钱绎《笺疏》载："襦之言濡也。袍所以承涎液，故袍亦名褓也。"因围嘴容易被小孩口水濡湿，故称褓。杜甫《别李义》说："忆昔初见时，小褓绣芳荪。"既然褓是围嘴，作为粗布短衣的袍也可做围嘴，以保小孩胸前洁净。汉语中，袍往往指较次的衣服。《史记·秦始皇本纪》载："夫寒者利短褐，而饥者甘糟糠。"苗语中，dliek 指小孩围嘴。如 Jib daib mangs ~ 小孩戴围嘴。

dliel 逴（chuō），上古音在透母、乐部，入声。声母本为 t，后转为 ch。《说文解字》载："逴，远也。"屈原《远游》载："逴绝垠乎寒门。"洪兴祖《补注》载："逴，远也。"逴同遌一样，一指时间上的久远，二指空间上的遥远。如 ~ lax 逴曩，很久以前。Gangl ~ waid gof lol 从很远的外国来。

dlies 蜃（shèn）上古音在禅母、文部。韵尾 n 灭失。《说文解字》载："蜃，大蛤。"《国语·晋语九》："雀入于海为蛤，雉入于淮为蜃。"韦昭注："小曰蛤，大曰蜃，皆介物蚌类也。"蜃即蚌。今有"海市蜃楼"一词。蜃楼传说是蜃吐气而成。如 Laib nongd laib ~，laib aib laib gib 这是蜃，那是螺。

dliet 歺（xī），上古音在邪母、铎部。声母近于 z，韵母近于 ie。从穴表义，指土穴、土窟窿。汉语中，往往窀歺连用。歺也单用。唐代王缙《进王维集表》载："魂而有知，荷宠光于幽歺。"苗语中，dliet 指脸皮上的坑，因患天花所致。汉语叫肉麻子。如 ~ mangl 面歺，即脸上的坑。dliet 也同 ~ def，即痘穴。def 即痘、天花。痘与 def——豆同音。

dliex 烛，上古音在章母、屋部。《说文解字》载："烛，庭燎大烛也。"本义是火炬，以苇草或麻秆制成。《仪礼·士丧礼》载："烛俟于馔东。"郑玄注："火在地曰燎，执之曰烛。"相当于今天的火炬。用蜡作烛，据说始于唐代。李商隐《夜雨寄北》："何当共剪西窗烛，却话巴山夜雨时。"苗语中，dliex 仍指火把。

（1）火把、火炬。如 ~ dul 楚烛，用草扎的火把。Mongx pid zaid, wil vib gos ~ dul yangx 你烧房子，让我抓到火把了。

（2）指像火把一样捆成的长形物体。如 kheib ~ 捆烛，指捆扎长条形的包。~ niak 儿烛，即包小孩的包、褓褓。

（3）组成叠韵词。如 ~ gex 烛管，指物体凸出的样子。

dlin

dlind 1. 闪，上古音在书母、谈部。韵母为 iam，其中，am 像 an 一样转为 en（受韵首 i 影响作 in）。dlind 是 dlil、dlend、dlangl——闪的又音。苗语中，dlind 用于闪光。如 Bongf Niangx Eb Seil sad hfud, lif gongx hlinb ~ ~ 见仰阿莎洗头，项圈亮闪闪。dlind hnaib 闪日，指反射日光。

2. 掀，上古音在晓母、文部，入声。韵母本来就相当于 in。《说文解字》载："掀，举出也。"《左传·成公十六年》载："乃掀公以出于淖。"引申为从原地挪出、搬开。如 ~ vib 掀石头，即把石头撬开。

dlinf 1. 全，上古音在从母、元部。韵母 iuan 中的 u 灭失，an 转换为 en。《说文解字》载："纯玉曰全。"全的下部本为玉。《周礼·考工记·玉人》载："天子用全。"即天子使用纯玉。苗语中，dlinf 引申指完全、普遍。如 ngix ~ 全是肉；hmub ~ 全是苗族；dlub ~ 全素，即纯白。

纯，上古音在禅母、文部。韵母相当于 iuen，其中 u 灭失，也可转为 dlinf。纯本指丝，后引申为无杂质、纯粹。《易经·乾卦》："刚健正中，纯粹精也。"ngix ~ 、hmub ~ 、dlub ~ 中的 dlinf 似乎也可释为纯，三个词组分别为纯肉、纯苗、纯素。

2. 迅，上古音在心母、真部，作 sien。韵母中本没有 u。《说文解字》："迅，疾也。"《论语·乡党》载："迅雷风烈必变。"苗语中，dlinf 放在动词后面做补语，表示动作很快、很短暂的样子。如 yangt ~ 扬迅，指飞快的样子。扬即飞。lat ~ 睐迅，即瞟一眼的样子。睐有斜看的意思。

3. 进，上古音在精母、真部。声母本为 z，与韵首 i 结合才读成 j。dlinf 是 dlenl——进的又音。苗语中，dlinf 指进入。如 xit yangl ~ liex gheb 相延（相邀）进工地。

dlink 迅，上古音在心母、真部，作 sien。韵母中本没有 u。dlink 是 dlinf 的又音，与 dlinf 本无大区别。dlink 与 genk 组成叠韵词：~ genk 迅干，表示说话、办事等快捷、干练。如 gangt lot ~ genk 表示说话清脆的样子。

dlinl 闪，上古音在书母、谈部。韵母为 iam，其中，am 像 an 一样转为 en（受韵首 i 影响作 in）。dlinl 是 dlind、dlil、dlend、dlangl——闪的又音。闪在这里与前面几个词的用法不同，表示忽现。《礼记·礼运》疏："闪，忽有忽无，故字从门中人也。"即隔门看人，人一闪而过。引申为急速、短暂的样子。如 mongl ~ ghax lol 去一会儿就来。fat ~ dax mongl 一晃而过。

dlio

dliob 夃（zhā），上古音在端母、鱼部。声母本为 d，后来转为 zh。dliob 是

dlias——夅的又音。韵尾本不应为 o，组成叠韵词 ~ hob——夅豁时，是受后面 hob 的影响才作 o 的。夅豁，指嘴巴大张的样子。夅即张开。如 diek ~ hob 咥夅豁，表示张嘴笑呵呵的样子。

dliof 擢（zhuó），上古音在定母、药部。声母本接近 d，后转为 zh。dliof 是 dex——擢的又音。《说文解字》："擢，引也。"有拉、抽的意思。

（1）相当于拉。如 ~ hlat 拉绳子，~ bil 拉手。

（2）相当于拔、抽。《方言二》："擢，拔也。"《史记·范雎蔡泽列传》："擢贾之发。"如 ~ jub 抽闸。

dliok 铨（quán），上古音在清母、元部。声母相当于 c。韵母为 iuan，uan 往往转换为 ong，这里 ng 灭失。《说文解字》："铨，衡也。""称，铨也。"铨就是今天的秤，称重的工具。《汉书·王莽传》："考量以铨。"也做动词，指衡量。《国语·吴语》："不智，则不知民之极，无以铨度天下之众寡。"苗语中，dliok 相当于称，既可做名词，也可做动词。

（1）指秤。如 ~ gad 粮秤，也叫大秤；~ nix 银秤，也叫小秤、戥（苗语为 dend）。

（2）指称重。如 Mongx ~ ob jangb ngix diot wil 你称二斤肉给我。

dliot 譸（zhōu），上古音在端母、幽部，入声。韵母中的 ou 转为 o。譸指欺诈，后起字诌是譸的替代字。明代胡应麟《少室山房笔丛》载："黄冠譸愚氓。"也组成双声词：譸张，双声词，仍指欺诈。《尚书·周书·无逸》载："民无或胥譸张为幻。"如 ~ naix 骗人。引申为假。如 Jus deix ghaid ~ ？真的还是假的？

dliong

dliongb 1. 舂（chōng），上古音在书母、东部。本有韵首 i。《说文解字》载："舂，捣粟也。"本指将粮食放在臼里舂捣，以去谷皮。舂一般做动词，指捣、撞，但也做名词，与臼相同。《聊斋志异·汪士秀》："汪士秀，庐州人，刚勇有力，能举石舂。"石舂即石槽或石臼。这里指苗家用以将糯米饭打成黏糕的槽。如 ~ jed 糍舂，即粑槽；~ vib 石舂；~ det 木舂。引申为刀鞘。如 ~ sat 铩舂，柴刀鞘。

苗语里同时用臼（jel），但多指碓臼与擂钵，还做动词，指承受。

2. 锺，简化作钟，上古音在章母、东部。本有韵首 i。《说文解字》载："锺，酒器也。"也是容量单位。《左传·昭公三年》载："齐旧四量：

豆、区、釜、锺……釜十则锺。"即十釜为一锺。苗语里，dliongb 指一
石，与 dangt 同。如 ib ~ hsaid 一锺粲，即一石米。

3. 盅，上古音在透母、冬部。声母本为 t，后转为 ch、zh。本有韵首 i。
《说文解字》载："盅，器虚也。"本指器皿中空。《老子》载："道冲而
用之。"应为"道盅"。道因为虚空才能容万物。后转指容器，供饮酒喝
茶。苗语中，dliongb 为像盅一样的东西。木匠弹木线用的墨斗即 ~ nox，
直译为墨盅。

dliongs 冲（chòng），上古音在定母、冬部。声母接近 d，后转为 ch。本有韵首 i。
冲本作沖。《说文解字》载："沖，涌摇也。"指水快速流动、冲刷。泛
指物体快速运动。《韩非子·喻老》载："虽无飞，飞必冲天。"苗语中，
dliongs 放在动词后面，做补语，指很快的样子。如 fat ~ 过冲，很快就过
去的样子。

dliongt 枭（xiāo），指猫头鹰。其字待考。

dliu

dliub 1. 须（xū），上古音在心母、侯部，相当于 siuo。韵尾 o 灭失。须本是整体
象形字。页是头部，彡像胡须。《说文解字》："须，面毛也。"《左传·
昭公二十六年》："有君子白皙，鬒须眉。"鬒指毛发黑而密。须泛指须状
物，如虎须、虫须、根须。苗语里，dliub 泛指毛发。如 ~ niux 胡须；~
hfud 头发；~ nes 鸟毛。
顺便说明：毛字本是兽类尾巴的象形。其中竖弯钩，是尾茎的象形，其
余三笔是尾毛的象形。后来泛指毛发、毛状物等。可见，以须泛指毛发
也无不可。

2. 徐，上古音在邪母、鱼部。声母相当于 z，与韵首 i 结合，才转读成 x。
《说文解字》："徐，安行也。"即不急不慌地走，与疾相对。《左传·昭
公二十年》载："清浊大小，短长疾徐。"苗语中，组成叠韵词：~ hub 徐
活，表示水流缓慢的样子。活即水流动。受前面 dliub 的影响，活的韵母
只保留了 u。如 lal ~ hub 濑徐活，即缓缓地流。

dliud 1. 心，上古音在心母、侵部，入声，相当于 siom。韵尾 m 灭失，io 偏转为
iu。《说文解字》载："心，人心，土脏也，在人之中，象形。"即心脏，
在躯干的中部。《尚书·泰誓下》载："斫朝涉之胫，剖贤人之心。"苗语
中，dliud 指心脏、心眼，引申为中心，还指胆子。

101

（1）指心脏、心眼等。如 Hvib hlieb wil，~ hlieb dlox 胆大（如）锅，心大（如）甄（chuí，当地汉语叫鼎罐）。指胆大。~ nios waf 莘华心，犹如说花心，指的是心地不纯、心眼坏。莘是花色牛，华即花，都指颜色驳杂。

心在苗语中还有另有一种读法：hvib。hvib 与 dliud 都指心，也都指胆子。我们知道，胆的主要功能是分泌胆汁，帮助消化，与勇气无关。但我们习惯了用"胆子"的大小来衡量勇气。苗语用"心"来指勇气，也是可以理解的。如 ~ mal 马心，指胆大。~ nangl 鼠胆，即胆小。

（2）指中心。如 ~ bil 手心。~ lob 脚心。~ mus 磨盘心。

2. 轴，上古音在定母、觉部，入声。声母后转为 zh。《说文解字》载："轴，持轮也。"即轮轴。一般做名词，但也做动词。唐代韦庄《谒金门》载："楼外翠帘高轴，倚遍阑干几曲。"唐代裴铏《传奇·昆仑奴》载："一品命妓轴帘，召生入室。"这两处的轴都指卷帘，当是由卷轴引申而来。苗语中，轴引申为旋转。组成双声词：~ dliangd 轴旋，即翻滚、旋转。如 Dol vib ~ dliangd gangl gid waix lol 石头从上面滚下来。

dliuk 救，上古音在见母、幽部。声母 j 与 dl 转换。《说文解字》载："救，止也。"救的本义是止、禁。今仍有救火一词。救援、救助之义，大概由制止坏事的继续发生，使人免于进一步的伤害而来。《孟子·离娄下》载："今有同室之人斗者，救之。"可以解释救兼有止、救助之义。如 ~ bil 救手，犹如说援手、帮手。~ nangs 救命。~ ves 救济。

dliul 1. 瞍（sǒu），上古音在心母、幽部。《说文解字》载："瞍，无目也。"即有眼无珠。《诗经·大雅·灵台》载："矇瞍奏公。"朱熹《集传》解释道："无眸子曰瞍。古者乐师皆以瞽者为之，以其善听，而审于音也。"瞍、瞽虽细分有别，但都指瞎（瞎是后起字）。《国语·晋语四》载："矇瞍不可使视，嚚喑不可使言。"如 ~ mais 瞍目，即瞎眼。

2. 烛，是 dliex——烛的又音。组成叠韵词：~ gul。gul 即鼓、凸出，主要取 gul 的意思。如 angt ~ gul 即肿得鼓鼓的。

3. 倏，象声词，组成叠韵词：~ hul，表示声势、火势等很大的样子，犹如说呼呼地。如 jens dul ~ hul 火烧得呼呼地。

dlius 出，上古音在昌母、物部，入声。韵母作 iuo，韵尾 o 灭失。《说文解字》释出："象草木益滋，上出达也。"指出字，象中从屮中长出来。出一般做不及物动词，但也做及物动词。如《孟子·离娄下》载："出妻屏子。"出妻指把妻子撵出去。苗语中，dlius 指弄出去。如 ~ mongl gux mongl 出到外面，即弄出去。~ nangs 出命，即命丧他乡。

dliut 酎（zhòu），上古音在定母、幽部。声母本为 d，后转为 zh。韵母本作 iou。《说文解字》载："酎，三重醇酒也。"即多次酿的酒，纯度高，味道浓厚。《礼记·月令》载："天子饮酎。"也指酒味浓厚、醇。《礼记·月令·孟夏》注："酎之言醇也。"苗语中，dliut 也有类似的意思。

（1）相当于醇，指味道浓厚。如 Laib jud nongd ~ 这个酒醇。~ zas 酎泔，即浓汤。~ xid 盐味重。

（2）引申指气氛浓、土壤肥沃等。如 Nongx niangx hmub ~ hxangt nongx niangx diel 过苗年比过汉年（春节）热闹。~ dab 酎地，即土地肥沃。

dliux 1. 取，上古音在清母、侯部。以取表音的字，如诹（zōu）、聚（zōu）、陬（zōu），声母多为 z。韵母作 iuo，韵尾 o 灭失。取是会意字，是手持耳朵之形，源自战争中割下敌人的耳朵以邀功请赏。泛指拿来、获取。《左传·隐公三年》载："四月，郑祭足帅师取温之麦，秋，又取成周之禾。"如 Nenx gangl laib longl ~ lol ib bongl hliongt 她从箱中取出一对镯子。dliux 与 hliub 组成叠韵词：dliux hliub，直译为"取抽"。如 dliux hliub eb yux vib 取抽石油水，即开采石油。

2. 神，上古音在船母、真部。韵母作 ien，韵尾偏转。虽然韵母不太相合，但考虑到神的两个义项神仙、灵魄与 dliux 相对应，姑采用此字。《列子·汤问》载："操蛇之神闻之。"引申指人的灵魂、精神。《庄子·养生主》载："臣以神遇而不以目视。"苗语中，dliux 也有类似的用法。

（1）指鬼神，存在于身外的世界。苗族鬼神不分，dliux 同 dliangb——仙一样，既可指神，也可指鬼。如 ~ langf 朗鬼（苗族传说中的恶鬼）；ax hxib ~ 不怕鬼。

（2）指神魂，存在于人的体内。如 dal ~ 掉魂；ghab ~ 招魂。

dlo

dlob 1. 说（shuō），上古音在书母、月部。韵母中的 u 灭失。说是多音字，指陈述、学说才读此音。《论语·八佾》载："成事不说，遂事不谏，既往不咎。"如 Maix jax mongx dot sux baid, Maix lil mongx dot sux ~ 有札（写有规矩的书札）你不会摆，有理你不会说。

2. 四，上古音在心母、质部，韵母为 ie，到了中古音，才变成 i。dlob 中的 o 当是由 e 转换而来。四是天然的数词。如 ~ gib 四角，即四方形。~ hfangb

diut ghot，直译为四方六角，即四面八方。

dlod 1. 泻，上古音在心母、鱼部。声母本为 s。《广韵》中为司夜切。《玉篇》载："泻，倾也。"即倾泻。如 Jox eb ~ diot gid waix lol 水从上面倾泻下来。~ eb zas hxub 泻酸汤，指把酸汤舀起，再高高倾下，反复如此，即起到搅和的作用。

2. 缒（zhuì），上古音在定母、微部。声母本相当于 d，后转为 zh。韵母相当于 oi，韵尾 i 灭失。《说文解字》载："缒，以绳有所悬也。"《左传·僖公三十年》载："（烛之武）夜缒而出。"缒指用绳子从城墙上吊下来。在下垂这个意义上，缒与垂相通。如 ~ jox hlat lol dab 缒条绳子下来。

垂，上古音在禅母、歌部，入声。似也可转换为 dlod。供参考。

dlof 泄，上古音在心母、月部。典籍中多用于泄漏、排泄。《管子·君臣下》载："墙有耳者，微谋外泄之谓也。"苗语中，引申为母畜下崽，犹如排泄。如 Dail liod ~ ghab daib 黄牛泄崽。

dlok 1. 笞（chī），上古音在透母、之部，入声。声母后转为 ch。韵母近于 o。《说文解字》载："笞，击也。"指用鞭子等抽打。《新唐书·刑法志》载："其用刑有五：一曰笞，汉用竹，后世更之以楚。"楚即荆，木条。如 ~ dail ninx ib zenk 笞水牛一鞭。

dlok 与揍的读音也相合，但揍是后起字。

2. 著（zhuó），上古音在端母、铎部。声母本为 d，后演变为 zh。箸、著、着本是同一字，着本来就是著字的变异，是草书的结果。dlok 是 dias、dios、diot——著、着的又音。这里指附着、使附着。《晋书·刘琨传》载："常恐祖生先吾著鞭。"如 ~ liul xit diot ghab hxongt zaid 著那张纸于板壁。这里的著有贴的意思。

3. 奏，上古音在精母、侯部，音 tso。韵母本为 o，而不是 ou。《说文解字》载："奏，进也。"后常用于向皇帝进言，如奏章、上奏。如 ~ hseid 奏词，即进言。这里无上奏之意，指与对方交谈。

4. 襋（jí），上古音在见母、职部。《说文解字》载："襋，衣领也。"如 ~ ud 衣领。

dlol 1. 朵（duǒ），上古音在端母、歌部。《说文解字》载："朵，树木垂朵朵也。"指树木的花叶果实等茂盛而下垂。苗语中常以此指姑娘，如黔东南著名歌手阿幼朵。如 Xangs ~ ait nangx hlib 告诉姑娘（我）好念想。

2. 嚲（duǒ），也指下垂貌，可能是假借为朵。岑参《送郭·杂言诗》："朝歌城边柳嚲地。"如 ~ naix dlol mais 直译为嚲耳嚲面，指因肥胖而下垂的样子。

dlos 斥（chì），指排放。斥上古音在昌母、铎部。它不同于 cait——斥。cait 引申为分，而 dlos 引申为排斥、摈斥。《汉书·武帝纪》载："与闻国政而无益于民者，斥。"斥就是不要了。如 ~ ghad 放屁。

dlot 1. 拃（zhǎ），以乍表音。乍的上古音在崇母、铎部。拃指张开拇指、食指，两指顶端的距离。可参照从乍的字作、笮等读 zuo。如 ob ~ gid dad 两拃来长。

2. 屑（xiè），上古音在心母、质部，相当于 sie。屑从尸、肖。尸是人体，肖有细微之义。屑会意为人体剥落的碎屑。如 Khob qent dlot 头起屑了。屑也引申指屑状物，如鱼的细鳞。汉语的鳞大约有闪光的含义，如磷、粼皆然。苗语中只重其形状：碎、小。如 ~ nail 鱼鳞。鳞不可食，需要剥落。这一点与屑也相似。

3. 灼，上古音在章母、乐部，入声。指用火近距离或零距离烤炙。《国语·鲁语下》载："如龟焉，灼其中，必文于外。"这里的龟实指龟壳。如 ~ eb sob 烤辣椒。

dlox 1. 槌（chuí），上古音在定母、微部。除声调外，与缒相同，读 dlo 也是韵尾 i 消失所致。槌是捶击的器具。《论衡·效力》载："凿所以入木者，槌叩之也。"如 ~ dib hxangb lix 打田塍的槌。槌也做动词，指用槌子打或类似于槌打的动作。《古诗为焦仲卿妻作》："阿母得闻之，槌床便大怒。"苗语中也有类似的情形。如 ~ nenx ib bod liul 槌他一拳。

棰、捶是与槌的名词、动词相对应的同音字，其读音似乎也可转换成 dlox。

2. 甀（chuí），上古音在定母、歌部。声母本为 d，后演变为 ch。韵尾相当于 o。此字的异体字不从瓦而从缶。《说文解字》释为："小口罂（yīng）也。"是口较小而肚子较大的容器。《淮南子·氾论》载："抱甀而汲。"在黔东南的汉语方言里，称此容器为鼎罐。它可以悬挂起来，在下面烧火，用以煮食物。如 ~ wil 直译为甀锅，指炊具。

3. 椎（chuí），与槌同音，上古音也相同，在定母、微部。韵尾 i 灭失。《说文解字》载："椎，所以击也。"椎是用来敲击的钝器。《史记·魏公子列传》载："朱亥袖四十斤铁椎，椎杀晋鄙。"《淮南子·说井》："椎固有柄，不能自椓。"就是椎虽有柄，但不能给自己装柄。从经典里我们可以大致推测椎的形状。大概因为它是钝器，引申出鲁钝之义。《史记·绛侯周勃世家》载："勃不好文学，每召诸生说士，东乡坐而责之：'趣为我语。'其椎少文如此。"苏轼《六国论》载："其力耕以奉上，皆椎鲁无能为者。"今有"棒槌"一词，指人外行、不通，可类比。椎说通俗一点就是笨。苗语中，dlox 也有类似的字义。

(1) 指椎形的东西。如 dlox jel 直译为臼椎，即向臼中舂捣的碓嘴。

(2) 引申为笨。如 dlox hfud dlox naix 椎头椎耳，就是笨头笨脑。

(3) 指钝。极有可能因为椎是钝器，引申为钝，而由钝再引申为笨。与钝的字义引申途径一样，先指器物后指人。如 Diangb jub ~ wat 椎子秃了。

4. 随 (suí)，上古音为邪母、歌部。声母为 z。它与 des——随不同。des 做动词，指跟随、依照。这里做介词。如 ~ nenx mongl ait zangd 随（跟、和）他去做游戏。Nenx ~ bib los hvangb 他随（跟、向）我们借债。

dlong

dlongb 烝 (zhēng)，上古音在章母、蒸部。韵母 eng 转化为 ong。《说文解字》载："烝，火气上行也。"也指用火烘烤、热气蒸等。《荀子·性恶》载："故枸木必将待檃栝烝矫然后直。"檃栝是矫正曲木的工具。烝是烘烤。《诗经·小雅·生民》载："烝之浮浮。"这里的烝即蒸。蒸也是烝的替代字。烝泛指烧、煮等。如 ~ ngix 炖肉；~ lob bat 炖猪脚。

dlongd 正 (zhēng)，上古音在章母、耕部。正指农历的第一月。这个意义上汉语里读平声。这是为避秦始皇嬴政的讳才别读如此的。苗族人民大约不受此约束，也不读 zhēng 这个音。声母古音与烝相同，韵母变换也与烝相同。正为什么用于第一个月？据《字理——汉字部件通解》，正有起点之义。这里不深入讨论。以前改朝换代，江山易主，统治者上任第一件事往往是：更正朔，易服饰。正是第一月，朔是初一，这二者要重新定。实际上农历的初一基本上都由上天来定，即月亮最小的一天（朔）。定正月才是需要办的。夏、周、秦的正月都不相同。我们现在所过的正月是夏历的正月。农历因此又称夏历。正，对于历法如此重要，以至于正引申为历法。《尚书·甘誓》载："怠弃三正。"正既是一年的开始，又是统治者登基的纪念日，自然是隆重的节日了。苗语里，dlongd 主要指节日。如 nongx ~ 即过节。~ hek nes 鼓藏节，是苗族的祭祖盛典日。

dlongl 1. 怔 (zhèng)，上古音在章母、耕部。怔指因惊吓或痴呆而不知所措的样子。组成叠韵词：怔忪，其义与怔相当。汉代王褒《四子讲德论》："百姓怔忪，无所措其手足。"《红楼梦》三十二回说："林黛玉听了，怔了半天。"怔就是呆呆的样子。苗语中，dlongl 就指呆呆的样子。如 Dail daib nongd ~ bongt wat, laib gheix xid seix ax sux ait 这孩子怔得很，什么事也不会做。~ hfud ~ naix 怔头怔耳，犹如呆头呆脑。

2. 淙，象声词，如物体拍击水面的声音。

dlongs 1. 松，上古音在邪母、东部，入声。这里与紧相对。按说松是树名，不当有放松、松开之义，应当是假借字，代替鬆。《玉篇》载："鬆，乱发貌。"本指头发蓬松。唐代陆龟蒙《自怜赋》："首蓬鬆以半散。"泛指松动、松散。如 ~ ves 直译为松活，指舒适、轻松，不紧巴。

2. 冲，上古音在定母、冬部，入声。dlongs 与 diongl——冲同义，只是读音有别。这里指山冲、山谷。如 ~ Ghab Ghod 干稿冲，在贵州省台江县。~ det 树冲，指山林。一般来说，冲里土地肥沃，植被比山上好。

3. 讼（sòng），上古音在邪母、东部。《说文解字》载："讼，争也。"即争辩、争论。《淮南子·俶真训》载："儒墨乃始列道而议，分徒而讼。"也指诉讼。《论语·颜渊》载："听讼，吾犹人也。必也使无讼乎。"苗语中，dlongs 即诉讼、官司。如 Yuk diangs jul ~ yangx 卸状绝讼焉，即打完官司了、结案了。

dlongx 聋（sǒng），心母、东部。声母本为 s。《说文解字》载："生而聋曰聳。"简化作聋。《后汉书·马融传》载："子野听聋，离朱目眩。"即一个耳聋，一个眼花。汉《繁阳令杨君碑》："有司聳昧，莫能识察。"聳昧犹如昏聩。如 ~ naix 聋耳，即耳聋。

顺便说一句，用于聳立的聳，应写作竦。竦从立表义。曹操《步出夏门行》："水何澹澹，山岛竦峙。"

dlu

dlub 素，上古音在心母、鱼部。声母本为 s。《说文解字》载："素，白致缯也。"即没有染色的丝绸。泛指白色。《礼记·檀弓》载："素服哭于库门之外。"苗语中，dlub 即白。如 ~ khob 白头发。~ vangx ~ bil 直译为素冈素坡，即白茫茫一片。

dluf 1. 蓄（xù），上古音在晓母、觉部。但蓄从畜表音，畜的声母本为 t，后演变为 ch。以此看来，蓄的声母很有可能在 ch、sh 系列，而不在 x、h 系列。《说文解字》载："蓄，积也。"指积蓄。《礼记·王制》载："国无九年之蓄曰不足。"如 ~ eb 蓄水。

2. 续（xù），上古音在邪母、屋部。声母本相当于 z。《说文解字》载："续，连也。"《晋书·赵王伦传》载:"貂不足狗尾续。"又指延续。《史记·项羽本纪》载:"此亡秦之续耳。"苗语中,dluf 也有类似的字义。

(1) 相当于连。如 hangd nongd ~ hangd aib 这里连到那里。ib hniut ~ hfud ghangb 一年续头尾,即一年到头。

(2) 延续。如 Lol leit laib niangx juf zab, lol ~ laib niangx juf diut 到了正月十五,又续到正月十六。

3. 绪(xù),上古音在邪母、鱼部。声母本相当于 z。绪,本指丝头。理丝必须找到它的端头。今有头绪一词。从理丝寻绪引申出推绎之义。《史记·张丞相列传》:"张苍为计相时,绪正律历。"绪因此含有搞清楚之义。如 hvid ax ~ 数不清。

4. 熟,上古音在禅母、觉部,入声。《说文解字》载:"孰(后作熟),食饪也。"即煮熟了。《论语·乡党》载:"君赐腥,必熟而荐之。"即君主赐生肉,必须煮熟了祭祖。引申为成熟、熟悉等。杜甫《宗武生日》:"熟精文选理,休觅彩衣轻。"今有"滚瓜烂熟"一词。又指深深地进入某种状态,如睡熟了。《宋书·檀道济传》载:"道济就寝便熟。"

(1) 指熟习。如 Dail liod lul ghok gheb, ghok ax ~ yel 老黄牛学犁田,学不熟了。

(2) 指深深地进入某种状态,如睡熟。如 dluf yenx 熟瘾,即上瘾。

dlut 揪(jīu),上古音在精母、幽部,入声。声母本为 z。揪是后起字,原为揫。揪本有聚敛之义,后出现抓起之义。《水浒传》十三回:"牛二紧揪住杨志。"如 ~ sab 揪痧。~ yib 揪秧,即拔秧。~ qub 揪布片,苗族旧俗,为请巫师看病而从病人身上撕下一块布片。

do

dob 1. 紵(zhù),上古音在定母、鱼部,入声。声母本相当于 d。《说文解字》:"布白而细曰紵。"指用苎麻织成的细布。在棉花传入我国之前,用蚕丝织成的叫帛,但非常贵重,而用麻织布则是一般人家的必修功课。唐诗中有"白昼耘田夜绩麻,村庄儿女各当家。"可见唐朝农家还是穿紵。《淮南子·人间训》:"夏日服絺紵。"苗语中,dob 指布。如 ~ dlub 素紵,即白布。~ diel 周紵,汉人的布,犹如汉人所说的洋布。~ zaid 宅紵,即家织布。

2. 覃(tán),上古音为定母、侵部。声母本接近于 d,韵尾为 m,而不是 n。读出 m,韵母接近 an;不读出 m,可做出相应的口形,韵母接近 o。这就是

108

覃为什么读 do 的原因。覃的下部不是早，而与厚字的内部相同，是一个倒置的高字头。将高字头倒置表示什么呢？原来，向上延伸叫高，向下延伸叫厚、深。高字头倒过来，即表示厚、深。《释文》："覃，深也。"孔安国《古文尚书》："于是遂研精覃思，博考经籍。"宋代叶适《东溪先生集序》："一以溪山云月为家宅，笔墨简陈为性情，常覃研竟日夜。"这里的覃都表示深。另外，我们从潭字可以窥见其深的意思。因为深水才能叫潭，一般指由瀑布常年冲刷的水坑。如 dob dab 覃地，即土层深。dob eb 水深。dob hvib 覃心，即深沉。dob khob mais 指眼窝深、眍眼。

3. 沰（duō），沰以石表音，上古音当在端母、铎部。沰与滴意思想近。滴沰，双声词，即滴落。汉代崔寔《四民月令》："上火不落，下火滴沰。"沰也做量词，指水的一滴。如 ib ~ eb niux 一沰口水。引申用于一泡屎、尿等。如 ib ~ ghad 一沰屎。

4. 组成叠韵词：~ lob，放在动词后面，指整齐的样子。

dod 1. 斗（dǒu），上古音在端母、侯部。斗本是带柄的容器的象形，后多用作量器。《汉书·律历志》："十升为斗。"如 ib ~ hsaid 一斗米。斗引申为似斗的较大的容器。如 ~ dib nax 打稻斗，实为桶。

2. 捣，上古音在端母、幽部。韵母 ou 转换为 o。《说文解字》载："擣（捣），手推也，一曰筑也。"但常见的是后一义，指舂、捶、击等。《史记·孙子吴起列传》载："批亢（指喉颈部）捣虚。"
   （1）捣毁。如 Dol niangs ~ zaid 强盗捣毁宅子。
   （2）夯、筑。用土筑墙，必须夯捣。如 ~ hob 捣垣，即筑墙。
   （3）捣实。如 ~ ghad 捣肠，灌肠。
   （4）舂捣。如 ~ hsaid 捣米，即把谷子捣成米。
   （5）比喻脚步重。如 ~ denf 捣蹬，指践踏。~ dab 直译为捣地，指打赤脚。

3. 倒（dǎo），上古音在端母、宵部。韵母 au 转为 o。倒，仆下。司马相如《上林赋》："弓不虚发，应声而倒。"组成叠韵词：~ ghod。ghod 有打转之义。~ ghod 因此有跌跟头、翻倒之义。如 hangb gid ~ ghod 走路跌跟头。Laib dit ~ ghod dax lol dab dus yangx 碗滚到地上破了。dod ghod 还有颠来倒去之义，即颠簸。

4. 斫（zhuó），上古音为章母、铎部，入声。韵首 u 灭失。《说文解字》："斫，击也。"斫从斤表义：斤即斧子。斫指用刀斧砍。辛弃疾《太常引》："斫去桂影婆娑，人道是清光更多。"如 ~ det 斫树，即砍树。

5. 照，上古音在章母、宵部。韵母 au 转换为 o。《说文解字》载："照，明也。"指发光。《易经·恒卦》："日月得天而久照。"如 ~ hnaib 日照。

6. 戴，上古音为端母、之部。韵母与 o 接近。dod 是 det——戴的又音，但意思不同。det 指戴帽、戴眼镜等。这里用于头顶风雨、烈日等。戴从异（yì）表义。異是头上戴面具的象形。戴因此一般指附着于头部，或用头顶。《尔雅·释地》："南戴日为丹穴，北戴斗极为空桐。"斗极指北斗、北极星。今有"披星戴月"一词。如 ~ eb ~ nongs 戴水戴雨，即顶水顶雨、冒水冒雨，相当于冒着风雨。冒的本义是覆盖。冒雨即为雨所盖。说法不一，意思一样。

7. 媠（duò），小姑子，与嫂子相对。~ niangb 即姑嫂。媠本指貌美。其读音与 dod 吻合，姑且采用此字。

有必要说明的是，苗语中亲属的称谓与汉语有很大差异。这不奇怪。在汉语的不同方言区里，称谓差异也很大，以致不能相互理解。如爹，在一些地区指父亲，在某些地区则指祖父；反过来说，对父亲或祖父的称谓各地也大不相同。

dof 凳，是凳——dangk 的另一读音，韵尾 ng 灭失。这是为了与 dangk 有所区别，特指小凳。

dok 1. 织，上古音在章母、职部。dok 是织——dlied 的另一读音，是为了在字义上有所区别。dlied 主要指编（织）、交叉。dok 则主要用于织布、织带等。如 ~ hlat ud 织衣带。

2. 著（zhuó），上古音在端母、铎部。声母本为 d。dok 与 dlok——著基本相同，指附着、使附着。主要用于安装板壁，即把壁板附着在事先建好的木结构框架上。如 ~ zaid 著宅，特指给宅子装板壁。

3. 扽（dèn），指拉、扯，与扽——denl 基本相同。读 dok 是韵尾 n 脱落的结果。

4. 紽（tuó），上古音为定母、歌部。声母本接近 d。可参照从它表音的字舵，读 duo。紽是丝线等卷成的一团，犹如土的量词坨。《诗经·召南·羔羊》："羔羊之皮，素丝五紽。"五紽即五团、五卷。如 Diangb ~ nongd ait leit xangf deis jef jangx？这一紽什么时候才能织完呢？

5. 杼（zhù），上古音在定母、鱼部。声母本接近 d。《说文解字》："杼，机之持纬者。"即织机的梭子，带动纬线往来运动。如 ngangl dok 杼胫，仍指梭子。

dol 1. 逴（chuō），上古音在透母、乐部，入声。按说声母本为 t，不应为 d，但逴从卓表音，卓上古音声母为 d。《说文解字》："逴，远也。"《史记·卫将军列传》："取食于敌，逴行殊远而粮不绝。"逴行即远行。如 ~ gid 路远。逴引申指时间过得较久：~ hmangt 直译为逴夜，即远夜，相当于汉语的深夜。如 ~ dat 逴旦，即离早晨已远，指大上午。~ dat hlieb，大远早，即接近中午了。~ hnaib 远日，即天色晚。

2. 者，上古音为章母、鱼部。声母在 d 与 zh 之间。者做代词，通常表示某一类人或物。《论语·公冶长》："老者安之，朋友信之，少者怀之。"还有"仁者爱人""闻者足戒""不知者不为过"等。《礼记·檀弓下》："昔者，吾舅死于虎，吾夫又死焉。"这里的者既可以说成语气词，也可理解为与昔组合，指以前某个时候。如 ~ lul 老者。~ fangx 黄的。~ hlieb ~ yut 大者小者，即大大小小。因其代表某一类人或物，它又具备类似于汉语的们、一些的作用。如 ~ nongd 这些，~ aib 那些，~ daib 他们，~ yus 诸位，~ khat 客人们。

顺便说一句：表示复数的代词在汉语中较多，而且在不同时期也不一样。尔等、我等、那些、他们、坏的等都属这种情况。再说们是后起字。元曲里表示我们，往往用我每。相对来说，苗语里则比较稳，dol 的地位很稳固。

3. 嚲（duǒ），是 dlol——嚲的又音，也与朵的音、义相同，指下垂而晃荡的样子。

dos 1. 坨（tuó）。不见于早期经典。可参照绖（dok），指物体的团状或块状。如 ib ~ gad nef 一坨糯米饭。

2. 随。与 des——随极有可能本是同一个读音。因为 do 与 de 极易混淆。或是两者用法有一点区别，在读音上也故意区分。这里指随顺。《尚书·禹贡》："随山刊木。"今有随心、随意等。如 ~ lot 直译为随嘴，指合口味；~ bul 随副，即随伴，指合群、善于与团队合作；~ hvib 随心，即顺心、合心。

3. 毒，上古音在定母、觉部，入声。有一从毒表音的字：纛，读 dào，可为参照。《说文解字》："毒，厚也。害人之草往往而生。"毒的本义当是气味浓烈的草，引申为毒害等。也做动词，指放毒、毒杀等。《左传·僖公四年》："公至，毒而献之。"即放毒。《山海经·西山经》："可以毒鼠。"如 Dad ghad yux ~ nail 用桐油渣毒鱼。

4. 得（dé），上古音在端母、职部，入声。得的本字无须彳，其右部为手持贝之形，即有取得之义。《说文解字》："得，行有所得（去掉彳）也。"指靠行动来取得。由得到想得的东西，引申为满意。《史记·晏婴列传》："意气扬扬，甚自得也。"如 Laib ghat dongf ~ yangx 价钱讲得了。

5. 坠（zhuì），上古音在定母、物部。声母本相当与 d；韵母作 iuo，只保留了

o。《说文解字》中的坠作队:"队,从高队也。"队的本义即为下坠。屈原《国殇》:"矢交坠兮士争先。"苗语中,dos 指下垂。如 Jox hlat ~ wat,dliof nix nenk 绳子坠得很,扯紧一点。

6. 哆,象声词,如物体落地声。

dot 1. 得(dé),上古音在端母、职部,入声。与 dos——得有所不同,这里指得到,引申为沾上、惹上、承受等。如 ~ vut 得好;~ linf 得利,赚钱了;~ yangf 得疡,即得病、遭殃;~ diangs 得状,惹官司,惹祸了;~ mongb 得病;~ ib dik 得一跳,即吓一跳;~ ib nais ghad hxud 得一鼻子灰,犹如碰一鼻子灰;~ niangb 得孃,即娶妻。

2. 斫(zhuó),或櫡(zhuó),上古音为章母、铎部,入声。櫡也应与斫接近。斫从斤表义,斤即斧。斧字也从斤表义。《墨子·备穴》:"斧金为斫。"金可能通斤。《说文解字》:"櫡谓之斫。"段玉裁注:"凡斫之斤,斫地之欘(zhú),皆谓之櫡。"就是说砍树的斧,掘地的锄,都叫櫡。这里 dot 区别于作动词的 dod——斫,做名词。如 Dad ~ mongl dod det 拿斫去斫树;~ bix 板斧;~ bil 手斧,即小斧。

3. 否定词,相当于不。表示否定的已有 ax。汉语中也有类似情形,如弗和不,勿、莫和别等。对应于何字,暂不定。如 ~ vut 不好。~ mongl 不去。~ maix 没有。mongx mongl ~ 你去不?

4. 麈(音同主),上古音在章母、侯部,入声。韵母只保留了韵尾 o。《说文解字》:"麈,麇属。"麇鹿一类的动物。《山海经·中山经》:"其兽多闾麋,多麈豹虎。"苗语中,dot 指牙獐。

dox 1. 驼,上古音在定母、歌部。驼现指骆驼。但古时骆驼叫橐驼,叠音词。《山海经·北山经》:"其兽多橐驼。"郭璞注:"有肉鞍,善行流沙中,日行三百里,其负千斤,知水泉所在也。"显然指的是双峰骆驼。为什么叫橐驼呢?在《汉书·司马相如传》里,颜师古注:"言其可负橐囊而驼物,故以名云。"因为善驼(驮),才称之为驼。后来驼成为名词。做动词,再造一个驮。驮与驼同音。汉语里驮有另一个读音 duo(去声),指物品所负之物。苗语中,dox 也是既做动词,又做名词。

(1)同驮,驮负。如 Mal ~ bob,ninx ak kab 马驼包,牛拉犁。也引申为人驮,如 vut ~ dlangb 好驮肩,指肩膀善扛。

(2)驼背。用骆驼背上的形状来形容人驼背,自古皆然。唐代柳宗元《种树郭橐驼传》:"病偻,隆然伏行,有类橐驼者,故乡人号之驼。"因患佝偻病,脊背严重弯曲,似驼。如 dox diub 驼背。

（3）引喻像驼峰一样突出的东西。如 ~ ghangb 驼尻，即屁股突起。~ dlox 甑驼。鼎罐突出部分，即底端。鼎罐底因常年被烟火熏，黑而脏，指代脏。

2. 捣，上古音在端母、幽部。韵母 ou 转为 o。dox 稍稍有别于 dod——捣，指碰撞、杵。如 Ax gid dad ghab hxenb ~ wil 不要拿肘捣我。dox gad 捣谷，指煮饭过程中搅和一下。

3. 指锉，其字待考。如 Dad diangb ~ lol ~ 拿锉来锉一下。

4. 着（zhuó），上古音在端母、铎部。本为箸。箸本是取食用具，相当于筷子。引申出使附着之义。《战国策·赵策》："兵箸晋阳三年矣。" 如 ~ ves 着力，即卖力。

dong

dongb 1. 苳（dōng），上古音在端母、冬部。古书上说的一种草。苗语指芭茅。其叶较长，边缘带锯齿形刺。传说鲁班发明锯，是受这种草的启发。

2. 段，上古音在定母、元部。韵母 an 一般转换成 ang。受韵首 u 的影响，转换为 ong。其声调本不应为 b，这是为了与后文的 dongd——段有所区别。《广韵》："段，分段也。" 这里指时间上的分段。如 ~ denx 前段（时间）；~ nongd 这段（时间）。

3. 端（duān），上古音在端母、元部。韵母 an 一般转换成 ang，受韵首 u 的影响，转换为 ong。

（1）dongb wul 端午。如 nongx ~ wul 过端午节。

（2）《说文解字》："端，正也。" 从立表义，指站台得正、直。苗语中，指树直而匀。如 ~ ghaib ~ guf 根梢端正。

4. 剬（duān），与端同音，上古音在端母、元部。《说文解字》："剬，断齐也。" 即把长短不一的东西切成一样长。比喻劫富、吃大户。如 Dlas wat bul seix ~，vas wat bul seix saib 太富别人剬，太精别人憎。

5. 东。如 ~ naif yad 东南亚，照搬现代汉语。

6. 冬，上古音在端母、冬部。组成叠韵词：dongb ngongx，指糊涂，对应于汉语的"冬烘"。据说唐代郑薰主持考试，误把颜标当作鲁公颜真卿的后代，取为状元。后来才知弄错了。有人作诗嘲笑："主司头脑太冬烘，错认颜标作鲁公。"但冬烘为什么指糊涂，仍待考。如 Naix lul lol ghax gid gid ~ ngongx yangx 人老了就慢慢糊涂了。

7. 咚，象声词。如 dib niel bet ~ ~ 敲鼓响咚咚。

dongd 1. 段，时间段。与 dongb——段有所不同，dongb 是模糊概念，不确定指多长时间。dongd 指一个季节、一个月。如 Ib hniut maix dlob dongd 一年有四段（季）。Ib hniut maix juf ob ~ 一年有十二段（月）。~ seil 冷段，即冬季。~ hxed 暖段，即春季。

2. 正，是 dlongd——正的另一读音，即节日。如 nongx niangx nongx ~ 过年过节。

3. 动。如 ~ weef 动员。照搬现代汉语。

dongf 谈。上古音为定母、谈部，作 dam。声母本接近 d；韵母 am 转换为 ong。《说文解字》："谈，语也。"古今字义没什么变化。如 ~ ghed sed 谈故事。

dongk 冻，上古音在端母、东部。《说文解字》："冻，冰也。"《管子·五行》："冰解而冻释。"冻本来是名词。今有肉冻、鱼冻之称。如 git ~ 结冻，~ nail 鱼冻，~ ngix 肉冻。

dongl 咚，象声词，如 bangd hxongt bet ~ ~ 放铳响咚咚。

dongs 1. 柱，上古音在定母、侯部。韵母 ng 是流变中衍生的，或者说"ng 化"了。可参照茹——nongx。如 ~ diongb（房子的）中柱，~ vib 石柱。引申指类似柱的东西。如 ~ kab 犁柱，~ jux 桥墩。

2. 掷（zhì）。zhi 这个读音上本应写为摘，指抛、投。掷从郑表音。郑的上古音在定母、耕部，声母相当于 d，韵母 eng 转换为 ong。《世说新语·任诞》："悉掷水中。"如 ~ laib vib 掷石头。

dongt 柱。dongt 是 dongs——柱的另一读音。可能是不同方言区所致。dongt 又特指中柱。如 ~ bil 手的中柱，即中指。

dongx 1. 团，上古音为定母、元部，声母本来接近于 d。韵母 an 一般转换成 ang，受韵首 u 的影响，转换为 ong。其变化与段、端一样。dongx 与 dlenx——团的用法不同。白居易《寒食日过枣团店》："寒食枣团店，春低杨柳枝。"团指球形食品。苗语中，dongx 做量词，用于球形食品。如 ib ~ gad 一团饭，ib ~ ngix 一团肉。

2. 同，上古音在定母、东部，声母也相当于 d。《说文解字》："同，合会也。"同的本义是聚。《诗经·小雅·车攻》："我车既攻，我马既同。"同即聚齐。今有"同流合污""同室操戈"。"同室"即聚于一室。演变为相同、一致、整齐等。苗语中，dongx 也有类似的字义。

（1）聚。如 Dol naix dax ~ yangx 大家聚齐了。

（2）一致。如 dongx hvib 同心，即齐心。~ hvib ~ ves 同心同力，即齐心协力。

（3）整齐。如 genk ~ nenk 剪齐一点。

du

dub 壴（zhù）。上古音在侯部。韵母只保留了 u。《说文解字》："壴，陈乐立而上见也。"壴是鼓的左部，也是鼓的象形；中间是鼓身，下部是底座，上部是鼓饰——《诗经》中的"崇牙树羽"。而鼓字的本义是敲鼓。由于鼓上有饰物，让人易于从众多的乐器中辨认，故"立而上见"。壴强调了底朝下、顶朝上地摆放。因此，它在树立之树里也有表义成分。苗语里，dub 就指妥善放置。如 ~ laib xangd diot diub dax 壴碗于桌上。

桷（zhuó），上古音在端母、屋部，入声。声母本为 d。桷是一种刑罚，即宫刑。《尚书·吕刑》："杀戮无辜，爰始淫、刵、桷、黥。"孔颖达疏："桷阴，宫刑也。"桷即劓去睾丸。字义源于其右部。此字从豕，豕即猪，另外再在猪的腹部加一笔，很可能就是指劓猪、阉割。啄、琢二字以它表音，它也应有表义成分。桷、啄、琢三字都离不开尖锐的东西。桷在苗语里泛指用锐器从体内取出某物，如取鱼胆（与劓睾丸相似），挑出扎在身体上的刺等。如 ~ xenb nail 桷鱼胆，~ bel 挑刺，~ bus 挑脓包。

dud 1. 书，古音在书母、鱼部，入声。书的繁体为書，下面的"日"是"者"字的省略。小篆里还保留着完整的者。者在其中表音。从者表音的字有几个系列：读 shu 的有暑、署等；读 zhu 的有猪、渚、煮、著、箸等；读 chu 的有褚、楮等；读 du 的有都、堵、睹、赌、阇等。苗语里没有 zh、ch、sh 等声母。因此，书只能读 du。书的本义是书写，上面所从聿，即笔。但较早就引申为书信、书籍、文字等。《左传·昭公六年》："叔向使诒子产书。"即叔向派人给子产送信。《论语·先进》："何必读书，然后为学。"《荀子·解蔽》："故好书者众矣，而苍颉独传者，壹也。"据说苍颉（也作仓颉）是创造汉字的鼻祖。而荀子认为喜好文字的人很多，但只有苍颉将文字传承下来，因为他专一。苗语中，dud 也有以上这几个字义，可能更多一些。

（1）书籍。如 duf ~ 读书；ib benx ~ 一本书。

（2）文字。如 hxad ib laib ~ 写一个字。

（3）写有字的纸。如 ~ lix 田契；~ hxub 收条；~ qenx jad 请假条；dud xangs 通知书。

（4）纸，与 xit——纸相同。如 Pid hxangb pid dud 烧香烧纸。

（5）纸状的东西，如布片等。如 ~ eb wal 尿片。

（6）有纹的东西，好比纸上有文字。如 ~ xed 虎皮。

2. 笃（dú），上古音在端母、觉部。笃，从竹表音，以马表义。《说文解字》："笃，马行顿迟也。"即迟钝。《汉书·张敺传》："老笃，请免。"请免即请辞。这个义项比较少见。更多的是借笃为竺。竺的本义是厚。《尔雅·释诂》："笃，厚也。"《诗经·唐风·椒聊》："彼其之子，硕大且笃。"苗语里 dud 也有这两个字义。

（1）迟钝，呆。dud 组成叠韵词：~ lud，笃鲁。鲁有鲁钝之义。如 niad ~ lud 茶笃鲁，痴呆的样子。

（2）厚。如 ~ naix ~ mais 直译为笃耳笃面，即厚皮厚脸，调皮、不听话。

duf 1. 读，上古音在定母、屋部，入声。《说文解字》："读，诵书也。"如 ~ dud 读书。

2. 黩（dú），上古音在定母、屋部，入声，与读同音。黩的本义是沾上脏东西，《汉书·谷永传》注："黩，污。"引申指传染。它与 ded——黩不同。ded 主要指染，如染布。如 Nenx ~ gangb xut diot bib 他把疥虫传染给我们。~ diel 直译为黩周，即受汉人传染，指被同化。

3. 毒，上古音在定母、觉部，入声。与 dos——毒有所不同。dos 做动词，指下毒、毒害。这里做形容词，指毒辣。如 Nenx duf bongt wat 他毒得很。

4. 独，上古音在定母、屋部，与读相同。如 ~ ~ nenx jus laix dax 独独他一人来了。

5. 渡，上古音在定母、铎部。如 ~ eb 渡河。

6. 鬭（dòu），上古音在端母、侯部。韵母 ou 转成 u。与 ded——鬭有所不同。ded 主要指两个东西安装在一起。这里指对上。如 ~ yenb 鬭烟，指将火与烟接上，即点烟。

7. 周，上古音在章母、幽部，入声。声母 zh 转换成 d，韵母 ou 转换成 u。与 diel——周不同。diel 指民族，即汉族。这里指密。《说文解字》："周，密也。"《周礼·考工记·函人》："櫜（gāo）而约之，则周也。"说的是制甲时，要将其放在袋子里，捆紧，使其密实。《左传·昭公二十年》："清浊、小大、短长、疾徐、哀乐、刚柔、迟速、高下、出入、周疏，以相济也。"周与疏相对，即密实。今有"周密"一词。如 ~ ghuk 周固，指密实、牢固。Ghab hxongt zaid ~ bongt wat 板壁严实得很。~ bongt 周风，即密不透风。

8. 週（zhōu），后起字，与周同音。《正字通》："週，俗周字。"指绕一圈，用于周期、周年。现都写作周。如 ~ hniut 周年；~ xangx 周场，指满一个场期。

duk 1. 鬭 （dòu），与 duf——鬭相同。声调 k 与 f 区别只在一重一轻。如 ~ denb 点灯，~ bul 点火。

2. 头 （tóu），现简化为头。头从豆表音，上古音在定母、侯部。也就是说声母本接近 d。韵母转为 u。《说文解字》："头，首也。"引申为物体的顶端。《世说新语·任诞》："阮宣子常步行，以百钱挂杖头。"苗语里，duk 也指上头、顶端。如 ~ nais 鼻头；~ waix 天之头，即太空。

苗语里指脑袋的有 khob、hfud 两个词。

dul 1. 主，上古音在章母、侯部。主的本义是灯火。《说文解字》："主，灯中火主也。"主是象形字，小篆中，其上一点就是灯火。最上面的一横，本来两头上翘，是灯盏的象形，下面是灯架。古代在灯盏里放油，油里放一根灯芯。点燃灯芯，即有一团很小的火苗，用以照明。主就是这团小火苗。汉语里，主一般比喻主要人物，大概因为灯火虽小，但主一室之明。久而久之，人们忘了主的原型。后来，在"主"字的本义上，人们又造了一个"炷"字，注释家认为炷是灯芯，实际上还是包含灯芯的火。炷引申为点燃。唐代王建《和元郎中玩月五首》："夜深尽放家人睡，直到天明不炷灯。"朱熹《马上举韩退之话口占》："此心元自通天地，可笑灵宫枉炷香。"烧一炷香，炷做量词，也是由此引申而来。在汉族人的传统观念里，"家不可一日无主，国不可一日无君"。而在苗族人的传统观念里，则有所不同。历史上，无论在大迁徙途中，还是在日常生活中，苗族也有领头人，但更多的是人们相濡以沫。在苗语里，"主"只用来泛指火、火光等。如 dat ~ 烤火；kib ~ 被火烧；fangx ~ 火光。

2. 楚，上古音在初母、鱼部。按一般规律，chu 应转换为 tu，而不是 du。但 ch 与 zh，t 与 d 极易转换。楚的本义是灌木。它是会意字，下部是屈腿形状，指在"林"中走路很费劲。在高大的树林中走路就没有这种障碍。《说文解字》："楚，丛木也。一名荆。"荆、楚造字的途径不同，所指相同。楚国也称荆国。负荆请罪之荆，就是灌木的干，较细长，用来抽打罪人。楚也一样。《后汉书·史弼传》："命左右引出，楚捶数百。"痛楚、苦楚等词也由此而来。楚在汉族眼里，可以用来打人，在苗族人眼里，是做饭的燃料，即柴火。灌木易获取，可再生，是理想的柴火。如 ~ ngas 干柴；~ det 木柴；~ ghab mox 茅草柴。

dus 1. 隋 （suí）。其读音离 du 似乎很远，但我们可以考察以隋表音的字：堕、惰、嫷等都读 duo，椭则读 tuo。只有随（随）与其同音。但苗语里随读 des，与 dus 接近。隋的右下部是肉字。《说文解字》："隋，裂肉也。"即把肉分成小块，与祭祀有关。苗语里，隋泛指分、裂。如 dus zaf 裂缝。~ lix ~ ongd，~ diux ~ zaid 分田分塘，分家分房。Laib git ~ yangx 蛋裂了。~ ghad 本指肛裂、漏屎，比喻装东西的袋子破了。

2. 堕（duò）上古音在定母、歌部。堕简化前为堕，以隋表音。《说文解字》："堕，败城埠曰堕。"贾谊《过秦论》："堕名城，杀豪杰，收天下之兵聚之咸阳。"堕就是毁城墙，夷为平地。后来把从高处降到低处叫堕。这里指落败。如 ~ diangs 直译为堕仗，即在战争中落败。

3. 著（zhù），本为箸，与 dlok、dok——著有一点区别。那二者都是使动词，表示使附着。这里就是指附着、显露。陆游《午寝》："庭花著雨晴方见，野客叩门去始知。"著雨即沾雨。《韩非子·外储说右上》："宋人有酤酒者，升概既平，遇客甚谨，为酒甚美，悬帜甚高著。"高著即显著。苗语中指新芽、新花在枝头绽放，霉菌附于物体等。如 ~ qangb 发芽；~ hmongb 发霉；~ bangx 开花；~ pot 起疱；~ bongx ~ langs 著波著浪，指波涛滚滚。

dux 1. 肚（dǔ）。肚是后起字。在现行汉语里被人为地分成两个音：上声和去声。其实本来只有一个音。如 ~ ghad 肚腹、肚肠。也指像肚子一样鼓出的东西。如 ~ ghangb 屁股。

2. 堵，上古音在端母、鱼部。堵即墙。dux 与 ded——堵的用法稍有不同。这里稍加引申。如 ~ hlaib 棺材墙，指两头的竖板。两侧因呈弧形，与墙不相似。

3. 铎（duó），上古音在定母、铎部。韵母只保留了韵首 u。《说文解字》："铎，大铃也。"《淮南子·泛论》："告寡人以事者，击铎是也。"击铎犹如敲钟。北魏杨衒之《洛阳伽蓝记》："宝铎含风，响出天外。"这里的铎指悬挂在檐角下的铃铛。如 ~ linx 直译为铎铃，即铃铛。

4. 叹（nǔ）。这是声母 n 与 d 混淆的结果。叹即噘嘴。如 ~ lot 叹嘴（努嘴）。方言里有嘟，也指叹嘴（努嘴）。除了声调外，嘟与 dux 一致。

dui

duid 队。如 ~ zangx 队长。照搬现代汉语。

提示：E 部字无声母，对应的汉字多无声母，或者说在影母，个别有声母的则为喉音。

e

eb 河，上古音在匣母、歌部。其声母相当于 h。h 是喉音，e 也是喉音，区别在于送气和不送气。类似的例子还有，如化的声母为 h，在讹字中表音，则读 e。河本指黄河。古代每条著名江河都有专用字。江则指长江。现在江河成为泛称。据历史学家与苗学家们的考证，苗族本居住于黄河中下游一带，在与黄帝之战中失败，才向南迁徙。"河"在苗族留下深刻的记忆，用它泛指河流，与汉族相同。它更引申为水。从自然环境出发，很好理解。苗族人民后来的住地多在山区，长年相伴的主要水体就是河流、溪流，几乎没有湖泊。而海洋更遥远，海就读 haix，与汉语一致。

（1）指水、河流。如 ~ dat 旦水，即露水；~ but 沸水，即开水；~ Hniangb 清水江；~ fangx ~ niel 直译为黄河浊河，指的应当就是黄河，古歌里说苗族的祖先就是从那里迁来。

（2）泛指液体。如 ~ hxangd 盎水，即血；~ naix ~ mais 鼻涕眼泪；~ wel 乳汁；~ yux def 豆油。

ed 1. 要，上古音在影母、宵部。韵母为 au，一般转换为 o，这里转换成 e。按说，要是腰的本字，是人双手叉腰的象形，引申为重要、主要。作需要的这个义项，应是假借为邀、徼。邀的上古音也在影母、宵部。《史记·项羽本纪》："张良出，要项伯，项伯即入见沛公。"《桃花源记》："便要还家，设酒杀鸡作食。"这里的要就是邀。表示想得到的，有徼。《史记·匈奴列传》："患其徼一时之权。"《左传·文公二年》："寡君愿徼福于周公鲁公。"总之，要作为动词，是假借。苗语中，"要"的用法同汉语一样。如 ~ ghab mais 要面子；~ not ax ~ xus 要多不要少；~ gheb 要工，即费工。

　　2. 哦，叹词。如 ~ hed 哦呵，表示惋惜。

el 唉，叹词，表示同意。如 ~！dios ait nend 唉！是这样。

et 1. 恶，上古音在影母、铎部。《广韵》："不善也。"多指丑陋、年成不好、器具粗劣等，还指污秽、粪便。《汉书·武五子传》："后王梦青蝇之矢积西阶东……如是青蝇恶矣。"青蝇恶即青蝇之矢（屎）。颜师古注："恶即矢也。越王勾践为吴王尝恶。"尝恶即尝粪便。《吴越春秋·勾践入臣外传》："太宰嚭奉溲恶以出。"溲恶即尿屎。苗语中，et 指污秽。组成叠韵词：~ met 恶浼（měi），即肮脏。浼即污。

顺便说一句，汉语里指肮脏的，有不同的词，但有几个共同点：一都是叠韵词，除肮脏外，还有腌臜（ā zā），苏州一带则称奥灶。二是第一个字都无声母。三是第二个字声母相同，都为 z。et met 也符合前两点。

2. 诶，叹词，表呼叫声。如 ~, qak geb！诶，站起来！

ei

eid 咦，叹词，表示惊奇。如 ~, Mongx dax yangx！咦，你来了！

en

enb 1. 鞍，上古音在影母、元部。an 转换为 en。《说文解字》："鞍，马鞁（bèi 去声）具也。"与今天马鞍之义相同。《管子·山国轨》："被鞍之马千乘。"如 ~ mal 马鞍。

2. 煾（ēn），从恩表音。恩的上古音在影母、真部，即为 en。用微火烧肉。如 ~ lob bat 煾猪脚。

end 组成叠韵词：~ hsend，指生气。其字待考。

enf 嗯，叹词，表示答应。如 Nenx dab ~ ghax mongl yangx 他答"嗯"就走了。

enk 1. 印，上古音在影母、真部。印是会意字；左部是一只手，可以看成是爪字的横置；右部是一个跪着的人。小篆中，手在人之上，像用手按住此人。因此，印本指按压，也可以说是摁的本字。后来也做名词，指印章，那是因为用印章必须按压。另外，从"抑"字来看，右部与印字相似，不是偶然的——《说文解字》中，抑字无扌，也是一只手、一个人，字义为"按"。如 Ax gid ~ wil 不要印（挤压）我。

2. 压（yā），上古音在影母、叶部。但压的繁体为壓，从厌（简化为厌）表音，厌的韵母为 am。因此它有两个转换方向：一为 a，如压；二为 an，就是今天的厌。而 an 又转换为 en。压除了由上而下施力之外，又指迫近、挤压。《左传·襄公二十六年》："楚晨压晋军而陈。"即楚军紧挨着晋军布阵。苗语中，enk 指挤压。如 Ax gid ~ wil 不要压我，即不要挤我。

ent 1. 云，上古音在匣母、文部，入声。到了中古声母才变成 y。y 是半元音声母，在传播中容易灭失。韵母中的 u 也灭失。云字本是云团的象形。如 dent ~ 云层。

2. 煴（yùn），上古音在影母、文部。《说文解字》："煴，郁烟也。"煴指没有火苗的暗火，有烟。《汉书·苏武传》："凿地为坎，置煴火，覆武其上。"颜师古注："煴无火焰而热。"犹如不出太阳而热，喻闷热。如 ~ ment 煴闷，即闷热。Hnaib nongd ib nenk jent seix ax maix, ~ bongt wat 今天一点风也没有，煴得很。

F

提示：声母 f，除了对应于汉语的 f、b（现在许多声母为 f 的字，古音声母都为 b）外，hu、gu 也转换成 f，即声母为 h、g，且韵首为 u 时，易转为 f。

fa

fab 1. 华，上古音在晓母、鱼部。华是花的本字，古音是平声。声母 h 与韵母的 u 结合转为 f。凡遇 hu 即读 f，至今湖南、贵州一带还是如此。这里的"华"指汉人。因汉人以中华自居。

2. 瓜，上古音在见母、鱼部。声母 g 与 u 结合转换为 f。这种现象今天在汉语区里很少见。但在汉语里 h、g 相互转换的例子比比皆是，如古与怙、干与旱、艮与恨等。瓜是象形字，是瓜蔓与瓜在一起的象形。这也反映了古人造字的智慧：如果只画一个瓜，读者可能看成别的东西。如 ~ eb 直译为水瓜，指西瓜（与英文的 watermelon 一致）；~ diel 直译为周瓜，汉人的瓜，指南瓜；~ khangb 葫芦瓜。

faf 1. 发，简化为发，上古音在帮母、月部，入声。声母本为 b，同汉语中的一样，后来转为 f。发，左下角是弓，本义指发射。《说文解字》："发，射发也。"引申义很多，不能枚举。在苗语里也是如此。

（1）颁发。如 ~ dud 发书。

（2）派发、派遣。如 ~ dol yongx lol dib 发兵来打。

（3）长出来。如 ~ ghab qangb 发芽。

（4）发病。如 ~ sab 发痧。

（5）发福。如 ~ tix 发胖。

（6）由"发射"这个义项引申出来，指像箭一样脱手而出，失去控制，比喻脱逃、漏气等。如 ~ bongt 发风，即漏气；~ maf yens nenx 失手砍伤了他；~ ninx faf liod dias jef gos，~ hveb faf hseid dias ax gos 黄牛水牛跑脱了可追上，言语说出来追不回。

（7）用于发电、发票、发展等。应是照搬现代汉语。如 ~ dieed jib 发电机，

~ yeef 发言，~ zaix 发展。

2. 法，上古音在帮母、叶部，入声。声母本为 b，同汉语中的一样，后来转为 f。《说文解字》："法，刑也。平之如水，从水。"《周礼·天官·大宰》："以八法治官府。"如 ~ hlangb 法章，指乡规民约；~ guaib 法官；~ lif 法律。应是照搬现代汉语。

3. 罚，上古音在并母、月部，入声。声母本接近 b，同汉语中的一样，后来转为 f。《说文解字》："罚，罪之小者。"本指过错，引申为处罚、出钱出力等补偿过失。《尚书·吕刑》："五刑不简，正于五罚。"这里的罚就是出钱赎罪。苗语中，也如此。如 faf jud 罚酒；~ bix seix 罚钱。

fak 怪，上古音在见母、之部。声母 g 与韵首 u 结合转换为 f；本没有韵尾 i。"怪"的本义是怪异，也指怪异的事物。《论语·述而》："子不语怪力乱神。"《西游记》里则通篇讲到妖怪。fak 指古歌中说的一种恶鬼，姑且定为"怪"。

fal 癹（bá），上古音在帮母、月部。发（简化为发）从癹、弓，并以癹表音，古音应当与发相同。癹字头癶是两足的象形。两足表示什么呢？《说文解字》释癹："以足踏夷草。"即用脚踏草，使其埋入泥中，可以沤肥，又避免草与庄稼争养分。其下部的殳当是芟（shān）字的省略。芟即除草。开发之发不是从发（发射）引申出来的，而是从癹引申出来的。班固《答宾戏》："夷险癹荒。"癹荒，犹如开荒。苗语里，癹不是引申为开发，而是指站立、站起来、抬起来。因为除草还有另一种常见的方式，须弯腰，使用双手薅草，而癹则无须弯腰、低头。如 fal sod 癹早，即起早；~ khob 抬头；fal vongx 癹龙，即龙起身，指下暴雨。

fat 过（guò），上古音在见母、歌部。过的繁体为过，以呙表音。同样以呙表音的字祸（祸），读 huo。而 huo 正好可转换为 hfed。至于韵母 a，与它具有共同表音部件的娲读 wa，剐则读 gua。《说文解字》："过，度也。"有经过、越过之义。《孟子·滕文公上》："禹八年于外，三过其门而不入。"引申为越过、跨越。《吕氏春秋·察今》："有过于江上者，见人方引婴儿欲投之江中。"苗语中，fat 有类似字义。

（1）经过。如 ~ gid 过路。

（2）跨越。如 ~ sangs 过代，即跨代，指结婚、生育太晚。

（3）被经过。如 ~ bongt 过风，指密封保存的食品受外来空气影响而变质。

fang

fangb 方，上古音在帮母、阳部。方本是一种农具，今天常见的多是其引申义，经过了辗转引申、多向引申，非常复杂。这里只用其中两种：地方、方位。《尚书·多方》："猷告尔四国多方。"《论语·学而》："有朋自远方来。"商代有许多方国，如鬼方、蜀方等。苗语中，也有类似的字义。

（1）方位。如 ~ hxed 煖方，即暖方，指南方；~ jes 究方，河流的源头那一方，指西方。

（2）地方。如 ~ diel 汉族聚居地区；~ gud 侗族聚居地区；~ dab，按顺序直译为方地，指地面上的处所，即人世间，与 ~ waix——天上相对；~ bub fangb hnangd 方知方闻，犹如家喻户晓。

fangd 廣，今简化为广，上古音在见母、阳部。廣从黄表音。黄读成 fang 是大家容易理解的。这也多了一个印证：gu 也可以转换成 f。《说文解字》："廣，殿之大屋也。"段玉裁注："无四壁而上有大覆盖，其所通者宏远矣，是曰廣。"廣即建筑宽敞，泛指宽广。《诗经·周南·汉广》："汉之广矣，不可泳思。"如 ~ diux ~ zaid 广门广宅，即房子宽敞。~ fangb 地方宽。~ hvib 直译为广心，指宽宏大量。

fangf 1. 磺，以黄表音。声母 h 与韵首 u 结合，转为 f。磺即硫黄。

2. 横，上古音在匣母、阳部。横也从黄表音，韵母为 oang。声母 h 与韵首 o 结合，犹如 hu，转读为 f。事实上，在一些方言区里，横的读音里韵首即为 u。《说文解字》："横，阑木也。"即栏杆。后泛指与地面平行，与竖、纵相对。苗语里也指桌腿、凳腿等间的横档。

（1）横档。如 Diangb ghob yenl nongd maix dlob jox ~ 这把椅子有四根横（档）。fangf dax 桌档。

（2）横向、横放。如 Ax gid dad det fangf ghangl diot diub gid 不要把树横亘在路上。

fangk 1. 放，上古音在帮母、阳部。fangk 是 bangd——放的又音。字义也有所区别。《说文解字》："放，逐也。"引申为释放。白居易《七德舞》："怨女三千放出宫，死囚四百来归狱。"苗语中，指撒手。如 fangk mongl dab mongl 放到地上去。

2. 滉（huàng），上古音在匣母、阳部。滉指水晃动的样子，泛指晃动。今天作晃（晃从日，本指明亮、闪耀）。晋代潘岳《西征赋》："滉瀁弥漫，浩如河汉。"苗语中，fangk 即晃动。如 ~ hxed 晃车，指摇纺车；~ liangk 叠韵词，晃踉，指走路不稳，踉踉跄跄。

fangs 1. 苗族氏族名称，冠于地名之前，指该氏族的聚居地。何字，待考。如 ~ Bil 在贵州省台江县，以木鼓舞而著名。

2. 猿，上古音在匣母、元部，入声，相当于 huan。我们都知道缳、寰等都读 huan。而它们的表音部件睘上面是个目，下面是袁的省略形，并以袁表音。也正因如此，圜（简化为圆）与园（简化为园）同音，也在匣母、元部。以上是想说明袁、猿含有 huan 的基因。最后 hu 转换成 f，an 转换成 ang。《山海经·南山经》："又东三百里曰堂庭之山，多棪木，多白猿。"如 Dail leib jit bil，dail ~ nangx vangx 猴爬坡，猿登岭。

3. 谤，上古音在帮母、阳部。这里声母 b 与 f 互转。谤以旁表音，而旁又以方表音，因此本身含有 fang 的基因。《说文解字》："谤，毁也。"以言语攻击他人。《国语·周语上》："厉王虐，国人谤王。"《史记·屈原贾生列传》："信而见疑，忠而被谤。"今有"诽谤"一词。如 Nenx ~ dail nongd ~ dail aib 他谤这个谤那个。指说别人坏话。

fangt 1. 迋（wàng），上古音在匣母、阳部，作 huang。声母 h 与韵母中的 u 结合，转为 f。而现代汉语中，声母灭失，故读 wang。王、往的读音均如此（上古音在匣母、阳部）。迋，意思与往相同。《左传·襄公二十八年》："君使子展迋劳于东门之外。"杜预注："迋，往也。"《新唐书·逆臣传》："杨国忠兄弟姊弟迋之新丰，给玉食。"如 ~ gux 迋外，即外出。

2. 泛，上古音在滂母、谈部。韵母 am 转换成 ang。《说文解字》："泛，浮也。"也写作汎。《国语·晋语》："泛舟于河。"由漂在水面引申为露出来，如东方泛白。如 ~ mais 泛面，即露面。fangt mais 进而由露面引申为小孩出生。

3. 望，上古音在明母、阳部。声母为 m，疑为发生变异。望有一支字义指怨恨。《史记·袁盎晁错列传》："绛侯望袁盎。"《史记·张耳陈余列传》："不意君之望臣深也。"fangt 也指怨恨。如 Nongf wil ait hsad hot，ax gid ~ nenx 是我做错了，不要怨他。

按说望难以引申为怨恨，可能另有其字，而望是假借字。

fangx 1. 黄，上古音在匣母、阳部。声母 h 与韵母中的 u 结合，转为 f。《说文解字》："黄，地之色也。"《易经·坤卦》："天玄而地黄。"土地多为黄色。如 ~ mangl ~ mais 黄面黄脸，指面色黄，无血色。~ gux niux lot 黄口幼雏，指小儿。~ ~ hxangt hxangt 黄黄红红，犹如花花绿绿。

2. 煌，上古音在匣母、阳部。《仓颉篇》："煌，光也。"指光明、明亮。皇是煌的本字。《诗经·小雅·皇皇者华》："皇皇者华，于彼原隰。"指花儿灿烂，开遍原上原下。如 ~ hlat 煌月，指月儿明亮。~ waix 煌宇，指天亮。~ hvib 煌心，即心里亮堂：一指明白，二指心地好。

125

fei

feib 飞、非、菲、肥等。如 feib jib 飞机；feib zeb 非洲；feib lif bib 菲律宾。照搬现代汉语。

feif 肥。如 ~ zaod 肥皂。照搬现代汉语。

fen

fenb 分。如 ib ~ seix 一分钱。照搬现代汉语，如 ~ peid 分配，fenb zix 分子。

fend 管（guǎn），上古音在见母、元部。gu 转换为 f，an 转换为 en。《说文解字》："管，如篪，六孔。"本指竹筒或竹筒制成的乐器。大概是因为竹管可以装东西、将散乱的东西收拢在一起，引申为管束、管理。《史记·范雎蔡泽列传》："李兑管赵。囚主父于沙丘。"《晋书·凉武昭王传》："又敦煌郡大众殷，制御西域，管辖万里。"苗语里，fend 指过问。如 ax ~ nenx 不管他。

fenx 粉，上古音在帮母、文部。《说文解字》："粉，傅面者也。"化妆用的粉末。宋玉《登徒子好色赋》："著倭则太白，施朱则太赤。"泛指粉状物。苗语中也是如此。一指搽脸的粉。如 lad ~ diot laib mangl 涂粉于面。二指吃的米粉。如 nongx ~ 吃粉。三指其他粉末状的东西。如 ~ bif 粉笔。

fi

fib 指迟、晚，其字待考。

fid 抔（póu，或为上声），上古音在并母、之部。以不表音的字如否、芣等声母都是 f。韵母变异。fid 是 bol——抔的又音。抔即捧，多做量词。如 ib ~ gad ghol 一抔小米。

fif 敝，上古音在并母、月部。fif 是 bif——敝的又音。《说文解字》释敝为"败衣"，其左部像衣巾破敝之状。引申指残破、有缺口。如 ~ hmid 缺牙；~ lot 豁嘴。

fik 挂，上古音在见母、支部。gu 转换为 f。挂从圭表音，而从圭表音的闺、硅、鲑、恚等都读 gui。它们的上古音也都在见母、支部。挂指悬于高处。杜甫《茅屋为秋风所破歌》："高者挂罥长林梢，低者飘转沉塘坳。"也指上挂。《庄子·渔父》："变更易常以挂功名。"这里的挂犹如钓取，指沽名钓誉。

李白《行路难》："直挂云帆济沧海。"兼有升起和悬挂之义。苗语中，fik 指升起、上提。如 Dail nail jus def nent, nenx ghax jus ~ lol 鱼一咬钩，他就挂（提）起来。

fis 絓（guà），上古音在见母、支部，读音与挂相同。絓从糸（纟），与丝有关，本指缫丝时被缠住、打结，引申指绊住、絓碍。《楚辞·哀郢》："心絓结而不解兮。"《左传·成公二年》："将及华泉，骖絓于木而止。"指马车被树绊住。《韩非子·说林下》："君闻大鱼乎？网不能止，缴不能絓也。"今也将此写作挂。如 Hsongd nail ~ diot ghab ghongd gid niangs 鱼骨絓在喉咙里。

fit 助词，放在动词后面，指轻快的样子。

fix 挂。与 fik——挂声调不同，以示有所区别，这里指悬挂。如 ~ laib daif diot ghab hxongt zaid 把口袋挂在板壁上。fix hlat 直译为挂索，指上吊。

fong

fongb 1. 封，上古音在帮母、东部。封字的原形本是培植、给植物培土，有多个引申义。一是垒土，《易经·系辞上》："古之葬者……不封不树。"即不垒土、不造坟。二分封土地，《说文解字》："封，爵诸侯之土也。"三是封闭，大概源于用土从四周把树围起来，《史记·项羽本纪》："籍吏民，封府库，以待将军。"苗语中，fongb 即封闭。如 ~ khangd dlongd 封窗户。~ vud hait det 直译为封野蓄树，即封山育林。

2. 风。如 ~ qenf 风琴。照搬现代汉语。

fu

fub 1. 甫（fǔ），上古音在帮母、鱼部，入声。《说文解字》："甫，男子美称也。"实际上，甫指男子刚刚成年，引申为起始、刚刚。《汉书·匈奴传》："今歌吟之声未绝，伤痍者甫起。"《明史·海瑞传》："瑞抚吴甫半岁。"甫半岁即刚半岁。如 ~ fal 甫夋（bá），即刚起来，指明天。指明天的有另一词 fal sod，直译为起早，与 ~ fal 一样，都指睡一觉之后起来，即第二天。

2. 糊（hū），上古音在匣母、鱼部。声母本为 h。《说文解字》："糊，黏也。"本指食物有黏性，如糯糊等，又指用这种黏性东西来涂抹、粘贴等。如 ~ lab 糊腻，指乱涂乱抹，比喻脏乱。~ lix fub lab 糊里糊腻，乱七八糟。

fud 1. 副、妇。如 ~ zux xif 副主席；~ kob 妇科。照搬现代汉语。

2. 户、护。如 ~ kux 户口；~ sid 护士。照搬现代汉语。

fuf 1. 服。指服从，驯服。如 ~ jend 服劲，即服气；~ wud 服务。可能是照搬现代汉语。

2. 福、符、复等。如 Fuf Jeed 福建；~ haod 符号；~ weef 复员。照搬现代汉语。

fuk 胡，上古音在匣母、鱼部。胡的本义是指下巴上的肉，也较早地指北方、西方少数民族。但用于胡乱，是后起义。宋代朱熹《答潘文书》："不要如此胡思乱量。"这里由本义辗转引申而来，还是假借为其他字，尚不得而知。如 ~ fangk 胡放，即乱扔。~ fangk ghab ghok yenb 乱扔烟头。

ful 1. 曶（音同忽），上古音在晓母、物部，入声。声母近于 h。曶从勿表音，从曰表义，《说文解字》："曶，出气词也。"当有出气短促之义。引申为急促、迅疾。屈原《九章·悲回风》："岁曶曶其若颓兮，时亦冉冉其将至。"但典籍中往往写作忽（忽的本义相当于忘，因此有忽视、忽略等词）。《左传·庄公十一年》："其亡也忽焉。"如 ~ waix ~ dab 忽上忽下；~ nangl ~ jes 忽东忽西。

2. 缚（fù），上古音在并母、铎部。《说文解字》："缚，束也。"指捆缚，也指用来捆缚的绳子等。柳宗元《童区寄传》："夜半，童自转，以缚即炉火烧绝之。"苗族人用细的丝线等结成活套，用以套鸟，也叫缚。

3. 呼，象声词。如 Cob dul ~ ~ 吹火呼呼地。

fux 1. 柜（hù），与互同音，上古音在匣母、鱼部。《说文解字》："柜，行马也。"用木头交叉做成的架子。古代置于城门或府衙前禁止通行的架子就叫梐柜。柜也指悬挂东西、支撑重物的架子。这些架子的共同特点就是木头在空间上以不同方向交叉。如 fux liux 柳柜，用三根棍子绑成的三脚架，可以架锅。

2. 幅（fú），上古音在帮母、职部。同现代汉语一样，韵母只保留了 u。《说文解字》："幅，布帛广也。"指布的宽度。《汉书·食货志》："布帛广二尺二寸为幅。"后引申指幅员、边缘。今有"边幅"一词。苗语中，指耳朵边缘。如 ~ naix 耳幅，即耳轮。

3. 呼，象声词，吹气声。

G

提示：g 除了对应于汉语的声母 g、j（二者往往同由古音的见母、群母转换而来）之外，可能由喉音 h、ng 等转换而来。

ga

gab 1. 熯（hàn），上古音在晓母、元部。声母 h 转换为 g。h、g 都是喉音。韵母 an 往往转化为 ai，这里韵尾灭失。《说文解字》："熯，干貌。"《易经·说卦》："燥万物者，莫熯乎火。"熯指给物体加热，使之失去水分，相当于炒。如 ~ vob 熯蔬，即炒菜。~ diangx 熯脂，用油炒。

2. 组成叠韵词：~ ab 放在形容词后面，表示透亮的样子；放在动词后面，表示轻飘飘的样子。~ hlab 表示柔弱的样子。~ lab 表示柔弱的样子；又做象声词，犹如哇啦哇啦。~ tiab 表示险峻的样子。gab wab 与 gab ab 相近，放在形容词后，表示透亮的样子。其中的 gab 可能只是配字，无意义。

gad 1. 谷，繁体为穀，上古音在见母、屋部。苗族人称侗族为 gud，又称 gad，据此可知 gu 与 ga 可转换。穀从禾表义，其余部分表音，因此与縠、榖（树名）同音。《说文解字》："谷者，百谷之总名。"《论语·微子》："四体不勤，五谷不分。"

(1) 百谷、五谷，粮食作物总称。如 ~ bob 苞谷；~ bil 直译为坡粮，指旱稻或杂粮；~ mangl 麦子；~ ghol 小米；~ jux 荞麦。

(2) 指饭食。汉语里，谷可以引申为俸禄、赡养；苗语里谷则引申为五谷煮熟后的饭食。如 ~ dat 早饭；~ nef 糯米饭（又比喻吝啬，因为黏，不易取）；~ jud 酒谷（煮饭以做酒）；~ kib hniangb 贴锅饭，即锅巴。

顺便说一句，汉语的饭本为动词。《说文解字》："饭，食也。"指吃饭，或给饭吃、喂。《庄子·田子方》："百里奚爵禄不入于心，故饭牛而牛肥。"《史记·淮阴侯列传》："有一母见信饥，饭信。"当然也较早地引申为吃的饭。《礼记·曲礼上》："毋抟饭。"字义如何引申，选择哪个字，都是一个民族的习惯问题。我推测，汉语典籍是写出来的，从人之常情来说，在两个同义词里，写家倾向于使用笔画少的。穀为什么没有引申到最常见的饭食中来，因其笔画比食、饭都要烦琐许多，而且穀极易与榖（树）弄混。而苗语是口头历史、口头文学，则不受笔画影响。

2. 猾，上古音在匣母、物部，入声。韵首 u 灭失。指狡猾。《史记·高祖本纪》："项羽为人慓悍猾贼。"如 Dail mongx ~ wat, ax des nenx ait 那人猾得很，不跟他干。

3. 夹，上古音在见母、叶部，入声。声母本为 g。夹的繁体为夾，其中的大字是张开四肢的人，两腋又各夹一小人。夹于腋下是其本义。简化后，结构不清。如 ~ ghad longd 夹稻草。

4. 组成叠韵词：~ liad 指物体沉重的样子，主要取 liad——攞的下垂而摆动的样子；gad wad 顺手抓取，主要取 wad——舀之义。gad 可能是配字，无实义。

gaf 1. 刮，上古音在见母、月部，入声。韵首 u 灭失。《史记·太史公自序》："采椽不刮，茅茨不翦。"刮起即刮摩。如 gaf ghab dliub 刮毛；gaf jid 刮脊，即 gaf sab——刮痧。

2. 厦（xià），上古音匣母、鱼部。声母为 h，转为 g。今人多读 sha，不知从何而来。厦从厂表义。繁体从广。广、厂相近，都是前面无墙、后面有墙的开敞式建筑、简易的遮蔽所。受注释家的影响，人们认为厦是大屋，如华厦、大厦、广厦等，更让人们以为是轩敞豪居。其实它是披屋、廊屋。苗语中，即指披屋。所谓披屋，正如厂形，左边是墙，右边则搭建于主屋之墙。因卧室不在正屋，而在侧室，因而将卧室称为厦。

3. 指荨麻，植物名，有待专门研究。

gal 1. 矮。《汉字古音手册》未对其标注古音，《说文解字》未收此字。据南方方言，当读 ngǎi 。韵母 ai 转化为 a，ng 转换为 g。矮与短同旁，《说文新附》释为"短人也"，即身材矮。

（1）身材矮。如 gal jil 矮个。

（2）引申为低、下等。如 ~ nangs 矮命，即薄命。~ hfud hniut 年头矮，指年纪小。

2. 组成叠韵词：~ jal 深陷的样子；~ lial 快点；~ wal 转来转去；~ xal 黑沉沉的样子。gal 可能是配字，无实义。

gas 1. 鸭。在汉语里，鸭是拟声字，其读音与鸭子的叫声相似。gas 同样是拟音，也代表鸭子叫。如 ~ diel 外地鸭（直译为周鸭）。Dail ~ genx ~ ~ 鸭子叫嘎嘎。

2. 见（xiàn），上古音在匣母、元部。韵尾 n 灭失。见本义是看，又同现。《广雅》："见，示也。"《战国策·燕策》："图穷匕首见。"《易经·乾卦》："见龙在田。"这里都读现。如 Ghab hxongt zaid lad eb yux，~ ghab daib naix 板壁上涂油，现出人影。

3. 晛（xiàn），上古音在匣母、元部。韵尾 n 灭失。晛是会意字，《说文解字》："晛，日见也。"晛指出太阳，也指日光、明亮等。《诗经·小雅·角弓》："雨雪瀌瀌，见晛曰消。"即天下雪，遇到阳光即消融。明代杨基《春风行》："今朝棠梨开一花，天气自佳日色晛。"苗语中，gas 即明亮。如 Laib hnaib fangx, laib hlat ~ 太阳煌，月亮晛。引申为心里明亮。如 Bub leix jef sux lil, vas dud jef ~ hnid 识字才明理，知书才心亮。gas hxut 聪明。

4. 组成叠韵词：~ las 土黄色；~ mas 晃动的样子；~ nias 烦躁；~ was 混乱。

gat 1. 刮，上古音在见母、月部，入声。韵首 u 灭失。gat 与 gaf——刮基本相同。gat 指用耙或锄头等贴着地面把土、草等去掉，或收拢到一起。其动作如同用刀刮。如 ~ las 刮土；~ ghab songb gheid 刮松针（将松针收集起来）；~ nais 刮鼻子。刮东西的工具也叫刮子。如 ~ liod 牛刮，指给黄牛梳理皮毛的篦子。gat 也指用手在身上刮，即抓搔、挠痒。如 ~ khob 挠头。

2. 组成叠韵词：~ diat 放在动词后面，表示变化明显的样子。如 ~ jat 发黑或发涩；~ qat 突然的样子。

gax 1. 给（gěi），上古音在见母、缉部。给从合表音。参照从合表音的蛤，方言读 ga。现在人们只取给予之义，不知其本义。《说文解字》也只是说"相足也"，谓相给而足。给从纟旁，与纺织有关。《农政全书》在图解络车等纺织工具时，引用《方言》："河、济之间，络谓之给。"此解可信，与字形、后来的引申义均相合。络丝就是将丝从一个器具上倒腾到另一器具上。这个过程也就是给。河、济之间也正是苗族祖先生活的地带。~ dok 直译为给绖，即把纱绖上的线牵出来。给引申出牵扯之义。如 ~ bil 牵手；~ ~ tiet tiet 拉拉扯扯。

2. 齩（yǎo），上古音在疑母、宵部，声母相当于 ng，转换为 g。ng 与 g 的发音部位都在舌根与上颚之间。韵母 ao 转换成 a。齩从齿（齿）表义，用牙齿嚼。《汉书·食货志》："罢（通疲）夫羸老，易子而齩其骨。"此字现在一般写作咬。如 Liod ~ nangx（黄）牛吃草。

3. 跋（tā），《说文解字》："跋，进足有所撷取也""从足及声"。说明跋靠及表音。及的上古音在群母、缉部。跋的读音是可以转换成 gax 的。而读 tā 一定是出错了。"进足有所撷取"与今天"跋拉着鞋"完全相合。苗语中的

131

gax 极有可能就是跋。

（1）跋拉着（鞋）。如 ~ hab qub diot vangl 跋着鞋串寨子。

（2）泛指拖动。如 ~ jox dax mongl pit mongx nenk 把桌子拽过去一点。~ ghangb 拖在屁股后面，指最后、末尾。~ yox（唱歌）拖调。~ lax ~ dat 拖拖拉拉。叠韵词 ~ lax 犹如拖拉。如 tiet hxangb ~ lax 牵丝很长的样子。

gai

gaib 1. 该，上古音在见母、之部。如 ~ yenb 该应，即应该。Nenx ~ yenb das 他该死。照搬现代汉语。用于"应该"是后起义。

2. 干。韵母 an 转换为 ai。如 ~ seef 干涉，照搬现代汉语。

gaid 1. 干（gàn）。如 ~ bud 干部，~ sid 干事。照搬现代汉语。

2. 组成叠韵词：~ waid，可译成侧（zhāi）歪，指歪斜。如 diek ~ waid 笑时歪着嘴的样子。gaid 可能是配字，无实义。

gaif 组成叠韵词：~ laif，做补语，指无力的样子。gaif 是配字。

gait 组成叠韵词：~ lait，做补语，指发呆的样子，或颜色难看的样子。gait 是配字。

gaix 1. 改，上古音在见母、之部。《说文解字》："改，更也。"《论语·雍也》："回也不改其乐。"如 ~ wangb 改观，即改妆。~ waif 改换。

2. 敢，上古音在见母、谈部。韵母 am 转换为 ai。《说文解字》："敢，进取也。"引申指有用胆量做某事。《史记·平原君虞卿列传》："得敢死之士三千人。"如 ax ~ 不敢。

3. 解，上古音在见母、锡部。在很多方言中，解的声母为 g。如 ~ fangd junb 解放军。照搬现代汉语。

gang

gangb 1. 蚕，上古音在从母、侵部。声母 c 转换为 g，似乎不好理解。蚕繁体为蠶，上部表音。以此表音的还有憯，读 jian。但 j 转换为 g 就好理解了，可以把蠶看成含有 j 的基因。韵母转换为 ang。为什么认定这个读音是蚕呢？原来 gangb 在苗语里泛指各种虫，包括蚕在内。找几个与 gangb 有关的词或许能说明这个问题。如 det vob ~ 直译为虫蔬树，指桑树。什么虫以桑树为蔬菜？自然就是蚕。~ jeb 在《苗汉词典》中释为蚕蛹，虽然没有解释 jeb 是什么，gangb 在这里只能指蚕。~ jek 在《苗汉词典》中释为土蚕。这里的 jek 可能是柞。~ jek 就是生在柞树上的蚕，不是人工养育的，所以叫土蚕。用蚕泛指虫类，还是比较合理的，因为是人们经常打交道的虫、最常见的虫，也是人类的益虫。反观汉语的虫，原型是蛇。用虫来泛指虫类，甚至把吊睛白额大虎都称为虫，有点离谱了，但这是民族的习惯，没有办法。

~ ad 还是指蚕，直译为姐姐蚕，大约与蚕经常打交道的多是妇女；~ diob 蛆虫，即螃蟹；~ cangt ghad 打屁虫；~ hat 害虫；~ gux 蚂蚱；~ jongb 蚯蚓、蛔虫；~ duk dul 点灯虫，萤火虫；~ yud 苍蝇、蚊子；~ jit wil 爬锅虫，即灶蚂子、蟑螂。

2. 疮（chuāng），上古音在初母、阳部。韵首本不是 u，而是 i。声母 ch 与韵首 i 结合转换成 g。《说文解字》未收疮；《玉篇》："疮，疮痍也。"等于没说。所幸现代汉语与苗语的字义都十分明确。如 ~ dlob 痤疮；~ eb hniangk 汗水疮，即痱子；~ xangk 记号疮，即痣。

3. 腔，指胸膛。《说文新附》："腔，内空也。从肉，从空，空亦声。"腔以空表音，而空以工表音，说明声母 q 可以与 g 转换。人体最大的空腔当然是胸膛。俗语腔子，也指胸膛。如 fangd ~ jef maix ves 腔宽才有劲。

肓，上古音在晓母、阳部。韵首 u 灭失，声母转为 g，即可读 gangb。《说文解字》："肓，心下膈上也。"在横膈膜之上、心脏之下，当指胸腔。《左传·成公十年》："疾不可为也，在肓之上、膏之下。"gangb 或许应该释为肓。

4. 干（gān），上古音在见母、元部。韵母 an 转换为 ang。干是象形字，本象带枝杈的树干，可做防卫或进攻的器具，如干戈。也做动词。《说文解字》："干，犯也。"因此有干预、干涉等词。又指求取。《荀子·议兵》："皆干赏蹈利之兵也。"干赏即求得赏赐。《论语·为政》："子张学干禄。"干禄即走仕途、求待遇。苗语中，gangb 即追求。如 Nil Jit seil nox wangb, bul xit luf dax ~ 仰阿莎漂亮，众人竞追求。

5. 监，上古音在见母、谈部。韵母 am 转换为 ang。监，繁体为監，是人以盆中的水映照自己面容的景象，相当于后来的照镜子，也是鉴（繁体为鑒）的本字。《尚书·酒诰》："人无于水监，当于民监。"即不要拿水来照自己，应拿百姓来照自己。引申为监视、察看。《国语·周语上》："王怒，得卫巫，使监谤者。"如 Gol ghet xangs dax ~ hxid, songs diel dliangb gheix xid 请巫师来监视，遇到什么鬼。

gangd 1. 趼（jiǎn），上古音在见母、元部。韵母 an 转换成 ang（另有腁，读 jiǎn，与趼同义，韵母无须转换）。《释义》："趼，胝也。"即手脚掌上磨起的硬皮，现在有人也写成茧。《庄子·天道》："吾固不辞远道而来愿见，百舍重趼而不敢息。"如 jil bil jit ~ 手上起趼。

2. 蹭（cèng），上古音在清母、蒸部。声母 c 与韵首 i 结合转换成 g。韵母 eng 转换为 ang。《说文新附》："蹭，蹭蹬，失道也。"比喻遭受挫折。陆游《秋晚》："一生常蹭蹬，万事略更尝。"现指擦，如蹭破一层皮。按说这不是蹭的引申义，极有可能是假借字，但本字已难找到，姑且以蹭代擦。如 ~ eb yux 擦油。

3. 组成叠韵词：gangd hlangd 直挺挺而无力的样子。其字待考。

gangf 1. 将，上古音在精母、阳部，入声。声母 z 与韵首 i 结合转换成 g。将的右部是以手持肉之形，有拿、持之义。左部表音。将有很多引申义，这里主要表示握持、搀扶等义。

（1）握持。《荀子·成相》："吏谨将之。"将即持、执。《史记·田叔列传》："为人将车。"将车即驭车，有掌控之义。如 gangf dius nongx gad 将箸吃饭。"将箸"即拿筷子。

（2）扶持。《诗经·大雅·桑柔》："天不我将。"即天不扶持我。《木兰辞》："爷娘闻女来，出郭相扶将。" 如 ~ nenx bil hxad leix 扶着他的手写字。

（3）由握持引申为抓住客人，表示挽留。《淮南子·诠言》："来者弗迎，去者弗将。" 如 ~ nenx niangb hxangt ob hnaib 留他多住几天。

2. 鑑（jiàn），上古音在见母、谈部。韵母 am 转换为 ang。《说文解字》："鑑，大盆也。一曰鑑诸，可以取明水于月。"前面"监"字条讲到，监是用盆装水，可以当镜子。鑑是监的后起字，也指装水的盆。"取明水于月"当是用水盆将室外的月光反射到室内，以照明。《周礼·天官·凌人》："祭祀，共冰鑑。"即在祭祀时提供装冰的盆，主要是给祭品降温、保鲜。苗语中，gangf 就是盆。如 ~ dex 铜鑑，即铜盆。~ gad 饭盆。~ sad mais 洗脸盆。

gangl 1. 从，上古音在从母、东部，入声。声母 c 与韵首 i 结合转换为 g。韵母 ong 变异为 ang。从本指随从、跟，转用作介词。《左传·宣公二年》："从台上弹人。"苗语中，gangl 也是介词。如 Mongx ~ hangd deis dax? 你从哪里来？

2. 组成叠韵词，gangl 是配字，形成的词义往往随第二个字，如 gangl jangl

僵直的样子，随 jangl（僵）；~ niangl 生气，随 niangl（酿），憋气；~ wangl 宽广的样子，随 wangl（广）；~ yangl 延伸或长长的样子，随 yangl（延）。

gangs 鑑（jiàn），上古音在见母、谈部。韵母 am 转换为 ang。gangs 是 gangl——鑑的又音，字义基本相同。它相当于大碗、钵。如 ~ niangb ngix，dit niangb jud 鑑有肉，厄有酒。~ ghad lax 大土碗。~ bof 鑑钵。

gangt 1. 疑为蚕的别音，指蛆。因蚕与蛆都是幼虫，以蠕动形式爬行，白色。只在声调上略加区别。如 xangf ~ 生蛆。

2. 干，是简化后多个字的合并，均在见母、元部。韵母 an 转换为 ang。就干本身来说，它是树干的象形，上端还带有枝杈。引申为主要，如骨干。另外，它合并了乾（gān）、榦（gàn）、幹（gàn）。乾与湿相对，指没有水分，可引申为脆；榦是筑墙时两侧的木板；幹主要用于做事，引申出干练等。

（1）干（gān），原为乾。干虽是平声，但乾的古音为入声。乾指东西失去水分。《诗经·王风·中谷有蓷》："中谷有蓷，暵其乾矣。"乾也是干。~ ngas 干垲（kǎi），即干燥。如 Def fab senb gab ~ jef daib mongs 花生豆炒干了才香。

（2）幹，《集韵》释为"能事也"，即能干。《易经·乾卦》："贞固足以幹事。"幹事今作干事。苗语中，gangt 引申为干练、动作麻利。如 ~ lot ~ bil 干手干脚，指手脚麻利。

悁（juàn），上古音在见母、元部。韵首 u 灭失，an 转换为 ang。《广韵》《韵会》释悁为"躁急也"。《宋史·晏殊传》："奉养清俭，累典州，吏民颇畏其悁急。"悁急也即急躁。也引申为快。悁有时也写作狷。《说文新附》："狷，褊急也。"《后汉书·范冉传》："以狷急不能从俗，常佩韦以自缓。"狷急与缓相对。悁似乎也能用于快。如 ~ hvib 心急；~ lot 悁咪，即嘴快。供参考。

gangx 1. 曾（céng），上古音在精母、蒸部。声母与韵首 i 结合转换为 g。韵母 eng 变异为 ang。曾是甑的象形：上面两点是从甑里逸出的热气；中间是装饭的器具，底部有透气孔，供水汽上行；下面是装水的器具，给上面的饭食提供蒸汽。因为甑不是用火直接烧锅，比起一般炊具多出一个蒸汽层，由此引申出层的概念，有叠加之义。宋玉《高唐赋》："巫山赫其无畴兮，道互折而曾累。"《淮南子·本经》："大厦曾加，拟于昆仑。"这里的曾都有叠加之义。用于称谓的曾祖、曾孙，也有加层之义。故层繁体为層，从曾、从屋字头，指楼层，即屋上叠屋。增，也有土上再加土之义。如 ~ vib xenb 曾砖石，即摞砖、码砖。~ gul 曾互。曾指相叠相摞；互指东出西进，上下左右互相参差。指堆得乱七八糟。~ ~ gul gul 意思相同。一般用来形容堆柴火或房子垮落时建筑材料堆在一起的样子。曾也做量词，如同摞一样。如 ib ~ dud 一摞书；ib ~ xangd 一摞碗。

2. 增，上古音在精母、蒸部。其读音也与层相通。宋玉《招魂赋》："增冰峨峨，飞雪千里些。"这里即读层。声母与韵首 i 结合转换为 g。韵母 eng 转换为 ang。增承曾的字义，《说文解字》："增，益也。"《列子·汤问》："子子孙孙，无穷匮也，而山不加增，何苦而不平?"如 ~ pangb ud 增件衣服。Nongx ib laib jed liul, ~ ib hniut gend lol 吃一个糍粑，增一个年头。~ mux 增涊，即追肥。

3. 蹭，上古音在清母、蒸部。gangx 是 gangd——蹭的又音，字义有所不同。gangd 指抹、擦，如 gangd fenx 抹粉。而 gangx 是磨蹭。一是脚擦着地面走，不肯迈大步；二是蹭痒痒。

(1) 磨蹭，慢慢地走。如 ~ langx gab lab 指走起来浪荡无力的样子；~ niangx gangl niangl 指慢吞吞的样子；~ langx gud lud 由走路慢引申为说话吞吞吐吐的样子；~ niangx genl ninl 指不着急、不在乎的样子。从上几个词组来看，它们有一个共同的特点：四字词里，ab 叠韵，cd 叠韵（包括声调相同）；ac 双声，bd 双声。营造出一种韵律感和节奏感。不好说 abcd 每个音节都有实际意义，就像汉语里的土里土气、流里流气的"里"就没有实际的字义。

(2) 蹭痒痒。如 ~ ngangk 蹭按。蹭是动作，按是抑制，即止痒。Dail li-od ~ ngangk gangb daid 黄牛蹭痒痒。

4. 做量词。如 ib ~ nongs 一场雨；ib ~ jent 一阵风。何字待考。

ge

geb 1. 哥，上古音在见母、歌部。《说文解字》："哥，声也。从二可，古文以为歌字。"《史记·燕召公世家》："召公卒，而民人思召公之政，怀棠树不敢伐，哥咏之，作《甘棠》之诗。"哥本是唱歌。至迟到唐代，哥用来称呼兄。满族称公子为阿哥，至今青岛称年轻男性为小哥，可为参照。

(1) 长辈称晚辈。

(2) 妻子称小叔子、小姑子。

2. 咯，拟声词。如 ~ lieb 咯咧，模拟铃铛的声音，指铃铛，相当于 dux linx。

3. 组成叠韵词：~ dleb 放在动词后面，表示静悄悄、冷清清的样子。~ lieb 放在动词后面，表示无力的样子。~ meb 做补语，表示发虚或发黑的样子。~ ngeb 放在动词后面，表示不动的样子。~ web 象声词，表示哇哇的声音。

ged 1. 个，上古音在见母、歌部。个是竹叶的象形，三片一组。用个做最为常用的量词，再次反映了人们在书写时喜欢笔画少的倾向。《仪礼·大射仪》："搢三，挟一个。"《史记·货殖列传》："竹竿万个。""个"在苗语里并不常用，因跟书写无关。

（1）相当于束、捆。如 ib ~ ghad longd 一束稻草。汉语里也把成捆的东西叫个。魏巍《谁是最可爱的人》："敌人的死尸像谷个似的在山前堆满了。"

（2）相当于朵。和竹叶一样，指下垂的样子，如花朵。如 ib ged bangx 一朵花。

（3）引申指有个性、特别。如 ~ hsed 个色，汉语里指不大合群，这里指扎眼。nox ~ hsed 绿得扎眼（不是令人舒服的颜色）。

2. 组成叠韵词：~ led 指麻木感。

gef 何字，待考。组成叠韵词：~ jef 严肃的样子；~ nief 急忙；~ vef 整齐的样子。

gek 确（gè），以角表音。角的上古音在见母、屋部，入声。今天南方方言里角仍读 ge。《汉书·李广传》："李广才气，天下亡双，自负其能，数与虏确。"这里的确与角通假，指角斗、角胜负。说明确古音读如角。确以石表义，指坚硬。《说文解字》辗转释确为坚。唐代玄应《一切经音义》引《通俗文》："物坚硬谓之确。"也引申为确实、确定。但表此义的，在简化前多用确（què）。苗语中，gek 指坚硬。如 ghad dab ~ 硬土。~ dul 确楚，指结实、强硬。~ hvib 确心，指心硬。~ liek 僵硬的样子。~ lot 嘴硬，指爱顶嘴。~ xat 确债，指赖账（使账板结）。

gel 何字，待考。组成叠韵词：~ dlel 阴沉沉的样子；~ liel 相当于趑趄，走来走去；~ sel 发愣的样子；~ xel 散乱的样子。

get 撅（jué），上古音在见母、月部，入声。韵母只保留了韵尾。《说文解字》："撅，以手有所把也。"结合今天的字义看，大概是用力使物体挠曲、变形。《韩诗外传》："草木根荄浅，未必撅也；飘风雨，暴雨坠，则撅必先矣。"撅指让草木倒伏。如 ~ det 撅树，指撼动树木。

gex 管，上古音在见母、元部。韵首 u 灭失，an 讹变为 e。gex 是 fend——管的别音。管有多个读音：fend、ghend、gex。字义没有什么区别，大概是不同方言。如 ax gex 不管。

gen

genb 1. 根，上古音在见母、文部。《说文解字》："根，木株也。""株，木根也。"二字互训。根是天然的量词，一开始用于树木。《水经注·沁水》："庙侧有攒柏数百根。"《齐民要术·种槐柳楸梓梧柞》："一亩，二千一百六十根。"后来泛用于长条形的东西。苗语中，genb 也做量词。如 ~ jax nongd wil hmat diot mongx hnangd, det lil nongd wil hmat diot mongx zongb 这根札我说给你听，这条理我说给你聪。聪的本义也是听。札，相当于竹简、木简，古时重要的东西都写在札上。札引申指规矩、法度。札是条状，故量词用根。

2. 跟。苗语里指跟随一般用 des——随，而不用跟。如 genb daox 跟倒，即跟着，指紧接着、立即，这是西南地区汉语方言，应是借用。苗语里也没有韵 ao。

gend 1. 紧，上古音在见母、真部。《说文解字》："紧，缠丝急也。"即拉紧、绷紧。引申指紧巴、紧窄。又释为急。《广雅》："紧，急也。"《红楼梦》五十回："一夜北风紧。"今有"紧急"一词。

(1) 空间紧。如 saib ~ 紧挨着。

(2) 时间紧、急。放在动词后面，指急速的样子。如 dub ~ 很快地放置。

2. 梗（gěng），上古音在见母、阳部。韵母 eang 转换为 en。《说文解字》："梗，山枌榆。"树名，木质坚硬。引申为耿直、直挺挺的样子。《商君书·赏刑》："强梗焉，有常刑而不赦。"今有"梗着脖子"等说法。如 ~ tind 叠韵词，直译为梗挺。hxongb lob ~ tind 伸足梗挺，指伸着脚无所顾忌的样子。

genf 1. 剜（wān）。韵母 an 转换为 en。从 genf 的声调为 f 来看，疑剜古音读如腕。《广韵》："剜，刻削也。"而刻相当于镂（见《说文解字》）。镂是用刀在器物或材料上抠洞。今有"剜肉补疮"一词。如 ~ khangd 剜孔。

2. 组成叠韵词：~ ninf、~ wenf、~ yenf，做补语，表示某种状态、样子。

genk 1. 剪，上古音在精母、元部，入声。声母与韵首 i 结合转为 g。韵母 an 转换为 en。按说前字右下已有一把刀（刂），相当于剪（而前进的前应去掉这把刀）。《说文解字》："前，齐断也。"既然把前用于前进，又在前字下面加把刀，指剪刀。也做动词。如 Dad diangb genk lol ~ ud 拿把剪刀来裁衣。

2. 静，上古音在从母、耕部。声母与韵首 i 结合转为 g。韵母 ing 转换为 en

（等同于 in）。静本应作竫。《说文解字》："竫，亭安也。"与动相对。《论语·雍也》："智者动，仁者静。"如 genk 无声无息的样子；bit ~ 悄悄地睡；fal ~ 悄悄地起来。

3. 字待考。组成叠韵词：genk hxenk、genk jenk、genk tink 等，做补语，表示某种状态、样子。

genl 1. 井，上古音在精母、耕部。声母与韵首 i 结合转为 g。韵母 ing 转换为 en。井本指水井，是围在井口栏杆的象形，井栏防人坠落。井一般设在人口较稠密处，大家共用一井。《易经·系辞》："井，共德之地也。"井周围是公共场所，故"共德"。井引申为街市。《管子·小筐》："处商必就市井。"《白虎通》："因井为市，故言市井。"苗语中，指水井另有 ment。genl 指集市。如 hvad ~ 赶集。~ Hsangb 指贵阳。

2. 戆，其后起字为憨（hān）。《说文解字》："戆，愚也。从心，赣声。"戆以赣表音。赣的上古音在见母、侵部。韵母近于 em，转为 en。后读 zhuàng，不知因何而来。《荀子·大略》："悍戆好斗，似勇而非。"憨也指呆、傻。如 Dail daib nongd ~ bongt wat 这孩子憨得很。叠韵词 genl ninl 憨愣，diek genl ninl 憨憨地笑。

3. 字待考。组成叠韵词：~ denl、~ dinl、~ dlenl ~ menl、~ nenl、~ senl，做补语，表示某种状态或样子。genl 可能是配字，无实际意义。

gens 观（guàn），上古音在见母、元部。韵首 u 灭失，an 转换为 en。古代天子、诸侯宫门外张示法令的地方，同阙。《尔雅·释宫》："观谓之阙。"注："宫门双阙，旧章悬焉，使民观之，因谓之观。"观可以登上去。《礼记·礼运》："出游于观之上。"《史记·李斯列传》："二世上观而见之。"后来道家庙宇也叫观。这里指代宫殿，犹如说宫阙。如 ~ wangx 王宫。

gent 爪，上古音在庄母、幽部。此字本应为叉（zhǎo），指指甲、趾甲。《荀子·劝学》："蚓无爪牙之利。"《韩非子·内储说上》："韩昭侯握爪，而佯亡一爪，求之甚急。左右因割其爪而效之。昭侯以此察左右之不诚。"这里的爪是指甲。如 ~ bil 指甲，~ lob 趾甲。

但爪的韵母、声调均与 gent 对不上，或许另有其字。

genx 咺（xuǎn）。上古音在晓母、元部。韵首 u 灭失；an 转换为 en。《说文解字》："咺，朝鲜谓儿泣不止曰咺。"指小孩不停地哭。泛指哭，因为哭最常见于小孩。《汉书·外戚传》："悲愁于邑，喧不可止兮。"这里的喧应为咺，因悲愁而哭。苗语中，genx 即哭，还引申为叫。如同啼、号（háo）本都指哭，但引申为叫，如鸟啼、狼嚎（或用嗥）。如 ~ ~ diek diek 哭哭笑笑。~

~ ~ niangd niangd 哭哭嚷嚷。~ lul 哭老,指因老人死了而哭。~ ax jangx diek ax dios 哭不成笑不得,即啼笑皆非。dail mal ~ 马嘶。

gha（gh，g 的清化音）

ghab 1. 其,上古音在群母、之部。韵母有所偏转。其是箕的本字,但在甲骨文中,就已用作代词、助字等。《诗经·周南·桃夭》:"之子于归,宜其室家。"《史记·项羽本纪》:"今欲举大事,将非其人不可。""其人"之其,有冠词性质,加在名词或具有名词性的词之前,有点像英语的 the。苗语中,ghab 用途广泛,几乎无所不能加。

（1）做冠词。如 ~ bab 其髀,（某人）大腿。~ daib bat 小猪崽。~ dak zaid 屋檐。~ guf hlat 月底。

（2）表示揣测、概数。《易经·系辞下》:"易之兴也,其在中古乎?"ghab 一般加在数量词之前,如 ~ bat naix 百把人;~ dail nail 条把鱼。

应该说,汉语里基本没有冠词。这是与苗语的一大差别。除了 ghab 之外,苗语中,量词也是一种冠词形式。汉语的量词一般跟在数词后面,而苗语在表示单个个体时,前面要加量词,而不用数词——（ib）。如 Dad diangb diuk lol 拿把刀来。这与汉语表达方式一样。如 Dail liod genx yangx 只牛叫了。与汉语不同。

2. 呼,上古音在晓母、鱼部,声母近于 x,转为 gh。《说文解字》:"呼,号也。""叫,呼也。"《左传·哀公十一年》:"武叔呼而问战焉。"呼即呼唤。如 ~ nenx dax 呼他来;~ nenx hot ut 呼他为弟。

ghad 1. 苴（zhǎ、jū）,上古音分别在庄母、鱼部,精母、鱼部。声母与韵首结合转为 gh。《说文解字》:"苴,履中草也。"即垫在鞋里的草。《楚辞·九章·悲回风》:"草苴比而不芳。"王逸注:"生曰草,枯曰苴。"说明苴是枯草。《庄子·让王》:"道之真以治身,其绪余以为国家,其土苴以治天下。"即:道是用来修身的,其零头用来治理国家,再剩下的渣滓用来治天下。说明苴是低贱不堪的东西。苴以且表音。查（zhā）下面本来不是且,而是且,也以且表音,故查、苴都读 zha。渣本是水名,可能是假借为苴以后指物质经提炼后剩下的无利用价值的东西。苴为牛羊消化草料后的排泄物、粪便,泛指人与其他动物的粪便。

（1）指粪便。如 xud ~ 拉屎。~ ghab dongk 冻状便,即脓便（肠道发炎所致）。ghangt ~ 挑粪。

（2）人体分泌物。如 ~ naix 耳垢。~ hxangd 直译为血苴，即月经。hliut ~ nais 擤鼻涕。

（3）指渣滓、烂泥、污垢等。如 ~ hliad 苴渣，即渣滓。~ hliad vob yux 草油渣（草籽榨过油后剩下的渣滓，可做肥料）。~ hliad jut 锯渣，即锯末。~ hniut wil 锅炱（沾在锅底的烟垢）。~ dab jed 粘泥。~ hxud 灰渣。

（4）引申为泡沫。如 ~ hmad 泡沫。~ hmad lot 口沫。

反观汉语，以屎、尿为粪便字。但《说文解字》无"屎"字，相当于屎的字，是屮、胃字头。尿是后起字，早期只有溺。粪的本义是弃除污秽等。《礼记·曲礼上》："凡为长者粪之礼，必加帚于箕上。"这里的粪指扫地。后引申为施肥、粪便。

2. 瘥（chài），上古音在初母、歌部。声母与韵首结合转为 gh。瘥以差表音，故与渣、苴读音相近。瘥有生病、病愈两个看似对立的义项，与乱训乱、治，短训短、长两个义项一样。瘥被人为地分为两个读音，分别对应生病、病愈。

（1）生病。《诗经·小雅·节南山》："天方荐瘥。"《毛传》："瘥，病。"《国语·周语下》："然则无夭、昏、札、瘥之忧，而无饥、寒、乏、匮之患。"如 Jib daib ~ wat 孩子病了。

（2）病愈。《说文解字》："瘥，愈也。"这个意义上，古人也写作差。差是会意字。篆体中上部是垂字头，下部是左。垂字头像庄稼枯萎发蔫儿的样子，左有帮助之义。我们就可以理解差既指不好，又指使其好起来。这里指病好了。《方言》："南楚病愈者谓之差。"《梦溪笔谈·卷二四》："因病甚危，服医朱严药，遂差。"如 Ghet xangs vut jab wat, nenx jib daib ~ yangx 医生药好，他孩子病愈了。

3. 嘏（jiǎ），上古音在见母、鱼部。以右部表音，故与假同音。以古表义，《说文解字》："嘏，大远也。"以远来释古。但不知何故，经典中多以嘏为福、受福。《礼记·礼运》："祝以孝告，嘏以慈告。"祝、嘏相对，祝是祝福，嘏是受福。《诗经·小雅·宾之初筵》："锡尔纯嘏，子孙其湛。"《诗经·鲁颂·閟宫》："天锡公纯嘏。"《郑笺》："受福曰嘏。"苗语中，嘏正指受福。如 Ait dail dliangb id, ~ ax ~ ? 敬了那个仙，嘏没嘏？即得福没有。

4. 乙，上古音在影母、质部。相当于无声母，转为喉音。轧、扎、札、乞等皆从乙表音，韵母均为 a。乙是什么东西的象形？一是鸟形，像鸟的身躯，注释家释为玄鸟；二是肠的象形，像其盘曲之状。《礼记·内则》："鱼去乙，鳖去丑。"乙是肠子，丑是屁股。苗语中，ghad 指肠子。如 ~ vangt 小肠。~ lul 大肠。~ jud 糯肠，软软的有韧性的肠，指男性生殖器。Jox ~ ax maix ob dlot dad 肠子没有两拃长，指脾气暴躁。

5. 股，上古音在见母、鱼部。《说文解字》："股，髀也。"指大腿。《战国策·秦策一》："读书欲睡，引锥自刺其股。"如 ghangb ~ 尻股，屁股。

6. 做某些形容词的后缀。如 gal ~ 矮，diangs ~ 胖。

ghal 佝（kòu），上古音在溪母、侯部。现读如勾。韵母略有偏转。《集韵》："佝，病偻。"指因体内钙等不足导致脊椎弯曲。如 ~ khek 佝伛，身体蜷缩的样子，指受窘。

ghas 1. 挂，上古音在见母、支部。韵首 u 灭失。ghas 是 fik——挂的又音，似乎离现代汉语的读音更近。二者基本同义。这是挂的读音朝不同方向转换的缘故。也许是在不同时期转换的。如 ghas ud 挂衣。

2. 絓（guà），上古音在见母、支部。ghas 是 fis——絓的又音，同义，即绊住。组成叠韵词：~ mas 絓繆，还是绊住。

ghat 1. 价，上古音在见母、鱼部。价是价的简化，而价的前身就是贾。《论语·子罕》："求善贾而沽诸?"善贾就是好价钱。如 ~ hniongd 价重，即价高、贵。

2. 架，上古音在见母、歌部。《类篇》释架："杙也，所以举物。"《正韵》释为"屋架"。《齐民要术·种桃奈》："蒲萄（葡萄），蔓延性缘，不能自举，作架以承之。"既做名词，也做动词。《诗经·周南·鹊巢》郑《笺》："鹊之作巢，冬至架之，至春乃成。"苗语中，ghat 也是既做名词，也做动词。如 ~ songx 床架。~ tangb lox 楼梯架。~ jux 架桥。~ lob 架脚，即跷二郎腿。

3. 钩，上古音在见母、侯部。韵母有所偏转。钩从勾表音兼表义。勾、句本是同一个字，勾是俗体。《说文解字》："句，曲也。"《礼记·月令》："句者毕出，萌者尽达。"指弯曲的嫩芽都拱出地面。钩（鉤）承句（勾）的弯曲之义，指弯曲的器具，如带钩。《国语·齐语》："夫管夷吾射寡人中钩，是以滨于死。"指管促射中了齐桓公的带钩。苗语中，ghat 既指钩子，又做动词，指用钩子钩东西。如 ~ dliok 秤钩。~ hlet 铁钩。Dad laib ~ mongl ~ 拿钩子去钩。

ghat 可能是钩的别音，后文有 ghob——钩。

4. 彀（gòu），上古音在见母、屋部。韵母有所偏转。《说文解字》："彀，张弩也。"把弩张满，才能将箭射得最远。《庄子·德充符》："游于羿之彀中。"彀中，指箭所能射到的范围。据说李世民看到前来应考的莘莘学子，喜不自禁："天下英雄入吾彀中矣。"今天简化作够，如：使劲够，就能够上树上的桃子。Dliangx bil ax jas, dad jox det mongl ~ 伸手拿不到，拿根棍子去够。

5. 絓（guà），上古音在见母、支部。ghat 与 fis、ghas——絓相同。如 Ghaid det dliangd ghod lol ~ diot laib ghab zat nied 木头滚下来，絓在凸出的岩石上。后来人们又造卡字，表示不上不下。这是较晚的事。

6. 阖（hé），上古音在匣母、叶部。声母 h 转换为 gh。《说文解字》："阖，门扇也。"引申为关闭。《易经·系辞上》："是故阖户谓之坤。"阖户即闭户。如 ~ mais 阖目，即闭眼。

7. 划，作为划的简体字，上古音在匣母、锡部。但这里是后起字，指划船。《集韵》："舟进竿谓之划。"应为进桨，以桨拨水，使船前行。这里指扒拉的动作，如 Dad diangb det ~ nenx mongl ob pit niox 拿木棍把它划到两边去。

8. 咯，拟声词，模拟鸡的叫声，也指鸡叫。如 Dail bad gheib ~ 公鸡叫。

ghax 1. 薤（xiè），上古音为匣母、月部，长入声。薤的学名为亚实基隆葱，地下有鳞茎，鳞茎可食，俗称藠头，与葱、蒜、韭等都属荤类植物，吃后有强烈气味。《礼记·内则》："脂用葱，膏用薤。"用葱、薤炒菜可去除肉类的腥膻气。如 ghax eb 水薤，形似大蒜，不能食用。~ ghal 野葱。

2. 即，上古音在精母、质部。声母与韵首 i 结合转为 gh。即的本义是就食，引申出靠近、就地等义，又做副词，相当于就。《史记·李将军列传》："度不中不发，发即应弦而倒。"苗语中，ghax 相当于就。如 Mongx bub not xus ~ hmat not xus 你知道多少即讲多少。Nenx mongl wil ~ mongl 他去我就去。~ niox 就了，犹如也罢。

ghai

ghaib 1. 街，上古音在见母、支部。《说文解字》："街，四通道也。"即十字路口。引申为街道。张衡《西京赋》："街谈巷议。"如 yex ~ 游街，指逛街。

2. 荄（gāi），上古音在见母、之部。《说文解字》："荄，草根也。"《尔雅》："荄，根。"注："俗呼韭根为荄。"《后汉书·鲁恭传》："万物养其根荄。"苗语中，ghaib 除了指根，还有引申义。

（1）泛指根部。如 Dail det nongd bongx ~ yangx 这棵树暴出根来了。~ qend guf hsat 荄起脊杀。荄与脊相对，一个根部，一个顶部；起与杀相对，一个起始，一个煞尾。指事情的始末、来龙去脉。

（2）荄做量词，相当于株（株本义为被砍伐后的树桩）。如 ib ~ vob dlub 一荄白菜，即一棵白菜。

（3）引申为主人，与 khat（客）相对。就像汉语里称自己为"本人"一样。本也是根。做东的也称荄。汉语中的东源自主客分东西而坐。如 ~ zaid 主人家。~ ax nil khat ax xab 主不帮客不护，指与亲友合不来。~ yel guf yangt 根移梢摇，喻主行客随。

（4）引申为祖先的产业、家产。如 qeb ghaib 继承家产。

3. 旰（gān），上古音在见母、元部。韵母 an 转换为 ai。《说文解字》："旰，晚也。"《后汉书·儒林传》："每相遇，辄日旰忘食，夜分不寝。"今有宵衣旰食一词，指天不亮就穿衣起床，很晚了才吃饭。这个字有时用晏来替代。《吕氏春秋·制乐》："于是早朝晏退，问疾吊丧。"旰由天色晚引申为迟。如 Nenx dax ~ yangx 他来迟了。

4. 菅（jiān），上古音在见母、元部。韵母 an 转换为 ai。《说文解字》："菅，茅也。"即茅草。《汉书·贾谊传》："其视杀人，若艾草菅然。"即视杀人如割茅草，遂有草菅人命一说。如 ~ niux 编蓑衣的茅草。泛指草。~ xit nis 相昵草，指不同的草互相亲近，即杂草。

ghaid 1. 节，上古音在精母、质部，入声。声母与韵首 i 结合，转换为 gh。繁体为节。《说文解字》："节，竹约也。"即竹节。每两节之间的一段也叫一节。《淮现子·说林》："一节见而百节知也。"今有"倒吃甘蔗节节甜"。

（1）一段、一节。如 Xenb diangb det ait ob ~ 把木头砍成两节。引申指时间的一段。~ nongd 这段时间。~ nongd mongl waix 从今以后。

（2）量词，做冠词，放在人（naix）前面。如 ~ naix nongd 这个人。蔑称。

2. 解（jiè）上古音为见母、锡部。解的本义是分解，引申为解送、押送。唐代把各地方举进士者发送入京称为解。《宋史·举志》："天下之士屏居山林，令监司守臣解送。"把押送犯人也叫解。从事押解的差人叫解差。京戏"苏三起解"即苏三被押解启程。比喻赶牲口。如 ~ dail ninx mongl ngex 解牛入厩。即把牛赶入牛圈。

ghaid 与赶的读音也相合，但赶的本义是"举尾走也。"用于追赶是较晚的事。

3. 或，上古音在匣母、职部，声母相当于 h。或这里指或然，不肯定。惑从或表音，也有表义成分，指对事物不能确定，没有把握。《易经·系辞上》："君子之道，或出或处，或默或语。"如 Mongx mongl ~ wil mongl 你去，或我去。

4. 咯，象声词，与 ghat 相同，指母鸡的叫声。

ghaif 燕，上古音在影母、元部，与晏（与旰通假，指晚）同母、同部。韵母 an 转换为 ai。

ghail 1. 届，上古音在见母、质部。届本作届，下部由是块的异体字，表音。也就是说它的韵母与块相同。届用得较多的字义是"到"。《尚书·大禹谟》："无远弗届。"即不管多远，都来了。《诗经·小雅·小弁》："不知所届。"但在现今的汉语里多用于做会议的量词。我们都知道一些动词也用来做量词，如一摞书、一张网、一扇门，这些量词与相应的名词可形成动宾关系。一届应该指与会人员来一次。苗语中，ghail 也用作量词，到过一次叫一届。如 Hangb fat xongs ~ eb 行过七届河。即过了七次河。

2. 接，上古音在精母、叶部，入声。声母与韵首 i 结合，转为 gh。《说文解字》："接，交也。"《广雅》："接，合也。"《孟子·梁惠王上》："兵刃既接。"接即碰上。《国语·吴语》："两君偃兵接好。"注："合也。"

（1）相交、碰上。如 ~ yens nenx 碰着他。这里的碰当然不是猛烈的碰撞，仅仅是挨上。

（2）合，加在一起。如 ib bat ~ ib laib 一百接一个，即一百〇一。和汉语一样，ob bat zab 二百五，指的是 250，而不是 205。但如果中间某位数是零，一定要表示出来，如：一百〇八将，或一百单八将，而不说一百八将。这里的接就是起此作用的。

3. 即，上古音在精母、质部，入声。声母与韵首 i 结合转为 gh。ghail 是 ghax——即的又音，用法相同，做副词，相当于就。如 Maix dol ax ed nenx des，nenx ~ ax mongl yel 他们不要他随着，他即不去了。

节，繁体为节，就是以即表音，故与即同音（不同调）。

ghait 1. 癸（guǐ），上古音在见母、脂部，入声。韵首 u 灭失。很多人受葵花之葵的影响，将它读如葵。其实它自古以来，声母相当于 gh。它是天干的最后一位。苗族用干支纪日，天干地支是时刻不能离的。

2. 集，上古音在从母、缉部，入声。声母与韵首 i 结合转为 gh。集是会意字，上面的隹即鸟，会意为鸟在树上，表示不飞了、停下来。人们往往将集与雧弄混，以为前者是后者的简化字。《说文解字》："雧，群鸟在木上也。""集，雧或省"也认为集是简化字。实际上，这两者的字义完全不同。雧是树上有多只鸟，因此引申为集会、集合、汇集等。而集只表示停落、停止。《庄子·山林》："一异鹊自南方来者……集于栗林。"

145

《诗经·唐风·鸨羽》: "肃肃鸨羽，集于苞栩。"朱熹释集为"止"。《离骚》: "欲远集而无所止兮，聊浮游以逍遥。"这里的集与止相近，而与浮游相对。《岳阳楼记》: "沙鸥翔集。"也应理解为鸟儿或飞或落。表示停止的集是不能用爨的。苗语中，ghait 即停止。如 Bib ghait ib hxot hangb gid mongl 我们停一会儿再走。

3. 枷，上古音在见母、歌部。韵母有所偏转。《说文解字》: "枷，梻也。"一种给豆、麦等脱粒的农具，主体部分与长柄以轴相连，挥动长柄即可拍击穗部以脱粒。《国语·齐语》: "权节其用，耒耜枷芟。"后四字均为农具。枷也写作耞。汉语中，枷与枷锁之枷混用。苗语中，ghait 指用于击打的锤、槌。如 ~ dangt nix 锻银枷，即打银器的锤子。~ hsot ud 涑衣枷，即洗衣服的棒槌。

ghaix 侧（zhǎi），上古音在庄母、职部。声母与韵首 i 结合转为 gh。这里指歪、斜。这个意义上与仄相同。仄的古音与侧相同。《诗经·小雅·宾之初筵》: "侧弁之俄。"弁是帽子，侧弁就是帽子歪了。如 ~ ghongd 侧颈，即歪脖子。引申为走在路边、一侧，即为别人让路，如 ~ gid 侧路，让路。

ghang

ghangb 1. 甘，上古音在见母、谈部。韵母 am 像 an 一样转为 ang。甘的原形是口字中含一点。这一点指代食物；小篆之前的口字像两嘴角上翘之形，指食物的味道好。《说文解字》: "甘，美也。"《论语·阳货》: "食旨不甘。"旨是美味。不甘即不香。引申为甜，与苦相对。《诗经·邶风·谷风》: "谁谓荼苦？其甘如荠。"如 Laib vob nongd ~ wat 这菜好吃。~ diangx ~ xid 甘脂甘盐，即油盐味俱佳。ghangb hvib 甘心，与汉语的不同，指高兴。

2. 尻（kāo），上古音在溪母、幽部。声母 k 转换为 gh，韵母被"ang 化"。尻从九表音，声母本应对应于 j 或 g。尻，脊骨末端、臀部。《礼记·内则》: "兔去尻，狐去首。"《聊斋志异·狼三则》: "身已半入，止露尻尾。"北方仍把屁股称为尻子。引申为底部。如 ghangb wil 锅底；~ zaid 宅尻，即屋脚；ib hniut ~ dluf ~ 从年底到（另一个）年底，即一年到头。

ghangd 1. 杆（gǎn），从干表音。干的上古音在见母、元部。韵母 an 转换为 ang。

杆本是树名，后来在形似树干这个意义上代替了干。《论衡·变动》："旌旗垂旒，旒缀于杆。"如 ghangd 即杆。~ diongx yenb 烟筒杆。~ dliok 秤杆。

2. 敢，上古音在见母、谈部。韵母 am 转换为 ang。与 gaix——敢同义，是读音朝不同方向转换的结果。如 ax ghangd 不敢。

3. 讲，上古音在见母、东部。讲的繁体为讲，以冓（gòu）表音，声母本为 g，韵母在汉语里已被"ang 化"。《说文解字》："讲，和解也。"本指讲和，泛指讲述、讲解。《汉书·夏侯胜传》："胜每讲授……"苗语中，ghangd 即相当于现代汉语中的讲。如 ~ hseid diel 讲汉语。~ lot 讲嘴，即夸口。

4. 蝈，上古音在见母、职部，入声。韵母也被"ang 化"了。蝈本指蛤蟆。《广韵》："蝈，蝼蝈，蛙别名。"《周礼·秋官》："蝈氏，掌去蛙黾。"郑玄注："齐鲁之间谓蛙为蝈。"苗族的祖先正是生活在黄河中下游。贵州人称蛙或蛤蟆为"麻拐"，麻指其皮肤，拐应是蝈的别音。如 ~ nox 绿蝈，即青蛙；~ dab 地蝈，即石蛙，生活在山地，而不是在水里。

5. 喊，上古音在晓母、侵部。声母 h 转换为 gh，韵母接近 am，转换为 ang。喊的本义是尝味。后指呼叫。此义可能是后来从汉语里引进的。如 ~ nenx dax 喊他来。

ghangf 酱，上古音在精母、阳部。声母与韵首 i 结合转换为 gh。《说文解字》："酱，醢也。""醢，肉酱也。"酱本指用盐、醋等调料腌制的食品。《周礼·天官·膳夫》："酱用百有二十瓮。"后也指用麦、豆等发酵制成的调味品。这里指前者：腌菜。汉语里仍有"酱菜"一词，指腌菜。苗族的酱，用糯米饭、青菜及盐水一起。封存坛内，能退凉、解渴、治腹痛。酱也指酱汤、酱汤状的东西。如 ~ naix 耳酱，指患中耳炎流出的脓水。

ghangl 1. 干（gàn），上古音在见母、元部。ghangl 是 gangb、gangt——干的又音，字义也有所不同。gangb 对应的干指追求；gangt 对应的汉字本为乾（失去水分）、幹（干练）。而这里的干是本字，不是简化字。它本是带有树杈的树干，可用于进攻和防御。《礼记·檀弓下》："能执干戈以卫社稷。"干也用作动词。《说文解字》："干，犯也。"指冲撞、触犯。

（1）冲撞、触碰。如 Ax gid ~ gos nenx 不要触动他。Jil lob ~ gos laib dof 脚碰凳子了。

（2）干作为防守器械，相当于盾。《方言九》："盾，自关而东谓之干。"《礼记·儒行》："礼义以为干橹。"干、橹，小盾、大盾。引申为抵御、

147

抵住。如 Dad ghaid det ~ laib diux 拿木棍顶门。

（3）干预、干涉。如 ~ niangb 干娘。这里的娘指新娘子、媳妇。干娘指干涉婚姻，特指舅舅干预外甥女出嫁、阻婚。

2. 杠，上古音在见母、东部。韵母本为 eong，同现代汉语一样，转为 ang。《说文解字》："杠，床前横木也。"后泛指横木。《孟子·离娄下》："岁十一月，徒杠成；十二月，舆梁成。民未病涉也。"徒杠是供行人通过的桥梁，舆梁是供车马行驶的桥梁。也指用来抬东西的木棍，也是横置。如 ~ dod 斗杠，指抬斗（打稻子的大斗）的杠。

3. 项，从工表音，上古音匣母、东部。韵母本为 eong，同现代汉语一样，转为 ang。《说文解字》："项，头后也。"即后脖子。《史记·魏其武安侯列传》："籍福起为谢，案灌夫项令谢。"即按着灌夫的脖子让他道谢。也指颈，与后文的 ghongd 相同。

4. 咣，象声词。如 ~ dangl 咣当，物体摔落声。

ghangs 竿，上古音在见母、元部。竿与上述 ghangl——干在汉语里都读第一声，但干源于树干，似应读第四声。大概是为了区别字义，人为分为不同的音。《说文解字》："竿，竹梃也。"即竹棍。《庄子·外物》："投竿东海，旦旦而钓。"如 Dad diangb ~ lol zab ud 拿根竿来晒衣。又比喻从未生育的妇女。

ghangt 扛（gāng），上古音在见母、东部。韵母本为 eong，同现代汉语一样，转为 ang。扛指双手举重物。这个意义上读平声，但此字也读去声。ghangt 的声调 t 应是由去声转换而来。《说文解字》："杠，横关对举也。"这里有必要说明一下，什么叫横关？关的本义是门闩。这里的横关指从鼎的两耳之间穿过的杠，用来抬鼎，同时它压住鼎盖。这根杠很像门闩，所以叫横关。《史记·项羽本纪》："力能扛鼎，才气过人。"扛鼎是指双手持横关，将鼎举起，而不是徒手举。所造的杠字恐怕与杠有关，扛即杠举。后来用杠挑东西也叫扛，只不过人为地将其读音改为 káng。

（1）指用杠挑或抬。如 ~ eb 扛水，即挑水。~ dlad 抬狗，一种求雨活动。~ hfub 扛夫，即挑夫。~ tiangt 扛撑，即支撑，这里的杠像木结构的横梁所起的作用。也做量词。如 ib ~ 一挑。

（2）泛指上举、向上。如 dangl bub ib dangl ~ 一端垂一端举。~ lob ghangt bil 翘手跷脚，形容趾高气扬。~ nangx 扬名，名声大。

ghangx 1. 杠，上古音在见母、东部。韵母本为 cong，同现代汉语一样，转为 ang。本与扛同音，特意用声调区别之。ghangx 是 ghangl——杠的又音，意思相同。ghangx 也指用来挑、抬重物的竹木棒，即扁担一类工具。如 ~ nax 稻杠，即挑稻的扁担。~ dul 挑柴的担。

2. 戆（gàng），从赣表音。赣的上古音在见母、侵部。韵母近于 em，转为 ang。ghangx 是 genl——的戆又音。《说文解字》：“戆，愚也，从心，赣声。”上海话叫戆头。如 ~ dlangx ghel dlel 既愚且笨。

3. 頷（hán），上古音在匣母、侵部。韵母近于 em，转为 ang。《说文解字》：“頷，颐也。”即下巴。《汉书·王莽传》：“莽为人侈口蹙頷。”即王莽长得阔嘴巴、短下巴。如 lind ~ 展頷，即抬起下巴。

ghe

gheb 1. 稼，上古音在见母、鱼部。韵母略有偏转。《说文解字》：“禾之秀实为稼。”朱骏声注：“在野曰稼。”收到仓里就是粮食。一指庄稼。《诗经·豳风·七月》：“九月筑场圃，十月纳禾稼。”二引申为种庄稼。《诗经·魏风·伐檀》：“不稼不穑，胡取禾三百纒兮。”《论语·子路》：“樊迟请学稼。”

（1）庄稼。如 ~ lix ~ las 水田里的庄稼、旱地里的庄稼，泛指农作物。

（2）由种庄稼引申为干活儿、活儿。因为在农耕社会里种庄稼是最大的、最繁重的活儿。如 ait dol ~ geix xid 做什么活儿？~ gid 直译为稼路，犹如贵州话：活路，即活儿。又引申指家务。如 ait ~ gid 做家务。

2. 工，上古音在见母、东部。韵母中的 ng 灭失。后面的公——ghet 也是如此。工、公自古同音、同调。之所以一个作 gheb，一个作 ghet，是为了在声调上加以区别，因两个都是名词。工是象形字，是工字尺即矩尺之形。因为做事要有规矩、要一丝不苟，像严格比照尺子去做一样，工引申为干的活儿。《尚书·皋陶谟》：“天工人其代之。”又引申为干活儿的人。《周礼·冬官·考工记》：“凡攻木之工七。”苗语中，gheb 有类似用法。

（1）指劳动者、劳动力。如 ~ dliangl ves 出劲出力者，劳动力。

（2）指工日、劳动日。如 Hsait dod hob nongd jul not xus gheb？砌这堵墙花多少工？

3. 圈（quān），上古音在群母、元部。声母本来相当于 gh。韵首 u 灭失，an 转换为 e，或是转换时受韵首 u 影响所致。圈又作棬，是用曲木做成的容器。《孟子·告子上》：“了能顺杞柳之性，而以为杯棬乎？”杞柳均柔软、易弯曲。引申为圆圈。苗语中，gheb 指项圈，与后文的 hlinb——圈相同。

如 Nenx mangs jil ~ yaf liangl 她戴只项圈，八两重。

ghed 1. 估，从古表音。古的上古音在见母、鱼部，与稼相同。作为估计之估，现代汉语里读第一声，本应读第三声，与古同音。《玉台新咏·梁元帝别诗》："漫道江中无估客。"《北史·邢峦传》："商估交入。"这两处估与贾通假，指商贾（gǔ）、商人。或者说，估是贾的后起字、异体字。不过，估又做动词，引申为估价（贾也价格，如《论语·子罕》："求善贾而沽诸?"），泛指估计、猜想。如 ~ dlad 即估猜。

2. 故，上古音在见母、鱼部。同估一样，韵母有所偏转。《说文解字》："故，使为之也。"即缘故。古为故表音，恐也有表义成分，指以前的事、前因。《商君书·更法》："苟可以强国，不法其故。"也做形容词，指旧的、过去的。《论语·为政》："温故而知新。"苗语中，ghed 也有类似用法。

(1) 旧的、以前的。如 ghab jed ~ 故枻（zuì），即故事、往事。枻指叶柄、花蒂，拈枻即可提起花、叶。故枻有旧事重提之义。

(2) 做名词，指旧事。组成叠韵词：~ sed 故事。故、事并列。事的韵母在之部，其韵母本不是 i，而相当于 e。苗语中，事一般作 set。这里受 ghed 的影响，声调作 d。

旧，上古音在群母、之部。韵母只保留韵尾 e。旧既做形容词，也可做名词。《尚书·武成》："乃反商政，政由旧。"因此，旧也可用来解释 ghab jed ~ 、~ sed。供参考。

3. 祝，上古音在章母、觉部。声母与韵首 i 结合，转为 gh。左边的示是神主的象形，供人祭拜；右边的"兄"是人开口祈祷，下边的"儿"本是跪着的人形。祝即祈祷。作为一种职业，祝则替人祈祷。《说文解字》："祝，祭主赞词者。"犹如宣誓时的领誓者。苗语中，ghed 指祈祷。如 ~ dliangb 祝仙，即求神。

4. 咒，上古音在章母、觉部，与祝完全相同。声母与韵首 i 结合，转为 gh。咒本应写作呪，右部与祝相同。古汉语里咒与祝通假。《史记·孝文帝本纪》："民或祝诅上。"祝诅即咒诅、诅咒。可以说祝、咒本是一字，并无分别。《西游记》经常提到的咒语、念咒，本来也指请求鬼神帮忙。咒也是祈祷，但后来专指祈祷嫁祸于人。《唐书·则天皇后传》："麟德初，后召郭行真入禁中为蛊咒。"苗语中，ghed 指诅咒。如 ~ dliangb 咒仙，不是骂神仙，而是咒于仙，请神仙嫁祸于某人，指咒骂。又作 ~ dliangb ~ dat，指乱骂。其中 dat 无实际意义，助词。

诅，上古音在庄母、鱼部。声母与韵首 i 结合，转为 gh。《说文解字》：

"诅，詶也。""詶，诅也。"詶即咒。诅也指求神嫁祸于人。《论衡·解除》："一人祝之，一国诅之。一人祝不胜万人诅。"与祝相对。其实，诅还有赌咒、盟誓之义，犹如请神作证。《左传·宣公二年》："初，骊姬乱，诅，无畜群公子。"诅还有祈祷之义，同祝。明代金幼孜《北征录》："上命译史读之，乃祈雨之言也。虏谓之札达，华言云诅风雨。"诅风雨即求风雨。ghed dliangb 也可译为诅仙，既可理解为求仙，也可理解为诅咒。供参考。

5. 决，上古音在见母、月部，入声。韵母中 u 的灭失。决本作决。《说文解字》："决，下流也。"指决堤、水逸出。《汉书·武帝纪》："河水决濮阳，泛郡十六。"决有多个引申义，其中一支为决断、决定。《楚辞·卜居》："余有所疑，愿因先生决之。"《史记·燕召公世家》："召公巡行乡邑，有棠树，决狱政事其下。"如 ~ hlangb 决章，指定下规章。~ hveb 决话，犹如下断语、下结论。Gid denx dol lul ~ hveb niox 先前老人已下断语了。

6. 脚，上古音在见母、铎部。韵母略有偏转。《说文解字》："脚，胫也。"本指小腿，后指脚板。《晋书·陶潜传》："素有脚疾，向乘篮舆。"苗语中，常用来指脚的是 lob——趾。ghed 一般只与 sed（手）连用，构成叠韵词：如 ~ sed 脚手，或 sed ~ 手脚，都指手段、伎俩。

ghef 勌（jiǎo），上古音在精母、宵部，入声。声母与韵首 i 结合，转换为 gh。《说文解字》："勌，劳也。"《左传·宣公十二年》："无及于郑而勌民，焉用之?"勌民，即劳民、扰民。苗语中，组成叠韵词：~ nef 勌扰，犹如搅扰、打扰。

扰的上古音在日母、幽部，入声，可转换为 nef。

ghel 1. 拗（ào），上古音在影母、幽部。声母与乙同。韵母 ou 可转换为 e。拗有多个义项，综观其义，有朝相反的方向使劲的意思，于是引申出撅断、不顺（如拗口）等。这里指撬（撬是后起字），即欲使物体向上，而用力的方向必向下。前蜀的贯休和尚《偶作》："口如暴死人，铁石拗不开。"拗不开即撬不开。如 ~ nenx lol waix 拗它上来。

2. 击，上古音在见母、锡部，入声。《说文解字》："击，攴也。"攴是手持器械之形，表示击打、敲打。《诗经·邶风·击鼓》："击鼓其镗，踊跃用兵。"如 ~ nenx ob liul 击他两拳。

3. 奅（cào）。指性交。

4. 组成叠韵词：~ del，指笨重而行动缓慢。ghel 可能是配字。

ghes 咕，象声词。如 Dail bat kot ~ ~ 猪咕咕地哼。

ghet 1. 公，上古音在见母、东部。同工。韵母中的 ng 灭失。声调为 t，以区别于 gheb——工。公有很多义项，这里指长者或老人、尊称男性。《方言六》："凡尊老，周晋秦陇谓之公。"《史记·留侯世家》："吾求公数岁，公辟逃我。"这是对对方的尊称。公在典籍里还分别指祖父、父亲、夫父（公公）等。《战国策·魏策一》："其子陈应止其公之行。"这里的公明显指父亲。苗语里，公可以指老大爷，又可以具体指祖父、外祖父、岳父等。如 ~ nenl 舅公。~ hob 雷公。~ fangb waix 天老爷，天公。~ qad 亲家公。~ sangx waix 曾祖父。~ xangs 匠公，师傅。~ maof 毛公，特指毛泽东。

2. 雇（hù、gù），上古音在匣母、鱼部。韵母略有偏转。雇从隹，指鸟，其读音模拟这种鸟的叫声。应是布谷鸟。这种鸟一叫起"布谷"，人们该下田播种了。它似乎是催人干活的鸟。大概是雇主爱催人干活，雇引申为雇佣。《集韵》："雇，佣也。"如 Wil dad seix ~ mongx ait 我拿钱雇你做。

3. 乞，上古音在溪母、物部。乞是由气简化一笔而成。故乞、气上古同音。乞借用为箌（qǐ）或稽，指稽首，拱手至地的跪拜礼。如 ~ hfat 乞秽，即讨糠，指要饭。而 ~ hfat 与汉语的告化、叫花读音接近，不知是否巧合。如 ~ diel 也是指要饭的，加 diel 应是指从外面来要饭的。

ghei

gheib 鸡，上古音在见母、支部。与今天广东话的读音相同。其读音也是模拟鸡的叫声。如 ~ bangx 花鸡，指没下过蛋的小母鸡。~ gas 鸡鸭，泛指家禽。

gheid 解（jiě），上古音在见母、锡部。解是会意字，本义是割牛角。引申为物体的一某部分从整体脱落。《吕氏春秋·仲夏》："鹿角解。"指鹿角到一定时候自然脱落。gheid 是 ghaid——解的又音，意思也有别。

（1）将物体的一部分从整体分解出来。如 gheid ghab nex yenb 解烟叶，即采摘烟叶。

（2）脱落。如 Dail nangb ~ dud 蛇解皮，蜕皮。~ dliub 解毛，蜕毛。~ dlot 蜕鳞。~ eb mais 解泪，流泪。

（3）在汉语里读如懈，指松懈、懈怠，其古音在匣母。懈正是在解的基础上造的字。《礼记·杂记》："三日不解。"注："倦也。"《诗经·大雅·烝民》："夙夜匪解，以事 人。"如 Wil hnangd ~ yangx, ax ait yel 我感到解（倦）了，不干啦。

gheik 1. 拑（qián）、箝、钳，均从甘表音，上古音在群母、谈部。韵母一般转换为 ai，这里转换为 ei。《说文解字》："拑，胁持也。"夹在腋下即胁持。徐颢笺："从手曰拑，从竹曰箝，从钢铁曰钳。通用则不别也。"拑、箝、钳三字同音，意思相近，都有夹的含义。《史记·秦始皇本纪》："拑口而不言。"拑口即上下牙关咬紧。军事上的拑击，即两面夹击。《说文解字》："钳，以铁有所劫束也。"早期多用于指一种刑具，是一种套在颈上的铁圈。这个铁圈应是可以开合的两个半圆，套在脖子上后，再合拢。因此，它还是有夹的含义，后来指可以夹持东西的工具。箝就是竹制的镊子。拑一般做动词，钳一般做名词。如 Dad diangb ~ diot wil ~ dul 拿把钳子给我拑火。Dail diob ~ nenx jil bil 螃蟹拑住他的手。~ vob nongx 拑菜吃。~ dul 火钳。~ hseik mais 眨眼。

2. 扼、搤（è），上古音都在影母、锡部。《说文解字》："搤，捉也。"《后汉书·荀彧传》："搤其喉而不得进。"《汉书·李陵传》："力搤虎，射命中。"《汉书·娄敬传》："不搤其亢。"亢，通颃，即颈。扼，掐住。《史记·刺客列传》："樊於期偏袒扼腕而进曰。"可见扼、搤都指掐住物体较细的部位。转指两头粗、中间细的形状，犹如被扼，正如皖南一带所说的扼巴颈子。

（1）扼紧、勒紧。如 ~ ghangb ~ ghad 扼尻扼股，指裤子很紧，勒屁股、大腿。屁股、大腿不当扼而扼，不合身、不好看。gheik ghangl 扼项，比喻生活困难，吃不饱，扼住脖子，少吃点。

（2）中间细。如 Bob khob xok, ghab diongb ~, hangd ghad niangb diangb diuk 包头帕，扼细腰，臀部有把刀。指马蜂。gheik ghongd 扼颈，即细颈，童话中其他动物或鬼怪对人的称呼。~ ghangl 扼项，也是细颈。

3. 轧（yā），上古音在影母、月部。韵母本不为 a。《说文解字》："轧，辗也。"《史记·匈奴列传》："有罪小者轧，大者死。"指的是对犯小罪者碾轧其踝关节。如 ~ mais hsenb 轧棉花，指将棉籽从棉花中挤出。

4. 害，上古音在匣母、月部。《说文解字》："害，伤也。"从金文看，害是整体象形字，大致如铎，铎舌已断或将断的样子，以表示损坏。损坏应是其本义。至于《说文解字》又说"从宀从口。言从家起也。"这是附会之说，是没有看到金文的缘故。金文中，害根本没有宀。汉语中，害有多项引申义。苗语中，gheik 用其本义——损坏。如 xix ghab daid，~ ghab dak 秃了尾巴，损了翅膀。~ bil 害手，指手残疾，引申为手拙。

gheil 1. 咯，象声词，开关门时门枢发出的声音。

2. 组成叠韵词组：~ deil ghol dol，做补语，指圆滚滚的样子。

gheis 个，上古音在见母、歌部。gheis 是 ged——个的又音。所不同的是，用 gheis 表明对名词对象有厌恶之意，如 ib ~ ghangd buk juk 一只癞蛤蟆。

gheit 害，上古音在匣母、月部。gheit 是 gheik——害的又音，用法也相同，都指损坏。如 Dail det nongd ~ ib jil ghab jil yangx 这棵树损了一根枝。Laib dit nongd ~ ib xangb yangx 这个碗缺了一块。

啮（niè），原作齧，上古音在疑母、月部。声母 ng 右转换为 gh，二者都是喉音。《说文解字》："齧，噬也。"本义为吃、啃，引申为缺口，犹如说被啃。《淮南子·人间训》："夫墙之坏必也隙，剑之折也有齧。"即剑总是在有缺口的地方折断。如 Laib dit nongd ~ ib xangb yangx 也可解释为：这个碗啮了一块。供参考。

gheix 1. 壹，上古音在影母、质部、入声。《说文解字》释壹为专一，这也确实是经典上常见的字义，但不是其本义。壹与壶形状极相似，它也确是壶的象形：大腹、小口，有盖。双声词：壹郁（yù）。《汉书·贾谊传》吊屈原赋："国其莫吾知兮，子独壹郁其谁语？"壹郁现写作抑郁。这两个字都有一个共同的特点：指气息郁积。壹像壶里的酒气不能散发。后来又造双声叠韵词：氤氲、絪缊，指天地间气息弥漫状。其实，天地之间无非一壶，一壶之中也是乾坤。壶的本义应是闷塞。噎字从壹，它也应有表义成分。苗语中，gheix 指烦闷。如 Hnaib hnaib niangb zaid ~ bongt wat 天天在家闷得很。

2. 鵙（jú），上古音在见母、锡部。《说文解字》："鵙，伯劳也。"是一种鸟。《吕氏春秋·仲夏》："小暑至，螳螂生，鵙始鸣。"鵙以鱼、虫为食。如 ~ lix eb 水田鵙，一种水鸟。

3. 几，繁体作幾，上古音在见母、微部。《说文解字》："幾，微也，殆也。"本指很少、将尽。但较早用作疑问代词。《左传·文公十七年》："畏首畏尾，身其余几？"《广韵》："幾，何也。"几、何也连用。《左传·僖公二十七年》："靖诸内而败诸外，所获几何？"汉语中，几多用于量的多少。而苗语中，gheix 泛泛地做疑问词，相当于何、什么。如 ~ xid 几什，即什么。xid 对应于什。

ghen

ghenb 1. 庚（gēng），上古音在见母、阳部。韵母为 eang 转换为 en。是天干第七位。

2. 恩，上古音为影母、真部。《说文解字》："恩，惠也。""惠，仁也。"《伪孔传》："惠，爱也。"今有恩怨一词，可知恩与怨相对，即爱。恩情、恩惠，是引申义，前提是爱。恩从心表义，本义是表心理活动，做动词。如 Hlib ait nongd ghax hlib，~ ait nongd ghax ghenb 思就是这么思，爱就是这么爱。

ghend 1. 管，上古音在见母、元部。韵首 u 灭失，an 转换为 en。ghend 是 gex、fend——管的又音。这里做动词。如 Bib laib zeb nongd ghenb juf zab laib xeed, ib laib sid 我们这个州管十五个县，一个市。Nenx ax ~ laib nongd 他不管这个。

2. 绾（wǎn），上古音在影母、元部。绾从官表音，故声母为 gh。韵母 an 转为 en。绾指盘绕或打结。李贺《大堤曲》："青云教绾头上髻，明月与作耳边珰。"宋代张贵《甘州》："一串歌珠清润，绾结玉连环。"如 ~ hfed 绾纟乞，绕纱线。

3. 冠（guàn），上古音在见母、元部。韵首 u 灭失，an 转为 en。《说文解字》："冠，弁冕之总名也。"即帽子，引申为居于最高的地位、第一。《史记·萧相国世家》："位冠群臣。"ghend 即指居首位。如 Nenx laib hxak ~ jox fangb nongd 他的歌冠此一方。

4. 盥（guàn），上古音在见母、元部。韵首 u 灭失，an 转为 en。盥，上部左右两边是双手，盥会意为双手从器皿中捧水。《说文解字》："盥，澡手也。"认为是洗手。其实盥是捧水，包括洗脸、洗手。《礼记·内则》："鸡初鸣，咸盥漱。"清早起来，当然要洗脸漱口，不单是洗手。苗语中，ghend 指用双手捧。如 ~ ib ~ eb hek 盥一盥水喝，即捧一捧水喝。

ghenf 1. 混，上古音在匣母、文部。混以昆表音，昆在见母。混有多个义项，这里指混合掺杂。《老子》："有物混成，先天地生。"《淮南子·览冥》："天下混而为一。"如 ~ ghongd bat 混猪食，即把不同的食物成分混在一起。~ sef nenk daib 混匀一点。

2. 盛（chéng），上古音在禅母、耕部。声母与韵首 i 结合，转为 gh。韵母 eng 转换为 en。《说文解字》："盛，黍稷在器中以祀者也。"泛指用器皿装东西。《诗经·召南·采苹》："于以盛之，维筐及筥。"如 ~ ib dit eb 盛一碗水。

ghenl 1. 卷（juǎn），上古音在见母、元部。韵首 u 灭失，韵母 an 转换为 en。卷的上部表音，与拳、券等具有共同的表音部件。下部是人屈身下跪的象形。

155

《说文解字》："卷，膝曲也。"也可能不单指膝曲，而指人佝偻。《庄子·徐无鬼》："有卷娄者。"卷娄，即佝偻。《释文》释卷："犹拘挛也。"泛指蜷缩。如 Daib nangb ~ diot laib khangd gid niangs 蛇蜷缩在洞内。

蜷，上古音在群母、元部，入声，也可转换为 ghenl。上一例句中，也可释 ghenl 为蜷。

2. 捲，上古音在见母、元部，与卷同音。在把东西捲成筒状（如卷铺盖）这个意义上与卷相同，但它还有另一个含义。《说文解字》："一曰捲收也。"即捲而收之，多指拿别人的东西。如 Nenx ~ naix not bangf hut mongl yangx 他捲了大家的货走了。

ghens 卷，是 ghenl——卷的又音。卷又读去声，故声调也可转换为 s。与 ghenl 的字义有所不同，ghens 指缠绕，如 Dol bas hlat ~ dail det 藤蔓卷树。jens 是卷的另一形式，还指卷。又做量词，如 ob ~ hlat 二卷绳子。

ghent 1. 间（jiàn），上古音在见母、元部。间是会意字，也是后起字，原为閒（jiàn），指门缝。《说文解字》："閒，隙也。从门，中见月。"从日也一样。《史记·管晏列传》："从门閒而窥其夫。"即从门缝里偷看其夫。引申出间隔等义。汉语里有"间色"一词。将红、黄、蓝三原色中的两色混在一起即间色。间色也可以说是杂色。苗语里，ghent 则指不同的颜色错开排列，互间互隔，即花纹。如 liod ~ 花牛；ud ~ 花衣。

2. 硷，本作硷，上古音在见母、谈部。韵母 am 转为 en。硷以卤表义。卤即卤，也即盐碱。其味苦咸。这里偏指苦。如 Laib vob nongd maix nenk ~ 这菜有点苦。

ghenx 扁担一头承物，一头不承物，挑在肩上。其字待考。

gho

ghob 1. 钩，上古音在见母、侯部。韵母只保留了 o。ghob 是 ghat——钩的又音，用法相同，既可做名词，又可做动词。如 Dad laib ~ lol ~ zend nongx 拿钩子钩果子吃。

2. 鸽，上古音在见母、缉部。《说文解字》："鸽，鸠属。"在汉语里，鸽是拟声字，模拟鸽子的叫声。苗语也如是。如 ~ zaid 家鸽。~ vud 野鸽。~ ghel 布谷鸟，也是模拟这种鸟的声音。

3. 鸠，上古音在见母、幽部。韵母只保留了 o。鸠是鸠鸽科鸟的总称。古人把鸠分成五类：祝鸠、鸤鸠、爽鸠、雎鸠、鹘鸠。布谷即属鸤鸠，鹰类是爽鸠。《诗经·召南·鹊巢》:"维鹊有巢,维鸠居之。"即鸠占鹊巢。如 ~ dul 楚鸠,生活在灌木中的鸠。~ las 土鸠,即斑鸠。~ web 恶鸠,指猫头鹰。~ ~ dul dul 咯咯嘟嘟,斑鸠的叫声。

4. 搅,上古音在见母、觉部,入声。韵母只保留了 o。《说文解字》:"搅,乱也。"《诗经·小雅·何人斯》:"只搅我心。"如 ghob niox 搅扰。Ax gid mongl ~ niox nenx 不要去搅扰他。

5. 薅(hāo),上古音在晓母、幽部。韵母只保留了 o。本指拨田中杂草。《齐民要术·水稻》:"稻苗渐长,复须薅。"引申为类似薅的动作,如薅下几根头发,薅住他的衣领。这里指抓住。如 ~ ghait dlangs diux nongl 薅枷(槌)捣仓门。

握,上古音在影母、屋部,入声。影母转为 gh。《说文解字》:"握,搤持也。"上一例句中的 ghob 也可释为握。供参考。

6. 靠,上古音在溪母、觉部,长入声。韵母只保留了 o。靠以告表音,以非表义。非象相背之形。《说文解字》:"靠,相违也。"段玉裁注:"今俗谓相依曰靠,古人谓相背曰靠。"苗语中,ghob 指靠背。椅子出现得较晚,椅靠当然也较晚。其读音接近告,也接近侗语的发音。如 ~ yenl 直译为辕靠,指靠背呈弯曲形态,如同车辕、犁辕。辕靠即椅背,代指椅子。~ yenl diel 指外来的辕靠,还是椅子。

7. 组成叠韵词:~ pob、~ tob、~ zob,做补语,指某种状态或样子。ghob 可能是配字。

ghod 1. 绞,上古音在见母、宵部。韵母 au 转换为 o。《说文解字》:"绞,缢也。"段玉裁注:"两绳相交谓之绞。"即两股纠结成一股,相互缠绕。引申指缠绕、绕。

(1) 缠绕。如 Jox hlat ~ dail det 藤绞树。

(2) 环绕、绕行。汉语中的绕本也指缠绕,如把线绕在线团上。引申指绕路、绕行。如 ~ wul 绞纡,即围绕、环绕。Jox eb ~ wul ghab jox fangb 河流环绕此地。Mongx ~ jox vangx nongd mongl ghax sos dail 你绕这座冈就到了。

(3) 纠缠在一起。如 ~ dlied 绞织。~ dlied lob ~ dlied bil 绊手绊脚。~ niod 绞袅。Dol gheib dol gas xit ~ niod ait ib gid 鸡群鸭群绞作一处。

2. 纠,上古音在见母、幽部,入声。韵母只保留了 o。《说文解字》:"纠,绳三合也。"即三股绳叫纠。另有一说两股绳为纠,三股绳为纆(mò)。《汉书·贾谊传》:"何异纠纆。"注:"绞也。"纠、纆均有像绳材一样相互缠绕之义。如 ~ med 纠缠，即缠绕。Dol hfed ~ med jangx ib did 纱纠缠成一团。

3. 腘（guó），上古音在见母、职部，入声。本无韵首 u。《素问·骨空论》："膝痛，痛及拇指，治其腘。"即膝弯、腘弯。组成叠韵词：~ jod 腘腘，仍指腘。jod 是 ghod——腘的又音。

4. 组成叠韵词：~ zod，做补语，指不以为意的样子。

ghof 1. 壶，上古音在匣母、鱼部。声母本相当于 h，转换成 gh。韵母略有偏转。壶又作壷，呈葫芦形，是象形字。《诗经·豳风·七月》："八月断壶。"这里的壶是瓠的异体字，都是葫芦形、可以盛物。苗语中，ghof 指装酒的小壶。

2. 彀（gòu），上古音在见母、屋部。韵母本就是 o。ghof 是 ghat——彀的又音，含义相同。这与钩有 ghat、ghob 两音一样。彀今简化作够。如 ~ zend 够果子，指将树上、高处的果子纳入采摘范围。

3. 盇（hé），上古音在匣母、叶部。韵母有所偏转。《说文解字》："盇，覆也。"实际上，盇是一个整体象形字：下边是器皿，上边是器皿的盖子。盇后来演变为盍。《尔雅·释诂》："盍，合也。"指盖子与器皿相合。盇或盍又加艹，作蓋或盖，简化为盖。盖兼具盖子、遮盖之义。如 ghof jus 腘盖，即膝盖。腘所对应的部位就是膝。

4. 组成叠韵词：~ bof、~ dof、~ nof，做补语，表示某种状态或样子。

ghok 1. 节，上古音在精母、质部，入声。声母与韵母 i 结合转为 gh。ghok 是 ghaid——节的又音，二者同义。Nangb nongx ib ghaid, nail nongx ib ~ 蛇吃一节，鱼吃一节。Xenb ait jex juf jex ghaid, said ait xongs juf xongs ~ 砍成九十九节，切成七十七节。在歌词中，常出现对偶句。

同样一个字，出现在上下句的同一位置，尤其是在句末，故意读成两个不同的音，以避单调。同样一个字读成不同音的还有：面（脸）有 mangl、mais，敢有 gaix、ghangd 等。

2. 学，上古音在匣母、觉部、入声。学与觉同头，繁体也同，故学与觉同部。觉古音则在见母。《说文解字》："学，觉悟也。"《广雅》："学，效也。"《论语·学而》："学而时习之。"如 ~ hmub 学绣花。~ gheb 学稼。~ lias 学瞭，即练习。

3. 靠，上古音在溪母、觉部。靠以告表音。韵母只保留了 o。ghok 是 ghob——靠的又音，用法不同。靠本有背对背之义，后引申为靠近、依靠。宋代史弥宁《丁丑岁中秋日劝农于城南得五绝句》："人事当先莫靠天，蚤修陂堰贮清泉。"苗语中，ghok 指依靠、投靠。如 ~ liak 靠赖，即依赖。~ xangs 靠匠，指投师学习。匠指师傅。

4. 握，上古音在影母、屋部，入声。《广韵》："握，持也。"即用手抓住、攥。如 ~ jongt nenk jef ax baix lol dab 握紧了就不会掉下来。~ liek 握撷，指抓钉，把木头钉在一起做成架子。

ghol 1. 鹅，拟声字，模拟鹅的叫声。汉语的鹅也一样。如 Dail nongd dail ~，ax dios dail gas 这只是鹅，不是鸭。苗语中鹅还有另一读音：ngangs，声音更高亢。

2. 稷（jì），上古音为精母、职部。声母与韵首 i 结合转换为 gh。韵尾相当于 o。而现代汉语中，韵尾 o 灭失。《尔雅·释草》注："稷，粟也。"即小米。《诗经·王风·黍离》："彼黍离离，彼稷之苗。"稷是黄河流域重要的农作物，引申为"粮食之神"，常与社连用：社稷。社是土地神。如 gad ghol 稷谷，仍指小米。

3. 绞，上古音在见母、宵部。ghol 是 ghod——绞的又音，仍指缠绕。如 Dad jox hlat ~ dail det 拿条绳子缠树。~ dliel 也是绞织，与 ~ dlied 相同。~ dliel lob bil 绊手绊脚。也引申为绕，如 ~ gid 绕路；~ mongl ~ lol 绕来绕去。

4. 裹，上古音在见母、歌部。韵首 u 灭失。《说文解字》："裹，缠也。"实际上，裹从衣（上下分开）表义，指用衣服包住身体；从果表音。引申为覆盖。《资治通鉴·献帝建安十三年》："载燥荻枯柴，裹以帷幕。"如 ~ pangb ud diot 裹上衣服。Dad pangb ud nongd mongl ~ diot jox yex 拿这件衣服裹在竹竿上。犹如搭在竹竿上，指晾衣。

5. 组成叠韵词：~ bol、~ dlol、~ dol 等，做补语，表示某种状态或样子。ghol 可能是配字。

6. 咕，象声词。如 ~ ghod ghob 公鸡的叫声。

ghos 1. 腛（wò），与握同音，上古音当在影母、屋部。《广韵》《韵会》分别释为"厚脂""脂丰"。但这里疑其为会意字：从屋表义兼表音，指胎儿所居之所，即胎盘、胞衣。如 ghos liod 牛胞衣。

2. 乞，上古音在溪母、物部。ghos 是 ghet——乞的又音，字义略有不同。ghet 主要用于乞讨，而 ghos 主要用于乞求。如 ~ nenx ed, nenx ax ed 求他要，他不要。

3. 咕，象声词。如 ~ ghot 母鸡下蛋后的叫声。

ghot 1. 角，上古音在见母、屋部，入声。韵母本就是 eo。今天安徽一带即读 ge。

角本是动物头角的象形。《墨子·经说下》："牛有角，马无角。"引申指像角的东西、物体突出部分，如桌角。《新唐书·裴坦传》："施榻堂上，压角而坐。"苗语中，ghot 即指后者。如 ~ dax 桌角；~ zaid 屋角。

2. 告，上古音在见母、觉部。韵母 ou 转为 o。《广韵》："报也。告上曰告，发下曰诰。"引申为向上级检举、揭发。《史记·佞幸列传》："有人告邓通盗出徼外铸钱。"苗语中，ghot 主要用于告状。如 ~ nenx ib diangs 告他一状。

告诉、告知这个意义上，苗语多用 xangs——详。

3. 够，上古音在见母、侯部。韵母本就是 o。够从多表义，从句表音。《广韵》释够："聚也，多也。"晋代左思《魏都赋》："繁富夥够，不可单究。"由东西多引申指足够。如 ~ nongx ~ hxad 够吃够花。~ ves 够劲儿，指分量重。

4. 旧，上古音在群母、之部。韵母只保留了韵尾 o。旧的繁体作旧，以臼表音，本是鸟名，即鸺。可能是因其读音与故相近，假借为故。《广韵》释旧："故也。"与新相对。《论语·公冶长》："旧令尹之政，必以告新令尹。"如 Laib nongd ~ yangx, laib aib dail hvib 这个旧了，那个还是新的。

5. 合，上古音在匣母、缉部，入声。合作为量器时读 ge（十合为一升），即与 ghot 相近。合字上部是盖子的形状，下部是容器，盖子与容器相合，引申为男女和合。《诗经·小雅·常棣》："妻子好合，如鼓瑟琴。"又喻男女交媾，如野合。如 Maix vob sod mongl hot, maix hmub sod mongl hnent, maix hvab sod mongl ~ 有菜早去煮，有布早去绣，有侣早去合。

ghox 1. 个，上古音在见母、歌部。ghox 是 ged——个的又音。做量词。如 ~ zaid liek ~ dib（这）个宅子像个腰箩。

2. 搅，上古音在见母、觉部。韵母只保留了 o。ghox 是 ghob——搅的又音，意思基本相同。如 ~ niox 搅扰。~ niox ghad dab 搅扰泥巴，即搅拌泥巴。~ niox nenx 搅扰他。

3. 鼓，上古音在见母、鱼部。韵母有所偏转。鼓是击打乐器。《论语·先进》："小子鸣鼓而攻之可也。"引申指像鼓一样凸出的形状。《素问·痹论》："心痹者脉不通，烦则心下鼓。"指烦则心鼓胀。苗语中，ghox 即指鼓凸之状。如 ~ mangl ~ mais 鼓面鼓眼，指长相。

作为乐器，苗语用 niel。niel 由铜制，大致呈筒状，一端供击打，而另一端开敞，腰部比两端略细。其形状恰与鼓相反。

4. 瞽（gǔ），上古音在见母、鱼部。瞽，眼瞎。关于瞎，有多种，所用的字也不同。如盲,《说文解字》释为"无眸子也"。瞍（sǒu）,《说文解字》释为"无目也"。眇,则是盲一目。瞽《说文解字》释为:"目但有朕也。"即眼睛仅有缝而已,看不见。瞽不同于盲,是有眸子的,只不过不透亮。《荀子·解蔽》:"瞽者仰视而不见星。"如 ghox mais 瞽目,比喻翻白眼。Dail nail nongd ~ yangx 这条鱼翻白眼了。

5. 绞（xiáo）,上古音在匣母、宵部。韵母 au,只保留了韵尾 u。绞在这里不指缠绕,而指颜色。《集韵》释绞:"缯黑黄色。"表颜色的字多从纟（糸）,如红、绿、绀、缃、紫等。《礼记·玉藻》:"绞衣以裼（xī）之。"指在裘服外面罩上黑黄色衣服,王力《古汉语字典》释为苍黄色。苗语中,ghox 即指黄色。如 hfed ~ 绞纩,黄色的线。

6. 槁,上古音在见母或溪母、宵部。韵母 au,只保留了韵尾 u。《说文解字》:"槁,木枯也。"泛指干枯。《礼记·曲礼下》:"槁鱼曰商祭。"槁鱼即干鱼。苗语中,ghox 比喻蛋坏了,不能孵小鸡。如 Laib git nongd ~ yangx, bes ax lol ghab daib gheib yel! 为个蛋槁了,孵不出鸡仔了。

薨（kǎo）,上古音在溪母、宵部。韵母 au,只保留了韵尾 u。《说文解字》:"薨,死人里也。"当指墓地。但典籍中,薨多用于干鱼、干肉。《周礼·天官·庖人》:"凡其死、生、鲜、薨之物,以供王之膳。"薨与鲜相对,即干肉。《周礼·天官·渔人》:"辨鱼物,为鲜、薨。"这里的薨即干鱼。《集韵》:"薨,枯也。"用薨来比喻蛋坏了,也说得通。

ghong

ghongb 1. 即,上古音在精母、质部。声母与韵首 i 结合转为 gh。韵母"ong 化"了（后文还会陆续遇到这种情况）。ghongb 是 ghax——即的又音。做副词,相当于就。如 Mongx ghongb mongl yangx hak? 你这就走了?

2. 哄,象声词。如 Hveb gix bet ~ ~ 芦笙响哄哄。

ghongd 1. 颈,上古音在见母、耕部。韵母 ing 转换为 ong。《说文解字》:"颈,头茎也。"俗称脖子。《史记·鲁仲连邹阳列传》:"刎颈而死。"与颈相关的字:项,上古音在匣母、东部,从工表音,似乎也可以转换为 ghongd。汉语里指颈、项的还有亢、肮。《汉书·娄敬传》:"夫与人斗,不搤其亢,附其背,未能全胜。"这里的"搤其亢"就是扼其颈。《汉书·张耳陈余列传》:"绝亢而死。"《史记》中对同一事件的记载是"乃仰绝肮,遂死"。这里亢、肮都指脖颈。"仰绝肮"指使劲向后仰而抻断脖子。成语"引吭高歌"意为扯着脖子唱歌，其中的吭也指颈。亢、肮、吭，似乎也可以转换为 ghongd。可见，早期指脖颈的字是义相同、音相近、写法不同。后来，亢、肮、吭被摒弃，只留下颈、项。不过，在用法上，对此两字一般略做区别：前曰颈、后曰项，如望其项背，而不说颈背。颈从外形上说，较细，也引申指物体较细的部分；从内部来说，是咽喉部位，是呼吸、饮食的通道，因此也指喉管、食管。前面说的绝亢、绝肮当然不是指颈子断开，显然是指内部的颈椎或气管断了。苗语中，ghongd 也有类似用法。

(1) 颈、脖颈，较细的部位。如 ~ gheib 鸡颈；~ bil 手颈，即腕；~ lob 脚颈，即踝部。

(2) 指食管、气管。如 ~ gad 食管；~ gus 气管。

2. 供（gòng），上古音在见母、东部。《说文解字》："供，设也。"段玉裁注："设者，施陈也。"多指祭祀时在神主前供奉食品。这些食品最后当然还是人享用，一是不浪费食物，二是享用这些食物是一种福气，这相当于胙。孔子就是在当年大祭后没有分到胙肉而下决心离开鲁国的。供也做名词，指进献的东西。《尚书·无逸》："文王不敢盘于游田，以庶邦惟正之供。"即文王不敢贪图享乐，使用各国的供品。今有上供一词。苗族的祭祀很多，祭祀对象也很多，除了祖宗，还有各种神灵。他们甚至祭树、祭石、祭桥。因而经常准备供品。久而久之，供引申指供品、食物。如 ghongd 指食品。~ hxangd 熟食。~ nongx 吃食，食物。~ ninx （煮过的）水牛食。~ liod （煮过的）黄牛食。~ bat 猪食，也指煮过的。

ghongl 1. 弓，上古音在见母、蒸部，入声。韵母中，eng 受其前面的 u 影响而转为 ong。弓是象形字，是射箭的武器。也指弓形物。《周礼·考工记·轮人》："弓凿广四枚。"这里的弓指车盖上弓形骨架。苗语中，ghongl 既指弓形物，也指像弓一样弯曲的形状（弯即从弓表义，直接用弓指弯曲）。

(1) 指弯曲的东西。如 ~ wongl 宛弓，指弯钩。~ ghat 弓钩，即弯钩。

(2) 指弯曲。如 ~ jangl 弓卷，即弯曲。卷也是曲。如 Maix dail vongx ~ jangl, nongx jul vangx jul diongl 有只卷曲龙，吃尽冈冲草。指镰刀。

拱，上古音在见母、东部。本为双手拥抱，也表弯曲、拱形之义。供参考。

2. 躬，与弓同音，上古音在见母、蒸部，入声。韵母中，eng 受其前面的 u 影响而转为 ong。躬是会意字，指身体弯曲如弓。宋代《梦粱录·车驾诣景灵宫孟飨》："躬身不要拜，唱喏直身立。"如 ghongl diub 躬背。ghongl diub ghongl jid 躬背躬身，犹如弯腰驼背。

顺便说一句，表示身体、亲身，如鞠躬尽瘁、事必躬亲的躬，是假借为躳（gōng）。

3. 组成叠韵词：~ dongl，做补语，指某种状态或样子。

ghongs 1. 剜，上古音在影母、元部。韵母 uan 转换为 ong，同端午的端转换为 dongb 一样。ghongs 是 genf——剜的又音，字义相同。如 ~ khangd 剜孔。

2. 巷，上古音在匣母、东部，以共表音。巷字下部是邑字的省略形。邑是人们聚居之处。共也表义。巷从共、邑，《说文解字》："言在邑中所共。"指巷道为大家所共用。《诗经·郑风·叔于田》："巷无居人。"《论语·雍也》："一箪食，一瓢饮，在陋巷。"

(1) 巷子。如 ~ vangl 寨中小巷。

(2) 还引申指地方。如 Sos laib ~ Vangl Ghot 来到昂告这个地方。

3. 间（jiàn），上古音在见母、元部。韵母 an 一般转换为 ang，这里作 ong，二者较近。ghongs 是 ghent——间的又音，用法不同。间本为閒，从月，而不是从日。不过，从月从日一样。《说文解字》："閒，隙也。从门，中见月。"本指门缝，从中可见月，或者说能漏过月光。《史记·管晏列传》："晏子为相，其御之妻从门间窥其夫。"门间即门缝。《庄子·养生主》："彼节者有间。"指关节之间有缝隙。ghongs 即缝隙。如 Jil dif eb nongd hvongt, nis ghongs yangx 这只水桶太干，裂缝了。组成叠韵词：ghongs dlongs，指松动。dlongs 即松（松的古音是入声）。ghongs 可能就是间，指因松动、动摇而出现缝隙。如 Laib hmid ~ dlongs yangx 牙齿松动了。

ghongx 拱，上古音在见母、东部。《说文解字》："拱，敛手也。"双手抱拳。《论语·微子》："子路拱而立。"拱即拱手。引申出拱形、向上拱等义。杜甫《北征》："鸱鸟鸣黄桑，野鼠拱乱穴。"《西游记》六十七回："把嘴拱开土。"如 ~ ghaib det 树根拱出来。

ghu

ghub 咕，象声词，水从容器里流出来的声音。如 Tod laib tok eb bet ~ ~ 倒瓶子的水，响咕咕。

ghud 1. 聚，上古音在从母、侯部。声母与韵首 i 结合，转换为 gh。韵母只保留 u。

《说文解字》："聚，会也。"聚的下部是三个人（众）的变形，指人们在一起。《史记·陈涉世家》："楚兵数千人为聚者，不可胜数。"苗语中，ghud 即指一起。如 Naix not ~ lol xit xangs 大家聚来相商。

俱，上古音在群母、侯部。韵母只保留 u，俱即可读 ghud。《说文解字》释偕："一曰俱也。""俱，偕也。"俱、偕都指人们在一起。《战国策·齐策》："而仪与之俱。"《史记·项羽本纪》："毋从俱死也。"即不要跟着一起死。正是在这个意义上引申做副词，相当于都、皆。上一例句中的 ghud 似乎也可释为俱。供参考。

2. 锢，上古音在见母、鱼部。《说文解字》："锢，铸塞也。"本义是用金属熔液堵塞缝隙，用于补漏或加强墓穴的门等。《汉书·贾山传》："合采金石，治铜锢其内。"引申为禁锢、封闭等。《后汉书·崔寔传》："董卓收烈（崔烈，人名）付郿狱，锢之以银铛铁锁。"苗语中，ghud 指禁锢用的东西。如 ~ hsud 锢锁，既指门锁，也指马嚼子。~ hsud diux 门锁。~ hsud mal 马嚼子。

ghuk 1. 聚，上古音在从母、侯部。声母与韵首 i 结合，转换为 gh。韵母只保留 u。ghuk 是 ghud——聚的又音。本指人相聚，泛指聚集、蓄积。《易经·乾卦》："君子学以聚之，问以辩之。"如 Bib ~ diot hangd nongd diot hxak 我们聚在这里唱歌。Dad nax ~ diot ib bet 把稻子聚一处。~ mux 聚溷，即积肥。

2. 盍（hé），上古音在匣母、叶部。韵母不当为 u，有变异，可能是受声母影响。ghuk 是 ghof——盍的又音。盍是盖子与器皿的象形，后由盖字所取代。如 ~ liuk hxenb 肘鳖盖，即肘关节、肘尖。Nenx jil bil deix laib ~ liuk hxenb wus yangx 他的右臂肘关节脱臼了。

ghul 汩，象声词。如 Jil dif dlax eb ~ ~ mongl yangx 桶里的水汩汩地漏掉了。

ghus 咕，象声词。如 Nenx ngangl eb niux ~ ~ 他咕咕地咽口水。

ghut 节，上古音在精母、质部，入声。声母与韵母 i 结合转为 gh。韵母也不当为 u，可能是受声母影响。ghut 是 ghaid、ghok——节的又音。ghut 的用法与 ghaid、ghok 不同，这里用本义，指竹节，又泛指节。如 Ghaid det hlod nongd maix dlob laib ~ 这截竹子有四个节。~ bil 手指节。~ lob 趾节。

ghux 瞿（qú），上古音在群母、鱼部。瞿为象形字，像鸟一样瞪大双眼（隹是鸟），表示受惊或警惕的样子。《说文解字》："瞿，鹰隼之视也……又音衢。"清代方苞《左忠毅公逸事》："吏呼名至史公，公瞿然注视。"引申为惊悸的样子。《礼记·杂记》："见似目瞿，闻名心瞿。"《诗经·齐风·东方未明》："折柳樊圃，狂夫瞿瞿。"惧从瞿表音，也以瞿表义，现简化为惧。如 Dail bat nongd ~ wat 这头猪瞿得很。指易受惊。

gi

gib 1. 角，上古音在见母、屋部。韵尾 o 灭失。四川部分地区即读如 gib。gib 是 ghot——角的又音。角是动物之角的象形，也引申为物体的突出部分。如 ~ ninx 水牛角。~ lid 羊角。~ dax 桌角。~ zaid 屋角。~ mais 眼角。~ jud 酒角，用来装酒的水牛角。

2. 介，上古音在见母、月部，长入声。韵尾灭失。介本指人披衣甲。小篆里，人在两竖之间：两竖像胸前背后的两片甲。因此，介既引申出居于二者之间，如介入、中介，又引申为披甲胄。《史记·老庄申韩列传》："急则用介胄之士。"介胄即甲胄。《左传·成公二年》："不介马而驰之。"即未给马披甲就奔出去。进一步引申为动物带壳。古人将动物分为四类，根据体表特征，有：毛、羽、鳞、介。介包括蚌、螺、蜗牛等。《礼记·月令》："孟冬之月其虫介。"如 gib bod 饱介，形状饱满鼓胀的介，指螺蛳。gib ak 挨介，即背介，指蜗牛，因其背着自己的壳。gib mil 扁介，即蚌。

3. 组成叠韵词：~ lib、~ seib、~ wib 等做补语，表示某种样子。如 ~ nib 相当于丁点儿；xus ~ nib 少一点儿。当是配字。

4. 叽，象声词。如 gib leib gab lab 叽里嘎啦。~ leib gab lab, ax bub hmat dol gheix xid 叽里嘎啦，不知说些什么。

gid 1. 路。《汉字古音手册》将路置于来母、铎部。但《说文解字》说得很清楚："路，道也。从足，各声。"读音当随各。各的上古音在见母、铎部。另外，典籍中借路为辂。《荀子·哀公》："冕而乘路者，志不在于食荤。"路、辂指大车。依《集韵》，辂为辖格切，当读 he。如果《集韵》没错，路当与辂同读 he。路从各表音，读 gid，当如角之读 gib。

(1) 道路。如 ~ bil 坡路，即旱路。~ dol 远路。~ hlieb ~ fangd 大路广路，犹如阳关大道。ob jil lob hangb ~ 两条腿走路（好事成双）。

(2) 一路，即一道、一起。如 ib ~ dax, ib ~ mongl 一路来，一路去。

(3) 引申指方位、方面等。如 ~ bil deix 右手边。~ bil jangl 左手边。~ dab 下面。~ jox nangl 东边、下游方向。~ nongd 这边。~ niangs 里边。~ zek 暗处。~ yangf 坏的方面。~ fangd 宽度。~ hvib 高度。~ dad 长度。~ denx 昔者，先前。

2. 及，上古音在群母、缉部，入声。韵母只保留了韵首 i。《说文解字》："及，逮也。"及本从卩、又，会意为用手从后面抓前面的人。逮就是赶上。《广雅》："及，至也。"苗语中，及多读 gos，这里做助词，相当于汉语的"得"，有达到某种程度之义。如 mongb ~ das mongl 疼得死去。Dib gid lod hsongd mongl 打得骨头断了。

3. 徐，上古音在邪母、鱼部，入声。声母与韵首 i 结合，转为 g。《说文解字》："徐，安行也。"不慌不忙地走，一般指慢。《庄子·天道》："不徐不疾，得之于手而应于心。"徐、疾相对。如 ~ ~ mongl 徐徐走；~ ~ ait 徐徐做。

顺便说一句，慢从心，本指怠慢。

4. 啮（niè），上古音在疑母、月部。声母为 ng，转换为 g。韵尾灭失，只保留了 i。gid 是 gheit——啮的又音。不同的是，gheit 指缺口，这里用其本义。《说文解字》："啮，噬也。"指咬、啃。《庄子·天运》："今取猿狙而衣以周公之服，必龁啮挽裂。"即：给猿猴穿上礼服，它肯定会（将衣服）连咬带撕。如 Dlad gid bod hsongd 狗啮骨头。~ laib diongx yenb diot laib lot 叼根烟筒在嘴里。

5. 揭，上古音在见母、月部，入声。韵尾灭失，只保留了 i。《说文解字》："揭，高举也。"《战国策·齐策四》："于是乘其车，揭其剑。"今有揭竿而起，指举竿造反。现多指揭露、掀起，大概是从它的另一个义项——掀起衣服来（如《诗经·邶风·匏有苦叶》："深则厉，浅则揭。"）引申出来的。苗语中，gid 指举起、抬。如 ~ hfud 揭头，相当于举头、抬头，也指带头、领头；Dail dlad ~ naix 狗竖耳朵；~ hfud ~ naix 揭头揭耳，指骄傲的样子。

举，上古音在见母、鱼部。只保留韵首 i，也可转为 gid。《说文解字》："举，对举也。"即用双手持物。《孟子·梁惠王上》："吾力足以举刊钧。"如 ~ hfud 也可释为举头。

6. 具，上古音在群母、侯部。韵母只保留了 i。具，上部是鼎字的省略形，下部是双手，本义是准备饭食。《说文解字》："具，供置也。"孟浩然《过故人庄》："故人具鸡黍，邀我至田家。"具用其本义。也做名词。《礼记·内则》："若未食，则佐长者视具。"这里的具指食具，包括里面所盛食品。泛指工具、用具。贾谊《过秦论》："实战之具。"苗语中，具因是常见、常用的东西，泛指各种东西。如 gid gid seix maix 具具悉有，即样样都有。~ gongb 具工，工是生产用具，具是生活用具，合起来指东西。~ gongb 也指家具，又指事情，如 ait ~ gongb 做事。

gif 1. 涧，上古音在见母、元部。韵母 an 往往转换为 ai，又讹为 i。《说文解字》："涧，山夹水也。"山间的水沟。如 Ghab diongl maix jox ~ 冲里有条涧。

2. 龁，上古音在匣母、物部。龁以乞表音，与乞同在物部。韵母有所偏转。《说文解字》："龁，啮也。"《庄子·马蹄》："龁草饮水。"龁草即啃草。大概是因为螳螂善于咬啮，龁又指螳螂。叠韵词：龁疣，即螳螂。《广雅·释虫》："龁疣，螳螂也。"《吕氏春秋·仲夏》："小暑至，螳螂生。"高诱注："螳螂一曰天马，一曰龁疣。"叠韵词中，往往有一个字是配字，无实际意义。龁疣指螳螂，当是取龁之义。苗语中，gif 即指螳螂。

3. 组成叠韵词：~ dif、~ dlif 等，做补语，表示某种状态或样子。如 ~ lif 指顽皮、毛糙；gif nif 骂人的话。

gik 1. 齘（xiè），上古音在匣母、月部。韵尾灭失。齘以介表音，与介同在月部。《说文解字》："齘，齿相切也。"即咬牙切齿。汉代张机《金匮要略·痉湿暍》："痉为病，胸满口噤，卧不着席，脚挛急，必齘齿。"由切齿引申为发怒。《方言》二："齘，怒也。小怒曰齘。"如 ~ hmid 咬牙，指发怒或吓唬人的样子。

2. 硌（gè）。《说文解字》无硌字。硌以各表音。各的上古音在见母、铎部。硌指硬的东西顶在身体上，不舒服。《红楼梦》十六回："未免炕上挺扛的骨头不受用，所以暂且挪下来松散些。"如 gik lob 硌脚。

3. 组成叠韵词：~ hvik、~ xik，做补语，表示某种状态或样子。

gil 1. 垎（hè），上古音在匣母、铎部。韵母有所偏转。《说文解字》："垎，水干也"。《玉篇》《广韵》皆作"土干也。"意思一样，指土中无水。《齐民要术·耕田》："凡下田停水处，燥则坚垎，湿则汗田。"如 gil gangt 垎干，即干燥。~ lul 垎老，干得厉害，指干旱。

2. 竭，上古音在群母、月部。本应作渴（jié）。《说文解字》："渴，尽也。"指水干涸。后多假借竭为渴。《国语·周语上》："昔伊洛竭而夏亡，河竭而商亡。"伊、洛都是河流名，引申为使干涸。《吕氏春秋·义赏》："竭泽而渔，岂不获得，而明年无鱼。"如 ~ lix 竭田，即把田水放干。

竭本义为负举、背驮。乌龟驮石碑可称竭，其碑又称碣。而表示口干想喝水的字，应该从饣、歇。

渴，上古音在匣母、铎部，古音应与垎相近，又与竭（渴）相近。它们基本同义又基本同音，可能是不同地区或不同时代所造的字。

3. 组成叠韵词：~ jil、~ seil，做补语，表示某种状态或样子。如 ~ wil 涡，指头上的旋儿，wil 是涡。

gis 1. 见，上古音在见母、元部，与涧同音。韵母 an 往往转换为 ai，又讹为 i。见的本义是看，引申出让人看、被人看。《广雅》："见，示也。"《战国策·燕策》："图穷而匕首见。"见即现。汉语中，人为地将其读如现。指显露、现。如 ~ dliot 见謅（zhōu），謅指撒谎。该词指撒谎露馅了，现了底。~ diub ngax jef bangd，~ diub nail jef heik 见兽背才放（枪或箭），见鱼背才攞（捞）。gis mais 见面，现面，指露面。

2. 组成叠韵词：gis leis，做补语，表示某种状态或样子。

git 1. 结，上古音在见母、质部，入声。《说文解字》："结，缔也。"结本指丝绳等打结。《庄子·胠箧》："民结绳而用之。"引申为聚在一起、凝结。苗语中，git 多用于冰雪等凝冻。如 ~ dongk 结冻。~ dliek 结霰，即结冰。~ gid 结介，指伤口好了或膏状物干了，结的硬壳。

2. 柜（guì），上古音在群母、物部。韵母只保留了 i。柜，先作匮，又作柜。《说文解字》："匮，匣也。"盛物的器具。《庄子·胠箧》："将为胠箧探囊发匮之盗。"发匮即打开柜子。如 ~ dud 书柜。~ ud 衣柜。

3. 子（jié），上古音在见母、月部，入声。无论是从今天的字形，还是从其早期的字形来看，子和子都有密不可分的关系。《说文解字》："子，无右臂也。"因为子的一横像左右两臂，而小篆中的子只有左臂而无右臂。另一相关字了（jué）则无右臂。但字形与字义对不上。我们所见的子，无非表孑然一身，指孤单；子孓，指蚊子的幼虫；子遗，指遗留。没有一个与无臂有关系。另外，孑孓指蚊子的幼虫，与蛣蟩（jié jué）两个字通假。其实，子、了显然是在子的基础上造的字，正如鸟减一笔即乌鸦的乌，指这种鸟黑得看不见眼睛。子去左臂或右臂，应指子尚未成形、尚未成子，是子的前一阶段，即现在所说的蛋。蛋是后起字，出现得较晚。在秦汉文献里找不到这个字。为什么说子就是蛋？首先，早期指蛋的字只有卵，如覆巢无完卵。而卵应是禽类卵巢的象形，大概是在杀鸡时看到的景象，其中的两点指正在成长的卵，引申为生下来的蛋。要知道古人造字煞费苦心，如果画一个蛋形，人们不知道它指什么。所以除了子之外，真正表示蛋的字还没有。其次，今天仍有广大地区称蛋为子，如鸡子指鸡蛋。严格说，子喻蛋不准确，出生才能叫子。但以未成形的子——孑喻蛋，是较准确的。最后，从子的用法来看，释子为蛋，意义吻合。《诗经·大雅·云汉》："用余黎民，靡有孑遗。"子遗即还剩下蛋。没有孑遗，连蛋都没有了，即连传种的都没了。子孓连用，从未见孓单独使用，如果单独使用，也与子没有区别。窝里的蛋通常不止一个，故用子孓。有子无孓，即表孤单。孓用以指蚊子的幼虫，那是通假。孓与子同母同部，因韵首 u 灭失，孓的苗语读音与子完全相同。如 ~ nangb 蛇蛋。~ nes 鸟蛋。~ gas 鸭蛋。~ bangx 花蛋，指小母鸡下的头个蛋。~ got 睾蛋，即睾丸。~ mangl 脸蛋。git yenb 腌蛋。

4. 组成叠韵词：~ yit、~ zeit，做补语，表示某种状态或样子。

gix 1. 管，上古音在见母、元部。韵首 u 灭失，an 一般转换为 ai，这里讹为 i。gix 与前面作动词的 ghend——管不同，这里是名词。除了声母相同、声调吻合外，韵母似乎相去甚远。依据贵州民族出版社出版的《苗族芦笙辞》（搜集于贵州省西部大方县），芦笙称为 ghenx。ghenx 与管非常吻合：韵首 u 灭失，an 转换为 en，第三声对应于 x。黔东南地区的 gix 也指芦笙。同是苗族，同是芦笙，gix 与 ghenx 定然指同一种东西。

(1) 管，本指管乐器。《说文解字》："管，如篪，六孔。"《诗经·周颂·有瞽》："箫管备举。"《孟子·梁惠王下》："百姓闻王钟鼓之声，管籥之音。"《淮南子·原道》："建钟鼓，列管弦。"注："管，箫也。"也就是说管是箫一类的乐器。而《说文解字》释箫："参差管乐，象凤凰之翼。"也就是说它是多管乐器，且各管排列起来高低不一，这与今天的芦笙相吻合。今天的箫似是单管，如笛，横吹曰笛，竖吹曰箫。芦笙是苗家最常见的乐器，老老少少都能吹。gix 又指芦笙曲。如 cob ~ 吹芦笙；~ dlak hlat 讨腰带芦笙曲。gix 还指芦笙中的某一根管。如 ~ zeit lit，指最短的一根管，其声音也最尖利，如嗞哩，该管因此叫嗞哩管；~ zab，晒管，言其最长，可晒太阳。这也是释 gix 为管的佐证。

(2) 指管道。如 ~ lix 里管，里指村寨，里管即村寨的下水道。~ eb 水道、涵洞。

2. 组成叠韵词：~ mix、~ xix 等，做补语，表示某种样子。

go

gob 1. 榖（gǔ），上古音在见母、屋部，入声。韵母本为 o。榖是树名，又称构、楮。gob 似乎更接近于构的读音。其实榖与构读音基本相同。榖与构是异体字。这种树有很厚的皮，皮可以造纸，也可以盖房子，做简易的屋顶。《水浒传》里称武大郎为"三寸钉榖树皮"，言其身矮皮厚而粗糙。有的版本误把榖当成榖（谷的繁体），遂写成"三寸钉谷树皮"。如 Zaid pet ~ seix niel, gad xut eb seix ngangl 铺榖（树皮）的房子也住，泡水的饭也咽。歌词里，一是为了简洁，二是榖树皮特征明显，以榖代指其皮。

2. 组成叠韵词：~ lob，犹如辘辘，指滚动的样子；~ qob，指翘起的样子或干硬的样子；~ wob 指圆形或滚动。

god 1. 稿，上古音在见母、宵部。韵母 au 转为 o。《说文解字》："稿，禾秆也。"即稻草一类。可以烧火，也可做草席。god sent 即稿苫。苫本是用草编的覆盖物，但也指草席、草垫子。《左传·襄公十七年》："寝苫枕草。"指居丧期间，睡草席，以草为枕。稿苫即稻草席。如 Ghab qut jangs maix pangb ~ sent 床上垫有一床稿苫。

2. 过。如 ~ yenx 过瘾，可能是照搬现代汉语。不过，苗语确有 yenx——瘾一词。

3. 咯，象声词。如 ~ qod ~ qod 小的摩擦声。

gof 1. 怪，上古音在见母、之部。韵母本无韵首 u，接近于 o。《说文解字》："怪，异也。"《周礼·阍人》："奇服怪民不入宫。" 如 ~ bif gof yangd 怪敝怪样，即怪模怪样。这里的 bif 也可能没实际意义，犹如土里土气中的里。如 ~ qod 怪蹺，令人讨厌的样子。

2. 国。如 ~ jab 国家；~ jid 国际；~ fangf 国防；~ wud weed 国务院。照搬现代汉语。

3. 各，上古音在见母、铎部。《说文解字》："各，异词也。从口、夂。夂者，有行而止之、不相听意。"这里对夂的理解不一定对，但"有不相听意"则是《说文解字》作者对各字的理解，那就是各行其是。《诗经·鄘风·载驰》："女子善怀，亦各有行。"疏："亦各，不一之辞。"如 ~ yangd 各样，相当于各色，与别人不一样。

gok 组成叠韵词：~ hmok、~ hxok、~ liok 等，做补语，表示某种样子。gok 可能是配字。

gol 1. 叫，上古音在见母、幽部。韵母 ou 转为 o。《说文解字》："叫，嘄也。"嘄即呼。《左传·襄公三十年》："或叫于宋大庙。"苗语中，gol 既可指呼唤，又可指称呼。如 ~ khat dax hek jud 叫客来喝酒。Gid gux maix naix ~ mongx 外面有人叫你。Nenx laib nangx bit ~ ait Bangx 她的名讳叫作花。

2. 歌，上古音在见母、歌部。歌本做动词，指歌唱。《说文解字》："歌，咏也。"《诗经·魏风·园有桃》："心之忧矣，我歌且谣。"《战国策·齐策》："乃歌夫'长铗归来'者也。"可见早期歌多做动词。先秦文献中几乎见不到用歌做名词的。~ hxak 直译为歌韶，即唱歌。韶是乐名。《论语·述而》："子在齐闻韶，三月不知肉味。"韶泛指音乐、歌曲。

3. 组成叠韵词：~ nol、~ wol，做补语，表示某种样子。

gos 1. 俄，上古音在疑母、歌部。声母相当于 ng，转换为 g。可能读去声，方与声调 s 对应。俄是会意字：我是一种刑具，带锯齿的大斧；左边的人本是一个被砍断一条腿的人。只有一条腿的人当然会倾倒。故《说文解字》："俄，倾也。"《诗经·小雅·宾之初筵》："侧弁之俄。"指帽子歪了，快掉了。苗语里，gos 主要指倒。如 Laib zaid nongd nongt gos dail 这个宅子要倒了。~ bend 倒本，即亏本。~ set 倒事，输官司。~ lil 输理。~ dinngs 倒仗，战败。~ jud 倒酒，醉酒。~ hxak 输歌（对歌中失利）。

2. 及，上古音在群母、缉部，入声。韵尾相当于 o。gos 是 gid——及的又音。《说文解字》："及，逮也。"逮就是赶上。《史记·项羽本纪》："使人追宋义子，及之齐，杀之。"及之齐，即在齐地追上了。它有几个引申义。一是相当于赶上坏事，即遭受。《韩非子·五蠹》："铁铦短者及乎敌。"及乎敌即为敌所伤，也可理解为被敌人赶上。及难即遭难；及祸即遭祸。二是至。《广雅》："及，至也。"《左传·隐公元年》："不及黄泉，无相见也。"三是做助词，相当于到、着，一般置于动词之后。苗语中，gos 也有类似用法。

(1) 遭受、赶上。如 ~ hxongt 及铳，即挨枪、挨炮。~ hsangb 及创，受伤。~ diuk das 挨刀死的（骂人话）。~ gangb 遭虫害。~ tot 及套，落入圈套。

(2) 相当于至、到。如 ~ khat 及客，即来客了。

(3) 放在动词后面。如 wil ~ dail nail 抓到一条鱼。dib ~ dail nangb 打到一条蛇。

got 睾，即睾丸，不见于早期经传。

gox 1. 峤（qiáo），上古音在群母、宵部。韵母 au 转为 o。《尔雅·释山》："山小而高，岑；锐而高，峤。"山锐，必多石。峤实乃石山。如 ~ vib 石峤。Od ~ lol hsait vongl, lios zat lol hsait gif 撬峤来砌谷，开岩来砌涧。指从山上采石来砌筑。

2. 搅，上古音在见母、觉部。韵母只保留了 o。gox 是 ghox——搅的又音。组成叠韵词：~ jox 搅挍（jiǎo）。挍即搅。《后汉书·马融传》："散毛族，挍羽群。"李贤注："挍从手，即古文搅也。"~ jox 又可译为挍搅。而搞应是挍的后起字。

3. 敖（áo），上古音在疑母、宵部。声母 ng 转换为 g。韵母 au 转为 o。现代汉语中，声母 ng 灭失。《说文解字》："敖，出游也，从出、放。"敖的左上角，本是出；左下角本是方，与右边的攵合成放。故云："从出、放。"放又释为逐，如流放、放牛、放羊，都有从后面赶的意思。为什么说"出游"

171

呢?《诗经·邶风·柏舟》:"微我无酒,以敖以游。"敖与游基本同义,今有"遨游"(繁体为遊)一词。这里敖——出游应是引申义,本义应为赶出去。从本义又引申出把东西扔出去。如 ~ mongl 扔掉。

gong

gongb 1. 功,上古音在见母、东部。《说文解字》:"功,以劳定国也。"即功劳。《史记·项羽本纪》:"劳苦而功高如此,未有封侯之赏。"如 Nenx dib diangs maix ~ 他打仗有功。

2. 公、工。如 ~ lif 公历; ~ pinf 公平; ~ yof 公约; ~ zangb 公章; ~ cangx 工厂; ~ renf 工人; ~ zof 工作。照搬现代汉语。

3. 沟,上古音在见母、侯部。繁体作溝。联系到讲的繁体为講,与溝具有共同的表音部件,但读讲,相应地,苗语读 ghangd。我们假定冓(gòu)具有 ang 化或 ong 化的基因(ang 与 ong 可转换),这里 ong 化了。《说文解字》:"沟,水渎也。广四尺,深四尺。"沟较早指田间水道。《周礼·考工记》:"九夫为井,井间广四尺,深四尺,谓之沟。"这里的井指井田,用井字形将一个正方形分为九份,九人分种,即九夫为井。

(1) gongb lix 田沟。如 Lix bil mongl khab ~,lix gil mongl dib hxangb 坡田要开沟,珞(干涸)田要打塍(田埂)。泛指沟状。如 ~ ngil 瓦沟; ~ guf 脊沟。

(2) 又因为要在庄稼地里穿行,必须从沟里走,沟引申为小路。如 Longl gid jus jox gongb,nangl ud jus jox dob 走路一条沟,穿衣一匹布。gongb dol 远路。

4. 冓(gòu),上古音在见母、侯部。韵母"ong 化"了。参见上文沟(沟)——gongb 字条。《说文解字》:"冓,交积材也。"这本是一个上下对称的字,象木材相互支撑而堆放,即"交积"。今有"篝火"一词,即把木材交积起来,再点火。此词源于《史记·陈涉世家》:"夜篝火。"《汉书·陈胜传》则作:"夜构(構)火。"不论篝、构,音、义都出自冓。冓在古汉语里多做数量词。《广韵》:"十秭曰冓。"一定数量的稻禾叫秭。苗语里指未捆的一小堆柴火。如 ib ~ dul 一冓楚,即一堆柴火。

gongd 1. 共。如 ~ hof gof 共和国; ~ Caix Dangx 共产党。照搬现代汉语。

2. 贡。如 ~ xeed 贡献。照搬现代汉语。

3. 拱,上古音在见母、东部。gongd 是 ghongx——拱的又音。《说文解字》:

"拱，敛手也。"双手抱拳拱手。引申为拱形。如 ~ jongf 拱弓，像弓一样拱背。弓做名词时，在苗语里为 jongb，做形容词时为 ghongl，指弯曲。这里的 jongf 指弓形。~ jongf 通常指躬身趴着，像一张弓。

4. 组成叠韵词：~ hxongd，做补语，表示某种状态或样子。

gongk 1. 供（gòng），上古音在见母、东部。gongk 是 ghongd——供的又音，用法不同。ghongd 指供品、食物。这里指供给。《国语·周语》："事之供给，于是乎在。"苗语中，gongk 指供养。如 Mais das sod mongl，maix dail bad ~ hlieb 母亲早死，父亲供养大。

2. 丛，上古音在从母、东部，与从同母、同部。从（入声），苗语里读 gangl。丛读 gongk。丛的繁体作丛。《说文解字》："丛，聚也。取声。"丛上部象形，像草木丛生之状；下部的取表音。以取表音的字如聚、鲰，古音也都在从母。显然丛的韵母 ong 化了。丛的异体字藂，即从聚表音，聚也有表义作用。《尚书·无逸》："乱罚无罪，杀无辜，怨有同，是丛于厥身。"丛于厥身，即集于一身。引申指丛生的草木。《孟子·离娄上》："为丛驱雀者，鹯也。"苗语中，gongk 也有类似字义。

（1）指草木丛。如 Dail nes bus ~ 鸟赴丛。

（2）量词，用于指成丛的东西。如 ib ~ zend naf 一丛辣椒。

（3）指聚在一起。如 Naix not ~ diot ib bet 大家丛作一处。Dail mif lul gheib ~ dol ghab daib gheib 老母鸡把鸡崽丛在一起。组成叠韵词：gongk niongk 丛乱，指人多相互拥挤。

3. 唤，上古音在晓母、元部。韵母 uan 转换为 ong。《说文新附》："唤，呼也。"《世说新语·方正》："于是先唤周侯丞相入。"如 Mif gheib gud gud ~ ghab daib nongx hsaid 母鸡咕咕地唤小鸡吃米。

4. 组成叠韵词：gongk tiongk，做补语，指死去的样子。

gongl 1. 沟，上古音在见母、侯部。韵母 ong 化了。gongl 是 gongb——沟的又音，用法完全相同，指沟或路。大概是受表音部件冓的影响（冓又读去声），声调因此变成 l。

2. 篝，上古音在见母、侯部。韵母 ong 化了。随冓读去声。《说文解字》："笒也，可熏衣。"篝本指箱笼。《集韵》："篝，蜀人负物笼，上大下小而长。"《史记·滑稽列传》："瓯窦满篝，汙邪满车。"宋代周邦彦《梅花》："更可惜，雪中高树，香篝薰素被。"这里指熏笼。如 ~ longl 篝笼。~ longl ud 装衣服的箱笼。~ longl tongd 篝笼橐，即风箱。

篝用于篝火，应是假借为冓或构。

173

3. 搆（gòu），上古音在见母、侯部。韵母 ong 化了。典籍中，《孟子·告子下》："吾闻秦楚搆兵，我将见楚王，说而罢之。"搆即交合，与构（构）同义。推测其本义与手有关，姑且用搆释 gongl。如 gongl lid 搆栗，指将手指蜷曲起来，以关节敲击他人。鲁迅称之为暴栗。指关节大小与栗相当，故称栗，多用来敲人头部。

4. 组成叠韵词：~ dongl、~ nongl、~ niongl 等，做补语，表示某种状态或样子。

gongs 噌，以曾表音。曾的上古音在从母、蒸部。声母与韵首 i 结合转换为 g，韵母 eng 转换为 ong。噌象声字，形容极快的样子，如兔子噌地跑过去。按苗语习惯，将其做补语，如 dlenl ~ 噌地进去了。

gongt 降（jiàng），上古音在见母、冬部。隆，从降表音，也就是说隆的韵母与降是相同的。《说文解字》："降，下也。"由上而下叫降《韩非子·外储说左下》："登降肃让，以明礼待宾。"登与降相对。如 ~ nongs 降雨，比喻唠叨时唾沫四溅，说个不停。如 dlens ~ nongs 唠里唠叨地念。dlens 即詹，多言。

gongx 1. 管，上古音在见母、元部。韵母 uan 转换为 ong。gongx 不同于 ghend——管辖、gix——管乐器、水管。指细的管，如杆状，中空。如 gongx dak 翅管，即翅膀上的羽管，比一般羽毛略粗。gongx dex 擢管，指笔帽，因用笔时须将其拔下。

2. 汞，即水银。汞是后起字。应是照搬现代汉语。

3. 组成叠韵词：~ niongx、~ nongx，做补语，表示某种状态或样子。

gu

gub 姑，上古音在见母、鱼部。《说文解字》："姑，夫母也。"即婆婆。后来引申指从事某种职业的女性，如三姑六婆，包括尼姑、道姑、媒婆、接生婆等。这里指仙姑，据说能沟通阴阳两界。

gud 1. 苗族称侗族，其字待考。

2. 苗族的一个氏族名称，该氏族住地也以此命名。如 ~ Ghab Zat 汉名槁午。其字待考。

3. 罟（gǔ），渔网。《说文解字》："罟，网也。"上部即由网演变而来。《孟子·梁惠王上》："数罟不入洿池，鱼鳖不可胜食也。"数罟指网眼小而密的网。这里是要告诉人们，不要用这种网打鱼，因为它将小鱼小虾都一网打尽了。苗语中，gud 即网。

4. 握，上古音在影母、屋部，入声。韵母只保留了 u。gud 是 ghok——握的又音，用法不同。《说文解字》："握，搤（è）持也。"搤即扼。扼持即攥住。也作量词，相当于一把。《诗经·陈风·东门之枌》："视尔如荍，贻我握椒。"贻我握椒即赠我一握椒。《礼记·王制》："宗庙之牛，角握。"角握即一握之角，有人认为是一握之粗，也有人认为是一握之长。苗语中，gud 也有类似的字义。如 dlangd ~ gheib 鹰抓鸡；ib ~ ghab hsaid 一握米，即一把米；ib gud vob mangk 一握腌菜。

5. 䐠（huò），上古音在影母、铎部。《说文解字注》，注音为乌郭切，读音当读如握。《说文解字》："䐠，善丹也。"《山海经·南山经》："鸡山，其上多金，其下多丹䐠。"郭璞注："䐠，赤色者。或曰：䐠，美丹也。"䐠从丹表义。丹即朱砂，红色的矿物质，可提取汞——水银。䐠应是纯度较高的丹，和丹一样，也指红色或红色的颜料、脂粉等。《文选》中，颜延年《和谢监灵运》："虽惭丹䐠施，未谓去素睬。"即指脂粉。苗语中，gud 指红色。如 ~ mangl sul hnaib tob 䐠面如日照。

6. 组成叠韵词：~ hvud、~ liud、~ lud、~ yud 等，做补语，表示某种状态或样子。

guf 1. 脊，上古音在精母、锡部，入声。韵母本不应为 u，可能是受声母影响所致。《说文解字》："脊，背吕也。"吕即膂，脊椎的象形，可详见 diub——吕字条。指人脊的有吕、膂，脊可能本指动物的脊。因为脊常用来指物体的最高处，如屋脊、山脊。只有动物，尤其是哺乳动物的脊是其躯体的最高处。《北史·齐宣帝纪》："三台构木高二十七丈，两栋相距二百余尺，工匠危怯，皆系绳自防，帝登脊疾走，都无畏怖。"此处的脊指高台的顶部。苗语里，脊既指背部，又指物体的最高处，还引申为物体之上。如 guf jid 背上。~ bil 手背。~ det 树梢。dib ~ 打尖，打梢，掐去植物的顶端，抑制其向上生长。~ dax 桌面，桌上。~ lox 楼顶，楼上。

2. 瞿，上古音在群母、鱼部。是 ghux——瞿的又音，用法相同。如 Dail liod nongd ~ wat 这条黄牛瞿得很。瞿指易受惊。

3. 豁，上古音在晓母、月部。韵母只保留了韵首 u。豁从谷表音，本指开阔的山谷，故而用于豁然开朗、豁达。也用于豁出去，即舍弃。杜牧《寄杜子》："狂风烈焰虽千尺，豁得平生俊气无?"也可能是与同音字通假。引申为扔出去、冲出去。如 guf hxangd 豁血，指血冲出。Nenx guf ghaid det hlod dax mongl deix dail dlad 他扔出竹棍打中了狗。

guk 盖，上古音在见母或匣母、叶部。韵母本不应为 u，可能是受声母影响所致。盖的繁体为盖。《说文解字》："盖，苫也。"《左传·襄公十四年》："乃祖吾离被苫盖，蒙荆棘，以来归我先君。"被苫盖，即披着草席子一类的东西。盖引申为遮盖。车盖等。《淮南子·说林》："日月欲明而浮云盖之。"《史记·管晏列传》："拥大盖，策驷马。"此处指车盖，车上伞状的盖。

(1) 指遮盖、罩住。如 ~ khob 盖头。~ nail 盖鱼，即罩鱼，指用罩捕鱼。~ gheib 盖鸡，即罩鸡。罩鱼、罩鸡的工具也叫盖。

(2) 相当于车盖，指伞。如 Gid waix det ~ nox, gid dab nangl ud xok 上面树绿盖，下面穿红衣（谜底：棕树）。

(3) 引申为顶子。如 guk zaid 宅盖，即房顶。

gul 1. 骨，上古音在见母、物部。《说文解字》："骨，肉之核也。"《孟子·告子下》："必先苦其心志，劳其筋骨。"如 ~ ghangb 尻骨，即尾椎。~ mangl 面骨，即颧骨。

2. 股，上古音在见母、鱼部。gul 是 ghad——股的又音。《说文解字》："股，髀也。"指大腿。人有双股，引申为事物的一个分支。《汉书·沟洫志》："诸渠皆往往股引取之。"注：股，支别也。宋代陈从古《浯溪》："浯溪一股寒流碧。"苗语中，gul 做量词。如 ib laix ib ~ 一人一股。

3. 鼓，上古音在见母、鱼部。gul 是 ghox——鼓的又音，意思相同，指凸起状，如鼓形。如 ~ niux ~ lot 鼓唇鼓嘴。~ diul 鼓弹，物体凸出的样子。

4. 瞽，上古音在见母、鱼部。gul 是 ghox——瞽的又音。瞽指目上生翳，即白眼，无光。用今天的语言，叫白内障。如 Jil hniub mais jangx laib ~ 眼珠成瞽。

5. 指长蚂蚱，其字待考。

6. 组成叠韵词：~ diul、~ liul、~ xul、~ yul 等，做补语，表示某种状态或样子。

gus 1. 揭，上古音在见母、月部，入声。韵母不当为 u，可能是受声母影响。gus 是 gid——揭的又音。gid 指举起，这里指掀起。《诗经·邶风·匏有苦叶》："深则厉，浅则揭。"指过河时，如果水深，就踩着石头过；水浅，撩起衣裳过。现有揭露、揭盖子、揭疮疤等词。如 ~ laib hniangb 揭锅巴。

2. 叫，上古音在见母、幽部。韵母只保留了韵尾 u，是 gol——叫的又音，字义有所不同。gol 指呼喊某人、名叫某某。这里则指大呼小叫、狂呼乱叫。如 Mongx ~ dol xid? 你叫什么？

3. 咕，象声词，犹如嗖、嗯，表示极快，放在动词后面。如 gos gus 很快地倒下。

4. 组成叠韵词：~ lus 指斑驳的样子；~ zus 做补语，指某种状态或样子。

gut 1. 组成双声词：~ gat 爪子。~ git 指被胳肢得痒痒，或指心虚、害怕、恶心。可能是 gat、git 的配字，无实义。

2. 组成叠韵词：~ hvut、~ liut，做补语，表示某种状态或样子。

gux 1. 古，上古音在见母、鱼部。《说文解字》："古，故也。从十、口，识前言者也。"古即口口相传。古既指往昔，又指往昔的经验教训、道理等。《论语·述而》："述而不作，信而好古。"今有谚语："老人不讲古，后人不靠谱。"苗族长期没有文字，讲古是最重要的文化传承。古在苗语中也成了道理、规矩等的代名词。如 ~ lul bens ghot 老古旧份，指老规矩、传统礼教。~ mais lil bad 妈古爸理，即老理古规。Fangb maix lil, vangl maix ~ 方有方理，寨有寨规。

2. 估。gux 是 ghed——估的又音，意思相同，指估计。如 Mangx ~ maix not xus jangb？你估计有多少斤？

3. 股，上古音在见母、鱼部。gux 是 gul、ghad 的又音，与 gul 同义，做量词。如 bait ait bib ~ 分作三股。

4. 局，上古音在群母、屋部。韵母只保留了 u。《说文解字》："局，促也。"即局促。《诗经·小雅·正月》："谓天盖高，不敢不局。"又做使动词，犹如限制、逼迫。《儒林外史》："屠户被众人局不过，只得连斟两碗酒喝了，壮一壮胆。"在引申义上，西南地区的汉语区里已读如估。艾芜《猪》："硬要估住他赔。"又有"估倒"一词，与此"估"同义，应该写作局。如 Ax baib nenx, nenx ghax ~ dox ed 不给他，他局倒（逼着）要。

5. 雇（hú），上古音在匣母、药部。韵母只保留韵尾 u。《说文解字》："雇，高至也。从隹，上欲出冂。"会意字，像隹（鸟）要从房屋或牢笼里冲出来。《诗经·召南·行露》："谁谓雀无角，何以穿我屋。"再现了这一情景。《易经·系辞下》："夫雇乾然。"各家释雇为高。其实，雇有外面的意思，与待在室内的鸟相对。苗语中，gux 即指外面，通常与 zaid——宅相对。如 naix ~ 外人。mongl ~ 去外面，即外出。~ gux zaid zaid 雇雇宅宅，即里里外外，也指进进出出。

外，上古音在疑母、月部。声母 ng 可转换为 g。韵母含有 u，这也是今天的声母 w 的来源。声调与 x 不太吻合。《说文解字》："外，远也。卜尚平旦，今若夕卜，于事外矣。"较牵强。

6. 迕，上古音在疑母、鱼部。声母 ng 转换为 g。《说文解字》："迕，逆也。"《管子·君臣上》："国家有悖逆反迕之行。"今"忤逆不孝"一词。如 ~

kangd 连抗，即抗拒。

7. 矮。gux 是 gal——矮的又音。声母 ng 转换为 g。矮以委表音，委读音中的 w 当是 u 的来源。矮以"矢"表义，与短的左部相同。"矢"是"夫"的变形。《说文新附》："矮，短人也。"《旧唐书·阳城传》："道州地产民多矮。"如 ~ lil gux lib，口语，指个儿矮。lil 与 lib 可能是助词，没有独立的字义。

8. 蛄，上古音在见母、鱼部。《说文解字》："蛄，蝼蛄也。"一种昆虫。现代汉语里，蛄几乎看不到其独立使用，只见于蝼蛄、蝲蛄等。苗语指蚂蚱，也写作 gangb ~ 。

9. 鼓、股等。如 ~ lid 鼓励；~ zaugx 股长。照搬现代汉语。

gua

guad 挂。如 ~ haod 挂号；~ qenb 挂清。黔东南地区把清明节扫墓叫挂清。照搬现代汉语。

guai

guaib 观、官、关等。如 ~ dieex 观点；~ liaof 官僚；~ xid 关系。照搬现代汉语。

guaix 管、馆等。如 ~ zid 管制；~ zix 馆子。照搬现代汉语。

guang

guangx 广。如 ~ bod 广播；~ Xib 广西。照搬现代汉语。

提示：声母 h 对应于汉语中的声母 h、x。另有声母 hl、hm、hn、hs、hv、hx，将在相应的章节前提示。

ha

hab 1. 鞋。按《广韵》，为户佳切，其读音正好是 hab。鞋在长江流域一带多读如孩。鞋在《说文解字》里作鞵。先秦文献很少见到鞋或鞵字，一般多用履、屦等，如郑人买履。此字是否在《广韵》时期传到苗族，也未可知。如 ~ det 木鞋，即木屐；~ dud 皮鞋；~ tongd 筒鞋，即靴子。

2. 哈，用于音译，如 ~ Sab Keef 哈萨克。

had 1. 呵（hè），上古音在晓母、歌部。呵指嘘气。《关尹子·二柱》："衣摇空得风，气呵物得水。"今人也用哈，如：手冷，朝手上哈口气。哈欠即呵欠。如 ~ bil 呵手，即向手上呵气。

2. 撼（hàn），上古音在匣母、侵部。韵尾为 m，m 在转换中消失。《广雅》："撼，动也。"韩愈《调张籍》："蚍蜉撼大树，可笑不自量。"苗语中，had 指动、挪动。如 Jak mongx ~ nenk daib, ax gid langl wil 请你动一下，别挡着我。

3. 衔，上古音在匣母，一说在侵部，一说在谈部，总之韵尾为 m，m 在转换中消失。衔至少在某些方言中与谢通假，二字同音。《管子·形势解》："法立而民乐之，令出而民衔之。"这里的衔应为谢。另外，衔有异体字唧（xián），以卸表音。《管子》代表齐地的读音，苗族发源地的读音。如果真读如谢，就可能释其声调为什么转换为 d。衔从金表义，本指马嘴中所含金属，即马嚼子，引申为口含、叼。《后汉书·张衡传》："机发吐丸，而蟾蜍衔之。"这里用作量词，一衔即一口。如 ib ~ gad 一口饭；ib ~ eb 一口水。

4. 哈。had had 指笑或得意地感叹。

haf 呵（hē）。haf 是 had ——呵的又音。如 haf gix lix 呵痒痒，胳肢，与 gix lix 相同。前面加呵，因为在胳肢之前，往往有向手呵气的动作。

179

hak 1. 吓，繁体作吓，上古音在晓母、铎部。吓指怒声喝住别人。《集韵》："以口拒人谓之吓。"《庄子·秋水》："鸱得腐鼠，鹓雏过之，仰而视之曰：吓。"鸱担心鹓雏夺自己的腐鼠，故而想阻止它。

    （1）指怒声。如 ~ dol nes, ax baib lol nongx nax 吓鸟群，不让来吃稻子。

    （2）作叹词。如 ~！Dias nongd wil jas mongx yangx 吓！这回我碰见你了。

  2. 回，上古音在匣母、微部，近乎读 huai，韵首 u 灭失，韵尾 i 脱落，犹如爱读 at。回字本是旋涡状，指回旋、回荡等。《楚辞·九章·悲回风》："悲回风之摇蕙兮。"hak hveb 直译为回话，实指回音。如 Genx ~ diongl web web 哭声在冲里哇哇地回荡。hak hvib 直译为回心，并非指回心转意，而指惋惜，犹如说心意盘旋于某件事上，难以割舍。

hat 1. 亥，上古音在匣母、之部。韵母有所偏转。亥是地支的第十二位。苗族以地支纪日，其作用非常重要。如某些节日不是定于某个月的第几日，而是对应于某一地支。比如吃新节，就定于农历六月的某个卯日，因此也叫吃卯节。如 hat duf hat juf bib 亥鬪（dou）亥十三。指从亥日到下一个亥日有十三天，实际上是地支的一个周期，即十二天。算上两头才十三天。

  2. 害，上古音在匣母、月部。韵母有所偏转。《说文解字》："害，伤也。"hat 是 gheik、gheit——害的又音，用法不同。gheik、gheit 均指损坏。hat 则指伤害、害人。《易经·节卦》："不伤财，不害民。"如 Ib dail gangb ~ ib wil vob 一只虫害一锅菜，犹如一粒鼠屎坏一锅汤。Naix yangf ~ nenx 坏人害他。

  3. 悕（xī），上古音在晓母、微部，入声。韵母转换与 hak——回相同。《广韵》："悕，愿也，又悲也。"《玉篇》："悕，念也。"《公羊传·成公十六年》："在招丘悕矣。"何休注："悕，悲也。"悲本有怜悯、顾念之义。《汉书·高帝纪》："游子悲故乡。"今有悲天悯人、慈悲等词。我们大致可知，悕也有怜悯、顾念的意思。如 jus deix ~ nenx 实在怜悯他。~ hlieb naix 可怜那么大个人，即白长那么大。

hai

haib 1. 瓠（hú、hù），上古音在匣母、鱼部。韵母偏转。瓠是一年生草本植物，其果实即葫芦。《庄子·逍遥游》："今子有五石之瓠，何不虑以为大樽而浮乎江湖？"五石之瓠，指瓠可容五石。瓠老壮之后，去其瓤，可做容器，如盛酒、水等。因此，典籍里瓠与壶相通。《诗经·豳风·七月》："七月食瓜，八月断壶。"断壶即摘瓠子。苗语中，haib 不指果实而指用它做的容器，相当于瓢。《说文解字》释瓢："从瓠省，票声。"即认为瓢字右边的瓜源于瓠，是瓠字的省略形。《三苍》："瓢，瓠勺也。"足见瓠与瓢的关系。如 Dad laib ~ lol heik eb 拿瓠来舀水。引申指瓢形的东西：haib lot 口瓠，指上腭，因其形状如倒扣的瓢。

2. 和，上古音在匣母、歌部。按说韵母不当转换为 ai。但老北京、今天的台湾地区，和做连词时，读 han，这个读音倒是可以转换为 haib。和本义为声音相应。做连词是较晚的事，上古连词多用与。另外，不知是否为后来引入的，待考。如 Dol hlieb ~ dol yut, dol lul ~ dol vangt 大人们和小孩们、老人们和幼童们。

3. 嗨，语气词，表肯定。dios haib 是嗨。如 Laib hfud gid nongd wil bub haib 这件事我知嗨。语气词没有独立意义，选用哪个字、哪个音是一种习惯。

haif 1. 吓，上古音在晓母、铎部。韵母有所偏转。haif 是 hak——吓有又音，用法有所不同，这里指吓唬。如 ~ hux 吓唬。

2. 嗨，叹词，表示惋惜、遗憾等。如 ~, mongx ait hsad yangx 嗨，你做错了。

3. 寒。韵母 an 转换为 ai。如 ~ jad 寒假；~ liul 寒流。照搬汉现代语。

hail 嘿，笑的声音。如 diek ~ ~ 笑嘿嘿。

hais 咳，叹息声。如 Hais, hxat dad wat! 咳，苦极了!

hait 蓄，上古音在晓母、觉韵。韵母只保留了韵首，hai 当是 hi 之转。《说文解字》："蓄，积也。"《吕氏春秋·仲秋》："务蓄菜，多积聚。"今有"积蓄"一词。如 ~ ghab dliub khob 蓄头发；~ hxangt niangs 蓄胡子；~ dul det 蓄林木。其中 dul 是楚——灌木，det 是树。

haix 海，上古音在晓母、之部。《说文解字》："海，天池也，以纳百川者。"即海洋，又比喻大。前秦王嘉《拾遗记》："京师谓康成为'经神'，何休为'学海'。"如 Maix ib pid hmub dail dief ~ mongl niangb fangb mongl haib 有一批苗族还跨海去定居。haix 又指大酒钵。汉语中有"门海（盛水大缸）""海碗"。

hang

hangb 1. 行，上古音在匣母、阳部。韵母本为 ang。汉语里也保留了 hang 的读音。行本是十字路口的象形，指道路，引申为行走。《说文解字》："行，人之步趋也。"已经是引申义了。《论语·述而》："三人行，必有我师焉。"苗语中的 hangb 指行走。如 ~ gid 行路，即走路。~ khat 行客，指走亲戚。

2. 现，上古音在匣母、元部。韵母 an 转换为 ang。本用于出现、显现，后用于现在、眼前，如现世报（立即得到报应）、现做现卖等。引申做副词，表即刻。如 Mongx ait jangx yet ~ mongl 你做成了即去。

hangd 1. 忺（xiān）。据《古今韵会举要》，忺为虚严切，在晓母、入声。韵母 an 转换为 ang。忺，适意、高兴。唐朝韦应物《寄二严》："丝竹欠已懒，今日遇君忺。"李清照《声声慢·寻寻觅觅》："满地黄花堆积，憔悴损，如今有谁忺摘？"（有的版本作"如今有谁堪折"）如 ~ ghax mongl, ax ~ ghax niox 乐意就去，不乐意就拉倒。

2. 颔（hàn），上古音在匣母、侵部。韵母近于 am，转换为 ang。颔从页表义，指头部的某一部位。《释名·释形体》："颐，或曰颔车。"指下巴。《庄子·列御寇》："夫千金之珠，必在九重之渊，而骊龙颔下。"引申为动词，即点头。《左传·襄公二十六年》："逆于门者，颔之而已。"欧阳修《卖油翁》："见其发矢十中八九，但微颔之。"又由点头引申为同意。如 Ax gid mongl dod det, ax dot naix not ax ~ mongx 不要去斫树，否则大家不会同意你。

3. 巷，上古音在匣母、东部。这里的 hangd 与 ghongs——巷同义，只是读音朝不同方向转换：ghongs 更接近巷的表音部件——共；而 hangd 更接近今天的读音，巷道的巷，即读 hàng。它也由街巷引申为地方。如 ~ aib 那里；~ nongd 这里；~ ghad 臀部。

顺便说明一下：部本是地名，在甘肃省天水一带，后来也引申指部位。

4. 限，上古音在匣母、文部。韵母 en 转为 an，进而转换成 ang。《说文解字》；"限，阻也。"本义为险阻。《三国志·吴书·陆逊传》："夷陵要害，国之关限。"引申为界限、限制等。《韩非子·解老》："嗜欲无限，动静不节。"苗语中，hangd 用于条件从句，表示只限于条件甲的存在，才会发生乙。如 ~ mongx mongl, wil ghax mongl 限你去，我就去。即只有你去，我才去。

5. 恨，上古音在匣母、文部，与限同，均以艮表音。韵母 en 转为 an，进而转换成 ang。《说文解字》："恨，怨也。"不似今天用于仇恨程度之深。《史记·商君列传》："寡人恨不用公叔痤之言也。"恨不相逢未嫁时、恨铁不成钢等都有遗憾的意味。如 Nenx nongf vas haib, ~ yut dliud nenk yangx 他自是聪明，只恨胆小点。

6. 吭，叹词。如 ~！Nenx hot gheix xid? 吭！他说什么？

hangf 1. 限，上古音在匣母、文部。韵母 en 转为 an，进而转换成 ang。hangf 是 hangd——限的又音，用法有所不同。这里指限制、约束。《荀子·强国》："夫义者所以限禁人之为恶与奸者也。" 如 Dail daib nongd zok wat, mongx nongt ~ nenx nenk 这孩子作（胡来）得很，你要限他点。

2. 航、行、杭等。如 ~ kongb 航空；~ sid 行市；~ Zeb 杭州。照搬现代汉语。

hangs 献，上古音在晓母、元部。韵母 an 转为 ang。献从犬，源于祭祀时以犬进献。《广雅》："献，进也。"《史记·季布栾布列传》："将军能听臣，臣敢献计。" 一般都是以下献上。如 ~ xil 献序，鬼师念咒词时的开头语。序指开头语。

兴（xìng），上古音在晓母、蒸部。韵母 ing 转为 ang。《说文解字》："兴，起也。"兴的繁体作兴，来自四只手抬东西（如担架）的象形，本指抬起来，泛指起来。兴有多项引申义，其中之一是诗歌的一种表现手法，以景衬情。朱熹《诗集传》："兴者，先言他物经引起所咏之词也。"兴，都在诗歌的开头。如 ~ xil，指念咒词时的开头语，释为兴序，也说得通。

hangt 臭（xiù），上古音在晓母、幽部。按说幽部不应转换为 ang，这里 ang 化了。也许它在汉语里已 ang 化了。臭从犬、自，自是鼻子的象形，因此鼻从自表音。大概古人早就发现犬的鼻子非常灵敏，因此造臭字表示用鼻子闻，又表示气味。《诗经·大雅·文王》："上天之载，无声无臭。"臭现在专指不好的气味，但先秦以前既指臭气，也指香气，犹如乱既训乱又训治，短既训短又训长一样。《荀子·正名》："香臭以鼻异。"此处的臭与香相对。同时也说明一个道理，香、臭是相对的。好比麝香，量极小时则香，多则臭。《易经·系辞上》："同心之言，其臭如兰。"如兰的当然是香气。而香字本从黍、甘，指粮食味美，引申为气味香。指香气的还有芗。而香、芗上古音都在晓母、阳部，入声，正好可以转换为 hangt。姑且假定：臭本来兼指好恶气味，后来为了区别这两种气味，读音朝不同方向转换。一是改变声母，变为 chòu，指恶的气味，同时再造一个殠字；另一是改变韵母，成 xiang，同时再造芗或借香字。也就是说 xiang 是 xiu 的 ang 化。而苗语的 ang 化发生得更早，因此 hangt 既指散发气味，也是恶的气味。

（1）散发气味。如 ~ jud 臭酒，发出酒的气味。~ wel 臭乳，发出奶的气味。~ hsub 发出臊味。~ ghad 发出屎的气味。

（2）臭（chòu）。如 Laib ngix nongd ~ yangx 这肉臭了。~ nangx 名声臭了。

hao

haod 号。如 ~ zaob 号召。照搬现代汉语。

haof 毫。如 ~ senb 毫升；~ keef 毫克。照搬现代汉语。

he

heb 1. 壶，上古音在匣母、鱼部，中古音在匣母、模部。heb 是 ghof 的又音。壶又作壺，是细脖鼓肚、有盖的器形。如 ~ jud 酒壶；~ jenl 茶壶。

2. 虚，上古音在晓母、鱼部。虚本从虎表音。韵母略有偏转。下部的"业"是丘的讹变，应作虘。丘表义。《说文解字》："虚，大丘也。"引申为废墟。《释文》："居宅无人曰虚。"进而引申为虚空。这里指体虚。如 Nenx ~ mongl ~ mongl 他越来越虚。~ ves 虚力，即软弱无力。

3. 枯，上古音在溪母、鱼部。枯以古表音。以古表音的怙、胡声母均为 h。韵母略有偏转。《说文解字》："枯，槀也。"指草木干枯。泛指动植物等失去水分。《庄子·外物》："曾不如索我于枯鱼之肆。"如 ~ gangb 枯蚕，因虫害而枯萎。~ gil 枯垎，因干旱而枯萎。

hek 1. 欱（hē），上古音在晓母、缉部，入声。《说文解字》："欱，歠也。"即饮。段玉裁注："欱与吸意相近，与喷为反对。"欱兼饮、吸之义。汉代班固《东都赋》："吐焰生风，欱野喷山。"如 ~ jud 欱酒，即喝酒；~ jenl 欱茶，即喝茶。~ yenb 欱烟，即吸烟。~ eb 指喝水，又指将烧红的金属放在水里淬火（吸水）。

顺便说一句，喝本读如谒，指声音嘶哑。读 he，则用于喝斥。用于喝水是很晚的事。

2. 瓠，上古音在匣母、鱼部。韵母略有偏转。hek 是 haib——瓠的又音，用法不同。haib 指用瓠做的瓢。这里指瓠形的东西。苗族的鼓，中间细，两头粗，略似瓠（葫芦）形。歌中将木鼓称为瓠。如 zuk ~ 走瓠，即踩着木鼓的节拍跳舞。hek mais hsenb 棉花瓠，犹如棉树上的葫芦，即棉桃、棉铃。汉语中称棉桃、棉铃也是以其形似。

hel 好，叹词，表示同意。如 ~! Ait nenx bib ghax mongl 好吧！这样我们就去。

hes 嚯，叹词，表示同意、允诺等。如 "laib nongd vut not。" " ~ 。" "这个较好。" "是。"

hex 吼，上古音在匣母、侯部。韵母 o 转换为 e。吼，咆哮。《南齐书·顾欢传》："在鸟而鸟鸣，在兽而兽吼。"今有"河东狮吼"一词。如 Ax gid ~ yel, yud nenk ghax niox 不要吼了，忍一点就算了。~ ~ qenk qenk 吼吼嗳嗳，犹如吵吵嚷嚷。

hee

heeb 黑。如 ~ baix 黑板；~ Longf Jangb 黑龙江。

heef 核。如 ~ taof 核桃。照搬现代汉语。

hei

heib 1. 徽，上古音在晓母、微部。韵首 u 灭失。徽从微的省略形表音，从系表义。《说文解字》："徽，三股绳也。"《释文》："三股曰徽，两股曰纆。"《易经·坎卦》："系用徽纆。"注："三股为徽。"无疑，徽本是用三股拧成的绳。因两股绳可以搓成，而三股绳需编织，如编发辫一样，徽引申为编织。如 ~ dib 编腰篓。~ hab 编（草）鞋。

2. 憙（xǐ），上古音在晓母、之部，入声。《说文解字》："憙，说也。"即悦，有喜欢、爱好、热衷之义。也可用喜字替代。《汉书·郊祀志》："天子心独憙其事。"《谷梁传·桓公六年》："陈侯憙猎，淫猎于蔡，与蔡人争禽。"如 ~ dud 喜书，爱好读书。~ gheb 喜工，爱干活。

3. 髹，上古音在晓母、幽部。韵母只保留了韵首 i。hei 当源于 hi。《玉篇》："髹，赤黑漆也。"髟源于头发，在髹字中表示黑。但髹多用做动词，指涂漆。《史记·货殖列传》："木器髹者千枚。"《汉书·赵皇后传》："殿上髹漆。"苗语中，heib 指像漆一样粘手。如 Vit heib bil 胶髹手，即粘手。~ hvib 髹心，即贴心。

糊，上古音在匣母、鱼部。韵母不太相合。《说文解字》中，此字从黍、古。黍表义，指黏；古表音，读音与胡、糊相同。今有糊窗户纸、糊顶棚等，都有黏之义。如 Vit ~ bil 似乎可以释为胶糊手。

heid 1. 骇，古音在匣母、之部。《说文解字》："骇，惊也。"即马受惊。《左传·哀公二十三年》："知伯视齐军，马骇，遂驱之。"heid 即害怕、受惊。如 Dail bad ninx nongd ~ yangx, ax diut yel 这头水牯牛骇着了，不顶角了。~ jid 骇悸，即胆怯、心悸。

2. 嘿，叹词，表示惊异。如 ~！dax nongs yangx 嘿！下雨了。

3. 嘻，象声词。如 ~ ~ had had 嘻嘻哈哈。

heik 攡（kuǎi）。攡从澅表音。《集韵》认为攡的读音："枯怀切，并音澅（今简化为汇）。"也就是说读 kuái，或 huì。澅的上古音在匣母、微部。韵首 u 灭失，即为 hei。攡以澅表音，澅可能也有表义作用。澅本指小河流入大河或湖泊，攡也有伸手进入器具中的意思，或是伸胳膊挽住篮、筐的提手，或是伸到容器里即舀、盛取。苗语中，heik 即舀、盛取。如 ~ nail 攡鱼，即从水中捞鱼。~ eb 攡水，即舀水。~ gad 攡饭，即从锅里盛饭。

heil 嗨，象声词。如 ~ ~ hol hol 嗨嗨嗵嗵，犹如说哼哼哈哈。

heis 咳，叹词，表示答应。如 ~！Wil niangb hangd nongd 咳！我在这里。

heix 嘻，象声词，与 heid——嘻相同。如 ~ ~ hax hax 嘻嘻哈哈。

hen

henk 1. 陷，上古音在匣母、谈部。韵母 am 转换为 en。陷从臽（xiàn），臽表音兼表义。臽所从臼，象陷阱之形，其上部是人。臽会意为人落陷阱。阝是阶梯形，表示上下。这里指下。《左传·成公十年》："（晋景公）如厕，陷而卒。"即掉到茅坑里死了。陷指陷落，也指地面、房屋等塌陷。如 Ghab daix zaid ~ ib bet mongl dab 屋基陷下一片。~ qenk，叠韵词：陷嵌，坑洼不平。嵌也有凹陷之义。唐代曾参《江上阻风雨》："积浪成高丘，盘涡为嵌窟。"

2. 哼。

（1）叹词，表示鄙视、反对等。如 Henk！Hangd deis vut？哼！哪里好？

（2）语气词，放在句末。如 Mongx xet gid mongl ~！你不能走哇！

hens 哏（hèn）。

（1）叹词，表示愤怒、懊恼等。《西游记》："哏！你这诳上的弼马温。"如 ~！Ait hsad yangx。哏！弄错了。

（2）象声词。如 genx hens hens 哭哏哏地。

hent 1. 颔，上古音在匣母、侵部。韵母近于 am，转换为 en。hent 是 hangd——颔的又音，用法有所不同。hangd 指同意，hent 指首肯、称赞、夸奖。如 ~ laib vut 夸奖好的。

2. 歆（xīn），上古音在晓母、侵部，入声。《说文解字》："歆，神食气也。"《诗经·大雅·生民》："其香始升，上帝居歆。"歆指鬼神享用祭品的香气。歆从欠表义。欠与呼吸吐纳有关，这里可理解为吸入香气。歆泛指享用。《国语·周语上》："王歆大牢。"大牢指包括猪、牛、羊三牲的食品。从另一端引申为致歆，即祭祀。《史记·孝文本纪》："朕既不德，上帝神明未歆享。"进而引申为祈祝。如 Bib hent mongx niangb lul 我们祝你长寿。

hfa

提示： 声母 hf 是 f 的清化音。它与 f 一样，一般对应于汉语的 f、hu 和 p、b。

hfab 1. 翻，上古音在滂母、元部。韵母 an 通常转换为 ai，这里进而转换为 a。翻从番表音，番又有表义成分。番本是筛米或簸米的象形。金文中，其上部与米无异，下面的"田"是筛子或簸箕的象形。播以番表义，也指簸米；番用于轮番，与轮一样，都有旋转（筛米、簸米均需旋转筛、簸）的含义。翻从羽，指鸟飞，准确地说，是旋转着飞翔。曹丕《临高台》："下有木，清且寒，中有黄鹄往且翻。"有的词书解释"翻"为上下飞动。其实，即使上下飞，也是沿着弧线飞，而不是指直上直下。翻引申出翻转、掉转方向。岑参《白云送武判官归京》："纷纷暮雪下辕门，风掣红旗冻不翻。"又引申为转换。白居易《琵琶行》："莫辞更坐弹一曲，为君翻作琵琶行。"今有"翻译"一词。还引申为颠倒位置，如翻覆。

（1）指转动、旋转。其实，这个意义上可直接写作番。照顾到汉语习惯，还是写作翻。hfab ngil 直译为翻瓦，不是指将屋顶上的瓦片翻转过来，而是指制瓦。因为在制瓦过程中，要转动甄轮，做出一个筒状的坯，将此坯竖向分为若干片，即为瓦片。如 ~ hlat 翻索，即搓绳子，因在此过程中需反复转动绳索。Gangl gid waix ~ vib lol 从上面翻下石头来，翻即滚。hfab jab 直译为翻雀，即像雀一样翻飞，比喻打滚、来回转动等。

（2）指转换方向。如 ~ mais 翻面，不是汉语中的翻脸，而指将脸掉一方向。

（3）指将收藏的东西翻出来，犹如从箱子底下拿到面上来。如 Laix laix seix lol ~ jax diot ghet, dail dail seix lol ~ lil diot wuk 人人都跟公翻札，个个都跟婆翻理。札指写有重要规章的木简。翻札、翻理，即找出规矩、道理来。

（4）转换，含有当作之义。如 Mongx ~ wil ait dail niongx vil bil 你当我为抢山头的雉。

187

2. 票，上古音在滂母、宵部。声母本与翻相同。《广韵》作抚招切，声母已经转变为 f。韵母 ao 转换为 a。《说文解字》："票，火飞也。"票字的下部本来是火。实际上，典籍中几乎看不到票用于"火飞"或与火有关的场合。造票字的目的是要表示"轻"，像灰烬、叶片等轻的东西在火的热力作用下，即可漂浮、升举。票与僊（仙）、迁（迁）具有共同的部件，此部件含有上升之义。事实上，典籍中的票也多用于轻。《周礼·地官·草人》："轻票用犬。"指土质轻而易于扬起的要用犬的骨灰作肥料。《汉书·王商传》："遣票轻吏微求人罪。"即派身份低的吏暗中寻找别人的罪过。汉代名将霍去病被封票姚校尉、骠骑将军。票姚也作票鹞。票姚、票骑都指轻装疾进。霍去病为对付匈奴人，发明一种特别的战术，不带辎重粮草，一人两马，异常迅速。银票、钞票的票，即用一纸代替沉甸甸的金银而流通，表示轻便。另外从票的字，如飘、漂、瓢、薸、鳔等无不与轻有关。反观汉语中常用的轻，本指兵车，因自重轻，可快速冲阵，引申为轻重之轻。票在苗语中，用其本义，指轻。如 ~ lob hfab bil 票脚票手，即轻手轻脚。Ghangt nongd ~, ghangt aib hniongd 这担轻，那担重。

3. 呼，上古音在晓母、鱼部。声母 h 与韵首 u 组成的 hu 转换为 hf。《释文》："呼音虚（也在晓母、鱼部），吹气声也。"一般将其与吸相对。郭璞《江赋》："呼吸万里，吐纳灵潮。"hfab 即指吹气。如 ~ lot 呼嘴，即吹口哨，呼哨。

hfak 环，上古音在匣母、元部。声母 h 与韵首 u 结合，转换为 hf；韵母 an 中的 n 灭失。也有将其读成 hfaik 的——an 转换为 ai。《说文解字》："环，璧也。"环与璧都是圆形、中间有孔的玉。区别是璧的孔小，环的孔大。引申指环形物体，如耳环。苗语中，比喻雌性生殖器。

hfat 1. 稃（fū），上古音在滂母、幽部，入声。韵母本为 ou，发生偏转。现代汉语中，韵母只保留了韵尾 u。《说文解字》："稃，穅也。"即谷壳、糠。徐锴曰："稃即米壳也。"《说文解字》又释秠："一稃二米。"即同一壳内有两粒米。麦皮为麸，也写作粰。稃、麸、粰三字同音。如 dlangs ~ 舂稃，即舂糠。

现代汉语中多用糠字。但糠是后起字。本有穅，指稻谷有壳无实，即秕谷。穅因此引申为谷皮，又引申为空心。所谓康心萝卜，实应为穅心萝卜。

麸，上古音在帮母、鱼部。读音更接近 hfat。《说文解字》："麸，小麦屑皮也。"麦皮也可引申为谷壳、糠。供参考。

2. 戽。戽从户表音。户的上古音在匣母、鱼部，戽的古音也应与户相同。声母 h 与韵母 u 结合，转换为 hf。戽从斗表义，指汲水浇田用的农具，也叫戽斗。也做动词，指用戽斗汲水。唐代贯休《宿深村》："黄昏见客合家喜，月下取鱼戽塘水。"如 ~ eb 戽水；~ wangl nail 戽鱼塘。

3. 拂，上古音在滂母、物部，入声。《说文解字》："拂，过击也。"拂即一击而过、掠过。《楚辞·大招》："长袂拂面，善留客只。"《淮南子·天文》："日出于旸谷，浴于咸池，拂于扶桑。"如 ~ bil 拂手，即挥手。~ lol ~ bil 拂脚拂手，犹如舞手划脚。

hfai

hfaid 1. 反，上古音在帮母、元部。韵母 an 转换为 ai。《说文解字》："反，覆也。"反从又，又是手的象形。反字头在篆体中为一弧形，是一种指示符，表示手翻转过来。《诗经·周南·关雎》："辗转反侧。"今有"易如反掌"一词，用其本义。泛指翻转。引申为颠覆、造反。《史记·秦始皇本纪》："戍卒陈胜等反故荆地。"又引申为转回来等。《论语·子罕》："吾自卫反鲁。"这里的反即返。苗语中，hfaid 也有类似字义。

（1）翻转。如 hfaid jid 反身，即翻身。hfaid lol waix lol 反上来，即翻上来。~ hvib 反心，即反悔。

（2）颠覆、造反。如 ~ fangb 反方，方指地方。犹如说将此地翻个个，即造反。~ lens 反乱，即暴乱、暴动。

（3）回转，相当于返。如 ~ hsend 反渗。渗指染病。反渗指旧病复发。

（4）同翻译的翻。在汉语里，翻、反也时而通用。李白《猛虎行》："秦人半作燕地囚，胡马翻衔洛阳草。"这里的翻相当于反而。庾信《卧疾穷愁》："有菊翻无酒，无弦则有琴。"平反也即翻案。反、翻在颠倒、翻转等字义上的确相同。如 Dad hveb hmub ~ jangx hveb diel 将苗语翻成汉语。

2. 换，上古音在匣母、元部。声母 h 与韵首组成的 hu 转换为 hf；an 转换为 ai。换的字义较稳定，古今没有什么变化。《说文解字》："挨，易也。"如 ~ jil 换肩，指挑担子时，将担子从一边肩膀移到另一边。

hfang

hfangb 1. 方，上古音在帮母、阳部。hfangb 是 fangb——方的又音。方有很多引申义, fangb 指地方, 而 hfangb 指方向。如 dlob ~ diut ghot 直译为四方六角, 犹如说四面八方。

2. 荒, 上古音在晓母、阳部, 声母 h 与韵首 u 结合, 转换为 hf。《说文解字》: "荒, 芜也, 一曰草淹地也。" 芜指草杂乱; 淹地即遍地。总之, 荒本指草多。田地只长草不长庄稼也叫荒。《庄子·渔父》: "故田荒室露, 衣食不足。" 引申为荒废。韩愈《进学解》: "业精于勤荒于嬉。"

(1) 荒芜。如 ~ lix ~ ongd 荒田荒塘, 指田园荒芜。

(2) 荒废。如 ~ gheb 荒工。~ gheb ax baid zangt, ~ hmub ax baid git 荒工不满场, 荒绣不满柜。指不干农活没粮食, 不绣花没衣服。

3. 慌, 上古音在晓母、阳部, 声母 h 与韵首 u 结合, 转换为 hf。《集韵》释为昏也、惚也。慌指神志不大清楚、没有主意。《楚辞·九叹》: "仆夫慌悴散若流兮。" 指仆夫们不知怎么办, 一哄而散。

(1) 慌神。如 ~ jangb 慌张。~ jangb hfangb dat 慌张慌怛, 犹如慌里慌张。

(2) 组成双声词: 慌惚, 或作慌忽, 指神志不清。屈原《九歌·湘夫人》: "慌忽兮远望, 观流水兮潺湲。"《后汉书·明德马皇后纪》: "母蔺夫人悲伤发疾慌惚。" 如 ~ hfut 慌惚。不过后来多作恍惚。Nenx maix nenk ~ hfut yangx 他有点慌惚了。

4. 祊 (bēng), 上古音在帮母、阳部。祊以方表音。《广韵》注音为甫盲切。祊指在宗庙内祭祖。如 ~ hfut 祊福, 即祝福。

hfangd 谎, 上古音在晓母、阳部。声母 h 与韵首 u 结合, 转换为 hf。《说文解字》: "谎, 梦言也。"《吕氏春秋·知接》: "瞑者目无由接也。无由接而言见, 谎。" 闭着眼睛的人说他能看见, 是假话。组成叠韵词: ghangd ~ 讲谎, 指夸口。

hfe

hfed 1. 纥 (hé), 上古音在匣母、物部, 入声。推测它与和一样, 古音读 huo, 其中 hu 转换为 hf。此字今天已少用, 一般只见于古民族名: 回纥; 古人名: 叔梁纥, 孔子的父亲。《说文解字》: "纥, 丝下也。" 指等级较低的丝。苗语中, hfed 泛指丝或线。如 hfed dlub 白线。~ bangx dlenx 桃花线, 即桃色线。~ gangb 蚕丝。~ yangf sab 洋纱线, 即机纺的棉纱。

2. 过, 上古音在见母、歌部。hfed 是 fat——过的又音。其声母转换也与 fat

相同。过的繁体为过，以呙表音。同样以呙表音的字祸（祸），读 huo。而 huo 正好可转换为 hfed。过有越过、超过等义。《吕氏春秋·察今》："有过于江上者，见人方引婴儿欲投之江中。"《史记·项羽本纪》："力能扛鼎，才气过人。"如 Nenx dief ax ~ jox ghab gif 他跨不过一条沟。Nenx hlieb ~ mongx 他大过你。~ bil 过坡，指过分、过火。

3. 呼（fú），以孚表音，古音当在滂母、幽部，入声。韵母 ou 转为 e。《玉篇》释为"吹声也"。《广韵》释为"吹气"。苗语中，hfed 即吹气，与 cob——吹相同。如 ~ gix 呼管，即吹芦笙。~ nex 吹木叶。~ jent 呼飚，吹风，即吹口哨。

呼，上古音在晓母、鱼部。韵母有所偏转。hfed 也可能是 hfab——呼的又音。呼也是吹气。

hfek 1. 阖（hé），上古音在匣母、叶部。应与纥一样由 huo 转换为 hfed。《说文解字》："阖，扉也。"阖本义是门扇，引申做动词，指关门。《左传·定公八年》："筑者阖门。"如 ~ diux 关门。

2. 扑，上古音在滂母、屋部，入声。也就是说它的声母本与翻、拂、秤等相同。《广雅》："扑，击也。"《尚书·盘庚上》："若火之燎于原，不可向迩，其犹可扑灭。"即火再大也可扑灭。扑大致相当于拍打。扑因此常用于灭火。如 ~ dul 扑炷，即灭火。~ denb 扑灯，即熄灯。

3. 罦，上古音在滂母、幽部，入声。韵母 ou 转为 e。罦是形声字，上部是网字头，指一种网，多用于捕鸟兽。《说文解字》："罦，覆车也。"即覆车网。《诗经·王风·兔爰》："有兔爰爰，雉离于罦。"张网于空中，鸟兽一旦到了网下，即可将其罩住。罦以孚表音。孚也有表义成分。孚本是鸟孵蛋，即用身子盖住卵。苗语中，hfek 做动词，即捕获，尤指用网来捕获。如 ~ nail 罦鱼，即捕鱼。

hfen

hfenb 分，上古音在帮母、文部。《说文解字》："分，别也。"即分开、划分。《论语·泰伯》："三分天下有其二。"苗语也如此。

（1）分开。如 ~ zaid 分家。~ lix ~ ongd 分田分塘。~ bad dus ghet 分爸隋公，字面上看是分祖宗，即家族分成若干支。

（2）做量词。如 ib ~ scix 一分钱。可能是照搬现代汉语。

hfend 幻，上古音在匣母、元部。声母 h 与韵首 u 结合，转换为 hf；an 转换为 en。

191

《说文解字》："幻，诈惑。"《尚书·无逸》："民无或胥谮（zhōu）张为幻。"幻即诈、骗，使人信以为真。幻术相当于现在的魔术。《颜氏家训·归心》："世有祝师及诸幻术，犹能履火蹈刃，种瓜移井。"《后汉书·陈禅传》："西南夷掸国王诣阙，献乐及幻人，能吐火，自支解，易牛马头。"幻人即魔术师。魔术最奇异的地方就是变，幻因此有变幻、变化之义。张衡《西京赋》："奇幻儵忽。"

（1）魔术、法术。如 Nenx sux ait ~ 他会为幻。为幻即玩魔术。xangt ~ 施展法术。

（2）由魔术引申为招、办法。如 Nenx jul ~ yangx 他没招了，犹如说无魔术可玩了。

（3）变化。如 Daib pik fangb waix ~ jangx ib ged bangx 仙女变成一朵花。

hfenk 缓，上古音也在匣母、元部。声母 h 与韵首 u 结合，转换为 hf。缓今读上声，有可能与爰一样，本读阳平。《玉篇》释为"迟缓"。《广韵》释为"舒"，与紧相对，指宽松。古诗《行行重行行》："相去日已远，衣带日已缓。"引申指慢，与急相对。《孟子·滕文公上》："民事不可缓也。"在苗语里，缓多放在动词后面做补语，表示轻轻地、慢慢地等。如 hfat ~ 拂缓，缓缓地挥动。dangx ~ 沉缓，缓缓地下沉。

hfent 涣，上古音在晓母、元部。声母 h 与韵首 u 结合，转换为 hf。《说文解字》："涣，流散也。"《老子》："涣兮若冰之释。"《诗经·郑风·溱洧》："溱与洧，方涣涣兮。"涣应该是河冰开始解冻时，在水流作用下开始破碎、分离的样子。今有"涣然冰释"一词。引申为心中释然、心结解开。如 ~ hvib 涣心，即放心、不纠结。Nenx niangb gid gux, bib nongf ~ hvib hot 他在外面，我们放心。

hfi

hfib 富，上古音在帮母、职部，入声。富以畐（bī）表音，韵首为 i。像畐一样，只保留了韵首。畐也表义：畐即满，富因此表示多财，与贫相对。《论语·学而》："贫而无谄，富而无骄。"如 ait ~ ait dlas 为富为奢，即发家致富。

hfid 1. 闭，上古音在帮母、质部。《说文解字》："闭，阖门也。"即关门。如 ~ diux 闭门。

2. 棐（fěi），上古音在帮母、微部，入声。韵母只保留了韵尾 i。《说文解字》："棐，辅也。"首先我们要弄清辅是什么东西。辅是固定在车轮上以起加固、加强之作用的木棍，后引申出辅助之义。棐也是起辅助作用的木棍，当然不一定用在车轮上。也做动词，指辅助。《尚书·洛诰》："朕教汝于棐民彝。"即我教你帮助老百姓的常法。

（1）相当于掌（chèng），也写作撑，是用来支撑房屋、树木等的斜柱。如 ~ det 木棐，即掌。

（2）用木棍来加固、支撑房屋、树木等。如 Dad ghaid det mongl ~ dail det 拿一节棍子来棐树。

3. 圚（huì），上古音在匣母、物部。hu 转换为 hf。圚以贵表音；以口表义，指圈套。董解元《西厢记诸宫调》卷五："不道俺也识你恁般圈圚。"《圆悟禅师心要》："跳出圈圚。"这里指一种捕鸟工具：用细的丝做成一个环，鸟踏入后即被拴住。如 Dad diux ~ mongl jeb nes 拿圚去捉鸟。

hfu

hfub 1. 伕。也写作夫，指被雇佣或被逼服劳役的人，如纤夫、挑夫。可能是照搬现代汉语。

2. 敷，上古音在滂母、鱼部。《说文解字》："敷，施也。"即给予。《诗经·小雅·小旻》："旻天疾威，敷于下土。"如 Wil ~ mongx 我给你。Wil ~ mongx ait gid denx, hxid dail xid hvit 我给你先做，看哪个炔。"给你"犹如让你。

hfud 页，上古音在匣母、质部，入声。声母与纩、阖声母相同，转换方式也相同。页的繁体为頁。我们可以看出它的上部与首的下部相同，均指人的头部。首字上面的两笔来自头发；页的下部则是人字的变形，来自身体。总之，页突出的是头部，指头。从页的字，如颅、颈、项、顶、颢、颧、额等，莫不与头部有关。而头（頭）是在页的基础上后造的字。至于今天做量词、用于纸张的一页两页，是假借为树叶的叶。典籍中，页指头，确实不常见。《说文解字》："页，头也。"同汉语的头一样，页除了本义外，也有多个引申义。

（1）头、脑袋。如 tit ~ 剃页，剃头。mongb ~ 头疼。~ mangl 页面，即头脸、相貌。

（2）头子、为首的。如 ~ lul 老页，即首领。~ niangs 匪首。

（3）顶端、端头。如 ~ jub 锥头，即锥尖。~ dongt zaid 房柱顶。~ guf 页脊，即顶端。~ jes 源头。~ hniut 年头。~ mif lob 脚尖。~ vangx 冈头，

岭头。

（4）头状物。如 ~ dul 柴头，指未烧尽而剩下的木块。ib ~ vob 一头菜，即一蔸菜。

（5）指代人的性命。如 bex ~ 报页，即偿命。报即偿还。

hfut 1. 副，上古音在滂母、职部。hfut 是 buk——副的又音。副有将东西一剖为二之义。分开叫副，把分开的东西合在一起，也叫一副。hfut 做量词。如 ib hfut mais hnaib 一副眼镜。

2. 護，今简化为护，上古音在匣母、铎部。声母 h 与韵首 u 结合，转换为 hf。《说文解字》："護，救视也。"实际上，護从言表义，指用言语来回护。三国嵇康《与山巨源绝交书》："仲尼不假盖于子夏，護其短也。"今有护短、辩护、祖护等词。如 Nenx ~ mongx, mongx jef yenf 他护你，你才赢。

3. 忽，上古音在晓母、物部，入声。hf 也是由 hu 转换而来。hfut 是 ful——忽（曶）的又音。忽（曶）有迅疾、忽然、突然之义。《左传·庄公十一年》："其亡也忽焉。"陶渊明《桃花源记》："忽逢桃花林。"如 hsat ~ jangx ib niongl 散忽成一曩。即分手后忽地就过去一段时间。

hla

提示：声母 hl 与 c 相近，但是从舌头两侧吐气。对应于汉语中的 c、ch、s、sh、q、t 等。

hlab 1. 叱，上古音在昌母、质部，入声。《说文解字》："叱，呵也。"《仓颉篇》："大呵为叱。"苗语中，hlab 指高声吼叫，也指叱骂。如 Mongx ~ laib gheix xid? 你叱（吼）什么？Ax baib ~ naix! 不许叱（骂）人！

2. 悄，上古音在清母、宵部，入声。声母相当于 c。韵母 au, u 灭失。《说文解字》："悄，忧也。"但后来专指寂静貌。白居易《琵琶行》："东船西舫悄无言，唯见江心秋月白。"苗语中，hlab 叠用，做补语，表示无声的样子。如 hangb ~ ~ 行悄悄。即轻轻走的样子。

hlat 1. 索，上古音在心母、铎部，入声。声母为 s。《说文解字》："草有茎叶可作绳索。"索即绳。《尚书·五子之歌》："若朽索之驭六马。"苗语中，hlat 即绳索，或指索状物。如 ~ mal 马索，即缰绳。~ hab 鞋索，即鞋带。~ nos 麻绳。还用来比喻藤。~ hfib 葛藤。Dait ib jox ~ lol kheib dul 割一根藤来捆柴。

2. 朔，上古音在山母、铎部，入声。韵母中本无 u。《释名》："朔，月初之
名也。"朔指农历每月的初一，也指此时的月相，即新月。此时月球处于
太阳和地球之间，朝着地球的一面是背阴面。如果这三个星球处在严格的
直线上，即发生日食。所有的日食都发生在朔日，即农历初一。《白虎
通·四时》："月言朔，日言朝何？朔之言苏也，明消更生，故言朔；日昼
见夜藏，有朝夕，故言朝也。"这里解释一月之初为什么叫朔，一日之初
为什么叫朝。可以类比的是，我们把一日称作一朝，也可以把一个月称作
一朔。我们可以得出结论：朔相当于月。月的两个基本字义：一是月亮；
二是一个月的时间。完全可以用朔代月：一是以新月（汉字月本来就是新
月而非满月的象形）代指月亮；二是由每月初一指代一个月。hlat 也具备
这两个字义。如 Laib ~ dax yangx 月亮出来了。~ bib 三月（份）。~ ghaid
正月。~ yut 小月。~ denx 上个月。bib ~ 三个月。

hlai

hlaib 1. 髓（suí），上古音在心母、歌部，入声。韵母只保留了韵首 i，hlai 应是
hli 之转读。《说文解字》："髓，骨中脂也。"即骨髓。《吕氏春秋·过
理》："截涉者胫而视其髓。"也比喻髓状物，如脑髓。

2. 材，上古音在从母、之部。材木指木料，又特指棺材。《礼记·檀弓上》：
"既殡，旬而布材与明器。"郑玄注："材，棺材也。"有些地方保存一种
习俗，早早为老人预备棺材，但又希望老人长寿，称为寿材。如 ~ det 直
译为树材，实为木棺材。~ vib 石棺。

hlaid 劝，上古音在溪母、元部。声母 q 转换为 hl。韵母中 u 灭失，an 转换为 ai。
《说文解字》："劝，勉也。"有鼓励之义。《左传·成公十四年》："惩恶而
劝善。"如 ~ nenx ait gid vut 劝他做好事。劝还含促、助之义。《史记·货
殖列传》："于是太公劝其女功，极伎巧，通鱼盐。"如 ~ gad 劝饭，即用
菜下饭。~ jud 劝酒，用菜下酒。

hlait 1. 挲（suō），上古音在心母、歌部。又写作挱。韵尾 i 是衍生的。挲为平
声，但有娑在逻娑（琵琶名）中，为去声，可为参照。《玉篇》："手按
挲也。"挲即抚摸，组成叠韵词摩挲，意思不变。《后汉书·方术传》：
"与一老翁摩挲铜人。"如 ~ ghab dliub khob 挲头发。~ dliub 挲须，即捋
须、摸毛，指顺着毛来抚摸，表示顺应别人。

2. 刬（chàn）。上古音在初母、元部。韵母 an 转换为 ai。《广雅》："刬，削

195

也。"李白《陪侍郎叔游洞庭醉后三首》："划却君山好，平铺湘水流。"
如 ~ ghab jil det 划树枝，即去枝。

hlang

hlangb 1. 孙，上古音在心母、文部。韵母被 ang 化了，也可能是受韵首 u 的影响。《说文解字》："孙，子之子曰孙。"如 Nenx maix ob dail ~ 他有两个孙子。

2. 脏，是藏的后起字。藏的上古音在从母、阳部。《玉篇》："藏，库藏。"也指内脏，取容纳之义。《周礼·天官·疾医》："参之以九藏之动。"九藏指肺、心、肝、脾、肾，以及胃、膀胱、大肠、小肠。后用脏。韩愈《张中丞传后序》："人之将死，其脏腑必先受其病者。"苗语中，hlangb 特指胎盘。

3. 铨，上古音在清母、元部。韵母中的 u 灭失，an 转换为 ang。dliok《说文解字》："铨，衡也。"《广雅》："称（chèng）谓之铨。"《汉书·王莽传》："考量以铨。"颜师古注："铨，权衡也。"显然，铨是称量物体的工具，又引申为权衡、考量、品评等。《国语·吴语》："无以铨度天下之众寡。"苗语中，hlangb 指统一的标准、规范。如 ghed ~ 决铨，即制定规矩。Bib fangb ghed ~, ax baib naix bub hangd dod det 我定了规矩，不许人随意斫树。

hlangt 铣，上古音在心母、文部。声母为 s。韵母接近 ian，i 灭失，an 转为 ang。hlangt 是 dliangt——铣的又音。在指光滑这一点上，二者相同，但在引申义上有所不同。铣指金属有光泽、光滑。hlangt 引申指滑溜、滑头。如 Liul dens nongd hlangt wat 这匹缎子滑得很。Ob dail daib mongx ~ niox 那两个孩子滑头得很。还从光滑引申为一无所有、穷。Hlangt gid ax maix ib laib bod dab sof nes 穷得没有土块打鸟。又从滑头引申出不干活，游手好闲。~ ghangb ~ ghad 滑尻滑肠，即油头滑脑、游手好闲。

hle

hlet 铁，上古音在透母、质部，入声。铁的繁体为鐵，以右部表音。其右部读如秩，上古音在定母、质部。韵母 ie，只保留了 e。《说文解字》："铁，黑金也。"《管子·地数》："山上有赭者，其下有铁。"如 hlet niul 绿铁，即生铁。Dib ~ jas dul kib 打铁趁火热。

hlei

hleid 1. 削，上古音在心母、药部，入声。韵母只保留了韵首 i。hlei 当是 hli 之转。削本是刀，用来削去竹简上的字，改错时用。《周礼·考工记·筑氏》：“筑氏为削，长尺，博寸。”即这种刀一尺长、一寸宽。后来多指用刀削，做动词。《墨子·鲁问》：“公输子削竹木以为鹊。”如 ~ ghab hfud vas nenk 把头削尖一点。

2. 出，上古音在昌母、物部，入声。韵母接近 iuo，只保留了韵首 i。hlei 当是 hli 之转。hleid 是 dlius——出的又音。《说文解字》：“象草木益滋，上出达也。”指的是中象草木的幼苗，从低洼处向上生长出来。出在汉语里既做不及物动词，也做及物动词，如：出门实为出于门，属前者；出钱、出力属后者。这里做及物动词。如 ~ nif 出舌，即伸舌头。~ mif bil 出拇指，即伸大拇指。~ hmid 出牙，即龇牙。~ lob ~ bil 出脚出手，即动手动脚。

hleik 截，上古音在从母、月部，入声。截字本从雀、戈，以雀表音，以戈表义。截字的左上部是雀字头的讹变。从巀（jié）字里还可看到截的原型。《说文解字》：“截，断也。”《后汉书·荀爽传》：“截趾适履。”犹如削足适履。如 ~ nangx 截草，即割草。~ mangl 即割麦子。~ bat 截犰，即劁猪。~ ghongd gheib 截鸡颈，即把鸡头割下来，是民间判定纠纷的一种方式。~ det lul 截老树，指做棺材。

hli

hlib 思，上古音在心母、之部。思有想念、思慕之义，也指思考、思想等。《诗经·郑风·褰裳》：“子惠思我，褰裳涉溱。”王维有诗句：“愿君多采撷，此物最相思。”如 Wil jus deix ~ mongx 我实在想你。~ nongx ngil ait 思吃懒做，即好吃懒做。

hlid 掣，上古音在昌母、月部，入声。《尔雅·释训》：“掣，曳也。”指牵引、拽。《晋书·王献之传》：“七八岁时学书，羲之密从后掣其笔不得。”如 ~ diuk 掣刀，即拔刀。~ hxongt 掣铳，即拔枪。~ tot 掣套，指脱袜子。

hlik 1. 缩，上古音在山母、觉部，入声。缩以宿表音，宿又读 xiu。其韵首为 i，韵尾灭失。相反，宿读 su 是忽略韵首 i 的结果。这与汉语中的遗有 yi

（表遗失、遗留等）、wei（表馈赠）两个读音是同一种情况：只读出韵首则为 yi，只读出韵尾则为 wei。《说文解字》："缩，乱也。"《通俗文》："物不申曰缩。"可见，缩指丝卷曲纠结状，故与申（伸）相对，又与乱相近。《吕氏春秋·古乐》："筋骨瑟缩不达，故作舞以宣导之。"缩也做动词，指收缩。《北史·崔悛传》："收（人名）缩鼻笑之。"今有缩脖、缩肩等。把衣袖、裤腿等提上去，也叫缩。如 ~ ghab mongl ud 缩衣袖，即把衣袖捋上去。

2. 嗍（shuò），以朔表音。朔的上古音在山母、铎部。韵尾灭失，只保留韵首。嗍表示倒吸，字义可与溯类比。其异体字为欶（shuò，上古音在山、屋部）《说文解字》："欶，吮也。"《史记·邓通列传》："文帝尝病痈，邓通常为嗍吮之。"今天长江流域中下游地区仍在使用这个字，如将螺蛳肉从其壳中吸出来。如 ~ ghad nais 指将流出的鼻涕吸回去。

3. 餗（sù），上古音在心母、屋部。韵母有偏转。《说文解字》以"速"取代鬻中的"米"，为餗的异体字，并以速表音。鬻即粥：鬲是煮粥的炊具，米是煮粥的原料，两个"弓"由袅袅上升的蒸汽状演变而来。餗是菜粥，《易经·鼎》："鼎折足，覆公餗。"孔颖达疏："餗，糁也，八珍之膳，鼎之实也。"鼎之实，即用鼎煮的食物。这里泛指粥。如 hek ~ 喝餗，即喝粥。

hlia

hliad 1. 唚（qìn），上古音在清母、侵部。也写作吣。侵部的韵尾是 m 而不是 n，m 可不读出，正如覃读 dob 一样。唚或吣指吐。蒲松龄《日用俗字》："吐酒犹如猫狗吣，好土空把堑坑填。" 如 Nongx ghab liut，~ ghab nius 吃其皮，唚其核。

2. 澈，上古音在透母、月部，中古音在彻母。《玉篇》："澈，水澄也。"澈指水清澈明净。引申为清晰，正如清，也指水清澈，在汉语里广泛引申，指清晰、清廉、政治清明等。如 ~ hveb 澈话，指声音清晰。~ laib 指口齿清晰。

hliat 嚓，象声词，犹如汉语中的唰，指物体快速移动而发出的声音。如 fat hliat 嚓地过去了；hlid diuk ~ 嚓地掣出刀。

198

hlie

hlieb 麤（cū），上古音在清母、鱼部，《广韵》注音为仓胡切。麤与粗同音，现写作粗。粗本指粗粮，与精相对。麤则指粗大、体量庞大。《齐民要术·饼法》："捺饼麤细如小指大。"《史记·乐书》："其怒心感者，其声麤以厉。"唐代姚合《剑器词》："破虏行千里，三军意气麤。"因粗、麤古音相同，典籍中常有二字相互通假的例子，如将麤用如粗糙、粗略，将粗用于粗大等。何以用三个鹿来表示粗大？这里还需存疑。《说文解字》："麤，行超远也。"其解释与字形相符，因鹿善于奔跑。另据岳珂《桯史》：王安石著书释字，麤为粗，犇为奔。苏东坡看后认为二字应调过来：鹿比牛善跑，故麤应为奔；牛比鹿粗壮，故犇应为粗。王安石听后无语。此说可为参考。但照顾到约定俗成，仍写作麤或粗。这里相当于大，与小相对。

（1）大，形容词。如 ~ naix 大个子，魁梧。~ laib 大粒，即颗粒大。~ hvib 粗心，指大胆。~ hveb 大声。~ nangs 大命，即命大。~ lot 大嘴，即贪吃。~ nix 大银，指银钱多。~ jil not dius 粗枝多苋，形容家族繁盛，人口众多。

（2）做动词，指长大了、刮大风、下大雨等。如 Jib daib ~ dax yangx 孩子大了。~ eb 发大水。~ jent 刮大风。~ nongs 下大雨。

hlin

hlinb 桊（quān），上古音在溪母、元部。声母 q 转换为 hl。韵母中的 u 灭失，ian 转换为 in。桊指将木材弯成圆形，做成器壁。现将其写成圈。但圈本指关牲畜的栏舍。《孟子·告子上》："以人性为仁义，犹以杞柳为杯桊。"意为仁义是对人性的扭曲，就像将树木弯曲成杯桊一样。这里指圈形物体。如 ~ ghongd 项圈；~ xix 禧圈，指以图吉祥如意的项圈；~ hliongt nix 银圈钏，包括项圈和手镯，泛指首饰。一般地，hlinb 单用，即指项圈。这大概是项圈太常见的缘故。

hlink 1. 泣，上古音在溪母、缉部。声母 q 转换为 hl。韵母衍生出 n。《说文解字》："泣，无声出涕也。"指有泪而无声或低声地哭。《战国策·赵策四》："媪之送燕后也，持其踵为之泣。"也指流泪。《史记·吕太后本纪》："孝惠帝

199

崩，发丧，太后哭，泣不下。"如 genx hlink 咺泣，即哭泣。genx ~ genx ~ 不停地哭泣。

2. 噌。韵母 eng 转换为 in。噌指行动快的样子。如 zuk ~ 趣噌，即噌地跑了。~ gux ~ zaid 忽出忽进。

hlio

hliod 巧，上古音在溪母、幽部。声母 q 转换为 hl。韵母 ou 转换为 o。《说文解字》："巧，技也。"又指技艺高明。《墨子·鲁问》："公输子自以为至巧。"公输子即鲁班。今有"能工巧匠"一词，又指乖巧伶俐。《诗经·卫风·硕人》："巧笑倩兮，美目盼兮。"一指技巧、技艺高。hliod 常与 vas 连用或并用。如 ~ vas 即巧睿，既指技巧与才干，也指能巧与干练。daib ~ daib vas 即巧手能人。二指乖巧。如果说能巧指智商高，这里则指情商高。如 Dail daib nongd ~ bongt wat 这孩子巧得很。指孩子听大人的话、理解大人。

hliong

hliongb 藂（cóng），也作丛（丛），上古音在从母、东部。hliongb 是 gongk——丛（丛）的又音。藂会意为草木聚在一起、丛生的样子。《楚辞·招魂》："五谷不生，藂菅是食些。"藂菅即成丛的茅草。也做量词，用于成丛、成串的东西。如 ib ~ def 一藂豆，即成串的豆。ib ~ mais hsenb 一藂棉花，即一朵棉花。因棉铃由数瓣组成，相应地，开花后，一朵里有几小团花。

从 hliongb 来看，丛（丛）、藂本有韵首 i。也因为有韵首 i，声母才能与其结合，转为 g，丛才能读 gongk。但按《汉字古音手册》，丛、藂无韵首 i。

hliongk 凶，上古音在晓母、东部，入声。凶字本是地面塌陷的象形。它是一幅剖面图，其中的"×"来自破碎塌落的地面。《说文解字》："恶也，象地穿交陷其中也。"因地面塌陷，吞噬房屋、人畜、庄稼、林木等，是一种无法防范的自然灾害（今天也有因采矿而导致地面塌陷的，属人祸），所以指坏事、恶事，与吉相对。正因为古人无法用科学手段来勘测"凶"这件事，才借助占卜来预测。苗语中还保留了塌陷这个原义。大概是因为西南地区多为喀斯特地貌，地下多溶洞，发生塌陷的事并不少见，此义得以保留。而在我国其他地区很少见到这种现象，此义被人遗忘，而多用引申义。如 Laib zaib ~ mongl dab 宅子凶下去了，即房子陷下去了。泛指下陷、下凹。hliongk mais 凶眼，即眍眼，眼窝深陷。

顺便说一句，指人相貌凶恶、凶狠，本应写作兇，下面加人（变形为儿）。

hliongt 1. 钏（chuàn），上古音在昌母、文部。韵母近于 uan，转换为 ong，如端读 dongb。《说文解字新附》："钏，臂环也。"即手镯。杜甫《喜闻官军已临贼寇二十韵》："家家卖钗钏，只待献春醪。"钗钏指首饰。如 diot ~ 钏，即戴手镯；~ jenb 金钏；~ nix 银钏。

2. 欶（shuò），上古音在山母、屋部。或作嗽（shuò），指倒吸。韵母 ong 化了。也可以理解为以束表音的欶，韵母有 ong 的基因，因为同是以束表音的竦，即读如耸。《说文解字》："欶，吮也。"与 hlik——嗍不同的是，这里专指用鼻子吸，如将快流出来的鼻涕吸上去，也指吸鼻子的声音。今安徽一带将此动作读如"送"。苗语中，hliongt 指吸鼻涕的声音。如 Nenx hlik nais ~ ~ 他欶欶地吸鼻子。

hliu

hliub 抽，上古音在透母、幽部。到了《广韵》，为彻母。《说文解字》："抽，引也。"抽即提、拔。如 ~ ghab mes wil 抽锅盖，即提起锅盖。

hliut 搐（chù），上古音在透母、觉部，中古音在彻母、觉部。《集韵》："读若六畜之畜，牵制也。"实指牵动。贾谊《新书·大都》："平居不可屈信（伸），一二指搐，身固无聊也。"今有"抽搐"一词。苗语中，hliut 指擤。如 ~ ghad nais 擤鼻涕。

hlo

hlob 1. 鳎（tà），上古音在透母、叶部，入声，与铁、抽等字同母。司马相如《上林赋》："禺禺鱼（qū）鳎。"郭璞曰："鳎，鲵鱼也，似鲇，有四足，声如婴儿。"显然，指的是娃娃鱼。苗语中，hlob 指娃娃鱼。

2. 瘥，上古音在从母、歌部。《说文解字》："瘥，病也。"《左传·昭公二十九年》："寡君之二三臣札、昏、夭、瘥。"《国语·周语》："无夭、昏、札、瘥之忧。"至于瘥还有病愈之义，与乱有治、乱二义，短有长、短二义一样。典籍里很少解释瘥到底是什么病。但从瘥所从的差字或许能推测到一点。差的上部是垂字头，像禾苗发蔫委地；下部是左，有帮助、扶持之义。因此差一方面指状态不好，另一方面也有病愈之义。瘥指病，对应于差的"不好"。而这种病极有可能指委顿不振，病得不能起床。hlob 正好有卧病、瘫痪之义。

hlod 1. 筰（zuó），古音在从母、铎部，入声。筰有几种解释。按《说文解字》，筰是铺在瓦之下，椽之上的竹箔。而据王充《论衡》："不晓礼义，立之朝廷，植筰树表之类也，其何益哉?"这里的筰是竹竿。而同音字筰又作"竹索"解，谢灵运《折杨柳行》："负筰引文舟。"这里的筰也指竹索，用于牵引船只。可见筰与筰本是一个字。综上所述，筰是竹的另一称呼。或者说，筰是竹的变音，也未可知。det ~，直译为筰树，还是指竹子。

竹，上古音在端母、觉部，入声。韵母、声调都与 hlod 相合。唯声母为 d，到中古演变为 zh，与 hl 不太吻合。供参考。

2. 趖（suō），上古音在心母、歌部。《说文解字》："趖，走意。"段玉裁注："趖，今京师人谓日跌为晌午趖。"五代欧阳炯《南乡子》之七："豆蔻花间趖晚日。"可见趖常用来指太阳西行下落。今天，西南地区称下滑为趖。只不过，人们不知有趖字，往往写成梭。如 Gangl gid waix ~ lol dab 从上面趖下来。

3. 诈，上古音在庄母、铎部。hlod 是 dlab——诈的又音。这与乍有两个音 zha、zuo 一样。诈有哄骗之义。如 ~ jib daib 哄小孩。

hlot 稠，上古音在定母、幽部，中古音在澄母，入声。《说文解字》："稠，多也。"从禾旁，指庄稼长得稠密。晋代束晳《补亡诗》："黍发稠华，禾挺其秀。"泛指密。《汉书·灌夫传》："稠人广众。"如 ~ ghaib 稠荄，即株儿密。~ dab ~ waix 稠下稠上，即密密麻麻。

hlong

hlongt 送，上古音在心母、东部。《说文解字》："送，遣也。"古今字义未变。如 ~ dax sos diux, longl lol sos zaid 送到门，拢到家。

hlu

hlud 嗾（sǒu），上古音在心母、屋部。韵母略有偏转。嗾的本义是向狗发出号令，使其咬人。《左传·宣公二年》："公嗾夫獒焉。"泛指教唆、嗾使。《聊斋志异·商三官》："豪嗾家奴乱捶之。"如 ~ jib daib xit dib 嗾小孩打架。

hluk 脱，上古音在透母、月部，入声。《尔雅》："肉去骨曰脱。"今天山东德州有脱骨扒鸡，指鸡肉易与骨头分离。泛指脱离。南朝谢庄《月赋》："洞庭始波，木叶微脱。"如 ~ ud 脱衣；~ khet 脱裤子；~ dud 脱皮。还特指水火烫伤后的脱皮。~ dul 指被火烫伤。~ mangl ~ mais 脱脸脱面，即脸面被烫伤。

hma

提示：声母 hm，如 P、m 二者的合音，一般由 P、m 等转换而来。

hmad 沫，上古音在明母、月部，入声。沫有两个基本字义：一指四川的一条河流，二指水泡。《说文解字》："瀑，疾雨也。诗曰：'终风且瀑。'一曰沫也。"瀑音与泡相近，故又释为沫。《庄子·大宗师》："相濡以沫，不如相忘于江湖。"这里指从鱼嘴里吐出的泡沫，也可理解为唾沫。如 ~ eb 水沫、水泡。~ lot 口沫，即唾沫。

hmat 譬，上古音在滂母、锡部。韵母由 ie 转为 a。《说文解字》："譬，喻也。"即让人知晓。《后汉书·申屠刚鲍永郅恽列传》："言之者虽诚，而闻之未譬。"此处指知晓。苗语中，hmat 指通过言语让对方明白。如 ~ lil 譬理，即讲理。泛指说。如 ~ hveb 说话。

hmai

hmaib 铍（pī），上古音在滂母、歌部。韵首为 i，hmai 当是由 hmi 转换而来。铍是一种大针，下端如剑，用来刺破痈疽，肿瘤等。《灵枢经·九针论》："铍针取法于剑锋，广二分半，长四寸，主大痈脓。"有种剑也叫铍。《左传·昭公二十七年》："抽剑刺王，铍交于胸。"铍也做动词，指刺。《刘子新论·利害》："痕疾填胸而不敢铍。"即胸内有结块而不敢刺。《庄子·养生主》："依乎天理，批大郤，导大窾。"此处的批也指刺入，疑为铍的假借字。hmaib 即指刺。如 ~ bil 铍手，即扎手。~ mais 铍目，即刺眼。

hmang

hmangt 1. 晚，上古音在明母、元部，入声。晚从免表音，声母本应为 m；韵母 an 转换为 ang。《说文解字》："晚，莫也。"莫即暮。暮的古音也在明母。暮若 ang 化，也作 hmangt。晚与暮应是同一字朝两个方向音变的结果。如 hnaib hnaib ~ ~ 日日夜夜。~ nongd 今晚。~ niangx 年夜、除夕。

2. 獌（màn），上古音在明母、元部。韵母 an 转换为 ang。《说文解字》："獌，狼属，从犬曼声。"《尔雅·释兽》："貙獌似狸。"郭璞注："大如狗，文如狸。"《字林》："貙似狸而大，一名獌。"柳宗元《罴说》："鹿畏貙，貙畏虎，虎畏罴。"可以梳理出獌的大致情况：獌是狼属，又叫貙，同狗一般大，长得像狸，食肉动物，但怕老虎。可以肯定地说，獌就是狼的另一称谓。苗语中，hmangt 即狼。

hmen

hment 闵、悯，上古音在明母、文部，入声。闵以门表音。《说文解字》："闵，吊者在门也。"即对死者家属表示哀怜。《汉书·王褒传》："褒于道病死，上闵惜之。"闵又写作愍，如鲁闵公又作鲁愍公。《广雅》《玉篇》等释愍为忧、伤、痛等。如 hmut ~ 抚闵，即对遭遇不幸者或死难者家属表示安慰、同情。

hmi

hmib 指兽类身上的气味。何字，待考。

hmid 1. 劈，古音在滂母、锡部，入声。汉语中，劈多做动词，《说文解字》释为破、《广雅》释为分。这里的劈做名词，指刀刃或楔形物，用它可以将物体破开、分开。今有"尖劈"一词，即指楔形物。在石器时代，人们就制造了石斧、石刀等，即是利用尖劈原理来进行生产或加工。它具备两个条件：一是锋利的刃或尖，以便于切削等、刺等；二是有相对宽厚的背，可以增加它的分量。劈在苗语中指楔形物。

（1）指刀刃、刀口。各种刀口的横截面都是劈形。为什么指同一种东西，汉语用刃，苗语用劈？大概是因为刃的笔画少，书写方便，而劈字笔画繁多，书写时人们更容易选择刃。汉语多少要受书面语的影响。而苗语中根本就没有声母 r，发不出刃的音，并由于长期只说不写，笔画的多少根本无须顾及。如 ~ diuk 刀劈，即刀刃。~ ghab linx 镰刀刃。~ jut 锯口。

与劈同音的鈚，古音也在滂母，也有刃的意思，指犁刃。据《广韵》，鈚是犁刃的别名。但鈚一般指箭头，可以理解为箭锋。

（2）指牙齿。门牙也是劈形。如 dlut ~ 拔牙；~ dlad 犬牙；~ gangb 虫牙。为什么汉语用牙而苗语用劈？也是因为牙的笔画少，便于书写；而苗语则无笔画的顾虑。另外，与牙同义的齿，苗语中也无此读音。

顺便说一句：牙字并不是简单的牙齿的象形。《说文解字》称牙"象上下交错之形"。只有肉食动物的牙才是上下交错之形，虎、豹、鳄鱼的牙齿皆然，这样便于撕咬。而人的牙齿和食草动物的上下牙都是整齐排列，无上下交错之状。指人的牙本有齿字，但齿的繁体是齒，笔画繁多，故后人书写时借用牙来表示人的齿。

2. 蹳（pō），上古音在滂母、月部，入声。韵母偏转。《说文解字》无蹳字，疑蹳是癹的异体字。癹的上部本是双脚的象形，殳是手持杖的象形。癹指用足踏田草（薅草时，以手拄杖，不用弯腰）。发字从癹表音。癹即足踏，而蹳也指蹭踏。《汉书·夏侯婴传》："汉王急，马罢，虏在后，常蹳两儿弃之。"指汉王刘邦曾在敌人紧追的危急情况下，将两个儿子从车上踹下去。苗语中指足踏的痕迹。这与蹊字相似。蹊本指踩踏。《左传》中有个蹊田夺牛的典故，即人家的牛踩了你的田，你就把人家的牛夺过来，指处罚太重。"桃李不言，下自成蹊"中的蹊则指踩出来的小路。如 hmid lob 脚蹳，即脚印。~ lob mal 马脚印。~ lob ngix 兽脚印。

hmo

hmob 毛，上古音在明母、宵部，韵母 au 转换为 o。毛字本是动物尾巴的象形，其中竖弯钩象尾茎，其余三笔象尾毛，泛指毛发。《说文解字》："毛，眉发之属及兽毛也。"又进一步引申指像毛一样细的东西。苗语中，hmob 专指毛状物。hmob 可以指织物上的绒毛、玉米穗上的须等。如 ~ dul 火绒，极细的易燃物。

指动物毛发的有 dliub——须字。

hmod 泡，上古音在滂母、幽部，韵母 ou 转换为 o。泡字在古代至少有两个完全不同的字义。一指河流的名称；二指水沫。《汉书·艺文志》："《杂水陵山泡云气雨旱赋》十六篇。"颜师古："泡，水上浮沤也。"浮沤即水中气泡、泡沫。由泡沫引申为泡状物：内部疏松、外形鼓起，如豆腐泡儿、眼泡。如 hmod 特指爆米花。pud ~ 爆泡，即炸爆米花。

hmong

hmongb 橗（méng），从萌表音，萌的上古音在明母、阳部。《玉篇》："橗，木心也。"即树心。《康熙字典》也有收录。苗语里 hmongb 即指木心。汉语里很少用到此字，过于生僻。一般说来，掌握这个字，没有必要。但苗语则不同。苗族长期生活在山林中，木头是最重要的生产、生活资料，会经常用到这类字。如 Dail det nongd jox ~ hlieb 这棵树的橗大。

hmu

hmub 布，上古音在帮母、鱼部。从布表音的怖则在滂母。另据《广雅·释诂》："铺，布也。"大约也是同音相训，布做动词时与铺同义。《说文解字》："布，枲（xǐ）织也。"即麻制品。布是麻、葛、棉等织物的总称。《诗经·卫风·氓》："抱布贸丝。"布的铺开、布列之义当是从织布时布匹要充分展开引申而来。布的苗语引申方向与汉语有所不同。

（1）布匹。如 ~ diel 周布，犹如汉人所说的洋布，指织得精细的布、工艺较为复杂的布。Mail ~ lol vangx ud 买布来缝衣。顺便说一句，苗语中指布匹的还有 dob——绤，即绤的织物。

（2）特指供刺绣的布。到了苗族地区就会发现，他们的服装，尤其是节日盛装，布满了绚丽的刺绣。刺绣也是苗族妇女的重要活动。刺绣的题材也非常广泛，不限于汉语所说绣花的"花"。如 dlid ~ 刺布，即绣花。犹如汉语的种田，不论是种何种庄稼，都可称之。hnent ~ 纫布，也是刺绣。

（3）苗族的自称。这应该是源于其灿烂的刺绣文化。当然，苗族还有其他称谓，比如："苗"是汉人所给的称谓；nes（苗语中一般指鸟），也用于称苗族。如 ~ niul 生苗，这是中华人民共和国成立以前统治者对处于闭塞山区的苗族的称谓。~ ~ diel diel 苗苗汉汉，指各民族。

hmut 1. 抚，上古音在滂母、鱼部，入声。《说文解字》："抚，安也。"实际上，抚本指抚摸这个动作，这个动作多用于安抚、抚慰，使人情绪平稳等，故而有"安"的意思。《左传·襄公十九年》："宣子盟而抚之，曰……犹视……乃复抚之曰……乃瞑。"这里说的是荀偃死的时候没有瞑目，范宣子两番安抚他，做了两个承诺，他才瞑目。抚特指吊唁死者家属。如 ~ das 抚煞，即吊丧。~ hment 抚悯，对遭遇不幸者表示慰问或关切。

2. 餔（bū、bù），上古音在帮母、鱼部，与布同音。从甫表音的字也有在滂母的，如铺。《说文解字》："餔，日如申时食也。"即申时吃饭，相当于吃晚饭。古人日出而作，日落而息，这是临睡前的一顿饭，就是指稍吃一点。《庄子·盗跖》："盗跖乃方休卒徒太山之阳，脍人肝而餔之。"《史记·屈原贾生列传》："众人皆醉，何不餔其糟而啜其醨？"餔也相当于尝一尝。~ lot 餔嘴，即用嘴尝。~ yangs 餔样，即尝尝样品，尝试。

hna

提示：声母 hn 相当于 t、n 二者的合音，主要对应于古汉语的透母、定母、泥母、日母，对应于今天的 t、ch、n、r 等。

hnab 那，上古音在泥母、歌部。那本义是地名（从右阝的字多为地名，右阝是邑的变体），是春秋时一诸侯国，在今湖北荆门。这里做移动讲，相当于挪。这个意义是从偏远之地引申为迁移呢，还是本有同音字，借那而为之，后又造挪字呢？有待考证。欧阳修《论乞赈救饥民札子》："只闻朝旨令那移近边马及于有官米处出粜。"元代薛昂夫《端正好·商隐》："花阴转眼那，日光弹指过。"挪字至迟已在宋代出现。宋代李心传《建炎以来系年要录》："本路岁用和买本钱七十三万余缗，悉是无可挪拨。"如 ax gid ~ 不要挪，即不要动。~ gos 那及，即触及、触动。

hnai

hnaib 日，古音在日母、质部，入声。古音中日母接近于今天的 n。今天有些方言区仍将日读为 ni。韵母 ai 对应于汉语的 i。我们都知道，日字是太阳的象形，又指太阳起落的一个周期，即一天。hnaib 也相应地具有这些含义。
（1）指太阳。如 Laib ~ dax yangx 太阳出来了。hnaib gos 日俄，即太阳偏西，犹如说将要倒下。
（2）一日、一天。如 ~ nongd 今天；~ nongl 昨天；~ denx 前天；~ mol 卯日；~ hat 亥日；~ mais 未日；~ sail 巳日；~ yenx 寅日；~ bib niangx 大年

初三；~ diangl dangt 直译为长诞日，即诞生日、生日；~ dangl hmangt ax niangb 日等夜不留，即时间不等人。

（3）泛指时间，犹如日子。如 ax bil leit ~ 时间未到。~ hniut 直译为日週，犹如年月、年头、时代。週指一年。

顺便要说的是：从读音上看，hnaib 完全可以释为天。天的上古音为透母、真部，韵母 ai 也对应于汉语的 an。在甲骨文、金文字形里，天字上面的一横是一个圆形，下面的大是个人形。如何看待这个早期的天字呢？你可以说，天字上部的原型就是人的头，《说文解字》："天，颠也。"颠是头顶。你也可以说，这个原型是太阳，天是人顶着太阳，因为大字已足能表示一个完整的人。你还可以说天指的就是大自然，天字是个拟人化的字，头是太阳，身子是人……总之，我们已经知道天与日在原形、字义上的联系，通过 hnaib，它们又多了一个读音上的联系。天与日的关系还可以进一步考证。

hnaid 弹（tán），上古音在定母、元部。韵母 an 转换成 ai。汉语中弹有 tan、dan 两个音，阳平、去两个声调，一动词、一名词，是人为划分的，早期不分。《说文解字》："弹，行丸也。"行丸即发射弹丸，也指发射弹丸的工具，即弹弓。《左传·宣公二年》："从台上弹人，而观其避丸也。"指朝台下行人发射弹丸取乐。弹劾、弹压等皆从此引申而来。因发射弹丸需拨弄弓弦，把拨弄弦乐器叫弹奏。其实弹的本义是弹弓，有弹弓才能发射。《庄子·山木》："睹一异鹊自南方来者……执弹而留之。"指持弓准备射杀来自南方的异鹊。唐代苏涣《变律》："长安大道边，挟弹谁家儿？右手持金丸，引满无所疑。"挟弹即持弓。弹指弹丸、子弹则是后来的事。如 ib diux ~ 一支弹，即一张弓。

hnang

hnangd 1. 听，上古音在透母、耕部。韵母 ing 转为 ang。听在南方方言里多读去声。《说文解字》："听，聆也。"即聆听。听的繁体为聽，左下角是表音部件，右上角是直字，会意为由耳直达于心，意思更鲜明。《荀子·劝学》："耳不能两听而聪。"引申为听信。《战国策·魏策》："不听寡人。"苗语中，hnangd 除了以上字义外，还泛指感觉、感受。在汉语里，表示用眼看的字，如见、看有泛指的趋势，如听见、闻见、试试看。

（1）听、听见。如 Wil gol hxak diot mongx ~ 我唱歌给你听。~ dongf 听

谈，即听说。

（2）听从、听信。如 ~ hveb 听话。Xet gid ~ nenx dol hveb mongl hveb hsat 休要听他那些闲言碎语。

（3）泛指感觉、感受。如 Wil ~ mongb bongt wat 我感觉疼得很。Wil ~ ax vut ghab mais ib nenk 我感到有点不好意思。~ lil 听理，即懂理。

2. 捵（tiàn），以忝表音。忝、添上古音都在透母、谈部。韵母 am 转换为 ang。捵指用器具等贴在某物体上拖带一下。舔与捵的字义有共同之处：舔就是用舌头在某个物体上拖带。《西游记》第三回："那判官慌忙捧笔，饱捵浓墨。"《聊斋志异·促织》："捵以尖草。"指用尖草捵洞里的虫子。如 ~ hmid 捵牙，指食物很少，只够在牙上捵一下，犹如汉语的塞牙缝。

hnangt 动，上古音在定母、东部。韵母 ong 与 ang 相近、互转。《说文解字》："动，作也。"作即做，与静、不作为相对。如 hnab ~ 挪动，即移动、行动。

hne

hnet 内，上古音在泥母、物部。韵母中的 u 灭失。内字所从"人"，本为入，而入本是倒 V 形，象尖锐之物，在门里不出头，表示刺入门中。故《说文解字》："内，入也。""入，内也。"《左传·文公十五年》："获大城焉，曰入之。"这里的入即入侵。可见入不像今天只是一般的进入。《周礼·冬官·考工记》讲到戈这种兵器的规格："戈广二寸，内倍之，胡三之，援四之。已倨则不入，已句则不决。"就是说：戈身宽二寸，戈柄插于戈头的深度是戈宽的两倍，横刃长是其三倍，主刃长是其四倍。（横刃）太上扬不利于刺入，太向下不利于横刃的切割。这里的内指供插入戈柄的銎孔；入指横刃的啄击、刺入。从这里可以看到内与插入有关。另外，《说文解字》："插，刺内也。"hnet 即指插入、刺入。如 hnet ib diuk 内一刀，即捅一刀。~ laib zaid gangb niongx 内马蜂窝，即捅马蜂窝。

入，上古音在日母、缉部。声母近于 n。韵母中本无 u，韵尾近于 e。似乎也可转换为 hnet。字义基本与内相同。供参考。

hnen

hnent 纫，上古音在日母、文部。声母近于 n。《说文解字》："纫，单绳也。"朱骏声解释："凡单展曰纫，合绳曰纠，织绳曰辫。"制绳时，两股绳叫纠，三股以上叫辫，单股绳叫纫。制单股绳时，要不断地向其中续制绳的纤维等，因此叫"单展"。纫因而有连缀之义。《楚辞·惜誓》："并纫茅丝以为索。"就是说将茅草和丝拧在一起制绳，喻将苟且之人与忠直之士同等对待。《楚辞·离骚》："纫秋兰以为佩。"指将秋兰缀在衣服上作为佩饰。今有纫针一词，就是将线穿入针眼。有人写作认针。今有"缝纫"一词，指将布料缀在一起，或给衣服缀上补丁。如 ~ hmub 纫布，即在布上缀上各种图案，即绣花；也可指缝衣。~ hmub jef dot nangl, ait gheb jef dot ngangl 纫布才得穿，干活才得咽（吃）。~ bal 纫毕。毕是长柄网。纫毕即用线缀成网、织网。

hni

hnid 态，上古音在透母、之部。《说文解字》："态，意态也。"态从心表义。意态即心意。后来多指人的外在状态。段玉裁注：态（态的繁体），从心、能，心所能必见于外也。王安石《明妃曲》："意态由来画不成，当时枉杀毛延寿。"意态是画不出来的，可见是内在的东西。如 Yis daib ax yis ~ 育崽不育态，指人的思想并不随父母。sail hvib sail ~ 悉心悉态，犹如全心全意。

hnit 泥（nì），上古音在泥母、脂部。在汉语中，泥做动词，一般表示拘泥、泥滞，以及用泥涂抹等。苗语中指让稻种入泥，即播种。如 ~ hniub nax 泥稻种，即播稻种。

另有秜（nì）字，指稻谷落地后再生，可为参照。

hniang

hniangb 1. 粘（nián），上古音在泥母、谈部。韵母 am 转换成 ang。粘做动词，也作形容词，也写作黏。《说文解字》："黏，相著也。"《淮南子·说山》："孔子之见黏蝉者。"黏蝉就是用蛛网粘取蝉。做形容词时今有黏米、黏土等词。如 ~ bil 粘手。~ bud gaod 粘布告，即贴布告。~ ghangb 粘尻，紧贴屁股，即紧跟。~ hniub 粘种，受孕了。

顺便说一句："粘贴"二字常连用，贴与粘、黏、沾等字一样，都以占表音，字义也有关联。在西南部一些方言里，贴的读音近乎"天"，无疑是受表音部件占的影响。贴的读音也可转换为 hniangb。

2. 稔 (rěn)，上古音在日母、侵部。声母近于 n。韵母近于 am，转换成 ang。稔以念表音，应是年的异体字。《广雅·释诂》："稔，年也。"《左传》《国语》有五稔、三稔等字样，即五年、三年。年的早期字形上禾、下人（后作秊，多了一横），以人表音。稔是庄稼成熟。我国华北、中原一带粮食一年一熟，一稔也就是一年。引申为熟悉、熟练等。如 ~ dud 稔书，指书读得熟、读得好。~ gheb 稔工，指干活熟练、活干得好。

3. 䅸 (róng)，以茸表音。茸的上古音在日母、东部。声母近于 n。韵母 ong 与 ang 相近、互转。《广韵》："䅸，稻䅸。"《康熙字典》："秾䅸，芳也，一曰禾稍。"禾稍即禾梢，禾的顶部，即稻穗。《在线字典》举例："一茎乃见抽三䅸。"如 ~ nax 稻穗；~ mangl 麦穗。

4. 頲，上古音在定母、耕部。韵母由 ieng 转换为 iang。《尔雅·释言》："頲，题也。"《玉篇》："题，頲也。"题即额头。苗语中，hniangb 即额头。

聑 (tiē)，上古音在端母、叶部。韵母 ang 化了。《说文解字》："聑，安也。"实际上，这是会意字，像两耳贴于头，有紧贴、服帖之义。汉代扬雄《方言》："扬越之郊，凡人相侮，以为无知，谓之聑。"聑为什么指无知呢？感性认识告诉人们，招风大耳的听力更好，双耳贴颅，听力不好。大概是以听力不好喻无知。用贴、帖表示两个物体紧挨、粘在一起，均是假借为聑。贴也做名词，如锅贴。苗语中，聑指锅巴，即锅底米饭焦煳后，紧贴于锅。如 Laib dlox gad kib ~ yangx 鼎罐里起聑（锅巴）了。hangt ~ 聑臭，即锅巴的气味、焦煳味。

顺便说一句，贴的本义是典当，《玉篇》："贴，以物质钱。"往往是不得已而为之，赔本的买卖，引申为"贴钱"。帖在《说文解字》中释为"帖，帛书署也"。帛制书签，上书标题或提要。

hniangk 1. 淰 (niǎn)，上古音在泥母、文部。韵母近于 an，转换为 ang。《玉篇》："渜淰，恶醉貌。又汗出貌。"渜淰，为叠韵词。叠韵词往往以其中一个字表义，另一字为配字。取渜的污浊之义，即指恶醉；取淰之义，即指出汗。淰的声调上声，可能也是受渜的影响，也许应读如刃。汉代枚乘《七发》："淰然汗出，霍然病已。"这里指汗水。如 lol ~ 出汗。~ hfud ~ naix 汗头汗耳，即满头大汗。

2. 让，上古音在日母、阳部。声母本接近于 n。《说文解字》："让，相责让也。"《广雅》："让，责也。"让以讠表义，指责备。《国语·周语》：

"让不贡。"即指责其不进贡。如 Nenx dad gid hmat hveb ~ naix 他故意说话指责人。

顺便说一句，今天"让"作推让等义，都是假借为攘（让的繁体为讓）。攘即推。

hniangt 撑（chēng），上古音在透母、阳部，作 teang。撑以右上角的尚字表音。而以尚表音的字如躺、淌、倘、趟等多读 tang。撑也写作撐、掌。掌从牙表义。牙是食肉动物的上下牙相交错之状的象形，同时也给人以上下相撑相拒之感。《说文解字》中，撑作樘，以堂表音："樘，衺柱也。"斜柱即用于支撑的构件。杜甫《自京赴奉先县咏怀》："河梁幸未拆，支撑声窸窣。"李白《扶风豪士歌》："白骨相撑如乱麻。"苗语里，hniangt 指支撑，如 Lab zaid ab yangx，dad det lol ~ 宅子歪了，拿木头来撑住。~ ghangx 撑颔，即托着下巴。Jox dax ax dins，dad laib vib ngil lol ~ 桌子不定（稳），拿块瓦来撑。这里的撑即垫。

hnin

hnind 1. 挺，上古音在定母、耕部。韵母 ing 转换为 in。《说文解字》："挺，拔也。"《战国策·魏策四》："挺剑而起。"做不及物动词时，相当于伸直、伸出。《荀子·劝学》："虽有槁暴不复挺者，輮使之然也。"此处与今天挺拔、挺直之义相同。《三国志·吕凯传》："今诸葛丞相英才挺出。"挺出即突出，犹如说出类拔萃。苗语里指伸出。如 ~ lot，挺嘴，即努嘴。

2. 念，上古音在泥部、侵部。韵尾本为 m，转换为 n。做动词，《说文解字》："念，常思也。"指思念。也做名词，指念头、心绪。陶渊明《闲情赋》："耿耿不寐，众念徘徊。"苗语中，hnind 指魂魄。世上本无魂魄，实为心念所致。也许，hnind 就是念。

hniong

hniongb 憧（chōng），上古音在昌母、东部，以童表音。憧指无知的样子。《史记·三王世家》："愚憧而不逮事。"这个意义上也写作惷。《说文解字》："惷，愚也。"引申为忘记。对往事的无知就是忘记。《说文解字》释忘为"不识也"。如 Niongl vut xet ~ niongl hxat, nongx ngix xet ~ hek hlik 顺时休忘难时，吃肉休忘喝粥。

hniongd 重，上古音在定母、东部。今有 zhòng、chóng 两个音，上古不分。从篆体中可以看出，重字由人、东、土组成。其中东也表音。近现代学者基本否定了东字是日上扶桑之木的解释，认定这是两头扎缚、中间装东西的口袋的象形，故与束字形状相近。重字会意为一人将袋子放在地上休息，以喻袋子较重。《左传·宣公三年》："楚子问鼎之大小轻重焉。"除了指有形的东西分量重之外，也用于指无形的东西。《孟子·告子下》："色与礼孰重？曰：礼重。"如 Ghangt nongd ~ fat ghangt aib 这担重过那担。~ bil 重手，即手劲大。~ hsongd 重骨头，指懒、疲惫。这犹如汉语中的"屁股沉"，指不爱活动。~ mangl ~ mais 重面重脸，指表情严肃。~ ghat 重价，即贵重。~ yox 重谣，即语调重。

hniu

hniub 1. 粙（zhòu），上古音在定母、幽部。《类篇》："粙，稻实也。"粙字也写作从米、胄，或从禾、胄。稻实即稻籽，特指稻种、种子。

（1）指种子、稻种。如 ~ nax 稻粙，即稻种。~ mangl 麦种。引申为可以传承的东西。如 ~ dul 火种。

（2）指像种子形状的东西。如 ~ hxongt 铳粙，即铳子，铳的子弹。~ mais 目粙，眼珠（汉语的珠也是引申而来）。

2. 助词，叠用。如 kib ~ ~ 指受惊吓而发抖的样子。

hniut 週，上古音在章母、幽部，入声。週本指环绕、绕一圈，也写作周。《左传·成公二年》："逐之，三周华不注。"华不注是山名，三周即绕山三圈。用于时间，指一个循环、周期。元代关汉卿《赵盼盼风月救风尘》："娶他到家里，多无半载周年相弃掷。"特指一年。因为一年经过春夏秋冬四季以及十二个月、二十四个节气，是一个完整的周期，周而复始，毫厘不爽。今人仍把周岁简称为周，如："孩子几周了？"苗语中，hniut 即指周年。如 Wil dot ob juf ~ yangx 我有二十周（岁）了。~ aib 去年；~ denx 前年。~ yenx 寅年；~ yul 酉年；~ hxenb 申年。~ leib ~ fangs 猴年猿年，犹如说猴年马月，即不知何年何月。

顺便说一句：汉语习惯用年、岁。年繁体为秊，从禾，指庄稼一熟为一年。岁则是岁星（木星）的简称。因岁星的运行周期大致是一年，也就是说它在天空所处的位置与去年这个时候的位置基本相同。人们据此把一年叫一岁。苗语里保留了年——niangx 这个称谓，周、年并用。

週是后起字。《说文解字》从勹、舟，释为"匝遍也"。以舟表音，以勹表义。这里的勹与旬字中的勹一样，来自闭合的一圈，表示一周。旬表示十，因为数以十为一周。

ho

hob 1. 霍，上古音在晓母、铎部，入声。霍字的篆体，下部本是两个隹，隹就是鸟。《说文解字》："霍，飞声也。"说此字像两只鸟在雨中飞，发出的声音即为霍。《木兰辞》："磨刀霍霍向猪羊。"但霍也指迅疾的样子，可以理解为鸟在雨中疾飞，尽快归巢。司马相如《大人赋》："霍然云消。"枚乘《七发》："霍然病已。"方言里有"霍闪"一词，指闪电来去迅疾。苗语里霍也指闪电。

(1) 闪电。如 lif ~ 利霍，即打闪。这里的利指快。

(2) 拟声词，指雷，雷声霍霍。如 ~ dib 雷打、雷击。bet ~ 响雷。引申指雷公、雷神。Gol dail vongx dax hnangd, gol dail ~ dax zongb 叫龙（王）来听，叫雷（公）来聪。聪也是听。~ ~ nongs nongs 霍霍雨雨，即雷雨交加。

(3) 象声词。如 Jox eb lal ~ ~ 河水霍霍地流。

2. 霭，上古音在影母、月部，入声。按说霭读如矮，不应转换为 hob。但考虑到霭以谒表音，而谒以曷表音。也就是说霭最终是以曷表音。而曷读 he，与 hob 音近。霭指云气。《说文新附》："霭，云貌。"在山区，云气与雾气不分。霭也相当于雾。如 vangx ~ 霭冈，即有雾的山岭。贵州省凯里市苗语地名 Vangx ~，音译名为养蒿，是苗语中部方言标准音点。

3. 寰，上古音在匣母、元部。一般说来，韵母 uan 容易转换成 ong，这里转换成 o，ng 灭失。《说文新附》："寰，天子封畿内县也。"《谷梁传·隐公元年》："寰内诸侯，非有天子之命，不得出会诸侯。"一般典籍中，都将寰理解为王畿之内，也就是京都周围千里之内的地方。实际上，寰从宀表义，宀是房屋的象形。这里指穹顶。正所谓"天如穹庐，笼盖四野"。苍天笼罩之下也为寰。因此，常见寰宇连用，指天下。《北齐书·文宣帝纪》："功浃寰宇，威凌海外。"寰宇，后也写作环宇。总之，寰就是笼罩在我们头顶上的天穹。苗语中，寰即指天。如 gid hfud ngit ~ 揭页眙寰，即抬头望天。

4. 垣，上古音在匣母、元部，入声，与桓、洹等字同音，声母相当于 h。一般说来，韵母 uan 容易转换成 ong，这里转换成 o，ng 灭失。《说文解字》：

"垣，墙也。"《左传·襄公三十一年》："子产使尽坏其馆之垣而纳车马焉。"如 hsait ~ 砌垣，即砌墙。dod ~ 捣垣，指夯筑土墙。

hod 1. 贺，上古音在匣母、歌部。《说文解字》："贺，以礼相奉庆也。"《诗经·大雅·下武》："四方来贺。"如 ~ xix 贺喜。

2. 吼，象声词。如 Dlad xis ~ ~ 狗吼吼地叫。

hof 1. 合，上古音在匣母、缉部。合字下部的"口"是容器的象形，上部则是盖子的象形。盖子与容器紧密相合。《战国策·燕策二》："蚌方出曝，而鹬啄其肉，蚌合拑（qián）其啄。"指蚌合上两片壳夹住鹬的嘴。同汉语一样，合也有多个引申义。

(1) 符合。如 ~ lil 合理；~ hvib 合心。

(2) 言语相投。王安石《答司马谏议书》："议事每不合。"如 hof hveb 合话，指话语相投。~ lot 合咪，即合嘴，也指谈话投机。

(3) 和谐、融洽。《诗经·小雅·常棣》："妻子好合，如鼓瑟琴。"今有"百年好合"一词。如 ~ bongl 合朋，朋指一双、一对。合朋即夫妻恩爱。~ bul 合副（副有助手、伙伴之义，见 bul 字条），指伙伴之间相处融洽。

(4) 折合。如 Ib gongb jenb ~ ob jangb 一公斤合两斤。

(5) 合计、共计。如 ~ not xus bix seix? 合多少钱?

(6) 指容貌、性格等相像。如 Nenx laib vangx mais hof nenx mais 他的脸型合他母亲，即像他母亲。

(7) 照搬现代汉语。如 ~ zof huad 合作化；~ zof seed 合作社。

2. 盒，与合同音。盒，有盖的容器，极有可能其前身就是合。也就是说合是盒子的象形。冯梦龙《古今谭概》："以黑木合盛茶。"合即盒。如 ~ yenb 烟盒；ib ~ jab 一盒药。

3. 和。照搬现代汉语。如 ~ pinf 和平。

hol 嚯，象声词，多叠用。如 muf jent ~ ~ 嚯嚯地刮风。dax nongs ~ ~ 嚯嚯地下雨。Dol naix diangd xangx ~ ~ 人们嚯嚯地转场。转场指赶场回来。

hos 嗐，叹词，表示惊讶。如 ~, nongf dios mongx hot! 嗐，原来是你!

hot 1. 镬（huò），上古音在匣母、铎部。韵首 u 灭失。《汉书·刑法志》颜师古注："鼎大而无足曰镬。"即煮食物的大锅。《淮南子·说山》："尝一脔肉，知一镬之味。"又做动词，指用镬煮。《尔雅·释训》："是刘是镬。镬，煮之也。"苗语里指煮。顺便说一句，苗语里没有煮这个音。如 ~ zas 镬汤，即煮汤。Dot maix jud, ~ dlox gad, khat nongx khat ghax diangd 没有酒，煮锅饭，客人吃了就回转。

濩（huò），上古音在匣母、铎部。韵首 u 灭失。《诗经·周南·葛覃》："维叶莫莫，是刈是濩。"是刈是濩与上文"是刈是镬"相同。濩也指煮。这里可能是假借濩为镬。供参考。

2. 诲（huì），上古音在晓母、之部，韵母接近于 o。《说文解字》："诲，晓教也。"即教导。《左传·襄公十四年》："使师曹诲之琴。"即请师曹教弹琴。《论语·述而》："学而不厌，诲人不倦。"

（1）指教诲。如 Bad ~ nenx ob laib nenx ghax genx yangx 爸诲她两句，她就哭了。

（2）指带有命令语气地说。如 ~ nenx ait deis seix dax 诲他无论如何要来。

3. 话，上古音在匣母、月部。与话具有相同表音部件的活，读 huo。话指话语，也做动词，指说、谈。《尔雅·释诂》："话，言也。"孟浩然《过故人庄》："把酒话桑麻。"李商隐《夜雨寄北》："却话巴山夜雨时。"

（1）指说。如 Nenx ~ ："Wil seix mongl。" 他话："我也去。"

（2）指心说，即认为、以为。如 Mongx ~ Bangx xangb died, vat vat Bangx xangb hliod 你话榜香蠢，恰恰榜香巧。榜香是传说中的人物。

4. 或，上古音在匣母、职部。或字本是以戈守卫疆域，但在古汉语里多用于表示不确定的意思。《诗经·小雅·吉日》："或群或友。"《易经·系辞上》："君子之道，或出或处，或默或语。"这种用法沿用至今。如 Mongx mongl ~ wil mongl? 你去或我去？

5. 嚄，叹词，与 hos——嚄并无什么区别。有一个固定用法：~ mais mais，嚄妈妈，犹如说"我的妈呀"。如 ~ mais mais, nenx das yangx! 我的妈呀，他死了！

6. 呵，语气词，放在句尾，无实义。如 Nenx hnaib hnaib seix vef vil ~ 他天天守窝啊。守窝即待在家里不出门。

hox 1. 夥，上古音在晓母、歌部。夥以果表音，以多表义，即多。《说文解字》："齐谓多为夥。"《方言》则称，齐宋之郊、楚魏之际都说夥。司马相如《上林赋》："万物众夥。"如 ~ not 夥多。汉语中有"你有多高""这根棍子有好长"的说法。这里的多、好都有疑问的意思。这里的夥即相当于"你有多高"的"多"。夥多即"好多"，~ not 相当于 not xus，即多少。

2. 伙，与火同音。火的上古音在晓母、微部。古时军中十人同灶共食，这十人叫火伴，也即伙伴、同伙。苗族人民冬天常围坐火炉、烧火锅、饮酒、唱歌，围坐者自然也是同伙。用作量词，如 diod ib ~ dul 烧一伙土（火），即烧一炉火。

3. 火，照搬现代汉语。如 ~ ceed 火车；~ penf 火盆。

hong

hongb 1. 糊（hū），上古音在匣母，韵母"ong 化"了。《说文解字》中，此字从黍、从古，与黏同义。糊做动词时，指用黏性物质把东西粘起来。如 ~ khangd dlongd 糊窗孔，即糊窗户。

2. 蒙（mēng），上古音在明母、东部。在汉语里，也有声母 h 与 m 互转的例子。如具有相同的表音部件的字：悔与梅、嘿与墨、薨与薔、肓与盲、恢与胲（méi）等，前者声母为 h，后者声母为 m。《方言》："蒙，覆也。"《左传·昭公十三年》："晋人执公孙意如，以幕蒙之。"蒙即覆盖。如 Dad liul qub ~ mangl mais niox 拿帕子蒙上了脸。前述 hongb khangd dlongd 可以释为蒙窗户。

3. 会，上古音在匣母、月部，长入声。韵母"ong 化"了。《说文解字》《尔雅》都说："会，合也。"会、合二字同头，头部都源于器皿的盖子。今有"会合"一词。这两个字还有一个共同点：都做副词，指该当。唐代张彦远《法书要录》："卿家多书，会有右军遗迹。"右军即大书法家王羲之。会也有此义。李白《行路难》："长风破浪会有时。"苗语中，hongb 做副词，指该当。如 hsent ax ~ hfaid yel 猜测不会造反了。

hongf 1. 组成双声词 ~ haif，表示无论如何。其字待考。

2. 红，照搬现代汉语。如 ~ junb 红军；~ linx jenb 红领巾。

hongl 哄，象声词。如 ~ hail 哄嗨，喘气的声音。

hsa

提示：hs 是 s 的清化音，主要由声母 s、c、z、sh、q 等转换而来。

hsab 1. 刷，上古音在山母、月部。韵母中的 u 灭失。《说文解字》释刷为刮，《尔雅》释刷为清。但是，我们今天常用的刷鞋、刷牙的刷，右边本不是刂旁，而是又旁。"又"是手的象形。而尸是屈蹲的人体。此字由尸、巾、又三部分组成，会意为以手持巾，擦拭下体。《说文解字》释此字为拭，与字形相合。而刷则是借这个字的省略形（只剩左边）表音，以刂表义，指刮。今天我们所常用的刷是假借字，承载了"拭"的字义，本义"刮"

反而废置了。顺便说一句，汉语里今天常用的"擦拭"之擦是后起字。擦在黔东南与苗族比邻而居的侗族语言里，读 sa，与 hsab 非常接近。擦极有可能是刷（拭）的异体字，是据某一方言读音后造的字。如 ~ hmid 刷牙。~ hxongt 刷铳，即擦枪或擦炮。

2. 嘈，上古音在从母、幽部。韵母偏转。嘈指喧闹。《抱朴子·外篇》："管弦嘈杂。"白居易《琵琶行》："嘈嘈切切错杂弹，大珠小珠落玉盘。"如 ~ dab ~ waix 嘈地嘈天，即喧天动地。~ nangl bet jes 嘈东爆西，即响彻四方。爆也指响。

3. 碴，以查表音。查的上古音在庄母、鱼部。按《广韵》，碴的读音为侧加切。早期的典籍中几乎找不到碴，但我们能从查字窥见其字义。查本义为树查，指树干或树枝折断后的茬口，今多写作茬。《隋书·杨约传》："尝登树坠地，为查所伤。"李贺《马诗之六》："饥卧骨查牙，粗毛刺破花。"查牙由茬口尖锐而来，这里指马瘦骨嶙峋貌。木断为查，石碎则为碴。这与今天指石头或瓦器等的碎片相吻合。铁轨下的碎石叫道碴，也作道砟。

（1）指碎片。如 hsab dlox hsab wil 直译为甄（chuí）碴锅碴，甄与锅一样，也是铁制炊具。该词义为破锅破罐、废铜烂铁。

（2）与末相对，指粗。末即粉末，碴自然比末粗。如 Dol hfed nongd ~，dol hfed aib mongl 这些线粗，那些线细。~ hveb ~ hseid 粗话粗词。

4. 糁（sǎn、shēn），上古音在心母、侵部或在山母、侵部。韵尾 m 灭失。《说文解字》中，糁作糂："糂，以米和羹也。从米甚声。一曰粒也。"这里取后者，指粒状物。《齐民要术·作鱼鲊》："炊粳米饭为糁，并朱萸、橘皮、好酒，于盆中合和之。"如 ~ nax 稻糁，即稻粒。

5. 素，上古音在心母、鱼部。hsab 是 dlub——素的又音。dlub 指白色。hsab 则指白白地、徒然。《诗经·魏风·伐檀》："彼君子兮，不素餐兮。"如 nongx ~ 吃素，即素餐、白吃饭。jul ves ~ 白费力。素还指空、无。素面，指脸上不施脂粉。素面朝天，指后宫女人不化妆而见帝王。《新元史·倪瓒传》："家本素封。"素封指没有官爵封邑。如 ~ ngas 素垲，指干净、清爽，或指清白。垲指干燥。

6. 飋（sè），上古音在山母、质部，入声。汉代王延寿《鲁灵光殿赋》："飋萧条而清冷。"李善注："飋，萧条，清凉之貌。"后人多写作瑟。白居易《琵琶行》："枫叶荻花秋瑟瑟。"毛泽东《浪淘沙》："萧瑟秋风今又是，换了人间。"瑟又用于因寒冷而颤抖。今有瑟瑟发抖、瑟缩等词。苗语中的 hsab 即指因冷或恐惧等发抖。如 ~ pab 飋巴，巴是助词，无实义。飋巴指发抖的样子。

7. 钑（sà），上古音在心母、缉部，入声。《说文解字》释钑为一种小矛。《广韵》："钑，钑镂。"一种金属加工工艺。《六书故》："细镶金银为文曰钑镂。"镂是雕刻，钑是用金属镶嵌。宋代吴曾《能改斋漫录·赐服带》："近年赐带者多，匠者务为新巧，遂以御仙花枝叶稍繁，改钑荔枝，而叶极省。"而苗语中，hsab 指钢，极有可能是因为在打铁时，将钢"钑"在刀刃上，故以钑指代钢。而钢是后起字，以冈表音，冈恐怕也有表义成分。《释名》《说文解字》中都称冈是山脊。钢多用于刀剑等的刃上，刀剑之刃犹如山之脊。如 yux ~ yux hlet 冶铼冶铁，即炼钢炼铁。

hsad 1. 差，上古音在初母、歌部。篆体中可以看出：差字上部是垂字头，像禾苗发蔫委地；下部是左字，会意为庄稼长得不好，以手佐之。差的一支字义即不好，又引申为差错。《广韵》："差，舛也。"《楚辞·哀时命》："称轻重而不差。"《史记·太史公自序》："失之毫厘，差以千里。"如 ~ hsut 差错。~ hveb 差话，即失言、口误。~ set 差事，即做错事了。~ bil 差手，即失手。~ mal dul 按字序直译为差马火，即枪走火。马火即火马。差马火即走火如脱缰之马。

2. 产，上古音在山母、元部。按一般规律，产的读音应转换为 hsaid，这里韵母 ai 又进而转为 a。产的繁体为产，从生表义。《说文解字》："产，生也。"《韩非子·六反》："产男则相贺，产女则杀之。"今天仍有产妇、产房等词。如 maix mais ~，maix mais job 有母生，有母教。~ daib yis vangt 产崽育婴。

hsat 1. 刹。刹是后起字，本应为杀或煞，指结束或使停止。杀的上古音在山母、月部，入声。杀的繁体为杀，煞是其变体。杀本指杀戮，使生命终止。大概由此引申出结束、终止之义。黄巢《赋菊》："待到秋来九月八，我花开后百花杀。"《晋书·卫瓘传》："杜氏杀字甚安，而书体微瘦。"杀字即收笔。宋代周密《齐东野语·降仙》："年年此际一相逢，未审是甚时结煞。"煞同杀。今天汉语中，刹多用于刹车、刹住歪风邪气等。如 ~ bongt 刹风，即断气。hsat set 刹事，完事。~ diangs 刹状，即结案。~ hveb 刹话，一指停止讲话，二指把话说死。

2. 霎，上古音在山母、叶部。《说文新附》释霎为小雨，又作雨声。唐代韩偓《夏夜诗》："猛风飘电黑云生，霎霎高林簇雨声。"引申为像小雨一样的低声。如 ~ hveb 霎话，即小声说话。~ lot 霎嘴，如同霎话，也指低声。

3. 蔡、杀（sà），上古音在清母、月部。蔡从艹，本是野草，但在这里假借

219

为杀。注意：作为杀戮的杀，繁体为殺，右边的殳正表示打杀，按理不能简化。那么"杀"是什么呢？它是一个人的一条腿上安有刑具的象形。这从金文可以看出来（当然"杀"也已严重变形，让人看不出犯人的形状。"杀"在杀字中表音）。它表示对犯人进行流放。史载，周成王的两个叔叔管叔、蔡叔作乱，周公处置了这两个人。《左传·昭公元年》："周公杀管叔而蔡蔡叔。"蔡蔡叔，即把蔡叔流放。流放地即蔡国。这里的蔡就本应为"杀"。"蔡蔡叔"中的两个蔡可能不是巧合。蔡叔之所以称为蔡叔，就是因为他被"蔡"。这就同孙膑受了膑刑（膝盖骨被剔掉）后，人们才称他孙膑一样。也有史书作"放蔡叔。"或将这个蔡用从杀、从米的字来表示，此字也读sa。它同蔡一样，都是假借为"杀"，指流放。由流放转指离家。如 Nenx ~ diub zaid lax yangx 他离开家里很久了。

4. 最，上古音在精母、月部。按说，最的声母是 Z，不当转换为 hs。但从最表音的字撮、襊（cuō）声母都为 c。最表示达到顶点，本应写作冣（zuì）。《说文解字》："冣，积也。"冣与最很早相混。《管子·禁藏》："冬，收五藏，最万物。"最万物应为冣万物，即积聚万物。引申为程度副词，即今天常用的最。《庄子·天下》："然惠施之口谈，自以为最贤。"如 ~ denx 最先，指最早或最前面。~ vut 最好。~ dad 最长。~ not 最多，犹如顶多、到头了。~ xus 最少，即起码。

5. 沙。照搬现代汉语。

hsai

hsaib 昔，上古音在心母、铎部。声母本为 s。《说文解字》："昔，干肉也，从残肉，日以晞之。"说的是：昔的上部是残肉之形；下面的日指用太阳晒。昔加肉旁为腊，仍指干肉。由干肉引申为久、久远。如"昔我往矣……今我来思……"昔又指久远的过去。但这只是儒家著作体系的说法。实际上，在诸子的著作中，昔指晚上。《列子·周穆王》："昔昔梦为国君。""昔昔梦为人仆。"《吕氏春秋·博志》："今昔臣梦受之。"这里的"今昔"指刚刚过去的这个晚上，即昨夜。《谷梁传·经》："辛卯昔，恒星不见。"有人认为这是假借昔为夕。夕的上古音在邪母、铎部，与昔相近。不过，从字形看，昔字的上部完全可以看作地面参照物，日在其下，正是太阳落山后的景象，因而指晚上（《说文解字》中昔字上部的"残肉"说是从腊字反推而来，不一定靠得住）。如果说昔是夜晚，为什么又指过往、昔日呢？从《吕氏春秋·博志》这个例子中可以看出，今昔指刚刚过去的这个夜晚，与我们今天还未到的这个夜晚称为今夜不同。这是古今习惯的差异。按古时的习惯，将昔引申为过往，就很容易理解了。苗语中，hsaib 指时间。如 ~ aib 伊昔，大后晚上，犹如 hnaib aib 伊日，即大后日。~ waix 元昔，即外后天，比伊昔还晚一天。

hsaid 粲（càn），上古音在清母、元部，韵母 an 转换为 ai。《说文解字》："稻重一石，……为米六斗太半斗，曰粲。"指稻子经过反复加工，最后得到不足七斗米，这种米才叫粲。如果是粗加工，所得的米则比这多不少。可以想见，经过精加工的粲有非常好的光泽，粒粒如珍珠。粲因此引申为有光泽。所谓粲然一笑，即露出牙齿而笑，指露齿如粲。苗语里，粲用其本义，指米。如 dod ~ 捣粲，即舂米。

hsait 1. 切，上古音在清母、质部，入声。声母为 c。韵母 e 演变为 ai。切从七表音，从刀表义，指用刀切。《礼记·内则》："切葱若薤。"如 ~ ngix 切肉；~ vob bat 切猪草。

2. 砌，从切表音，上古音在清母、质部，入声。砌从石表义，指用石头堆砌。《水经注·谷水》："地壁悉累方石砌之。"苏轼《乞外补回避贾易札子》："必欲收拾砌累，以成臣罪。"砌累，犹如堆垒。如 ~ hob 砌垣，即砌墙。~ hxangb lix 砌田塍。~ saif 砌蚀，即堆而烂之，指浪费。

hsang

hsangb 1. 创（chuāng），上古音在初母、阳部。创，《说文解字》作办，像刀入创口："办，伤也。"指创伤、伤口。《战国策·燕策三》："秦王复击轲，轲被八创。"被八创，即八处负伤。如 Diangb diuk hleik nenx jil bil，hlieb ~ niox 刀子截了他的手，创可大了。
伤，上古音在书母、阳部。也可转读为 hsangb。《说文解字》："伤，创也。"《左传·襄公十七年》："以杙抉其伤。"即以兵器的柄捅伤口。

2. 疮，上古音在初母、阳部，与创同。《玉篇》："疮，疮痍也。"疮是皮肤所起痈疽。《三国志·明帝纪》："饮人以水，及以洗疮，或多愈者。"如 Jil lob jangx laib ~ 脚上长个疮。

3. 千，上古音在清母、真部。韵母接近于 an，转为 ang。甲骨文中，即在亻字上加一横，作千，表示十百。《尚书·牧誓》："千夫长，百大长。"苗语里，千、百也常同用。如 ~ hnaib bat hmangt 千日百夜，即日日夜夜。~ vongb bat gid 千行百路，犹如千头万绪。~ bat 千百，比如普遍、一般情况。~ ~ wangs wangs 千千万万。

hsangd 塞，上古音在心母、职部。韵母 ang 化了。实际上与后面的 hseb 是同一字。《说文解字》："塞，隔也。"使之不通。《诗经·豳风·七月》："塞向谨户。""塞向"就是将朝北的窗户堵上。如 ~ nais 塞鼻，即鼻子不通气。~ bongt 塞风，即憋气。~ ghongd 塞颈，即喉咙哽咽。hsangd langl 塞挡，即阻拦、阻挡。

hsangk 散（sàn），上古音在心母、元部。韵母 an 转换为 ang。散，在小篆中，其左部与潸的右部相同。左下角的"月"是肉。《说文解字》："散，杂肉也。"潸字中的"林"与麻字中的"林"一样，是麻秆。"林"与右边的攵即组成一个字，会意为剥麻，使麻纤维与麻秆分离，即有分散、分离的意思。但此字基本被废，而被散取代。《尚书·武成》："散鹿台之财，发钜桥之粟。"散即分发。如 ~ ib laix ib laib 散一人一个，即给每人分一个。

hsangt 1. 伞，是雨伞的象形字，见于秦简。《说文解字》无伞，《说文新附》有繖："繖，盖也。"即伞状车盖。繖以散表音，上古音在心母、元部。韵母 an 转换为 ang。《晋书·王雅传》："遇雨，请繖以入。"陆游《镜湖女》："小繖翻翻乱荷叶。"因伞状如荷叶，故"乱荷叶"。如 ~ dob 布伞。~ dud 纸伞。det ~ 戴伞，即打伞。

2. 象，上古音在邪母、阳部。声母是 z 的清化音。象是象形字。无论从文献记载，还是出土化石来看，我国古代黄河中下游地区曾出产象。河南省简称豫。《说文解字》："豫，象之大者。"《吕氏春秋·古乐》："商人服象，为虐于东夷。"服象即驯服大象。如 Hlieb nangx niangb dail ~，ghangb ngix niangb dail bat 名声大要数象，肉好吃要数猪。

3. 铅，上古音在余母、元部，入声。按理，余母不应转换为 hs。但铅可类比于千。今天，铅、千同音，苗语中它们也都读 hsang（但古声调不同，千是平声，铅是入声），也许之间有某种联系。

hse

hseb 塞，上古音在心母、职部，入声。hseb 是 hsangd——塞的又音。用法稍有不同。《说文解字》："塞，隔也。"即阻塞。如 dod bel lol ~ wangx 斫荆棘来塞园子（不让野兽进入）。~ dex 塞筒，比喻烦躁、憋闷。~ nail 鱼塞，用树枝等放在田中供鱼儿栖息的地方（苗族在稻田里养鱼）。~ waix 塞天，指天阴。

hsek 接，上古音在精母、叶部。接以妾表音，妾在清母、叶部，入声。《说文解字》："接，交也。"接从手旁，可见接本指以手与他人相交接，泛指接触。《孟子·梁惠王上》："兵刃既接，弃甲曳兵而走。"如 Ax hxib hob dib, jef hxid dul ~ 不怕雷打，只怕火接。火接即碰上火。

hsei

hseib 1. 锈，是后起字，早期作鏅。鏅从肃表音，上古音都在心母、幽部，入声。韵母 iu 中的 u 灭失。《集韵》："鏅，铁生衣也。"即铁表面生成的氧化膜。《正字通》："镜锈，镜上绿也。"古代的镜子用铜制成，因此其氧化物为绿色。如 Diangb diuk jit ~ yangx 刀上锈了。

2. 鱐（sù），上古音在心母、觉部，入声。韵母 iou 中的 ou 灭失。鱐本指干鱼。《周礼·天官·庖人》："春行羔豚，膳膏香，夏行腒鱐，膳膏臊。"腒是干鸟肉；鱐是干鱼。鱐也指干鱼的臭腥味。欧阳修《东陵县至喜堂记》："贩夫所售，不过鱐鱼腐鲍，民所嗜而已。"鱐鱼腐鲍即臭鱼烂鱼。苗语中，hseib 指鱼腥。如 Dol nail nongd hangt ~ bongt wat 这些鱼腥得很。

3. 窃，上古音在清母、质部，入声。《说文解字》："盗自中出曰窃。"即内部偷盗。泛指偷窃，也做名词，指盗贼。《庄子·山木》："君子不为盗，贤人不为窃。"苗语中，hseib 即指小偷。如 dail ~ dail niangs 窃者攘者，即小偷盗贼。

hseid 词，上古音在邪母、之部，入声。《说文解字》："词，意内而言外也。"即心意的表达。《楚辞·九章·抽思》："结微情以陈词兮，矫以遗夫美人。"今有"慷慨陈词"。至于词指韵文文体（如宋词）、基本的表意单位，都是后来的事。苗语中，词基本上指言语。如 ~ diel 周词，即汉语。hmat ~ 謦词，即说话。~ hvib 新词，即生词。

hseik 1. 漆，上古音在清母、质部，入声。漆本应写作桼。《说文解字》："桼，木汁。"即树脂，故上从木、下从水。用这种树汁涂在家具上，可防潮防腐。桼也指产这种漆汁的树木。《诗经·唐风·山有枢》："山有漆，隰有栗。"《史记·货殖列传》："陈、夏千亩漆，齐鲁千亩桑麻。"漆汁的主要功能就是做防潮防腐涂料，故漆指油漆。苗语里，hseik 指树脂。如 lad ~ 涂漆。顺便说一句，漆这个字本指水名，是渭河支流。

2. 唼（shà），上古音在山母、叶部。唼指鱼或水鸟在水面上吃食。《玉篇》："啑喋，鸭食也。亦作唼。"《楚辞·九辩》："凫雁皆唼夫粱藻兮。"司马相如《上林赋》："唼喋菁藻，咀嚼菱藕。"如 Dail nail hseik lot 鱼（浮到水面）唼嘴。

3. 瞚，上古音在书母、文部。韵尾 n 灭失。另有与瞚同音、也基本同义的字：从目、矢的字，读如瞚，以矢表音。矢在书母、脂部，入声，与 hseik 相合。瞚即眨眼。《列子·汤问》："尔先学不瞚，而后可言射矣。"指想学射箭，要先学不眨眼。瞚间，即眨眼间，指极短暂。《公羊传·成公二年》："却克瞚鲁卫之使。"这里的瞚有使眼色之义，也写成从眣。如 ~ mais 瞚目，眨眼。

瞬（shùn），上古音在书母、真部。韵尾 n 灭失。《说文解字》："开阖目数摇也。"指连续眨眼。《史记·扁鹊他公列传》："目眩然而不瞬。"按《集韵》，瞬与瞚相通。

4. 摄，上古音在书母、叶部。《说文解字》："摄，引持也。"引即开弓，将弓弦朝自己怀里拉。唐代顾况《广陵白沙大云寺碑》："磁石摄铁，不摄鸿毛。"今有摄取一词。均指向自己方向移动。如 ~ ghab link 摄扳机，即扣扳机。顺便说一句，扣的本义是牵马。

5. 瘁，上古音在从母、物部。韵母中的 u 灭失。《广韵》释瘁："病也。"《韵会》释为"劳也"。应指劳累过度，有损身体。《诗经·小雅·蓼莪》："哀哀父母，生我劳瘁。"诸葛亮《后出师表》："臣鞠躬尽瘁，死而后已。"瘁还指毁坏。晋代陆机《叹逝赋》："悼堂构之隤（tuí）瘁，悯城阙之丘荒。"可见瘁有劳累而伤毁之义。苗语中，hseik 指因用力而让身体受伤。如 Nenx ~ jox diub yangx 他伤了背了。

hsen

hsenb 1. 毟（sān），以参表音（参即叅），而叅以三表音，古音在心母、侵部。韵尾 m 转为 n。毟以毛表义，指毛状物。毟毟叠用，指毛发呈某种样子。白居易《寄元微之》："鬓毛不觉白毟毟，一事无成百不堪。"孟浩元《高阳池送朱二》："澄波澹澹芙蓉发，绿岸毟毟杨柳垂。"这里指杨柳如毛发状。苗语里，毟用来指棉花，因棉花的纤维如毛发。棉花是从西方引进的，棉字也是后造的，不早于汉代。借用毟指棉花这种絮状物，也是情理中的事。如 nins ~ 捻毟，即纺棉。

2. 神，上古音在船母、真部。神从申表音，申在神字里也有表义成分。申本是闪电的象形，也是电的异体字。闪电对于古人来说是一种神秘的现象。《易经·系辞上》："阴阳不测之谓神。"又指人们幻想出来的神仙。如 ~ nenx 神灵。

hsend 浸，上古音在清母、侵部，入声。韵尾 m 转为 n。《集韵》释浸："渍也。"《诗经·曹风·下泉》："洌彼下泉，浸彼苞稂。"即浸润。苗语中，hsend 指染布，将布料放入装有染料的容器中，让染料浸渍布料的纤维。如 ~ dob 染布；~ hfed 染线。

hsenk 1. 接，上古音也在清母、叶部。韵母 n 化了。hsenk 是 hsek——接的又音，用法有所不同。

（1）与 hsek 相同，指触摸、触碰。如 hsenk nenx jil bil 接他的手，即触摸他的手。~ benf 接扪，触摸。

（2）引申为连接。如 ~ hlat 接索，指把两根绳子接成一根。又指接续。~ hnaib 接日，接下来的日子。

2. 楱（jiē），与接同音，上古音也在清母、叶部。韵母"n 化"了。《说文解字》："楱，续木也。"段玉裁注："今栽花植果者，以彼枝移接此树而花果同彼树矣。楱之言接也，今接行而楱废。"显然，楱即嫁接（也说明嫁接技术在《说文解字》作者所处的东汉之前就有了）。如 ~ det zend 楱果树，即嫁接果树。

hsent 1. 蒜，上古音在心母、元部。韵母 uan 的 u 页失，an 转换为 en。《说文解字》："蒜，荤菜也。"指有刺激性气味的蔬菜。苗语中，hsent 即蒜。

2. 算，与蒜同音，上古音在心母、元部。蒜的下部祘（suàn）是算的异体字，是十根算筹横竖摆放，以进行运算的象形，与示字无关。《汉书·律历志》："算法用竹，径一分，长六寸，二百七十一枚而成六觚，为一握。"算为会意字。竹即表示算筹。又写作筭。引申为算数。《说文解字》："算，数也。"又引申为推算、推测。《孙子·计篇》："多算胜，少算不胜，而况于无算乎？"

（1）计算。如 hsent xat 算债，即算账。Mongx ~ hxid hof not xus bix seix 你算算看合多少钱？

（2）用于算数。如 ~ set 算事，即算数。

（3）推算、推测。如 ~ nangs 算命。~ dliangb xangs 算仙详，指猜谜语。神仙说的东西，指不易理解、需要推测，即谜语。顺便说一句，猜本指猜疑，如两小无猜。指猜测是后起义。

3. 信，上古音在心母、真部。在古汉语中信有时假借为伸，如《易经·系辞下》："尺蠖之屈，以求信也。"即以屈求伸。可见信的读音与伸相近。《说文解字》："信，诚也。"即诚信。引申为相信。《论语·公冶长》："听其言而信其行。"转指信息、书信。《古诗为焦仲卿妻作》："自可断来信，徐徐更谓之。"苗语中，hsent 也有相应字义。

（1）相信。如 ax ~ dliangb 不信仙。Mongx ax ~ wil bangf hveb ghax niox 你不信我的话拉倒。

（2）信息、书信。如 hxad ~ 写信。

4. 忖，上古音在清母、文部。韵首 u 灭失。《说文新附》："忖，度也。"即猜测、揣摩。《诗经·小雅·巧言》："他人有心，予忖度之。"如 ~ ax hongb hfaid yel 猜测不会造反了。

5. 骗，以扇表音。扇的上古音在书母、元部。韵母 an 转换为 en。据《字汇》，骗，式战切，指阉割。《旧五代史·唐书·郭崇韬传》："骗马不可复乘。"如 ~ mal 骗马；~ liod 骗牛。

hso

hsob 1. 蓑，上古音在心母、微部。韵首 u 灭失。蓑本作衰。《说文解字》："衰，草雨衣。"即蓑衣。用草或棕毛制成的雨衣。《诗经·小雅·无羊》："尔牧来思，何蓑何笠。"蓑披在身上；笠戴在头上。后来有"一蓑烟雨任平生"之句。顺便说一句：蓑字从衰，衰的上下部即为衣字；中间是冉字的变形，冉是条状物披垂的象形。衰也指一种丧服——因不锁边，任麻线下垂。因此，蓑、衰已含有衣服的意思。

（1）蓑衣。如 Hnaib nongd dax nongs, mongx ak pangb ~ mongl haib 今天下雨，你披件雨衣去呀。

（2）引申指棕树皮。因棕树皮有很长的纤维和较好的致密性，是做蓑衣的理想材料，比起草蓑衣来，还易于加工。如 Dad liul ~ lol khaid ghab nex jenl 拿棕皮来包茶叶。

2. 莎（suō），上古音在心母、歌部，韵首 u 灭失。莎即莎草，生长在水边，最大特点是茎为三棱形。《说文解字》及《汉书音义》称莎为镐侯，此为莎草的别名。如 Laib ongd nongd maix ~ 这个水塘有莎草。

3. 硝，原作消。消的上古音在心母、宵部。韵首 i 灭失，au 转换为 o。《正字通》："硝，药石也。方书，硝有七种……"硝是矿物质，是硝酸盐或硫酸盐的结晶体，用于火药、医药、制皮等。《天工开物·佳兵·消石》："近水而土薄者成盐，近山而土厚者成消。以其入水消溶，故名曰'消'。"后为此造专用字硝。清代赵翼《瓯北诗钞》："硝磺制火药，世乃无利兵。"苗语中，hsob 即指硝，也指硝制火药。如 Laib ghab zat hvangb bil aib maix ~ 那边崖上有硝。~ hxongt 铳硝，即枪用火药。

4. 销，上古音在心母、宵部。韵首 i 灭失，au 转换为 o。《说文解字》："销，铄金也。"即熔化金属。引申为销蚀、消失等。《庄子·天地》："致使尽情，天地乐而万事销亡。"在这个意义上与消通假。又进一步引申为把手中的货物发卖出书，即销售。韵苗语中，hsob 指后者。如 Nenx ib hnaib ~ hut not bongt wat 他一天销货很多。

5. 痤（cuó），上古音在从母、歌部。韵首 u 灭失。《说文解字》："痤，小肿也。一曰族絫（lěi）也。"什么叫族絫呢？《左传·桓公六年》："故奉牲以告曰：'博硕肥腯'。谓民力之普存也；谓其畜之硕在蕃滋也；谓其不疾瘯蠡也；谓其备腯咸有。"后四句话分别解释博、硕、肥、腯。不疾瘯蠡即无病而肥壮。瘯蠡即族絫，指肥。杜预注，瘯蠡："皮毛无疥癣。"让我们从另一角度看可到：牲畜皮毛光亮，也含有肥之意。《释文》："瘯瘰，皮肥也。"瘯蠡又作瘯瘰。也就是说痤一指小肿，二指肥。现代汉语中，痤指"小肿"，即痤疮。苗语中，hsob 兼指肿与肥。

（1）肿。如 Nenx jil bil ~ dax yangx 他的手肿起来了。~ bab jif 淋巴结发炎。

（2）肥。如 Yis ninx ~ dlangb, yis mal ~ jid 育牛牛肩肥，育马马身肥。

hsod 1. 锹，以秋表音。秋的上古音在清母、幽部，入声。韵首 i 灭失，ou 转换为 o。锹也写作銚。《战国策·齐策三》："而操銚鎒（nòu）与农夫居垄亩之中，则不若农夫。"吴师道补注："銚与锹同。"《齐民要术·种桃柰》："以锹合土掘移之。"锹是掘土农具。如 ~ denf 蹬锹，即今天常见的锹，用脚踩使其深入土层。Dad ~ mongl juk las, dad juk mongl yis wangx 拿锹去掘土，拿钁去乂园。乂园指给园子除草。

2. 缩，上古音在山母、觉部，入声。韵母 ou 转换为 o。《说文解字》："缩，乱也。一曰蹴也。"《玉篇残卷》引用《说文解字》："一曰蹵也。"据此，我们可想见：缩本指丝、线一类的东西卷曲成一团，与顺相对，故有乱的意思，又有收缩之义。蹵（《说文解字》中所说的蹴应是蹵的通假字），也有收缩之义，如《诗经·大雅·召旻》："昔先王受命，有如召公，日辟国百里。今也，日蹵国百里。"《孟子·梁惠王下》："举疾首蹵頞而相

227

告曰……。"这里的蹙相当于皱。正是由于缩、蹙都有收缩之义，才释缩为"一曰蹙也"。正因如此，苗语里以缩来表示线、麻、头发等的紊乱。~ hfud、~ khob 均指头发乱。如 ~ dab 缩地，即地上脏乱。

hsot 1. 涑（sù），上古音在山母、屋部，韵母本就为 o。《说文解字》："涑，浣也。"即洗衣。涑在古籍中常与漱通假（漱即漱口）。《礼记·曲礼》："诸母不漱裳。"漱裳即洗衣。《公羊传·庄公三十一年》："临民之所漱浣也。"这里漱、浣并用。苗语中，hsot 即洗。如 ~ ud 涑衣，即洗衣，也是妇女来月经的婉言。~ mangs 涑劚。涑即洗脸，劚指穿戴。比喻出门办事前的收拾打扮。Mongx ~ mangs vut ax bil？~ mangs vut ghax mongl 你收拾好没有？收拾好就走。

2. 续，上古音在邪母、屋部。《广韵》中，续为似足切。韵母只保留了 o。《说文解字》："续，连也。"《释诂》："续，继也。"这也是今天常见的字义。但续还有接续、添加之义。《史记·龟策列传》："乃为天子，子孙续世。"续世即世代相接。《晋书·王伦传》："貂不足，狗尾续。"遂有成语狗尾续貂。续为什么会有这些字义呢？我们可以推断，续的本义是纺线或制作绳索（纟由线或绳索之形演变而来）时，不断添加原料，使丝线或绳索一直延伸。苗语中，hsot 也有类似的用法。

（1）络丝，由一个线筒往另一个线筒上供线。如 Hnaib nongd nenx niangb zaid ~ hfed 今天他在家续纪（即络丝）。

（2）添加。今有续茶、往灶里续柴等用法。如 Gab ngix liod nongt ~ nenk jud diel jef ghangb 炒牛肉要续点酒才好吃。

hsong

hsongb 崇，上古音在崇母、冬部。《说文解字》："崇，山大而高也。"《释山》："山大而高曰崧（sōng）。"《释名》："山大而高曰嵩。"崇与崧、嵩是异体字。段玉裁还举例：中岳嵩山在秦时称太室山，汉武帝时称崇高山，《汉书》中有多篇出现此名。《后汉书·灵帝纪》改为嵩高山，后又简称为嵩山。嵩遂成为此山专用名词，而崇则为泛称。王羲之《兰亭集序》："此地有崇山峻岭，茂林修竹。"如 ~ vangx ~ bil 崇冈崇坡，即高冈高坡。Hangd ~ jenl det，hangd bis khab lix 高处栽树，平处开田。因此，这里的崇也可写为嵩。

嵩，上古音在心母、冬部。会意为山高。

hsongd 歺（cán），本来应是餐、粲的左上角（本条出现的所有的"歺"均如此，与"好歹"之歹不是一字）。但它作为偏旁部首多以"歹"出现。《说文解字》："歺，列骨之残也。"它是骨字头（也是骨的本字）的残余形式，即指残损的骨头。在甲骨文里，骨有两种形式。一是三根像胫骨、尺骨等长骨组成的 N 形，有点像墓葬坑里骨头散乱的样子；二是用于占卜的牛肩胛骨。骨字头来自后者。它本来读如残。《说文解字》释餐字头（或粲字头）："残穿也，从又、歺，歺亦声。"就是说，歺在餐字头中表音，与残同音。因此，餐、粲、残均读 can。残以歺表音，以戋表义，二戈相斗，指杀、伤害。《小尔雅·广言》："戕，残也。"而残指残剩，则是假借为另一个以歺表音的同音字：从歺、月（肉）。以歺表义的字有殖，即尸骨。《水浒传》中，武大郎被毒死后火化。团头何九将他的骨殖保存了下来。更多的是以歺表义的字，与死亡有关，包括死、殪、殂、殇、殁等。这也是因为人或动物死亡后，才会有残损的骨头。总之，歺指残骨，泛指骨头，读 cán。上古读音在从母、元部。韵母 an 本当转换为 ang，这里别读为 ong。

（1）指骨头。如 ~ diub 脊骨，即脊椎骨。~ xed 虎骨。~ mob 猫骨，一种中药。Ngix nongf ngix，~ nongf ~ 肉是肉，骨是骨。

（2）引申指类似于骨的东西。如 ~ nex 叶骨，即叶脉。~ yenb 烟骨，即烟叶的筋。~ hab 鞋骨，草鞋的主绳。

（3）比喻事物的主体部分。如 ~ hxak 韶骨，即歌的主体。Laib ~ maix not xus，laib linf maix not xus？骨（本）有多少，利有多少？

hsongt 送，上古音在心母、东部。hsongt 是 hlongt——送的又音，字义无多大区别。送指遣送、送行，引申为馈赠。《诗经·秦风·渭阳》："我送舅氏，曰至渭阳。"《仪礼·聘礼》："宾再拜稽首送币。"如 ~ khat 送客；~ dliangb 送仙（在请鬼神享用祭品后，将其送走）；~ lil 送礼。

hsu

hsub 1. 臊（sāo），上古音在心母、宵部。韵母为 au，既可转换为 o，也可转换为 u。《说文解字》："臊，豕膏臭也。"指猪肉等的臭腥气。《吕氏春秋·本味》："水居者腥，肉攫者臊，草食者膻。"指不同动物身上的气味，泛指腥臭味。《荀子·荣辱》："鼻辨芬芳腥臊。"今天人们往往使用通假字骚。骚的本义是骚动。如 hangt ~ lid 羊臊气。

2. 苏，上古音在心母、鱼部。《方言》卷三："苏、芥，草也。江淮、南楚之间曰苏。"苏即柴草。《列子·周穆王》："王俯而视之，其宫榭若累块积苏。"累块积苏即土堆柴堆。如 ~ hsab 苏渣，即草渣。Hlieb eb lal ~ lol yangx 大水带来苏（乱草）了。

hsud 1. 锁，上古音在心母、歌部。韵母 uo 的 o 灭失。《集韵》释锁："锒铛也。"锁本指锁链。《墨子·备穴》："铁锁长三丈，一端环，一端钩。"唐代刘禹锡《西塞山怀古》："千寻铁锁沉江底，一片降幡出石头。"锁显然指铁链。锁为什么又指门锁呢？原来，古时用铁链做刑具，将人铐上，限制其人身自由，锁就有了锁住、不使活动之义。《汉书·王莽传》："以铁锁琅当其头。"即以铁链锁住其头颈。琅当，响声词，也作锒铛。

(1) 指链子。如 ~ hlet 铁锁，即铁链。Nenx mangs jox ~ 他戴条锁（指项链）。~ jenb 金链。

(2) 限制人或物活动的工具。如 ~ bil 臂锁，即手铐。Laib diux ax maix ~ 门没上锁。

(3) 做动词，锁住、锁上。如 ~ diux ~ zaid 锁门锁宅，即关门闭户。~ ghab dut ud 锁衣边。~ ghab nis 锁扣眼。

2. 秀，上古音在心母、幽部，韵母 ou 转换成 u。秀从禾、乃，乃即奶。秀指禾苗抽穗、灌浆阶段，浆汁如奶水。《说文解字》回避了这一解释。《论语·子罕》："苗而不秀者有矣夫！秀而不实者有矣夫！"不秀即不抽穗，不实即不结籽。因为抽穗的苗要高于未抽穗的，秀于是引申为突出、杰出。三国李康《运命论》："故木秀于林，风必摧之；堆出于岸，流必湍之。"苗语中，hsud 也有类似的字义。

(1) 指稻抽穗。如 Hlat xongs nax ~，hlat yaf nax hxangd 七月稻秀，八月稻熟。

(2) 指突出。如 ~ hmid 秀劈，指牙突出，即龅牙。

hsuk 1. 修，上古音在心母、幽部，入声。修从攸表音，从彡表义，指光亮的样子。《说文解字》："修，饰也。"今有"修饰"一词。饰从饣（食）表音，从巾，指以巾擦拭。饰与拭是异体字。饰或拭，使物体光亮。《礼记·中庸》："修其宗庙。"注："谓扫粪也。"即扫除、打扫卫生（粪本指扫除，无粪便之义）。Suk 后引申为修理、修补。贾谊《过秦论》："修守战之具。"如 ~ wil 修锅，即补锅。

2. 疑同锁（3），只是声调不同。如 ~ diux ~ zaid 关门闭户，与 hsud diux hsud zaid 相同。

3. 兆，上古音在定母、宵部，与膜同部。声母 hs 由 ch 转换而来。韵母 au 转为 u。这里的兆指大数。千以上的数有万、亿、兆、垓、京等。万以后的数指多少，有不同的解释。一说十万为亿，十亿为兆，十兆为垓；二说万万为亿，亿亿为兆，兆兆为垓。实际上，在日常生活中，万以上的数很少用到，人们对大数的概念比较模糊，对亿、兆、垓、京也没有精确的认识。总之，兆是个大数，今天，汉语里指百万。如 ib ~ naix 一兆人，数不清的人。

hsut 1. 厝、锉，上古音在清母、铎部。韵母只保留了 u 的成分。《说文解字》："厝，厉石也。" 即磨刀石。厝、厉二字同头，"厂"字头均源于石的简化。砺是厉的后起字。指安放的厝与指厉石的厝，并不是同一个字，在字形上纯属巧合。前者厂字头是普通意义上的厂，像遮蔽物，故厝指安放。《诗经·小雅·鹤鸣》："它山之石，可以为厝。" 有的版本写作 "可以为错"。厝既可以磨刀，也可以加工玉石。当然，这种用于打磨的工具也可以用金属制成。其表面粗糙不平，可以有效打磨其他物体。写成 "错"，也不算错。这就是今天的锉刀。苗语中，hsut 既做名词，也指用这种工具进行加工。如 dad diangb ~ lol ~ 拿锉子来锉。

　　锉，上古音在清母、歌部。最初的字义指做饭的锅。

2. 错，上古音在清母、铎部。韵母只保留了 u 的成分。错本指用金属丝、金属片等镶嵌器物。曹操《上杂物疏》："御物有尺二寸金错铁镜一枚。" 指在铁镜上镶金。因所镶材料与本物质地不同，引申出错杂、交错、不同等义。《汉书·五行志》："刘向治《谷梁春秋》，数其祸福，传以《洪范》，与仲舒错。" 即刘向治学方法不同于董仲舒。又在不同、不一致的基础上引申为差错。苗语中，hsut 也有类似字义。如 hxad ~ yangx 写错了。~ lot 错嘴，谓两片嘴唇错开，指微笑。

3. 酥，《说文解字》无酥字，是后起字，说不定是引进苗语的。酥所从禾，当是稣的省略形，在此表音。苏（苏）以稣表音，与酥同音。酥指酥油，是用牛羊的奶制成的食品。韩愈有诗："天街小雨润如酥。" 后转指食品等酥软、松脆。陆游《病思》："水碓舂粳滑胜珠，地炉燔芋软始酥。"《西游记》二十八回："小的们，都出去把那山上烧酥了的碎石头与我搬将起来堆着。" 这里指松脆。如 Dol zend vax nongd ~ genf yenf 这些梨子酥得很。

hu

hul 1. 呼，象声词。如 jox hob bangb bet ~ 垣崩爆呼，即墙呼的一声塌了。dul jens

～～火呼呼地烧。dax nongs ～～雨呼呼地下。

2. 好，上古音在晓母、幽部，韵母为 ou，转换为 u。《说文解字》："好，美也。"这里的好不用于好坏，而用于某种语气。如 mongl ～ niangb ～ 去也好，留也好。

hut 货，上古音在晓母、歌部。韵母 ua 的韵尾灭失。《说文解字》："货，财也。"《易经·系辞下》："日中为市，致天下之民，聚天下之货，交易而退。"如 Bib ghangt ～ mongl mail 我们扛货去卖。又用于对人的贬称或戏称。如《西游记》中孙悟空骂猪八戒为"夯货"。如 Dail ～ mongx niad bongt wat 那货茶（傻）得很。

hua

huad 1. 化。如 ～ feif 化肥。照搬现代汉语。

2. 画。如 ～ jab 画家。照搬现代汉语。

huaf 华。如 ～ Send Dend 华盛顿。照搬现代汉语。

huai

huaib 欢。如 ～ yenf 欢迎。照搬现代汉语。

hui

huid 会。如 kaib ～ 开会。照搬现代汉语。

huif 回。如 ～ cuf 回族。照搬现代汉语。

hva

提示：声母 hv 是 h 的清化音，一般对应于汉语中的 h、x、si、shi 等。

hvab 1. 合，上古音在匣母、缉部，入声。hvab 是 hof——合的又音。合的下部本是容器的象形，上部是容器的盖子，彼此紧密结合。合做动词，已有 hof。这里，合引申为配偶，像器与盖密合一样。《诗经·大雅·大明》："天作之合。"犹如说天成配偶。《周礼·媒氏》注："判，半也。得耦为合，主

232

合其半，成夫妇也。"得耦即得偶。为区别于 hof——符合、折合等，读音转为 hvab。可参照以合表音的字哈。正如"配偶"一词既指两口子，又指与这口子相对的那口子一样，hvab 也指那口子、对象。如 Dot nil ait laix ~，hxangt liangl hxut diongx hmongb 得妮为配偶，心中就安稳了。

2. 叉、籍（cè）。叉，上古音在初母、歌部；籍，上古音在初母、铎部。它们的声母与韵首 e 结合转为 hv。在这一点上，e 与 i 相近。叉本指双手交错。《说文解字》："叉，手指相错也。"也指手指张开状，引申指带有分叉的东西，如叉形兵器或渔具。潘岳《西征赋》："挺叉来往。"叉也做动词，指用叉打斗或取鱼等。用叉刺取鱼鳖，也作籍。《说文解字》："籍，刺也。"《集韵·陌韵》："籍，权刺取鱼鳖也。"《周礼·天官·鳖人》："以时籍鱼鳖龟蜃。"如 Dad diangb ~ mongl diub eb ~ nail 拿杆叉去河里籍鱼。

3. 稀，上古音在晓母、微部，入声。韵母有所偏转。《说文解字》："稀，疏也。"本指庄稼长得稀疏。陶渊明《归园田居》："种豆南山下，草盛豆苗稀。"如 Dol vob nongd liangs dax bet dab bet ~，ax zenx yenx 这些菜长得密一处，稀一处，不均匀。

hvad 1. 晞，上古音与稀相同，在晓母、微部，入声。韵母有所偏转。《说文解字》："晞，望也。"希望或许应作晞望。《吕氏春秋·不屈》："或负畚而赴乎城下，或操表掇以善晞望。"即：有的担着畚箕在城下运土，有的拿着仪器监督工程质量。《文选·古诗十九首》之十六："引领遥相晞。"如 ~ nenx ib mais 看他一眼。~ xangx 晞场，即赶场（看看有什么要买的）。~ das 晞煞，看死者，即吊丧。

2. 嗛（qiǎn），上古音在匣母、谈部。声母与韵首 i 结合，转为 hv。韵母为 am，m 灭失，变为 a。《说文解字》："嗛，口所衔也。"《史记·大宛列传》："鸟嗛肉飞其上，狼往乳之。"嗛即衔着、叼着。苗语中，hvad 用于人的吃相，含贬义。如 Mongx zenx ~ zenx ~，ax bub gid xut 你总吃总吃，不知道饱。

hvak 阂（hé），上古音在匣母、职部，入声。《说文解字》："阂，外闭也。"即从外面把门关上，多指阻碍、阻塞，今有"隔阂"一词。《世说新语·规箴》："夷甫晨起，见钱阂行，呼婢曰：'举却阿堵物。'"因为钱挡道、碍事，称之为"阿堵物"。三国曹植《求通亲亲表》："隔阂之异，殊于胡越。"

（1）隔开。如 Dad liul bis ~ niox 拿张板子阂了（隔开）。hvak wel 阂乳，隔奶，即给小孩断奶。

（2）阻塞。如 ~ hveb 阂话，不是指阻塞言路，指拒绝请求。

（3）指两地相距。如 Kad linx ~ Bangx Hat maix xongs yaf juf lil gid 凯里阂旁海有七八十里路。

hvat 1. 睎，上古音在晓母、微部，入声。韵母有所偏转。hvat 是 hvad——睎的又音，用法有所相同。《方言》二："睎，眽也……东齐青徐之间曰睎。"眽为斜视。苗语中，hvat（睎）用于瞄准（射箭时侧体，必然是斜视目标）、照镜子（往往要不时转侧头部或身体）。如 Dad jil hxongt lol ~ dail nes 拿支铳来睎（瞄）鸟。~ mais hnaib 睎天目，即照镜子（天目或日目指镜子）。

2. 斜，上古音在邪母、鱼部；中古音在邪母、麻部，入声。声母与韵首 i 结合，转为 hv。唐诗中，斜与花、家押韵。如："远上寒山石径斜，白云深处有人家。""雨后鸡鸣一两家，竹溪村路板桥斜。"斜从斗表义，本指用斗（带柄的器具）舀取。大概是在舀取的过程中，必须斜其斗，于是引申为倾斜。唐代张志和《渔歌子》："斜风细雨不须归。"如 ~ mais 斜眼。

hvang

hvangb 1. 厢，上古音在心母、阳部，入声。声母与韵首 i 结合，转为 hv。厢字本是广字头，广是简易建筑的象形，有后墙而无前墙。厢是搭建在主体建筑两侧的房子，即侧屋。引申为边、半边。汤显祖《南柯记》："怕不是我身厢有什么缠魂不定？"身厢即身边。《西游记》第三回："果然那厢有座城池。"那厢即那边。如 hvangb aib 伊厢，即那边。~ bil 彼厢，对面（犹如说彼岸即对岸）。Dib dail bat, nenx ed ib ~, wil ed ib ~ 杀头猪，他要一厢（半边），我要一厢。

2. 枪，上古音在清母、阳部。声母与韵首 i 结合，转为 hv。《说文解字》："枪，距也。"《仓颉篇》："枪，谓木两头锐者也。"枪是对付敌人的武器。后来专指用来击刺的兵器。白居易《琵琶行》："铁骑突出刀枪鸣。"至于用来指发射子弹的武器，是在非常晚的事了。如 dad ~ guf 执枪豁，即把枪投出去。

顺便说一句，苗语中，指使用火药的武器是 hxongt——铳。

3. 赡，上古音在禅母、谈部，入声。声母与韵首 i 结合，转为 hv。韵母 am 转换为 ang。《说文解字》释为"给也"。《玉篇》释为："周也，假助也。"以己之有余补人之不足。《史记·齐太公世家》："设轻重渔盐之利，以赡贫穷，禄贤能。"指救助。《孟子·尽心上》："以力服人者，非心服也，力不赡也。"苗语中，hvangb 则指用于周济的财物，多指以人之有余补己之不足。如 los ~ 捋赡，即从他人处得到周济。bex ~ 报赡，即偿还财物。

hvangd 善，上古音在禅母、元部。声母与韵首 i 结合，转为 hv。韵母 an 转换为 ang。《说文解字》："善，吉也。"引申为高明、擅长。《孟子·告子上》："弈秋，通国之善弈者也。"如 ~ gheb 善稼，指牛善于耕田。~ det das det，~ hxongt das hxongt 善（爬）树者死于树，善（玩）铳者死于铳。

hvangt 1. 厢，上古音在心母、阳部，入声。声母与韵首 i 结合，转为 hv。hvangt 是 hvangb——厢的又音，用法略有不同。hvangt 强调的是侧面，与正面相对。如 Bit gid ~ 侧睡。

2. 晅（xuān），上古音在晓母、元部，入声。韵母中的 u 灭失，an 转换为 ang。《释文》："晅，乾也。本又作暄。"指晒干。《易经·说卦》："雨以润之，日以晅之。"hvangt ud 晅衣，即晒衣。

3. 逭（huàn），上古音在匣部、元母。韵母 uan 中的 u 灭失，an 转换为 ang。《说文解字》："逭，逃也。"《尚书·太甲》："天作孽，犹可违；自作孽，不可逭。"逭多用于逃脱、避免，也专指免除。《聊斋志异·真生》："如逭我罪，施材百具，絮衣百领，肯之乎?"苗语中，hvangt 指免除。如 Ax gid ~ nenx，gid gid job 不要免他，慢慢教（育）。

hve

hveb 1. 话，上古音在匣母、月部，长入声，本无韵首 u。《尔雅》释为言。《说文解字》释为"会合善言"。在汉语里，话即话语，引申为艺人说唱的历史或故事，又做动词，指说。苗语中，hveb 除指话语外，也有引申义，与汉语有所不同。

（1）话语，语言。如 ~ lul hseid ghot 老话旧词，即谚语、古话。~ diangd dangl 转端话，即调头话、反话。~ niul 原话。~ diel 汉语。~ gud 侗语。

（2）指语言的一个单位，如词、句。如 ~ hseid hvib 新话词，即生词、新词语。Wil ax bub laib ~ nongd dios laib gheix xid 我不知道这个词是什么意思。~ ghab bongl 朋话，即对偶句。

（3）指声音、音调。如 ~ niel 鼓声；~ gix 芦笙曲。

2. 蒿，上古音在晓母、宵部。韵母略有偏转。蒿是一种模糊概念，多种植物都可叫蒿。从字面上理解，草之高者即为蒿。苗语中，hveb 指蕨。西南部地区山上多产蕨。其嫩芽可做菜，称为蕨菜；其根磨出的淀粉，做成的食物叫蕨粑。蕨根、蕨粑等统称为 hveb。但 hveb 与蕨的读音不符。如 Mongl ghab vud ghongs hveb 去野地里挖蕨（根）。Mongx nongx hveb ax nongx? 你吃蕨（粑）不吃？

hved 1. 合，上古音在匣母、缉部，入声。与 hvab——合意义相同，指爱人、伴侣。可能是在不同地区，读音有些差异。hved 与普通话的读音极为接近。

2. 磨，上古音在明母、歌部。其声母按说不能转换为 hv。但我们应看到：磨以麻表音，而同样以磨表音的字"麾"读 hui。《说文解字》还收有麾的异体字，从靡、手，以靡表音，而说到底还是以麻表音。另外，以每表音的字有梅、霉与悔、诲等，分属 m、h 两个声母；以亡表音的字有忙、芒与盲、荒等，分属 m、h 两个声母；以灰表音的脄读 mei；以徽表音的徽，则是霉的异体字。可见，有的声母 m 与 h 可以转换。磨在汉语中被人为分成阳平、去声两个声调。这里声调 d 与汉语的去声有对应转换关系。《说文解字》中的磨即从石、靡："石磑也。"即把谷物等研碎的石磨。也做动词，指研磨。《诗经·卫风·淇奥》："如切如磋，如琢如磨。"如 ~ diuk 磨刀。~ vib mangf 磨墨。~ hmid 磨牙，指带着怨气唠叨。

3. 摩，上古音在明母、歌部，与磨读音相同，有时也与磨通假。其读音转换也同磨——hved。《说文解字》："摩，研也。"《战国策·秦策》："人肩摩。"形容人多拥挤。如 ~ hvangb 摩挲、摩擦。~ hvangb not ghax kib 摩擦多了就发热。

hvek 屑，上古音在心母、质部，入声。声母与韵首 i 结合，转为 hv。屑本指碎末。《晋书·陶侃传》："时造船，木屑及竹头悉令举掌之。"引申指时间的短暂，犹如忽然、很快。《汉书·外戚传》："屑兮不见。"

（1）指一点点。如 Hangb vas ~ 走快一点儿。

（2）指时间短。如 Hxet ves ~ yet 休息一会儿。

顺便说一句，汉语中"一会儿"的会，按说从其字本身很难引申出此义，极有可能是假借字，比如假借为 hvek。

hvet 1. 斜，上古音在邪母、鱼部；中古音在邪母、麻部，入声。声母与韵首 i 结合，转为 hv。韵母略有偏转。hvet 是 hvat——斜的又音，用法相同。如 Laib zaid nongd ~ mongl jes 这宅子往西斜了。~ hfud ~ naix 斜头斜耳，指坐姿不正，歪着脑袋。

2. 泻，上古音在心母、鱼部。声母与韵首 i 结合，转为 hv。韵母略有偏转。《玉篇》释泻："倾也。一曰泻水也。"南朝谢灵运《入华子岗是麻源第三谷》："铜陵映碧涧，石磴泻红泉。" 也指排泄。汉代班固《白虎通·性情》："肾者主泻。"。苗语中，hvet 也有类似的字义。如 ~ eb gangl gid waix lol 水从上面泻下来。~ eb mais 泻目水，即流泪。

hven

hvent 清（qìng），上古音在清母、耕部。声母与韵首 i 结合，转换为 hv。韵母中 ng 转换为 n。《说文解字》："清，寒也。"指寒、凉。《礼记·曲礼上》："凡为人子之礼，冬温而夏清。"冬温夏清犹如冬暖夏凉。如 ~ waix 清天，即阴凉天。ghab ghaib det ~ 树脚荫凉。

hvi

hvib 1. 心，上古音在心母、侵部。声母与韵首 i 结合，转为 hv。汉语韵母中的 n 来自闭音 m，但 m 往往灭失。《说文解字》："心，人心也。在身之中，象形。"引申为内心。《孟子·告子上》："心之官则思。"指出心是思想器官。如 vut ~ 好心。dad ~ 长心，即有耐心。~ dlad ~ bat 狗心猪心，指没良心。

2. 新，上古音在心母、真部。声母与韵首 i 结合，转为 hv。按说韵母应保留为 in，但是韵尾 n 灭失。《说文解字》："新，取木也。"新从斤，斤是斧头。新的本义是伐木或砍柴，相当于后起字薪。但新很早就用于新旧之新。《诗经·邶风·谷风》："宴尔新昏。"《尚书·胤征》："旧染污俗，咸与维新。"如 Ud dangb ax dangf ud but, dail ~ ax dangf dail ghot 单衣不当（即不敌、不如）复衣（夹衣），新人不当旧人。

3. 伟，上古音在匣母、微部，入声。同是以韦表音的字讳，读 hui，声母即为 h。伟的上古音相当于 hiwei，可以视为复辅音字。现代汉语只读出第二音节，而苗语只读出第一音节。伟指人身材高大。《三国志·诸葛亮传》："身长八尺，容貌甚伟。"《宋史·韩世忠传》："风骨伟岸。"今仍存伟岸一词。苗语中，伟相当于高。如 ~ ~ gal gal 伟伟矮矮，即高高低低。~ vangx ~ bil 崇山峻岭。~ hfud 伟福，即福分高、运气好。

顺便说一句：高是台上建屋的象形，以喻高出一般房屋。

hvid 1. 熯（hàn），上古音在晓母、元部。按一般转换规律，韵母 an 应转换为 ai。但 hvai 与 hvi 区别不大，转读为 hvi。《说文解字》："熯，干貌。"指干燥的样子，也指以火烘干、烤干。《易经·说卦》："燥万物者，莫熯乎火。"如 ~ nax 熯稻；~ nail ngas 熯干鱼。

2. 数，上古音在山母、侯部，相当于 shiuo。声母与 i 结合转换为 hv；uo 灭失。《说文解字》："数，计也。"《庄子·秋水》："喷则大者如珠，小者如雾，杂而下者不可胜数也。"数有多个引申义，其中有一个义项为数说、数落，犹如清算某人的过失。《列子·周穆》："后世其追数吾过乎?"也指逐个地说、念。《荀子·劝学》："故诵数以贯之，思索以通之。"今有一种曲艺形式，叫数来宝。

（1）数数、点数。如 Mongx ~ hxid maix not xus naix 你数数看有多少人。

（2）逐字地念，犹如点数。如 Mongx hvid ghab laib, ax gid gax yox 你逐字念，不要拖调。

hvit 1. 细，上古音在心母、脂部。声母与韵首 i 结合，转为 hv。细的右部本为囟，而不是田。细以囟表音，本当读 xin，韵尾 n 已经灭失。心、新读 hvib 可为参照。细指直径小。《韩非子·二柄》："楚王好细腰，而国中多饿死。"引申指地位卑微或卑微的人。《韩非子·和氏》："当今之世，大臣贪重，细民安乱。"郭璞《省刑疏》："臣主未宁于上，黔细未辑于下。"今有奸细、细作等词。

（1）指直径小，与粗相对。如 Dail det nongd ~ bongt wat 这棵树细得很。

（2）指地位低的人，主要指伙计、受雇佣者。如 Wil dios nenx bangf ~ 我是他的伙计（雇工）。

（3）由伙计引申为对同辈者的亲昵称呼。汉语中"伙计"也有类似的引申义。苗语中称姐夫、妹夫、表兄弟等都可叫 hvit。如 Mongx dail ~ mongl hangd deis? 你这位老表去哪里？这里的老表可能并不认识。

2. 迅，上古音在心母、真部。声母与韵首 i 结合，转为 hv。本没有今天的韵首 u。韵尾 n 灭失。《说文解字》："迅，疾也。"即快速。《论语·乡党》："迅雷风烈必变。"如 ~ bil 迅手，不是指快手，而是指手快一点、赶快。~ lob bil 指手脚都要快一点，仍指赶快。

3. 淅，上古音在心母、锡部，入声。声母与韵首 i 结合，转为 hv。《说文解字》："淅，洒米也。"洒米即洗米（洒扫之洒繁体为洒）、淘米。《仪礼·士丧礼》："祝淅米于堂。"《孟子·万章下》："孔子之去齐，接淅而行。"指孔子离开齐国时很匆忙，将刚淘的米捞起来就走。如 Dad laib bent hxab lol ~ hsaid 拿畚箕来淅米。

4. 笥（sì），上古音在心母、之部。声母与韵首 i 结合，转为 hv。《说文解字》："笥，饭及衣之器也。"笥是竹制容器，一般方形，可透水、透气，装衣服、盛饭的都可叫笥。《庄子·秋火》："王以巾笥而藏之庙堂之上。"巾笥是装衣巾的竹箱。《礼记·曲礼上》："凡以弓剑苞苴箪笥问人者……"郑玄注："箪笥，盛饭食者，圆曰箪，方曰笥。"苗语中笥指饭篓、筲箕。如 ob jil ~ 两只笥。

hvo

hvob 1. 搜，上古音在山母、幽部。声母与韵首 i 结合，转为 hv。韵母 ou 转换 o。《说文解字》释搜："一曰求也。"即搜寻。《庄子·秋水》："于是惠子恐，搜于国中，三日三夜。"如 ~ vud 搜山。~ vangl 搜寨，指逛别人的寨子，寻求配偶，或为此寻找机会。

2. 骚，上古音在心母、幽部。按《汉字古音手册》，没有韵首 i，声母不与 i 结合，不能转为 hv。但广东话中，骚读如修。大陆将英文 show 的音译为秀，因此有"作秀"一词，而香港则称"作骚"。以此推之，骚应有韵首 i。韵母 ou 转换为 o。《说文解字》："骚，扰也。一曰摩马也。"《尔雅·释诂下》："骚，动也。"今有骚扰、骚动等词。《说文解字》的另一解释"摩马"即刷马，应写作搔。离骚（即离忧）之骚应写作慅。结合骚后来用于卖弄风情，骚应指动物发情时的躁动、挑逗异性。由于儒家的"非礼勿言"，儒家经典中涉及两性的往往回避或语焉不详。骚在这里指发情。如 Dail mif liod nongd ~ yangx, ax hangd nongx nangx 这头母牛骚了，不肯吃草。

hvok 1. 画，上古音在匣母、锡部。韵尾不是 a 而是 e，故接近 o。画的繁体为畫。《说文解字》："畫，界也，象田四界，聿所以画之。"画即划分界限，聿是手持画界工具的象形。引申为绘画、书写。《韩非子·十过》："禹作为祭器，墨染其外，而朱画其内。"如 ~ ghab daib naix 画个小人。~ laib gol wol 画个圆圈。

2. 划（huà），其繁体为劃，与画（畫）读音完全相同。上古音在匣母、锡部。《说文解字》："锥刀画曰劃。"划指用锐器刻画，也指类似于划的动作，如划船。其中一个引申义是笔画。如 Laib leix nongd xus ib ~ 这个字少了一划。

hvong

hvongb 荒，上古音在晓母、阳部。受韵首 u 的影响，ang 转换为 ong。hvongb 是

239

hfangb——荒的又音。《说文解字》："荒，芜也。一曰草淹地也。"实际上，荒的本义并无歧义，就是草多而漫地、遍地是草。他义都由此引申。《诗经·周南·樛木》："葛藟荒之。"指葛藟密密地覆盖。又因草多而不长庄稼，引申出荒废、粮食歉收等义。《庄子·渔父》："故田荒室露，衣食不足。"这里指庄稼长得不好。如 Dol det liangs ~ wat 这些树长得荒（稀疏）。

hvongd 扨（sǒng）。繁体从扌、双。读 song 的字上古音多在心母、东部。声母与韵首 i 结合，转为 hv。《醒世恒言》中《卖油郎独占花魁》："将美娘扨下了湖船，方才住手。"扨即推。有些方言写作搡。如 ~ nenx mongl gux mongl 扨他出去。

hvongt 涣，上古音在晓母、元部。an 本应转换为 ang。也应是受韵首 u 的影响，转换为 ong。《说文解字》："涣，流散也。"《易经·序卦志》："涣者，离也。"《老子》第十五章："涣兮若冰之将释。"今有"涣然冰释"一词。涣指水流散、消失。苗语中多指由于渗漏，田中水或容器里的水流失。如 Laib lix nongd ~ bongt wat 这块田涣得很（漏得厉害）。hvit ~ 迅涣，字面上指快速渗漏，比喻嘴馋，吃多少都填不饱。~ lot 涣嘴，与 hvit ~ 意思相同。

灌，另一读音也读如涣，上古音在匣母、元部。《广韵》："灌，浇也，渍。"《庄子·逍遥游》："时雨降矣，而犹浸灌。"灌有流注、浸润之义。完全有可能引申为渗漏。供参考。

hvu

hvub 削，上古音在心母、药部，入声，相当于 siau。声母与韵首 i 结合，转为 hv。削的两个读音即来自向不同方向的转换。削即用刀削或切。《墨子·鲁问》："公输子削竹木以为鹊。"《孟子·告子下》："再不朝则削其地。"如 ~ vob 削蔬，即切菜。~ ngix 切肉。

hvud 1. 秀，上古音在心母、幽部。声母与韵首 i 结合，转为 hv。韵母只保留了韵尾 u。hvud 是 hsud——秀的又音。hsud 指禾苗抽穗，也引申为突出。hvud——秀则用引申义，指突出、出头。《广雅》："秀，出也。"三国李康《运命记》："故木秀于林，风必摧之。"《徐霞客游记·游黄山记》："秀出半天。"指山峰高耸入云。如 Heik gad ax gid heik ~ not 盛饭不要盛得秀（冒尖）多了。

2. 肃，上古音在心母、觉部。声母与韵首 i 结合，转为 hv。韵母只保留了韵尾（现代汉语中肃的读音也是如此）。肃的繁体为肅。其下部为渊的右部，也是渊的本字。其上部为尹。肃会意为临渊执事，全神贯注、紧张的样子。《说文解字》："肃，持事振敬也。"《礼记·玉藻》："手容恭，目容端，口容止，声容静，头容直，气容肃。"苗语中，hvud 即指紧张之态。组成叠韵词：diud ~ 拙肃，即紧张而不自然的样子。

3. 呼，象声词。如 Ghab ghongd bet ~ ~ 喉咙响呼呼。

4. 嘘，象声词。如 Nenx hfed jent ~ ~ 他嘘嘘地吹哨。

hvuk　1. 缩，上古音在山母、觉部，入声，相当于 shiou。声母与韵首 i 结合，转为 hv。与 hsud——缩不同：hvuk——缩是本义，hsud——乱是引申义。《吕氏春秋·古乐》："筋骨瑟缩不达，故作为舞以宣导之。"缩即收缩、不舒展。如 ~ hxid 缩紧，即抽筋、痉挛。Pangb ud nongd hsot ib dias ghax ~ yangx 这衣服涑（洗）一遍就缩了。~ juk 缩皱，指萎缩、起皱纹。~ qangk 缩蜷，即蜷曲、收缩。

2. 欶、嗽（shuò），上古音在山母、屋部。声母与韵首 i 结合，转为 hv。欶从束表音，从欠表义。以欠为部首的字都表示呼吸吐纳、饮用等。这里指吮吸。《说文解字》："欶，吮也。"韩愈《纳凉联句》："车马获同驱，酒醪欣共欶。"《论衡·验符》："民嗽吮之，甘如饴蜜。"此字在长江中下游一带读如缩。如 ~ bongt 欶风，即吸气。~ eb 欶水，吸水。~ hliuk 欶抽，即吸溜。

3. 潚（sù），上古音在心母、觉部。声母与韵首 i 结合，转为 hv。张衡《思玄赋》："迅焱潚其媵我兮，鹜翩飘而不禁。"吕延济注："潚，疾貌。"即水流湍急。如 Jox eb nongd ~ wat 这条河很湍急。

4. 涸（hé），上古音在匣母、铎部。涸以固表音，韵母有 u 的基因。涸即干涸。《尔雅·释诂》："涸，渴也。"《礼记·月令》："仲秋之月……水始涸。"如 Laib lix nongd ~ eb yangx 这块田涸水（水干）了。

5. 挏（hú），上古音在匣母、物部。《说文解字》："挏，掘也。"《国语·吴语》："狐埋之而狐挏之。"挏也写作扣。《吕氏春秋·节丧》："葬浅则狐扣（hú）之，深则及于水泉。"《列子·说符》："俄而扣其谷而得其鈇。"即从谷子里掏出鈇（斧头）。可见，挏或扣相当于掏出来、刨出来。引申为找出来、挑出来。如 hvuk laib vut nongx 挏好的吃，即挑好的吃。Bib ~ nenx ait ghab lail 我们挑他当领导。

241

hxa

提示：声母 hx 是 x 的清化音，一般对应于声母 x、h、shi、chi 等。

hxab 1. 筛，又写作籭，从其表音部件师或徙推断，上古音当在山母、脂部或支部。声母与韵首 i 结合，转为 hx。韵母略有偏转。《急就篇》："籭箄箕帚筐箧篓。"颜师古注："籭，所以笒去粗细者也。今谓之筛。"也用作动词，如筛糠。如 ~ hsaid 筛米。

    2. 车，上古音在昌母、鱼部。声母与韵首 i 结合，转为 hx。我们从唐代李商隐《咏史》诗可以看到车所押的韵相当于 a："历览前贤国与家，成由勤俭败由奢。何须琥珀方为枕，岂得真珠始是车？运去不逢青海马，力穷难拔蜀山蛇。几人曾预南薰曲，终古苍梧哭翠华。"宋代陈造《分韵得家字》："一雨洗清晓，十顷围红霞。云何秉烛客，未驾载酒车。橡郎郡之望，士价诗名家。"可见到宋代车还与霞、家同韵。车是象形字，甲骨文中即有车字。车本是带轮子的交通工具，也引申指带轮的工具，如纺车、水车。《后汉书·宦者传·张让》："又作翻车渴乌，施于桥西，用洒南北郊路。"翻车即水车。如 ~ eb 水车；~ nins mais hsenb 纺纱车。

    3. 差（chāi），上古音在初母、歌部。声母与韵首 e 结合，转为 hx。韵尾本来就接近 a，后来才变成 ai。hxab 是 hsad——差的又音，用法不同。差用于差遣可能是假借，但早已有之。《三国志·吴书·陆逊传》："前乞精兵三万，而至者循常，未肯差赴。"又指被差遣的人，即差役。苗语里，差即指后者。如 ~ lax 烂差，犹如说狗腿子。

    4. 猹（chā）。指獭，包括水獭、旱獭。猹字似乎仅见于鲁迅小说《故乡》，听说是他造的字，但当地有此名称，指的是獾。猹有可能指类似獾、獭体型的动物。如 ~ eb 水獭。~ lob dlad 狗脚獭，一种旱獭。

hxad 1. 写，上古音在心母，鱼部。声母与韵首 i 结合，转为 hx。写繁体为寫，以宀表义，宀是房子的象形。《说文解字》："写，置物也。"即把东西移置到房子里，本义即为移置。《史记·秦始皇本纪》："发北山石椁，乃写蜀、荆地材皆至。"引申为临摹、模仿，把真实的事物"移置"到纸上。《史记·秦始皇本纪》："秦每破诸侯，写放其宫室，作之咸阳北阪上。"写放即写仿、描摹。《韩非子·十过》："为我听而写之。"这就与今天常用的写作之写同义了。如 hxad leix 写字。~ dud 写书，即著书。

2. 耗，上古音在匣母、宵部，相当于 xau。韵母 au 转换为 a。《广雅·释诂》：
"耗，减也。"即减损、消耗，引申为花费。曹植《七启八首并序》："耗
精神乎虚廓，废人事之经纪。"如 ~ bix seix 花钱。~ nix dex 耗铜银，即把
铜钱当银子花，指弄虚作假。

3. 禅（shàn），上古音在禅母、元部。声母与韵首 i 结合，转为 hx。按一般转
换规律，韵母 an 应转为 ai。这里又进而转换 a。《说文解字》："禅，祭天
也。"但后来学者一般认定禅是祭地仪式。段玉裁注："凡封土为坛，除地
为墠（shàn）。"朱骏声《说文通训定声》："墠为祭地，坛为祭天。"就是
说：祭天需要筑坛（台子），祭地只需清理出一块场地。这种场地叫墠，
相应的祭地仪式就叫禅。《史记·封禅书》："禅泰山下阯东北肃然山，如
祭后土礼。"肃然为山名。如 ~ vangx diongl 禅冈冲，指拜祭山冈之神、山
冲之神。~ gid 禅路，祭路上来往的鬼神。

4. 协，上古音在匣母、叶部，入声。韵母略有偏转。《说文解字》："协，众
之同和也。"今有"齐心协力"一词。引申为协助、帮助。《尔雅·释
诂》："协，服也。"与 hxit（侍）组成双声词：hxad hxit 协侍，即服侍、
照顾。如 ~ hxit nenx dail lul vut vut 好好协侍他老人家。

5. 鲜（xiǎn），是尟（xiǎn）的通假字，上古音在心母、元部。声母与韵首 i
结合，转为 hx。韵母也应转换为 ai，但进而转为 a。尟从少表义，即少。
但典籍中多借鲜为尟。《论语·学而》："其为人也孝弟，而好犯上者，鲜
矣。"今有"寡廉鲜耻"一词，鲜与寡同义，都指少。其实，另有罕字，是
尟的假借字。罕本义为长柄网，无稀少之义，由于其读音在晓母、元部，与
尟读音相近，借以代尟。如 ~ kod 鲜觏，或罕觏，即很少遇见、稀罕。

hxak 韶，上古音在禅母、宵部。声母与韵首 i 结合，转为 hx。韵母 au 转换成 a。
韶从音表义，指音乐。《说文解字》："韶，虞舜乐也。"据传是虞舜时期的
乐曲。这应是一种美好的音乐，因此才引申为美好。如韶光、韶华，都指
美好的时光。《论语·述而》："子在齐闻韶，三月不知肉味。"《尚书·益
稷》："箫韶九成，凤凰来仪。"苗语里，韶即指歌曲。如 ~ gix 管韶，即芦
笙曲。~ jud 酒歌。~ yangt 扬韶，即飞歌。~ yex fangb 游方歌。~ mongl diel
逃荒歌。

hxat 狭，上古音在匣母、叶部，入声。狭即狭窄，本应写作陿，指地方小。而狭
从犬旁，应是用来指狗的性情。它有几个引申义。一指东西少。《史记·滑
稽列传》："臣见其所持者狭，而所欲者奢。"指用很少的供品来求神赐给
很多的财富。二指窘迫、贫穷。《荀子·议兵》："秦人其生民也狭厄，其

使民也酷烈。"三指心胸狭窄、见识浅陋。四指急迫、急促。《礼记·乐记》："广则容奸，狭则思欲。"注："狭，声急也。"苗语里，hxat 也有类似几个引申义。

（1）贫穷。顺便说一句，汉语中指贫穷的字有穷、窭（jù）等，以穴表义，也有空间狭窄之义。如 Ngil ghax ~，ngas ghax dlas 懒即穷，勤即富。

（2）苦、辛苦。如 ~ das 狭煞，犹如说苦死了。Ghangt det ~ das 扛树苦死了。~ nangs 狭命，即苦命。

（3）少。如 hxat ves 狭力，即劳动力少。~ ves ait ax hxangd gheb 缺劳力，没好收成。

（4）指心里犯难、焦急。如 ~ hvib 狭心，即焦心、恐怕。~ liul 狭虑，指焦愁。

hxang

hxangb 1. 香，上古音在晓母、阳部，与今天的一致。香字上部本为黍，下部本为甘，会意为粮食的香味。引申为有香味或香料制成的物品，尤指祭祀时燃的香。南朝梁任昉《述异记》："日南有香市，商人交易诸香处。"苗语中，hxangb 正指烧的香。如 Pid ib dail ~ 烧一炷香。Guad qenb pid ~ dud 挂清（清明扫墓）烧香、纸。

2. 纤（xiān），繁体作纤，上古音在心母、谈部。声母与韵首 i 结合，转为 hx。韵母 an（am）转换为 ang。《说文解字》："纤，细也。"也指细丝。《楚辞·招魂》："被文服纤，丽而不奇些。"这里以纤指细丝织品。《战国策·齐策》："无纤芥之祸。"苗语中，hxangb 指细丝。如 ~ gangb ad 蚕姐纤，即蚕丝。~ gangb vas 蜘蛛丝。vil ~ 曳丝，即牵丝。

3. 塍（chéng），上古音在船母、蒸部，入声。声母与韵首 i 结合，转为 hx。韵母 eng 转换为 ang。塍从朕表音。以朕表音的字还有胜（胜）、賸（剩）等，声母都是 sh。《说文解字》："塍，稻中畦也。"《仓颉篇》："塍，畔也。"塍即田界、田埂。唐代刘禹锡《插田歌》："田塍望如线，白水光参差。"如 ~ lix 田塍；hsait ~ lix 砌田坎。

4. 感（hàn），上古音在匣母、侵部。感从咸表音，撼又从感表音，咸、撼部在匣母、侵部。韵母近于 am，转换为 ang。《说文解字》："感，动人心也。"引申为轻轻地触碰。《诗经·召南·野有死麕》："无感我帨也。"即不要碰我的佩巾。《庄子·山木》："睹一异鹊自南方来者，翼广七尺，目大远寸，感周之颡，而集于栗林。"感周之颡，即碰到周（庄周，庄子自称）的额头。如 Jox nangx ax ~，jil bel ax ghat 草不感（碰），刺不絓（guà）。指平平安安。

5. 宣，上古音在心母、元部。韵首 u 灭失。an 转换为 ang。从宣表音的字，如暄、萱、喧等多在晓母、元部。宣从宀表义，宀是房子。《说文解字》："宣，天子宣室也。"大约是发布诏令的地方，因此把发布、发诏叫宣。引申为召唤。北魏《水经注·江水》："或王命急宣，有时早发白帝，暮到江陵。"经引申，普通人说话，也叫宣。《国语·周语上》："夫民虑之于心，宣之于口，成而行之，胡可壅也？"指百姓的嘴是堵不住的。宣因此也有疏通、疏导之义。《左传·昭公元年》："宣汾、洮，障大泽。"即疏浚汾河、洮河，塞住大湖。苗语的 hxangb——宣有以下两个引申义：

（1）召唤、请。如 Mongx ~ nenx dax，ax dax ghax niox 你宣他来，不来就了（算了）。

（2）梳理。梳从疏（省略形）表音兼表义。梳即疏也，把纠结在一起的头发疏通、理顺。另一种解释是梳与篦相比，齿要稀疏一些。梳也引申为疏导。韩愈《送郑尚书序》："蜂屯蚁杂，不可爬梳。"如 ~ wangb 宣观，即梳妆打扮。~ hfud 宣页，即梳头。顺便说一句，苗语中有名词梳——vas，但不做动词。

hxangd 1. 产，上古音在山母、元部。声母与韵首 i 结合，转为 hx。韵母 an 转换为 ang。产繁体作産，从生表义，从彦的省略形表音。《说文解字》："产，生也。"产既可指生育、生长，又可指出产。《韩非子·六反》："产男则相贺，产女则杀之。"秦代李斯《谏逐客书》："夫物不产于秦，可宝者多；士不产于秦，而愿忠者众。"苗语里，hxangd 主要指出产、生长。

（1）出产。如 ~ gad 产谷，即产粮食。

（2）生、长。如 ~ pot 产疱，即起疱。~ bus 产腐，即化脓。

2. 衁（huāng），上古音在晓母、阳部，韵首 u 灭失。衁从血表义，《说文解字》："衁，血也。"从亡表音，与盲、荒同音。但此字在长江中下游一带及西南地区都读去声。长江中下游一带读如晃。西南地区读如旺，川菜毛血旺，实应为毛血衁。贵州肠旺面应为肠衁面，面中加肠和鸡血、鸭血。《左传·僖公十五年》："士刲（kuī）羊，亦无衁也。"此语引自《易经·归妹卦》，即男人杀羊，不见血。韩愈《陆浑山火和皇甫湜用其韵》："衁池波风肉陵屯。"衁池即血池。如 lol ~ 流衁，流血。~

nais 鼻血。~ mangl ~ mais 盅面盅目，指脸红眼赤。

3. 熟，上古音在禅母、觉部。但也许它应读如享。首先，熟本来为孰，下
面的 灬（火）是后加的。段玉裁注：“《玉篇》始有熟。”大概是孰常被
用为代词（相当于谁，如孰优孰劣）后，另造熟字，用于烹饪之熟。其
次，《说文解字》：“孰，食饪也。”指煮熟，也指庄稼成熟。《礼记·礼
运》：“腥其俎，孰其殽。”《荀子·富国》：“而五谷以时孰。”再次，孰
这个字是怎么表现“食饪”的呢？原来，孰，左边为享。享指向神进献
吃的东西，当然是熟食。孰的右边“丸”是人跪捧以献之状。《说文解
字》：“享，孰也。”也就是说，有没有“丸”都是进献。反过来说：
孰，享也。只不过后来它俩的分工不同：孰指食熟；享专指进献，后也
转指享用。因此，享完全有可能在孰字里表音又表义，而今天孰的读音
从何而来尚不得知。hxangd——熟或孰，有两个基本字义：食熟、谷物
成熟。

(1) 食熟。如 ~ gad yangx, bib nongx gad yad 饭熟了，我们吃饭吧。

(2) 成熟。如 Zend nangs ~ yuf yangx 李子熟透了。

hxangk 伥，上古音在透母、阳部，入声。到中古，演变为彻母，即声母为 ch。声
母与韵首 i 结合，转为 hx。《说文解字》：“伥，狂也，俗字作猖。”但多
被借用为虎作伥之伥。据说，被老虎咬死的人变成鬼后，又帮老虎咬别
人，即叫伥。苗语里把人死后变成的怪物叫 hxangk。如 Wuk ~ 伥妪，即
鬼婆子、老女鬼。

hxangt 1. 胜，上古音在书母、蒸部，入声。声母与韵首 i 结合，转为 hx。韵母 eng
转换为 ang。胜是胜的繁体，从朕表音，从力表义。《说文解字》：“胜，
任也。”即当得起、扛得起，力能胜任。《论语·乡党》：“执圭，鞠躬如
也，如不胜。”如不胜，即好像拿不了、拿不起来。能力超过所需力量，
即为胜。否则，即不胜。正因如此，胜引申出超过，如“日出江花红胜
火”。在战争或竞赛中，超过对手即为胜，超不过即为败。在苗语中，
hxangt 主要指超过、多出。如 Nenx ~ wil ob hniut 他胜我两周，即大我两
岁。hxangt lot 多嘴。~ nangl ~ jes 字面上为超过下游、超过源头，指过
分、非常。

2. 尚，上古音在禅母、阳部。声母与韵首 i 结合，转为 hx。《说文解字》：
“尚，曾也。”曾即增，是尚的本义。《说文解字》还认为尚字从向表音，
向字上面加两点即为尚。向字的外框与 宀 同源，是双面坡屋顶的房子的
形状，“口”大约是窗户之形。在这个坡屋顶上一边加一笔，形成八字

形，即为尚。这增加的两笔，我们可以理解为在草屋顶上再铺一层草，即表示增。《论语·里仁》："好仁者，无以尚之。"即无以复加，也可理解为无法比他再高了。《后汉书·杨秉传》："居法王公，富拟国家……何以尚滋？"与"无以尚之"意思一样。《诗经·齐风·著》："尚之以琼华乎而。"尚即加上。尚还有很多引申义，如用作副词，相当于还、又等。苗语里，hxangt 表示增加、添。如 Bens nongd xus wat, mongx ~ nenk dax haib 这份太少了，你尚（添）一点吧！

3. 绛，上古音在见母、冬部。按说其读音不应转换为 hxangt。但考虑到降有 jiang、xiang 两个读音，后者上古音在匣母、冬部，绛与降的表音部件相同，有可能转换为 hxang。《说文解字》："绛，大赤也。"即火红色。左思《吴都赋》："纶组紫绛。"如 ud ~ 绛衣。bangx ~ 绛蕃，深红色的花。

4. 刷，上古音在山母、月部，入声。声母与韵首 i 结合，转为 hx。按说其韵母不应转换为 ang。但从以刷表音的涮字来看，似乎有 an 的"基因"，an 可转换为 ang。或者可以直接理解为韵母 ang 化了。而韵首 u 灭失。这里的刷，右边不应为刂，应为又。又是手的象形。《说文解字》："刷（右偏旁换作又），拭也。"即擦拭。hxangt 是 hsad——刷的又音，字义相同。如 ~ ghad nais 擦鼻涕；~ ghad 擦屎。

5. 须，上古音在心母、侯部，入声。同现代汉语中的须一样，声母与韵首 i 结合，转为 hx。hxangt 是 dliub——须的又音。在 ~ niangs——须髯、胡须这个词中。疑 hxangt 受后面 niangs 的影响，ang 化了。《说文解字》："须，面毛也。"《左传·昭公二十六年》："有君子白皙，鬒须眉。"毛发黑而密叫鬒，也写作髿。

hxe

hxed 暄，上古音在晓、元部，入声。按一般转换规律，韵母 uan 转换为 ong 或 en，可能受声母影响，转为 e。暄即暖。《素问·五运行大论》："在藏为肝，其性为暄。"今有寒暄一词，犹如问寒问暖。顺便说一句，暖有另一读音即 xuan。以爰表音的字，如谖、楥都读 xuan。暖读 nuan，是与同义词煖相混。暄与暖应是异体字。苗语里，暄除指暖和外，还引申指家境好、热闹等。

（1）暖和、热。如 ~ hnaib 暄日，暖阳。~ eb 热水。~ hvib 暖心。hxed zaid 暄宅，即屋子暖和。

（2）指家境好。如 Dail ~ nangl ud dens，dail hxat nangl ud neis 富人穿缎衣，穷人穿烂衣。niangb lal niangb hxed 犹如说如意富贵。

（3）热闹。如 ~ zaid 家里热闹。

hxek 1. 受，上古音在禅母、幽部。声母与韵首 i 结合，转为 hx。韵母 ou 转换为 e。受的上下各是一只手，会意为一只手将东西交给另一只手，也可理解为从另一只手上接过东西，本来既有付与之义，也有接受之义。为前者又造授字，受后来只指后者。受引申为承受、耐受。《易经·咸卦》："君子以虚受人。"杜甫《南邻》诗："秋水才添四五尺，野航恰受两三人。"苗语里，受主要指耐受。如 Pangb ud nongd ~ nangl 这件衣服受（耐）穿。~ lul 受老，即禁老。还引申做形容词，指耐受性好。如 Diangb ghangx nongd ~ wat，ghangt ob bat jangb seix ax lod 这根杠（扁担）很耐受，扛二百斤也不断。

2. 绶，上古音在禅母、幽部，与受相同。声母与韵首 i 结合，转为 hx。《说文解字》："绶，韨维也。"即系韨的带子。《礼记·玉藻》："天子佩白玉而玄组绶。"即用黑色的带子来系白玉佩。组、绶都是织成的较宽的带子。《周礼·天官·幕人》："幕人掌帷幕幄帟绶之事。"司农注："组绶所以系帷也。"如 ~ diongx 筒绶，筒形布带。~ ghab dlad 腰绶，即腰带。引申指带形长帕。~ hfud 页绶，即裹头帕子。

hxet 歇，上古音在晓母、月部，入声。《说文解字》："歇，息也。"即歇息，停下来。白居易《卖炭翁》："牛困人饥日已高，市南门外泥中歇。"《世说新语·假谲》："江郎莫来，女哭詈弥甚，积日渐歇。"苗语中，hxet 犹如歇。

（1）停下来。如 ~ bil 歇手，即住手。~ gheb 歇工。~ ves 歇力，休息。

（2）指居住。歇引申为居住，这与苗语是个迁徙民族有关。他们曾长期处于迁徙之中。对于他们来说，居住就是停止迁徙。今天，江淮之间，把旅客住店叫歇店，留客人在家过夜，叫歇夜。如 Jit hvib hvib vangx bil，ngit fangb fangb seix niul，ngit eb eb seix lal，~ fangb deis seix hul 跻高高山冈，睨（看）方方都绿，睨河河都懰（liu，美好），歇哪方都好。

hxen

hxenb 1. 升，上古音在书母、蒸部。声母与韵首 i 结合，转为 hx。韵母 eng 转换为 en。升字是带柄的斗形容器的象形，比斗小。《庄子·外物》："君岂有斗升之水而活我哉。"也做量器，十升为一斗。如 ib ~ hsaid 一升米。Dad laib ~ lol lix hsaid 拿升子来量米。

2. 申，上古音在书母、真部。声母与韵首 i 结合，转为 hx。申是地支的第九位，用于计时。Hnaib nongd dios hnaib ~ 今天是申日。

3. 厷（gōng），今写作肱，上古音在见母、蒸部。韵母 eng，转换为 en。按说见母不当为 hx，但考虑到雄以厷表音，其上古音即在匣母、蒸部，疑厷也可能在匣母。肱即胳膊。厷的上部与左、右、有等的上部相同，来自手的象形；厶是大臂、小臂呈折线的象形。《左传·定公十三年》："三折肱，知为良医。"即多次折臂成良医。如 ~ bil 臂肱，即手臂。

4. 籤，今简化作签，上古音在清母、谈部。籤以其下部表音兼表义。此字上古音在心母、谈部，而且以其表音的字也多在心母。声母与韵首 i 结合，转为 hx。韵母 am 转换为 en。此字从韭表义，即山韭菜，其叶很细。籤即削细的竹签。《说文解字》："籤，锐也。"即尖削。《北史·鱼具罗传》："赞（人名）凶暴，令左右炙肉，遇不中意，以籤刺瞎其眼。"引申指一头尖的东西，如楔形。苗族建筑基本上都是木结构，梁柱相穿。为防止脱榫，榫头穿过卯眼，在榫端再横贯以楔。此楔即 hxenb——籤。

5. 宣，上古音在心母、元部，与 hxangb——宣相同，指梳理。韵母 an 转换为 en，与转换为 ang 属于一字两读。如 ~ dok 梳纱。

hxend 1. 衬，繁体作襯，以亲（亲）表音兼表义。亲的上古音在清母、真部。声母与韵首 i 结合，转为 hx。《玉篇》："衬，近身衣。"与肌肤相亲，故从亲。引申为衬托、衬垫。北周庾信《杏花》诗："好折待宾客，金盘衬红琼。"唐代李匡乂《资暇集·花托子》："建始中，蜀相崔宁之女，以茶杯无衬，病其熨指，取碟子承之。"苗语中，hxend 指衬木，以托起上面的木板。如 Dad jox ~ lol hniangt 拿根衬来垫。

2. 下，上古音在匣母、鱼部。韵母本不应为 en，这里"n 化"了。以下斜、滑、戍几个字也都是如此。下本指下面，引申为往下、降落。《孟子·梁惠王上》："沛然下雨。"如 ~ nongs 下雨。~ bait 下白，即下雪。

3. 斜，上古音在邪母、鱼部；中古音为入声。韵母"n 化"了。hxend 与 hvat、hvet——斜同义，只是读音的转换方向不同。如 Laib bil ~ genf yenf 坡微微倾斜。

4. 滑，上古音在匣母、物部，韵母"n 化"了。《说文解字》："滑，利也。"即滑溜。《周礼·天官·食医》："调以滑甘。"滑指便于吞咽。如 ~ nenl nenl 滑溜溜。

hxenk 1. 戍，上古音在心母、物部，入声。声母与韵首 i 结合，转为 hx。韵母"n

249

化"了。戌本是长柄大斧的象形，且斧面有通透的孔。戌一般用作地支的第十一位。如 hnaib ～ 戌日。

2. 迅，上古音在心母、真部。声母与韵首 i 结合，转为 hx。本无韵首 u。hx-enk 是 hvit——迅的又音，二者同义。《说文解字》："迅，疾也。"指快捷、快速。

（1）指迅速。如 Jit ～ mongl waix, hlod ～ lol dab 跻迅往上，趗（suō）迅落地。即很快爬上，很快滑下。

（2）指快跑、疾走。实际上，表示迅疾，用卂（xùn）字就够了。卂是飞（飞的繁体）字减笔而成，会意为飞得太快看不清翅膀上的羽毛，只能看见其轮廓。可以说卂是飞的简化。但卂字很少用，被迅取代了。迅从辶，有疾走义，可做动词。晋代陆机《长歌行》："年往迅劲矢，时来亮急弦。"比喻时间过得很快。这里的迅就相当于飞。苗语中，迅有快跑之义。如 Nenx ib hnaib ～ mongl ～ lol 他一天跑去跑来。

3. 散（sàn），上古音在心母、元部。韵母 an 转换为 en。散本写作𢿱，与潸然泪下之潸（shān）有共同的表音部件。疑散与潸同音，作 sean，声母与韵首 e 结合，转为 hx。hxenk 与 hsangk——散有所不同。《说文解字》："散，杂肉也。"即散碎的肉。这里引申为消散。贾谊《过秦论》："于是从散约败，争割地而赂秦。"从散即合从盟约解散。如 Kib hnaib dax, ～ eb hob yangx 出日头了，散雾了。

hxent
1. 析，上古音在心母、锡部，入声。声母与韵首 i 结合，转为 hx。韵母"n化"了。析从斤，斤是斧头。《说文解字》："析，破木也。"即把木头纵向劈开。《诗经·齐风·南山》："析薪如之何，匪斧不克。"即劈柴怎么样？没斧子不行。如 ～ zot 析柴，即劈柴。

2. 惜，上古音在心母、铎部，入声。声母与韵首 i 结合，转为 hx。韵母"n化"了。《说文解字》："惜，痛也。"痛惜。《楚辞·惜誓》："惜余年老而日衰也，岁忽忽而不反。"引申为爱惜、舍不得。汉代李陵《答苏武书》："岂偷生之士而惜死之人哉？"如 ～ linl 惜吝，即吝惜。Bib nongt ～ linl vob gad 我们要惜吝（爱惜）粮食。～ nend 也是惜吝。nend 是吝的变音，n、l 易混。

3. 生（读去声），上古音在山母、耕部。声母与韵首 i 结合，转为 hx。韵母 eng 转换为 en。生字下面为土，本指土地上生长植物。引申为人或动物产子、出生。人产子叫生，读平声；畜产子也叫生，读去声。犹如肚，用于人的肚腹，读去声；用于动物的胃，则读上声。今长江流域把鸡下蛋

250

叫生（去声）蛋。《列子·天瑞》："后稷生于巨迹，伊尹生乎空桑。"所说后稷的母亲在踩了巨人的脚印后怀孕而后生稷。白居易《长恨歌》："不重生男重生女。"又指动物生崽。同是《列子·天瑞》："亶爱之兽自孕而生曰类。"类是猴子一类的动物。如 Nail ~ git 鱼生子，即鱼产卵。Bat ~ ghab daib 豝（母猪）生崽。

4. 袨（xuàn），上古音在邪母、真部。以旬表音，韵首 u 灭失。《吕氏春秋·离俗》有"丹绩之袨"。袨即领、衣服上缘。杨树达《积微阅读·吕氏春秋札记》释"余谓为领端也"。《说文解字》《集韵》均有指"领端"的异体字。旬在该字中表音，可能也有表义成分。旬在甲骨文中不从日，像绕一匝之形。以此指日期，为十天，对应于天干的一周，犹如转了一圈。古代的衣领也是绕脖子一周。在苗语里，则指裤腰、裙腰，它既是裤子或裙子的上缘，也绕腰一周。如 ~ khet 裤腰；~ khuk 裙腰。它还引申指围绕一圈的围栏。~ wangx 园袨，即园子四周的围栏。

5. 縼（xuàn），上古音在邪母、元部。韵首 u 灭失，an 转换为 en。《说文解字》："縼，以长绳系牛也。"《玉篇》："縼，以长绳系牛马，放之也。"就是将牛马用长绳系于树上，牛马可绕树旋转，有一定的活动范围。旋在其中也有表义成分。一般意义上，指羁縻、牵绊。明代袁宏道《朱玉槎》："自以高云逸翮，不知绿縼遂及。"苗语里指绊碍。如 ~ nins 縼泞，指走路时脚受到羁绊、陷入泥泞。Hangb gid ~ nins lob 行路绊了脚。

hxi

hxib 1. 析，上古音在心母、锡部，入声。声母与韵首 i 结合，转为 hx。hxib 是 hxent——析的又音，读音上没有 n 化，用法也有所不同：不同于劈，指一般的砍。如 ~ dul hleik nangx 析楚截草，即打柴割草。

2. 晰，上古音在心母、锡部，入声。声母与韵首 i 结合，转为 hx。晰，从日表义，指光亮、晴朗的样子。南朝谢灵运《庐山慧远法师诔》："日月沉辉，三光寝晰。"也写作晳（注意，下面是日而不是白）。引申指清楚。《论衡·刺孟》："昭晳汉论。"

（1）指晴朗、光亮。如 Hnaib nongd ~ ghab waix 今天天晴。组成叠韵词：~ kib 晰赫。晰是晴暖，赫有火热之意。晰赫指天气好，比喻病情好转。如 Ob hnaib nongd nenx ~ kib nenk yangx 这两天他（病）好点了。

（2）指清楚、清晰。如 Jox eb nongd ~ bongf ghab dlangx mongl 这条河清晰

见底。

3. 稀，上古音在晓母、微部。hxib 是 hvab——稀的又音，用法有所不同。hv-ab 用的基本上是本义：植物稀疏。这里引申指浓度低。苏轼《次韵田国博部夫南京见寄》："火冷饧稀杏粥稠。"饧是指糖加糯米做成的食品。如 Laib gad hlik nongd ~ wat 这粥稀得很。

4. 时，上古音在禅母、之部，入声。声母与韵首 i 结合，转为 hx。时泛指时间、时候，特指时辰。《吕氏春秋·首时》："天不再与，时不久留。"《旧唐书·吕才传》："若依葬书，多用乾艮二时，并是近半夜。"此处即时辰。如 ~ dat 旦时，即清晨。~ hmangt 暮时，即晚上。~ yenx haib hxib mol 寅时和卯时。

5. 失，上古音在书母、质部，入声。声母与韵首 i 结合，转为 hx。失字从手、一捺，会意为东西脱手、遗失。《左传·庄公十二年》："得一夫而失一国。"引申为消失。李白《梦游天姥吟留别》："惟觉时之枕席，失向来之烟霞。"如 Xangf nongd ~ eb hob yangx 现在雾消了。

晞，上古音在晓母、微部，与稀相同。读音与字义似也与 hxib 相符。典籍中，晞多用于露水干了、消失了。《诗经·秦风·蒹葭》："蒹葭萋萋，白露未晞。"陶渊明《长歌行》："青青园中葵，朝露待日晞。"泛指消失、消散。《楚辞·九思·疾世》："尘莫莫兮未晞。"王逸注："晞，消也。"如 Xangf nongd ~ eb hob yangx 现在雾晞了。也说得通。供参考。

6. 葸，上古音在心母、之部，入声。声母与韵首 i 结合，转为 hx。葸即胆怯、畏惧。《论语·泰伯》："慎而无礼则葸。"何晏《集解》："葸，畏惧之貌。"如 Dail xid ~ dail xid! 哪个怕哪个! hxib hsab 葸飋（sè），即（让人）害怕得发抖，望而生畏。

7. 示，上古音在禅母、脂部，入声。声母与韵首 i 结合，转为 hx。示在甲骨文中作丁形。甲骨文学者认为这是石制的神主的象形，供人祈祷、祭祀，它代表神。示字做名词，即指神。《周礼·春官·大宗伯》："大宗伯之职，掌建邦之天神、人鬼、地示之……以吉礼事邦国之鬼神示。"这里，示与神、鬼并列。《周礼·春官·大司乐》："一变而致羽物及川泽之示，再变而致裸物及山林之示，三变而致鳞物及丘陵之示，四变而致毛物及坟衍之示，五变而致介物及土示。"指用不同的音乐和动物来祭各种地神、川泽之神、坟衍之神、山林之神等。汉字中示旁字多与神或祭神有关。苗语中 hxib 是 dliangb——仙之外表示神的一个词，泛指各种神。如 ~ dul 火神；~ eb 水神。

8. 鲜，上古音在心母、元部。声母与韵首 i 结合，转为 hx。韵母 an 本当转换
为 ai，大概是受声母影响，hxaib 又转为 hxib。鲜本作鱻，由三个鱼组成。
《说文解字》：“鱻，新鱼精也。”《左传·襄公三十年》：“惟君用鲜。”泛
指新鲜食物，转指味道鲜美。组成叠韵词：~ kib。鲜赫。即鲜美。赫可能
是为了表示程度。

鲜与鱻同音，是鱼名。后人多假借鲜为鱻。

hxid 1. 视，上古音在禅母、脂部。声母与韵首 i 结合，转为 hx。视从示表音，从
见表义，即看。《荀子·劝学》：“目不能两视而明。”如 ~ dud 视书，看
书。~ ninx xit diut 视（水）牛胬触，即看牛相斗，看斗牛。

2. 试，上古音在书母、职部。声母与韵首 i 结合，转为 hx。《广雅》：“试，
尝也。”《易经·无妄》：“无妄之药，不可试也。”《谷梁传·僖公十年》：
“食自外来者，不可不试也。”古时君王在吃外来的食品前，先让下人尝一
尝，以防下毒。试从言旁表义，大概是指报告尝试的结果。引申为试探。
《晏子春秋·杂篇上》：“夫范昭之为人也，非陋而不知礼也，且欲试吾
君臣。”

（1）指尝，并报告结果。如 Mongx nongx ~ ghangb ax ghangb 你吃试甘不
甘，即你尝尝（告诉我）好吃不好吃。

（2）指试探。如 ~ hment 试问，并列词组，犹如试探。

3. 悉，上古音在心母、质部，入声。声母与韵首 i 结合，转为 hx。《说文解
字》：“悉，详尽也。”《尚书·盘庚上》：“上命众悉至于庭。”这里的悉指
全部。如 ~ bub 悉卜，即尽知。~ bub wil nongf ax dax dail （如果）悉知
（此事原委），我就不来了。Wil ~ bub ait gheb nongx hxib dul diod 我悉知干
活过日子。

4. 率（shuài），上古音在山母、物部，相当于 shiue，入声。声母与韵首 i 结
合，转为 hx。当韵首 i 灭失时，读音即今天的 shuai；这里韵腹、韵尾灭
失，只剩韵首 i。在甲骨文、金文中，率字只有中间部分，即幺与左右各
两点。幺是糸的简化形式，是扭结而成的绳子的象形；左右各两点指绳子
上的毛刺。此字会意为粗糙的绳索。一般指草绳竹索一类。率的两个主要
引申义：引领、草率，都由粗糙的绳索从不同角度引申出来的。但率的本
义——草木所制绳索，在一般经典中很难见到。由于率多用引申义，人们
又造繂接替率的“大索”之义。《尔雅·释水》：“绋，繂也。”孙炎注：
“繂，大索也。李巡曰：繂，竹为索，所以维持舟者。”如 ~ dul 楚率，指
由荆条等制成的绳索。又用于比喻手脚上的筋状物。~ bil 手率，即手筋。

253

5. 线，上古音在心母、元部。声母与韵首 i 结合，转为 hx。按一般规律，韵母 an 应转换为 ai。这里转为 i。《说文解字》："线，缕也。"《玉篇》："线，可以缝衣也。"孟郊《游子吟》："慈母手中线，游子身上衣。"如 ~ ud（缝）衣线。

6. 扸（xī），上古音在心母、锡部，入声。声母与韵首 i 结合，转为 hx。扸可以说是析的异体字，做动词时指劈、剖。《韩诗外传二》："易子而食之，扸骸而爨之。"但扸也可以做名词，指木头被竖向劈开后的爿子。扸又从木、从片。将"木"（篆体）字从中间劈开，左边是爿字，右边就是片字。扸即爿。苗语中，扸做名词。如 Wangt laib jed ait ob ~ 把糍粑掰成两扸（即两半）。

hxik 1. 笥，上古音在心母、之部，声母与韵首 i 结合，转为 hx。hxik 与 hvit——笥略有不同。两者都指竹制容器；hxik 指用来盛饭的容器；hvit 指用于淘米的容器。如 ~ gad 谷笥，即饭盒（竹制，呈方形）。

2. 射，上古音在船母、铎部。声母与韵首 i 结合，转为 hx。韵首 i 保留，韵尾灭失。从以射表音的字"谢"、射的另一个读音 yi（江苏射阳）可以看到其韵母中 i 的基因。《说文解字》："射，弓弩发于身而中于远也。"引申为物体像箭一样急速地向前冲。清代顾祖禹《读史方舆纪要》卷一百八："湍流激射，声响如雷。"如 Dail mob jit det ~ zeit ghax mongl 猫爬树射似地上去了。~ eb 射水，指喷水。~ ghad jib daib 射小孩尿，即给小孩把尿。

3. 须，上古音在心母、侯部，入声。声母与韵首 i 结合，转为 hx。hxik 是 hx-angt、dliub——须的又音，所指基本相同，指毛发。但这里特指睫毛。如 hxik mais 目须，睫毛。

4. 絜（xié），上古音在匣母、月部，入声。韵尾灭失，保留韵首 i。《说文解字》："絜，麻一耑（duān）也。"段玉裁注："一耑，犹一束也。"絜下部为系，即绳索。束之必用绳索。《广雅》："絜，束也。"顺便说一句，典籍中，絜往往用于度量，这源于用绳索度量树围。《庄子·人间世》："见栎社树，其大蔽数千牛，絜之百围。"百围指百人合抱。贾谊《过秦论》："试使山东之国与陈涉度长絜大，比权量力，则不可同年而语矣。"总之，絜本指用绳子束、围某物体。苗语中，hxik 正同《说文解字》，用于麻的一束。如 ib hxik nos 一絜麻，即一束麻。

5. 揳（xié），与絜同音，上古音在匣母、月部，入声。疑此字应从扌、絜。絜既表音，也表义。絜指度量。揳也指度量。《荀子·非相》："故事不揣长，不揳大，不权轻重，亦将志乎尔。"揳从扌，会意为用手度量。一揳即一拃：张开拇指、食指，两指尖的距离。如 ib dliangx linf ib ~ 一展零一搩，即一庹（张开双臂的长度）零一拃。

hxit 1. 系，上古音在匣母、支部。《说文解字》："系，繫（jì）也。""繫，约束也。"繫今简化为系。从金文看，系的上部不是一撇，而是一个圈；下部的糸是绳索。显然系会意为用绳索捆束某物体。《史记·秦始皇本纪》："子婴即系颈以组，白马素车。"指子婴向刘邦投降时的情景。组是编织的带子。系也做名词，指束缚、悬持物体的绳。乐府诗《陌上桑》："青丝为笼系，桂枝为笼钩。"苗语中，系引申为约束木桶、木盆的箍。如 ~ teb 桶系，即桶箍。

2. 拾，上古音在禅母、缉部，入声。声母与韵首 i 结合，转为 hx。《说文解字》将拾、掇二字互训。拾与今天的动词拾同义。《庄子·盗跖》："尽拾橡栗，暮栖木上，故命之曰有巢氏之民。"如 ~ box 拾藻，即捞浮萍。

3. 试，上古音在书母、职部。声母与韵首 i 结合，转为 hx。hxit 是 hxid——试的又音，只是声调有别。如 Mongx mongl ~, hxid ait nongx dot？你去试（一下），看干得了不？

4. 舍，做动词，简化前应作捨。上古音在书母、鱼部，入声。声母与韵首 i 结合，转为 hx。韵首 i 保留，韵尾灭失。《说文解字》："捨，释也。"即放开、放弃。《孟子·告子上》："二者不可得兼，舍鱼而取熊掌者也。"如 ~ dot 舍得；ax ~ nongx 不舍得吃；~ nangs 舍命。

5. 羡，上古音在邪母、元部。同鲜——hxib 一样，韵母 an 一般转换为 ai，这里转作 i。羡的下部本为氵、欠，是涎的异体字，指垂涎于某物、希望得到。《淮南子·说林》："临河羡鱼，不如归家织网。"引申为羡慕。如 ~ ghab dail dot sat, hat ghab dail ot dlangt 羡那些成亲的，惜（xī，可怜）那些单身的。

6. 袭，上古音在邪母、缉部，入声。袭从衣表义，本指衣外套衣、加穿衣服，辗转引申为袭击。《左传·庄公二十九年》："凡师有钟鼓曰伐，无曰侵，轻曰袭。"不大张旗鼓地征讨别人就是袭。如 ~ dail dlad ib det 袭狗一棍子。

7. 侍，上古音在禅母、之部。声母与韵首 i 结合，转为 hx。《说文解字》："侍，承也。"段玉裁注："承者，奉也、受也。"指晚辈、下人在长辈或主人身旁，随时提供服务。《仪礼·士昏礼》："媵侍于户外。"媵是陪嫁的丫头。如 Wil ax ~ mongx yel 我不侍（伺候）你了。

8. 射，上古音在船母、铎部。声母与韵首 i 结合，转为 hx。hxit 与 hxik——

射相同的地方是：都指快速；不同的地方是：hxik 做动词，hxit 做形容词，放在动词之后，修饰前面的动作。dik hxit 跃（tì）射，指快速地跳。如 jit ~ 跻射，指快速地登高。

hxo

hxob 1. 收，上古音在书母、幽部。声母与韵首 i 结合，转为 hx。韵母 ou 转换为 o。《说文解字》："收，捕也。"指收押、收监。多数情况下指收拾、收取。《广雅》："收，取也。"《左传·僖公三十三年》："必死是间，余收尔骨焉。"杜甫《兵车行》："古来白骨无人收。"均指收拾。如 Mongl ~ diod las bangf ghab nangx ghaib niox jef vut diot gheb las 你收（拾）干净这块地上的草好种庄稼。

2. 携，上古音在匣母、支部。韵母为 iwe，受 w 的影响，转化为 o。今天普通话中，韵腹 w 灭失。《说文解字》："携，提也。"《庄子·让王》："于是夫负妇戴，携子以入于海。"如 ~ jib daib ak 携子以挨（背负）。

3. 学，上古音在匣母、觉部，入声。《广雅·释诂》："学，效也。"即仿效。《庄子·秋水》："且子独不闻夫寿陵余子之学行于邯郸与？未得国能，又失其故行矣。"这也是"邯郸学步"的来历。苗语中，学也指仿效、跟随人后。如 ~ ghangb hveb 学话尾，即随声附和。ax gid ~ nenx 不要学他。

hxok 熇（hè），上古音在晓母、药部。韵母 au 转为 o。《说文解字》："熇，火热也。"《诗经·大雅·板》："多将熇熇，不可救药。"如 ~ jot 熇翘，指在高温下植物干枯、变形。

灯（xiāo）。《广韵》《集韵》注音："虚交切。"《玉篇》："灯，干也，暴也，热也。"《集韵》释灯："同熇。"如 ~ jot 也可释为灯翘。

hxot 1. 会，上古音在匣母、月部。韵母也是受韵首 u 的影响，读成 o。hxot 是 hongb——会的又音，用法不同。hongb 指该当，而 hxot 做名词。会与合同头，都是器物的盖子。而盖子与器物密切相合，会故有会合之义。引申为时机、机会，犹如说机缘巧合。《论衡·命禄》："逢时遇会。"这里时、会并列，意思相近。又进而引申指一段时间，如等一会儿。宋代邵雍《皇极经世书》："三十年为一世，十二世计三百六十年为一运，三十运计一万八百年为一会。"照此说，一会是 10800 年。hxot——会就指一段时间。如 ~ nongd 这会（儿），即这时候。~ id 伊会，那时候。dangl ib ~ 等一会儿。

2. 潇，象声词。如 gab vob ~ ~ 炒菜潇潇。潇潇指炒菜的声音。

256

hxong

hxongb 1. 疝（shàn），上古音在书母、谈部。声母与韵首 i 结合，转为 hx。按一般转换规律，am 转为 ang。这里转为 ong。《左传·昭公二十年》："齐侯疥，遂疝，期而不瘳。"有些书把疝解释为疟疾。这很可能是以讹传讹。这个错讹来自孔颖达对"齐侯疥，遂疝"的注疏："疥当为痎，痎是小疟，疝是大疟。"孔认为疥是痎的假借字，很武断，没有依据。一是《左传》的作者文字水平很高，通篇极少有假借字（实际上也是别字）；二是疥与痎的古音同母不同部，读音不是很接近。再者，齐侯的病"期而不瘳"，即一年未愈。哪有打摆子打一年的，患疥疮一年不愈则完全可能。因此说"疝是大疟"是站不住脚的。那么疝是什么呢？应该是长期患疥疮而导致淋巴结发炎、肿大。苗语中，疝指淋巴结发炎。如 Jangx ~ diot ghongd 长疝着颈，即颈上淋巴结发炎。

2. 伸，上古音在书母、真部。声母与韵首 i 结合，转为 hx。韵母鼻音化。《广雅》："伸，展也。"《礼记·曲礼》："君子欠伸。"欠是打呵欠，伸是伸懒腰。如 Jil dius nins hsenb jangl yangx, nas wil ~ deix dax 捻绒箸卷焉（纺线针弯了），替我伸直来。~ jod 伸腘，即腘弯伸直了，犹如蹬腿，即死了。~ lob ~ bil 伸足伸臂，也指死了。

3. 笙，上古音在山母、耕部。声母与韵首 i 结合，转为 hx。韵母 eng 转为 ong。笙是多管乐器。《诗经·小雅·鹿鸣》："我有嘉宾，鼓瑟吹笙。"笙也就苗族最常用的乐器，一般称芦笙，有多根管，管的数量不一。苗语里一般称笙为 gix、ghenx，都源于管字。管在汉语里一般泛指管乐器。苗语的 cob gix——吹管即吹芦笙。而 hxongb——笙一般做量词，指一副完整的芦笙。如 Ib ~ gix maix diut xongs jil 一笙管有六七支，即一副芦笙有六七支管。

hxongt 铳，以充表音。充的上古音在昌母、东部。声母与韵首 i 结合，转为 hx。铳是后起字。铳指火器，火器也出现得较晚。明代邱濬《大学衍义补》："近世以药实铜铁器中，亦谓之炮，又谓之铳。"铳用于打猎或战争。苗语中，把发射弹药的枪、炮都叫铳。如 ~ hlieb 粗铳，即大炮。~ laid 短铳，即手枪。bangd ~ 放铳、打枪。~ yenb ghad gheib 直译为鸡屎烟铳，指吸鸦片的大烟枪。

257

hxu

hxub 1. 收，上古音在书母、幽部。声母与韵首 i 结合，转为 hx。韵母 ou 转为 u。hxub 是 hxob——收的又音。这里主要指收取。《战略策·齐策》："责必收乎？"即债都收吗？如 ~ xat 收债。~ dot not xus bangx nax？收得多少秉稻？~ jenb 收惊，指帮助因受惊吓而失魂落魄者招回魂魄。

2. 属，上古音在禅母、屋部，入声。声母与韵首 i 结合，转为 hx。属的繁体为属，从尾表义，从蜀表音。尾有与主体相连之义。《说文解字》："属，连也。"引申为有一定关系的人，如下属、亲属。《孟子·离娄下》："夫章子，岂不欲有夫妻子母之属哉？"清代方苞《狱中杂记》："是疾易传染，遘者虽戚属，不敢同卧起。"苗语中，hxub 指亲戚。如 ~ khat 属客，并列词组，即亲戚。Maix ~ ghax mongl diangb, maix khat ghax mongl des 有属就去瞻，有客就去随。指亲戚就应时常走动、串门。

3. 酸，上古音在心母、元部。声母与韵首 u 结合，转为 hxu。韵母中 an 灭失。《说文解字》："酸，酢（cù）也。关东谓酢曰酸。"酢本指醋。酸即醋，也指像醋一样的味道。《韩非子·八说》："酸甘咸淡，不以口断。"也引申为身体酸痛。《素问·长刺节论》："病在骨，骨重不可举，骨髓酸疼。"这个意义上也写作痠。

   （1）味酸。如 Dol zend lil nongd ~ wat 这些杨梅酸得很。

   （2）痠，酸痛。如 Nongx zend lil not ~ gab hmid 吃杨梅多了，牙齿酸。

4. 输，上古音在书母、侯部。声母与韵首 i 结合，变为 hx。输从车表义，指运输、输送。《左传·僖公十三年》："秦于是乎输粟于晋。"《战国策·秦策一》："陈轸为王臣，常以国情输楚。"如 hxub yax 输移，即搬运。~ yax dol hut nongd mongl pit aib 输移这些货到那边。~ yux 输游，指游移不定，不安心。

5. 须，上古音在心母、侯部，入声。同现代汉语中的须一样，声母与韵首 i 结合，转为 hx。韵尾 o 灭失。hxub 是 hxik、hxangt、dliub——须的又音，也最接近现代汉语读音，用法有所不同。hxik、hxangt、dliub 均指毛发。hxub 指须状物。如 dib ~ heib hab 打须徽鞋，即捶细细的草编草鞋。

hxud 1. 丑，上古音在透母、幽部。到了中古，演变为彻母。声母与韵首 i 结合，变为 hx。韵母 ou 转换为 u。丑是地支的第二位。如 hnaib ~ 丑日。

2. 灰，上古音在晓母、之部，相当于 xuo。韵尾灭失。可能是入声。灰的上部是手的象形。以手持火，会意为物体已经燃烧过了，不再烫手。《说文解字》："灰，死火余烬也。"《庄子·齐物论》："形固可如槁木，而心固可使如死灰乎？"引申为灰的颜色、灰色。《晋书·郭璞传》："时有物大如水牛，灰色卑脚。"

(1) 灰烬。如 ghad ~ 灰渣。由于草木灰呈碱性，苗族人从草木灰中提取碱。xeb ~ 摄灰，指提碱。

(2) 灰色。如 pangb ud ~ 灰衣服。

3. 堕（huī），上古音在晓母、歌部，入声。韵尾灭失。《说文解字》："败城阜曰堕。"贾谊《过秦论》："堕名城，杀豪杰。"堕有另外一个音 duò。这是人为划分的结果：以 duò 指下坠；以 huī 指毁城，这个意义上也写作隳。实际上，毁城必使城砖坠落。堕就指落。《史记·留侯世家》："有一老父衣褐，至良所，堕其履圯下。"指老头把鞋脱落到桥下。如 ~ hxend 堕下，下落。~ hxend nongs 下雨。~ hxangd 堕衁（huāng），指杀猪等的流血，引申为让人恶心、难受。

4. 竖，上古音在禅母、侯部。声母与韵首 i 结合，转为 hx。韵母只保留了 u。《说文解字》："竖，竖立也。"竖即直立、站立。《三国志·魏书·钟繇传》："此即起偃为竖，化尸为人矣。"起偃为竖，就是使卧倒的站立起来。如 ~ waix 竖起，即站起来。Niangb dab lax yangx, ~ waix ib hxot yet 坐久了，站起来一会儿吧。Dad diangb yex ~ diot ghab gib zaid 拿竿子竖在屋角。

5. 出，上古音在昌母、物部，入声。声母与韵首 i 结合，转换为 hx。韵母只保留了 u。hxud 是 hleid——出的又音。出有多个引申义，其中之一是女子离开原来的家。《孟子·离娄下》："出妻屏子。"苗语中，"出"特指女子改嫁。如 Nenx dail daib jangs das, nenx ghax ~ mongl yangx 她丈夫死了，她就出去（改嫁）了。

6. 兇（xiōng），上古音在晓母、东部，入声，相当于 xiwong，ong 灭失。我们从以凶表音的酗（xù）字也可以看出，其 ong 灭失。兇从凶（凶本指地陷，引申做吉凶之凶）表音，下面的"儿"是人的变形。兇的本义为恐惧。《说文解字》："兇，扰恐也。"《左传·僖公二十八年》："曹人兇惧。"后来转为使人恐惧，即凶恶。兇今简化为凶。如 Dail dlad nongd ~ lins niox 这条狗凶得很。

7. 朐（xū），上古音在晓母、侯部，入声。汉语里朐有 qú、xū、chǔn 三个读音，有三个相应的字义：一指干肉条（干缩后自然弯曲）；二用于少数民族的名称或地名，可能与字义无关，只是取其音；三组成叠韵词：朐朋，指蚯蚓，也取其弯曲之义。胸从句表音兼表义。句即勾，弯曲也。《说文解字》："胸，脯脡也。"《玉篇》："脯也。"《韵会》："申曰脡，屈曰胸。"脯脡即干肉条。段玉裁注："胸，引申为凡屈曲之称。"苗语中，胸指皮下突起的静脉，屈曲如蚯蚓。如 fangt ～ 泛胸，指青筋冒起。～ naix ～ mais 胸耳胸面，指脸上青筋暴起，暴怒的样子。

hxuk 1. 绪，上古音在邪母、鱼部。《说文解字》："绪，丝端也。"即丝的头，今有头绪一词。绪一般做名词，但也做动词。《史记·张丞相列传》："张苍为计相时，绪正律历。"绪当解释为理出头绪而后演绎。苗语中，绪指缫丝、理丝。缫丝、理丝，都要找到丝头。如 ～ nos 绪麻，即理麻。～ hfed gangb 缫蚕丝。

2. 赎，上古音在船母、屋部。声母与韵首 i 结合，转为 hx。《说文解字》："赎，买也。"与一般的买有所不同，赎主要指用财物换回抵押品，或抵销罪过，减轻处罚等。《左传·宣公二年》："宋人以兵车百乘、文马百驷以赎华元于郑。"如 Dad bix six mongl ～ lol 拿钱去赎回来。

3. 受，上古音在禅母、幽部。声母与韵首 i 结合，转为 hx。韵母 ou 转换为 u。hxuk 是 hxek——受的又音，用法不同。hxek 偏指耐受。hxuk 指接受、承受。《易经·咸卦》："君子以虚受人。"如 hxuk zeid 受罪。～ zeid das 受死罪，指得报应。

4. 麧（hé），或作籺，上古音在匣母、物部，入声。韵母只保留了 u 的成分，正如纥读 hfud。《说文解字》："麧，坚麦也。"指麦子不易磨碎者、麦粉中的粗粒。杜甫《驱竖子摘苍耳》："乱世诛求急，黎民糠籺窄。""糠籺窄"指糠头碎米都缺乏。汉语中的粗，由粗米引申为粗糙。与此类似，麧、籺也引申为粗糙、不光滑。如 ～ bil 麧手，指手感粗糙、硌手。Diangb jid juk nongd ax dliangt，～ bil wat 这个镶柄不铣（光滑），糙得很。

5. 蓄，上古音在晓母、觉部。韵母只保留了 u。《说文解字》："蓄，积也。"hxuk 与 hait——蓄的用法有所不同。hait 指蓄养，如蓄胡须、蓄山林。hxuk 指积攒。《国语·楚语下》："蓄怨滋厚。"如 ～ juk wal 蓄聚尿，即尿潴留。

6. 侍，上古音在禅母、之部。声母与韵首 i 结合，转为 hx。韵母相当于 io，略有偏转。hxuk 与 hxit——侍同义不同音。侍即伺候。如 Wil ax ～ diel naix mongx 我不伺候那种人。

hxut 1. 受，上古音在禅母、幽部。声母与韵首 i 结合，转为 hx。韵母 ou 转换为 u。hxut 是 hxuk、hxek——受的又音。hxut 与 hxuk 都指承受，但略有区别。

hxuk 指承受不好的东西，如受罪。hxut 一般指承受好的东西。如 Wil ~ ax gos dol nend 我受不了那福。Nangs gal ~ ax gos，ax xob mait dex dinb 命矮（命苦）受不了，不得妹成亲。

2. 愫，上古音在心母、鱼部。同酸读 hxub 一样，su 转读 hxu。《集韵》："愫，诚也。"《韵会》："愫，真情也。"《汉书·邹阳传》："披心腹，见情愫。"愫即真情实意。如 Laib lot ax bub nol，Laib ~ dax heib dlel 嘴上不会说，心里很喜欢。

提示：以 i 打头的拼音一般对应于汉语的 y 声母、上古音的影母。

i

ib 1. 一，上古音在影母、质部。一，数词。如 ib ob bib dlob zab 一二三四五。~ hnaib 一天。~ gid 一路，即一道、一起。~ hxik mais 一瞬目，即一眨眼。

2. 饐（yì），上古音在影母、质部，入声。《说文解字》："饐，饭伤湿也。" 《字林》："饭伤热湿也。"指饭在湿热环境下放久了而变味。《论语·乡党》："食饐而餲（ài），鱼馁而肉败，不食。"《尔雅·释器》："食饐谓之餲。"统而言之，饐、餲都指食物变质；分而言之，餲比饐的程度更深，指食物发出恶臭。《论衡·商虫》："粟米饐热生虫。"饐从壹表音兼表义。壹本就是壶，故二者字形相近。但壹表示的是闭塞发闷之义。《说文解字》："鲍，饐鱼也。"鲍是咸鱼。这里饐有腌渍之义。实际上腌渍也是将食物放在封闭的环境里，使其变味、变质的过程。在苗语里，ib 指食味的味道不好或特别咸。

（1）味道恶。如 Laib xenb ~ wat 胆饐得很，即苦得很。~ lot 饐嘴，即嘴里变味、发苦。

（2）指味咸。如 ~ xid wat 盐咸得很。

3. 餲（ài），上古音在影母、月部，入声，本当读如谒（yè），韵母略有偏转。"食饐而餲"，见 ib——饐。餲指食物严重变质、腐败，比喻人心坏、恶。如 ~ ~ hangt hangt 餲餲臭臭，仍比喻人心恶毒。~ khangd niangs 内脏变质了，指心狠毒。

id 1. 伊，上古音在影母、脂部，入声。与 aib——伊同义不同音。用于远指。《诗经·秦风·蒹葭》："所谓伊人，在水一方。"伊人即彼人、那人。伊与此、这相对。如 dail naix ~ 伊人；laib hfud gid ~ 那件事。

2. 挹（yì），上古音在影母、缉部。《说文解字》："挹，抒也。"徐锴注："从上酌之也。"即舀取。《诗经·小雅·大东》："维北有斗，不可以挹酒浆。"

即：天上虽有北斗（古代的斗是带柄的容器，正如北斗七星的形状），但不能舀酒浆。引申为捞取、获得。如 Mongx ~ not xus laib？你捞了多少个？

3. 噫，叹词。如 ~！Ait deis jangx ait nongd mongl nend？噫！怎么搞成这样？

4. 咦，象声词。如 ~ lid 咦哩，像小鸟的叫声。

ik 1. 腴（yú），上古音在余母、侯部。韵母只保留了韵首 i，韵腹、韵尾灭失。而 yú 这个读音则是韵首 i 灭失的结果。《说文解字》："腴，腹下肥也。"即腹下肥肉。《论衡·语增》："桀纣之君垂腴尺余。"指肚子肥。古时肉食的产量不高，肥肉是人们喜爱的东西，腴即与美好联在一起，如丰腴、丽衣腴食等。苗语中，用腴——肥肉来泛指肉。如 nongx ~ 吃腴，相当于 nongx ngix——吃肉。

2. 鹢（yì），拟声词。如 ~ diol 拟鸟的叫声，并以此作为鸟名，就像汉语中的布谷。

提示：苗语中的声母 j 主要对应于汉语中的 j 和 zh。

ja

jab 1. 加，上古音在见母、歌部。加从力、口会意，指强行说别人，接近于诬。《论语·公冶长》："我不欲人加诸我也，吾亦欲无加诸人。"即不想人家诬蔑我，我也不想诬蔑别人。"欲加之罪，何患无辞"中的加近于本义。后来泛指施加、增加。《庄子·马蹄》："夫加之以衡轭。"《荀子·劝学》："登高而招，臂非加长也，而见者远。"苗语中的加主要指增加、添加。如 ib ~ ib dot ob 一加一得二。~ faf 加法。

2. 雀，上古音在精母、药部，入声。声母 z 与韵首 i 结合转为 j；韵母近于 ao，转而为 a。《说文解字》："雀，依人小鸟也。"泛指小鸟。战国宋玉《高唐赋》："众雀嗷嗷，雌雄相失，哀鸣相号。"如 jab fangx 黄雀，即黄莺。~ fid liol 阳雀、杜鹃。

3. 药，上古音在余母、药部。声母 y 转换为 j。在汉语内部也有类似情形。如交在咬中表音，具有相同表音部件的缴与邀、浇与尧等，都说明声母 j 与 y 容易转换。韵母 ao 转换为 a。《说文解字》："药，治病草也。"《史记·三皇本纪》："神农氏尝百草，始有医药。"药从草头表义，说明最初的药都是草药，后来泛指各种药。《周礼·天官·疾医》："以五味、五谷、五药养其病。"郑玄注："五药，草、木、虫、石、谷也。"说明人们发现了更多有药用价值的东西。又引申指具有类似药的性状的东西。《梦溪笔谈·技艺》："药稍镕，则以一平板按其面，则字平如砥。"这里的药指松脂、蜡一类的东西。《天工开物·佳兵》："凡鸟铳长约三尺，铁管载药。"这里则指火药。苗语中的 jab——药有大致相同的义项。

（1）作用于人体的药。如 hek ~ 喝药，即服药。diot ~ 著药，即敷药。~ gangb jongb 弓虫药，即蛔虫药。~ ghab lail 官吏药，指西药。~ ghab nangx vob 直译为草蔬药，即中草药。

（2）指具有药用价值的草。如 ~ gongx saib 苦参。~ lob gheib 鸡脚药（大概源于草的形状如鸡脚）、马鞭草。~ nail lies 泥鳅菜。

（3）指具有药的性状的东西。如 ~ ded hfed 染线药，染料。~ dlaib 缁药，黑染料。~ fangx 黄药，即黄染料。~ pot 炮药，即火药。~ ghab bent jud 酒粉药，指粉末状酒曲。~ fangf 磺药，即硫黄。~ mangx 枫药，指枫树汁。

jad 1. 雀，上古音在精母、药部，入声。声母 z 与韵首 i 结合转为 j；韵母近于 ao，转而为 a。jad 是 jab——雀的又音。如 ~ faf 发雀，杜鹃。

2. 鼳（jú），上古音在见母、锡部，入声。韵母略有偏转。《尔雅·释兽》"鼳，鼠。"郭璞注："今江东山中有鼳鼠，状如鼠而大，苍色，在树上。"显然指松鼠。《尔雅·释兽》对鼳还有另一种解释："鼠身长须而贼，秦人谓之小驴。"郭璞注："鼳似鼠而马蹄，一岁千斤。"近乎怪诞，这种鼠形庞然大物几乎无人见过。苗语里 jad——鼳就指松鼠。如 Dail ~ jit det 鼳爬树。

jaf 1. 侧（zhǎi），上古音在庄母、职部。声母近于 zh，与韵首 i 结合，转为 j。韵母 a 略有偏转。侧除了旁边之义外，还有倾斜、不正之义。《诗经·小雅·宾之初筵》："侧弁之俄。"指帽子倾斜欲倒。《尚书·洪范》："无反无侧，王道正直。"这里的侧也指歪斜。今有"侧歪"一词。苗语中，jaf 指不端正。如 ~ mangl ~ mais 侧脸侧面，即面孔歪斜。

2. 铡，铡是后起字。《集韵》有从枼、刂的字，与侧同音，"断草刀也。"即铡刀。铡与上文的侧都从则表音。铡刀，刀的顶端靠轴连接于底座，按下刀柄，即可切草、秸秆等。据说包公有龙头铡、虎头铡、狗头铡，分别用于处决犯罪的皇亲国戚、贪官污吏等。如 ~ nangx mal 马草铡，即切马草的铡刀。

3. 夹，上古音在见母、叶部，入声。夹的繁体为夾，象一大（人）双腋各夹一小人。引申为夹物的器具、以器具夹物。《周礼·夏官·射鸟氏》："矢有侯高，则以并夹取之。"并夹，取箭的工具。jaf 在苗语中既可做名词，指夹子，也可做动词。如 ~ ngix nongx 夹肉吃。~ nif 夹镊，即胁迫。

4. 甲，上古音在见母、叶部，入声。甲用于天干的第一位。如 diut juf ~ zix 六十甲子。还用于旧时保甲制度。如 ~ zangx 甲长。

5. 佔，现简化为占，混同占卜之占。占的上古音在章母、谈部。韵母为 am，m 是闭口音，在转换中灭失。佔即据有、占有。《晋书·食货志》："男子一人占田七十亩。"如 Dol hut nongd nenx sail ~ mongl yangx 这些货他悉（都）占去了。

6. 左，上古音在精母、歌部，读音本接近于 ja。其实，这里的左应去掉所含的

"工"，即左手的象形，读如左，与右手是互相对称的字（指右手的字，即又，右的读音也源于又）。《说文解字》释其为："左手也。象形。"加了"工"的左，是佐的本字，有佐助之义。如 Nenx dad jil ~ hxad leix 他拿左（左手）写字。

7. 介，上古音在见母、月部。jaf 是 gib——介的又音。介本指人披衣甲。小篆里，人在两竖之间：两竖像胸前背后的两片甲。因此，介既引申出居于二者之间，如介入、中介，又引申为长有甲壳的动物，如蚌、螺等。gib 即指介类动物。又比喻人的性格不随和、作风刚硬，今有耿介一词。《孟子·尽心下》："柳下惠不以三公易其介。"汉代张衡《思玄赋》："子不群而介立。"介立，不合群的样子。苗语中，jaf 指性格刚愎。如 ~ guf 介固，即固执、犟。

jak 1. 夹，上古音在见母、叶部，入声。jak 与 jaf——夹并无区别。jaf、jak 读起来也只是轻重之分。如 Laib diux jak nenx jil bil 门夹了他的手。Dad benx dud jak diot khangd xet 拿本书夹在胁腔（腋窝）里。

2. 榨，后起字，声母 zh 转换为 j。榨是挤压物体汁液的器具，如将花生、芝麻等所含的油挤出来，即需用榨。宋代穆脩《和秀江墅幽居好》："酒酿新出榨，鱼活旋离钩。"也做动词。又引申为逼迫、压榨。宋代周帮彦《汴都赋》："土怪畏榨压而妥帖。"

（1）用榨挤压。如 ~ eb yux 榨油水，即榨油。

（2）逼迫。如 ax gid ~ nenx ait 不要榨（逼）他做。

3. 札，繁体作紥，从札表音。札的上古音在庄母、月部，入声。紥从糸表义，指用丝绳等缠束、拴牢。《广韵》："紥，缠弓弭也。"即用线将弓弭（手握弓处）缠起来。古代军队宿营时，必须用绳索将帐篷固定住，故称宿营为驻紥。如 jak yenx 扎营。

4. 告，上古音在见母、觉部。韵母略有偏转，可以看作汉语中的 ao 转为 a。jak 是 ghot——告的又音，用法不同。ghot 主要用于告状。jak 则有请求之义。告字从牛、从口，表示以牛献祭，借此祈祷。告因此以请求之义。《国语·鲁语上》："国有饥馑，卿出告籴，古之制也。""文仲以鬯圭与玉磬如齐告籴。"告籴即请求给粮食。《礼记·曲礼上》："夫为人子者，出必告，反必面。"这里的告有请求批准外出之义。今有告饶、告假、告贷等词，都含请求之义。如 ~ mongx mongl gol nenx dax 告（请求）你去叫他来。jak li-ak 叠韵词，告聊。聊即聊赖、依靠。告聊即请求给予依靠、帮助。如 ~ li-ak mongx nenk hul 告聊您啦，即麻烦您啦。~ liak mongx baib nenk ghab hsaid

266

mongl diot eb dlox yet 请求您给点米下锅吧。

5. 窄，上古音在庄母、铎部，入声。韵尾接近 a。窄从穴表义，从乍表音，指
地方狭小。《尉缭子·兵教》："地大而城小者，必先收其地；城大而地窄
者，必先攻其城。" 如 Bet nongd ~ bongt wat, lal mongl dangl mongx nenk
daib 这里窄得很，挪你那边去一点。

jas 1. 迓（yà），上古音在疑母、鱼部。疑母与声母 j 相转换，汉语里也有一些例
子。如从斤表音的沂为疑母；从及表音的扱（yì）也是疑母。《说文解字》：
"讶（迓的异体），相迎也。"《左传·成公十三年》："迓晋侯于新楚。"《韩
非子·外储说右上》："或令孺子挈壶瓮而往沽，而狗迓而啮之。" 迓而啮
之，即迎上去咬。在苗语里，jas 有遇见、接上等义。

(1) 迎上、遇见。如 ~ nenx diot dangl gid 迓他在半路，即半路上遇见他。

(2) 接上、交接。如 Nenx zaid hniut hniut seix gad hvib ~ gad ghot 他家年年
新谷接旧谷。指没有青黄不接。

(3) 相当于汉语的值，值也有逢遇之义，如值某某之际。如 jas dot 迓得，
即值得。~ ax dot 值不得。~ ghat 迓价，即遇上好价、值钱。

2. 及，上古音在群母、缉部，入声。韵母略有偏转。jas 是及——gos 的又音。
及本义为追上、赶上。这里放在动词后面，表示动作实现与否。《诗经·邶
风·燕燕》："瞻望弗及，伫立以泣。" 瞻望弗及，即瞻望不到。如 hsenk ~
yangx 接及了，即摸着了。Vangs ax ~ 找不及，即找不到。dliangx bil ax ~
展手不及，即伸手（够）不着。

3. 藉（jiè），上古音在从母、铎部。《说文解字》："藉，祭藉也。" 指垫在祭
品下的草垫子。也指供坐卧的垫子，引申为凭依、凭借。《左传·宣公十二
年》："敢藉君灵，以济楚师。" 如 ~ fangx 藉煌，即借光、趁亮。nongx ~
hxed 吃藉暄，即趁热吃。did hlet ~ dul kib 打铁藉火热。

jat 嚼，上古音在从母、觉部，入声。《说文解字》："嚼，啮也。" 即用牙磨碎食
物。司马相如《上林赋》："咀嚼菱藕。" 如 Dol ngix liod nongd diut wat, ~ ax
lol 这些黄牛肉太韧，嚼不动。~ zaf 嚼咂，指牛反刍。

jax 1. 茄，上古音在群母、歌部，读音接近于 ga。茄从加表音，加在见母、歌部。
茄有两个互不关联的义项，而苗语中，jax 也恰恰如此，与汉语相对应。

(1) 茄，蔬菜名。汉代王褒《僮约》："种瓜作瓠，别茄披葱。" 如 Liuk ~
lol gab nongx 摘茄子来炒着吃。jax diel 周茄，即外来茄、番茄。

(2) 水生植物的茎。《尔雅·释草》："荷，芙蕖，其茎茄。" 张衡《西京
赋》："蒂倒茄于藻井。" 薛综注："茄，藕茎也。" 如 ~ ongd 壅茄，池塘之

茎，指茭白。

2. 假，上古音在见母、鱼部。《说文解字》："假，非真也。"《史记·淮阴侯列传》："大丈夫定诸侯，即为真王耳！何以假为。"如 hmat hveb ~ 说假话。~ bab 假巴，即假惺惺。假，引申为装腔作势。如 Nenx ait ghab lail yangx，~ bongt wat 他当官了，假得很。

3. 札，上古音在庄母、月部。《说文解字》："札，牒也。"即书写用的木片。《史记·司马相如列传》："上许，令尚书给笔札。"《古诗十九首》："客人远方来，遗我一书札。"苗语里，jax 指规章法理，应该源于这些东西是写在札上的。苗族在长期迁徙的过程中，与外界相对隔离，也脱离官府，形成了一个高度自治的社会，同时形成了一套自己的道德规范、规矩。这些规范、规矩就是"札""理"。札、理往往同时出现在歌词口语中。札的量词用 genb——根。这也可以佐证，札是竹简、木简一类的东西。如 genb ~ nongd wil hmat diot mongx hnangd, det lil nongd wil hmat diot mongx zongb 这根札我说给你听，这条理我说给你聪（也是听）。Maix ~ mongx dot sux baid, maix lil mongx dot sux hmat 有札你不会摆，有理你不会说。

jang

jangb 1. 斤，上古音在见母、文部。按说，韵母 ang 应由 an 转换而来，而不应由 in 或 en 转换。但考虑到文部的字如眼、先、限等在现代汉语里，韵母也是 an，那么文部的斤转换为 jang 也是可以理解的。另外，匠字从斤表义，斤可能也有表音成分。斤的本义是斧子，如《孟子·梁惠王上》："斧斤以时入山林。"但转用为重量单位，先秦即有这种例子。《墨子·杂采》："重五斤以上诸林木渥水中，无过一筏（fá）。"《汉书·律历志》："十六两为一斤。"《史记·魏公子列传》："朱亥袖四十斤铁椎，椎杀晋鄙。"如 ib ~ ngix 一斤肉；ib ~ maix juf liangl 一斤为十两。

2. 浆，上古音在精母、阳部。《说文解字》："浆，酢浆也。"即酸的饮料。《周礼·天官·酒正》："辨四饮之物，一曰清，二曰医，三四浆，四月酏（yí）。"这四种饮料由稀到稠排列。医是甜酒，酏是粥。浆的浓度介于甜酒（今醪糟）与粥之间。《三国志·诸葛亮传》："箪食壶浆。"即以箪盛食，以壶盛浆。苗语中，浆泛指浓稠的液体。如 ~ gheid 松浆，即松脂、松香。~ wab 指蜂蜡（蜂分泌的黏液，做筑巢材料）。

3. 将，上古音在精母、阳部。《广雅》："将，扶也。"《乐府诗集·木兰诗》："爷娘闻女来，出郭相扶将。"又释为携。《左传·桓公九年》："楚子使道朔将巴客以聘于邓。"《后汉书·蔡邕传》："遂携将家属逃入深山。"因此，引申为与某某一起、共同。北周庾信《春赋》："眉将柳而争绿，面共桃而竞红。"苗语正用此义。如 Dail niangb ~ dail dod xit seix mongl jenl gad wangx 嫂子将姑子一起种玉米。实际上，这里的将释携或释和、与，都说得通。

还组成双声词：~ jud 将就。一指捎带、顺便。如 Mongx ~ jud dad benx dud mongl diot nenx 你将就（顺便）拿本书给他。二指凑合着，与汉语一致。Pangb ud laid nenk yangx, mongx ~ jud nangl ghax niox 衣服短了点，你将就着穿吧。

还组成双声词：~ junb 将军。从军字作 jun，保留了韵首 u 这个特征看，此词是照搬现代汉语。

jangd 1. 卷，上古音在见母、元部。韵母中所含 u 灭失；an 转换为 ang。《集韵》释卷："曲也。"《庄子·逍遥游》："（树）卷曲而不中规矩。"《诗经·小雅·都人士》："彼君子女，卷发如虿。"又做动词，指卷起来。《诗经·邶风·柏舟》："我心匪席，不可卷也。"这里，jangd 做动词。如 ~ bongk 卷被子，即把被子折叠起来。~ ghenl、~ ghens 卷卷。因为 ghenl、ghens 是卷的另两个读音。这两个词无非指卷缩、收卷。如 ~ hmid 卷劈，即刀卷刃。~ juk 卷皱，指丝线等扭结。

2. 杖，上古音在定母、阳部。《说文解字》："杖，持也。"指手持拐杖。但杖也做名词。《论语·宪问》："以杖叩其胫。"泛指棍棒或棍状物。《吕氏春秋·贵卒》："衣铁甲操铁杖以战。"苗语中，jangd 泛指棍状物。如 ~ jel 臼杖，即碓杆。~ hxed 旋杖，即转轴，特指纺车轴。

3. 涨，从张表音。张的上古音在端母、阳部。《广韵》释涨："水大貌。"杜甫《江涨》："江涨柴门外，儿童报急流。"涨一般指水位上升。如 ~ jid 涨漈（jì），指水潭里的水位上升，泛指水位上涨。eb ~ jid jit jes 水往上涨。

4. 藏（zàng），上古音在从母、阳部。不过藏以臧表音，臧在精母、阳部。精母更容易转换为声母 j。藏现有 zang、cang 两个音，这是后人人为划分的结果，上古音只有一个。《说文新附》："藏，匿也。"即隐藏。引申为收藏、储藏。《荀子·王制》："春耕，夏耘，秋收，冬藏。"又引申为储藏财物的仓库。《左传·僖公二十四年》："晋侯之竖头须，守藏者也。"即晋侯的仆人头须，是个看仓库的。又引申为内藏。《周礼·天官·疾医》:“参之以九藏之动。”郑玄注:“正藏五,又有胃、膀胱、大肠、小肠。”五个正藏是肺、心、肝、脾、肾,加起来即九藏。后来加肉旁写作臓(zàng),简化为脏(zàng),与肮脏之脏混用。

苗语中,藏用于鼓藏。这是苗族非常盛大的祭祀仪式。一个村子或几个村子的村民共同举办,邀请几乎所有的亲友来参加,还要给每家亲友送一只猪腿(一只腿几乎占猪身的四分之一)、糯米等。因花费很大,每隔十二年才举行一次。但就某一地区来说,年年都有鼓藏节,由各村轮番举行。为什么叫鼓藏?因为鼓(与汉语中常说的鼓不同,只一端封堵,浑身为铜,不用皮革蒙两端)是祭祀活动中最重要的礼器,只有在举行鼓藏的时候才请出来,平时由专人保管,任何人不得擅动,是为藏。如果将藏理解为名词,按苗语中定语后置的语法,鼓藏又可理解为库藏的鼓。也有人将鼓藏写成牯脏,认为祭祀时要用到牯牛的内脏。这应是望文生义的结果。因为鼓藏的苗语为 ~ niel,niel 是铜鼓这种礼器(或叫乐器)是无疑的。

鼓藏也可简称为藏:jangd。它既可指某一届鼓藏节,又引申为在一起举行鼓藏节的若干村寨。如 ~ nongd dliut hxangt ~ denx 这一(鼓)藏酎胜前藏。即这一届鼓藏隆重过前一届。Bib ob bib laib vangl nongd dios jus laib ~ 我们这两三个寨子是同一藏。

5. 楗(jiàn),上古音在群母、元部。韵母 an 转换为 ang。《说文解字》:“楗,距(拒)门也。”即关门的闩。《老子》:“善闭,无关楗而不可开。”又指河堤中用以堵水的木桩、柱,可能由门闩引申而来。《史记·河渠书》:“以故柴薪少,而下淇园之竹以为楗。”裴骃《集解》:“树竹塞水决之口,稍稍布插接树之,水稍弱,补令密,谓之楗。”《墨子·兼爱中》:“以楗东土之水,以利冀州之民。”这里指用楗来堵水。苗语中,jangd 就是用来加固堤岸、田埂等的木桩、木柱。如 Dad ~ lol ait hxangb lix 拿楗来做田塍。也做动词,指堵。~ bongt 楗风,即堵住了气、憋气。

栫(jiàn),上古音在从母、文部。栫是以竹木柴薪等堵塞,但未见其做名词的例句。《说文解字》:“栫,以柴木壅也。”《左传·哀公八年》:“囚诸楼台,栫之以棘。”就是用棘刺堵住楼台的出口。供参考。

jangf 唝(gòng),从贡表音。贡的上古音在见母、东部。韵母 ong 转换为 ang,正如以工(见母、东部)表音的字如江、杠、扛等韵母都为 ang 一样。唝指突出的猪鼻及嘴。猪有个特殊的功能:用突出的鼻刨开土壤,寻食草根。这个动作也叫唝。今长江流域中下游地区把猪突出的嘴鼻称为猪唝嘴。而

《西游记》中提到猪八戒这一使用口鼻的动作都用"拱"。要知道，"拱"无论如何也不会具有这个义项的，是假借字。贡在顼中表音，也有表意功能：贡即进献，进献时，需朝前、朝上递。顼的动作也是朝前朝上。如 ~ bat 犯顼，即猪的嘴鼻。

jangl 1. 卷，上古音在见母、元部。韵母中所含 u 灭失；an 转换为 ang。jangl 与 jangd——卷有词性上的区别。jangd 做动词，这里做形容词，指弯曲，古汉语例句也见 jangd——卷字条。如 ~ ghongl 卷拱，即弯曲。Dail xid ait jil dius nins hsenb nongd jangl ~？谁把这支捻筅箸（纺线针）弄卷了？bil jangl 直译为卷手，指左手，与 bil deix——直手（也即右手）相对。这大概源于使用工具劳动时双手的姿势。一般地，双手握锄、锹等，右手在前，左手在后。在前的手相对是直的，在后的手是弯曲的。

2. 捡，上古音在见母、谈部。韵母 am 转换为 ang。《说文解字》："捡，拱也。"拱即拱手，双手合抱于胸前。捡从金表音，金也有表义成分，指合。捡即两手相合，后来多引申为拾起、归拢等。而拱手施礼之义很少用。苗语中，捡指施礼。如 ~ gad 捡谷，即施礼求食、乞讨。其组词方式犹如汉语中的揖盗。

3. 僵，上古音在见母、阳部，入声。僵本指向后倒下。今天多指僵硬，这是假借为殭。《玉篇》释殭："死而不朽。"泛指物体僵硬。唐代卢全月《月蚀》："森森万木夜殭立。"如 Nenx hmat hveb diel ~ wat 他说汉语僵得很。指说话拗口、不流畅。

jangs 1. 圈（juàn），上古音在群母、元部。韵母中的 u 灭失，an 转换为 ang。《说文解字》："圈，养畜之闲也。"闲指围栏，防牲畜走失。《淮南子·主术》："故夫养虎豹犀象者为之圈槛。"今有猪圈、牛圈等。如 ~ liod（黄）牛圈；~ ninx（水）牛圈；~ bat 猪圈。

2. 荐，上古音在精母、文部。韵母 ang 对应于现代汉语中的 an。《说文解字》："荐，荐（jiàn）席也。"荐是一种草。荐就是草编的席子。后将荐、荐混为一字。荐也做动词，指像荐一样垫在下面。《史记·周本纪》记载后稷刚出生时被遗弃多次，一次弃于冰面上，"飞鸟以其翼覆荐之。"指众多的飞鸟有的用翅膀覆盖在他身上，有的用翅膀垫在他的身下。推荐之荐也来自用席子托、垫。

（1）做名词，指垫子、席子等。如 ~ dab 地荐，即垫在下面的东西，指床上的垫单。

（2）做动词，相当于垫。jangs lob 荐脚，即垫脚。如 Dad pangb bongk lol

~ dab 拿床被子垫在下面。

3. 搢，上古在精母、真部。真部与文部读音很接近，故搢的古音与荐也非常接近，以至于搢、荐通假。《韩非子·五蠹》："而美荐绅之饰。"荐绅即搢绅，也作缙绅。《史记·孝武本纪》："荐绅之属皆望天子封禅改正度也。"这里荐绅也即缙绅，指有一定地位的人。这也是搢与荐在苗语里同音的缘故。《广雅》释搢："插也。"所谓搢绅，即插笏板于腰带，指朝中大臣、仕宦。《淮南子·齐俗》："无皮弁搢笏之服。"皮弁即皮冠，搢笏犹如搢绅。如 ~ lix 搢田，即插田、插秧。

4. 倩，上古音在清母、耕部。韵母 ing 转换为 ang。也可以说，现代汉语中的 an 对应于苗语的 ang。按说，倩的声母应为 q，而不是 j。但考虑到倩以青表音，而以青表音的字如精、菁、箐、靖、婧、静、睛、腈等，声母多为 j，倩读 jang 也可理解。《说文解字》："人美字也（颜师古注：士之美称也）。东齐婿谓之倩。"就是说一般用于男人的美称，东齐地区指婿。《方言》也说："青齐之间婿谓之倩。"《史记·仓公列传》："黄氏诸倩见建家京下方石，即弄之。"裴骃《集解》："倩，女婿也。"诸倩即众女婿。前面说过，苗语实源于黄河下游地区，苗语中保留了呼婿为倩的称谓。倩泛指已婚男人。如 ~ kab lix, ad heik nail 倩（男子）犁田，媛（女子）扤鱼（捞鱼）。

jangt 1. 浆（jiàng），上古音在精母、阳部。jangt 是 jangb——浆的又音。不同的是，这里做动词，指用浆来浸润衣服，使其干后挺括。元代方回《日长三十韵寄赵宾》："败絮熏还曝，粗絺洗更浆。"如 Dad eb gad lol ~ ud 拿来汤米浆衣。

2. 糨（jiàng），以强表音。强的上古音在群母、阳部。实际上，糨是浆字的延伸，指用米、面粉等熬成的糊状物，用以粘贴、堵塞缝隙等。如 Dad ghad dab lol ~ jox gid zaf nongd niox jef ax dlax jent 拿泥来糨这条缝隙，就不漏风了。dab ~ 糨土，即黏土。~ ghad 便秘。

3. 强（jiàng），上古音在群母、阳部，入声。强本作彊，从弓表义，指弓的劲道大，不易拉拽。《说文解字》："强，弓有力也。"引申为不易使唤、不听人摆布。《史记·绛侯周勃世家》："勃为人木强敦厚。"《国语·晋语》："申生甚好仁而强。"后人为此义又造犟字，其实不必。如 Mongx ax gid ~ not 你不要太强（犟）。Jus gangf gos nenx, nenx ghax ~ ax qix yel 一抓住他，他就犟不起了。

4. 强（qiǎng），上古音在群母、阳部，入声。可见，强在上古虽也有不同用法，但读音一贯。后人为了区别字义，而强加给此字四个读音。强用于勉强、强迫，与犟是矛盾双方，正如乱兼有治、乱二义，短兼有短、长二义一样。《孟子·梁惠王下》："君如彼何哉？强为善而已矣。"《管子·牧民》："不求不可得者，不强民以其所恶也。"如 ~ ghab mul 指勉强表兄妹成婚。

jangx 1. 长（zhǎng），上古音在端母、阳部。声母为 d。到了中古声母演变为 zh，j 应是由 zh 转换而来。jangx 是 diangl——长的又音。jangx 除了没有年长之义外，其余用法与 diangl 基本相同。《诗经·小雅·蓼莪》："长我育我。"这个长相当于使我生长、成长。如 Jil bil ~ laib gangb 手上长个疮。~ gangb daid 长虱子。~ dail 长大。

2. 转（zhuǎn），上古音在端母、元部，声母相当于 d。因此转在苗语中有一个读音为 diangd。到了中古，声母演变为 zh，转换为苗语的 j。与 diangd 用于回转、转身不同，这里主要用于转变、转而成为。《世说新语·方正》："王述转尚书令。"如 ~ dlas 转奢，指发财致富了。~ hlieb 转粗，指发迹了。~ dlad jangx bat 转狗转猪，指变成畜生。~ lief 转蝶，指去世。~ diel jangx yat 转汉转布依，指融合到其他民族之中（汉、布依族是苗族人常常接触到的民族）。

3. 竟，上古音在见母、阳部，韵母本来就为 ang。《说文解字》："竟，乐曲尽为竟。"《玉篇》："竟，终也。"竟从音，本指一曲终了。泛指终、完结。《史记·高祖本纪》："岁竟，此两家常折券弃责。"即到岁末（结账时），这两家餐馆常免了刘邦的酒饭钱。竟做副词，相当于终于，也是从此引申而来。《世说新语·自新》："竟杀蛟而出。"如 ~ gheb 竟工，即完工。~ liex 结果。Nenx ait ax ~，bib ait ~ yangx 他没做完，我们做完了。

4. 近，上古音在群母、文部，以斤表音。斤转换为 jangb，相应地，近转换为 jangx。近与远相对。《墨子·经说下》："行者必先近而后远。"《韩非子·说林上》："远水不救近火也。"如 ~ ob hniut nongd lol 近两年来。Khob hfud vas ~ jub，ghab dlad mais jangx hlaib 头尖近如锥，腰软近如髓。

5. 用于人名。如 Jangx Vangb 一般译作姜央，有待进一步考证。姜央是苗族传说中的人类始祖。jangx 也常见于苗族男子名。

6. 奖。如 jangx jenb 奖金；jangx pinx 奖品。照搬现代汉语。

7. 讲。如 jangx taif 讲台。照搬现代汉语。

jao

jaob 胶。如 ~ suix 胶水。照搬现代汉语。

jaod 教。如 ~ sed 教授；jaod sif 教室。照搬现代汉语。

je

jeb 1. 囚，上古音在邪母、幽部，入声。声母近于 z，与韵首 i 结合，转换为 j。ou
转换为 e。囚，会意为人被拘禁在囗中。《尚书·蔡仲之命》："囚蔡叔于郭
郊。"囚即拘禁，引申为用圈套捕捉动物。如 ~ nes 囚鸟。

2. 接，上古音在精母、叶部，入声。与 hsek、hsenk——接有所不同。hsek、
hsenk 指接触、连接，这里则指接引。《史记·屈原列传》："出则接遇宾客，
应对诸侯。"如 ~ eb 接水，即引水，如把山泉、溪水引入住处或田里。

jed 1. 糍，从兹表音。兹的上古音在从母、之部，入声。《说文解字》作餈（cí），
其上古音在从母、脂部，入声。声母 dz 与韵首 i 结合，转换为 j。《说文解
字》："餈，稻饼也。"《周礼·笾人》："羞笾之实，糗饵，粉餈。"餈即米
饼。明代方以智《通雅·饮食》："《礼记》餈即糍。"宋代沈括《补笔谈》：
"医潘璟家有白摩挲石，色如糯米糍。"糯米糍即今天贵州汉人所说糍粑，
即苗族所说 jed。jed 也引申指饼状食物，或馒头、粽子一类的食品。如 ~
gad nef 糯谷糍，即常说的糍粑。~ dongb 端糍，即粽子。~ gib diel 汉人的角
糍，即三角粽。~ mangl 麦糍，即馒头。~ jenf 敬糍，即祭祀用的糍粑。

2. 枻（zuì），古音当与绝（绝的上古音在从母、月部）相近，也与橜（橜的
上古音在群母、月部）相近。《玉篇》："枻，小杙（yì）也。"杙即橜，指
小木桩、木棍。《左传·襄公十七年》："以杙抉其伤而死。"也指植物的茎。
枻作为"小杙"，指叶柄、花果的蒂等。如 ~ bangx 花蒂；~ nex 叶柄。
枈，与忌同音。忌的上古音在群母、之部。《唐韵》释为"枈枅"，为花萼
之足。如 ~ bangx 花枈，花蒂。

jef 才，上古音在从母、之部。声母 dz 转换为 j。"在"从才表音，即在从母、之
部。才本是植物刚刚露出地面的象形。《说文解字》："才，草木之初也。"
因此，做副词，有刚刚、方始之义。《汉书·贾才传》："才数月耳。"白居
易《钱塘湖春行》："浅草才能没马蹄。"又引申用于在一定条件下发生某
事。才的繁体为纔，但此字本指颜色——青黑，上古音也在从母、之部。大

概是因为才常用作名词，遂借纆做副词。

（1）方才，刚刚。如 jef gid 方才，刚刚。gid 无实际意义。Nenx jef gid gangl zaid dax 他刚刚从家里来。

（2）表示条件关系。如 Nenx xangs wil，wil ~ bub 他告诉我，我才知道。ait jangx ~ niox 做竟（完）才了，即做完了才罢休。

jek 1. 鼩（qú），上古音在群母、侯部。韵母 e 对应于汉语中的 ou。《说文解字》："鼩，精鼩鼠也。"又名地鼠，生活于田野。明代宋濂《燕书》二四："鼩之在田也，弹丸欲击，卢犬欲磔，山狸欲啖。鼩苦之。"贵州人因其吃竹根，称为竹鼠。如 ~ nongx hlat 鼩吃月，犹如汉人说的"天狗吃月"，即月食。~ nongx hnaib 即日食。

2. 崒（zú），上古音在从母、物部。声母 dz 与韵首 i 结合，转换为 j。韵母略有偏转。《说文解字》："崒，危高也。"指山势险峻。杜甫《自京赴奉先县咏怀诗》："群水从西下，极目高崒兀。"如 hsongb vangx ~ bil 崇山峻岭。

3. 蕞，上古音在从母、月部。韵母略有偏转。蕞，指小的样子。《左传·昭公七年》："抑谚曰蕞尔国，而三世执其政柄。"今延用蕞尔小国一词。蕞从草头表义，可以推测，蕞本义指草木刚生发的芽等。如 ~ bangx 花蕞，花蕾。

jel 1. 臼，上古音在群母、幽部。韵母 ou 转换为 e。《说文解字》："臼，春也。古者掘地为臼，其后穿木石。"臼是象形字，常见的用石头凿成，用以盛稻谷等，加以春捣，即可分离出米与糠，也可加工其他食品和粮食。《论衡·量知》："谷之始熟曰粟，春之于臼，簸其秕糠，蒸之于甑，爨之以火，成为熟饭，乃可甘食。"臼有大小之分。大的可以盛成石粮食；小的如钵，用以捣蒜等。因为臼的"命运"就是承受春捣，苗语中，臼引申出承受、挨之义。《三国演义》载，曹娥碑的背面有八个字："黄绢幼女，外孙齑臼。"其实是个字谜。黄绢即有色之丝，为绝；幼女即少女，为妙；外孙，即女儿之子，为好；齑臼，即受辛（齑是辛味调料）之器，为辤（辞）。连起来即：绝妙好辞。可见，汉语里，臼也很容易让人想到受、承受。

（1）用以春捣粮食、食品的容器，包括大小臼。如 ~ dod hsaid 捣米臼，也称作碓。~ eb 水碓。~ zend naf 辣椒臼，即捣辣椒的钵。

（2）指承受、经受。如 ~ niangs 臼定，承受住。~ ax niangs 承受不住。~ nongs 臼雨，即淋雨。~ seil 挨冻。~ dangd jel hxongt 挨刀挨铳（枪）。

jes 1. 究，上古音在见母、幽部，入声。韵母 ou 转换为 e。《说文解字》："究，穷也。"《集韵》释究："极也。"《广雅》："穷，窟也。"实际上，究常做动词，指追本溯源，直至尽头，因而有"穷""极"之义。而穷从穴表义，因而又与窀同义。这个窀应当是水的源头——泉眼。《水经注·温水》："九德浦内径越棠究、九德究、南陵究。"这些究均是源头。

（1）指源头。如 ~ eb，与 jes 无别，即水源。~ ghaib 究荄，荄是草木的根。究荄即本源。

（2）引申为上游，即水源的方向。如 Des eb jit ~ mongl 随水跻究去，即溯水而上。

（3）引申为西方。因我国总体地势为西高东低，河流多向东流，源头自然多在西边。黔东南苗族地区多山多雨，靠河流来辨别方向，不失为有效的方法。如 Laix gangl nangl lol, dail gangl ~ dax 一个从东（下游）来，一个从西至。

（4）做地名，也指地方。黔东南苗族地区有不少以究做地名的。小溪小河都有源头，地处这些地方的村庄因而叫某究。如 Mais hxet ~ gheix xil？母亲住哪个究？即母亲住哪里。

2. 轿，上古音在群母、宵部。韵母本为 au，略有偏转。《玉篇》释轿："小车也。"《韵会》释轿："竹舆也。"《史记·河渠书》："山行即轿。"轿本是山中行驶的轻便小车，后来指人抬的肩舆。《朱子语类》卷一二八："南渡以前，士大夫皆不甚用轿，如王荆公、伊川皆云不以人代畜。"如 Daib jix mal, bad ghangt ~ 崽骑马，父抬轿。~ fangx ~ liongl 黄轿红轿，泛指花轿。

jet 识，上古音在书母、职部，入声。识与织、职、帜具有共同的表音部件，故声母近于 zh，转换为 j。《说文解字》释识："一曰知也。"《论语·阳货》："多识于鸟兽草木之名。"如 ~ leix 识字。~ hut 识货。~ gux jet niangs 识外识里。Wil ~ nenx 我认识他。

jex 九，上古音在见母、幽部。韵母 ou 转换为 e。九本是带钩的象形，但很早就用作数词。《尚书·尧典》："克明俊德，以亲九族。"如 ~ jox vangx, juf jil diongl 九条冈，十支冲。~ hfaid xongs muf 九反七磨，指受尽折磨（反指翻过来）。~ hsangb yaf wangs 九千八万，指很多。

jee

jeeb 黠，上古音在匣母、质部，入声。但黠从吉表音，似应读 jee。《说文解字》："黠，坚黑。"这应是其本义。常见的，指狡猾、奸诈。《战国策·楚策三》："今山泽之兽，无黠于麋。"《后汉书·明帝纪》："人冤不能理，吏黠不能禁。"如 Dail mongx ~ wat 那人黠得很。

jeed 建。按一般转换规律，建当转换为 jai，受声母影响，读成 jee。如 ~ seef 建设，照搬现代汉语。

jeef 1. 节。如 ~ yof 节约。照搬现代汉语。

2. 决。如 ~ xenb 决心。照搬现代汉语。

jeex 减，转换方式与建——jeed 同。如 ~ faf 减法。照搬现代汉语。

jen

jenb 1. 金，上古音在见母、侵部。韵母相当于 em，转为 en。金本来并不专指某种金属。铜器时代，金指铜。铁器出现后，泛指铜铁等金属。秦始皇收天下兵器，铸造十二金人。这个"金"即泛指。大概是在专指各种金属的字，如铜、铁、锡普遍使用后，金专指黄金。《韩非子·内储说上》："采金之禁，得而辜磔于市……而人窃金不止。"苗语中，jenb 即指金子。如 qab ~ qab nix 运金运银。金也用于姓氏。如金大五，清朝咸同年间苗民起义的将领之一。

2. 惊，上古音在见母、耕部。韵母 eng 转换为 en。惊繁体作驚。《说文解字》："驚，马骇也。"即马受惊。《战国策·赵策一》："襄子至桥而马惊。"后来不独用于马。如 Dail daib nongd ~ yangx 这孩子（受）惊了。~ dangx 惊堂，指斗牛在斗牛场上受惊吓、怯场。堂是山间平地。

3. 经。如 jenb jid 经济；~ nieed 经验。照搬现代汉语。

4. 精。如 ~ senf 精神。照搬现代汉语。

jend 1. 劲，上古音在见母、耕部。韵母 eng 转换为 en。《说文解字》："劲，强也。"指有力。《孙子·军事》："百里而争利，则擒三将军，劲者先，疲者后。"也指力气。jend 也如此。

（1）指力气。如 Nenx maix ~ wat 他有劲得很。

（2）比喻故事、歌等耐人寻味，称之为有劲。如 Zas hxak nend maix ~ leif 那首歌有劲呢。~ dod 劲道，也指趣味、有深意。

2. 紧，上古音在见母、真部。《说文解字》："紧，缠丝急也。"紧与急可互解。《三国志·魏书·吕布传》："缚太急，小缓也。"缚太急，即绑得太紧。《红楼梦》五十回："一夜北风紧，开门雪尚飘。"北风紧即北风急。今有紧锣密鼓、紧急等词。苗语中，jend 就指急。如 ~ hvib 紧心，即急性子。~ gheb 紧工，即急于干活。~ vob dus wil，~ gad dus xit 紧菜锅破，紧饭甑破（指急不可耐）。

277

顺便说一句，今天常用的急本指想得到。《韩非子·和氏》："夫珠玉，人主之所急也。"疾速、急躁等义都是引申出来的。

3. 拯，上古音在章母、蒸部。声母与韵首 i 结合，转为 j。韵母 eng 转换为 en。拯从丞表音兼表义。丞的原形是用双手将人从低处拉上来。《说文解字》中，拯不从丞，而从升或登。但都有由低而高的意思。《说文解字》释为"上举也"，引申为拯救。苗语中，用其本义。如 ~ laib ghab mes niox 拯起盖子来，即把盖子揭开。

擎，上古音在群母、耕部，入声。韵母 eng 转换为 en。《集韵》释为："举也，拓也，持高也。"杜甫《正月三日归溪上有作》："书从稚子擎。"如 ~ laib ghab mes niox 释为"擎起盖子来"，也通。供参考。

jenf 1. 禁，上古音在见母、侵部。《说文解字》："禁，吉凶之忌也。"即禁忌。《礼记·曲礼上》："入竟而问禁，入国而问俗。"入竟即入境。引申为禁止。《左传·僖公三年》："齐侯与蔡姬乘舟于囿，荡公。公惧，变色，禁之，不可。"

（1）禁忌。如 ~ niangx 年禁，即过年时三天内的一些禁忌，包括不扫地、不拾粪等。~ lot 禁嘴，即忌嘴，不适宜的东西不能吃。~ lob 禁脚，不出门。

（2）禁止。如 ~ yenb 禁烟，指的是戒烟。

（3）是生小孩、坐月子的委婉说法。大概是因为坐月子期间有诸多禁忌。如 ~ ghab hnaib hmangt 禁日夜，指坐月子。

2. 敬，上古音在见母、耕部。韵母 eng 转换为 en。《说文解字》："敬，肃也。"引申为尊重。《论语·先进》："门人不敬子路。"如 jenf bil 敬山，实际上指的是敬草药医师。

jenk 1. 间（jiàn），上古音在见母、元部。韵母 an 转换为 en。jenk 是 ghent——间的又音，用法不同。ghent 指不同颜色相间而错杂；jenk 主要指分开、隔开等。《汉书·韦玄成传》："间岁而祫（xiá）。"即隔年举行一次合祭。又引申指山间小路，可理解为路将山分隔开。《史记·廉颇蔺相如列传》："故令人持璧归，间至赵矣。"间至赵，即从小路返回赵国。《史记·项羽本纪》记载鸿门宴一节，刘邦从宴席上偷偷溜走："道芷阳间行。""沛公已去，间至军中。"其中，间均指小路。间还指房屋被分隔而形成的独立空间，一般做量词。《世说新语·赏誉》："蔡司徒在洛，见陆机兄弟住参佐廨中，三间瓦屋。"

（1）间隔、隔开。如 Ib qongd jenk ait ob qongd niangb 一顾（qǐng）间为两顾住，即一间隔成两间住。Gangl ghab diongb lix ~ ib jox hxangb 从田中间

隔一条埂。

(2) 指小路、小田埂（把田隔开的埂）。如 jox ~ lix 田间，即田埂。

(3) 指房屋的一间。如 bib ~ zaid 三间房。

2. 峻，上古音在精母、文部。韵母中的 u 灭失。《说文解字》："峻，高也。"《国语·晋语九》："高山峻原，不生草木。" 如 jenk bil 指山高陡。

3. 赞，上古音在精母、元部。韵母 an 转换为 en。赞本指辅佐、陪同，一般指司仪陪同、引导他人完成仪礼。引申为附和别人的意见，表示同意、肯定。这个意义上也写作讃。《世说新语·赏誉》："王公每发言，众人竞赞之。"《释名·释典艺》："称人之美曰赞。" 如 ~ niangb 赞新娘。~ niangx 赞年，指过年时致颂辞、说吉利话。

jenl 1. 槚（jiǎ），上古音在见母、鱼部。韵母被 "n 化"。《尔雅·释木》："槚，苦荼。" 郭璞注："树小似栀子，冬生叶，可煮作羹饮。今呼早采者为荼，晚取者为茗。" 郝懿行《义疏》："今茶字古作荼……至唐陆羽《茶经》始减一笔作茶字。" 就是说，槚即苦荼、茶。如 hek ~ 喝茶。~ diel 周茶，指外地茶。

2. 搢（jìn），上古音在精母、真部。jenl 与 jangs——搢不同音而同义。搢即插。苗语里，jenl 多指栽插木桩、树木等。如 ~ xek 搢楔，即打木桩。~ det 搢树，即栽树。~ vob 栽菜、种菜。~ jel 搢臼，指杵插在臼里，比如站立，犹如汉语中所说 "杵在那里"。Ax gid ~ diot hangd nongd dil gid 不要杵在这里挡路。

3. 精，上古音在精母、耕部，入声。韵母 eng 转换为 en。《说文解字》："精，择也。" 实际上指经过细细筛选的米。《庄子·人间世》："鼓筴（cè）播精。" 即摇荡簸箕来簸米。《论语·乡党》："食不厌精，脍不厌细。" 泛指粮食。如 Hseb waix jef hxangd ~，hseb eb jef diangd nail 立秋才产精（粮），涨水才转鱼（鱼上水）。hxangd ~ 即产粮。

jens 1. 圈（juàn），上古音在群母、元部。韵首 u 灭失，an 转换为 en。jens 与 jangs——圈不同音而同义。如 ~ liod 牛圈。

2. 件，上古音在群母、元部。《说文解字》："件，分也。" 一人得一牛，故为分。但后来多做量词，大概本来指分开后的一份。《旧唐书·刑法志》："所断罪二十件以上，为大。" 如 ib ~ hut 一件货，即一件东西。hsangb diel bat ~ 千种百件，指种类繁多。

3. 焌（jùn），上古音在精母、文部。韵母中的 u 灭失。《说文解字》："焌，然（燃）火也。" 按《周礼·春官》，卜师以火灼龟，用以占卜。灼龟的火是暗火，如后来烧的香一样。《说文解字注》："焌者，谓吹而燃之也。"犹如将香头吹旺一点。jens 是 hliut——焌的又音。hliut 强调的是烟熏，jens 强调的是火烤。如 Eb lal mongl nangl，dul ~ mongl waix 水流往下，火焌往上。

jent 1. 焌，上古音在精母、文部。jent 与 jens——焌只是声调不同，指用暗火烤。如 ~ jed 焌糍，烤糍粑。~ ngix 烤肉。~ dul 焌火，与焌同义。

2. 签，繁体为籤，上古音在清母、谈部。声母 j 与 q 互转（与籤具有共同表音部件的殲即读 jian。殲现简化为歼）；韵母 am 转换为 en。《玉篇》释签："竹签，用以卜者。"签即竹片。《陈书·世祖纪》："每鸡人伺漏，传更签于殿中，乃敕送者必投签于阶石之上，令鎗然有声。"宋代周密《齐东野语》卷一三："则闻霍山所祈，也得此签。"苗语中的签，一指普通的竹片、篾片；二指用以说理的竹片，称为理片，每一片讲一个道理、规矩。

（1）篾片。如 Pat ~ lol heib dinl 剖签来徽簟，即剖篾片来编竹席。

（2）指理片。

3. 飐（zhǎn），上古音在章母、谈部、入声。韵母 am 转换为 en。《说文新附》："飐，风吹浪动也。"《正字通》："凡风动物，与物受风摇曳者，皆谓之飐。"柳宗元《登柳州城楼寄漳汀封连四州》："惊风乱飐芙蓉水，密语斜侵薜荔墙。"引申指物动。刘禹锡《浪淘沙》："鹦鹉洲头浪飐沙，青楼春望日正斜。"风是看不见的，由物动而知有风。飐在苗语里即指风。如 ~ hxed 煦风，即暖风。~ jes 宄风，即西风。~ niangx ob 二月风，即春风。~ ent 飐氤，指空气不流动、闷热。

苗语中，本有风——bongt，但 bongt 往往指气体。

4. 剑，上古音在见母、谈部。韵母 am 转换为 en。《说文解字》："剑，人所带兵也。"古人随身携带的兵器，单尖两刃。《管子·地数篇》："葛卢之山，发而出金。蚩尤受而制之，以为剑铠矛戟。"如 ~ dob hob 召雷剑。苗族传说中，祖先李笃公王（wangx lix dux gheb）有一把这样的神剑，一挥即杀死千万敌兵。

jenx 1. 拳，上古音在群母、元部。韵母中 u 灭失，an 转换为 en。《玉篇》："拳，屈手也。"朱骏声："张之为掌，卷之为拳。"五指屈曲即为拳。《水浒传》第三回："扑的只一拳，正打在鼻子上。"如 diot nenx ib ~ 揍他一拳。~ dox 捣拳，即捣人的拳头。dek ~ 捉拳，即握拳。

2. 锦。如 ~ Pinf 锦屏，县名，在贵州省黔东南苗族侗族自治州。应是照搬现代汉语。

3. 警。如 ~ caf 警察。照搬现代汉语。

ji

jib 1. 芝，上古音在章母、之部。《说文解字》："芝，神草也。"实际上是菌类，即灵芝。《论衡·验符》："芝生于土，……芝草延年，仙者所食。"大概是古人发现了芝的药用价值，加之其稀缺，故称为神草、仙者所食。古人还将小的伞盖称为芝，显然是其形状相似：蘑菇状。苗语中，芝泛指蘑菇，又引申为各种菌类，如木耳、地衣。如 ~ gheid 松芝，即松菌。~ ghaib 荄芝，即生于草根旁的草菇。~ ghab naix baif 猫耳芝，即木耳（大概因其大小如猫耳）。~ ghad 屎菌，生于厩粪的菌。

2. 椶(jì)，与稷同音，上古音在精母、职部，入声。《说文解字》释其为："细理木也。"指纹理较细的树。《山海经·西山经》："又西四百里曰幺阳之山，其木多椶、楠、豫章。"郭璞注："似松，有刺、细理。"此树应为后来所称杉树，高直如松，针叶如刺。苗语中，jib 即杉，det jib 杉树，det jib eb 水杉树。如 Fangb bangb bil not dias，bex ~ lul diot niangs 山崩几多回，埋杉地底下。

顺便说一句，杉是后起字，《说文解字》无杉字，早期经典里也似无此字。

3. 炙，上古音在章母、铎部，入声。保留了韵首 i，韵尾灭失。《说文解字》："炙，炙肉也。从肉在火上。"炙字上部为肉（俗称肉月旁），炙会意为以火烤肉。泛指烤。《诗经·小雅·瓠叶》："有兔斯首，燔之炙之。"如 ~ jud 炙酒，即烤酒、做酒。~ gad 炙谷，指以火烤甑、蒸饭。

4. 嗟，上古音在精母、歌部。韵首 i 保留，韵尾灭失。嗟应是象声词，表示感叹或呼唤。《尚书·秦誓》："嗟，我士，所无哗。"《礼记·檀公下》："嗟，来食。""予唯不食嗟来之食，以至于斯也……终不食而死。"这里的嗟即表示呼唤。《诗经·周南·卷耳》："嗟我怀人。"这里表示感叹。jib 也如此。

（1）表示呼唤。苗语中，一般指呼唤家禽家畜吃食、归巢等。如 ~ gheib 嗟鸡，即呼鸡。~ bat 呼猪。jib gas 呼鸭。Ax ~ nongf lol，ax yis nongf hlieb 不唤自来，不育自大。

（2）表示叫唤，以引人注意。如 jib git 嗟孑、叫蛋，指母鸡下蛋后叫唤。

5. 鸡，上古音在见母、支部。与 gheib——鸡音不同而义同。如 jib gol gais 咯嘎鸡，竹鸡。咯嘎是拟声词。~ wix 鸡鹆，长尾鸟。~ wix bib dliangx daid 鸡鹆三展尾，即鸡鹆尾巴三庹长。

6. 积，上古音在精母、锡部。保留了韵首 i，韵尾灭失。《说文解字》："积，聚也。"引申为积滞、阻塞。《庄子·天道》："天道运而无所积，故万物成。"如 ~ ghad 积屎，即便秘。

7. 其，上古音在群母、之部。其有多个读音，其中之一为 jī。《诗经·小雅·庭燎》："夜如何其？夜未央。"其即读如基。其是箕的本字。《说文解字》："其，籀文箕。"甲骨文中，其是箕的象形，此时已反复用于副词和代词。其既可单独充当代词，又可做领位代词，即放在名词前面。《诗经·周南·桃夭》："之子于归，宜其室家。"《史记·项羽本纪》："今欲举大事，将非其人不可。"苗语中的其即放在人称、称谓之前，既可理解为领位代词，也可理解为冠词，相当于 ghab。不同的是：ghab 一般用于事物之前，而 jib 放在人之前。如 ~ hlangb 其孙，即孙子。~ daib ngaf 其崽伢，即婴儿。~ bad 其父，男子。~ mais 妇女。~ daib jib hlangb 其子其孙，即子孙后代。

8. 窭（jù），上古音在群母、侯部，入声。韵母只保留了韵首 i。窭的繁体为窶，易与寠相混。区别是前者为穴头，后者为宀头。宀头的，指家贫。有些辞书释窭为贫，就错了。穴是坑洞，从穴的窭也是此类，或类似的东西。《汉书·东方朔传》："盆下为窭数。"窭数是叠韵词，主要取窭的字义。颜师古注："窭数，戴器也。以盆盛物戴于头者，以窭数为之。"也就是说，将窭数固定在头上，再在上面顶盆，盆就不容易掉下来。可以想见，窭（数）是下凹的，略如盆状。《史记·滑稽列传》："瓯窭满篝，污邪满车。"瓯、窭相近，瓯就是小盆。苗语中，jib 指火坑、火塘。如 ~ dul 火塘。

9. 机。如 ~ qid 机器。~ qid zaf ud 缀衣机器，即缝纫机。"机器"一词应是照搬现代汉语。

jid 1. 侪（chái），上古音在崇母、脂母。崇母可转换为 j。侪以齐表音，从齐表音的剂、济、挤、霁、蔳、荠等都读 ji。《说文解字》："侪，等、辈也。"《左传·宣公十一年》："吾侪小人。"即我等小人。《左传·成公二年》："况吾侪乎？"《左传·僖以二十三年》："晋郑同侪。"同侪即同等、同辈。如 ~ ad 媛侪，即姐妹们。~ dax 弟侪（弟本义为次第，并不单指比兄后出生者），即兄弟们。~ dax jid ad 兄弟姐妹。~ dax bad daib 兄弟父子，指家族。

2. 躬（gōng），上古音为见母、冬部。《说文解字》："躳，身也。躬，俗从弓、身。"即认为躳是躬的本字。这可能是个误导。吕是膂的本字，是脊梁骨，在此有表义成分，指躯干；吕应兼有表音成分：以吕表音的筥、莒都在见母、鱼部，读 jǔ，有韵首 i，可以转读为 ji。躬，从弓表音，弓在蒸部而不在冬部，与躳有别，应是两个不同的字。另外，鞠躬尽瘁、鞠躬如也，其中的鞠可能就是躹（jǔ）。躹、躬总而言之，都指身体，"躹躬"作为双声词，加上尽瘁，即献身；躹、躬分而言之，躬有屈身之义，躹则没有，《论证·乡党》中应作"躹，躬如也"。

（1）苗语中 jid 就指身体。如 ib ~ hniangk 一躹汗，即一身汗。diub niangl ~ sot 膅姩（rǎn）躹瘦，即身体单薄、瘦弱。

（2）引申为器物的柄、把。因为像锄头一类的工具，柄长而锄头短，柄看上去成了主体，因而称为躹。如 jid hsod 锄躹，锄柄；~ ghab linx 镰刀把。

3. 漈（jì），从祭表音。祭的上古音在精母、月部。《元史·瑠求（琉球）传》："西南北岸皆水，至澎湖渐低，近瑠求，则谓之落漈。漈者，水趋下而不回也。"漈即深潭。今福建有瀑布名百丈漈、梅花漈，其实指的是瀑布冲刷出的深潭。如 Diub eb maix laib jid 河里有个漈（潭）。

4. 计。如 ~ huad 计划，照搬现代汉语。

5. 寄。如 ~ xend 寄信，照搬现代汉语。

6. 技。如 ~ sux 技术，照搬现代汉语。

jif 1. 旗，上古音在群母、之部。《释名·释兵》："熊虎为旗，军将所建，象其猛如虎。"即军中画有熊虎的旗帜，泛指各种旗帜。贾谊《过秦论》："斩木为兵，揭竿为旗。"如 Nenx gid liul ~ hangb gid denx 他举旗走在前。

2. 疖，繁体为癤，从节（節）表音。节的上古音在精母、月部，入声。韵尾灭失。《正字通》："疖，疡类。疖与痈疽别。痈之小者为疖。"《本草纲目·百病主治药》也说："大为痈，小为疖。"如 Laib khangd wef xet maix ~ 胳肢窝有疖子。

3. 指胰。此字尚不能确定。如 ~ bat 猪胰子。

4. 及。如 ~ geef 及格。照搬现代汉语。

5. 集。如 ~ hof 集合。照搬现代汉语。

6. 积、极。如 ~ jif 积极。照搬现代汉语。

jik 1. 锯，上古音在见母、鱼部，本含有韵首 i。保留了韵首，韵尾灭失。锯是带齿的工具。《墨子·备城门》："门者皆无得挟斧、斤、凿、锯、椎。"也做动词。宋代罗大经《鹤林玉露》："绳锯木断，水滴石穿。"如 Dad diangb ~ lol ~ bis 拿把锯子来锯板子。

2. 贵，上古音在见母、物部，本含有韵首 i。保留了韵首，韵腹、韵尾灭失。从今天贵的读音来看，灭失韵首 u 即得 ji。《说文解字》："贵，物不贱也。"与贱是反义词。《左传·昭公三年》："国之诸市，屦贱踊贵。"屦是鞋，踊是假肢。如 ~ ninx ninx lol，~ liod liod lol 水牛贵水牛来，黄牛贵黄牛来。

指贵的东西有市场。

jil 1. 支，上古音在章母、支部，入声。《说文解字》："支，去竹之枝也。从手持半竹。"支上部的"十"来自半个竹字，也即一簇三片竹叶的象形；下部的"又"是手。仿佛用手从竹子上掰下一根竹枝。支是枝的本字。《诗经·卫风·芄兰》："芄兰之支。"引申为分支。《诗经·大雅·文王》："文王孙子，本支百世。"如 Bib dios ib ~ zaid 我们是一支宅。即我们是一个房族的，是大家族的一个分支。ib ~ gid 一支路，指岔路中的一条。

2. 枝，与支相同，上古音在章母、支部，入声。《说文解字》："枝，木别生条也。"即树枝。除做名词外，也做量词。白居易《长恨歌》："梨花一枝春带雨。"如 ib ~ hxongt 一枝铳。

3. 隻（zhī），上古音在章母、铎部，入声。今简化为只。《说文解字》："隻，鸟一枚也。"隻上的隹即鸟，"又"是手。隻象手抓一只鸟。与此相对照的，双是手持两只鸟，即双字的繁体。隻因此往往指成对的东西中的一个。晋代潘岳《悼亡诗》："如彼翰林鸟，双栖一朝只。"一朝只，犹如一朝单。如 ib ~ mais 一只眼。

4. 指，上古音在章母、脂部。《说文解字》："指，手指也。"《孟子·告子上》："今有无名之指屈而不信（伸）。"如 ~ mif 拇指。引申指第一、为首的。如 ~ diongb 中指。

5. 趾，上古音在章母、之部。趾本是足的同义词。脚趾原作脚指。《史记·高祖本纪》："汉王伤匈，乃扪足曰：'虏中吾指。'"刘邦被箭射中胸部，却摸脚说：敌人射中我脚趾了。后来才用趾来表示脚趾头。如 ~ mif 拇趾；~ diongb 中趾。

jis 1. 柜，上古音在群母、物部，韵首为 i。保留了韵首，韵腹、韵尾灭失。jis 是git——柜的又音。柜，《说文解字》作匮，后又加木作柜。《说文解字》："匮，匣也。"指盛放衣物、书等的器物。《庄子·胠箧》："将为胠箧探囊发匮之盗而为守备。"发匮即打开柜子。苗语里，jis 指橱柜。如 Laib ngix niangb diub jis, laib ngix dik zos zos 肉在橱柜里，肉在蹦蹦跳。指舌头。

2. 讫，上古音在见母、物部。保留了韵首 i，韵尾灭失。《说文解字》："讫，止也。"《礼记·祭统》："防其邪物，讫其嗜欲。"引申为完了、穷尽。《抱朴子·外篇·知止》："狡兔讫则知猎犬之不用，高鸟尽则觉良弓之将藏。"《新唐书·高适传》："地入有讫，而科敛无涯。"有讫即有尽头，与无涯相反相对。苗语里，讫指完了、完毕。如 Mongx ait gheb gid ~ yangx ax bil? 你做完家务没有？

既，上古音也在见母、物部。既的本义是吃完了。《广雅·释诂》："既，已也。"《春秋·桓公三年》："日有食之，既。"《公羊传·桓公三年》："既者何？尽也。"指发生日食，而且被吃完了，即日全食。《易经·既济》疏："既者，皆尽之称。"jis 也可释为既。如 Dol naix dax ~ yangx 大家来既焉，即大家全来了。

3. 溉，上古音在见母、物部。溉从既表音。《说文解字》释溉：一为水名，"一曰灌注也。"《广韵》："溉，灌也。"《史记·河渠书》："此渠皆可行舟，有余则用溉浸，百姓飨（xiǎng）其利。""西门豹引漳水溉邺。"《诗经·邶风·匪风》："谁能烹鱼？溉之釜鬵（qín）。"溉之釜鬵，即向大锅里注水。如 laib lix jis eb ax bil？田溉水没有？~ ax yangx, nongt leif mongl 灌不下，要溢出来了。

jit 1. 计，上古音在见母、质部。保留了韵首 i，韵尾灭失。《说文解字》："计，会算也。"本指计数、计算，引申为算计、计谋等。《广雅》："计，谋也。"《管子·权修》："一年之计，莫如树谷；十年之计，莫如树木；百年之计，莫如树人。"如 xangs ~ 想计（策）。dangt ~ 诞计，即生计、出主意。

2. 陟（zhì），上古音在端母、职部。保留韵首 i，韵尾灭失。《说文解字》："陟，登也。"《尔雅》："陟，升也。"陟是会意字，左阝是阶梯，步是双脚，且脚尖朝上，会意为登高，与降相反。《诗经·小雅·北山》："陟彼北山，言采其杞。"引申为帝王登基、登位。《尚书·舜典》："汝陟帝位。"《尚书·立政》："亦越成汤陟，丕厘上帝之耿命。"屈万里《尚书今注今译》："陟，谓登天子之位。"陟还引申为晋升。《尚书·舜典》："三考，黜陟幽明。"黜陟幽明也即黜幽陟明——罢免昏庸者，提拔贤明者。陟在苗语里也有多个义项。

（1）指登高。如 ~ bil 陟阪，既爬坡。黔东南地区每年农历三月中旬有爬坡节，也是青年男女交往的节日。~ vangx ~ bil 陟冈陟阪，即爬山越岭。~ det 爬树。

（2）指皇帝登基，或官员上任。如 ~ dins 陟殿，登上大殿，指登基。

（3）相当于汉语中的"上"，做动词。如 ~ hxit 陟税，即上税。~ liangx 陟粮，即上缴公粮。~ zaid 陟宅，即登门，指入赘，当上门女婿。~ eb dat 上露水。~ yif 陟黟，指（脸上）起黑斑、起老年斑。mal xit ~ 马相陟，指公马与母马交配。

跻，上古音在精母、脂部。其读音也完全可以转化为 ji，但声调似乎不应为 t，应为 b。跻也有登高之义，但没有引申义。

285

3. 积，上古音在精母、锡部，入声。保留了韵首 i，韵尾灭失。《说文解字》："积、聚也。"与 jib——积只是声调不同。如 ~ penb 积垒，即积灰、积尘。~ hxangd 积㿉（huāng），即积血、瘀血。Diongx yenb ~ ghad yenb yangx 烟筒积烟屎（烟垢）了。

4. 汲，上古音在见母、缉部，入声。保留了韵首 i，韵尾灭失。《说文解字》："汲，引水于井也。"即提水。《庄子·至乐》："绠短者不可以汲深。"绠是提水桶上的绳子。泛指提携、提拔等。《周礼·考工记·匠人》："索约大汲其版。"汲即上提。《汉书·楚元王传》："禹稷与皋陶传相汲引。"jit 也如此。

(1) 打水。如 ~ eb 汲水。~ jud 汲酒，即舀酒。

(2) 指提。如 ~ liax hab 提鞋跟。

5. 葺，上古音在清母、缉部。葺从咠表音。从咠的字如辑、楫、缉等声母多为 j。q 与 j 可转换。《说文解字》："葺，茨也。茨，茅盖屋。"茅草屋年年都要加盖茅草。葺本指往草屋顶上盖茅草，引申为修补。《左传·哀公三年》："蒙葺公屋，自大庙（即太庙）始。"今有"修葺"一词。如 ~ ghab dad lul 葺祖宗坟。

jix 1. 骑，上古音在群母、歌部。保留了韵首 i，韵尾灭失。在汉语里骑被人为分为两个音，做动词为 qi，做名词为 ji。上古本来不分。《说文解字》："骑，跨马也。"《战国策·赵策二》："今吾将胡服骑射，以教百姓。"苗语里，骑一般只做动词。如 ~ lux hangb gid，~ mal hangb fangb 骑驴行路，骑马游方。~ mal diongk 骑马踵，字面意思为骑马相追，指的是踩高跷比速度的游戏。踵即追。

2. 挤，上古音在精母、脂部。韵首 i 保留，韵腹、韵尾灭失。《说文解字》："挤，排也。"《广雅·释诂》："挤，推也。"《史记·项羽本纪》："汉军却，为楚所挤。"后指拥挤。《红楼梦》四十三回："老的、少的、上的、下的，乌压压挤了一屋子。"如 hangd nongd dol naix ~ wat 这里人拥挤得很。

3. 几，如 ~ dob 几多，这里不是疑问词，相当于许多。照搬南方汉语方言。苗语中多作 not。

jo

job 1. 教，上古音在见母、宵部。韵母 o 对应于汉语的 ao。今有平、去两个声调，上古不分。《说文解字》："教，上所施，下所效也。"《左传·襄公三十一年》："教其不知，而恤其不足。"如 ~ hxak 教韶，即教歌。~ gaib 教诫，犹如告诫。~ khab 教诫，与 ~ gaib 有所不同，即教育，也作 khab ~ 。

2. 交，上古音在见母、宵部，与教相同。《说文解字》："交，交胫也。"交本是人两条腿相交叉的象形。《礼记·王制》："南方曰蛮，雕题交趾。"雕题指在额上刺青；交趾指双脚相交。这是对南方民族的丑化。引申为交接。《易经·泰》："天地交而万物通也。"苗语中，交多指交接、交付等。如 ~ guf 交割。~ senb 交申（申指农历七月），即立秋。~ lob 交足，指两脚交替前行，犹如说跑步。Dlak mongx dad laib nongd ~ diot nenx 请你把这个交给他。

jod 腘，上古音在见母、职部，入声。现代汉语里，其韵母为 uo，苗语中 u 灭失。腘是大小腿连接处，在膝盖对侧，也称腘窝。《素问·骨空论》："膝痛，痛及拇指，治其腘。"如 wef ~ 腘窝。

jof 1. 翘（qiáo），上古音在群母、宵部。韵母 o 对应于汉语中的 ao。群母既可演变成 q，也可演变成 j。翘从羽表义。《说文解字》："翘，尾长毛也。"本指羽毛中突出的。泛指高出、突出的。引申为平整的东西局部隆起，如木板受潮发生翘曲。jof 指翘曲。如 liul bis nongd ~ yangx 这块板翘了。

2. 谲（jué），上古音见母、质部。韵母 ue 转换为 o（我国南方广大地区都有这种现象）。《说文解字》："谲，权诈也。"指诡计多，言行多变。《论语·宪问》："晋文公谲而不正，齐桓公正而不谲。"《广雅》："谲，欺也。"即欺诈。《韩非子·孤愤》："此人臣之所以谲主便私也。"苗语中，谲指诡诈、狡猾。如 ~ jenf 双声词，仍指诡诈。Dail mongx ~ bongt wat 那人狡诈得很。

3. 角，上古音在见母、屋部，入声。角本是牛角的象形，引申指角状物。这里与 gib、ghot——角用法上略有不同。gib 一是用本义，指牛羊角，二指转角、角落等。ghot 用于桌角、屋角等。而 jof 用于发角等。古人发髻似角形。小孩开始梳发髻，即称总角。总角之交，指从小在一起。《诗经·齐风·甫田》："婉兮娈兮，总角丱（guàn）兮。"丱即为两个角的样子。

（1）指发髻。如 hxangb wangb qet ~ 宣鬟（huán）茸角，即梳头发，做发型，泛指梳妆打扮。

（2）指银锭的一角，即碎银子。如 ib ~ nix 一角银子，顺便说一句，汉语中的一角钱之角，正来于此。

jok 1. 隔，上古音在见母、锡部，入声。《说文解字》："隔，障也。"即阻隔。陶渊明《桃花源记》："不复出焉，遂与外人间隔。"引申为远离、偏远。《文选》任昉《春天弹曹景宗》："而司部悬隔，斜临冠境。"张铣注："司部，司州也。悬隔，去都远也。"悬隔即远离都城，犹如说偏僻。

(1) 阻隔、隔离。如 ~ nenx niangb ib gid mongl 把他隔离到一边去。

(2) 指偏远。如 Laib vangl aib ~ wat 那个寨子太偏远。~ mais 隔目，指偏僻、不显眼，犹如说望不到。

2. 縶（zhì），上古音在端母、缉部。縶从执表音，但执以及从执表音的其他字多在章部。章部可转换为 j。按《说文解字》，读若辄，义为绊马足，即捆住马蹄，泛指束缚、困住。《左传·成公二年》："韩厥执縶马前。"韩厥是人名，前即上前。屈原《国殇》："埋两轮兮縶驷马。"指车轮下陷，马受困。苗语中，縶指拴住。如 ~ dail liod diot dail det 縶黄牛于树上。

jos 1. 撬，是晚起字。本字当为翘（qiào）。翘的上古音在群母、宵部。撬是利用杠杆，将这一端压低，使另一端带着重物升起。《红楼梦》八十八回："论家事，这里是踩一头儿撬一头儿的，连珍大爷还弹压不住。"这里的撬完全可以写成翘。翘有举起之义。《淮南子·修务》："夫马之为草驹之时，跳跃扬蹄，翘尾而走。"今有跷跷板，也是一种杠杆。如 Dad ghaid det lol jos laib vib aib 拿木棍撬那块石头。

2. 鬲（gé），上古音在见母、锡部，入声。隔以鬲表音兼表义。鬲是炊具。《说文解字》："鬲，鼎属。"《汉书·郊祀志》："铸九鼎，其空足曰鬲。"鬲有三足，三足中空，与腹连通。而鼎是实足。正因为鬲的内部空间下部分作三支，才有隔离之义。隔字早期即用鬲。汉语中，作为炊具，鬲读 lì，是人为区别于 gé，且读音来源不明。鬲的容量有多大呢？《说文解字》："实五鬴（hù），斗二升曰鬴。"也就是说可装六斗，应该说是较小的炊具。苗语里，煮饭用 hot——镬这个词。镬也是大锅。相对说来，鬲是小锅。如 hsuk wil hsuk jos 修锅修鬲，指修补炊具。

jot 1. 乔，繁体作喬，上古音在群母、宵部，入声。韵母 o 对应于汉语的 ao。《说文解字》："乔，高而曲也。"首先，乔的下部是高字的省略形，故曰高；其次，上部是夭，夭是歪头状，故曰曲。实际上，从典籍看，乔一般指高，无弯曲之义。《诗经·小雅·伐木》："出自幽谷，迁于乔木。"指鸟向高处飞。乔木即高大的树木。迁，向高处转移，"乔迁"一词即源于此。如 ~ jid 乔躬即身材高。~ liol 乔羸（léi），即瘦高。

2. 焦，上古音在精母、宵部，入声。韵母 o 对应于汉语中的 ao。《说文解字》："焦，火所伤也。"指被烧焦，或被高温烤得枯干。《墨子·非攻下》："五谷焦死。"如 ~ liak 焦羸，即焦枯。Gil lul wat, dol vob ~ liak jul yangx 太干旱，菜都焦枯了。jot liak 又读作 jot liol，焦羸、焦枯。

3. 憔，上古音在从母、宵部，入声。焦在憔字中表音兼表义。憔一般组成双声词"憔悴"。屈原《渔父》："颜色憔悴，形容枯槁。"《战国策·燕策一》："民憔悴，土罢弊。"典籍中也有直接用焦的。《汉书·叙传》："朝为荣华，夕而焦瘁。"如 ~ mais 憔面，或焦面，即面容憔悴。

jox 1. 条，上古音定母、幽部。韵母 ou 转换为 o。按说，声母 t 不应转换为 j。但条的繁体为条，《说文解字》："条，小枝也。从木，攸声。"也就是说条的读音从攸（上古音在余母、幽部）得来，完全可以从 you 转换为 jo（参照 jab——药字条）。《诗经·周南·汝坟》："遵彼汝坟，伐其条枚。"即顺着那汝河大堤走，砍伐树枝、树干。条是细长状的东西，用作量词，相应的名词一般也是细长状，如一条蛇、一条绳子。后来有泛用趋势，如一条牛、一条规定。

（1）苗语中的 jox 也做量词，并且使用广泛。如 ib ~ gid 一条路。ob ~ hlat 二条索。bib ~ jux 三条桥（早期桥梁多为独木桥）。zab ~ niangx 五条船。dlob ~ feib jib 四架飞机。

（2）放在名词前，做冠词。这种冠词正是由量词转化而来。汉语中有一种现象，在名词后面放上相应的量词，组成一个新名词，这个新名词与原名词并无区别，如纸张、人口、犬只、官员、枪杆等。只不过，苗语的量词只能放前面。如 ~ hvib 条心，还是心。~ jid 条躬，还是指身躯。~ hlat nongd 这个月。~ zenb 即 zenb——振，篮子的提手。

jong

jongb 1. 弓，上古音在见母、蒸部。弓本是射箭的武器，引申为弓形的东西。《周礼·考工纪·轮人》："弓凿广四枚。"这里指支撑车盖的弓形木架。弹棉花的工具也叫弓，因其有牛筋做成的弦，正如弓弦，主要靠这根弦的振动使棉花松软。苗语中 jongb 正指弹花弓。其全称为 ~ dib mais hsenb。如 Nenx ib jil bil gangf diangb ~, ib jil bil gangf laib ghait dib mais hsenb 他一只手拿弓，一只手拿槌弹棉花。

2. 供（gōng），上古音在见母、东部。jongb 是 ghongd——供的又音，用法不同。ghongd 做名词，指供品、食品。jongb 做动词。《说文解字》："供，设也，从人，共声。一曰供给。"实际上，供的本义即供给，供奉（设）是引申义。《国语·周语上》："事之供给，于是乎在。"也写作共。《左传·僖公四年》："贡之不入，寡君之罪也。敢不共给！"如 Mangb ob laix

289

deit diongk, nenx ~ mongx not 你俩踢毽子，他供你的多。

3. 攻，上古音在见母、东部。《说文解字》：“攻，击也。”有多项引申义。其中之一为用语言攻击、指责。《论语·先进》：“非吾徒也，小子鸣鼓而攻之可也。”指对不是同一门下的人进行攻击，当然不是真的打架，而是口诛笔伐。《三国志·蜀志·诸葛亮传》：“勤攻吾阙。”即经常指出我的缺点。苗语中，jongb 往往指猎狗攻击猎物，或作势攻击猎物、冲猎物狂吠。如 dlad jongb ngix 攻兽犬，即猎犬。Dail dlad ngix jas dail ngix ghax ~ hod hod dax 猎狗遇见猎物就霍霍地叫（作攻击之势）。

jongf 冲，上古音在定母、冬部，入声，中古在澄母、东部。声母当是在澄母基础上演变为 j。jongf 是 diongl——冲的又音。冲指山谷中较平的土地，详见 diongl——冲字条。

jongs 譖（zèn），上古音在庄母、侵部。韵母 om 转化为 ong。《玉篇》：“譖，谗也。”《公羊传·庄公元年》：“夫人譖公于齐侯。”譖即诬，诉以不实之词。《诗经·大雅·瞻卬》：“譖始竟背。”孔颖达疏：“所以不信为始，终竟于背而违之。”譖泛指说假话、撒谎。组成叠韵词：~ liongs 譖佞，即说假话。佞有花言巧语之义。

jongt 1. 紧，上古音在见母、真部，入声。韵母 ong 化。jongt 是 jend——紧的又音，用法有所不同。jend 指急，是引申义。jongt 与松相对，用其本义。《说文解字》：“紧，缠丝急也。”即缠得紧、绑得紧。汉代傅毅《舞赋》：“弛紧急之弦张兮，慢末事之委曲。”如 Gangf ~ nenk daib, ax gid xangt bil 攥紧一点，不要松手。

2. 坚，上古音在见母、真部。韵母 ong 化。也就是说，除了声调外，坚与紧本来同音。我们也应注意到坚、紧上部相同，均以其表音（也许兼有表意功能），故读音相同。《说文解字》：“坚，土刚也。”即土质坚硬。泛指坚硬、牢固。《易经·坤卦》：“履霜坚冰至。”用于人，指强壮、刚强等。《后汉书·马援传》：“穷当益坚，老当益壮。”如 ~ dongs 坚敦，叠韵词，指结实、坚固。Laib zaid nongd ~ dongs lins niox 这房子坚敦得很。Dail bad nios aib ~ dongs bongt wat 那个小伙子坚敦得很。

3. 僭（jiàn），上古音在精母、侵部。同 jongs——譖一样，韵母转换为 ong。僭本义为乱。《诗经·小雅·鼓钟》：“以雅以南，以籥（yuè）不僭。”雅、南、籥均为乐器。朱熹《集传》：“僭，乱也。”《诗经·商颂·殷武》：“不僭不滥。”犹如不乱不滥。如 ~ mongs 僭瞢，叠韵词。僭是乱、扰乱，瞢是目不明，合起来相当于迷惑。Dail dliangb gheix xid ~ mongs

mongx lol？什么仙（鬼）迷惑你来的？

jongx 1. 尝，上古音在禅母、阳部。声母与韵首 i 结合，转为 j。韵母 ang 转换为 ong。尝繁体为嚐，从尚表音，从旨表义。旨指食物味道好。尝即以口辨味，看好不好。《左传·隐公元年》："小人有母，皆尝小人之食也，未尝君之羹。"引申为试探、尝试。《左传·隐公九年》："使勇而无刚者尝寇而速去之。"《孟子·梁惠王上》："我虽不敏，请尝试之。"jongx 也有类似的用法。如 Mongx ~ hxid ghangb ax ghangb 你尝视甘不甘，即你尝尝看好吃不好吃。Mongx ~ nenx hxid dios ait deis 你试探他看是怎么回事。

2. 从，上古音在从母、东部。声母与韵首 i 结合，转为 j。从繁体为從，是多音字，包括 cong、song、zong。《说文解字》："从，随行也。"引申为参与其事，如从事、从政、从犯。组成叠韵词：从容。从容也有多个义项，其中之一相当于怂恿。《史记·淮南衡山列传》："日夜从容王密谋反事。"后来用怂恿，但怂的本义为"惊"。相近的还有纵容。可见都是取其音。如 ~ naix xit dib 从人相打，即怂恿人打架。

3. 梗，上古音在见母、阳部。韵母 ang（现为 eng）转换为 ong。梗一为树名，一指植物的茎。《战略策·齐策三》："有土偶人与桃梗相与语。"《梦溪笔谈》二四："挼（ruó）芋梗傅之则愈。"挼即揉搓，傅即敷。如 liangs ~ 长梗，指植物扦插成活，梗茎在土壤里生长。Mongl dad dax, xet gid mongl dad ~ 去了再来，休要长梗（扎根）。

ju

jub 1. 锥，上古音在章母、微部。声母与韵首 i 结合，转为 j。韵母保留了 u，韵尾灭失。《说文解字》："锥，锐也。"指尖利的东西。《战略策·秦策一》："读书欲睡，引锥自刺其股。"苗语中，jub 既指锥子，也指锥形物、针。
(1) 锥子。如 ~ hab 或 ~ dib hab 鞋锥，指纳鞋底所用的锥子。因鞋底厚而坚硬，须用锥子扎眼，才能穿线。锥粗于一般的针。
(2) 针。如 ~ hnent hmub 入布锥，即绣花针。~ paib ud 补衣针。

2. 腄（chuí），另一读音 zhuì，上古音在端母、歌部，中古音在知母、支部，入声。韵母保留了 u，韵尾灭失。《说文解字》："腄，瘢胝也。"即手脚上的老茧。如 Pab bil jangx ~ 手掌长腄，即长膙子。

3. 纠，上古音在见母、幽部。韵母 ou 转换为 u。《说文解字》："纠，绳三合也。"用三股麻、线等拧成的绳子叫纠。纠的右部丩从篆体看来，即为两根物体相纠结状。其中的一股应为糺（jiū），糺的右部即为单股的物体。但一般典籍都将纠与糺视为一回事。苗语中，纠（或糺）即指绳子的一股。如 Jox hlat nongd maix bib ~ 这条索有三股。

4. 珠，上古音在章母、侯部。声母与韵首 i 结合，转为 j。韵母只保留了 u。《说文解字》："珠，蚌之阴精。"即蚌中所生珍珠。后引申指珠状小颗粒。李白《金陵城西楼月下吟》："白云映水摇空城，白露垂珠滴秋月。"苗语中，jub 指珠形颗粒。如 ~ maix 珠米、指高粱米。~ maix gad ghol 高粱小米，指杂粮。~ jid mais 目漇（jì）珠，即眼睛这个潭里的珠子，指瞳孔。

5. 咒，上古音在章母、觉部，入声。声母与韵首 i 结合，转为 j。韵母只保留了 u。jub 是 ghed——咒的又音，用法基本相同。咒本当写作呪，右部与祝相同。呪与祝本来相同相通，都是在神前祷告。后人把求神降福叫祝，求神降祸叫呪。《广韵》："咒，诅也。"即今天所说诅咒。《唐书·则天皇后传》："后召郭行真入禁中为蛊咒。"苗语中，咒指咒骂、骂人。如 ax gid ~ naix 不要咒人。

6. 阄，上古音在见母、之部。韵母只保留了韵腹 u。阄的繁体为鬮，从鬥（dòu，今简化为门）表义，从龟表音。《说文解字》："鬮，斗取也。"即争输赢。也指争输赢的工具。唐代唐彦谦《游南明山》："鬮令促传觞，投壶更联句。"jub 即阄。

jud 1. 酒，上古音在精母、幽部。韵母只保留了 u。酒是用粮食或水果酿成。《说文解字》："杜康作秫酒。"《尚书·酒诰》："罔敢湎于酒。"湎即沉湎。酿酒技术大概在苗族没有中断过。苗族古歌中即有酒曲歌。如 hek ~ 喝酒。~ gad nef 糯谷酒。~ gad diel 苞谷酒。~ naf 辣酒。~ ghangb wab 甘蜜酒，即甜酒。~ hlat jex 九月酒，也叫重阳酒。

2. 藻，上古音在精母、宵部。韵母 au 转换为 u。《说文解字》："藻，水草也。"《诗经·召南·采萍》："于以采藻，于彼行潦。"如 Nail nongx ~ vib 鱼吃石藻（长在石头上的藻）。

3. 锥，上古音在章母、微部。声母与韵首 i 结合，转为 j。韵母保留了 u，韵尾灭失。jud 与 jub——锥声调不同，以示区别。jub 指锥子、针，jud 则指锥体、圆锥状。如 Dail ninx jud gib, dail mal dus qut 锥角（水）牛，裂蹄马。水牛的角不像黄牛角那样的锥形，截面近乎矩形；马是奇蹄，而不像牛、羊那样是偶蹄（蹄中裂开）。比喻绝无仅有之物。如 ~ niux 锥啄，即锥形的喙，指鸡。

4. 逐，上古音在定母、觉部，入声，中古音在澄母。声母 j 当是从澄母转来。

韵母只保留了 u。jud 与 des——逐同义不同音，指追赶。如 Wil ~ mongx gos hak jef niox 我追上你才罢休。

5. 絿（qiú），上古音在群母、幽部，入声。韵母 ou 转换为 u。《说文解字》："絿，急也。"《诗经·商颂·长发》："不竟不絿，不刚不柔。"其实，急不是絿的本义，是引申义。本义当为紧，紧与急可互解（参照 jend——紧字条）。絿从糸表义，指丝、绳等拧得紧。如 Hfab hlat jud nenk daib 搓绳搓得紧一点。~ niux 絿啄。啄即喙。絿啄指嘴紧、不开口。

6. 狙（jū），上古音在精母、鱼部，入声。《说文解字》："狙，玃（jué）属。""玃，大母猴也，善攫持人，好顾盼。"《尔雅》："玃父善顾。"狙即猴子。《庄子·齐物论》："众狙皆怒。"《列子·黄帝》："宋有狙公者，爱狙，养之成群。"苗语中，以 jud 泛指兽类。如 wof jongb jud 追野兽的狗（猎狗）。玃，上古音在见母、铎部。如果韵母中只保留 u，也可转读为 jud。玃也可以泛指野兽，同 jud——狙一样。供参考。

猪，上古音在端母、鱼部，入声。中古音在知母。声母 j 可由知母转来。猪是家畜，由人驯化而来，但仍有野猪。或者说，在猪被驯化以前，已经被苗族人民泛指野兽，也未可知。如 wof jongb ~ 中的 jud 似乎也可释为猪。供参考。

juf 1. 十，上古音在禅母、缉部，入声。声母与韵首 i 结合，转换为 j。韵尾接近于 o，转换为 u。十犹今日之十，数词。《尚书·泰誓中》："予有乱臣十人。"如 jex jox vangx, ~ jil diongl 九条冈，十支冲。~ ob 十二。

2. 捄（jiù），上古音在群母、幽部。韵母 ou 转换为 u。《说文解字》："捄，盛土于梩（sì）中也。"梩是锹一类的工具。捄即用锹取土，可见于《诗经·大雅·绵》。泛指取、捞。如 juf nail dab 捄泥鳅，指连泥带泥鳅一起捧起（否则泥鳅易逃脱）。

3. 栽，上古音在精母、之部，去声。韵母有所偏转。《说文解字》："栽，筑墙长版也。"实际上，典籍中，栽多指树版筑墙，做动词。又指种植。《礼记·中庸》："故栽者培之。"又引申为垂直而下，如一头栽了下来。苗语中，juf 即直垂直向下。如 ~ eb liek hxab nail, jit det liek leib lul 栽水（向下潜水）如水獭，爬树如老猴。Dail dlangd ~ lol dab 老鹰栽（俯冲）下来。

juk 1. 钁（jué），上古音在见母、铎部。韵母只保留了 u。《说文解字》："钁，大锄也。"今有"钁头"一词，是刨土农具。《六韬·农器》："钁臿（chā）锯杵臼，其攻城器也。"这里的攻指修筑。如 Dad ~ lol yis wangx, dad hsod mongl ghongs dab 拿钁来修园，拿锄去挖土。

2. 攫（jué），上古音在见母、铎部，与钁相同。韵母只保留了 u。《韵会》："攫，爪持也。"即用手或爪子抓取。《战国策·齐策六》："徐子之狗犹将攫公孙子之腓而噬之也。"引申出抢夺之义。《列子·说符》："昔齐人有欲金者，适鬻金者之所，攫其金而去。"如 Leif dol bix seix id, dail xid ~ mongl yangx? 剩的那些钱，哪个攫走了？

3. 掘，上古音在群母、物部。韵母只保留了 u。《广雅》："掘，穿也。"即凿地、挖掘。《易经·系辞下》："断木为杵，掘地为臼。"如 ~ las jenl eb sob 挖土种辣椒。~ lix hfangb 掘荒田（荒田指轮休田，隔年种植）。

   钁，也做动词：用锄头挖。可参考。

4. 缀（zhuì），上古音在端母、月部。中古音在知母。声母 j 可由知母转来。韵母只保留了 u。《说文解字》："缀，合箸也。"即用丝、线等将物体连接、缝合在一起。《礼记·内则》："衣裳绽烈，纫针请补缀。"如 ~ ud 缀衣。~ geb lieb nix 缀银铃铛（于衣物上）。

5. 啄（zhuó），上古音在端母、屋部。中古音在知母。声母 j 可由知母转来。韵母只保留了 u。《说文解字》："啄，鸟食也。"指鸟类用尖喙取食物。《诗经·小雅·黄鸟》："黄鸟黄鸟，无集于谷，无啄我粟。"如 Dail gheib ~ vob 鸡啄菜。Ob dail gheib xit ~ 两只鸡相啄。~ mais 啄目，指眼皮跳，犹如被啄。

jul 1. 绝，上古音在从母、月部，入声。韵母只保留了 u。《说文解字》："绝，断丝也。"泛指断。《吕氏春秋·本味》："钟子期死，伯牙破琴绝弦，终身不复鼓琴。"引申为尽、完了。《庄子·渔父》："疾走不休，绝力而死。"《左传·襄公十四年》："百姓绝望，社稷无主。"还引申出超常、独一无二之义。《三国志·魏节·华佗传》："佗之绝技，凡此类也。"又引申出全然、完全之义。《聊斋志异·促织》："绝无踪响。"甚至引申为横穿、横渡。《荀子·劝学》："假舟楫者，非能水也，而绝江河。"苗语中，jul 也有多个义项，只是稍有不同。

   （1）指消耗掉、断送。如 ~ hnaib ~ hmangt 绝日绝暮，指消磨时光。~ gheb 绝工，指费工、费劳动力。Tid laib zaid nongd ~ bix seix nix gad not wat 建这栋宅子花费了很多钱粮。

   （2）指尽、完了。如 ~ dis 绝世，指了此一生。nongx ax jul, nangl ax neis 吃不绝（完），穿不烂。Laib xof qib nongd nongt ~ dail 这学期就要绝（结束）了。

   （3）指整个、全部。可对比于汉语中的毕。毕既指完了、结束，又可指全

294

部，如毕生精力。另外，汉语中，绝做副词时，也有全然之义。如 ~ fangb ~ vangl 绝方绝巷，指所有的地方和村寨。jul hlieb jul yut 绝粗绝幺，指大大小小。

2. 急，上古音在见母、缉部，入声。韵尾接近于 o，变异为 u。急的上部不是"彐"，而是及的变形。及在急中表音兼表意，与心会意，本指想得到、想要、需要。《韩非子·和氏》："夫珠玉，人主之所急也。"《墨子·亲士》："见贤而不急，则缓其君矣。"即看见贤人而不要，就耽误了国君的事。《史记·孙子吴起列传》："捐不急之官。"即去掉不需要的官位。至于今天常见的急迫、急躁等含义应是从特别想得到、想马上得到引申出来的。如 jul hvib 急心。它有两个含义。一相当于急的本义，指想得到、羡慕别人的东西。如 Ax ~ hvib mongx laib mongx 不羡慕你那个。二相当于急的引申义，着急。如 Nenx hnangd wil mongb ghax ~ hvib dax hxid wil 他听说我病了，就急忙来看我。

jus 1. 绝，是 jul——绝的又音。

（1）指完了、结束。如 xud ghad ~ yangx 拉屎已毕。

（2）指超常、独一无二。如 hlieb ~ yangx 大极了。

2. 腘，上古音在见母、职部，入声。韵母只保留了韵首 u。jus 是 jod——腘的又音。汉语里，膝与腘相对，一前一后。苗语里，腘笼统指膝、腘这一块。如 bod ghof ~ 腘盖包，即膝盖。Laib lix eb nongd maix ib ~ eb dob 这块田水有一腘深（齐腘这么深）。

3. 就，上古音在从母、觉部。韵母只保留了 u。《说文解字》："就，高也。从京、尤，尤异于凡也。"京与高字同头：上面都是房子。京的下部象支架。京有点像苗家的吊脚楼，即架高的房子。京在古汉语里还指粮仓——粮仓需要架高，以便防潮通风。因此释京为高，释就为特别地高。桂馥注《说文解字》："就，此言人就高以居也。"解释了做动词的"就"。今有就高不就低、就近、就手、半推半就等词。就还常做副词、连词。一是相当于即、即刻；二是相当于只、只有、只是。

（1）相当于即。如 ~ gol jus dab 就叫就答，犹如说即叫即答、一叫就答。~ jas ghax xit vil 一见面就吵架。~ nongx ghax od 一吃即吐。~ ait ghax jangx 一做就成，犹如一挥而就。

（2）相当于只。如 ~ zaid 就（一）宅，只一家。~ hniut 就周，即周年。~ yangs 一样。Ob laix ~ dit hsaid 两人就（一）碗米，即两人只有一碗米。~ hxik mais 就瞬目，即只一眨眼的工夫。如 ~ laix jus dail 就一个人，孤单。

汉语中，类似一叫就答、一挥而就的说法，多用"一"完全是习惯使然。也印证了这一说法：在书写时，人们总是倾向用笔划少的字。

jut 1. 锯，上古音在见母、鱼部。jut 是 jik——锯的又音。汉代刘向《列女传·鲁臧孙母》："锯者，所以治木也。"《后汉书·臧宫传》："宫夜使锯断城门限。"锯既可做名词，也可做动词。如 Dad diangb ~ lol ~ det 拿把锯来锯树。

2. 鹬（yù），上古音在余母、质部。对照与鹬具有共同表音部件的橘（jú），即可知道其声母可以转换成 j。《说文解字》："鹬，知天将雨鸟也。"《战国策·燕策二》中有鹬蚌相争，渔翁得利的典故。如 jut lix 田鹬，一种生活在水田里的水鸟。

3. 求，上古音在群母、幽部，入声。求是裘的本字，即皮毛做的衣服。做动词的求应为觩，上古音也在群母、幽部。《说文解字》："觩，迫也。"从九表音，从言表义，指以言相迫。《尚书·君陈》："无求备于一夫。"求备即求全责备。引申为要求、央求等，如求人、求神。如 jut mait 求默，即不出声地祈祷。

4. 沮（jù），上古音在精母、鱼部。沮除了做河流的名称外，做动词。《礼记·月令·仲冬》："土事毋作，慎毋发盖，毋发室屋及起大众，以固而闭。地气沮泄，是谓发天地之房，诸蛰则死，民必疾疫。"讲仲冬之月不要动土、拆屋，否则地气泄漏。《孙子·军争》："不知山林险沮泽之形者，不能行军。"一般注释家释沮为低湿之地，释叠韵词沮洳（rú）为低湿。结合字义、字形来看，沮应指跑水、冒水。在此基础上，引申为撒尿、尿。如 xud ~ 出沮，即撒尿。

顺便说一句，汉语中的尿、溺，都是从人体出发造的字，本为动词，也做名词。而苗语中指尿的词是从水的角度来表达的。苗语中另外一个指尿的词：wal——雨。

jux 1. 桥，上古音在群母、宵部。韵母 au 转为 u。《说文解字》："桥，水梁也。"即桥梁。《史记·秦本纪》："初作河桥。"如 jux det 树桥，即木桥。~ vib 石桥。~ ghongl diub 拱桥。

2. 荞，上古音在群母、宵部，同桥。韵母 au 转为 u。《玉篇》："荞，荞麦也。"白居易《春夜》："独出门前望野田，月明荞麦花如雪。"如 Dol las aib dad lol diot ~ 那些地拿来种荞（麦）。

提示： 声母 k 对应于汉语中的声母 k、h、x、q，及少数的 j。声母 kh 是 k 的清化音，也对应于汉语中的 k、h、x、q。

ka

kab 1. 铧，上古音在匣母、鱼部。声母由 h 转换为 k。韵母中本没有 u。《方言》五："臿……宋、卫之间谓之铧。"臿是锹一类的翻土工具。钱绎《笺疏》："今吴俗呼犁为划刀。划即铧声之转也。"也就是说，吴地称犁为划或铧。今天的犁由耕牛、骡马或机器驱动，而犁的前身就是全凭人力的臿。总之，铧是犁的别称。但今天一般称犁头（金属制的尖头）为铧。苗语中，kab 和犁一样，可既做名词，又做动词，指犁田、犁地。如 ~ kak 铧划。划是碎土农具，见下文 kak——划。铧划泛指农具。如 ~ nangl kak jes 犁东耙西，苗族古歌名。Gid ~ mongl ~ lix 扛犁去犁田。

2. 苛，上古音在匣母、歌部。声母近于 h，现代汉语中已经转为 k；韵母接近 a。《说文解字》："苛，小草也。"引申为烦琐。汉代王褒《四子讲德论》："去烦蠲苛。"蠲即免除，与去同义；苛与烦同义。今有苛捐杂税、苛政等词。又引申为烦扰。《国语·晋语》："以皋落狄之朝夕苛我边鄙，使无日以牧田野。"苗语中，苛即指烦扰。如 kab laf 苛难，即烦扰、刁难。

kad 扱（xī、chā），上古音在晓母、缉部，入声。晓母既对应于今天的声母 x，也对应于声母 h。声母由 h 转换为 k。韵母略有偏转。《说文解字》："扱，收也。"即敛取。《礼记·曲礼上》："其尘不及长者，以箕自乡（向）而扱之。"即扫地时，不要让灰尘扬到长者身上，并且朝着自己的方向来扫。从此可以看出，扱实指将扫帚等工具顺着地上拖，包括用耙子在地上耙。此字在安徽一带读作 hā。

（1）苗语中极正指在地上拖、耙，另外还做名词，指用来扱的工具，正如汉语的耙既做动词又做名词一样。如 Dad diangb zax ~ nenx lol 拿把耙子扱它出来。kad 单指耙子。~ wad 扱挖，叠韵词，指连捞带挖、乱捞乱挖。

297

（2）指敛取、收集。如 kad gaf 扱刮，就是把细碎的东西收拢在一起。Ait gheb nongt ~ gaf zeit jef hvit jangx 干活儿要抓紧零碎（时间），才能早完成。kad 还用于民族名、地名。如 kad bil 指仫佬族。Kad Linx 指黔东南苗族侗族自治州首府凯里。

kak 1. 划（huá），上古音在匣母、锡部。声母由 h 转换为 k。韵首 u 灭失；韵尾略有偏转。《说文解字》："锥刀曰划。"划本指尖利的刀具，后多做动词（汉语中做名词：划子，指小船，是较晚的事）。苗语中 kak——划相当于汉语的耙（bà），上面有多个尖利的刀具，用来将大的土块划碎，一般用牛来拉。同汉语的耙一样，也用作动词，指用耙碎土。如 Dad diangb ~ lol ~ lix 拿张划来划田（划完全可以用耙来替换）。kab ~ 铧划，泛指农具。

2. 哗（huá），繁体作譁，上古音在晓母、鱼部。声母由 h 转换为 k。哗即吵嚷。《尚书·费誓》："人无哗，听命!"《诗经》中，哗作吴。《诗经·周颂·丝衣》："不吴不敖。"《诗经·鲁颂·泮水》："不吴不扬。"朱熹注："吴，音话。"均指大声说话。吴繁体为吴，源于一人仰头、张大嘴的象形，是整体象形字。而哗是形声字。今有"喧哗"一词。如 ~ hliak 哗噪，指大声吵嚷。Mongx ~ hliak laib gheix xid? 你哗噪什么？

3. 舸（kè），上古音当在溪母、歌部。《说文解字》："舸，船著沙不行也。"即触底、搁浅。如 Jox niangx ~ ghab zat yangx 船舸礁石上了。

4. 喀，拟声词。如 ~ liax 喀䳕，指喜鹊，显然是模仿喜鹊的叫声，并以其声为其命名，就像汉语的鸭、鹅、蛙等字一样。顺便说一句，鹊字的上古音在清母、铎部，读音类似于今天的"恰"，也是模拟其叫声。

kat 快，上古音在溪母、月部。韵母本来接近于 a 而不是 ai，没有 u。《说文解字》："快，喜也。"本指心理活动，后引申为快速。古乐府《折杨柳歌辞》："健儿须快马，快马须健儿。"《晋书·王湛传》："此马虽快，然力薄不堪苦行。"如 ~ qat 叠韵词：快快（快古音为溪母，也可转换为 qat。kat、qat 都是快），表示急急忙忙。Nenx ~ qat mongl zaid ait gheix xid? 她急急回家做什么？

kax 1. 硋（kǎi），上古音在溪母、之部。汉语中的 ai 往往对应于苗语的 a。汉代扬雄《太玄》："折于株木，硋于砭石，止。"硋在这里指受阻、受困。由其字形可知，硋应指车子动弹不了，被陷住或卡住，相当于今天的卡（qiǎ）。如 kax nenx dol bangf det 硋他们的树。这里的硋犹如扣留。

顺便说一句，卡是较晚出现的字，取不上不下之义。大概因卡字广受欢迎，遂替代了硋。

2. 卡。如 ~ ceeb 卡车；~ pieed 卡片。照搬现代汉语。

3. 咔。如 ~ jib 咔叽，一种面料。照搬现代汉语。

kai

kaib 1. 开，上古音在溪母、微部。开繁体为开，本指开门。引申为开启、开始、开发等。《韩非·有度》："荆庄王并国二十六，开地三千里。"如 ~ hfangb 开荒；~ caix 开采；~ huid 开会；~ fangd 开放；~ cuf 开除；~ xof 开学。应是照搬现代汉语。

2. 刊。韵母 an 转换为 ai。如 ~ wuf 刊物。照搬现代汉语。

3. 勘。韵母 an 转换为 ai。如 ~ caf 勘察。照搬现代汉语。

kaix 块，繁体作块，以鬼表音，上古音在溪母、微部。韵首 u 灭失。块即土块、土坷垃。《左传·僖公二十三年》："乞食于野人，野人与之块。"又做量词。《宋史·瀛国公纪》："我忍死艰关至此者，正为赵氏一块肉耳。"如 ib ~ nix dlub 一块白银（银圆）。

kang

kangb 1. 穅（kāng），上古音在溪母、阳部。《说文解字》："穅，谷之皮也。"指谷皮的字，今作糠。但穅与糠还是有区别的。段玉裁注："穅之言空也，空其中以含米也。"也就是说，只有谷皮，没有谷仁（米）叫穅，也即秕谷。穅因此又有空心之义，如穅心萝卜。今人往往写作糠心，不对。穅、糠的区别：在禾（未脱粒）为穅；脱粒为糠。苗语中，kangb 正指秕。

2. 诓，上古音在群母、阳部。韵母中的 u 灭失。《广韵》释诓："谬言也。"指用语言哄骗。《史记·郑世家》："乃求壮大，得霍人解扬，字子虎，诓楚。"如 Dad dangf lol kangb jib daib 拿糖来哄小孩。

3. 鼾，上古音在晓母、元部。声母由 h 转换为 k。韵母由 an 转换为 ang。《说文解字》："鼾，卧息也。"即打呼噜。晋代王叔和《伤寒论·辨太阳病脉证并治法》："身重，多眠睡，息必鼾。"今有"鼾声如雷"一词。如 ~ dangx 沉鼾，即大鼾。

kangd 1. 欬（kài），上古音在溪母、之部。欬是拟声词，模拟咳嗽的声音，今作咳。欬读作 kangd，是"ang 化"了；理解为用 kangd 来拟声，也无不可。如 ~ ngol 欬呃，仍指咳嗽。Dail xid niangb gid gux ~ ngol nend? 谁在外面咳嗽呢?

2. 抗。如 ~ yid 抗议;~ Rif 抗日;~ haid 抗旱;~ duf sud 抗毒素。均为照搬现代汉语。

kangk 惶,上古音在匣母、阳部。声母由 h 转换为 k。韵首 u 灭失。《说文解字》:"惶,恐也。"即害怕。《世说新语·言语》:"战战惶惶,汗出如浆。"苗语中惶指使人害怕、吓唬,犹如恐既指恐惧,又用于恐吓、恐怖。如 ~ hliangk 惶恟 (xiōng),叠韵词,依然指吓唬。恟与凶同音,本当读 hliongk (见凶字条),为了叠韵,转作 hliangk。《说文解字》:"恟,扰恐也。"即吓唬人。如 Mongx ~ hliangk bongt ait deis hul, nenx seix ax hxib 你不管怎么惶恟 (吓唬),他也不惧。

kangt 臭 (xiù),上古音在晓母、幽部。韵母 ang 化了。kangt 是 hangt——臭的又音。与 hangt 的区别是,kangt 指粮食搁置太久而变味,但还不至腐臭,比 hangt 程度要轻。如 Dlak ghab hfat nongd ~ yangx, dol bat ax diangl nongx vut yel 这箩籽 (即糠) 臭了,猪都不太爱吃了。

kao

kaob 敲,上古音在溪母、宵部。指手持工具敲击。如 kaob kof 敲磕,仍指敲击。杜牧《大雨行》:"云缠风束乱敲磕,黄帝未胜蚩尤长。"敲磕引申为敲诈,即通过敲击而使对方吐出财物。如 ax gid ~ kof naix 不要敲诈人!疑为照搬现代汉语。因苗语韵母无 ao。

kaod 靠。指依靠。照搬现代汉语。

kaox 1. 考。如 ~ caf 考察;~ gux 考古;~ sid 考试。照搬现代汉语。

2. 烤,如 ~ yenb 烤烟。照搬现代汉语。

ke

ket 挥,上古音在晓母、微部,入声。韵母略有偏转。《广韵》释挥:"振也,动也,洒也。"即甩动、摆动。振有来回摇动之义。洒则指甩动容器,将里面的水泼出。《左传·僖公二十三年》:"奉匜沃盥,既而挥之。"指将洗完脸、洗完手的水泼出去。《战国策·齐策》:"挥汗成雨。"总之,与今天常见的挥动之义并无差别。苗语中,挥即摇动、晃动。如 ~ hfud ~ naix 挥头挥耳,即摇头晃脑。组成叠韵词:~ xet 挥霍,仍指摇晃。挥是来回摆动,摆是来回转动。挥攉今作挥霍。

kee

keeb 客。如 ~ ceeb 客车。照搬现代汉语。

ken

kenb 龕（kān），上古音在溪母、侵部。韵母本接近于 em，转换为 en。龕的上部本从今，而不是合，以今表音（今在见母、侵部）。《说文解字》："龕，龙貌。"即龙的样子。但此义很难找到佐证。《方言》四："龕，受也，杨、越曰龕。受，盛（chéng）也。"容纳他物叫龕。后来也指容纳他物的东西，如佛龕。如 ~ hlinb 龕圈，叠韵词，一种圈，可作为圆形物体的底座，使之平稳。~ hlinb wil 锅龕圈，搁置锅的圈。~ hlinb dlox 甀（chuí）龕圈，搁置鼎罐的圈。

kend 筅（xiǎn），从先表音。先的上古音在心母、文部。韵母本来就是 en。现代汉语中，心母（声母 s）本不应转换为 k，只有晓母、匣母有可能转换为 h 或 k。极有可能筅是较晚转换为 kend 的。《说文解字》无筅字。《玉篇》："筅，筅帚也。"就是将竹筒的一端剖成细小的条，而另一端不动。其细条即如帚须，可以刷锅洗碗等。宋代吴自牧《梦粱录·诸色杂卖》："挑担卖油……竹帚、筅帚。"明代抗倭名将戚继光发明一种兵器，叫狼筅，正如筅帚，只不过所用竹子要长得多，是长兵器，可有效对付倭寇。如 ~ gad 谷筅，即饭帚，用来刷锅刷碗。

kenk 1. 横（hèng），上古音在匣母、阳部。韵母 en 对应于汉语中的 eng。与 fangf——横不同。fangf 与竖、纵相对。这里指凶暴。《孟子·万章下》："横政之所出，横民之所止。"《史记·吴王濞列传》："文帝宽，不忍罚，以此吴王日益横。"如 Nenx hmat hveb ~ wat 他说话横得很。

2. 焜，上古音在见母、文部。韵首 u 灭失。《说文解字》："焜，煌也。"指明亮。但汉乐府诗《长歌行》"常恐秋节至，焜黄华叶摧"中的焜指花叶憔悴、色衰。这里的焜可能是假借，原字尚未找到。苗语中的 kenk 正指植物长势差，音、义均与焜相合。不过据 kenk 的声调反推，这里焜应读去声。如 ~ ngenf 焜黯，指植物色衰而黯淡。~ xenl 焜陨，指植物枯萎落叶。

kent 笈，上古音在群母、缉部。韵母 n 化了。《广韵》释笈："负书箱也。"指用

301

来背的书箱，用竹子编制而成。《盐铁论·相刺》："诵诗书负笈，不为有道。"《史记·苏秦列传》："负笈从师。"如 ~ dud 书笈，即书筐、书箱。泛指筐、篮等。如 ~ gad 饭篮；~ vob 菜篮；~ ud 衣箱。

kha

khab 1. 开，上古音在溪母、微部。与 kaib——开一样，都由开门这一本义引申出多个义项。

（1）开掘、开发。如 ~ lix ~ ongd 开田开塘，即兴修水田水塘。khab gid 开路，指修路。

（2）指云开天晴。如 ~ waix 开宇，即天开、天晴。

2. 话，上古音在匣母、月部，入声。khab 与 hveb——话有所不同：hveb 为名词；khab 为动词。《说文解字》："话，会合善言也。"会合不好理解，但从"善言"可以看出，有以忠言相告、用好言晓喻之义。《尚书·盘庚中》："乃话民之弗率。"即用好言相劝那些不同意（搬迁）的百姓。如 ~ job 话教，即教育。~ nenx xet gid hek yenb yel 话他休得吸烟了。即劝他不要吸烟。

3. 渴，上古音在溪母、月部，入声。《说文解字》："渴，尽也。"渴是竭尽之竭的本字。而竭的本义是背负。口渴想喝水的渴，还应在其右边加欠旁。可见汉字因后人假借导致相当混乱。《周礼·地官·草人》："坟壤用麋，渴泽用鹿。"郑率玄注："渴泽，故水处也。"也即已经干涸的泽、曾经的泽。《吕氏春秋·任地》："利器皆时至而作，渴时而止。"渴时，即时机过去了。

（1）指水尽、干涸，用其本义。如 ~ eb 渴水，即水干。

（2）做动词，指将水弄干、弄尽。如 hek ~ mongl 喝渴了，即干了这一杯。

（3）指口渴。口渴之渴本当加欠旁。由于大家已习惯用"渴"字，并且可以理解为口中无水、嗓子干，不妨就用"渴"字。如 khab ghongd 渴颈，即嗓干、口渴。

khad 1. 下，上古音在匣母、鱼部。khad 是 hxend——下的又音。不少地区的方言都读为 ha。下字本为丅形，或为两横：上长下短。上字则与之相反。以此会意上下。下有多个引申义。

（1）指由上往下。《汉书·周勃传》："诸侯闻之，以为将军从天而下也。"如 ~ mal lol dab 下马落地。

（2）指发、出。《史记·秦本纪》："孝公下令国中曰……"如 ~ hveb 下话，即发话。~ bil 下手，即出手。

（3）指卸下、取下。《乐府诗集·陌上桑》："行者见罗敷，下担将髭须。"如 ~ hut 下货，指从车马上卸下货物。~ ceeb 下车，即卸车。

（4）做名词，指下人。《国语·周语上》："下事上，少事长，所以为顺人。"汉语中的上还曾特指皇上。与此相同，苗语中的下指仆人、佣人。叠韵词 ~ hxad 下下，即佣人。hxad 是 khad 的别读。如 ~ diel 周下。周指汉人。"周下"一词特指丫鬟。

（5）指低下、下等的。《史记·孙子吴起列传》："今以君之下驷与彼上驷，取君上驷与彼中驷，取君中驷与彼下驷。"如 ~ hvib 下心，指没有上进心。

2. 礚，上古音在溪母、叶部，长入声。《说文解字》："礚，石声。"指两石相击的声音。引申为敲击。杜牧《大雨行》："云缠风束乱敲礚，黄帝未胜蚩尤长。"如 ~ khangb 礚葫芦。葫芦指脑袋。礚葫芦即敲头。

khat 1. 客，上古音在溪母、铎部。《说文解字》："客，寄也。"指住进别人家。也做名词，即宾客。《易经·需卦》："有不速客三个人来。"

（1）指客人。如 ~ dlas 奢客，即贵客。~ fangb dol 遄（chuō）方客，即远方的客人。~ ninx tiab 宽角水牛客，也指贵客。宽角水牛喻有势力、有来头。~ niul 生客。~ dax zaid, dot maix jud, hot dlox gad, qit vax gad 客到家，没有酒，煮锅饭，气鼓鼓。

（2）指亲戚，大概是因为亲戚之间常常相互做客。如 diangb ~ 瞻客，即看亲戚、走亲戚。~ lul ~ ghot 老客旧客，即老亲戚。

2. 嫁，上古音在见母、鱼部。声母由 g 转换为 kh。《说文解字》："嫁，女适人也。"即出嫁。《诗经·大雅·大明》："自彼殷商，来嫁于周。"如 ~ daib gif 嫁女孩、嫁姑娘。

3. 哗，繁体作譁（huà），上古音在晓母、鱼部。khat 是 kak——哗的又音，用法有所不同。《说文解字》："譁，讙（huān）也。"即声音杂乱、吵嚷。《尚书·费誓》："人无哗，听命。"无哗即不要喧哗。《孙子兵法·军争》："以治待乱，以静待哗。"如 ~ jud 哗酒，指高声劝酒、起哄劝酒。引申为众人起哄。Nenx ait hsad yangx hul, mangx ax gid ~ 他做错了，你们也不要起哄。~ ninx xit diut 起哄让牛相斗。

khai

khaib 桄（kuǎn、huán），上古音在溪母或匣母、元部。韵首 u 灭失，an 转换为 ai。桄有多个义项，读音也不止一个。《说文解字》："桄，梮（chún）木薪也。"即整块、没有破开的木柴。又指俎、肉案子。《礼记·明堂位》："俎，有虞氏以桄。"也许这种肉案子是以整块的木头来做的。桄是形声字，以完表音，可能也有会意成分：完整的木头，没有剖开。总之，桄有肉案之义，也指剁肉的砧板（北方人称为案板）。如 Qeb laib ~ lol hvub ngix 拿桄（砧板）来切肉。

khaid 1. 挟，上古音在匣母、叶部，入声。韵母略有偏转。《说文解字》："挟，俾持也。"段玉裁注："俾夹而持之也。"《国语·齐语》："时雨既至，挟其枪刈耨镈，以旦暮从事于田野。"韦昭注："在腋曰挟。"有夹持而行、携带之义。如 Wuk ~ dangf dax，deik ~ git lol 婆婆挟糖到，姑姑挟蛋来。

2. 铠，上古音在溪母、微部。《说文解字》："铠，甲也。"《韩非子·五蠹》："铠甲不坚者伤乎体。"铠甲即战士护身的铁衣，引申为包在外面的东西，如把包裹电线的绝缘皮叫铠装。苗语中，铠做动词，指包在外面。如 Dad ghab nex lol ~ 拿叶子来包。~ tiub 铠绦，指绑裹腿。绦是扁平的带子，用作裹腿；铠指包在腿上。

3. 剀（kǎi），上古音在疑母、微部。《汉字古音手册》所注声母存疑。因为凯与铠同音，都以岂表音。《说文解字注》："大镰也。谓可切地芟刈也。"即贴着地皮割草或割庄稼的大镰刀。《说文解字》又释为"摩也"。《广雅》则释为"磨"，即磨刀。《玉篇》则释为"切也，动也"。综上所述，我们可以推定，剀指刀贴着某个面移动，相当于切。典籍中，有剀、切连用的例子。《新唐书·魏征传》："凡二百余奏，无不剀切当帝心者。"如 ~ hmid 剀牙，犹如咬牙切齿，表示愤恨等情绪。

龤（xiè），上古音在匣母、月部。《说文解字》："龤，齿相切也。"汉代张机《金匮要略》："卧不着席，脚挛急，必龤齿。"《方言》："龤，怒也。"小怒曰龤。指发怒时咬牙。如 ~ hmid，也可释为龤牙。

4. 磕，上古音在溪母、叶部，入声。khaid 是 khad——磕的又音。《说文解字》："磕，石声。"实指石头相敲击所发之声，引申为敲击。杜牧《大雨行》："云缠风束乱敲磕，黄帝未胜蚩尤长。"《字汇》则收搕（kē）字，指敲击。如 Dad hfud benb mongl khaid 拿锛头去磕（敲）。

5. 起，上古音在溪母、之部。起从走表义，本指起步，引申出兴起、产生等义。《庄子·胠箧》："圣人生而大盗起。" 如 ~ liol 起择，指植物叶子枯萎成择。

khait 快，上古音在溪母、月部，韵母中本无 u。《说文解字》："快，喜也。" 本指心情，后指速度。khait 是 kat——快的又音。用法有所不同。kat 做形容词，指快速、急忙。khait 指快速，但多做补语，置于动词之后。如 bes ~ 抱快，指快速地抱起；zuk ~ 走快，指快跑。

khang

khangb 1. 稴，上古音在溪母、阳部。khangb 与 kangb——稴的读音本来就极相近，一般汉人区别不了这两个音。用法有所不同。kangb 做名词，指秕谷、空壳的谷子。这里做形容词，指空心，如稴心萝卜。kheb ~ 叠韵词，空稴，即空心。

2. 颃（háng），上古音在匣母、阳部。《说文解字》："亢，人颈也……颃，亢或从页。"《说文解字》认为：亢、颃都指人颈。其实亢本来跟人颈无关；颃从页表义，与颈同义，以亢表音。典籍中以亢指人颈，那是假借亢为颃。说吭是颃的异体字，倒没有问题。吭从口，指咽喉部。今有引吭高歌一词，即扯着脖子高声唱。另有项字，在一些方言中，与吭、颃音近，都指脖颈处。大概在汉代前后，此字有基本稳定的读音，但字形未固定，故看上去有点混乱。苗语中，指脖颈的已有 ghongd——颈字。这里的 khangb——颃引申为具有颈状的东西，那就是葫芦。除了人和动物之外，自然界中似乎只有葫芦才呈颈状。如 Ib laib ~ maix xongs laib khangd, hnaib hnaib fal lol hfat eb sad 一个颃（葫芦）有七个眼，天天起来戽水洗。这个谜语的谜底就是头。~ eb 水颃，即盛水的葫芦。

3. 桁，上古音在匣母、阳部。《玉篇》："桁，屋桁也。" 指屋梁。今有桁架一词。实际上，桁不单指屋梁，还指门楣、窗楣等横向木头。我们注意到，桁、衡、横三字上古音相同，都在匣母、阳部，且都有横向之义，与竖、纵相对。衡与桁都从行表音。它们的引申义则各不相同。桁引申指一种刑具，横着夹在人的脖子上，犹如枷。也指施加这种刑具。《隋书·刑法志》："流罪已上加杻械，死罪者桁之。" 叠韵词 "桁杨"，同桁一样，也指此刑具。《庄子·在宥》："杵桁杨者相推也，刑戮者相望也。" 成玄英疏："桁杨者，械也。夹脚及颈，皆名桁杨。" 桁还有浮桥、木架等义。苗语中，khangb 也指横木，不过具体所指不一样。

（1）黔东南地区汉语称为拉棒，是对付牛、狗等的器具：长杆的一端拴住牛或狗，人持杆的另一端，这样就不怕牛顶人、狗咬人，而且它们乖乖地跟人走。某种程度上，它也像刑具。如 ~ dlad 犬桁，即拉狗棒。~ liod 牛桁，即牵牛棒。

（2）指枪托、枪身的木头部分。这大概是因为在射击时，枪身一般处于水平状态，所以称桁（横）。如 ~ hxongt 铳桁，即枪托。

khangd 1. 孔，上古音在溪母、东部。韵母 ong 转换为 ang，就像窗以囱表音，但读 chuang 一样。《尔雅·释诂》："孔，间也。"郭璞注："孔，空也。"而"间"指缝隙。《山海经·海外西经》："一臂国，在其北，一臂，一目，一鼻孔。"如 ~ nais 鼻孔。~ dlongd 囟孔，即窗洞、窗眼。~ ghad 肛门。~ gix 管孔，指涵洞。~ jel 臼孔，即臼窝。~ dab 地洞。ghongs ~ 剜孔、挖洞。

2. 坎，上古音在溪母、谈部。韵母 am 转为 ang。《说文解字》："坎，陷也。"指低洼处。《礼记·檀弓下》："往而观其葬焉，其坎深不至于泉。"

（1）指低洼处。如 ~ bangx liangx 坟陵坎，即墓坑。~ wangl 汪坎，即水坑。

（2）泛指场所、场地。大概因为苗族长期生活于山区。山区稍平坦的地方多为低洼处，这也是人们活动得最多的场所。久而久之，以坎泛指场所。如 ~ fangd 广坎，即宽敞处。~ fangx 煌坎，即明处。~ hvib 高处。~ lal 平坦处。~ ngif 厄坎，即狭窄处。~ zenx 整坎，指平地。

（3）进一步引申为抽象的处所。如 ~ vut 好坎，即好处。~ yangf 即坏处。~ nongx ~ nangl 吃的穿的，指生活水平。~ niangs 里面。

坑、阬（kēng）似乎也与 khangd 相合。坑、阬上古音在溪母、阳部，也指低洼处。《庄子·天道》："在谷满谷，在阬满阬。"

3. 向，上古音在晓母、阳部。这里的向是曏的简化字。《说文解字》："向，不久也。"指一小段时间。如 khangd jangs lix 插秧时节。khangd mol 卯向，指吃卯节，也叫吃新节（新粮登场，逢卯日过此节）。

4. 讲，上古音在见母、东部。讲的繁体为講，以冓（gòu）表音。同现代汉语中的读音一样，韵母 ang 化了。khangd 是 ghangd——讲的又音。用法一样。~ hfangd 同 ghangd hfangd，讲谎，指夸口。

5. 宪，上古音在晓母、元部。韵母 an 转为 ang。宪的繁体为憲，由害字头、目、心组成。《集韵》："悬法示人曰宪。从害省、从心从目。观于法象，使人晓然知不善之害。"宪指法令。《管子·立政》："宪既布，有不行宪者，谓之不从令，罪死不赦。"引申为遵法、效法。《诗经·大雅·崧高》："王之元舅，文武是宪。"即效法文王、武王。苗语中，khangd 指效法。如 ~ ghot 宪旧，即效法旧的东西。

khangk 控，上古音在溪母、东部。韵母 ong 转为 ang。《说文解字》释控为"引"，如控弦、控马。但控有另外一义。《集韵》《韵会》释控为"打"。《庄子·逍遥游》："而控于地而已矣。"这里的"控"相当于砸。《庄子·外物》："儒以金椎控其颐。"这里的"控"相当于打、击。《集韵》《韵会》释其读音与腔相同。我们很容易联想到另外一个字：抢，读平声，与枪同音。《战国策·魏策四》："布衣之怒，亦免冠徒跣，以头抢地耳。"今有"呼地抢地"一词。抢地即撞地。抢夺是后起义。据此，可以推测，古时有一读如控、抢之类的字，表示砸、撞击之义，但有不同的写法。另有摼（kēng）字，也表示撞击，其读音也完全可以转换成苗语的 khang。如 Dad wil ninx ~ vib, dad wil niel ~ zat 拿我的牛撞石，拿我的鼓撞山。指毁我的东西。Nenx ~ dail dlad ib det 他猛击狗一棍子。

khangt 筐，上古音在溪母、阳部，入声。韵母中的 u 灭失。匡是筐的本字。《说文解字》："匡，饭器。"筐是竹制容器。《诗经·召南·采苹》："于以盛之，维筐及筥。"一般地，筐指方形竹器，筥指圆形竹器。苗语中，筐往往指用来盛稻子的器具。如 khangt nax 稻筐，特指架在火上用来烘干稻谷的器具，又称炕箩。

khe

kheb 1. 区，上古音在溪母、侯部。韵母 o 转为 e。区繁体为區，从匚表义，指容器，如匣、匡（筐）、匮（柜）等均如此。《左传·昭公三年》："齐旧四量：豆、区、釜、钟。"四者皆为容器，或叫量器。区大于豆而小于釜。引申为区一样的东西。《齐民要术·种瓜》："率两步为一区，坑大如盆口，深五寸。"这里的区就是坑。区引申为凹陷。这从几个从区的字可以看出端倪：眍，指眼窝凹陷；伛指曲背，实际上指前胸向后凹；岖，组成双声词——崎岖，指高低不平，岖应指低洼、坑洼。如 Bet nongd ~ mongl niangs yangx 这里区下去了，即陷下去了。

2. 眍（kōu），从区表音，应与区同音。只不过今天眍的读音与 kheb 更接近。《广韵》《集韵》释眍为"深目貌"，即深眼窝。此字未见于更早的典籍，有可能是区的后起字，专指眼窝。如 ~ mangl ~ mais 眍面眍目，即眍眼窝。

3. 抠，上古音在溪母、侯部，与区相同。韵母 o 转为 e。《说文解字》释抠"一曰抠衣"，来自《礼记·曲礼上》："抠衣趋隅，必慎唯诺。"抠衣即掀衣、提衣。《西游记》第二回："抠眼睛，捻鼻子。"有从低洼处弄起来的意思。如 ~ hveb 抠蕨，即挖蕨根。Hxat gad mongl ~ hveb, hxat ud nangl liangx hsob 少粮去抠蕨，少衣披蓑片。

4. 空，上古音在溪母、东部。按说韵母 ong 不会转换为 e。但考虑到空以工表音，工在苗语中读 gheb，韵母也是 e，推测有两种可能：一是工、空等字韵母本来不是 ong，后来 ong 化了。就像等、待二字韵母本来相同（才会假借等为待，等本无等待之义），后来等字 eng 化了。二是苗语中读音变化了，ong 灭失。《广韵》："空，空虚。"如 ~ khangb 空糠（穅），即空心（见前面 khangb——穅字条）。Gid niangs ~ yangx, ax maix laib xid 里面空了，没有东西。

芤(kōu)，上古音在溪母、侯部。韵母 o 转为 e。芤当是以孔表音，显然 ong 灭失。《本草纲目·菜》："芤者，草中有孔也，故字从孔。芤脉象之。"芤是葱的别名。葱管中空，以芤形容脉象，指脉虚。所以说，芤的音义也与 kheb——空相合，以做参考。

khed 1. 窭（jù），上古音在群母、侯部。群母既有可能演化为 j，如局字，也可能演化为 q，如群字。这里 kh 对应于 q，e 对应于 ou。《说文解字》："窭，无礼居也。"因窭与窶（窭的繁体）读音相同，字形接近，一些典籍将它们弄混（见 jib——窶字条）。《仓颉篇》："无财备礼曰窭。"指贫穷。《列子·杨朱》："原宪窭于鲁，子贡殖于卫。"殖与窭相对，指经营赚钱。如 ~ ~ hxat hxat 窭窭狭狭，即很贫困。~ liel 窭窌（liù），家室空空，还指贫困。Bib fangb ax ~ liek gid denx yel 我们家乡不像以前穷了。

2. 撼，上古音在匣母、侵部。韵尾 m 作为闭口音，在这里不发声，韵母遂转为 e。《说文解字》："撼，摇也。"韩愈《调张籍》："蚍蜉撼大树，可笑不自量。"如 ~ dlel 撼撽，即撼动、摇撼。

khek 佝（kòu），上古音在溪母、侯部。《广韵》："佝，病偻。"即佝偻病，脊背不直。至于有些典籍中用佝指愚昧，应是假借作怐（kòu）。佝从句，句即勾，本有弯曲义。今天的佝读如勾。《庄子·达生》："仲尼适楚，出于林中，见佝偻者承蜩。"佝偻即驼背。佝引申为蜷缩。如 ~ khob 佝颗，即蜷缩着脑袋。~ lob khek bil 佝手佝脚，即缩手缩脚。~ muk 佝缪，即蜷缩。

khet 裤，上古音在溪母、鱼部。裤与绔同音，古音近于夸。韵首 u 灭失。而汉语中裤的读音则保留了 u，韵尾灭失。如 ~ bongk 棉裤；~ dangb 单裤；~ laid 短裤。

khei

kheib 1. 繫（xì），今简化作系（系另有其字），上古音在匣母、锡部，入声。《玉篇》释繫"约束也"，即以绳索捆绑。《史记·孝文本纪》："齐太仓令淳于公有罪当刑，诏狱逮徒系长安。"也指系东西的绳子、带子。如 ~ dul 系楚，即捆柴。~ ghongd 系颈，即上吊。

2. 剋（kēi），上古音在溪母、职部。《广韵》："剋，已也。又必也，急也。又剋期，约定日期也。"剋指严格限定。《后汉书·钟离意传》："与剋期俱至，无或违者。"kheib 即限定。如 Dol did zux xangt hvangb, ib dliongb ghab hsab ghax ~ bib dlob dod linf 地主们放债，一钟（石）谷子剋三四斗的利。

kheik 1. 剋，与 kheib——剋只是声调不同，去声对应于 k。指限定、约定。如 ~ hveb 剋话，指以言相约。

2. 刻，上古音在溪母、职部，与克、剋完全相同。《说文解字》："刻，镂也。"在金属上刻叫镂，在木上即为刻。《吕氏春秋·察金》："楚人有涉江者，其剑自舟中坠于水，遽刻其舟。"如 kheik qik 刻契，契也是刻。kheik diongx 刻筒，即刻竹筒。在竹筒上刻符号，再将竹筒一破为二，当事双方各持一半，以为凭证。汉语中的契字也正是来自刻木为信，遂有"契约"一词。苗语中 kheik 还做量词，用于修饰刻下的道道。如 Jil gib ninx maix ib ~ ib ~ 水牛角上有一刻一刻（的）。

一说剋是刻的异体字，很有可能：剋的限定、约定之义即来自刻约、契约。

khen

khend 赶，上古音在群母、元部，按《集韵》，读如前。韵母 an 转换为 en。《说文解字》："赶，举尾走也。"《类篇》释赶为"马走"，指马疾驰。马在疾驰时尾巴举起来。大概是由疾驰、快速延伸为追赶，因为只有跑得比前面的人快，才能追赶上。明代洪梗《清平山堂话本·简帖和尚》："皇甫殿直拽开脚，两步赶上。"如 Dail dlad ~ dail baif 狗追赶猫。~ khangt 双声词，实际上源于同一字，直译为赶赶，表示乱赶、乱撵。这里赶的韵母 an 转换为 ang。因其为入声，声调也可转换为 t。

khent 1. 倦，上古音在群母、元部。异体字作勌（juàn），下面从力，与从刀的券极相近，都以上部表音。韵母 an 转换为 en。《说文解字》："券，劳也。"劳即疲劳、劳苦。《易经·兑》："说以先民，民忘其劳。"《尚书·大禹谟》："耄期倦于勤。"即年事已高，疲劳于勤政。如 ~ bil 倦手，即手疲劳无力。~ diub ~ jid 倦膂倦躬，犹如腰酸背疼。

2. 掀，上古音在晓母、文部，入声。韵母本来就相当于 en。《说文解字》："掀，举出也。"即把东西从低处弄上来。《左传·成公十六年》："乃掀公以出于淖。"如 Dail bat khent dab 猪掀地，即猪唝（gòng）土。

kho

khob 1. 颗，上古音在溪母、歌部。《说文解字》："颗，小头也。"相对地，硕为"大头"。其实都是头。徐锴《系传》："今言物一颗犹一头也。"由于习惯，颗用于指粒状物，故释颗为"小头"。唐代李绅《悯农》："春种一粒粟，秋收万颗子。"东周时，有晋大夫名魏颗。苗语中颗与 hfud——页同义，即头。如 ~ hfud 连用，仍指脑袋。~ bat 犰颗，即猪头。tit ~ 剃颗，即理发。

2. 敲，上古音在溪母、宵部。韵母 o 对应于汉语中的 ao。《类篇》释敲"击也"。《左传·定公二年》："阍乞肉焉，夺之杖以敲之。"阍是守门人。组成双声词 ~ khent 敲摼（kēng、qiān），即敲击、敲敲打打。另外，扣、敂（kòu）、磕、攷（kǎo，现作考）等都有敲击之义，都有可能转换为 kho。它们可能是不同方言的字，可谓互为异体。

3. 榼（kē），上古音在溪母、叶部。韵母略有偏转。《说文解字》："榼，酒器也。"从木字旁可推知，榼是用木剜制的容器。《左传·成公十六年》："使行人执榼承饮。"《北史·魏彭城王勰传》："马脑榼，容三升。"指的是马脑形的器具，即木瓢。如 ib ~ eb 一榼水。khob khangb 颏榼，即葫芦瓢。

4. 科，上古音在溪母、歌部。科有多个义项，这里取其表示做某个动作的样子。元曲《感天动地窦娥冤》第一折："刽子作开刀，正旦倒科。"倒科即倒地的样子。明朝徐渭《南词叙录》："科，相见、作揖、进拜、舞蹈、坐跪之类。身之所行，皆谓之科。"如 gos dab ~ 倒地科，即倒地的样子。ni-

as det ~ 拄杖科。jus hvib ~ 绝心科，指极度苦恼的样子。

khod 1. 祸，上古音在匣母、歌部。《说文解字》："祸，害也。"与福相对。《史记·屈原贾生列传》："祸兮福所倚，福兮祸所伏。"如 Ax gid mongl ait laib mongx，ib hxot dot ~ leif! 不要去动那个，一会儿得祸（闯祸）呢！

2. 合，上古音在匣母、缉部，入声。khod 是 hof、hvab——合的又音。《说文解字》："合，合口也。"实际上，合子的下部是器皿，上部是盖子，盖与器物吻合即合。

(1) 指盒子。盒是合的后起字。《广韵》释为"器名"。《正韵》："合子，盛物器。"明代冯梦龙《古今谭概》："以黑木合盛茶。"《三国演义》中，写到曹操在人家送来的一盒酥上写：一合酥（竖排），让杨修说成"一人一口酥"，让大家分吃了。那时的确还没有出现"盒"字。如 ~ zend naf 辣椒合，盛辣椒的容器。

(2) 指敌对双方交战、相接兵。这里主要指打官司。《左传·成公二年》："自始合而矢贯余手及肘。"即从两军相接时，就被箭射中手，并贯穿前臂，直达肘部。《史记·萧相国世家》："臣等身披坚执锐，多者百余战，少者数十合。""回合"一词也源于此。由于打官司需当面锣、对面鼓，犹如双方交战，因此也称为合。汉语中，吵架也叫合嘴。如 ait ~ 为合，指打官司。~ nangs naix 人命合，即人命案。Xit vil jangx ~，xit vaf jangx diangs 相争成合，相辩成状。即由争吵演变成官司。状指诉状。

khot 1. 瞌，源于磕。磕，上古音在溪母、叶部，入声。与 khad、khaid——磕有所不同。khad、khaid 都指敲击，如 khad khangb 磕颔，即敲头。而 khot 则指做出类似于敲的动作，如汉语的磕头，不是敲头，而是以头捣地。正如段玉裁《说文解字注》："今俗用为磕破、磕睡字。"磕睡指人困乏时，头作舂捣之势。磕睡后作瞌睡。如 ~ hfud 磕页，即磕头，指打磕睡，或叫瞌睡、打盹。Niuk nik ghax mongl bit dab mongl, ax gid zenx ~ hfud yel 困了就去睡吧，别总打盹了。

2. 搁，从阁表音。阁上古音在见母、铎部。但搁在西南地区读如 ke，相当于溪母字。搁未见于早期典籍，可能是据其音后造的字，指放置、放下。宋代毕仲游《西台集》："旧诗数百首悉焚去，搁笔不复论诗。"如 Nongx vax jul ~ dit, liub bul dlel diot bat 吃不完就搁碗，倒给猪吃。

khong

khongt 空（kòng），上古音在溪母、东部。与 kheb——空没有什么不同，都指虚空。如 ~ diux ~ zaid 空门空宅，即屋子里是空的。引申为空闲。如 ax maix ~ 没有空。~ lob ~ bil 空脚空手，喻闲着无事。~ set 空事，指事白干了。

khu

khub 1. 壳，上古音在溪母、屋部。壳繁体作壳（ké、qiào），与縠、穀、觳等字具有共同的偏旁。此偏旁本义指敲击，但在这些字里均表音。壳指介类动物的外壳。《后汉书·张衡传》："玄武缩于壳中兮，螣蛇蜿而自纠。"玄武即乌龟。引申指果实坚硬的外皮。《论衡·超奇》："有实核于内，有皮壳于外。"如 ~ git 蛋壳。~ gib 介壳，介指螺蛳、蚌类。引申指刀鞘。~ diuk 刀壳，即刀鞘。~ sat 铩（shā）壳，即柴刀鞘。

削是鞘的前身，也指刀鞘。削、鞘、壳都可读 qiao，但削的古音与壳完全不同。

khuk 裙，上古音在群母、文部。以 u 为韵首的韵母在转换时，要么韵首 u 灭失，要么保留 u，韵尾灭失。这里韵尾 n 灭失。《释名》："裙，下裳也。"本指上衣的腰带以下部分，并非专用于女性，后专指女性的裙子。杜甫《石壕吏》："有孙母未去，出入无完裙。"khuk 即裙子。如 ~ ghab daib 直译为童裙，指花裙。~ ghab dut bangx 花边裙。

khut 1. 锞（kè），与课同音。课的上古音在溪母、歌部。锞以果表音，可以看出，本含有韵首 u。在转换中，韵尾灭失，保留了 u；而汉语普通话中，韵首 u 灭失，只保留了韵尾。锞指金银锭，其中的果字也有表意成分，指其形状如果子。《红楼梦》十八回："尤氏、李纨、凤姐等皆金银锞四锭。"如 Bul tid longl jis ~ , wil tid longl jis hxat 副治笼聚锞，我治笼聚狭。即别人置办箱笼装金银，我置办箱笼装穷困。

2. 壳，上古音在溪母、屋部，入声，与 khub——壳声调不同，用法也略有不同，主要指躯壳，犹如汉语的皮囊。如 Dail jus laib khut hot 只剩下躯壳。

ki

kib 1. 赫，上古音在晓母、铎部，入声。韵母略有偏转，但与今天西南地区的方言一致。《说文解字》："赫，火赤貌。"即火光发红的样子。实际上，赫，从二赤，而赤由大火二字构成。赫实际上指火势大。《后汉书·光武帝纪》：

"远望舍南,火光赫然属天。"属天即连天。又由大火引申出炙热之义。《正字通》:"火炙、日暴皆曰赫。"在苗语中,kib 指热、烫、烧灼等。如 ~ bil 赫手,即烫手。~ hnaib 赫日,指天晴、太阳煌煌。~ jid 赫躯,指身子发烧。~ zaid 赫宅,指房子着火。~ hsangb 赫创,指创口(伤口)发热。~ hvib 赫心,指热心肠,也指性急。~ mais 赫目,即眼红。~ ot 赫燠,即闷热。

2. 肵(xī),上古音在晓母、物部,入声。《说文解字》:"肵,响布也。"《汉书·礼乐志》:"罔不肵怖。"颜师古注:"肵,振也。"即振动、颤动。肵怖指吓得发抖。~ qib 叠韵词:肵傲,还是指颤动。傲是晃动的样子。如 ~ lol ~ bil 肵脚肵手,指手脚颤动、发抖。~ seil 肵渐(sī),指打冷战。渐即冷。

3. 喀,象声词。如 ~ ~ kangb kangb 喀喀哐哐,犹如丁零当啷,一般指器具相碰撞的声音。

kid 荤,上古音在晓母、文部,入声。韵尾 n 灭失。荤从军表音。从军表音的字既有荤、晕、恽、运(运)等韵母为 un 的,也有挥、辉、珲、翚(huī)等读 huī 的。这里的荤不妨看作由 hui 转换为 ki——h 转为 k,韵首 u 灭失。实际上这些从军的字本都在晓母、文部,韵母后来向 un、ui 两个方向转换了。《说文解字》:"荤,臭菜也。"《仓颉篇》:"荤,辛菜也。"均指味道浓烈的菜,如葱、蒜、韭、姜等。《礼记·玉藻》:"膳于君,有荤、桃、茢。"注:"姜及辛菜也。"《庄子·人间世》:"唯不饮酒、不茹荤者数月矣。"这里的荤也是如此。汉语中后来用荤指肉食,大概源于烹制肉食必须用荤为佐料。佛家禁肉食,也禁荤类蔬菜。正如金本来泛指铜、铁等金属,后来专指黄金,在苗语中,kid 专指生姜。如 ~ vud 野荤,即野姜。~ diel 周荤,指洋姜。nongx ~ 吃生姜。

ko

kob 1. 枯,上古音在溪母、鱼部。韵母略有偏转。《说文解字》:"枯,槁也。"即草木枯槁。《吕氏春秋·孟夏》:"行冬令,则草木早枯。"比如人憔悴。《荀子·修身》:"劳倦而容貌不枯。"如 ~ nox 枯袅,指植物因枯萎而显柔弱的样子。这里的袅也可写作橠(nuó),指枝长细长而柔软的样子。~ ngox 枯瘘,指瘦弱、发育不良。

2. 科。照搬现代汉语。如 ~ muf 科目;~ xof 科学;~ zangx 科长。

3. 苛。照搬现代汉语。如 ~ keef 苛刻。苗语中,苛读 kab。

kod 1. 嗃(xí、xiào),当与檄同音,上古音应在匣母、药部。声母 x 转换为 k;韵母 au 转为 o。《集韵》辗转释蔽为凫茈，即荸荠（可参照在线新华字典、康熙字典）。如 nongx ~ 吃荸荠。~ gil 垎蔽，即旱荸荠。汉语称慈姑或茨菰。

2. 考，上古音在溪母、幽部。韵母 ou 转换为 o。这里的考本应写作攷，指敲击。引申为考核、考试。《周礼·夏官·大司马》："以待考而赏诛。"与 kaox——考同义。只不过 kaox 是照搬现代汉语。如 Hnaib nongd bib ~ hveb diel, fub fal ~ hveb hmub 今天我们考汉语，明天考苗语。~ mos 考茂，即考秀才（汉光武帝刘秀之时，为避其讳，改称秀才为茂才）。

3. 课。照搬现代汉语。如 ~ tangf 课堂；~ benx 课本；~ cenf 课程。

kok 划（huà），上古音在匣母、锡部。韵母 o 来自韵首 u 与韵尾的合音。与 kak——划有所不同。kak 指类似于耙的这种农具，和用这种农具来耙。而 kok 指划这个普通的动作。《说文解字》："锥刀画曰划。"即用尖利的东西从物体上画过，即为划。《广韵》："划，锥刀刻也。"如 ~ gos jil bil 划破了手。~ yangf hox 划洋火，即划火柴。

kot 诟（hòu），上古音在晓母、侯部。韵母本来即相当于 o。诟又写作呴、吼，还写作诟。《说文解字》释此字为"厚怒声"，指怒骂、高叫，又指羞辱对方。《左传·哀公八年》："曹人诟之，不行。"苗语中主要取嚷、吼之义。如 Mangx ~ laib xid 你们吼什么？Laib hveb nend liek dail liod ~ jus diel 这声音像（黄）牛吼一样。

kox 可。照搬现代汉语。如 ~ nenf 可能；~ yix 可以。

kong

kongb 1. 虾，上古音在匣母、鱼部。韵母"ong 化"。《玉篇》："虾，长须虫也。"李时珍《本草纲目·鳞部》："音霞，俗作鰕（是虾的繁体），入汤则红色如霞也。"虾入开水即发红，因此"如霞"。如 keik ~ 扡虾，即捞虾。

2. 空。照搬现代汉语。如 ~ junb 空军。苗语中对应空字的，已有 kheb、khongt。

kongk 佝（qióng），上古音在溪母、东部。佝指细小，见王力《古汉语词典》。汉代张衡《思玄赋》："佝颅顼而宅幽。"这里的佝指瘦弱。如 Dail daib nongd nongx yangf wat, ~ yangx 这孩子食欲差，佝（瘦）了。

kongx 孔。照搬现代汉语。如 ~ Zix 孔子；~ Minf 孔明。苗语指孔的有 khangd。

ku

kub 1. 箍，出现较晚。普通话中读 gu，但南方广大地区读 ku。陆宗达《说文解字通论》认为"箍即锢的后起字"。《广韵》释箍："以篾束物。"即以竹片做箍。《朱子语类》："如一个桶，须是先将木来做成片子，却将一个箍来箍敛。"由于桶箍、盆箍一般都是环形，也泛指环形物。如 ~ mos 帽箍，指帽子或斗笠等里面的环形内衬，在戴帽子或斗笠时，正好箍在头上。

2. 篝，上古音在见母、侯部。韵母由 o 偏转为 u。kub 是 gongl——篝的又音。据《说文解字》，篝是盛衣的熏笼，用来熏衣。泛指竹笼。《史记·滑稽列传》："瓯窭满篝，汙邪满车。"即高狭之处（产粮）满笼，低洼之处（产粮）满车。还指罩灯的笼子：篝灯，犹如灯笼。王安石《书定林院窗》："竹鸡呼我出华胥，起灭篝灯拥燎炉。"苗语中，kub 指笼形器具。

(1) 指装东西的篓子、笼子。如 ~ dius gad 谷箸篝，即装筷子的小篓。谷箸指吃饭的筷子。~ hvid nax 熯稻篝，用来装稻谷并烘干的箩。

(2) 特指一种摘果工具：将长竹竿的一端剖为若干片，并将其编成敞口的小笼子。将此小笼子对准高处的水果，旋转竹竿，即可将其拧下来。用此工具采摘高处的水果，以免攀爬。黔东南一带汉语称其为夹果篓。苗语称其为 kub，又以此指这种采果方法。如 Dad diangb ~ lol ~ zend nongx 拿个篝来篝果子吃。

3. 群，上古音在群母、文部。韵母保留了 u，n 灭失。与裙——khuk 韵母转换相同。《说文解字》："群，辈也。"《国语·周语》："兽三为群。"同样的东西有多个即为群。《易经·系辞上》："方以类聚，人以群分。"如 ~ lul 老群，即老人们。~ vangt 晏群，即青年们。晏指晚辈。群又做量词。如 ib ~ liod 一群（黄）牛。ib ~ vangt 一群晏（年轻人）。ib ~ det 一群树。ib ~ hut 一群货。

4. 呴（xù），上古音在晓母、侯部，入声。韵母中 u 保留，韵尾灭失。《集韵》："呴，气以温之也。"《庄子·刻意》："吹呴呼吸，吐故纳新。"《庄子·大宗师》："泉涸，鱼相与处于陆，相呴以湿，相濡以沫。"呴即吹热气。在温暖这个意义上，与昫（xù）、煦相关；在吐气这个意义上与嘘、歔相关。将热气吐到对方脸上，表示非常亲密的举动，接近今天的亲吻。

①表示亲热举动。如 xit ~ 相呴，亲吻；~ jib daib 亲小孩。

②引申为关心、同情，相当于嘘寒问暖的嘘。嘘寒就是往对方身上（如双手）呵热气，使之暖和。如 ~ dlol ghaid vax ~，~ dlol xongt dax niangb 呴朵（阿妹自称）不呴朵，呴朵就来坐。

③指一种习俗。如 ~ niak 呴伢。小孩出生时，人们来祝贺，不免有亲小孩的举动。

5. 字待定，是鼓藏节时杀水牯牛的委婉说法，此时杀牛不叫杀，叫 kub。就是箍？指将牛捆住，也未可知。

kud 1. 去，上古音在溪母、鱼部。去本指离开，引申为除去。《尚书·大禹谟》："任贤勿贰，去邪勿疑。"如 Dail xid qab ib hnaib ax dax ghax ~ nenx ib hnaib gheb ghet 哪个差一日不到就去他一日雇工（雇工指工资，相当于香港方言中的人工）。

扣，上古音在溪母、侯部。似乎也可转读为 kud。不过"扣"的早期字义没有扣除之义，指牵住马使其停止，与扣留有传承关系。

2. 欥（xuè），上古音在晓母、月部。韵母中保留了 u，韵尾灭失。《说文解字》认为，欥是歠（chuò）的异体字，相当于饮、吸食。《庄子·则阳》："夫吹剑者，欥而已矣。"这里指吸气。如 kud liul 欥溜，犹如吸溜，即吸食。Dail gas niangb diub lix ~ dol nail yut 鸭子在田里欥溜小鱼。~ liul 还比喻侵吞、搜刮。Gid denx dol ghab lail dliangb ghab lail zangs lol ~ liul bib fangb bongt wat 从前那些贪官污吏们搜刮我们很厉害。

3. 胠（qù），上古音在溪母、鱼部，入声。《说文解字》："胠，腋下也。"《马王堆汉墓帛书·战国纵横家书》："燕使蔡乌股符胠璧奸赵入秦。"股符胠璧，指将令符藏于大腿处，将璧藏在腋下。如 ~ lid 胠敜（niè），即把手塞到别人腋下，犹如胳肢。敜即塞。

kuk 1. 酷，上古音在溪母、觉部。《说文解字》："酷，酒厚味也。"即酒味浓烈。引申为残酷、暴戾。汉代晁错《贤良文学对策》："刑罚暴酷，轻绝人命。"如 ~ ngus 酷恶，即残酷而凶恶。~ ngenf 酷硬，即粗暴、强横。naix ~ 酷人，即恶人。

2. 局，上古音在群母、屋部。声母接近于 q。《说文解字》："局，促也。"遂有"局促"一词，指缩手缩脚、窘迫。《后汉书·仲长统传》："六合之内，恣心所欲，人事可遗，何为局促？"《诗经·小雅·正月》："谓天盖高，不敢不局。"就是说，虽然天高，但也不得不缩手缩脚。如 ~ xux 局缩。也写作窭（jù）数。《释名·释姿容》："窭数，犹局缩，皆小意也。"局缩仍指缩手缩脚，与大手大脚相对，指小气、节约。如 Hxad bix seix nongt ~ xux nenk daib 花钱要局缩（节约）一点。

kut 篝，上古音在见母、侯部。是 gongl、kub——篝的又音。表声调的 t 与去声对应。这里的篝似乎应读如构（构的繁体）、购（购的繁体）、媾。篝即笼子，这里似乎专指装动物的笼子。kut 鱼篝，即捕鱼的笼子。如 ~ gangb gux 蛄虫篝，即装蚂蚱的笼子。

kux 苦，上古音在溪母、鱼部。《说文解字》："大苦，苓也。"本指苦菜，引申为味苦的东西。《诗经·邶风·谷风》："谁谓荼苦？其甘如荠。"苦与甘、甜相对。又进一步引申为劳苦、困苦等。如 Gid denx nenx ~ bongt wat, gaix fangd lol nenx jef vut dax 从前他苦得很，解放了他才好转。

kuai

kuaid 会（kuài）。照搬现代汉语。如 ~ jid 会计。

kui

kuib 亏。照搬现代汉语。亏指亏损。

kun

kunb 昆。照搬现代汉语。如 ~ Minf 昆明；~ Lunf 昆仑。

L

提示：声母 l 对应于汉语中的 l，少数由 d、n、m 转换而来。

la

lab 1. 蜡，繁体作蠟，上古音在来母、叶部，入声。蜡本是动植物所分泌的脂质，最常见的是蜂蜡。《玉篇》释蜡："蜜滓也。"《晋书·石崇传》："崇以蜡代薪。"指石崇奢靡，用蜡当柴火。汉语中蜡引申为以蜡涂物、涂饰等。但苗语中蜡引申为光滑、光亮。这应该源于物体在涂蜡以后变得光滑，如：给纳鞋底的线或索涂蜡，即可减小其穿过鞋底的阻力；给头发、地板、家具等打蜡，都会使其变得光亮。如 ~ benf lenf 蜡绷楞，指光滑无缝的样子。Liul bis nongd diot eb yux, ~ niox 这块板子涂了油，蜡了（可光滑了）。

2. 拉。照搬现代汉语。如 ~ dinb zid mux 拉丁字母。

lad 1. 抹，上古音在明母、月部。这里的声母由 m 转换为 l。汉语里也有类似现象：缪、谬与寥、廖、戮等都具有共同的表音部件，但分别读 m、l；埋、霾分别以里、貍表意，但都读 mai。月部韵母本接近 a，因此抹也读 ma。《增韵》释抹："涂抹也。"杜甫《征北诗》："学母无不为，晓妆随手抹。"如 ~ jab 抹药。~ hseik 抹漆，即刷漆、涂漆。~ ghab dangd lix 抹田缺（田埂上的缺口），指和稀泥、应付差事等，还指行贿。~ ghad hniut wil 抹焌（qū）锅苴，即抹锅灰：往人脸上抹黑灰以取乐。

2. 纳，上古音在泥母、缉部。声母 n 转换为 l。n 与 l 都是舌尖音，容易相互转换：弄，既读 nong，又读 long。南方方言尤其如此。纳即内，内即入（内字本从入，而不是从人）。《庄子·刻意》："吐故纳新。"如 Pangb ud ax bil ~ mais hsenb 衣服还未纳棉花。纳棉花，即往棉衣表里之间絮棉花。

3. 腻，上古音在泥母、脂部，入声。声母由 n 转换为 l；韵母略有偏转。《说文解字》："腻，肥也。"指油脂多。汉代蔡邕《为陈留太守上孝子状》："但用麦饭寒水，不食肥腻。"如 ~ ghongd 腻颈，即腻喉咙，指因食物肥腻或过甜而难以下咽。

laf 1. 腊，上古音在来母、叶部。繁体作臘。是人名，据传是人类祖先之一，与 vangb 齐名，并称为 ghet Vangb ghet ~，即央公腊公。

2. 筤（láng），上古音在来母、阳部。此字在苗语中一般读作 langf，laf 是其变音。汉语中也有类似现象，如：掠本与凉、谅一样读 liang，而现在 ang 灭失。《释名》："车弓上竹曰郎。"徐灏《说文解字段注笺》："郎即筤也。"也就是说，筤是车盖的骨架，一般由竹子制成，上蒙篷布，即为车盖。筤也指伞的骨架，也指华盖。华盖也是伞形，是帝王出行的仪仗。宋代张孝祥《贺郊祀庆成》："日照云裳委，风含彩筤低。"苗语中，筤指筤架，一种独特的构筑物。苗族人用木头或竹子搭成架子，上面有顶覆盖，在架子上晾晒刚收割的庄稼。大概是因为这种架子与车盖骨、伞骨相似，也称筤。如 Nenx zaid maix jex nongl xongs ~ gad 他家有九廪（仓）七筤谷。表示其富有。

3. 謣（láo），从言表义，从劳（劳）表音。上古音在来母、宵部。韵母 au 转换为 a。謣指唠嗑、平实地说话。《尚书大传·虞夏传》："执事还归二年，謣然乃作大唐之歌。"《陈书·高祖纪上》："謣然作歌。"此字今作唠，如唠家常、唠叨。如 ~ hseid 唠词，即说话。Mongx ~ dax bib hnangd 你唠来我们听。

lal 1. 蜡，上古音在来母、叶部，入声。lal 是 lab——蜡的又音，意义完全相同，指光滑。如 Qib dab ~ nenk daib 扳（xī）地蜡一点，即扫地扫光滑（指干净）一点。Lax nangx maf dul not ghax ~ vangx ~ bil jul yangx 割草砍柴多了就会蜡冈蜡阪了。蜡冈蜡阪，犹如荒山秃岭，山岭光滑不毛。~ mangl 蜡面，指脸面光滑白净。

2. 赖，上古音在来母、月部。赖从剌（lá）表音，从贝表义，而不是从束、负。"负"的上部是刀。《说文解字》："赖，赢也。"即赢利。《国语·齐语》："相语以利，相示以赖。"赖与利基本同义，指做生意所赚取的钱物。赖也指赢利。所谓无赖，即没有谋生手段、无以赢利。苗语中引申做形容词，与汉语中好赖之赖正好相反。如 hnaib ~ 赖日，即吉日、利好之日。fangb ~ 赖方，即有利可赚的地方、好地方。~ lot 嘴赖，即嘴甜。~ hvib 心赖，即心地善良。

3. 濑，上古音在来母、月部，与赖同音。《说文解字》："濑，水流沙上也。"也包括从石上流过。屈原《九歌·湘君》："石濑兮浅浅，飞龙兮翩翩。"《论衡·书解》："溪谷之深，流者安详。浅多沙石，激扬为濑。"可见，在溪涧之中，水从沙石上流过，即为濑。其实，这也是山区最常见的流水景象。因此，在苗语中，瀬泛指流。如 Jox eb ~ mongl nangl 河水流向东。~ eb 瀬水，指被水冲走。~ ghad 瀬苴，粪便被冲走，比如健忘。

4. 那，上古音在泥母、歌部。声母 n 转换为 l。未转换时作 hnab——那。现写作挪，指挪动。元代薛正夫《端正好·高隐》："花阴转眼那，日光弹指过。"如 Mongx ~ lol hangd nongd nenk 你挪到这儿点。

正如那既读 na，又读 nuo 一样，那在苗语中又读作 los。双声词 lal los，那挪，还是指移动。如 Ax baib waix lal los, ax baib dab lal los 不让天挪动，不让地挪动。

las 1. 纳，上古音在泥母、缉部。是 lad——纳的又音，指装入、搁进去等。

（1）装入。如 Mongx dad benx dud nongd ~ diot laib longl mongl 你拿这本书纳入笼（箱）中去。

（2）缴纳、进献。《春秋·庄公二十二年》："公如齐纳币。"如 las bix sei 纳钱币，指以钱行贿。

2. 地，上古音在定母、歌部，是 dab——地的又音。声母 d 转换为 l。d 与 l 都是舌尖音。印度尼西亚的地名 miandan 被翻译成棉兰、水果 durian 被翻译成榴梿，都是 d 转换为 l 的结果。《说文解字》释地："元气初分，轻清阳为天，重浊阴为地，万物所陈列也。"指土地、地面。如 ~ hfangb 荒地。~ hxangd 熟地。~ niul 绿地，指未开垦的地。

lat 1. 捺，从奈表音。奈的上古音在泥母、月部。声母 n 转换为 l。捺即向下按。唐代张鹭《朝野金载·高崔嵬》："太宗命给使捺头向水下。"如 ~ gangb daid 捺虱子，即抓虱子（虱子小，先按住才好抓）。

2. 睐，上古音在来母、之部。韵母略有偏转，但符合 a 对应于汉语 ai 的惯例。《说文解字》："睐，目童子不正也。"即瞳仁不正、旁视。《古诗十九首》之十六："眄（miǎn）睐以适意，引领遥相睎。"吕延济注："眄、睐，邪视也。"即斜视。所谓青睐，即转出青眼珠，表示看得起；反之，则转出白眼珠。如 ~ mais 睐目，即斜眼看。~ ghab gib mais 睐眼角，还是指斜眼、侧目。

3. 赉（lài），上古音在来母、之部，也是以来表音。《说文解字》："赉，赐也。"《世说新语·排调》："皇子诞育，普天同庆。臣无勋焉，而猥厚赉。"皇帝生子，一高兴，大赐群臣。这位大臣不会说话，竟说：这事我没有功劳，不配拿这厚赏。厚赉即丰厚的赏赐。如 ~ dail dlad ib det 赉狗一棍子，即赏狗一棍子。

lax 1. 睐，上古音在来母、之部，是 lat——睐的又音。不过，lax 对应于来的读音，字义与 lat 也略有区别。lat 仅仅指斜视，而 lax 含有不满的意味。如 Wil ~ mais diot nenx 我斜了他一眼。

2. 剌（lá），上古音在来母、月部。《说文解字》释剌为"戾"，不少典籍上也这么用。其实这是个错误，至少其原义不应如此。实际上，此字字理非常鲜明：束是一只装有东西的口袋（古称橐，两头无底）两头被绑扎起来的形状，中间的"口"是袋身（从橐、囊等字可看出，两头合在一起就是束字，而它们都指口袋）。束字旁边一把刀，指用刀割破、划破。今天，常说的"手被拉（lá）了个口子"，实则应该用剌字。剌即割。如 ~ nangx 剌芿（réng），即割草。~ dul 剌楚，即砍柴。~ jub pid vud 剌蔽焚野，犹如刀耕火种。

3. 烂，上古音在来母、元部。一般地，韵母 an 应转换为 ai，这里进一步转为 a。不过，这里的烂应该用糷，从米、从兰，本指饭煮得过火，太软。《尔雅·释器》："抟者谓之糷。"即饭黏成一团。糷引申用于腐烂、溃烂等。而灿烂、烂漫等本应为爛。如 Laib fab nongd ~ yangx 这个瓜烂了。~ gangb lix 烂田虫，指患脚癣（以为是田里的虫子导致脚烂）。~ dliangb lix 烂田仙，指患麻风病（以为是鬼神导致身体溃烂）。~ lal 烂蜡，犹如蜡熔化，一塌糊涂，指杂乱、一片狼藉。~ ghangx 烂颔，即烂下巴，指说话口齿不清。

4. 曩（nǎng），上古音在泥母、阳部。声母 n 转换为 l；韵母 ang 的韵尾灭失，只保留了 a，与 langf——篚变成 laf 一样。《说文解字》："曩，曏（简化为向，用于一向、向来等）也。"指往昔。《韩非子·外储说左下》："寡人曩不知子，今知矣。"曩与今相对。又指时间的长短。《尔雅》："曩，久也。"《说文解字》释曩为曏，又释曏为"不久也"。久与不久是相对的，反正指时间的长短。lax 则指久。如 Wil dax ~ yangx 我到曩焉，即我来了很久了（也可理解为，我是过往某个时候到的）。

顺便说一句，汉语表时间长短的"久"本是灸的本字，《说文解字》释为"从后灸之也"。久字的一捺是灸的工具，其字笔画则是人形，人面朝左，故说从后灸之。

5. 撩（liáo），上古音在来母、宵部。韵母 au 转换为 a。《说文解字》："理也。一曰取物也，拢取物曰撩，又挑弄也。"撩释理，即撩理，今作料理。但撩常用如拨、挑。《北齐·陆法和传》："凡入取果，宜待熟时，不撩自落。"撩战即挑战。如 Dail ninx dad ob jil gib mongl ~ dail det 水牛拿两只角去撩树。撩树，即拨弄树。

lai

laib 1. 粒，上古音在来母、缉部，入声。韵母 ai 对应于汉语的 i。粒本指米粒，后做量词，用于颗粒状的东西。唐代李绅："春种一粒粟，秋收万颗子。"苗语中，粒也做量词，不过有泛化趋势，相当于汉语的个，但不用于人物前。如 ib ~ ghab hsaid 一粒粲，即一粒米。ib ~ git 一粒蛋。ib ~ hsangt 一把伞。ib ~ wil 一口锅。ib ~ lix 一丘田。~ aib 伊粒，即那个。~ nongd 这个。

2. 咩，羊叫声。汉语中模拟羊叫声的字，声母为 m，而苗语中羊叫声，声母为 l。这也是 m 与 l 相转换的佐证。如 Dail lid genx ~ ~ 芈（mǐ，即羊）叫咩咩。

3. 哩，语气词。如 dios nenx hot laib, ax dios wil laib 是他囖哩，不是我哩。

laid 1. 短，上古音在端母、元部。声母由 d 转换成 l，这也是为了与 dad——短（短字在苗语里既指短，也指长）相区别。韵首 u 灭失，an 转换为 ai。《说文解字》："短，有所长短。"这里取第二个短，与长相对。《老子》："长短相形，高下相倾。"如 dad dad ~ ~ 直译为短短短短，但表示的是长长短短。~ ghad 短乙（肠），指小气量。~ ghab qit 短其气，也指气量小。~ ghab mongl ud 短其衣袖。好比说，孩子长个儿了，但穿的还是以前的衣服。指条件差。

2. 瘌。照搬现代汉语（方言）。如 ~ mof 瘌毛。瘌，也叫瘌痢，即头癣，愈后不生毛发。瘌痢无毛，瘌毛即无中生有、诬赖、耍赖。

laif 1. 来。照搬现代汉语。表示来到，苗语中有 lol——来。如 ~ buf ~ 即汉语口语"来不来"，犹如"动不动"。如 Nenx ~ buf ~ ghax tat naix 他来不来就斥（骂）人。

2. 篮。照搬现代汉语。如 ~ quf 篮球。

lail 吏，上古音在来母、之部。韵母 ai 对应于汉语的 i。《说文解字》："吏，治人者也。"是百官通称。《左传·成公二年》："王使委于三吏。"杜预注："三吏，三公也。""三公"是君王之下的高级官员。大概是在汉代以后，吏专指地位低微的官员。司马迁《报任安书》："见狱吏则头抢地。"苗语中，吏泛指官员，没有地位低的意思。如 ghab lail 其吏，即官员。其是冠词。顺便说一句，官从宀。宀是房子的象形。官的本义是官府，后引申为官职、职能（心之官则思、官能、五官等皆用其义），最后才引申为官员。

lais 呖，象声词。如 lis naix ~ ~ 尼人呖呖。指跟人后面呖呖地学舌。尼指紧跟人后。

laix 位。按《汉字古音手册》，上古音在匣母、缉部。但据相关的字推之，位应与立、莅、涖同音，在来母、缉部。一是因为立是位的本字。周代青铜器师兑簋铭文中，即位就写成"即立"，指大臣上朝各就其位（后专指帝王登基。位即站立的位置）。二是涖、莅二字都以位表音，而读音与立相同。这二字本是象声词，指水声。而一般多用于涖临、莅临，那是假借为戾，戾即到。按理，位应与上游的立，下游的莅、涖同音。三是位的读音为何与立、涖、莅差别那么大？从《汉字古音手册》可以看出，立、涖、莅为复辅音：第一个辅音为 l，第二个辅音为 w。这三个字显然取第一个辅音，而后者灭失。位字则取了第二个辅音，而前者灭失了。因此，位完全可以读如立、莅、涖。韵母 ai 对应于汉语的 i。与汉语相同的是，位由站位转做量词，专门用于人物，或做名词，相当于一人。如 ib ~ naix 一位人，即一个人。~ ~ 位位，即每一位。~ hvit ~ dax 位迅位到，即大家争先恐后。迅是快跑。依苗语惯例，既做量词，又可做不定冠词，置于名词前，不特定指某人。如 ~ hlieb dail yut 大的小的，老的少的。

lang

langb 连，上古音在来母、元部，入声。韵母 an 转换为 ang。《说文解字》："连，负车也。"即拉车。连有多个引申义，其中之一为游荡。《孟子·梁惠王下》："流连荒亡，为诸侯忧。从流下而忘反谓之流，从流上而忘反谓之连，从兽无厌谓之荒，乐酒无厌谓之亡。"成语流连忘返也出于此。"流连"组成双声词。析而言之：顺水而下叫流，逆水而上叫连（上行需要拉纤，正如人拉车，故叫连）；统而言之，就是各处转悠，乐不思蜀。如 ~ nangl ~ jes 连瀼（rǎng）连究，即东游西逛。瀼是下游，也指东；究是上游，也指西。

langf 1. 烂，上古音在来母、元部。韵母 an 转换为 ang。langf 是 lax——烂的又音。不过，用法略有区别：lax 一般做动词，而 langf 做形容词。如 Jox gid nongd ~ bongt wat 这条路烂得很。

2. 掠，上古音来母、阳部，与凉同音。韵首 i 灭失。今转读如略，掠一般指抢夺，这可能是假借为略。掠本指笞击、拷打。《礼记·月令·仲春之月》："毋肆掠，止狱讼。"郑玄注："掠，谓捶治人。"《后汉书·章帝

323

纪》："掠者唯榜、笞、立。"与前例基本相同。如 ~ nenx ob det 掠他两棍。掠即击、搂。

3. 零，上古音在来母、耕部。韵母 ing 转换为 ang。《说文解字》："零，余雨也。"即雨后零星的雨点。引申出零星、零头、零落、零散之义。余雨几近于无雨，又引申出无、没有之义。如 ~ xat 零债，即消债了、销账了。

4. 渿、酟（lǎn），从婪或从林表音。婪或林上古音均在来母、侵部。婪也以林表音。韵母 ang 对应于汉语韵母 an。《玉篇》："酟，藏柿也。"即把柿子放在水里浸泡。明代徐光启《农政全书·树艺》："酟柿：水一瓮，置柿其中，数日即熟。"泛指浸泡。如 langf eb 酟水，浸在水中。~ eb sob 浸辣椒水，指蘸取辣椒水（在里面泡一下再拿出来）。~ lob ~ bil 渿脚渿手，指道路泥泞不堪，（手）脚都浸泡其中。

另外，据《集韵》，释潋为渍，也指浸泡。潋上古音在来母、谈部。其韵母 am 与苗语的 ang 对应。

langk 1. 孿（luán），上古音在来母、元部。韵母 an 转换为 ang，韵首 u 灭失。《说文解字》："孿，日且昏也。"有的版本作"日旦昏也"，其中的"旦"是且字之误。孿即天将黑，也指天阴。

(1) 指天阴。如 Laib waix ~ yangx 天孿（阴）了。~ waix 阴天。~ hnaib 孿日，指天变阴暗。

(2) 比喻昏迷。正如昏本指黄昏、天黑，比喻人发昏，孿也指昏迷。Nenx ~ yangx 他昏过去了。

另外，昙指乌云遮日，上古音在定母、侵部，声母相当于 d。其读音似也可转换为 langk。供参考。

2. 当（dàng），上古音在端母、阳部。声母 d 转换为 l。《说文解字》："当，田相值也。"即对着。有多个引申义。其中一项相当于后来的挡。《左传·桓公五年》："郑子元请为左拒，以当蔡人、卫人，为右拒，以当陈人。"李白《蜀道难》："一夫当关，万夫莫开。"如 ~ ghongd 当颈，指卡在嗓子眼里。~ bongt 当风。风指气、气息。当风犹如挡气，指窒息、呼吸困难。~ ghangk 当嗝，即打嗝。

langl 1. 当，是 langk——当的又音。与 langk 区别不大。如 ~ gid 当路，即拦路。~ khat 当客，即拦客、劝阻客人、挽留。Laib khangd gix ~ yangx 管孔（涵洞）当（阻塞）了。

2. 两，上古音在来母、阳部。韵首 i 灭失。langl 是 liangl——两的又音，用法不同。liangl 专做银两之两，langl 则做量词。《说文解字》："两，再也。"即二、双。两字本无上面一横，象形不明，但左右两个一样的东西是显然的。两因此往往指成对的东西。如车有两轮，故称一两（辆）；鞋一双也叫一两，《诗经·南山》："葛屦五两。"即葛鞋五双；布帛以二丈双行，故一匹布叫一两，《左传·闵公二年》："重锦三十两。"这里的"两"不是重量单位。ib langl dob 一两紵（zhù），即一匹布。后来，langl 作为量词被泛化，但所修饰的名词都与"布"一样，是薄的东西。如 ib ~ yenb 一两烟，指一匹烟叶。ob ~ xit 两张纸。

langs　1. 浪，上古音在来母、阳部。《唐韵》《集韵》释浪："波也。水激石遇风则浪。"三国曹植《王仲宣诔》："游鱼失浪，归鸟亡栖。"引申为放浪等。《诗经·邶风·终风》："谑浪笑敖，中心是悼。"杜甫《舍弟占归草堂检校聊示此》："鹅鸭宜长数，柴荆莫浪开。"这里的浪则指随意。langs 也如此。

（1）波浪。如 Jox eb laib ~ hlieb bongt wat 河里的浪大得很。langs eb 水浪。dus bongx dus ~ 逐波逐浪，指波涛汹涌。

（2）指放浪。如 ~ jid 浪躯，放浪身体，指在性生活上比较随便。

（3）指放任、随意。如 ~ mail 浪卖，即敞开卖。~ nongx 浪茹，即随便吃。~ liod 浪牛，即对牛不加约束、放任。

（4）组成叠韵词 ~ dangs 浪荡（盪），犹如将杯中酒随意晃荡，指浪费。

2. 络，上古音在来母、铎部。其韵母本不当转换为 ang，而是发生了讹变，正如讲（繁体为講，以冓表音），韵母不当为 ang 一样。《广雅》："络，缠也。"《山海经·海内经》："有九丘，以水络之。"络即缠绕。还指网兜、网状罩子。李白《陌上桑》："五马如飞龙，青丝结金络。"用来罩住马口。苗语中，络指活环套，可用来捕鸟等。

3. 缆，即缆绳。照搬现代汉语，只不过韵母 an 习惯性地转换为 ang。

langx　1. 郎，上古音在来母、阳部。《说文解字》："郎，鲁亭也。"和其他从右阝的字一样，指地名。但汉语中多用郎来做官名或指男性。《说文解字注》："按以郎为男子之称及官名者，皆良之假借字也。"此说可信。《仪礼·士昏礼》："媵（yìng）衽良席在东。"郑玄注："妇人称夫曰良。"但后来几乎完全以郎代替良。一是对年轻男子的美称。《三国志·吴书·周瑜传》："瑜时年二十四，吴中皆呼为周郎。"也指夫婿、女婿等。二指官名。起初，郎为君王的侍从官，如侍郎、郎中等，后指各部职务。《汉书·苏武传》："少以父任，兄弟并为郎。"总之，郎指男性或副职官员（如各部尚书的副手叫侍郎）。langx 也类似。

（1）指雄性。如 bat ~ 郎犯，即公猪。

（2）指副手。苗族称巫师的副手为 langx。当地汉语则称之为通师。

2. 㰊（náng），以囊表音。囊的上古音在泥母、阳部。韵母 n 转换为 l。《六书故》："㰊，盛物器。"即器皿。如 Dad laib ~ lol jis gad 拿㰊来盛饭。

3. 盪（dàng），上古音在定母、阳部。声母 d 变异为 l。《说文解字》："盪，涤器也。"即在器皿中装水，摇晃器皿，此字今天与荡（本指长草的水洼，如黄天荡、芦苇荡）合并为一个字。《汉书·食货志》："荡涤烦苛。"引申为摇晃。《东周列国志》："姬知公畏水，故荡其舟，水溅公衣。"荡舟即摇晃船只。如 Dad eb lol ~ nenk daib 拿水荡一下。

澹，上古音在定母、谈部。其声母 d 可变异为 l，韵母 am 可转为 ang。《说文解字》："澹，水摇也。"澹澹，指水波摇动的样子。曹操《观沧海》："水何澹澹，山岛竦（sǒng）峙。"澹也指洗涤。汉代枚乘《七发》："澹澈（gǎn）手足，沫（huī）濯发齿。"澹澈，洗涤。方言中仍保留"澹澈"一词。长江下游一些地区往往将 ang 读为 an，澹有可能是荡的别音。供参考。

4. 灵，与灵（líng）同音，古音当在来母、耕部。韵母 ing 转换为 ang。《说文解字》未收灵字。《广韵》《字类》释灵，"小热貌"。原来，灵字上部本如尹字上部，是一只手。手在火上，可禁受，是为小热。而灵魂、灵验、灵巧之灵本应为灵，是假借字。灵的本义近乎燎（liǎo），即把物体靠近火烘烤。《后汉书·冯异传》："光武对灶燎衣。"《三国志·魏书·王粲传》："以此行事，无异于鼓洪炉以燎毛发。"燎即烤焦毛发而不伤及皮肉。如 Dad dul lol ~ dol ghab dliub gheib nongd hsab ngas nenk 拿炷（火）把这些鸡毛灵（燎）素垲（干净）点。

燎，也可以视为 langx 的对应字，正如络转换为 langs 一样。

lao

laox 老，照搬现代汉语。苗语的老读为 lul。如 ~ sib 老师；~ sif 老实；~ Wob 老挝。

le

leb 1. 轹（lì），上古音在来母、药部，入声。轹以乐表音，故读音近于乐。《说文解字》："轹，车所践也。"即车轮碾压。张衡《西京赋》："当足见碾，值轮被轹。"引申为欺压、压倒、超过等。《吕氏春秋·慎大》："凌轹诸侯以及兆民。"凌轹即欺凌。《文心雕龙·时序》："经典礼章，跨周轹汉。"唐代司空徒《解县新城碑》："川广可逾，山高可轹。"leb 也如此。

（1）压。如 Laib ceeb leb naix yangx 车轹（压）人了。~ hxenb bil 压肱臂，即压胳膊，指掰手腕，以压倒对方手臂为赢。

（2）引申为倾斜、倒向，犹如向某一方向压过来。如 Dol nax ~ lol gid ghab hxangb lol 稻子轹（倾斜）向田埂这边。Laib zaid maix nenk ~ mongl bil yangx 房子有点向坡那边倾斜了。

（3）指超过、盖过。如 ~ nangl 轹瀼（rǎng），指超群出众。瀼是河流的下游。~ nangl neif dangx 栎瀼蹑堂，与轹瀼意思相同。蹑堂指盖过全场。

2. 腻，上古音在尼母、脂部，入声。韵母 n 变异为 l。leb 是 lad——腻的又音。《说文解字》："腻，肥也。"指油脂多、肥腻。《齐民要术·脯腊》："每取时，先取肥者。肥者腻，不耐久。"引申为腻烦。~ ghongd 同 lad ghongd，腻颈，即腻喉咙，肥腻使人不欲食。如 Nongx ngix diangs not ~ ghongd 吃肥肉多了腻颈。

lef 腻，是 lad、leb——腻的又音，只是声调不同，与 leb 的字义基本相同。如 ~ bil 腻手，指手上油腻。~ lax 腻烂，指黏黏糊糊的。Wil dail nail lies, ~ lax bil bongt wat 握鲴（鳝）鱼，手腻烂得很。

lel 1. 漏，上古音在来母、侯部。韵母 o 转为 e。《说文解字》："漏，以铜受水刻节，昼夜百节。从水、扉（lòu），取扉下之义。扉亦声。"漏是计时器，以铜器装水，水下漏，以水位所在刻度来计时。今有沙漏。漏的字义和读音都源于扉。扉从屋字头、雨，会意为屋漏雨。今天，屋漏雨、漏壶，均作漏。这里是用漏壶之漏比喻地表下陷。如 Ghab dab ~ yangx 地漏了，即地表土下陷。苗语中有专指地陷的字：hliongk——凶。

2. 咯，语气词。如 Ait nend lel! 是这样咯！

les 捋（luò），上古音在来母、月部，入声。韵首 u 灭失。《说文解字》："捋，取易也。"即以手握物，顺移而取。《诗经·周南·芣苢》："采采芣苢，薄言捋之。"捋即顺着植物的茎将叶子采下来。也指以手握物而顺移。《古乐府·日出东南隅行》："行者见罗敷，下担捋髭须。"如 les got 捋睾，指手淫。

let 1. 馁，上古音在泥母、微部。韵母本为 n，变异为 l；韵尾 i 灭失；声调 t 对应于汉语的去声，这里馁为上声，存疑。馁又作餒（něi），《说文解字》释为

"饥也"，即饥饿。《孟子·尽心上》："文王之民无冻馁之老者。"如 ～ gad 馁谷，即饿饭。

2. 鲵（něi），与馁同音，上古音在泥母、微部。韵母本为 n，变异为 l；韵尾 i 灭失；声调 t 对应于汉语的去声，这里为上声，存疑。《说文解字》："一曰鱼败曰鲵。"即鱼腐烂。《南史·傅昭传》："或有暑月荐昭鱼者，昭既不纳，又不欲拒，遂鲵于门侧。"指鱼放在门旁腐烂了。如 ～ naix ～ mais 鲵耳鲵目，即烂耳烂眼，指不要脸、厚颜无耻。

lex 1. 梠（lǔ），上古音在来母、鱼部。韵母略有偏转。《说文解字》："梠，楣也。"楣是什么呢？《尔雅·释宫》："楣谓之梁。"梠即梁。有些典籍辗转释梠为屋檐，不可信。从梠字本身看：从吕表音，恐怕也有表义成分。吕的本义是脊梁，是膂的本字，也是脊椎骨的象形。梠即屋脊处的大梁。梁一般即指脊梁、大梁。由于传统建筑是双坡屋面，前后对称，脊梁也是正中的梁，有些地区称为中梁。大梁、中梁只是说法不同，是一回事。晋代潘岳《马汧（qiān）督诔序》："柿（fèi）梠桷之松。"即削去做梁、椽的松树皮。柿是削树皮，桷是方椽子。如 Dad ghaid det mangx nongd lol ait jox ～ 拿这节枫木来做梠（梁）。～ zaid 宅梠，还是指大梁。

2. 理，上古音在来母、之部。之部相当于 ie。现代汉语取 i 而 e 灭失，读 li；苗语中，i 灭失而取 e，故读 le。《说文解字》："理，治玉也。"本指加工玉石（理的偏旁为玉），后引申出多项字义，如治理、管理、道理、纹理等。《易经·系辞下》："理财正辞，禁民为非，曰义。"反过来说，不理就是不管。如 Nenx ax ～ naix jub 他不理别人。

3. 鲁，上古音在来母、鱼部。韵母略有偏转。《说文解字》："鲁，钝词也。"《释名》："鲁，鲁钝也。"《论语·先进》："参也鲁。"即曾参很迟钝。《晋书·皇甫谧传》："何尔鲁钝之甚也？"鲁字早期从鱼、口，而不是从日。《说文解字》认为鱼字在其中表音，可信。因为鲁字的读音在鱼部，应该不是巧合。鲁字从口，必定以口表义。从字义推断，应指木讷、语言迟钝。《说文解字注》认为，鲁做地名，源于"民性朴钝"。由民风观之，此言不差。苗语中，鲁引申为刀钝，与锐、利、快相对，正如汉语中，快本指心情，引申为刀刃锋利一样。如 Diangb diuk nongd ～ yangx, hved vas nenk 这把刀鲁（钝）了，磨锐（快）点。

4. 鑪（lú），上古音在来母、鱼部。韵母略有偏转。《说文解字》："鑪，齐谓黑为鑪。"此字也写作旅，从玄、旅的右部。旅的右部应当是旅字的省略，表音。以玄表义，玄即黑色。旅也在来母、鱼部。《左传·僖公二十八年》：

"彤矢百，旅弓千。"旅弓即黑色的弓。《尚书·文侯之命》："卢（卢）弓一，卢矢百。"这里的卢也指黑色，应当是假借为黸。苗语中，常用于指黑色的词用 dlaib——缁。这里的 lex——黸引申用于天色发暗、头脑发昏，正如 langk——矕即指天阴又指昏迷一样。

（1）指天色阴暗。如 ~ waix 黸宇，即阴天。

（2）指头发昏、发晕。如 ~ muf 黸木，指头发昏、发木，也作 ~ muf khob 黸木颗。颗即头。

lei

leib 类，上古音在来母、物部，入声。类，繁体作类，从犬表义，其余部分表音。同音字纇，以左下表义，指丝打结。那么，类指什么呢？《山海经·南山经》："有兽焉，其状如狸，而有髦，其名曰类。"由于在其他典籍中，类多用于类似、种类等，人们不识其本义。连《说文解字》也含糊了，说："类，种类相似，唯犬为甚。"这种解释既牵强又不得要领。《列子·天运》："亹爱之兽自孕而生曰类。"《庄子·天运》："类自为雌雄。"说类这种兽雌雄同体，仅靠自身就能孕育。这只是传说，可能性不大。陆上哺乳动物（兽）似乎还没有雌雄同体的。这种动物到底是什么呢？笔者推测是猴一类灵长动物。理由有以下几点：一是类从犬。从犬或犭而指动物的字并不多。它们除了指与狗有关的动物（包括狼）之外，多为猴、猿、猕、猱、猢狲、狙、猩、狒等灵长类动物，像狮、犰狳一类的字非常少。而猪、猫、狸等字本来作豬、猫、貍等。因此说，从犬的字表示灵长类动物的可能性较大。二是按《山海经》的描述，可能指猴。似狸，脸型尖削；有髦，即有较长的头发，如猩猩、某些猴子皆然。三是《尔雅·释兽》有"蜼"，郭璞注："蜼，音诔（lěi）……蜼似猕猴而大。"《说文解字》也说："蜼，如母猴，卬（áng）鼻长尾。"卬鼻即仰鼻，鼻孔朝天。蜼与类读音接近，极有可能互为异体字。蜼是灵长类动物无疑。四是苗语的 leib 与类读音相符，而 leib 指的就是猴类动物。五是类引申出类似之义，极有可能是因为灵长类动物有较强的模仿能力，尤其是模仿人类。因此，推定 leib 为类。

（1）指猴。如 ~ lul 老类，即老猴。Dail ~ jit det 猴子爬树。

（2）做形容词，指像猴子一样狡猾。这与汉语中类的引申方向不一样。如 Dail mongx leib niox 那人狡得很。~ lul 指老猴，也指像老猴一样狡猾。

leif 1. 泪，上古音在来母、质部。一般地，认为泪与泪互为异体字。的确，泪与泪都指眼泪。但这不是涙字的本义，与泪有别。泪是会意字，目之水为泪，也是很晚才有的字。而涙是形声字，以戾表音。戾可能也有表义成分。戾的本义是出来、来。戾会意为犬从门（户即门，本是单扇门的象形；门则是双扇门的象形）中出来。涙会意为水溢出，从眼睛溢出的才是泪。《文选》中南朝孔稚圭《北山移文》："涙翟子之悲，恸朱公之哭。"这里的涙就是动词，可以理解为发出、释放出。《说文解字》未收涙字。早期指眼泪的字是涕，而涕用于鼻涕也是后来的事。《正韵》还释涙为疾流貌，可做参考。苗语中，涙就是溢出。如 Laib lix ~ eb yangx 田涙水（溢水）了。

滥，按一般转换规律，可转为 lai，与 lei 相近。滥也有溢出之义。可为参考。

2. 蘖，上古音在疑母、月部。疑母容易转换为 n，又变异为 l。此字又写作枿。《集韵》："蘖，木余也。"《说文解字》则释为"伐木余也"。指伐木后剩下的木桩，也指这种木桩上长出来的新枝。《诗经·商颂·长发》："苞有三蘖。"《毛传》："苞，本；蘖，余也。"《尚书·盘庚上》："若颠木之有由蘖。"即如倒伏的树还有新枝萌出。今有"余孽"一词，恐应作余蘖，指残存势力。苗语中，蘖指剩余，做动词。如 Dail ~ not xus bix seix? 还剩多少钱？

顺便说一句，汉语的余（繁体为餘）本指饱了，引申为多余。而賸（剩的原字）为"物相增加也"。它们的本义离剩余之义都较远。

3. 哩，语气词。如 Laib nongd vut leif! 这个好哩！

leit 1. 戾，上古音在来母、质部，与涙同音。《说文解字》释戾："曲也。从犬，出户下，身曲戾也。"这个解释是牵强的，为什么狗从门里出来要曲身呢？《说文解字注》帮着圆场，仍然说不通。如此解释，无非是要将其与乖戾之义联系上。实际上，在乖戾这个意义上，是假借为捩（liè）。捩即拧，因此有拧巴、扭曲、不合常理之义。戾应该是狗从门里冲出来，这是旅人、访客或归家者常见到的景象。因此，戾一有劲疾之义，二有来、至之义。晋代潘岳《秋兴赋》："劲风戾而吹帷。"这里指劲疾，引申指暴戾。《说文解字》又释戾为至。《诗经·大雅·旱麓》："鸢飞戾天，鱼跃于渊。"戾即到。《国语·鲁语上》："戾于敝邑。"即来到鄙国。《诗经·小雅·采菽》："优哉游哉，亦是戾也。"《毛传》："戾，至也。"苗语中，戾即表示来、至。如 Hnaib denx nenx mongl leit Kad Linx lol 前天他去到凯里了。Hmat ~ ghax nongt ait ~ 说到就要做到。~ dongd yangx 到季节了。~

waix 戾宇，即到顶了，到面上了。~ yenx 戾瘾，到瘾了，犹如过瘾。

浧、苙，上古音在来母、缉部，读音似也可转为 leit，而且用于浧临或苙临，也表示来到之义。不过浧、苙本身没有此义，是假借字，据《说文解字》，假借为从立、隶的字。但这个字一般典籍中见不到。也许就是假借为戾。

顺便说一句，汉语中表示来、到、至等字，表义路线也很曲折。来是麦字的原形。麦对于我国中原地区来说，是外来物种（大约在周代引进），引申出来到之义。至，除下面一横之外，其余部分来自倒矢的象形，会意为箭射过来了。而到是形声字，以至表义，以刀表音。

leis　1. 攦（liè），上古音在来母、叶部。《说文解字》："攦，理持也。"《说文解字注》："谓分理而持之也。"由分而持之引申出挑选之义，即把好的抓住，把不好的放一边。如 ~ hniub nax 攦秞（zhòu）稻，即挑稻种。

列，上古音在来母、月部，读音似也可转为 leis，也有分的意思。《说文解字》释列为"分解"。

　　2. 鋷（lèi），从耒表音。耒上古音在来母、微部。《广韵》释鋷"钻也"。耒可能也有表意成分。耒是耕地工具，在木上钻眼犹如耕地。如 ~ khangd 鋷孔，即钻孔。

leix　诔（lěi），上古音在来母、微部。诔也写作讄。讄的上古音也在来母、微部。《说文解字》："诔，谥也。"指追述死人生前的事迹与功绩，加以相应的称号。或指悼词。《墨子·鲁问》："鲁君之嬖人死，鲁君为之诔。"《红楼梦》中，贾宝玉为晴雯之死作"芙蓉女儿诔"（见"痴公子杜撰芙蓉诔"一章）。但诔并非天生指悼词、谥文。《论语·述而》："诔曰：祷尔于上下神祇。"这里的诔即指向神祈福的祷文。《释名》释诔："累（lěi）也，累列其事而称之也。"《广韵》释诔："垒也，垒述前人之功德也。"都是同音相训。《周礼·春官·大祝》："作六辞，以通上下亲疏远近：一曰祠，二曰命，三曰诰，四曰会，五曰祷，六曰诔。"诔就是一种文体。诔在苗语中，泛指语言文字。这与苗族的语言有关。苗族在历史上经历了多次大迁徙，可以说长期漂泊，遗失了文字。但其悠久的历史文化，包括创世纪、理词、札词多浓缩在古歌中，一代代传唱。这些歌词正如诔文，"累列其事而称之""垒述前人之功德"，涵盖了前人的事迹与功绩，它们就是苗族的图书馆、博物馆和学校，也相当于文字。如 duf ~ 读诔，即读书。hxad ~ 写诔，即写字。~ hmub 布诔，即苗文。~ diel 周诔，即汉文。~ gud 侗文。~ yat 布依文。~ gangb jongb 弓虫诔，即蚯蚓文，指拉丁字母文字（笔画弯曲如蚯蚓）。

len

lenb 内，上古音在泥母、物部，入声。声母 n 变异为 l；韵母 n 化，正如从勿表音的吻、刎读 wen，从尉（wei、yu）表音的熨读 yun 一样。lenb 是 hnet——内的又音，用法不同。《说文解字》："内，入也。从冂、入，自外而入也。"内字中的"人"本应为人。内与入同义，本为动词。《史记·项羽本纪》："哙即带剑拥盾入军门，交戟之卫士欲止不内。""不内"即不让进去。苗语中的内即进、入。如 Not naix wat, ~ ax dlax 人多哇，进不去。lenb vud lenb gongk 内野内丛，即钻山林。

lenf 1. 炖，从屯表音。屯上古音在定母、文部。声母 d 变异为 l；韵首 u 灭失。屯本指春天的草正要破土而出。屯在炖中也有表意成分，指小火慢煮。《说文解字》未收炖字。而有些词书说炖指火盛炽之貌，是与燉（tūn）相混。如 Sad ob jox vob lol ~ nongx 洗点菜来炖着吃。

    2. 衽（rèn），上古音在日母、侵部。声母本接近于 n，又变异为 l。《说文解字》："衽，衣衿也。"即上衣胸前交领部分。《论语·宪问》："微管仲，吾其被发左衽矣。"即：如果没有管仲，我们都将披着头发，向左开衣襟。中原地区传统为右衽。苗语中，衽同衣领的领一样，做量词。一衽即一件。如 Nenx nangl jus ~ ud 他只穿一衽（件）衣。not ~ 多衽，即多件、多层。

lenk 剥，按《汉字古音手册》，其上古音在帮母、屋部，与今天的读音一致。《说文解字》释剥："裂也。从刀、录。录、刻也。录亦声。一曰剥，割也。"说剥有割、裂之义，又以录表音。有一点需要说明的：剥是典型的形声字，没有会意成分。《说文解字》说"录，刻也"是无稽之谈。录是滤或漉的本字，也写作彔，是过滤豆浆或淀粉一类的象形，上部是装豆渣或淀粉的纱囊，下面的水指流下来的豆浆或滗出来的水。因此，录与刻、割、裂均无关，在剥字里只起表音作用。显然，录与剥的声母相去甚远，但韵母一致，都属屋部。极有可能是剥的声母读别了。有专家认为，剥是复辅音字，兼具声母 b、l，企图将录、剥的读音统一起来。不管怎么说，剥的声母都有 l 的基因。这里剥读 lenk，与 lenb——内一样，韵母 n 化了。《诗经·小雅·南山》："疆场有瓜，是剥是菹。"剥是削皮，菹是腌制。《周礼·秋官·柞氏》："冬日至，令剥阴木而水之。"剥木即剥树皮。如 ~ dud 剥皮。

lenl 内，上古音在泥母、物部，是 hnet、lenb——内的又音。lenb 指进入，而 lenl 指将一个物体置于、伸进另一物体内部，与 hnet——人相近。如 Dad det ~

khangd 拿棍子捅孔。~ dul 内炷，即用棍子等伸进火堆里，指把火挑得更旺一些，比喻煽风点火、添油加醋、挑事。

lens 论，上古音在来母、文部。韵首 u 灭失。《说文解字》："论，议也。"但与议有所不同，偏重于作出判断，弄清是非高下。《吕氏春秋·应言》："人与不入之时，不可不熟论也。"高诱注："论，辩也。"《史记·魏其武安侯列传》："今日廷论。"廷论即廷辩。如 ~ jud 论酒，即喝酒时争高下，类似于发酒疯。

li

lib 1. 支，上古音在章母、支部。声母接近于 d，又变异为 l。这里与 jil——支有所不同。jil 指若干分支中的一支，或做量词。而 lib 则表示分支、分岔。《玉篇》释支："支离自异。"《类篇》："一曰分也。"从支的字，如枝、歧、跂等，也往往有分岔之义。如歧即岔路；枝指赘指，跂指赘趾等。如 ~ gid 支路，即岔道。bait ~ 别支，即分岔。别即分。

2. 枝，上古音在章母、支部，与支同音。声母接近于 d，又变异为 l。《说文解字》："枝，木别生条也。"条即树枝。引申为多长出来的手指，即赘指，俗称"六指"。《庄子·骈拇》："骈拇枝出。""故合者不为骈，枝者不为跂。"如 ~ bil 手枝，即赘指。

3. 跂（zhī），上古音在章母、支部。声母接近于 d，又变异为 l。它还有另一读音，与歧、岐同音，在群母支部。《说文解字》："跂，足多指也。"即赘趾，俗称"六趾"。《庄子·骈拇》："枝者不为跂。"这里的跂、枝互文，均可指手、脚。说到这里，我们可以看到，枝、跂的字义都源于支，也都可以用"支"字代替。如 ~ lob 足跂，即赘趾。

4. 敌，上古音在定母、锡部，入声。韵母 d 变异为 l。《说文解字》："敌，仇也。"《尔雅》："敌，匹也。"指双方强弱相当、势均力敌。也指对抗。《孟子·梁惠王下》："此匹夫之勇，敌一人者也。"《史记·项羽本纪》："剑，一人敌，不足学。学万人敌。"万人敌即可对抗万人。

（1）指对抗、互相顶。如 Dail liod ~ dail lid 黄牛敌（顶）羊。~ gib 敌角，即顶角，比喻爱较真、认死理。

（2）指与某某为敌、让某某受苦。如 ~ lob 敌足，指硌脚。

lid 1. 羋（mǐ），上古音在明母、支部。声母 m 变异为 l。《说文解字》："羋，羊鸣也。"羋也是在羊字的基础上造的字。羊叫也写作咩。苗语中，以羋作为拟声词，指羊，正如鸭、蛙、知了等一样，这些字的读音就是模拟其发声的。当然，我们也可以直接理解为羊的叫声作 lid。苗语中，另有 yongx——羊。如 lid vud 野半，即山羊。~ xib 须半，即多毛羊、绵羊。

2. 敜（niè），上古音在泥母、缉部。声母 n 变异为 l；韵尾灭失。《说文解字》："敜，塞也。"《尚书·费誓》："敜乃井。"即把井填上。

（1）指堵塞。如 ~ khangd nangl 敜鼠孔，即堵鼠洞。

（2）比喻劝酒、劝饭，犹如说使劲向人喉咙里填食物。如 lid jud 敜酒，即劝酒。~ gad 敜谷，劝饭。

（3）比喻拥堵。如 Hnaib nongd diub xangx ~ naix dieb 今天场（市场）里敜诸人。犹如说塞满了人。

（4）用于塞钱，指行贿。如 ~ bix seix 敜钱币，即行贿。

3. 例。照搬现代汉语。如 ~ zix 例子。

lif　1. 跞（lì），上古音在来母、药部。韵母只保留了韵首 i。此字也从走旁。跞指跳跃、跨越。《大戴礼记·劝学》："骐骥一跞，不能千里。"唐代刘禹锡《答柳子厚》："跨跞古今。"有叠韵词"趠跞"，或作卓跞，意为超绝。跞因此也含有疾速之义。如 Nenx ~ lol mongx yangx 他跞过去了，即快速跑过去了。~ hob 跞霍，即闪电。跞指其疾速跳跃的样子。~ dul 跞炷，即闪火光。

2. 擽（lì），上古音在来母、支部。擽指截然分开的样子。《荀子·赋》："忽兮其极之远也，擽兮其相逐而反也。"杨倞注："擽兮，分判貌。"如 Jox fangb nongd hmat laib hveb ~ wat 这地方说话擽哇。即语音迥然不同。

3. 捩（lì），上古音在来母、支部。《集韵》《韵会》："与捩（liè）音义同，拗也。"捩就是拧。《庄子·胠箧》："捩工倕之指，而天下始人有其巧矣。"工倕是人名，尧时期的能工巧匠。也指扭动、摆动，如扭腰。~ liongl 捩拧，即摆动。如 Jox niangx nongd ~ liongl wat 这条船捩拧得很，即晃得很。也比喻不沉稳。捩还做形容词，指扭扭捏捏，做轻浮之态。

4. 历。照搬现代汉语。如 lif six 历史。

5. 律。照搬现代汉语。如 lif sib 律师。

lil　1. 理，上古音在来母、之部。《说文解字》："理，治玉也。"有多项引申义。这里的理与 lex——理不同。lex 做动词，用于理睬。这里用作名词，指道理。《孟子·告子上》："理义之悦我心，犹刍豢之悦我口。"如 Nenx ax ed ~ 他不要（讲）理。Maix jax ghax hmat, maix ~ ghax vud 有札（书简）就讲，有理就说。

2. 礼，上古音在来母、脂部。《说文解字》释礼为"事神致福"。《仪礼·觐礼》："礼山川丘陵于西门外。"泛指礼仪、礼俗。如 ~ lul ~ ghot 老礼旧礼。

3. 里，上古音在来母、之部。《说文解字》："里，居也。"指人居住的聚落、村庄。又以"里"的规模来做长度单位。《左传·僖公二十年》："且行千里，其谁不知？"如 Mongl hangd aib maix ib ~ gid 去那里有一里路。

lis

1. 栗，上古音在来母、质部。栗本为树名，其果实也称栗。因栗实坚实饱满，引申指籽实饱满、庄稼长籽实。《诗经·大雅·生民》："实坚实好，实颖实栗。"朱熹《集传》："栗，不秕也。"谷粒瘪称秕。《天工开物·稻灾》："凡苗自函活以至颖栗，早者食水三斗，晚者食水五斗，失水即枯。"秧苗移栽后直到抽穗，都需要大量的水。颖指长出稻芒，栗指灌浆密实。苗语中，栗即指抽穗、长籽实，也称打苞。如 lis nax 稻栗，即稻苞。Laib lix nongd dol nax ait ~ yangx 这块田的稻子打苞了。

2. 樆（nì），上古音在泥母、脂部。声母 n 变异为 l。《说文解字》："樆，络丝树也。"缫出来的丝或纺好的线缠在樆上，以备织布。如 lis hfed 纫樆，即绕线的工具。

3. 尼（nì），上古音在尼母、脂部。声母 n 变异为 l。《说文解字》："尼，从后近之也。"原来，尼上部的尸是一个曲身下蹲的人形，匕则是另一个人形，匕在尸的屁股后面，有接近、紧随之义，故称"从后近之"。尼因此也释近，与远相对。《尸子》："悦尼而来远。"昵有亲近之义，尼在其中有表意成分。至于尼姑之尼是梵文音译比丘尼的省称。苗语中，尼由紧随引申为学舌。如 Naix jub hmat hveb ax gid ~ 别人说话不要尼（学舌）。

4. 浬（lì），上古音在来母、缉部。常见的，浬用于浬临等，指来、到。实际上，这是借假为戾。浬本指水流。司马相如《上林赋》："逾波趋浥，浬浬下濑。如 Laib lix nongd ~ ax bil dluf 这块田水未淌满。dluf 即蓄，在此指达到蓄水的标准。

lit 藜，上古音在来母、脂部，入声。《玉篇》："藜，蒺藜。"《易经·困卦》："据于蒺藜，入于其宫，不见其妻，凶。"孔颖达《正义》："蒺藜之草有刺而不可据也。"蒺藜叶片上有多个刺，且朝向不同。军事上，用于阻击敌军的铁蒺藜正是仿此。也称作六角刺。如 Bangx pud ghab jil det, niangx diangd ghab wul ~ 花开树枝，年转（即春天到了）藜澳。藜澳即长满蒺藜的水边。

lix

1. 里，上古音在来母、之部，是 lil——里的又音，为长度单位。如 Ob ~ gid 二里路。

2. 田，上古音在定母、真部。声母 d 变异为 l；韵尾 n 灭失。田是田亩及其田界的象形。《诗经·齐风·甫田》:"无田甫田,维莠骄骄。"即不要种大田,大田草绵绵。第一个田指种田。如 ~ eb 水田。~ gil 垎田,即旱田。~ hfangb 荒田。~ diangs las dliut 壮田酎地,即肥沃的田地。~ xens dab sot 澹田瘦地,指贫瘠的田地。~ bad ghet 父公田,即祖田。

3. 蠡 (lǐ),上古音在来母、支部。此字本应为盠 (lǐ),上古音与蠡相同。蠡本指虫子咬蚀物件,因与盠同音,字形也相近,故以蠡为盠。《广韵》释盠:"以瓢为饮器也。"即饮酒的瓢。《汉书·东方朔传》:"语曰:以管窥天,以蠡测海。"这里的蠡就应该用盠,即瓢。《资治通鉴·东昏侯》:"驰骋渴乏,辄下马,解取腰边蠡器,酌水饮之。"胡三省注:"蠡,盠瓢也,今谓之马勺。"从"以蠡测海"这个成语可以看出,蠡不但指容器,也是量器。苗语中,以蠡(盠)为动词,指量、计量。如 Dad laib hxenb ~ hsaid 拿个升子盠粲(量米)。除了量体积之外,泛指量轻重、长短等。如 Dad diangb qik ~ dob 拿杆尺盠纻(量布)。

顺便说一句,汉语常用的量,下部是重字的省略形,本指计量重量,但泛指量轻重、大小等。

4. 悝 (lǐ),上古音在来母、之部。《玉篇》释悝:"忧也,悲也,疾也。"《诗经·大雅·云汉》:"瞻卬 (áng) 昊天,云如何里!"这里的"里"应当作悝。悝即担心、害怕。如 ~ dol nes xud ghad, lios dol nangl xud jut 悝诸鸟出菹,悆诸鼠出沮。即害怕鸟儿拉屎、担心老鼠撒尿(怕弄到身上)。

5. 閟 (bì),上古音在帮母、质部。按说,声母 b 不当转换为 l,但从录与剥字的关系看,声母 l 与 b 存在某种关系,也未可知。《说文解字》:"閟,闭门也。"《左传·庄公三十二年》:"公筑台,临党氏,见孟任,从之,閟。"杨伯峻注:"閟音秘,闭门也。此谓庄公追(党氏之女)孟任,孟任闭门以拒之。"如 ~ diux 閟宁 (zhu),即闭门。~ diux ~ zaid 关门闭户。~ eb 閟水,即用闸把水关住。

6. 礼。照搬现代汉语。如 ~ tangf 礼堂。

lia

liad 擺 (lǐ),上古音在来母、支部。韵母本相当于 ie,转为 ia。liad 是 lif——擺的又音,用法也有所不同。擺有扭动、摆动之义,这里放在其他动词后面,表示有摆动的样子。如 Fix ~ 挂擺,即挂着而摆动的样子。ghangt ~ 扛擺,即抬着而摆动的样子。

liaf 撩（liào），上古音在来母、宵部。韵母本相当于 au，转作 a。撩有多个读音和义项。liaf 是 lax——撩的又音。liaf 出自抛掷。《三国志·魏书·典韦传》："但持长矛撩戟。"撩戟，即用于投掷之戟。如 liaf fenf 撩横，即耍横，fenf 是 fangf——横的又音，这里对应于汉语的 hèng。～ hox 撩火，即发火、发怒。

liak 1. 聊，上古音在来母、幽部。韵母本作 ou，有所偏转。不过，这里的聊是假借字，本应写作憀（liáo）。憀也在来母、幽部。《玉篇》："憀，赖也。"即依赖、依靠。《淮南子·兵略》："上下不相宁，吏民不相憀。"《战国策·秦策一》："上下相愁，民无所聊。"聊应作憀。无聊即无依靠、无所寄托。聊的本义是耳鸣。如 ～ gongd caix dangx jas vut 聊共产党及好，即靠共产党过上好日子。

2. 羸（léi），上古音在来母、歌部，本接近于 lia。《说文解字》："羸，瘦也。"羸与赢、嬴、蠃同旁，以羊表义，本指羊瘦，泛指瘦弱。《史记·扁鹊仓公列传》："形羸不能服药。"宋代李纲有写耕牛的诗句："不辞羸病卧残阳。"引申为枯萎。《吕氏春秋·首时》："秋霜既下，众林皆羸。"如 Dail daib nongd ～, dail daib aib diangs 这个孩子羸（瘦），那个孩子壮。～ det 羸树，即树枯萎、树叶凋零。

3. 陧（niè），上古音在疑母、月部。声母易转换为 n，又变异为 l。《说文解字》："陧，危也。"指险峻。左阝本是简易的梯子的象形，除了表示与阶梯有关的字之外，往往表示高下。汉语中往往组成联绵词阢（wù）陧，指不安的样子。陧也作陒。如 Hangd mongx ～ wat, lol dangl ghangb nenk daib 那里陧哇（危险得很），往后一点儿。组成双声词 ～ liud 陧陆，即险峻。陆指高而上平。

4. 鹨（liáo），上古音在来母、宵部。韵母 au 转换作 a。其实，在这里鹨是拟声词，模拟喜鹊的叫声。如 ～ kat 鹨喀，与 kak liax——喀鹨一样，都指喜鹊。

lial 1. 踂（niè），上古音在泥母、叶部。声母 n 变异为 l。踂指迈不开步。《谷梁传·昭公二十年》："辄者何也？曰两足不能相过。齐谓之綦，楚谓之踂，卫谓之辄。"踂是正字，辄是假借字。踂比喻畏缩不前。如 Nenx ～ yangx 他踂了。即他畏缩了。

2. 疠（lì），上古音在来母、月部，韵母本来相当于 ia。今简化为疠。《说文解字》："疠，恶疾也。《素问·风论》："疠者……皮肤疡溃。"指恶疮。《礼记·月令》："孟冬行春令，民多疥疠。"此字又写作痢、癞。《淮南

337

子·精神》："夫癫者趋不变。"高诱注："或作介（疥）。"比喻疤、留疤。如 ~ mais 疬面，指脸上有疤。

3. 喇，从剌（lá）表音。剌的上古音在来母、月部。也可能是后来照搬现代汉语的结果。如 ~ bab 喇叭。~ bab liuk lid 喇叭嚓唊，即音色凄厉的喇叭，指唢呐。

4. 寥，上古音在来母、幽部。韵母有所偏转。虽然一般典籍中给寥所标声调为阳平，但口语中往往读为上声，声调 l 与上声相对应。寥也写作廖，《说文解字》则作廫（liào），并释为"空虚也"。《老子》："寂兮寥兮，独立而不改。"王弼注："寥者，空无形。"《庄子·大宗师》："乃入于寥天。"由形容词空、虚，引申做副词，指空空地、白白地、徒然地。

（1）指空。如 ~ bab ~ lius 寥坝寥庙，即空坝子空院子。坝是场地，庙是中庭。比喻一贫如洗，家徒四壁。

（2）指空空地、白白地。如 Mongx nongx wil nix hsab, mongx hek wil liangl ~ 你茹我银素，你欥我两（银两）寥。即你白吃我的银两。寥与素同义。茹即吃，欥即吸。

5. 了，上古音在来母、宵部。韵母由 au 转换为 a。《说文解字》："了，从子，无臂，象形。""子"是褓襁中婴儿的象形：双脚被裹在一起，双臂展开。而"了"则无双臂，实际上是双臂也被裹在褓襁中，只露出脑袋。了有多项引申义，其中一义指完全、全然。《抱朴子·外篇·审举》："假令不能必尽得贤，要必愈于了不试也。"今有了无惧色、了不想干等词。苗语中，了也指全然，不过习惯放在名词后面。~ ~ 了了，全是。如 eb ~ ~ 全是水。Jox fangb nongd sail dol hmub ~ 这地方全是苗族。

6. 唎，象声词。如 ~ ~ lib lib 唎唎呖呖，蝉的叫声。

lias 瞭（liào），上古音在来母、宵部。韵母由 au 转换为 a。瞭本指眼明。战国宋玉《神女赋》："眸子炯其精朗兮，瞭多美而可观。"李善注："瞭，明目也。"《孟子·离娄上》："胸中正，则眸子瞭焉。"引申为明白。《论衡·自纪》："言瞭于耳，则事昧于心。"明白这个意义上，也写作憭。《说文解字》："憭，慧也。"又写作了。"小时了了，大未必奇。"即小时聪明、明白，长大了未必有过人之处。苗语中的 lias，即有了然于心之义。如 ~ mais 瞭面，即熟脸、面熟。~ hvib 瞭心，即非常熟悉。~ khat 瞭客，即非常熟的客人。引申指对环境很熟悉、很习惯。如 Jox fangb nongd wil niangb ~ yangx 这地方我住惯了。Dail gheib nongd ~, ax guf 这只鸡瞭，不惧。

liax 1. 尢羸（léi），从尢（wāng）、羸，以尢表义，以羸表音，上古音在来母、歌部，与赢同音，本接近 lia。尢是大字的变形，大字形是四肢舒展的人体，左右对称，而尢字犹如双下肢不对称，表示一条腿有毛病。《说文解字》："尢，膝中病也。"《集韵》释尢："腰膝痛。"如 ~ lob 尢赢足，即跛脚。

2. 蹀（dié），上古音在定母、叶部。声母 d 变异为 l；韵母本就相当于 ia。蹀犹如踏。《淮南子·俶真训》："足蹀阳阿之舞，而手绘绿水之趋。"这里的蹀即踩着节拍跳舞。如 Lol ~ gix Lix Bil, lol zuk niel Ongd Niongs 来蹀管里别，来走鼓翁弄。即来里别跳芦笙、来翁弄跳铜鼓。里别、翁弄是地名。~ gix 蹀管，即踏着芦笙的节拍起舞。

3. 蹠（zhí），上古音在章母、铎部。声母本接近于 d，变异为 l；韵母本就接近于 ia。《战国策·楚策一》："上峥山，逾深谿（xī），蹠穿膝暴。"鲍彪注："蹠，足下。"《文心雕龙·事类》："狐腋非一皮能温，鸡蹠必数千而饱矣。"鸡蹠即鸡爪。如 ~ hab 鞋蹠，即鞋底。~ tot 套蹠，即袜底。套即袜。~ kab 铧蹠，即犁的底板。~ lob 足蹠，依然指脚板。Bib mongl gid xongx eb, eb niel mes ~ lob 我们循河走，浊水没足蹠。

liang

liangb 拈，上古音在泥母、谈部。声母 n 变异为 l，韵母中的 am 转换为 ang。《广韵》："拈，指取物也。"撮起手指而不用掌取物，叫拈。杜甫《漫兴九绝》："舍西柔桑叶可拈，江边细麦复纤纤。"今有"拈轻怕重"一词，很形象。如 ~ ghab nex vob gangb 拈蚕菜叶，即采桑叶（桑叶是蚕的菜）。~ sab 拈痧，即揪痧、掐痧。~ ghab naix 拈耳朵，即揪耳朵。~ dab 拈地，是拈食撒于地的简略说法。这是苗族人进餐前的简单仪式，以示吃饭不忘祖先。~ jenl 拈槚，即采茶，比喻夭折（采茶采嫩叶，喻年幼的先去了）。

liangf 1. 良，上古音在来母、阳部。《说文解字》："良，善也。"引申为妇人对丈夫的称呼。《仪礼·士昏礼》："媵衽良席在东。"郑玄注："妇人称夫曰良。"媵是陪嫁女，犹如丫鬟；衽良席，给丈夫准备卧具。后来也称丈夫为良人。李白《子夜吴歌》："何日平胡虏，良人罢远征。"更多的是称郎；而郎本是地名，假借为良。可参照 langx——郎字条。苗语中，良指丈夫或情哥，相当于郎。郎又指年轻男性。汉语中也有这种情况。《三国志·周瑜传》："瑜时年二十四，吴中皆呼为周郎。"

（1）丈夫、情哥。如 Liangf dot diangb zax diel, gif dot laib songx bil, ob ait gheb nongx mongl 良得一杆钉耙，姬（妹）得一架织机。我俩做工去。

（2）指年轻男子。如 ~ zix 良子，指士兵，犹如子弟兵。

2. 簜（dàng），上古音在定母、阳部。声母 d 变异为 l。《说文解字》："簜，大竹也。《夏书》曰：'瑶琨筱簜。'"又指用这种竹子做的管乐器。《仪礼·大射记》："簜在建鼓之间。"苗语中，liangf 指乐器。如 ~ diel 周簜，指来自汉族的笛子。

3. 凉。照搬现代汉语。如 ~ fenx 凉粉。苗语中指凉、冷的有 seil——渐。

liangl 1. 两，上古音在来母、阳部。这里与 langl——两不同。两本指成双成对的东西，也指"二"。两用于重量单位，缘于黄钟重十二铢，二十四铢即为两。《汉书·律历志》："二十四铢为两，十六两为斤。"

（1）指重单位。如 ib ~ ngix 一两肉；ob ~ xid 二两盐。

（2）转指银子。大概是因为银子都以两论的缘故。"银两"二字常连用，遂以"两"代指银子。苗语中，另有银——nix。歌词写道：Ed ~ nongl dot ~, dad mongl diub dint diel, hxad ghax jus hxot jul 要两就得两（银子），拿到店里去，一会儿就耗光。

2. 敛，上古省在来母、谈部，韵母 am 转换为 ang。《说文解字》："敛，收也。"引申为入殓。《释名·释丧制》："衣尸棺曰敛。"后来造"殓"字作为入殓专用字。古汉语中，又分小敛、大敛。为死者更衣为小敛，死者入棺为大敛。苗语中，敛指入坟、埋葬。

（1）即收。如 ~ hvib 敛心，即收入、安心。~ gheik 敛扼，即收窄，指地势险要处。

（2）同殓，指入葬。如 ~ naix 敛人，即安葬。~ niul 生埋、活埋。

3. 捡（liǎn），上古音在来母、谈部，与脸同音。韵母 am 转换为 ang。《说文解字》："捡，拱也。"即拱手、作揖。《说文解字》又释拱为"捡手也"。如 ~ nangl 捡仍，即连连拱手，指乞讨。~ gad 捡谷，即拱手要饭、讨饭。

读 jiǎn 是后来的事。

4. 断，上古音在定母、元部。声母 d 变异为 l；韵首 u 灭失，an 转换为 ang。liangl 是 dait、dangd——断的又音，与 dait 基本同义，与 dangd 有所不同。dangd 用作动词，指打断、拦截，而 liangl 指断开。如 ~ hvib 断心，即死心。~ ves 断活，即死亡。~ bongt 断风，即断气。~ hxangb 断纤。纤是细丝，断纤即彻底断开，比喻病断根、治好了。

5. 惊（liàng），上古音在来母、阳部。《礼记·郊特牲》："祊之为言惊也。"郑玄注："倞，犹索也。"即索求。如 ~ gib ~ ghot 倞角倞拐，即把每个角落都索求到了，指说话、考虑问题非常周全。

liangl gad 似也可释为倞谷，即要饭。倞另读如竞。

6. 剺（lí），上古音在来母、之部，入声。韵母 ang 化了。剺从刀表义，其余部件表音，故与嫠、釐同音。《说文解字》："剺，划也。"《后汉书·耿恭传》："黎面流血。"黎与剺通。剺面，即脸被刀割破或划破。如 ~ bil 剺手，即割了手。

liangs 1. 诞，上古音在定母、元部。声母 d 变异为 l；韵母 an 转换为 ang。liangs 是 dangt——诞的又音。诞是假借字。诞的本义为说大话、妄语，假借为旦。旦由日出引申为诞生、产生。《后汉书·襄楷传》："昔文王一妻，诞致十子。"《陈书·徐陵传》："母臧氏，尝梦五色云化而为凤，集左肩上，已而陵诞焉。"苗语中，诞相当于生。如 Nenx ~ dail naix ait mongx hot 他生来就是那样的人。~ ghab nangx 诞其芬，即长草。~ hseik 诞窃，偷着长，指作物不经耕种而自生。hseik 是 hseib——窃的又音。

2. 妊，上古音在日母、侵部。声母本接近于 n，转变为 l；韵母由 em 转换为 ang。《说文解字》："妊，孕也。"《论衡·吉验》："传言黄帝妊二十月而生。"如 Nenx ~ dail daib ob hlat yangx 她妊娠两个月了。

liangx 1. 粮，上古音在来母、阳部。《说文解字》："粮，谷食也。"《诗经·大雅·公刘》："乃裹糇粮，于橐于囊。"如 ~ dlub 素粮，即白米。jit ~ 陟粮，上交公粮。

2. 梁，上古音在来母、阳部。《说文解字》："梁，水桥也。"本义为桥梁，引申为房梁。《乐府诗集·十五从军征》："兔从狗窦入，雉从梁上飞。"如 ~ zaid 宅梁，即房梁。

3. 两，上古音在东母、阳部。liangx 是 liangl、langl——两的又音，与 langl 的用法相同。"两"用作布匹的量词，泛化为薄片状物体的量词。如 nangl ob ~ ud 穿二两衣，指穿两件单衣。ib ~ xit 一两絮，即一张纸。ib ~ dud 一页书。

4. 喇，从剌表音。剌的上古音在来母、月部。liangx 是 lial——剌的又音，韵母"ang 化"。~ bab 即 lial bab，喇叭。

lie

lieb 流，上古音在来母、幽部。韵母 ou 转换为 e。《说文解字》："流，水行也。"

由水流动引申为游移不定、流浪等。《左传·成公六年》："视流而行速，不安其位，宜不能久。"视流即眼神游移。在无目的地移动这个意义上，后来也用溜（平声）。如 Nenx ib hnaib ~ ~ bet nongd, ~ ~ bet aib 他一天流流这里，流流那里。

lied 撦（liè），上古音在来母，叶部。lied 是 leis——撦的又音。撦为"理持""分而持之"。如果强调"分"，就有挑选（把想要的和不想要的分开）之义；如果强调"持"，就指抓、握。这里强调后者。如 ~ ib dongx gad nef nongx 撦一团糯米饭吃。这个意义上，后来出现捏字。

lief 蝶，上古音在定母、叶部。声母 d 转换为 l。《说文解字》中，蝶作蜨（dié），"蛱蜨也"。《玉篇》："蝶，胡蝶。"唐代温庭筠《诉衷情词》："柳弱蝶交飞。"如 Bangx nas bangx vax ved, ~ nas ~ vax bes 蕃生蕃不守，蝶生蝶不抱。蕃在苗语中本指花，借指漂亮的蝴蝶；nas 指生子。这两句意思相同：蝴蝶只生子，不抱窝。

liek 埒（liè），上古音在来母、月部。《说文解字》："埒，卑垣也。"即矮墙。《急就篇》："顷町界亩畦埒封。"颜师古注："埒者，田间埒道也。"即田塍。田塍应当是从"矮墙"引申而来，泛指界限。其实，矮墙的作用就是确立界限。因界限的形状与其所围合的疆域形状完全一致，引申出如同、与某某一样之义。《史记·平准书》："故吴诸侯也，以即山铸钱，富埒天子。"即诸侯富如天子。苗语中，liek 指如同、像。如 ~ bend 埒本，本指榜样、样子。埒本即依照样子、仿照。~ bend ait hmub 依样绣花。~ yangs 埒样，像样。Nenx ait dol nongd ax ~ yangs 他这样做不像样。~ dangf 埒当，即如同。Nenx jox yangs maix nenk daib ~ nenx bad 他的样子有点像他父。

liel 1. 虑，上古音在来母、鱼部。《广韵》时期，作 lio。《说文解字》："虑，谋思也。"《论语·卫灵公》："人无远虑，必有近忧。"引申为忧虑。杜甫《羌村》："萧萧北风劲，抚事煎百虑。"如 ~ wat yel daib niux 虑煞了姑娘，即愁死姑娘了。

2. 窌（liù），上古音在来母、幽部。韵母 ou 转换为 e。《说文解字》："窌，窖也。"《吕氏春秋·季春》："发仓窌，赐贫穷。"高诱注："方者曰仓，穿地曰窌。"窌即地窖。引申为深空的样子。汉代马融《长笛赋》："廖窌巧老，港洞坑谷。"李善注："廖窌巧老，深空之貌。"

（1）指地洞。如 ~ Ghel 葛窌，地名，在贵州凯里，大概是因有溶洞。

（2）比喻家贫。如 ~ ~ hxat hxat 窌窌狭狭，即贫困。Jox fangb nongd ~ wat 这地方窌得很，即穷得很。

3. 傫（lěi），上古音在来母、微部。傫从累表音，相当于 liwei。其中的 w 相当于 u，灭失。《广韵》："傫，极困也。"《管子·形势》："起居不时，饮食不节，寒暑不适，则形体傫而寿命损。"后多写作累。《论衡·骨相》："傫傫若丧家之狗。"《史记·孔子世家》则作"累累若丧家之狗。"傫傫或累累都指疲惫已极、颓丧的样子。

（1）指颓丧。如 ~ liek dail dlieb liax 傫然如蹀鼬，颓丧如黄鼠狼。

（2）引申为乏，如衣服洗乏了，完全褪色。如 Hsot not wat ~ mongl 洗多了就褪色了。

liex 1. 亩，上古音在明母、之部。亩繁体作畮或畆，分别以每表音、以久表音。每、久都在之部，尽管它俩声母相差甚远。正如姥有 m、l 两个声母，亩的声母由 m 变异为 l。亩从田表义，本指田垄。《国语·周语下》："天所崇之子孙，或在畎亩。"韦昭注："下曰畎，高曰亩。亩，垄也。"泛指田地。《尚书·盘庚》："不服田亩，越其罔有黍稷。"即：不耕种田地，于是就没有粮食。后指土地的面积单位。《汉书·食货志》："六尺为步，步百为亩。"

（1）指田地、土地。如 ~ gheb 工亩，即工地，也指庄稼地（做工之地）。Xit yangl dlinf ~ gheb 胥延进工亩，即相邀进工地。

（2）做量词，用于土地，但不是严格意义上的一亩，相当于块。如 Hangd nongd maix ob ~ gheb, mongx juk ~ nongd, wil juk ~ mongx 这里有两工亩，你掘这亩，我掘那亩。

2. 谬，上古音在明母、幽部。声母 m 变异为 l（与谬具有共同表音部件的寥、廖、戮等声母即为 l）。韵母中的 ou 转换为 e。《说文解字》："谬，狂者之妄言也。"引申为谬误、差错。《荀子·儒效》："故闻之而不见，虽博必谬。"也写作缪。《汉书·于定国传》："何以错缪至是？"如 Hxub dliangb jul ~ yangx, yuk diangs jul dlongs yangx 驱仙（鬼）绝谬焉，卸状绝讼焉。即：驱了鬼再无差错了，断了案再无争讼了。

3. 俪，上古音在来母、支部，本就相当于 lie。俪指配偶。《左传·成公十一年》："鸟兽犹不失俪。"杜预注："俪，耦也。"今有"伉俪"一词，指两口子。苗语中的俪，指配偶的一方，多指男方。liex dial 大俪，犹如阿哥（相对于阿妹）。如 ~ mongl gid deis vut? xangs dial yad dius mait 哥往哪里好？告诉我吧，阿妹。

lin

lind 1. 展，上古音在端母、元部。声母本为 d，变异为 l；韵母由 an 转换为 in。《说文解字》："展，转也。"遂有"展转"一词，也作辗转。而从展表音的辗、碾又读 nian。三国曹丕《杂诗》："展转不能寐，披衣起彷徨。"这里有必要说明一下："展转"是展的正义，展从尸，尸是曲体之形，表示人在床上转侧。而表示展开、铺展以及古代一种礼服之义的，都是假借展而为之，它们也是展字的构成部件。

表示展开的，本是四个工字，有排列、铺陈之义，展字的中部即由此演变而来；表示礼服的展衣，在四个工字的基础上，再加衣字，展的中下部即由此演变而来，现在还隐约可见衣的底部。

（1）辗转，表示转动、扭动。如 ~ jid 展躬，即翻身（在床上转身）。~ mongl ~ lol 展来展去，即翻来覆去。~ ghangb ~ ghad 展尻展股，即屁股扭来扭去。~ ghangx 展颔，即转动下颔，指抬起头来。~ mais 展面，即转脸。

（2）指展开，本字为四个工字。如 ~ dud lol hxid 展书来视，即打开书来看。

（3）做量词，相当于回、次。顺便说一句：回的原型是旋涡，有转圈之义。如 Gol nenx ob ~ nenx jef dax 叫他两回他才到。ob lind 二展，即两回。

2. 躏，上古音在来母、真部。躏，或写作躏，指踩、踏。司马相如《上林赋》："躏玄鹤，乱昆鸡。"李善注："躏，践也。"今有"蹂躏"一词，即践踏。《说文解字》："躏，轹也。"指车碾压。另有同音字辚，组成双声词"辚轹"，指车碾压，而躏、躏则指脚踩、践。如 Mongx ~ jox vangx nongd ghax sos dail 你躏这道冈就到了，即踏过、翻过这座山就到了。

linf 1. 利，上古音在来母、质部。韵母本无 n，n 化了。利有多项字义，这里主要指利益、钱财方面的好处。《尚书·仲虺（huī）之诰》："不迩声色，不植货利。"《论语·里仁》："君子喻于义，小人喻于利。"《史记·赵世家》："逐什一之利。"即追逐十分之一的利润。

（1）指利益。如 Nenx dot ~ jef ait, gos bend nenx ax ait 他得利才做，亏本他不做。

（2）指利息。如 Xangt xat ed ~, yis gas ed git 放债（为的是）要利，养鸭（为的是）要蛋。Dail mif liod nongd maix ~ yangx 这头母牛有利了。这是比喻母牛怀上小牛了：牛生牛犹如钱生钱，生出来的钱即利。

2. 灵，上古音在来母、耕部。韵母 ing 转换为 in。灵本应作灵，上部表音，下部的巫表义，即巫。《说文解字》："灵，灵巫，以玉事神。"是职业求神者，以沟通人间与鬼神。引申出灵魂、灵验、灵活等义。《史记·龟策列传》："以为龟藏则不灵，蓍久则不神。"此处的灵即灵验。《庄子·天地》："大愚者终身不灵。"灵即聪慧。

(1) 指灵验。如 Jus diot jab ghax vut, ~ wat 一敷药就好，灵得很。

(2) 用于灵活。如 ~ hof 灵活。

(3) 指聪慧。如 Dail jib daib nongd ~ bongt wat 这个孩子灵得很。

3. 零，上古音在来母、耕部。韵母 ing 转换为 in。linf 是 langf——零的又音，用法不同。《说文解字》："零，余雨也。"即大雨过后零星的雨点。引申为零散、零头等。苗语中，用于计数时表零头。如 ib bat ~ ib laib 一百〇一个。

4. 连，上古音在来母、元部。韵母 an 转换为 in。linf 是 langb——连的又音，用法不同。连本指人拉车，有多项引申义。这里做介词。《朱子语类》卷六九："乾卦连致知、格物、诚意、正心都说了，坤卦只是说持守。"如 ~ dol ghet lul wuk lul seix dax qeb leix hmub 连老公公老妪们悉来学苗文。

5. 人，上古音在日母、真部。声母接近 n，本应读作 ninx 或 ninf。这里由 ninf 讹为 linf。苗语中，人另有读音 naix。与 naix 有所区别的是 linf 指人形物，用于稻草人等。如 ~ ghad longd 苴莨人，即草人。苴与莨都是草。

link 凌，上古音在来母、蒸部。韵母 ing 转换为 in。《说文解字》："凌，冰出也。"似可理解为突出的冰，不同于平滑的冰，如檐口滴水形成的冰，呈倒锥形，即为凌。泛指冰。《诗经·豳风·七月》："二之日凿冰冲冲，三之日纳于凌阴。"毛传："凌阴，冰室也。"即冰窖，阴同窖。从黔东南苗族所处的环境看，水面结冰非常罕见，而由于冰雨致房屋、树木上所结的冰凌倒是冬天并不稀罕的景象。苗语中，linf 不仅指冰凌，也指凌状物，即下垂的锥形。

(1) 指冰凌。如 ~ bait 白凌，即冰凌。这里的白可理解为雪。雪融后再凝结而成的冰即白凌。

(2) 指凌状物。如 ~ ghongd 颈凌，指悬雍垂，俗称小舌头，咽部下垂的小块肌肉，略呈锥形。~ hxongt 铳凌，指枪、铳的扳机，因扳机也呈下垂状。Laib mangl maix laib ~ 面上有个凌，指脸上小肉瘤、凌状凸起物。

linl 廪（lǐn），上古音在来母、侵部。韵母由 iem 转换为 in。廪即粮仓。其实稟字上部即为粮仓的象形，后又在下面加禾（现讹为示）、在上面加广（广是简易建筑的象形)。《孟子·万章上》:"父母使舜完廪。"即父母让舜修补粮仓。《管子·权修》:"轻地利而求田野之辟,仓廪之实,不可得也。"引申为储藏、留存。《素问·皮部论》:"廪于肠胃。"苗语中,廪做动词,指储藏、保存等。如 ghab zat ~ niel 存鼓的岩洞。Nenx ~ benx dud leit xangf nongd 他廪书本至现在。

lins 1. 变,《汉字古音手册》注意为帮母、元部,按典籍,其声母似乎也应为 b。但是,变繁体作变。据《说文解字》:"变,更也。"同时说得很清楚:以下面的攴表义(与改、更一样,更的小篆下部本来也为攴);而变的上部表音。恋、峦、挛、孪、鸾、銮、栾、脔、娈等读 luan 或 lian 的字,与变具有相同的表音部件,这个部件统统被简化成"亦"。据《说文解字注》,这个表音部件即"乱"的异体字。可以推测,"变"的读音当为 luan 或 lian。韵母中如果有 u,也灭失了;an 转换为 in。汉语中变的读音一定是某个时期发生了突变。"变"的字义倒是很稳定,千百年来没有变。《易经·系辞下》:"穷则变,变则通,通则久。"如 Bait ~ jangx eb seil 白(雪)变成凉水。~ mais 变面,即变脸。~ jangx dliangb 变成仙。

2. 滥,上古音在来母、谈部。韵母由 am 转换为 in。《说文解字》:"滥,泛也。"泛今写作泛,指水涨溢。今有"泛滥"一词。《水经注·湿水》:"其水阳燠(hàn)不耗,阴霖不滥。"即天旱不减,连雨不涨。在汉语中往往引申为过度。《诗经·商颂·殷武》:"不僭不滥。""不滥"指不滥罚。苗语中,滥做副词,用于指程度之深。vut lins 好滥,犹如好得厉害、太好了。如 ~ niox 滥了,与滥同义,也做副词。Hxat ~ niox 狭滥了,即穷得厉害。

3. 乱,上古音在来母、元部。韵首 u 灭失,an 转换为 in。《说文解字》释乱为"不治",这已是引申义。实际上,乱的繁体乱,其左部为两只手来解缠结的丝,在篆体中上下对称。"乱"的字义来自缠结的丝。《左传·庄公十年》:"吾视其辙乱。"车辙乱,说明车的行进无序、仓皇。如 ~ mais 乱目,即让眼睛迷乱,犹如迷眼、眼花。

linx 1. 绫,上古音在来母、蒸部。韵母本接近 ing,转换为 in。绫——linx 的另一读音为 liongx,韵母 ing 则转换为 iongx。《说文解字》:"绫,东齐谓布帛之细曰绫。"可见绫由细纱或丝织成。白居易《卖炭翁》:"半匹红纱一丈绫。"如 Nenx niangb zaid dib ~, ax dios ait dok 他在家织绫,不是织纻(紵)。纻由麻织成,较粗。

2. 领,上古音在来母、耕部。韵母 ing 转换为 in。《说文解字》:"领,项也。"本指脖子。后指上衣的部位,在脖子处。《荀子·劝学》:"若挈裘领，诎五指而顿之，顺者不可胜数。"挈领，即提衣领。今有"提纲挈领"一词，提网要提纲绳，提衣要提衣领。在此基础上，引申出提领、统领、领导等义。唐代元结《宿回溪翁宅》："老翁八十犹能行，将领儿孙行拾稼。"此处的领即带领。《晋书·桓伊传》："谨奉输马具装百具，铠五百领，并在寻阳，请勒所属领受。"此处第二个"领"即领取。如 ~ ghend 领管，即领导、管理。~ daod 领导，照搬现代汉语。~ dox 驮领，即牵领牲口的装置，指辔头。dox——驮指负载的牲口。Hot nenx mongl ~ bix seix 喊他去领钱。

3. 连，上古音在来母、元部。韵母中的 an 转换为 in。这里与 langb、linf——连不同。langb 指流连。linf 做介词。这里的"连"指连接。如 ~ ghenx 连杆，即连枷，将一能转动的杆与手持的杆相连接，挥动起来使转杆拍打收割下来的农作物，用以脱粒。

lio

liob 詈，上古音在来母、支部，入声。韵母本相当于 ie，转为 io。《说文解字》："詈，骂也。"《尚书·无逸》："小人怨汝詈汝。"屈原《离骚》："女嬃之婵媛兮，申申其詈予。"如 Dib naix maib dot dib, ~ naix maib dot liob 打人他俩不打，詈人他俩不詈。即：他俩不打人、不骂人。

liod 1. 牛，上古音在疑母、之部，入声。同蘖、枭等疑母字一样，声母往往会变异为 n。这里又进一步转为 l。牛字源于牛头的象形，字义无须解释。苗语中，黄牛与水牛是两个词，但均由疑母、之部的牛字变化而来，只不过变化方向不同：liod——（黄）牛，声母变异较大，韵母保存了古音；ninx——（水）牛，声母变化不大，与现代汉语一致，韵母 n 化。出现这种现象很好解释。苗族世代从事农耕，与牛的关系非常密切，可谓须臾不离。在这上面，词的分工就非常细。同样，在古代农耕社会，汉语中有很多指牛的专用字：物指杂色牛，特指三岁牛，牦指长毛牛，牯指公牛，牲是供祭祀用的全牛，犍是阉过的牛……在当代城市中的人们看来，这过于烦琐，花费精力掌握这些字没有必要。固然可以用黄牛、水牛这两个词来区分这两种牛，如果是在生活中频繁提到它们，自然不如用 liod、ninx 来得简洁。如 ~ lul 老（黄）牛。~ hsent 骟（黄）牛。tiet ~ mongl kab lix 牵（黄）牛去犁田。

2. 撩（liào），上古音在来母、宵部。韵母 o 对应于汉语的 ao。liod 是 lax、li-

347

af——撩的又音。撩有多个义项，这里指抛掷。此字现写作撂，撂是后起字。如 ~ bob 撩包，即把包袱扔（给别人）了，指嫁祸于人。

liol 1. 轴，上古音在定母、觉部，入声。声母由 d 变异为 l；韵母本相当于 iou，转换为 io。《说文解字》："轴，持轮也。"即贯穿于车轮的车轴。苏轼《次韵王巩独眠》："天寒日短银灯续，欲往从之车脱轴。"如 Eb ax dot jes lal, hxab ax dot was ~ 河无水流，（水）车不转轴。用一句话：水车无水轴不转。

2. 焯（zhuó），从卓表音。卓的上古音在端母、药部，入声。声母 d 变异为 l；韵母 o 对应于汉语的 uo。焯的古音与灼同，二字通假，故《说文解字》释焯为明。《集韵》《类篇》释焯："音琢，小热也。"即稍稍加热。焯现读作 chāo，一般指将蔬菜等放在开水里略煮一下即捞起来。如 ~ vob 焯菜；~ nail 焯鱼。

lios 撩（liào），上古音在来母、宵部。韵母 o 对应于汉语中的 ao。撩有多个义项，这里有两个义项。一是抛掷，是 liaf、liod——撩的又音。二是用力推、拨，是 lax——撩的又音。

（1）指抛、扔。如 ~ ghangx 撂扛，扛即扁担。撂杠即丢下担子、不负责任。Mais ~ wil diot diel, diot niangx qab mongl nangl 妈妈撩我到他乡，乘着船儿去东方。

（2）指推、扳。如 ~ dail det, 撩（倒）一棵树。

liong

liongl 1. 绛，上古音在见母、冬部。见母一般对应于 j，按说不应转作 l。但实际上，l 与 j 有割不断的联系。比如：隆，《说文解字》："从生，降声。"有两个含义：一是隆字由降、生二字组成（小篆中降字未简化，一目了然）；二是隆字由降表音，由生表义。可以推测，降与隆曾经同音，或大致同音。而绛的读音源于降，其右部是降字的省略形。另外，从监与蓝、金与敛、柬与练（练）、京与谅、夳与绤等字的关系中也可看出声母 j 与 l 的关系。我们不妨假定降、绛声调除外曾经读如隆。事实上，隆的上古音在来母、冬部，约略可写为 liuom（见《汉字古音手册》）。其中 u 灭失；om 同汉语一样，转换为 ong。liong 与隆非常相符。《说文解字》："绛，大赤也。"即深红色。《史记·田单列传》："田单乃收城中得千余牛，为绛缯衣，画以五彩龙文。"如 hfed ~ 绛纴，即深红色的丝线。

2. 隆，拟声词。如 ~ lid 隆喉，犹如 lial bab liuk lid 喇叭嘹喉，即唢呐。如 Ghangt ~ lid dax cob 拿唢呐来吹。

liongx　1. 绫，上古音在来母、蒸部，韵母本相当于 iong。liongx 是 linx——绫的又音。

2. 掟（dǐng），从定表音。定的上古音在定母、耕部。声母 d 变异为 l；韵母 ing 转为 iong。《集韵》释掟："上声。挥张也。"即挥动、摇动。如 ~ diangb zenk 掟紖（zhèn），即挥鞭。紖是牵牛的绳子，也可用来鞭策牛。Dail dlad ~ daid 犬掟觚，即狗摇尾巴。

3. 挺，上古音在定母、耕部。声母 d 变异为 l，韵母 ing 转为 iong。《说文解字》："挺，拔也。"《战略策·魏策四》："挺剑而起。"引申为特出、突出。《三国志·蜀书·吕凯传》："今诸葛亮丞相英才挺出。"苗语中，liongx 指伸出、探出。如 ~ ~ hvuk hvuk 挺挺缩缩，即伸伸缩缩，指办事犹犹豫豫，说话吞吞吐吐。~ bil dlial dlial 挺手刷刷，指不断地伸手。另外，挺也指摇动，应当是假借为掟。《吕氏春秋·忠廉》："虽名为诸侯，实有万乘，不足以挺其心也。"挺与掟古音相同。

liu

liub　1. 注，上古音在章母、侯部，入声。声母接近于 d，变异为 l；韵母相当于 iuo，o 灭失。《说文解字》："注，灌也。"《诗经·大雅·泂酌》："挹彼注兹。"从那里舀取，倒到这里。引申为屋檐出水处。司马相如《上林赋》："高廊四注，重坐曲阁。"现代汉语中，"注"偏重指液体进入容器。而苗语中，liub 则偏重指从容器里倾出。如 ~ eb 注水，指倒水。~ gad hlik 注餗（sù）谷，即倒稀饭。指人患急病时，疑为野鬼捉弄，将稀饭泼至屋外、村边，以飨野鬼。

2. 铸，上古音在章母、幽部，入声。声母接近于 d，变异为 l；韵母相当于 iou。《说文解字》："铸，销金也。"指将金属熔化。实际上，铸指将液体金属注入模型，使之冷却后成为器物。《墨子·辞过》："铸金以为钩。"在将液体从一个容器向另一个容器倾倒这个意义上，铸与注完全相同。如 ~ wil 铸锅。~ kab 铸铧，即铸犁铧。

liuf　没（mò），上古音在明母、物部。声母 m 变异为 l。参照亩、谬——liex 字条。韵母相当于 uo，o 灭失，韵首 i 是衍生的。"没"的字义源于右部：上面本是回字，即旋涡的象形，下面的又，表示手，会意为淹没——一只手在旋涡中挣扎。《说文解字》："没，沉也。"即沉没、入水。《庄子·列御寇》："其子没于渊，得千金之珠。"引申为埋没、遮蔽。唐代李华《吊古战场文》："积雪没胫。"又引申为尽、没有。《论语·阳货》："旧谷既没，新谷既升。"liuf 也如此。

（1）指淹没、遮蔽等。如 ～ hnaib 没日，即太阳落山。Laib hnaib ～ bil yangx 日头没山（落山）了。Nenx ～ laib ghab vud det mongl yangx 他淹没在林野中了。Dail det nongd ～ laib wangx vob yangx 这棵树没（遮蔽）菜园子了。liuf mais 没目，即遮眼、不显眼。

（2）指没有、尽。如 ～ bongt 没风，即没气、断气。～ hnaib 没日，即没阳光、背阴。

liuk 1. 鼂，繁体作鼂（cháo），上古音在端母、宵部。声母本为 d，变异为 l；韵母为 iau，转为 iu。《说文解字》："鼂，匽鼂也，读若朝。杨雄曰：'匽鼂，虫名。'"鼂从黾（现简化为黾）表义。黾是象形字，"象虫之大腹者"，呈宽扁状，如蛙、蜘蛛、鳖、鼋、蝇等，繁体字均从黾。匽鼂当是喜欢潜伏的虫，即鳖。鼂从旦可能是个错误。鼂的另一种写法不从旦，而是上日、下匕。由于是上下结构，字形被压扁，被讹为旦。另一个原因，鼂与朝同音，被借用为朝夕之朝，人们误以为以旦表义。从日、匕的字，据《说文解字》，"读若窈窕之窈"。窈在幽部，韵母正是 iu。还极有可能，《说文解字》在传抄中发生错讹，应做"读若窈窕之窕"。窕在定母、宵部，恰与鼂的读音非常接近，这也是后人改鼂为鼂、像窕一样以兆表音的缘故。窕、鼂不是巧合。总之，鼂是形声字，上部表音，读如窕；下部表义，指鳖类。后人只知此字为姓氏，不知其本义。liuk 在苗语中即指鳖、团鱼。

  2. 攦（lì），上古音在来母、支部。韵母相当于 ie，转为 iu。《集韵》《韵会》释攦："音丽。折也，撕也。"又"与捩（liè）音义同，又拗也"。总之，指折、拧，使物体断开。《庄子·胠箧》："攦工倕之指，而天下始人有其巧矣。"工倕是一位能工巧匠。攦工倕之指，即折断或拗断这位巧匠的手指。苗语中，liuk 指将瓜果的蒂弄断，从而摘下瓜果。如 ～ fab 攦瓜，即摘瓜。～ zend 指摘果子。

另外，捩与攦古音相近，也有扭、拧之义（但无折断之义）；拗（niǔ），声母 n 可转为 l，也指折断、拧断。《乐府诗集·折杨柳枝歌》："上马不捉鞭，反拗杨柳枝。"不过古音读 ao，niu 似为后起音。

350

liul 1. 攦（lì、luè），上古音在来母、药部。韵母本相当于 iau，转为 iu。《集韵》释攦："音略。击也。"《唐书·胡证传》："证（即胡证）膂力绝人，取铁灯檠，攦合其蹠。"即用铁灯架子击打脚背，以致灯架弯曲，其形与脚背相合。引申为冲击。《三国志·周瑜传》："瑜亲跨马攦阵。"苗语中，liul 即击打、舂捣。如 ~ jed 攦糍，即捣糍粑。~ eb sob 舂辣椒。

2. 肚，古音在定母、鱼部。韵母 d 变异为 l。liul 是 diuf——肚的又音。肚一般指肚腹，但也借指思维器官，相当于心，如心知肚明、小肚鸡肠。如 xens ~ 伤肚，即伤心。Lius lies xongt jox ~ 搅乱哥的心。

3. 褛（lǔ），上古音在来母、侯部。韵母本相当于 iuo，其中 o 灭失。《说文解字》："褛，衽也。"即衣襟。但现代汉语中，多见衣衫褴褛，指衣服破烂。《玉篇》："褛，衣坏也。"朱骏声《说文通训定声》："褛者在旁开合处，故衣被绽敝为褛裂。"因前后襟之间有开缝，褛因此引申为衣服开裂后的碎片。苗语中，liul 做量词，犹如片（片来自剖开的木头）。如 ib ~ dud 一褛纸，即一页纸。ib ~ ghab nex 一片叶子。

liut 胪，繁体为臚，上古音在来母、鱼部，入声，含韵首 i，读音本接近于 liu。《说文解字》："臚，皮也。"即皮肤，这是胪的本义，其他义项则是引申义。而指皮肤的，又被简写为肤（膚）：臚字中的卢省略了皿，又将"月"置于其下部（肤中看似有"胃"，其实无关）。至于读音为肤，肯定是演变中的错讹。《诗经·卫风·硕人》："手如柔荑，肤如凝脂。"泛指表皮。如 ~ mais 目胪，即眼皮。qenk ~ 指削皮。

顺便说一句，皮，本是动词。《说文解字》："剥取兽革者谓之皮。"《史记·刺客列传》："因自皮面、抉眼、屠肠。"皮面即剥脸皮。

liux 1. 刘（柳），苗族古氏族。今天，他们的聚居地还往往以此命名，如 ~ Bangl 刘旁、~ Lit 柳利等。

2. 襦（rú），上古音在日母、侯部。声母本接近于 n，变异为 l；韵母接近 iuo，o 灭失。《说文解字》："襦，短衣也。"《庄子·外物》："未解裙襦。"裙是长衣，襦是短衣。襦又指小孩的围嘴，系在胸前，以承接涎水。《方言》卷四："襜（yǎn）谓之襦。"襦为什么被用来指小孩的围嘴呢？因为围嘴也是"短衣"，而且极短，只有脖子周围一圈。同样，苗语中把披在肩上的绣片也叫襦。

3. 繻（rú），上古音在日母、侯部。声母本接近于 n，变异为 l；韵母接近 iuo，o 灭失。《说文解字》："繻，缯采色也。"即彩色的帛。《抱朴子·疾谬》："举足不离绮缯纨袴之侧。"苗语中，繻则指使衣服着彩，如在普通的衣服上绣花等。如 ~ ud 繻衣，在衣上绣花。

lo

lob 止，上古音在章母、之部，入声。声母本接近于 d，变异为 l；韵尾接近 o。止源于脚的象形，本指脚。《汉书·刑法志》："当斩左止者，笞五百。""左止"即左脚。引申为物体的下部，故《说文解字》："止，下基也。"停止之义则来自落脚，止转作动词。《诗经·秦风·黄鸟》："交交黄鸟，止于桑。"苗语中，止就指脚或物体的"下基"，如桌腿等。如 lob bil 止手，即手脚，有多个含义：行动或动作、暗中小动作、助手（近似于汉语的手足）、本领等。~ bil bat 猪脚。~ dongt 柱脚。~ dax 桌脚。~ bil ax sos dab 手脚不着地，指忙个不停。~ hsab bil dliangt 素止铣手，犹如赤手空拳。

趾，止的后起字。《左传·桓公十三年》："举趾高，心不固矣。""举趾"即抬脚。《易经·鼎》："鼎颠趾。"这里的趾即鼎足。《左传·宣公十一年》："议远迩，略基趾。"杜预注："趾，城足。""基趾"即基址。至于趾指脚指头，又是后来的事了。

lod 折，上古音在章母、月部，入声。声母本接近于 d，变异为 l；韵母略有偏转。《说文解字》："折，断也。"《诗经·郑风·将仲子》："无折我树杞。"又指曲折。《淮南子·览冥》："河九折至于海。"引申为失去、毁掉。《后汉书·樊宏传》："若乃樊重之折契止讼，其庶几君子之富乎！""折契"即销毁契约。描写战争场面的古典小说中还常见到"折了一员大将"等字样；做生意折本即蚀本。苗语中，lod 也有以上几个字义。

（1）指折断。如 Diangb ghangx ~ yangx 扁担折了。Mongx ~ ghaid det nongd ait ob ngol 你折此木棍为两节。

（2）指弯折。如 ~ jus 折䐐，即屈膝下跪。大腿与小腿连接处的后面叫䐐、前面叫膝。~ mangl 折面，指脸面呈弯折形，即汉语所说的猪腰脸、鞋拔子脸。

（3）指失去、毁掉。如 Nenx ~ hmid yangx 他折劈了，即掉牙了。

lof 卓，上古音在端母、药部。声母 d 变异为 l，韵母 au 转换为 o。《说文解字》："卓，高也。"高不是其本义。《论语·子罕》："如有所立卓尔。"卓有树立、竖之义。《嘉靖池州府志》载，唐时新罗国（在朝鲜半岛）僧人金乔觉"卓锡九华"，九华山从此而成佛教圣地。卓锡即杵立锡杖于此，表示停留下来。卓应为树立、杵立。如 ~ ghangx 卓杠，即把扁担插在地上。

lok 兔，如 Dail dlad dias ~ 狗逐兔。

lol 1. 到，上古音在端母、宵部。声母 d 变异为 l；韵母转换为 o。lol 是 dax——到的又音。《说文解字》："到，至也。"以至表义，以刀表音。《诗经·大雅·韩奕》："靡国不到。"即无国不至。《史记·李斯列传》："功施到今。"如 ~ dab 到地，一指下来，二指往下、以下。juf hniut ~ dab 十岁以下。~ hvib naix 到人心，指感人。

2. 落，上古音在来母、铎部。《说文解字》："落，凡草曰零，木曰落。"即凋落，泛指下落、脱落等。杜甫《覆阴》："牙齿半落左耳聋。"

（1）指下落。如 ~ hniangk 落涊（nián），即落汗、淌汗。~ ghad nais 落鼻涕。~ eb mais 落眼水，即落泪。~ ghab daib 落崽，即生孩子。

（2）指脱落。如 ~ hniangb 落耴（tiē）。耴指煮饭时锅底所起锅巴。落贴，指锅巴从锅底脱下。

（3）指落得、得到，如落下病根、落个不是。如 ~ linf 落利，即得利息。

3. 来，上古音在来母、之部。声韵母均与 lo 相合，但声调与 l 不符。这里的"来"做助动词，无实际意义，如你来做、做不来。如 Mongx ~ ait 你来做。Liul dud nongd wil beid ~ yangx 这页书我背来了。

los 1. 堕，上古音在定母、歌部。声母 d 变异为 l，韵首 u 灭失。《说文解字》作陊（duò），释为"落也"。《史记·留侯世家》："有一老父衣褐，至良所，直堕其履圯下。"圯即桥，指老头故意让鞋落到桥下。堕又读 huī，指"败城阜"，泛指毁坏。《汉书·刑法志》："同道衰，法度堕。"此字又写作隳（huī），贾谊《过秦论》："一夫作难而七庙隳。"堕虽然有两个听似完全不同的读音和两个看似完全不同的字形，实际上两者是有联系的，如同硬币的两面：一是二者上古音都在歌部；二是在毁坏这个意义上，本指毁坏高耸的物体，如扒城墙，毁的过程也是被毁物体下落的过程。堕的上部本为隋，义为"裂肉"，因此堕含有碎裂而散落之义，不同于简单的下落或毁坏。

（1）指垮塌、下落。如 Ghad dab ~ diot gid waix lol 泥土从上面堕下来了。~ khet 堕裤，指裤子松垮了。

（2）引申为披散、下垂。《日出东南隅行》："头上倭堕髻，耳中明月珠。"倭堕指发髻披散下来。如 ~ hfud ~ naix 堕页堕耳，指头发下垂、披头散发。另外，los 释为落，似乎也说得通，读音也相符。

2. 膇（zhuì），上古音在定母、微部。声母 d 变异为 l，韵母中的 i 灭失。膇即肿。《左传·成公六年》："民愁则垫隘，于是乎有沉溺肿膇之疾。"如 ~

link ghongd 腿颈凌，指咽部悬雍垂（俗称小舌头）肿胀。

3. 捋（luò），上古音在来母子、月部。韵首 u 灭失。《说文解字》："捋，取易也。"如 ~ hvangb 捋赡，即从他人处借取财物。

lot 1. 咮（zhòu），上古音在端母、侯部。声母 d 变异为 l。《说文解字》："咮，鸟口也。"《诗经·曹风·候人》："维鹈在梁，不濡其咮。"鹈站在桥上，不湿嘴巴。鸟嘴可泛指嘴、口。lot bat 犯咮，即猪嘴。如 ~ gangb wab hxut gangb ghenb 蜜蜂嘴臭虫心，指口蜜腹剑。lot vongx 龙口，指风水宝地。~ ongt 瓮口。~ dlongs 冲咮，即山坳口。

嚣，上古音在端母、屋部。《说文解字》："嚣，喙也。"喙也是鸟嘴。《史记·赵世家》："中衍人面鸟嚣。"鸟嘴可泛指嘴、口。

2. 漏，上古音在来母、侯部。lot 是 lel——漏的又音。这里指泄漏。如 Laib wangl eb nongd ~ yangx 这塘水漏了（西南地区多喀斯特地貌，湖泊池塘的水容易泄漏，从溶洞中流走）。

3. 敦（duì），上古音在端母、微部。声母 d 变异为 l，韵尾 i 灭失。敦从攴表义。攴是手持工具之形，从攴的字一般指某种动作。《诗经·邶风·北门》："王事敦我，政事一埤遗我。"郑《笺》："敦，犹投掷也。"顺便说一句，敦用于敦厚，应写作惇（dūn）。如 ~ ongt 敦瓮，即摔坛子，表示断绝亲属关系。~ dit 敦扂，即摔碗，也指断绝亲属关系，犹如说碎片不可复合。~ ot 敦谒，即设问，请对方答复。谒有请求、请教之义。敦谒，犹如说把问题投给对方。

lox 1. 牢，上古音在来母、幽部。韵母 ou 转换为 o。《说文解字》："牢，闲也，养牛马圈也。"闲有拦住之义。《战国策·楚策四》："亡羊而补牢，未为迟也。""牢"本是关牲畜的地方，引申为监狱，指关人的地方。司马迁《报任安书》："故士有画地为牢，势不可入。"

（1）指监牢。如 niangb ~ 坐牢。

（2）由关牲畜的地方引申为粪便聚集之所，即厕所。如 ~ ghad 菹牢，即厕所。~ ghad wangl 共菹牢，即公共厕所。

2. 隋（duò），上古音在定母、歌部。声母 d 变异为 l；韵首 u 灭失。lox 是 dus——隋的又音。dus 指破裂，lox 除指破裂外，还指拆解。二者均源于《说文解字》所说的"隋，裂肉也"。把肉分割开叫隋。此字一般读如随，但又读如堕、惰，假借为堕、惰。《史记·天官书》："廷藩西有隋星五。"这是假借为堕。《淮南子·时则》："暖风来至，民气解隋。""解隋"即懈惰。《马王堆汉墓帛书·经法·国次》："隋其城郭，焚其钟鼓。""隋"

354

即拆。

（1）指破裂，与 dus 相同。如 ~ hob 隋寰，即天崩裂了。寰即苍穹。隋寰犹如天崩地裂。

（2）拆解。如 lox zaid 隋宅，即拆房子。Mongx ~ laib jib qid nongd lol hxid 你隋这机器来视，即把这个机器拆开看一看。

3. 笭，上古音在来母、歌部，本没有韵首 u。《广雅·释器》：“笭，箕也。”《扬子·方言》：“箕，陈魏宋楚之间谓之笭。一说江南谓筐底方上圆曰笭。”从笭字来看，所含的罗恐怕也有表意成分：罗的本义为网；笭可能指这样的竹器——器壁如网、不够致密。宋代范成大《雪中闻墙外鬻鱼菜者求售之声甚苦有感》：“饭笭驱出敢偷闲，雪胫冰须惯忍寒。”如 Ghangt bongl ~ dax mongl vud ghangt nax 扛两只笭到野外挑稻。

4. 扰，繁体作扰（rǎo），《说文解字》作从扌、夒（náo），以夒表音，在泥母、幽部。扰字中的忧极有可能是夒的讹变。声母 n 变异为 l；韵母由 ou（现代汉语为 ao）转换为 o。《说文解字》释为“烦”，《广韵》释为“乱”。既可做动词，又可做形容词。《左传·襄公四年》：“各有攸处，德用不扰。”即大家相安，德因此不乱。杜牧《阿房宫赋》：“绿云扰扰，梳晓鬟也。”绿云扰扰即头发纷乱。这些都是形容词。《史记·太史公自序》：“秦失其道，豪杰并扰。”则用作动词。~ lens 双声词，扰乱，也分别用作形容词、动词。如 jox fangb ~ lens 地方扰乱，即此地不安定、不太平。Dail ninx ~ lens laib ngex 水牛扰乱厩，即水牛在圈里捣乱。

5. 恼，声母由 n 错讹为 l，叠韵词。如 ~ hox 恼火。照搬西南汉语方言：恼火指事情难办。

long

longd 1. 乱，上古音在来母、元部。韵母 uan 转换为 ong。乱有多个义项，其中之一为横渡。《尔雅·释水》：“逆流而上为溯回……正绝流曰乱。”《孔疏》：“水以流为顺，横渡则绝其流，故为乱。”《尚书·禹贡》：“入于渭，乱于河。”即进入渭水，再横渡黄河。《诗经·大雅·公刘》：“涉渭为乱，取厉取锻。”即渡过渭水，去开采磨刀石和砧石。苗语中，longd 即横渡。如 Eb hlieb xet mongl ~ 河粗休往乱，即大河不要去横渡。Diut juf dail bad leib, xit gangf bil ~ eb 六十只公猴，相将手（携手）乱河。

2. 莨（làng），上古音在来母、阳部。韵母 ang 变异为 ong。《说文解字》：

355

"莨，莨草也。"《史记·司马相如列传》："其卑湿则生藏莨兼葭。"司马贞《索隐》："藏莨，郭璞云，狼尾，似茅。"与芦苇一样生于湿地，泛指草。如 Dlol diangd bit mox dongb, bit ~ not gux gangb 阿妹回去睡草窝，草窝里面蚂蚱多。

蘭（luàn），上古音在来母、元部。韵母 uan 转换为 ong。《说文解字》："蘭，菼（tán）也。""菼，萑（huán）之初生，一曰蘭。"《尔雅·释草》："葭芦菼蘭。"郭璞注："似苇而小，实中。"蘭指小芦苇，或是芦苇中的一个品种，也是生于湿地的草。longd 似乎也可释为蘭。供参考。

longf 1. 羉（luán），上古音在来母、元部。韵母 uan 转换为 ong。羉以下部表音，因而与峦（峦）、挛（挛）等读音相同；以上部表义，其为网字的变形。《尔雅·释器》："彘罟谓之羉。"即捕野猪的网。《后汉书·马融传》："罦罝罗羉。"四字同头，均指网。也做动词，指几面张网，网开一面，从而把动物赶向特定的地方。这大概也是捕野猪之法。也指众人合力驱赶牲畜，呈张羉的态势。如 ~ dail bad ninx diot diub ngex 羉水牯牛入厩。

2. 龙，用于人名。

longk 1. 瞢（méng），上古音在明母、蒸部。声母 m 变异为 l（参照亩、谬——liex，及没——liuf 字条）；韵母 eng 转换为 ong。《说文解字》："瞢，目不明也。"《山海经·中山经》："甘枣之山有草焉，名曰蓧，可以已瞢。"已瞢，即治瞢、让眼睛复明。如 Lul lol, hxid dol aib dol nongd maix nenk ~ 老了，视东西有点瞢（看不清）。

眊，后起字，也指眼睛看不清。与瞢同音的矇也是如此，并可构成叠韵词矇眬。另外叠韵词"矇眬"指目光不明，"朦胧"指月光不明。而与眬同音的聋则指听力不明。

2. 蒙，上古音在明母、东部。声母 m 变异为 l。《说明》："蒙，王女也。"即女萝，喜蔓延。引申指覆盖。《方言》卷一二："蒙，覆也。"《左传·昭公十三年》："晋人执季孙意如，以幕蒙之。"又引申为蒙受。《三国志·诸葛亮传》："主上蒙尘。"苗语中，longk 主要指覆盖、遮掩。如 ~ ghad hniud wil 蒙锅底灰，即（往人脸上或身上）抹锅烟。ghad sangd ~ ud 稀泥蒙衣，即泥涂在衣服上。~ lad 蒙抹，指遮遮掩掩，打马虎眼。

3. 攘（ràng），上古音在日母、阳部。声母本接近于 n，变异为 l；韵母 ang 变异为 ong。《说文解字》："攘，推也。"《汉书·礼乐志》："盛揖攘之容。"揖攘即揖让。攘即推让，也是推让之让（繁体作让）的本字。而让本意为责备。组成叠韵词 longk congd 攘搡（sǒng），搡与攘同义，也是推

（《醒世恒言·卖油郎独占花魁》："将美娘攒下了湖船，方才放手。"），这是指促某人做某事。如 ~ congd nenx hek jud 攘攒他喝酒，即劝他喝酒。

4. 挛，繁体作攣，与孿同音，上古音在来母、元部。韵母 uan 转换为 ong。《说文解字》："挛，系也。凡拘索连系者曰挛。"即羁绊牵制。用于痉挛，也是因为筋络蜷缩而不得伸展。王安石《洪范传》："筋散则不挛。"组成叠韵词 ~ qongk 挛控，犹如把缰绳拉紧，控制速度。《说文解字》释控为"引"，即拉。如 Dliab lob wat, ~ kongk nenk daib 滑得很，挛控着点。

longl 1. 笼（lǒng），上古音在来母、东部。现代汉语中将笼分为阳平、上声两个声调，分别对应牢笼和箱笼，而做动词时也读上声。《说文解字》："笼，举土器也。"《汉书·王莽传》："负笼荷臿。"即背着篓子扛着锹。笼本来就是个竹器，用来装动物，就成了牢笼了。《史记·龟策列传》："而（神龟）不能自出于渔者之笼。"笼又做动词，犹如纳入笼中：将手插进衣袖叫笼手；将火种放进柴薪以生火叫笼火。

（1）指装东西的箱笼。如 Laib nix hlieb mongl las ~, laib nix dlenx mongl dib hlinb 大银锭纳笼中，圆银锭去打钏（手镯）。又指抽屉（汉语有"笼屉"一词。笼、屉无非指容器，不过笼少了屉字的拖进拖出之义。屉本是拖鞋）。如 Dad diangb zenk leix dub diot laib ~ mongl 将那支笔放笼（抽屉）里。

（2）做动词，指放进去、纳入。如 ~ dul 笼楚，指把柴火放进灶洞中，即添柴，让火更旺。比喻煽风点火。~ bil 笼手。汉语的笼手即袖手，这里不同，犹如插手，管别人的事。

2. 拢，上古音在来母、东部。拢即凑、靠近。晋代郭璞《江赋》："拢万川乎巴梁。"《乐府诗集·江南曲》："知郎旧时意，且请拢船头。"如 Deid longl khab sod ~, deid nil xend sod nil 适拢哥早拢，适昵卿早昵。即：当走拢哥早走拢了，当亲近妹早亲近了。~ hfud 拢页，指将头向前凑、往前冲。

3. 萌（měng），上古音在明母、阳部。声母 m 变异为 l；韵母本为 ang，转作 ong（现代汉语也如此）。《说文解字》："萌，草木芽也。"《礼记·月令》："天地和同，草木萌动。"如 Dol det longl ghab nex yangx 树木萌叶了，即树木长出新叶了。

longs 弄（lòng），上古音在来母、东部。声母本来就是 l，现代汉语中做名词的里弄，其声母保持为 l，做动词的弄变异为 n。《说文解字》："弄，玩也。"弄字的上部本是玉字，下部由双手之形演变而来，会意为把玩。《诗经·

小雅·斯干》："载弄之璋。"弄璋，即把玩璋这种玉器，又指生儿子。引申为作弄、玩弄、戏耍。《左传·僖公九年》："夷吾弱不好弄。"杜预注："弄，戏也。"如 ~ naix 弄人，即戏弄人。~ dlad dlad gik naix 弄狗狗啮人，即撩拨狗，被狗咬。

longx 1. 拢，上古音在来母、东部，是 longl——拢的又音。如 Diongl hangd deis bongx eb, dial hangd deis ~ lob？哪个山冲出水？哪个阿哥拢足（走拢来）？~ jub 拢锥（锥指缝被子、衣服的针），表示绱、缝。

2. 栾，上古音在来母、元部。韵母 uan 转换为 ong。栾既为树木名，又指房屋构件。《博雅》："曲枅（jī）谓之栾。"即房屋立柱头上承梁的曲木。张衡《西京赋》："结重栾以相承。"李善注："栾，柱上曲木，两头受栌者。"左思《魏都赋》："栾栌叠施。"贵州黔东南地区的汉语方言称之为楼枕。如 ~ zaid 宅栾，即楼枕。Ib qongd zaid nongt ed dlob jox ~ 一间房需要四条栾（楼枕）。

lu

lud 流，上古音在来母、幽部，入声。韵首 i 灭失。lud 是 lieb——流的又音，用法不同。lieb 指流浪。《说文解字》："流，水行也。"有多项引申义。《礼记·乐记》："故制雅颂之声以道（导）之，使其声足乐而不流。"郑玄说："流，谓淫放也。"今有"流里流气"一词。《左传·成公六年》："视流而行速，不安其位，宜不能久。"视流，指目光游移不定的样子。

(1) 指不正经。如 ~ naix ~ mais 流耳流目，指不正经、不规矩的样子。

(2) 指流产。

luf 1. 掠（lüè），又写作略，上古音在来母、铎部。韵尾灭失。《说文新附》："掠，夺取也。"这就是今天常见的"掠夺"。但是，掠的读音本如谅，本义为笞击，见 langf——掠。掠用于掠夺，读音肯定发生了偏转，且可能是假借为另一个读 lüè 的同音字（上面是略、下面是手）。读此音、表示掠夺的还有略。《左传·襄公十一年》："纳斥候，禁侵掠。"侵掠现作侵略。《方言》二："略，求也。秦晋之间曰搜。就室曰搜，于道曰略。略，强取也。"于路上抢夺就叫略。《左传·昭公二十四年》："楚子为舟师以略吴疆。"略即侵略。但是，略的本义是田界、地界，似乎很难引申出抢掠之义，也是假借为从略、手的字。遵从现代汉语的惯例，姑且写作掠。如 ~ niangb 掠娘，即抢妻（抢别人妻为自己妻）。Dlangt das ax ~ niangb, yongt das ax ait

358

niangs 骟（zhàn）煞无掠娘，肙（yuān）煞无为攘。即单身而死不抢妻，饿死不做贼。~ ves 掠活，即活抢、硬抢。~ diub bil 掠手里，从人手中抢劫。

2. 录，照搬现代汉语。如 ~ yenb jib 录音机。

lul 1. 老，上古音在来母、幽部。韵母由 ou 转换为 u。《说文解字》："老，考也。七十曰老。"《论语·季氏》："及其老也，血气既衰，戒之在得。"又指老者，或指有一定地位、威望的人。《礼记·王制》："属于天子之老二人。"这里的"老"指上卿、大臣。又指寿终、终老，是死亡的婉辞。《荀子·仲尼》："桀纣舍之，厚于有天下之势而不得以匹夫老。"唐代子兰《城上吟》："古冢密于草，新坟侵官道。城外无闲地，城中人又老。"lul 也是如此。

(1) 指年纪大。如 laix ~ dail yut 老的幼的，犹如老老少少。Nenx ~ hxangt wil ob hniut 他老胜我二周，即他大我两岁。

(2) 指长者、理老（以讲道理化解纠纷的人）。如 Xit vil liek lox hob, gol ~ hmat ax tongb 吵架如天崩，请（理）老来也说不通。lul vangl 巷老，即寨老（寨子里威望卓著者）。

(3) 指逝世、老死。如 Nenx jef ~ mongl 他才去世。

(4) 做动词，指变老。如 ~ naix 指人变老。

lus 簏（lù），上古音在来母、屋部。《说文解字》："簏，竹高箧（qiè）。"即竹器。《晋书·刘柳传》："卿读书而无所解，可谓书簏矣。"书簏即书箱。苗语中，簏用来装饭。如 Nenx ghangt ob lus gad nef mongl diangb khat 他扛（挑）二簏糯（米）饭去瞻客（走亲戚）。

lux 1. 骡，上古音在来母、歌部。韵尾灭失，保留韵首 u。骡又写作赢。《说文解字》："赢，驴父马母。"公驴与母马交配所生即为骡。《吕氏春秋·爱士》："赵简子有两白骡而甚爱之。"如 Dail nongd dail ~，dail aib dail mal 这个（是）骡，那个（是）马。

2. 虏，上古音在来母、鱼部。《说文解字》："虏，获也。"《玉篇》："虏，获也，战获俘虏也。"《史记·屈原贾生列传》："虏楚将屈匄。"屈匄是人名。又引申为抢劫、掠夺。晋代张载《七哀》："珠柙离玉体，珍宝见剽虏。"这个意义上，后来又造"掳"字。如 Dol niangs dax ~ zaid 强盗们来虏宅。虏宅即打家劫舍。

M

提示：声母为 m 的字一般都在明母。苗语中声母 m 往往对应于现代汉语中的声母 m、w（声母为 w 的字，有些古音在明母，是由 m 变异而来）、h、b。

ma

mab 1. 妈。早期典籍未见妈字。三国时期问世的《广雅》释妈为"母也"。其实，世界范围内多称母亲为 ma。如 Wil zaid ~ dax yangx 我宅妈到焉，即我妈来了。~ nieb 嫣（rú）妈，指比母亲年幼的母辈，如婶婶、阿姨。

2. 芼（máo），上古音在明母、宵部。韵母由 au 转换为 a。芼本指草或草蔓延，这里做动词，假借为覒（máo）。《说文解字》："覒，择也。"《诗经·周南·关雎》："参差荇菜，左右芼之。"《毛传》："芼，择也。"左右芼之，即采野菜时左边揪一把，右边掐一把。叠韵词 ~ jab 芼抓，即连揪带抓。如 ~ ghab bod jed 芼糍巴，即捏糍巴。Mongx ~ jongt jongt leif! 你芼紧紧嘞！即你抓紧紧的。

mad 麋（mí），上古音在明母、歌母，入声。保留了韵尾，韵首 i 灭失。反过来，汉语读 mi，是保留了韵首 i，韵尾灭失。顺便说一句，麋的读音来自靡，而靡的读音来自麻。苗语更接近麻的音。今多写作糜，直接以麻表音。《说文解字》："糜，糁糜也。"也就是粥。《礼记·月令》："是月也，养衰老，授几杖，行糜粥饮食。"给老年人吃粥，因为粥烂乎，易消化。糜也用作形容词，指烂乎、软乎，因而有"糜烂"一词。《孟子·尽心下》："梁惠王以土地之故，糜烂其民而战之，大败。"而麋下部以灬（火）表意，指将东西烧得很烂，但不像糜字有粥的含义。《说文解字》："麋，烂也。"叠韵词：gad ~ 麋谷，指饭煮得烂。叠韵词：~ ghad 麋渣，指稀烂。比喻身体不结实、不健康。~ ghangx ~ nif 麋颏麋舌，犹如说烂下巴、烂舌头，比喻说话拖声下气。

maf 1. 劚（mó），上古音在明母、歌部。劚以靡表音，归根结底，也是以麻表音。《玉篇》释劚为"削"。如 ~ det 劚树，即劈木头。maf dul 劚楚，即劈柴。

360

引申为宰杀。~ ninx 劚（水）牛。

2. 摩，上古音在明母、歌部，以麻表音。《说文解字》："摩，研也。"即研磨、摩擦，引申为贴近。《广韵》释摩为"迫"。《左传·宣公十二年》："吾闻致师者，御靡旌，摩垒而还。"摩垒，即迫近营垒。三国曹植《野田黄雀行》："飞飞摩苍天，来下谢少年。"今仍有"摩天大楼"等词。如 ~ hxenb 摩春，犹如立春，贴近春天了。

mak 摩，上古音在明母、歌部。mak 是 maf——摩的又音，也指贴近。如 ~ hvib 摩心，即贴心。Mongx niangb dax ~ wil nenk 你坐得摩（靠近）我点。

mal 1. 马，上古音在明母、鱼部。不少鱼部字的韵母都变成 a，如下、巴、夏等。马是象形词，是农耕社会非常重要的牲畜。《诗经·周南·卷耳》："陟彼高冈，我马玄黄。"如 ~ lul 老马。jix ~ 骑马。~ det 木马。~ ot 由马，即马驹。由是树木的初生枝条。jix ~ diongk 骑马踵。按字面意思为骑马追，但实际上指踩高跷比赛。

2. 用于地名或人名，其字待考。如 ~ Hab 麻哈，现作麻江，是黔东南的一个县名。

mas 1. 豁，上古音在晓母、月部。声母本为 h，变异为 m。我们从以下几组字中可以看出汉语中也存在 h 与 m 互转的现象：肓与盲，黑与默、耗与毛、悔与每等。每一组的两个字都有共同的表音部件，但分属 h 与 m。豁的韵母中韵首 u 灭失；其另一读音为 hua，用于豁拳，可知其韵尾也可转为 a。《说文解字》："豁，通谷也。"可理解为山谷两端都通空旷处，引申为通透。《齐民要术·种谷》："稀豁之处，锄而补之。"韩愈《进学解》："头童齿豁，竟死何裨。"又做动词。元曲《马陵道》："我说一句，钢刀豁口。"苗语中，豁指在物体上弄一窟窿，使通透。如 Ghab hxongt zaid ~ laib khangd dlongd 其宅垣豁粒窗孔，即在屋墙上开一个窗口。~ laib ghab nis ud 开个扣眼。

2. 画，上古音在匣母、锡部。声母 h 变异为 m，韵首 u 灭失。《说文解字》："画，界也……像田四界。"画字中间是田，其余的笔画像田的"四界"。当然，小篆中，画的上部还有聿，聿是画界的工具。引申为划分、谋划、策划。《左传·襄公四年》："茫茫禹迹，画为九州。"《左传·哀公二十六年》："闻下有师，君请六子画。"即请六子谋划。苗语中，mas 指谋划。如 ~ ghab jit 画其计，即设想计策。

3. 化，上古音在晓母、歌部。声母 h 变异为 m。韵首 u 灭失。化，本义为变（见《说文解字》），有多项引申义。其中之一为募化。《西游记》二十七回："等我寻那里有人家处，化斋去。"如 ~ niox ib dod ghab hsaid 化了一斗粲（米）。

4. 末，上古音在明母、月部，《说文解字》："木上曰末。"即树梢。引申为末尾。《易经·系辞下》："其为殷之末世，周之盛德邪？"如 mas mas 末末，跟在后面的样子。Ax gid zenx des ghangb ~ ~ ait nongd 不要总这样末末地跟着我。

mat 华（huà），上古音在匣母、鱼部。声母 h 变异为 m；韵首 u 灭失。《说文解字》："华，荣也。"本指草木茂盛，引申为开花、花。《淮南子·时则》："桃李始华。"即桃李刚开花。《诗经·周南·桃夭》："桃之夭夭，灼灼其华。"花是华的后起字。如 Nenx nangl pangb ud maix bib dail ~ 他穿的衣服有三朵华（花）。

max 1. 攠（mí），上古音在明母、歌部，也是靠麻表音。《集韵》释攠为"钟受击处"。《周礼·考工记·凫氏》："凫氏为钟……于上之攠谓之隧。"郑玄注："攠，所击之处。"我们可以根据攠的字形及以上字例推测，攠的本义是敲击，引申为钟上受敲击的地方。果然，《后汉书·杜笃传》："东攠乌桓。"乌桓是小国名。攠即击打。如 ~ dax 攠桌，即拍桌子。~ bil 拍手。~ gangb yud 攠蚋虫，即拍蚊子。又引申为以舌击腭，即咂嘴。~ lot 攠咮，即咂嘴。

2. 縻，上古音在明母、歌部，以麻表音。《说文解字》："縻，牛辔也。"即牛缰绳。引申为束缚。《晏子春秋·问上》："左右无所系（jì），上下无所縻。"縻与系同义。也指拘禁。唐代李朝威《柳毅传》："然犹縻系于此。"如 ~ nenx niox, ax baib nenx mongl 縻住他，不让他走。

3. 宋（máng），上古音在明母、阳部。韵母中的 ng 灭失，a 与 ang 易转换。《说文解字》："宋，栋也。"韩愈《进学解》："夫大木为宋，小木为桷。"宋是栋梁，桷是椽子，都是方形截面。这种方形大木料，俗称枋子。如 ~ zaid 宅宋，即房梁。~ ghab hxenb 肱宋，即像伸出的手臂一样悬挑梁。

4. 麽（mó），上古音在明母、歌部，以麻表音，以么（幺的异体）表义。幺即小。《玉篇》："么麽，细小。"《广雅》释麽"微也"。《列子·汤问》："江浦之间生麽虫，其名曰焦螟。群飞而集于蚊睫，弗相触也。"一群焦螟落在蚊子的睫毛上，竟然不会相会触碰，可见多么小。麽虫即微小的虫。借用为疑问代词。唐代王建《宫词》："众中遗却金钗子，拾得从他要赎么？"今天，将么简化为么，不但失掉了表音的部件，还让它与幺混淆。在天津话中，么做疑问代词，也读 ma。但一般文艺作品中往往写作嘛。嘛是后起的语气词。不论是指微小，还是做疑问代词，都可引申否定意味。在苗语中 max 做否定词，接近于 ax。如 max hongb 么会，即不会。Dol fangb id ~ hongb vut liek

jox fangb nongd 那些地方不会像这地方好。~ mongl yel 不去了。

无，上古音在明母、鱼部，是典型的否定词，也可转读为 max。

6. 马，照搬现代汉语。如 ~ denb 马灯；~ Keef Sib 马克思。

mai

maib 1. 必，上古音在帮母、质部，入声。我们注意到，从必的字：泌读 mi，秘有 mi、bi 两个音。就是说声母 b 有时可以转换为 m。必字如去掉两边各一点，中间是弋字。弋是戈、矛等的柄。一边一点，犹如说保证其不偏不倚，有确定、务必之义。《韩非子·内储说》："齐宣王使人吹竽，必三百人。"如 ~ ait 必为，即一定要。~ ait dax 必须到。Dib ghangb ~ ait lol ghad, dib hfud ~ ait zux hlaib 打尻必定（打）出屎，打头必定（打）出髓。

2. 俾，上古音在帮母、支部，入声。声母 b 变异为 m。maib 是 baib——俾的又音。《尔雅·释诂》："俾，使也。"这里与 baib 不同，没有使唤、差遣之义，用作介词。唐代白行简《李娃传》："俾夜作昼，孜孜矻矻。"俾夜作昼，即拿夜晚当白昼。如 ~ nenx ait dail vut 拿他当好人。~ mongx taib 俾你推，犹如"随你便"。推指推想、推算。

3. 觅，上古音在明母、锡部，入声。觅的上部是一只手，从手从见，会义摸索、寻求。《广韵》释为"求也"。《三国志·魏书·管辂传》："招呼妇人，觅索余光。"苗语中，觅常常指从容器中取物，手眼并用。如 ~ nenk vangd hxub lol hot nail nongx（从坛子里）觅点酸菜煮鱼吃。

4. 庥（mài），上古音在明母、物部，长入声。《广韵》释为"乐名"。班固《东都赋》用到此字，指少数民族的乐曲。苗语中，maib 指他俩。如 ~ diangd lol yangx 他俩回来了。姑且用庥。

mail 1. 买，上古音在明母、支部。《说文解字》："买，市也。从网、贝。"繁体为买，上部是网字的变形。指以钱网入货物。《战国策·燕策》："马已死，买其首五百金。"即以五百金买死马头。如 mail lol 买到，即买进。Wil ~ lol ob zangd dob 我买进二丈布。

2. 卖，上古音在明母、支部。《说文解字》："卖，出物货也。"小篆中，卖写作上出、下买。《韩非子·说林下》："有与悍者邻，欲卖宅而避之。"《周礼·天官·小宰》："听卖买以质剂。"指按质量标准买卖。如 ~ mongl 卖往，即卖出。Nenx ~ mongl ob dail mif gheib 他卖了两只母鸡。

mais 1. 面，上古音在明母、元部。韵首 i 灭失，an 转换为 ai。《说文解字》："面，颜前也。"即脸。《左传·哀公十六年》:"子西以袂掩面而死。"如 sad mais 洒面,即洗脸。~ dlub 面素,指未红脸。Ait gheb jas waix fangx, hmat lil jas ~ dlub 干活趁天亮,说理趁脸白。指活要当天做,理要当面讲。

2. 目,上古音在明母、觉部。其读音与现代汉语的区别是:汉语中,韵首 i 灭失,保留了韵韵尾 u;苗语中,韵尾 u 灭失,保留了韵首 i,进而转换为 ai。目源于眼睛的象形。《诗经·卫风·硕人》:"巧笑倩兮,美目盼兮。"引申为像眼睛的东西。《韩非子·外储说右下》:"善张网者引其纲,不一一摄万目而后得。"这里的目就是网眼。遂有"纲举目张"一词。《礼记·学记》:"善问者如攻坚木,先其易者后其节目。"树干上的节疤往往呈眼睛状,故称节目。

(1)指眼睛。如 ~ fangx ~ zek 目煌目昃,即眼亮眼暗,指晕晕乎乎。~ dangx ~ niel 目沉目浊,指睡眼蒙眬。~ dlub hxid ~ nox 白眼视绿眼,犹如大眼瞪小眼、面面相觑。

(2)指眼一样的东西。如 Pangb bal nongd hsab ~ lins niox 这张网网目大得很。~ hnaib 日目,指眼镜或玻璃。~ nes 鸟目,指窗口(可能指住鸟出入的口,而不是指鸟眼)。

3. 母,上古音在明母、之部。苗语中的声调 s 一般对应于汉语中的去声或入声,不会由上声转换而来。极有可能:母字在上古读去声,读如牧。理由有二:一是《说文解字》:"母,牧也。"这非常牵强。《说文解字注》跟着附会了一通,也不能圆其说。唯一能说得通的,就是《说文解字》试图同音相训,母、牧同音。二是古地名牧野,本作坶(mù)野——《周书》:"武王与纣战于坶野。"母、坶两字应该同音。母字如果去掉两点,其原型就是女字;两点象征着母乳。《诗经·小雅·蓼莪》:"无父何怙,无母何恃?"引申为长辈女性、女性。《史记·淮阴侯列传》:"信钓于城下,诸母漂,有一母见信饥,饭信。"说的是韩信乞食漂母。漂母即洗衣服的年长女性。如 ~ bad 母父,即父母。苗语惯例,父与母并称时,母在前、父在后。~ lief 蝶母。苗语传说,蝴蝶是人类进化史中的一个先祖。~ hlieb 大母,指伯母或大姨妈。也可称为 mais lul(直译为老母,比自己母亲年长者)。~ niul、~ yut 嫩母、幺母,指姊姊、小姨或后妈。继母又称 ~ dangl ghangb,即后头妈妈。

4. 绵,上古音在明母、元部,入声。韵首 i 灭失,an 转换为 ai。《玉篇》释绵为"新絮"。《广韵》:"精曰绵,粗曰絮。"苏轼《蝶恋花》:"枝上柳绵吹又少。"柳绵即柳絮。引申为绵软等。《汉书·严助传》:"且越人绵力薄材，不能陆战。”《说文解字》因而释为“联微也”。《晋书・陶侃传》：“不图所患，遂尔绵笃。”绵笃指病重、衰弱得很。苗语中，mais 主要指软、弱。

（1）指软。如 Laib ngix liod nongd dlongb ~ wat 这牛肉炖绵（软）了。~ hvib 绵心，即心软。~ ghad 绵菹，指软屎，比喻软弱。mais laf 绵耷，指软得发蔫。~ ~ 绵绵，表示屈服。也用作动词，表示使变软。~ hvib naix 软人心，使人心软、感人。

（2）指弱，如病弱、疲乏等。如 ~ ves 绵活，即乏力、无活力。

（3）由绵软引申为灵活，与“僵硬”相对（这是汉语所少有的引申义。当然汉语还有另外的引申义，如绵延、绵密等）。如 ~ bil 绵手，即手软，表示灵活、熟练。~ lot 绵咮（zhòu），即嘴软，指嘴皮子好使，说话流利。Nenx hmat hveb hmub ~ lot wat 他说苗语流利得很。

5. 棉，实际上还是绵字。因棉花大概是在汉代以后由国外引进的，棉字当然也是后造的。它无疑也是在绵字的基础上造的；与绵同音，给出的纤维如绵（絮）。前边讲过，hsenb——毵（sān）也指棉花，因为毵指毛茸茸状。苗语中，hsenb、mais 并用，都指棉花。如 ~ hsenb 棉毵，指棉花。~ hsenb ghad gangb 虫屎棉，即生虫（虫子留下排泄物）的棉、次棉。

6. 未，上古音在明母、物部。声母本来即为 m。这也是从未的字如妹、昧、魅等声母多为 m 的缘由。未是地支的第八位。苗族以地支纪日。如 Hnaib nongd hnaib ~ 今日（是）未日。

mait 1. 妹，上古音在明母、物部。《说文解字》：“妹，女弟也。”《诗经・卫风・硕人》：“东宫之妹，邢侯之姨。”如 Ngit det nongf maix jil, ngit ~ nongf maix bongl 睨树自有枝，睨妹自有伴。这里的妹犹如汉语民歌中的阿妹。

2. 默，上古音在明母、职部。《说文解字》：“默，犬暂逐人也。”指狗突然追人。徐锴《系传》：“犬默无声逐人。”狗无声追人叫默。一般取其无声之义。在闭口不说话这个意义上，也写作嘿（mò）。《荀子・不苟》：“君子至德，嘿然而喻。”即不说话也能使人明白。《韩非子・南面》：“则人臣莫敢妄言矣，又不敢默然矣。言、默皆有责也。”如 jut ~ 求默，即默祷，在心里暗暗祈祷，而不说出来。

maix 1. 怀，本应写作褱（huái），上古音在匣母、微部。声母 h 变异为 m。褱字的上下部是衣字，中间当是一种小动物：上面是目、下面是尾巴，眼睛连尾巴，言其体小。总之，褱表示把东西放在衣服里，相当于怀揣、怀抱。《说文解字》：“褱，侠也。”侠即夹。褱加竖心旁，作怀（怀），指怀念、怀想。指怀抱、怀揣的，还有裹（huái），从衣表义，从鬼表音，故与槐同音。《玉篇》："裹，苞也，胸襟藏物也，抱也。在衣曰裹，在手曰握。"今天，怀抱与怀念不分。《礼记·曲礼上》："赐果于君前，其有核者怀其核。"指在君前吃果，不能乱扔果核，要揣起来。引申为怀胎。《汉书·外戚传》："元延二年怀子，其十一月乳。"又引申为持有、拥有。《史记·屈原贾生列传》："何故怀瑾握瑜而令见放为？"怀瑾握瑜指拥有美玉，比喻有美德。《马王堆汉墓帛书·老子德经》："是以圣人被褐而怀玉。"被褐指穿着简朴。苗语中，怀即指拥有、有。如 ~ hvib 怀心，即有心、有情有义。~ dliangl 怀劲，即有力。~ nangx 怀名，即有名。~ yangs 怀样，即有样、美观。Nenx ~ ib dail ad, ib dail dial 他有一女一男。

顺便说一句，汉语中的有，是以手持肉之形。《说文解字》："有，不宜有也。"即有了不该有的。这个解释不一定对，因为首先对字形的认识就有误：有字下部本为肉（据《金文编》），《说文解字》误认为是月。其后的解释当然不能站住脚。另外，有不是只用来表示有无的。它还用作冠词，相当于英文的 the，如称夏时期的方国为有穷、有虞、有扈、有易等，这些有字都无意义。还相当于"又"。《尚书·尧典》："期，三百有六旬有六日。"

2. 每，上古音在明母、之部，与母同音。《说文解字》："每，草盛上出也。"原来，每字头本为中，像草上出的样子，每指草茂盛。《左传·僖公二十八年》："原田每每，舍其旧而新是谋。"杜预注："喻晋军美盛，如原田之草每每然。"引申为次数多、数量多。元曲《窦娥冤》："母子每到白头。"母子每犹如母子们。元曲《朱太守凡雪渔樵记》："他每端的便怎知俺这渔樵每受苦。"他每即他们，渔樵每即靠打鱼打柴为生的穷人们。而们是后起字，至少元曲中还未出现。与每、们有同工之妙的字还有等、辈。其中等字用得最广泛，不但放在人称后面表示某一类人（如尔等即你们），还可以放在任何事物后面，以表示某一类事物。现代汉语中非常常见。而苗语中的 maix——每即相当于"等"。如 Bib mongl kab lix、juk las、hleik nangx、hxib dul ~ 我们去犁田、掘地、割草、砍柴等。

mang

mangb 1. 偭（miǎn），上古音在明母、元部，入声。韵首 i 灭失，an 转换为 ang。《说文解字》："偭，乡（向）也。"指面向、朝向。《礼记·少仪》："尊壶者偭其鼻。"即让壶嘴（鼻）朝向自己，但一般版本中，为"面其鼻"。面本身就有面向之义。偭大概有一人面向另一人之义。苗语中，mangb 指你俩。如 ~ ib laix hliod, ib dail vas 你俩一个巧、一个睿（智）。

2. 哞，上古音在明母、幽部。哞模拟牛的叫声，但有时牛的叫声更像 mangb。而汉字中无此读音的字，只有相应的哞。也可以看作 mangb 是哞的"ang 化"。如 Mif liod genx ~ ~ 母牛叫哞哞。

mangd 默，上古音在明母、职部，是 mait——默的又音，韵母"ang 化"了。《广韵》释默："黑也，又静也，幽也，不语也。"这里取静、不语之义。实际上，应写作嘿（mò），即缄口、闭嘴。《汉书·成帝纪》："临朝渊嘿。"渊嘿即深沉不语。如 ~ lot 默咮（zhòu），即闭嘴。~ bod 嘿宝。就像嘴里含宝一样（一张口就会掉出宝来）闭嘴不语。

mangf 1. 瞢（méng），上古音在明母、蒸部。韵母 eng 转换为 ang。mangf 是 longk——瞢的又音。《说文解字》："瞢，目不明也。"指眼睛无光、看不清的样子。引申为瞪眼球茫然的样子。汉代王褒《洞箫赋》："睑瞢忘食。"如 ~ mais 瞢目，眼光茫然的样子。

另外，眊（mao）、督（mao），韵母"ang 化"，也会转为 mangf，并且都指目无光的样子。

2. 嘛，语气词，韵母"ang 化"了。如 Mongx mongl ~！你去嘛！Dol lul nongf niangb hvent bit dangx hot ~？老人们坐得安睡得香嘛（吗）？

mangk 1. 摩，上古音在明母、歌部。韵母 ang 化了，是摩——maf、mak 的又音，用法也有所不同。《说文解字》："摩，研也。"《增韵》释为揩。《礼记·内则》："濯手以摩之，去其皱（zhāo）。"就是说，洗过手以后，用手使劲揉去肉上的薄膜。今有按摩、摩擦等词。叠韵词 ~ jangk 摩拳，不同于汉语的摩拳擦掌，指连揉带捏，拳有抓捏之义。如 ~ hniub mais 摩眼珠，即揉眼睛。~ yib 摩液，指将植物中的汁液揉搓出来，作为染料。~ xid 摩盐，指腌肉时把盐揉到肉的表面。

2. 攗（mí），上古音在明母、歌部。韵母"ang 化"了。mangk 是 max——攗的又音，字义几乎没有变化，指击、打。如 Dail hlieb ~ dail yut ib dent 大的攗（揍）了小的一顿。

mangl 1. 面，上古音在明母、元部。韵首 i 灭失，an 转换为 ang，mangl 是 mais——面的又音，字义并无不同，均指脸、颜面。引申为面向、朝向。《列子·汤问》："北山愚公者，年且九十，面山而居。"

（1）指脸。如 Nenx laib ~ xok gib lib 他的面（脸）红彤彤的。

（2）指面向。如 Nenx ~ diot ghab hxongt zaid 他面着宅垣。即他面朝墙。

2. 麦，上古音在明母、职部。韵母 ang 化了。《说文解字》："麦，芒谷。秋种厚埋，故曰麦。"麦有芒，故称芒谷；《说文解字》认为麦的读音来自埋，同音相训。《诗经·豳风·七月》："禾麻菽麦。"如 dib mangl 打麦。~ lul 老麦，即大麦。~ jangt 箭麦，即小麦，指小麦的麦穗如箭羽状。

mangs 1. 漫，上古音在明母、元部。韵母 an 转换为 ang。《广韵》："大水也。一曰水浸淫败物。"本指水漫溢。《世说新语·文学》："譬如写水著地，正自纵横流漫，略无正方圆者。"引申为浸染、污染他物。《庄子·让王》："吾生乎乱世，而无道之人再来漫我以其辱行，吾不忍数闻也。"这里的漫即传染。如 mongb ~ 病漫，即（传染）病流行。

2. 劙，上古音在明母、歌部。韵母"ang 化"了。mangs 是 maf——劙的又音，用法也与 maf 不同。maf 用的是劙的本义，用刀切、削。而劙则是引申义，指贴合、贴切。《增韵》释劙为"剀也，切也。"《汉书·贾山传》："贾山自下劙上。"颜师古注："劙谓剀切之也。"《新唐书·魏征传》："凡二百余奏，无不剀切当帝心者。"唐代罗隐《镇海军使院记》："左界飞楼，右劙严城。"可见劙有贴合之义。如 Mongx diot jil hab nongd ~ lob ax ~ ？你著这只鞋劙脚不劙？即合不合脚。~ hvib 劙心，即合心、喜欢，~ yangs 劙样，即合样、合适。~ hlinb 劙圈，即贴上项圈，指戴项圈（苗族的项圈不仅仅是一个圈，上面还有若干挂件）。

3. 痳，读如麻，从病字头表义，从麻的省略形表音。韵母"ang 化"了。用于痳痹，指肢体失去知觉，今写作麻，如麻痹、双脚发麻。尽管如此，痳也是较晚出现的字，早期只有痹。

痹，上古音在帮母、质部。我们将 mangs 的 m 看成声母 b 的变异，韵母则"ang 化"了。痹即麻木。《素问·痿论》："痹而不仁。"嵇康《与山巨源绝交书》："危坐一时，痹不得摇。"如 Lob ~ yangx 脚痹（麻）了。

mangx 俩，上古音在明母、元部。mangx 是 mangb——俩的又音。用法稍有不同：mangb 指你俩，限定于两个人；mangx 则指你们，不限人数。

mao

maof 毛。照搬现代汉语。如 Maof Zeef Dongb 毛泽东。

me

mes 1. 没（mò），上古音在明母、物部。mes 是 liuf——没的又音。《说文解字》："没，沉也。"指沉没，也指淹没。《史记·滑稽列传》："水来漂没，溺其人民。"如 Hlieb eb lol ~ dol lix ongd jul yangx 大水一来没了所有田塘。

2. 冒，上古音在明母、幽部。韵母 ou 转换为 e。冒的上部为冃，即帽子。冒是帽子盖住眼睛的象形，故《说文解字》："冒，蒙而前也。"指在看不清的情况下前行。这也是冒进、冒失等词的由来。但冒更直接地会意为覆盖、遮盖。《吕氏春秋·知化》："（吴王夫差）乃为幎（mì）以冒面，死。"指死前用一块帕子盖住脸，因其无脸与伍子胥在黄泉相见。《楚辞·大招》："美冒众流，德泽章只。"即美盖过众人，德的光辉彰显。可以说遮盖是冒的本义。苗语正用此本义。如 ~ mais 冒目，即遮住眼睛。~ bongk 冒被，即盖被子。~ dangf 冒湛，即盖得严实。

3. 帽，上古音在明母、幽部，与冒同音。韵母 ou 转换为 e。本作冃，也就是冒字头。《说文解字》释冃："小儿及蛮夷头衣也。"也就是头巾，不同于可以标识身份的官帽——冠，只起遮蔽作用。《后汉书·耿弇传》："安得惶恐，走出门，脱帽，抱马足降。"苗语中，帽多读作 mos，见后面的 mos 的部分。如 ~ jus 腘帽，即膝盖，如帽状，故名。

mei

meif 煤，上古音在明母、之部，读音接近谋。煤本指烟炱、黑烟附着而形成的烟尘。指煤炭、用于煤油，当是从后来的汉语直接搬来的。如 ~ yuf 煤油；~ taid 煤炭。

meit 浼（měi），上古音在明母、元部，入声。韵母 an 一般转换为 ai，这里转为 ei，倒是与现代汉语相吻合。《说文解字》："浼，污也。"《扬子·方言》释浼："污也。东齐海岱之间或曰浼。"也做动词，指玷污。《孟子·公孙丑上》："尔为尔，我为我，虽袒裼（xī）裸裎（chéng）于我侧，尔焉能浼我哉？"叠韵词：~ seit 浼濊（huì），即污秽。

meix 美，照搬现代汉语。如 ~ sux 美术；~ Gof 美国。

men

mend 问，上古音在明母、文部。问以门表音，声母本来就是 m。《说文解字》："问，讯也。"多做动词，也做名词，即音讯。《汉书·匈奴传》："汉不知吉（谷吉，人名）音问。"《晋书·陆机传》："既而羁寓京师，久无家问。"还指告诉。《战国策·齐策》："或以问孟尝君。"高诱注："问，告也。"可见，问不但指获取音讯，也指发出音讯。今有问世、问罪等词，问均有告诉之义。汉字中，一字有两个互反的义项并不奇怪，如乱有治、乱两义，受有受、授两义等。苗语中，mend 指发出音讯。如 Nenx xangf xangf ~ nongt dib naix 他常常问要打人。即常常放出要打人的信息来。~ hmid 字面为问牙，即从牙缝里发出信息，表示咬牙切齿、愤恨地发出信息，发狠话。

mens 绵，上古音在明母、元部，入声。韵母 an 转换为 en。mens 是 mais——绵的又音。字义也指绵软等。

（1）指软弱、无力、无能。如 Nenx hmat hveb ~ wat 他说话绵得很。指低声、无力的样子。~ hxent 绵惜，指软弱、不忍。

（2）指轻轻地。如 Dib ~ nenk, ax gid dib bongt not 打轻一点，不要打得太狠。

（3）指不足、分量欠缺一些。如 Laib ngix nongd dliok ~ nenk daib yangx 这肉称得绵了点儿。

ment 泌，上古音在帮母、质部。声母由 b 变异为 m。事实上，泌后来读 mì，声母已转作 m。韵母"n 化"了。《说文解字》："泌，侠流也。一曰泉貌。"侠流即细流。泉水也是细流。《诗经·陈风·衡门》："泌之洋洋，可以乐饥。"《疏》："泌者，泉水涓流不已，乃至广大也。"今有"分泌"一词，当由泉水引申而来：从腺体中冒出来。苗语中，ment 指泉水、井水。如 Hangd nongd bongx ~ 这里浡（bó）泌，即这里冒泉。~ eb 水泌，即水井。~ eb hxed 暖水泌，即温泉。

mi

mib 1. 谧，上古音在明母、质部，入声。《说文解字》："谧，静语也……一曰无声也。"《抱朴子·外篇·吴失》："五弦谧响，南风不咏。"今有"静谧"一词。苗语中，mib 指安静。如 ~ naix ~ hniub 谧耳谧釉（zhòu，指眼珠），指耳、眼不动，即面无表情。

宓，上古音也在明母、质部，入声。《说文解字》："宓，安也。"也可与 mib 对应。

2. 咪。象声词。如 Genx mib mib 喧（xuǎn）咪咪，即咪咪叫。Dail mob genx ~ ~ 猫儿咪咪叫。

mid 1. 汩（mì），上古音在明母、物部。《广韵》释汩："潜藏也。"《史记·屈原贾生列传》："袭九渊之神龙兮，汩深潜以自珍。"苗语中，mid 即指潜藏、躲藏。如 ~ mais 汩面，即隐蔽、不露脸。~ nongs 汩雨，即躲雨。~ hvent 汩清，即躲在阴凉处。~ niangs 躲在里面、潜伏。

2. 抿，上古音在明母、真部，韵母 n 灭失。《集韵》释抿"与抆（wěn）同"。指轻触、轻拭。《吕氏春秋·长见》："吴起抿泣而应之曰……"抿泣即拭泪。引申为用嘴唇轻碰、蘸。如 ~ ib nenk jud 抿一点酒。

mif 1. 母（mù），上古音在明母、之部。韵母略有偏转。mif 是 mais——母的又音，用法也有所不同。mais 指妈妈，而 mif 则指雌性、母的，与公相对。《孟子·尽心上》："五母鸡，二母彘。"又指可以繁育后代的动物等。《老子》："无名，天地之始；有名，万物之母。"今有酵母等词。如 ~ bat 豝母，即母猪。~ gheib 鸡母，犹如南方方言鸡婆，即母鸡。~ lul liod 老母黄牛。~ lul gheib 老母鸡。

2. 拇，上古音在明母、之部。韵母略有偏转。《说文解字》："拇，将指也。"《国语·楚语上》："有首领股肱，至于手拇毛脉。"韦昭注："拇，大指也。"又可用来指大脚趾。《释文》："拇，音母，足大指也。"如 mif bil 手拇，即拇指。~ lob 足拇，即拇趾。~ lul 老拇，即大拇指，比喻老大、头领。

3. 靡，上古音在明母、歌部。韵首为 i，故读 mi。《说文解字》："靡，披靡也。"有多个引申义。其中一义指耗费。汉代贾谊《论积贮疏》："生之者至少，而靡之者甚众。"这个意义上，典籍中往往又写作糜、縻。《梁书·王神念传》："远近祈祷，糜费极多。"《后汉书·西域传》："黔首陨于狼望之北，财币縻于卢山之壑。"也用于耗费时间。宋代叶适《陈民表墓志铭》："今縻岁月，捐父母，弃室家，以争优校，可乎？"苗语中，mif 即指耗时、拖拉。如 Nenx ait gheix xid hul，~ bongt wat 他做什么都靡（拖拉）得很。mif caf 靡趑（chí），指耗时、缓慢，即拖拉、拖延。现指拖拉，多用磨，如磨蹭。靡还有一个读音与摩、磨相同。

4. 枚，上古音在明母、微部。韵母只保留了韵尾 i。《说文解字》："枚，干也。"本指树干。但常常被用作量词。《墨子·备城门》:"石重千钧以上者五百枚。"《史记·货殖列传》:"木器髹者千枚。"苗语中, mif 也做量词。如 ~ nongd yangf wat 这个太坏。

5. 秘。照搬现代汉语。如 ~ sub 秘书。

mik 1. 埤 (bèi), 上古音在并母、支部。声母 b 变异为 m; 韵母相当于 ie, e 灭失。埤从卑表音, 卑也有表义成分。卑指低下, 引申为地势低。《史记·屈原贾生列传》:"闻长沙卑湿。"埤正指地势低下。《集韵》释埤"下湿也。"《荀子·宥坐》:"其流也埤下。"《国语·晋语八》:"拱木不生危, 松柏不生埤。"司马相如《子虚赋》:"其埤湿则生藏茛蒹葭。"藏茛蒹葭都是水生植物, 生在低湿的地方。叠韵词"埤堄 (nì)", 指城头女儿墙, 即矮墙。埤有低矮之义。如 Nenx laib bod nais ~ wat 他的鼻头埤得很。即他的鼻子低得很。Nenx denf laib yangf hox ~ ghad yangx 他把洋火 (火柴) 踩扁了。mik ghad 埤滏, 二字均指低洼。~ mangl ~ mais 埤脸埤面。脸面低, 指害羞、腼腆。

mil 1. 扁, 上古音在帮母、真部。声母 b 变异为 m; 韵母中保留了韵首 i, 其余灭失。《说文解字》:"扁, 署也……署门户之文也。"本指牌匾, 引申为像牌匾一样薄而平。《诗经·小雅·白华》:"有扁斯石, 履之卑兮。"即扁扁的石头, 踩过之后更低矮了。《汉书·东夷传》:"儿生, 欲其头扁, 压之以石。"mil lot 扁咮 (zhòu), 即扁嘴, 指鸭子。~ langl 扁两, 犹如说扁片, 指薄。

2. 编, 上古音在帮母、真部, 入声。编从扁表音。读音的演变与扁——mil 相同。《说文解字》:"编, 次简也。"即把写好字的竹简按顺序编好。引申为编织。《玉篇》:"编, 织也, 连也。"《史记·西南夷列传》:"皆编发, 随畜迁徙。"编发, 即把头发编成辫子。如 mil hlat 编索, 即搓绳子。~ ghab daid ~ 编辫子。

3. 辫, 上古音在并母、元部。声母 b 变异为 m, 韵母中只保留了韵首 i。《说文解字》:"辫, 交也。"即交织。《正韵》称, 辫亦作编。本做动词。《晋书·吐谷浑传》:"妇人以金花为首饰, 辫发萦后, 缀以珠贝。"李白《对雪醉后赠王历阳》:"有身莫犯飞龙鳞, 有手莫辫猛虎须。"《汉书·终军传》:"解编发, 削左衽。"可见, 除了辫不同用于编书外, 在编织、发辫这些义项上, 编、辫相通。辫后来也做名词, 指发辫。《新唐书·车服志》:"羊车小史, 五辫髻。"苗语中, mil 即指辫子。如 daid ~ 骶辫, 即像尾巴一样的发辫。

mit 麚（mí），上古音在明母、歌部，入声。mit 是 mad——麚的又音。字义也基本相同，指稀烂。如 ~ seit 麚湿，即土壤因含水而软、烂，呈泥巴状。

miao

miaox 秒。照搬现代汉语。如 miaox zenb 秒针。Ib fenb zongb maix diut juf ~ 一分钟有六十秒。

miee

mieed 面。照搬现代汉语。如 ~ baob 面包；~ jif 面积；~ fenx 面粉。

min

mind 命。照搬现代汉语。叠韵词。如 ~ lind 命令。

minf 民。照搬现代汉语。如 ~ cuf 民族；~ binb 民兵。

mo

mob 1. 猫，上古音在明母、宵母。韵母 o 对应于汉语中的 ao。《说文新附》："猫，狸属。"这当然不是严格的生物学上的分类。只是形状略似。《礼记·郊特牲》："迎猫，为其食田鼠也。"因虎也是猫科动物，也称虎为猫。《尔雅·释兽》："虎窃毛，谓之虥（zhàn）猫。"即浅色的老虎叫虥猫。《诗经·大雅·韩奕》："有熊有罴，有猫有虎。"这里"猫"与熊、罴、虎并列，指的应是大型猫科动物，而不是普通的家猫。

（1）指家猫。如 ~ nongx nangl 猫吃鼠。

（2）指大型猫科动物、虎。如 ~ cab 猫叉，实为叉老虎的叉子。

2. 摩。照搬现代汉语。如 ~ tof ceeb 摩托车。

mod 磨（mò），上古音在明母、歌部。此字本从石、靡。《说文解字》释为"石硙（wèi）"，即石磨，《正字通》："俗谓硙曰磨……能旋转碎物成屑也。"通过旋转磨盘，将粮食等碾碎。《水经注·沮水》："子胥造驴、磨二城以攻麦邑。"麦邑也即麦城，易守难攻。伍子胥在其旁造驴城、磨城，取驴磨麦之义。磨是旋转的工具，引申为旋转、转动、掉转。如 ~ guf 磨脊，指在正屋两端搭建的偏厦。偏厦的脊与正屋的屋脊不在同一条直线上，犹如掉转了一个角度。故别称偏厦为磨脊。

mof 1. 模。照搬现代汉语。如 ~ faid 模范。

2. 莫。照搬现代汉语。如 ~ sib kob 莫斯科。

mok 1. 末，上古音在明母、月部。《说文解字》：“木上曰末。”本义为树梢。引申为细小的东西、碎屑。《说文解字》释麵（面粉）为“麦末”，即麦粉。《晋书·鸠摩罗什传》：“乃以五色丝作绳结之；烧为灰末。”苗语中，mok 即指粉末，如庄稼籽粒受病虫害侵蚀而形成的粉末。

2. 眜（mò），从末表音。末的上古音在明母、月部。据《集韵》，眜指浅白色。如 ~ mangl ~ mais 眜脸眜面，指脸面没有血色、发白。

mol 卯，上古音在明母、幽部。韵母 ou 转换为 o。《说文解字》：“卯，冒也。二月万物冒地而出。”在十二地支中，卯在第四位，对应于农历的二月，正所谓“正月建寅，二月建卯……”依此类推。苗族以地支纪日、计时。如 ~ hxib 卯时。hnaib ~ 卯日。Yenx ait yenx jul, ~ ait ~ yuk 寅做寅结，卯做卯收。指事情及时办结。

mos 帽，上古音在明母、幽部。韵母本相当于 ou，转换为 o。在《说文解字》中，帽作冃，实际上就是冒字头，指“小儿、蛮夷头衣”。帽就是头巾，不同于冠。冠是身份的标志。后来，帽泛指戴在头上、遮雨蔽日的东西。《后汉书·耿弇传》：“安得惶恐，走出门，脱帽。”苗语中，帽泛指帽子、斗笠等。如 det ~ 戴帽。~ khob 壳帽，即瓜皮帽。~ hsob 蓑帽，指棕皮做成的斗笠。~ yux 油帽，指用油纸做的斗笠。~ mangl 麦帽，指用麦秆做的帽子。

mox 毛，上古音在明母、宵部。韵母 o 对应于汉语中的 ao。《说文解字》：“毛，眉发之属及兽毛也。”《左传·僖公十四年》：“皮之不存，毛将焉附?”引申指地表生长的草木。《左传·隐公三年》：“涧溪沼沚之毛，萍蘩蕴藻之菜。”苗语中，毛一般指动物的毛、草（指人的毛发一般用 dliub——须）。如 ~ gheib 鸡毛。~ dongb 苳毛，苳草须子。

mong

mongb 瘼（mò），上古音在明母、铎部，入声。韵母“ong 化”（后面将说到，暮也从莫表音，苗语中读作 mongl，末也读作 mongl）。《说文解字》：“瘼，病也。”《方言》：“瘼，病也。东齐海岱之间曰瘼。”《诗经·大雅·桑柔》：“捋采其刘，瘼此下民。”《毛传》：“瘼，病。”引申为疾苦、痛苦。《后汉书·循吏列传》："广求民瘼，观纳风谣。"

（1）指病、生病。如 Nenx ~ yangx 他病了。mongb mangs 漫瘼，指流行病、传染病。~ gangb mais 目蚕瘼，目中生虫，指眼疾。

（2）指疼痛。如 ~ hfud 瘼页，即头痛。~ hvib 瘼心，即痛心、伤心、气愤。~ qub 肚子疼。~ diub ~ jid 瘼脊瘼躯，犹如腰酸背疼。

mongf 蒙。照搬现代汉语。如 ~ gux 蒙古。

mongl 1. 暮，上古音在明母、铎部。韵母"ong 化"了。mongl 是 hmangt——暮（晚）的又音。暮是莫的后起字。莫字的上下本来都是艹，会意为日落草中。《说文解字》："莫，日且冥也。"指天黑时分。《荀子·儒效》："朝食于我，暮宿于百泉。"《庄子·齐物论》："朝三而暮四。"如 dol ~ dol hmangt 逴暮逴晚，指深夜。逴即远。Nangl ud ghab nex xub, ib ~ neis jex pangb 穿着芭蕉衣，一夕烂九件。

晚，上古音在明母、元部。晚从免表音，声母本来就是 m。韵母为 iuan，an 一般转换为 ang，受 u 影响，也可转换为 ong。因此，mongl 也可用晚字来解释。供参考。

2. 末，上古音在明母、月部。韵母 ong 化了。mongl 是 mok——末的又音。末本指树梢，引申为细、细小。《吕氏春秋·精谕》："浅智者之所争则末矣。"今有"细枝末节"一词，末节即小节、细节。苗语中，mongl 指细小、细。如 Nins mais hsenb mongl mongl, ait jox dob lal lal 拧绵氄末末，为条纻蜡蜡。即纺细细的棉线，织一张漂漂亮亮的布。

3. 袂（mèi），上古音在明母、月部。韵母 ong 化了。《说文解字》："袂，袖也。"白居易《长恨歌》："风吹仙袂飘飘举，犹似霓裳羽衣舞。"如 ~ ud 衣袂，即衣袖。

4. 往，上古音在匣母、阳部。匣母相当于 h，又变异为 m。韵母为 iwang（也可将往视为复辅音字，w 则是其第二个声母。现代汉语中往的读音即取其后部分 wang），受 w 影响，ang 转换为 ong。往字里含有王，归根结底，以王表音，王也在匣母、阳部，因此极易读如黄。这也是在某些南方汉语方言里，王、黄不分的缘由。《说文解字》："往，之也。"即去某地。《论语·阳货》："佛肸召，子欲往。"如 Mongx ~ hangd deis? 你往哪里？即你去哪里？~ gux 往外，指外出，也是上厕所的婉辞。mongl khat 往嫁，即出嫁。~ ~ lol lol 往往到到，犹如来来往往。如 ~ diel ~ yat 往周往亚。从字面上看，指去汉族去布依族（居住的地方）。泛指外出、出远门。~ waix 指往上，相当于以上。juf hniut ~ waix 十岁往上（十岁多）。

375

~ waix ~ dab 往上往下，犹如说上下、左右，指在某一范围内。~ xangx 往场，即赶集。

mongs 瞢（mèng），上古音在明母、蒸母。mongs 是 mangf 、longk——瞢的又音。见 jongt 字条：jongt ~ 僧瞢，指迷惑。

mongt 望，上古音在明母、阳部。声母本为 m（望以亡表音，亡即在明母、阳部）。韵母 iwang（w 也可看作第二个声母。现代汉语中望的读音即来自后半部分 wang），受 w 影响，转换为 ong。《说文解字》："望，出亡在外，望其还也。"释"亡"为"出亡"，可能有些牵强。亡可能只起表音作用。望即远望、看。《诗经·鄘风·定之方中》："升彼虚矣，以望楚矣。"即登上高高的山丘，瞻望楚地。《左传·庄公十年》："吾视其辙乱，望其旗靡。"如 ~ khangd zaid 望宅孔，即从屋缝里看。mongt ghat 望介，即看。介无实际意义。引申为看望。Wil fat Kad Linx, sangx ~ dol ghab bul ib mais 我（路）过凯里，想（看）望朋友们一眼。

mongx 1. 孟，上古音在明母、阳部。《说文解字》："孟，长也。"从子表义，指子女中居长者。《诗经·郑风·有女同车》："彼美孟姜，洵美且都。"《毛传》："孟姜，齐之长女。"也指头一个、首。《礼记·月令》："孟春之月。"即春季第一月。又指大。《管子·任法》："莫敢高言孟行以过其情。"尹知章注："猛，大也。"苗语中，mongx 做第二人称，相当于你、侬。极有可能是借孟而为之，有尊敬对方之义。如 ~ gangl hangd deis dax? 孟（你）从哪里来？~ dol 你们。

侬，上古音在泥母、冬部。如果将声母 n 转换成 m，侬正好作 mongx，为第二人称。问题是 n 与 m 能否转换吗？后文有 nangs——命、nangx——名、铭；以尔表音的字有你、弥。供参考。

2. 某，上古音在明母、之部。如果韵母"ong 化"，即为 mongx。某是梅的本字。《说文解字》："某，酸果也。"即梅。后来多做代词，可指代人或事。《汉书·项籍传》："某时某丧，使公主某事。不能办，以故不任公。"苗语中，mongx 用于远指，犹如那、彼。如 Dail mongx dail diel 那个（是）汉人。Bib benx dud ~ dios nenx bangf 那三本书是他的。

mu

mud 划（huà），上古音在匣母、锡部。声母 h 变异为 m；韵尾灭失，只保留了 u。mud 是 kak——划的又音，字义也不同。《说文解字》："锥刀曰划。"划本是锥刀。而《说文解字注》则作"锥刀画曰划",认定划是动词。其实,动词是由名词引申而来的。汉语中的确很少将划用作名词。苗语中,mud 指一种小刀,戴在手指上,轻轻一划,就可以割断小米穗等。当地汉语方言称为摘刀。

muf 擽(mí),上古音在明母、歌部。韵尾灭失,只保留了 u。muf 是 max——擽的又音。擽指击打、拍打。如 ceib muf mal, zenk muf ninx 擽马策,擽牛紉(zhèn),指马鞭、牛鞭。muf nox 擽墨。指木匠弹墨线:将两头绷紧的墨线,从中间提起来,松手后,墨线打在木材上,即留下墨印,以便据此墨印施加斧、锯等。如 Nenx ~ laib dit diot dlangx dab dus yangx 他擽厄(碗)于地,破了。~ linf 擽摏(tián)。

(1)《方言》一二:"摏,扬也。"擽摏即又摔又挥,摔来打去。

(2)摏,犹如击。宋玉《招魂》:"竽瑟狂会,摏鸣鼓些。"摏鼓即击鼓。擽摏,即攻击、袭击。如 muf jent 擽飐(zhàn),即刮风,指风来袭。

muk 1. 糜(mí),上古音在明母、歌部。韵母有所偏转。muk 是 mad、mit——糜的又音。mad 指软烂,而 muk 指物体朽后的糟烂。如 Jil dongt zaid nongd ~ yangx 这根房柱糜(烂)了。

2. 芼、覒(máo),上古音在明母、宵部。韵母相当于 au,转换为 u。muk 是 mab——芼、覒的又音。《说文解字》:"覒,择也。"《诗经·周南·关雎》:"参差荇菜,左右芼之。"假借芼为覒。这里的芼相当于采。如 Mongx ~ ob jox vob diot laib wil 你芼二条(表示一点)菜搁锅里。做量词,指一手所能采摘的量。ib muk 一芼,相当于一把。

mul 缪,上古音在明母、幽部。韵母 ou 转换为 u。汉语中,缪也读 mù,与穆相通。《说文解字》释缪为"枲之十絜",即十束麻,是量词。显然这不是其本义。没有任何词是天生的量词。常见的有绸缪一词,而《说文解字》释绸为缪,可以说绸缪即缪。《诗经·唐风·绸缪》:"绸缪束薪,三星在天。"绸缪即缠绕,又指(情意)缠绵。《文选·答东阿王书(吴质)》:"是何文采之巨丽,慰问之绸缪乎?"缪又同绞。《汉书·外戚传下》:"即自缪死。"元代孙季昌《点绛唇·集赤壁赋》:"天一方,山水相缪郁苍苍。"基本上可以断定,缪相当于缠、纠结。如 hsod ~ 缩缪,指丝、绳等纠结、紊乱。前文 hsod 字条说过,缩有纠结、乱之义。

mus 1. 磨(mò),上古音在明母、歌部。mus 是 mod——磨的又音。韵母略有偏转。磨是碾压粮食的石制工具。也做动词,指用磨来加工粮食。如 ~ def het 磨豆腐。~ ghab hsaid 磨米。vib ~ 磨石,即石磨。

2. 戊,上古音在明母、幽部。声母本为 m(茂以戊表音,古音与戊完全相同）；韵母由 ou 转换为 u（与现代汉语中的相同）。戊是天干的第五位。

mut 1. 谬，上古音在明母、幽部。韵母 ou 转换为 u。《说文解字》："谬，狂者之妄言也。"本指说大话，含有所说与实际不符、与实操能力不符之义。引申为差错、欺诈等。《汉书·司马迁传》："差以毫厘，谬以千里。"《玉篇》："谬，诈也。"《史记·范雎蔡泽列传》："应侯知蔡泽之欲困己以说，复谬曰：'何为不可？'"谬即诈。苗语中，mut 即指外表与实力不相符者、假的。gad mut，谬谷，即空有其壳、无其实的秕谷。犹如汉语中的谎花，指光开花、不结果。苗语中指秕谷的另有 kangb——穅。mut ghus 谬固，即并非真牢固，指山岩等看似牢固的东西已松动。如 Nenx mut wat 他谬得很。指此人看起来不错，其实无能。与 hsut 组成叠韵词 mut hsut 谬错，不是指差错，而是指无能，与 mut 几无区别。

2. 麿，上古音在明母、歌部。mut 是 mad、mit、muk——麿的又音，与 muk 字义相同，指朽烂、糟烂。如 mut wus 麿沤，指木材等长时间被水浸润后腐烂。Dol ghab lob dongs zaid nongd ~ wus jul yangx 这些宅柱趾（房柱的柱脚）烂完了。

mux 1. 亩，上古音在明母、之部。韵母发生偏转，与现代汉语的一致。mux 是 liex——亩的又音。《说文解字》："晦（亩的异体字），六尺为步，步百为晦。秦田二百四十步为晦。"亩是丈量田地的单位。《汉书·食货志》："步百为晦，晦百为夫。"如 ib ~ lix 一亩田。

2. 模，上古音在明母、鱼部。《说文解字》："模，法也。"段玉裁注："以木曰模，以金曰镕，以土曰型，以竹曰范，皆法也。"模即木制模型。《论衡·物势》："陶冶者，初埏（shàn）埴作器，必模范为形。"用陶土做器，必需模型。如 Des laib ~ mongx ait 随（照）那模子做。

3. 鍪（móu），上古音在明母、侯部。韵母略有偏转。《广雅·释器》："鍪，釜也。"即锅。《急就篇》："铁鈇钻锥釜镞鍪。"颜师古注："鍪，似釜而反唇。一曰：鍪者小釜类，即今所谓锅。"可见，鍪是小釜、锅，有外翻的沿口。后指头盔，因其形状相似。苗语中，也称此为 dlox，当地汉语方言称为鼎罐。如 Dad laib mux lol hot gad 拿鍪来煮饭。mux hsab 钢鍪，即钢鼎罐。

4. 圂（hǔn），上古音在匣母、文部。声母 h 变异为 m；韵尾 n 灭失。《说文解字》："圂，豕厕也。"为会意字，象豕关在圈中，指猪圈。《汉书·五行志》："豕出圂。"即猪出圈。又写作溷（hǔn）。《论衡·吉验》："后产子，捐于猪溷中。"溷又指厕所，还指污浊、肮脏、粪便等。mux 可理解为猪圈，也可理解为猪圈里的脏东西。如 kad ~ 扱圂，或扱溷，指清理猪圈中的粪肥，掏厩肥。当然可引申为清理牛圈、羊圈等。

N

提示：苗语中的声母 n 对应于汉语中的 n、r、l，对应于古汉语中的泥母、日母、疑母（ng）。还有少数的声母 n 由 m、d 变异而来。这一章，另有声母 ng，对应于古汉语的疑母、影母。

na

nab 溺，上古音在泥母、药部，入声。韵母相当于 iau（这也是溺又读如尿的由来），韵尾 u 灭失。《广韵》释溺为"没也"，为水所没。引申为过度沉迷、沉湎。《礼记·乐记》："奸声以滥溺而不止。"如 ~ hub 溺护，犹如溺爱、过分宠爱。Ax gid ~ hub jib daib 不要溺护孩子。

naf 1. 辣，从剌（lá）的省略形（省去刂）表音。剌在来母、月部。声母由 l 变异为 n（在南方方言中，l 与 n 易混）。从辛表义，指辛辣，即姜、蒜、辣椒等的刺激性味道。《广雅》："辣，辛也。"《声类》："江南曰辣，中国曰辛。"中国指中原一带。辣是后起字，较晚才进入中原的文献。但很有可能较早就出现在南方方言中。引申为狠、酷烈等。如 ~ lot 辣嘴。~ ghab qub 辣肚子。~ bongt 辣风，指气味浓烈。~ bil 辣手，即棘手、不好办。

   2. 闹，上古音在泥母、宵部。韵母相当于 au，转换为 a。《说文新附》："闹，不静也。"韩愈《潭州泊船呈诸公》："夜寒眼半觉，鼓笛闹嘈嘈。"引申为繁盛。宋代宋祁玉《玉楼春》："绿杨烟外晓寒轻，红杏枝头春意闹。"
   （1）指让人不安宁。如 ~ diux 闹宁（zhù），即闹门，形容响声大。~ hvib 闹心，即担心、焦急、心慌。双声词 ~ nif 闹說，即作弄、折腾别人。
   （2）做形容词，指多、盛。如 ~ ghad ~ wal 闹屎闹尿，指腹胀。~ dul 闹主，即火力大。主即火。

   3. 劳，上古音在来母、宵部。声母 l 变异为 n；韵母 au 转换为 a。《说文解字》："劳，勮（jù）也。"勮后作剧，指用力太甚，因此指劳苦、辛苦，又引申为用得过度、太多。《诗经·小雅·蓼莪》："哀哀父母，生我劬（qú）劳。"劬劳即辛劳。《管子·小匡》："牺牲不劳，则牛马育。"尹知章注：

379

"过用谓之劳。"苗语中，naf 指事情多、话多，辛劳。如 naf gheb 劳工，指工作繁重。Ob hnaib nongd bib ~ wat 这两天我们劳（忙）得很。

4. 鬲（lì），上古音在来母、锡部。声母 l 变异为 n；韵母略有偏转。《说文解字》："鬲，鼎属。"鬲是整体象形字，像三足炊具。《汉书·郊祀志》："禹收九牧之金，铸九鼎，其空足曰鬲。"鬲的三足中空，与腹相通。而一般鼎足为实心。可以想象，鬲一般只用来烧水或很稀的汤，否则不便清洗三足内壁。事实上鬲一般置于甑底，用来烧水，为上面的食物提供蒸汽。一些含鬲的字即可佐证这一点。甑又写作甑（zèng）；甗（yǎn）是无底甑；鬻是煮粥的会意字（"弓"由袅袅上升的蒸汽演变而来）。苗语中的 naf，虽然已不具备三足鼎的形状，但仍指为上面的甑提供蒸汽的炊具，汉语方言称为汽盆，因此释 naf 为鬲。

nal 1. 昵，上古音在泥母、质部。韵母本相当于 ie，略有偏转。与后面的 naib 应为同一字。昵又写作暱。《说文解字》："暱，日近也……或从尼作昵。"引申为亲近。《左传·襄公二年》："若背之，是弃力与言，其谁暱我？"又引申为亲近的人。《国语·晋语六》："怠教而重敛，大其私暱。"《尚书·说命中》："官不及私昵，唯其能。"推定苗语用 nal——昵（或暱）指父母、双亲。理由如下：首先，昵指亲近，与汉语中双亲的亲意思相近。昵从日，是离得最近的太阳，用以指父母，更贴切。其次，昵与祢（nǐ）相通。《尚书·高宗肜（róng）日》："典祀无本于昵。"《释文》："昵，考也。谓祢庙也。"父死入庙叫祢，死称考，生称父。昵、祢相通应该不是巧合。我们是不是可以这么说：生前叫昵，死后入庙叫祢。苗族人对父母并重，一般情况下，父母连称，母在前，父在后。这里的昵也可指母，或包括母。如 ib gangx ~ 一双昵（父母）。Mongx ob jus dail ~ , jus laix naib lol diangl 你俩一个昵，一个暱来养。即你俩为同一父母所生所养。

2. 做量词，放在名词前面，有指该物大而笨的意味。如 Nal jub nongd ax vut paib ud 这个针不好补衣。~ gangf nongd hniongd wat 这个盆重得很。此词当是由名词演变而来。而该名词也含有笨重的意味。如 鼐（nài），指"鼎之绝大者"（《说文解字》）；褦襶（nài dài），指衣服笨重。仅做参考。

nas 1. 篛（ruò），从弱表音。弱的上古音在日母、药部。日母本接近于 n；韵母只保留了 a。篛也写作箬。箬的上古音在日母、铎部。《尚书·顾命》："笋篛，竹也。"笋篛并提，篛也即笋。《僧赞宁·笋谱》："笋，一名篛竹。土内皮中谓之篛也。"这里说得明白，篛就是笋。另外，从篛字来看，弱表音，恐怕也有表意成分：指竹子的幼弱之时，即娇嫩易折的笋。《说文解字》：

"箬，楚谓竹皮曰箬。"指的是笋箨，似也与笋有关。苗语中，nas 即笋。如 nas hlod 笋箬，即竹笋。Niangb laib wangx yut yut, liangs ~ dongx git yit 在那小小园子里，长满笋子很整齐。

2. 入，上古音在日母、缉部。日母本接近于 n；韵母略有偏转。nas 是 hnet——入的又音，字义也有差别。hnet 指戳、捅、扎；nas 指进入。《玉篇》释入"进也"，《春秋·隐公二年》："夏五月，莒人入向。"向是地名。如 ~ fangb ~ lil, ~ vangl ~ gux 入方入礼，入巷入古。犹如说入乡随俗。

3. 纳，上古音在泥母、缉部。韵母略有偏转。纳字本作内。内的上古音也在泥母、缉部。纳的多项字义，由内引申而来。一指接纳。《庄子·刻意》："吐故纳新。"《韩非子·说林上》："温人之周，周人不内。"二指缴纳。《春秋·庄公二十二年》："公如齐纳币。"纳币即送财物。《盐铁论·本义》："农人纳其获，女工效其功。"

nas 即指接纳。如 Nenx ax ~ bib niangb ib bet 他不纳我们在一起，即不接纳我们。

4. 拟，上古音在疑母、之部，入声。拟另有异体字㧶（nì），为去声。声母本相当于 ng，转为 n；韵母略有偏转。《说文解字》："拟，度也。"我们可以综合拟的各项字义推测：拟是指用手在物体上比画来度量其尺寸。《易经·系辞上》："拟之而后言，议之而后动。"这里的拟指揣度、度量。《汉书·苏建传》："复举剑拟之，武不动。"这里的拟即比画。《荀子·不苟》："言已之光美拟于舜禹。"这里的拟指比拟、等同。苗语中，nas 也有相应的字义。

（1）指比画、量。如 Mongx dad jox hlat mongl ~ hxid maix not xus gid dad 你拿条索去拟（一下）视（看看）有多长。

（2）指比拟、等同。如 Wil lol ~ nenx ait 我来拟他做，即我做等同于他做，指替他做。

5. 落（luò），上古音在来母、铎部。声母本为 l，变异为 n。nas 是 dal、lol——落的又音。dal 指丢、遗漏。lol 指脱落等。nas 则指向下落。如 Dail gheib ~ git 鸡落蛋。犹如说鸡下蛋。《说文解字》："落，凡草曰零，木曰落。"指草木凋落。引申为水位下落。苏轼《后赤壁赋》："山高月小，水落石出。"进一步引申为罄尽。《史记·汲郑列传》："家贫，宾客益落。"指宾客都走光了。白居易《琵琶行》："门前冷落车马稀。"也如此。如 Bib hek ~ mongl 我们喝落去，即我们喝干了。

nat 1. 挒（liè），上古音在来母、月部。声母 l 变异为 n；韵母略有偏转。《说文解字》:"胕，肋肉也。一曰胕，肠间肥（脂）也。一曰膫（liáo）也。"实际上，膫是膋（liáo）的异体字，指的就是肠间脂（俗称花油），与"肠间肥也"重复。总之，胕要么指肋间肉，要么指肠间脂肪。我们推测，nat——胕指胰脏。首先，胕是混在肠间的一个器官，这个器官的作用大概未被古人充分认识：它只是一块肉。其次，今天的胰指能分泌胰岛素的脏器，但在古代是"夹脊肉"（据《广韵》）。大概是对胰脏的功用不清楚，古人尚未专门为其造字，只以相关或相似的词代称。如 Laib nongd laib diuf, laib aib laib nat 这个（是）肾，那个（是）胕（胰）。

2. 落（luò），上古音在来母、铎部。声母 l 变异为 n。nat 是 nas——落的又音，与 nas 的字义差别不大，也有水位下落、馨尽之义。nat ves 落活。活本指流动的水，或水流动，引申为人的活力、生机。落活即消耗体力、吃力。

nax 1. 稬（nuò），上古音在泥母、歌部。韵首 u 灭失。《说文解字》:"稬，沛国谓稻曰稬。"后指糯稻。《广韵》《集韵》释稬："音懦，稻之粘者，可为酒。"苗族喜酿米酒，也爱吃糯米（糯是稬的俗体），糯米耐饿。他们当然少不了种稬。苗语中，稬泛指稻。而专指糯米的则有 nef。如 ~ hxangd sod 早熟稬，即早稻。~ nef 糯稬，即糯稻。~ mut 谬稬，即秕谷。~ bil 阪稬，即旱稻。~ hniangb 拈稬。收获时，只拈取稻穗，故名。

2. 艿（nǎi），从乃表音。乃的上古音在泥母、之部。典籍中往往将艿与芿（réng）混为一谈，实应为两个音义均不同的字。芿指草，从仍表音兼表义，谓草的生命力顽强，新陈相仍。相仍即相继。而艿见于"芋艿"一词。芋艿的块茎肥大，多汁，可供食用。艿从乃表音兼表义（乃是奶的象形）。儒家往往回避这种解释，他们甚至把秀字下面的乃硬说成"人"字（见《说文解字》），真是非礼勿视，非礼勿言。芋艿泛指块茎富含淀粉的土豆、白薯一类。如 nax eb 水艿，即富含水分的薯类。~ eb dlub 白薯。~ eb xok 红薯。~ ghaib lul 老荄（gāi）艿，即做种的薯（要妥善保存一个季节，到春天发芽、育苗）。老荄即老根。

3. 鸟，上古音在端母、幽部。韵母 a 对应于汉语中的 ao。声母本为 d，而不是 n。同苗语一样，汉语也发生了相应的变异。这并非孤例。粘有 zhan、nian 二读音，分属端母、泥母，也即分别作 d、n；辗有 zhan、nian 二读音，分属端母、泥母，也分别作 d、n。《说文解字》:"鸟，长尾禽总名也。"鸟是象形字。汉语中以此做詈骂之词。此时，声母读为 d，而非 n。王实甫《西厢记》:"赫赫，那鸟（指人，轻蔑义）来了。"《水浒传》七十一回："招安，招安，招甚鸟安。"苗语中，nax 相当于"屌"。

4. 擟（mí），上古音在明母、歌部。nax 是 max、muf——擟的又音。声母 m 变异为 n。这非孤例。乜，既读 mie，也读 nie；祢，既读 mi，又读 ni。另外，弥从尔表音，从尔的字多读 ni，如你，而弥读 mi。这说明，有时 m 与 n 可能发生转换。擟指击打、拍打。如 Nenx ~ wil ib pab bil 他擟我一巴掌。

nai

naib 昵，上古音在泥母、质部，入声。naib 是 nal——昵的又音，指父母、双亲。如 Dlius qangb diot mangx ed, dlius ~ diot mangx ved 出（指拿出、让出，下同）廐给你们用，出昵（父母）给你们守，即留下房屋给你们居住，留下父母让你们赡养。

nail 鱼，上古音在疑母、鱼部，入声。声母本为 ng，转为 n；韵首 i 对应于苗语中的 ai，韵尾灭失。汉语读 yu，则是声母 ng 灭失。鱼是象形字。《说文解字》："鱼，水虫也。"《左传·昭公元年》："微禹，吾其鱼乎？"即：如果没有大禹，我们都成鱼了吧。如 ~ bangl 扁鱼，指鲫鱼。~ lix 鲤鱼。~ dab 地鱼，指泥鳅。wil ~ 抓鱼。

nais 1. 說（nì），上古音在疑母、支部。声母为 ng，转为 n；韵母本为 ie。苗语的 ai 对应于现代汉语的 i。《说文解字》："說，言语說司也。"段玉裁注："說司，犹刺探。說之言惹也；司之言伺也。"《墨子·经》："服执說。"孙诒让《闲话》："服谓言相从而不执，执谓言相持而不服，說则不服不执而相伺。"孙氏释說为伺，伺有侦察之义。总之，說是通过语言来弄清对方的情况，相当于问。如 Mongx ~ nenx gangl hangd deis dax 你說（问）他从何处来。引申为说亲时的征求意见、要求。如 ~ niangb 說娘，指打探女方的想法，犹如说媒。

2. 沥，上古音在来母、锡部。声母本为 l，变异为 n；苗语韵母 ai 往往对应于现代汉语的 i。《说文解字》："一曰水下滴。"欧阳修《归田录》："以勺酌油沥之。"如 ~ eb 沥水，即滴水。~ eb diot laib xit gad nef 给糯饭甑子滴点水。

3. 臬（niè），上古音在疑母、月部。声母本为 ng，转为 n。《说文解字》："臬，射准的也。"即箭靶。臬从自。自是鼻子的象形，鼻以自表义，以臬表音。自在臬字中应该有表意作用：自作为鼻子，处于面门的正中，也应该是靶的中心。另外，《说文解字》说"射准的"，似乎应理解为"射鼻靶"：的是目标、标靶，准是鼻子。李白《梁甫吟》："君不见高阳酒徒起草中，长揖山东隆准公。"隆准即高鼻梁。张衡《东京赋》："桃弧棘矢，所发无臬。"弧矢即弓箭，臬是箭靶。另有"圭臬"一词，指用来测日影、定时间的仪器。其中圭是带刻度的石座。臬是立在石座中心的标杆，根据其在日光中的投影所指的刻度，即可算时间。如果把石座看作面部，臬就是鼻子。苗语中，nais——臬就指鼻子。另外，《说文解字》还释臬："从木，自声。"即以木表义，以自表音。不过，自在从母、质部，与在疑母、月部的臬读音相差较远。如果臬与自的读音相同或相近的话，nais 就是自——鼻子，更直接。无论如何，臬中的自要么表音，要么表义，要么既表音又表义，总之离不开鼻子，尽管典籍中几乎看不到其直接指鼻子。

（1）指鼻子。如 Laib lot nongx, laib ~ cend 嘴巴吃，鼻子撑（向外顶）。指小孩吃饭时撒饭粒。Qangb laib nais diot dail ninx 给（水）牛穿鼻子（将牵牛的绳子从牛鼻孔中穿过）。~ gas 鸭臬，即鸭鼻。鸭鼻孔居于鼻子两侧，形象地比喻在木料上所打的通透的眼。

（2）比喻类似鼻子的东西。如 ~ dliok 秤臬，即秤纽，称重时以便提秤。

nait 1. 貀（nà），上古音在泥母、物部。《说文解字》："貀，兽无前足。"当然不会没有前足。是因为这种动物前肢短小，跑起来犹如滑行，被误认为"无前足"。《汉律》："能捕豺貀，购百钱。"清代徐珂《清稗类钞·动物·貀》："貀，也作豽，状似狸，苍黑色，无前两足，能捕鼠。旧称腽（wà）貀兽。然貀陆居，腽貀兽水居，非一种也。"汉语方言称青鼬。

2. ~ ghaif，指较少的东西，如一会儿、一点儿。何字，待定。

naix 1. 人，上古音在日母、真部。声母近乎 n；韵母为 ien, en 灭失，韵首 i 对应于苗语的 ai。人是象形字，像站立的人的侧视图，上身略前倾，上肢下垂。《诗经·郑风·东门之墠（shàn）》："其室则迩，其人甚远。"如 Nenx zaid maix zab laix ~ 他家有五口人。~ dlas 奢人，即富人。~ hxat 狭人，即穷人。~ lul 老人。~ duf dud 读书人。

2. 耳，上古音在日母、支部。声母近乎 n。耳是象形字。《诗经·大雅·抑》："匪面命之，言提其耳。"遂有"耳提面命"一词。《老子》："五音令人耳聋。"如 Nenx maix ib jil ~ dlongx yangx 他有一只耳聋（聋）了。

3. 撚（niǎn），上古音在泥母、元部。韵母 an 转换为 ai。《说文解字》："撚，执也。"杜甫《重送》："手撚金仆姑，腰悬玉辘轳。"撚与一般的手持有所不同，在持的同时使物体转动，现写作捻。《齐民要术》卷四："作白李法……盐入汁出，然后合盐晒，令萎，手捻之，令褊。"用手捻李子，使其变小。捻又音 niē。在有些方言区，又作掜（liè），在扭转这个意义上与捻同。《晋书·安平献王孚传》："阿皮掜吾指，夺吾玺绶，不可不杀。"掜即拧。拧是更晚出现的字。

（1）相当于拧、搓、捻。如 ~ ghab mes pinf 捻瓶帽，即拧瓶盖。~ hlat 捻索，即搓绳子。

（2）做名词或量词。汉语中，用纸拧成的条状物，叫捻子。《西游记》一十二回："宁恋本乡一捻土，莫爱他乡万两金。"如 Jox hlat nongd maix bib ~ 这条索有三捻（三股）。

nang

nangb 蚺（rán），上古音在日母、谈部。声母本近乎 n；韵母由 am 转换为 ang。《说文解字》："蚺，大它（蛇），可食。"《玉篇》："蚺，大蛇也，肉可以食。"指蟒蛇。《新唐书·韦坚传》："始安（地名）蕉葛、蚺胆、翠羽。"苗语中，nangb 泛指蛇。因蟒蛇较大、也是较具代表性的蛇，用于泛指是可以理解的，正如汉语中以陆地动物大象泛指万象一样。如 ~ eb 河蚺，即水蛇。~ ghent diongx 间筒蚺，即花蛇，指蛇身（筒）一节一节的不同颜色相间。~ dail fal khangd 蚺发孔，即蛇出洞。

顺便说一句，虫、它、也都是蛇的象形，后来虫泛指虫类，它、也两字也挪作他用。蛇相对来说是后起字。《说文解字》："蛇，它，或从虫。"蛇是它的异体字。按理说，加虫旁是画蛇添足。

nangk 踼（dàng），上古音在定母、阳部。声母 d 变异为 n。《说文解字》："踼，跌踼也。""跌，踼也。"那么，跌是什么意思呢？一般容易理解为"失足"。实际上，源自脚与实地落差大。《荀子·王霸》："举跬步而觉跌千里者。"杨倞注："跌，差也。"高抬脚踩下去也叫跌。《水浒传》二十四回，当西门庆听说潘金莲是武大郎的妻子时，"西门庆跌脚笑道……"跌脚即踩脚。晋代左思《吴都赋》："魂褫（chì）气慑而自踼伏者，应弦饮羽。"踼即落地时脚踹地。苗语中的 nangk 即踩。如 ~ lob bet dlangl dlangl 踼脚响当当。

nangl 1. 齞（yǎn），上古音在疑母、真部。声母为 ng，转为 n（现代汉语中，声母 ng 灭失）；韵母 an 对应于苗语的 ang。《说文解字》："齞，张口见齿也。"齞从齿表义，指露齿。《说文解字》说从只表音，恐怕不对，只与齞的读音毫无共同之处。"只"可能是两颗牙齿从口中伸出来的象形。战国宋玉《登徒子好色赋》："其妻蓬头孪耳，齞唇历齿。"形容丑陋。齞唇历齿，即俗语龅牙，牙齿掩唇，历历可见。此字似应释为"不张口而见齿"。苗语中的 nangl 指老鼠。大家都知道鼠牙终生生长，时时啃啮东西以磨牙，即便如此，其牙仍很长，给人留下很深的印象。鼠是象形字，上面是头部，其突出了张口露牙状，下面是足、尾之形。忽略了身躯。如 ~ dlub 白齞，即白鼠。~ jad 齱（jú）齞，即松鼠。

2. 瀼（nǎng、ráng、ràng），上古音在日母、阳部。《集韵》释瀼："音曩，水流貌。"西晋玄虚《海赋》："涓流泱瀼，莫不来注。"涓流是细流，泱瀼指水流广大。陆游《入蜀记》五："土人谓山间之流通江者曰瀼云。"即蜀地称入江的河流为瀼。综上可见，一般的溪涧水不能叫瀼，只有入海入江的宽阔的河流才叫瀼。苗语中，如 nangl 指河流的下游，与 jes（究）相对。究是源头。nang 正与瀼相符。由于我国地形是西高东低，贵州地区也是如此。因此，河流的下游——瀼指东方，河流的源头——究指西方。就黔东南地区来说，四季中多阴雨雾霭，往往难以靠太阳来辨别方向，而用河流来辨方向是个好办法。相应地，南北方分别用暖、冷来表示。苗语中，不少地名含 nangl 的，如 ~ Jongb、~ Wax 在台江县，~ Liangs、~ Khab 在凯里市，都与其地处河流的下游有关。如 ~ ~ jes jes 瀼瀼究究，指忽西忽东，东奔西跑。

3. 喗（yǔn），上古音在疑母、文部。声母本为 ng，转为 n；韵母相当于 iwen，受 w 影响，转为 ang。《说文解字》："喗，大口也。"《广韵》："音齫（yǔn），义同。"即与齫互为异体字。《说文解字》："齫，无齿也。"《韩诗外传》："则太公年七十二，齫然而齿堕也。"即牙齿掉光了。又据《贾谊新书》卷四："以匈奴之饥，饭羹啗膹（fén）炙，喗氵督（mào）多饮酒。"大意为匈奴人以肉类为主食，以酒当饮料。喗有喝、吸之义，无牙齿也可进食。

综上所述，可能是吮的异体字（喗与允同音）。吮的上古音在船母、文部，声母接近 d；韵母与喗的完全相同。d 也有可能变异为 sh。《史记·吴起列传》："卒有病疽者，起为吮之。"指吴起为士兵吸吮疮的脓血。如 Jib daib ~ wel 小孩喗（吮）乳，即喝奶。~ nent 喗饵，指像鱼一样吞吸饵料，比喻受贿。

4. 襄，上古音在心母、阳部，入声。但是，以襄表音的字大多数都在泥母或日母，如囊、曩、瀼、瓤、攘、嚷、壤、让（让）等，就连读 xiang 的镶也在日母。只有襄、骧、纕（xiāng）在心母。我们不妨假定襄曾读如

nang。再看襄的字义：襄字的上下两头构成衣字（类似的，裹、衷、衰、哀、襃，都是在衣字中间加其他部件），但襄字中间的东西让人一头雾水，考之小篆、金文，也不明就里。《说文解字》："襄，汉令：解衣而耕谓之襄。"与衣有关无疑，但其解释让人很无奈：汉令居然可以细到耕田时的衣着。也无佐证。但我们不妨从典籍中的用法推断襄的字义。《尚书·尧典》："汤汤（shāng）洪水方害，荡荡怀山襄陵，浩浩滔天。"指洪水很大。怀山、襄陵基本同义。怀本作褱（huái）。褱也从衣，指包在衣服里。怀山襄陵无疑是水将山陵包围起来，仅露出主峰。唐代张守节《史记谥法解》："甲胄有劳曰襄。"谥号中有襄字，往往指征战有功劳。襄即指披甲戴盔。结合襄字从衣这一点，基本上可以断定，它指用衣服包裹起来，即穿衣。苗语中，nangl 即指穿衣。~ khuk 穿裙子。

5. 仍，上古音在日母、蒸部，入声。声母接近 n；韵母 eng 转换为 ang。仍也作儴（ráng）。《说文解字》："仍，因也。"《尔雅·释诂》："儴，仍，因也。"即依照、因袭。《论语·先进》："仍旧贯，如之何？何必改作？"仍旧贯，即继续用原来的贯（串钱的绳）。"仍旧"一词大概由此而来。做副词，即仍然。杜甫《奉送韦中丞之晋赴湖南》："王室仍多故，苍生倚大臣。"苗语中，~ 、~ ~ 都指仍然。如 Hot nenx ax gid ait, nenx seix ~ ~ ait 诲（叫）他不要做，他仍然做。nangl deis nangl 仍实仍。口语，指继续且不间断。如 Bib hangd khad bil ait yangx，~ deis ~ ait jangx ghax niox 我们已经下手做了，仍实仍做完算了。

nangs 1. 命，上古音在明母、耕部。声母 m 变异为 n；韵母 ieng 转换为 ang。《说文解字》："命，使也，从口、令。"也就是说，命字去了口，即为令字，令的下部与卩是同源部件。段玉裁注："命者，天之令也……令亦声。"命、令字义一致，令还在命中表音。命的读音完全有可能随令读 ling。我们也可以将苗语的声母 n 看作由 l 变异而来。命本指下令、差遣。《左传·隐公元年》："命子封帅车二百乘以伐京。"引申为上天的命令、天命。《论语·为政》："五十而知天命。"《论语·颜渊》："死生有命，富贵在天。"进而引申为人的生命、命运。《论语·先进》："有颜回者好学，不幸短命死矣。"苗语中，nangs 即指生命、寿命等。

（1）指生命、性命。如 ib jox ~ 一条命。dliuk ~ 救命。hlieb ~ 粗命，即命大。~ dlad 狗命。

（2）指寿命。如 laid ~ 短命。

（3）指命运。如 hxat ~ 狭命，即命苦。jox ~ qeb dot 命中捡得，即命中注定。

2. 段，上古音在定母、元部。声母 d 变异为 n；韵母 uan，u 灭失，an 转换为 ang。段本是动词。《广韵》："段，分段也。"《银雀山汉墓竹简·孙膑兵法·擒庞涓》："于是段齐城、高唐为两，直将蚁傅（附）平陵。"引申做量词。《晋书·邓遐传》："遐挥剑截蚁数段而去。"苗语中，nangs 也做量词。如 ~ gid nongd xad hangb wat 这段路难行得很。~ fangb nongd sail dios dol hmub 这段地方悉是苗族。~ diongb 中段。

nangx 1. 苪（réng），上古音在日母、蒸部。声母近乎 n；韵母 eng 转换为 ang。《玉篇》："苪，草茇陈者又生新者。"苪从仍表音，仍也有表义作用：新草因袭旧草。《列子·黄帝》："藉苪燔林，扇赫百里。"即就着草烧林，大火百里。有些典籍误写作芿。《新唐书·裴延龄传》："长安、咸阳间得陂芿数百顷，愿以为内厩牧地。"有数百顷草可供放牧。苗语中，nangx 泛指各种草。如 ~ dongb 苳苪，芭茅草。~ dul 楚苪，即柴草。hleik ~ lol yis liod 截苪来育牛，即割草喂牛。

2. 名，上古音在明母、耕部。声母 m 变异为 n；韵母 ieng 转换为 ang。《说文解字》："名，自命也。从口、夕。夕者，冥也。冥不相见，故以口自名。"以命释名，二者同母、同部。为什么由夕、口组成呢？夜里两人相遇，只能开口报上自己的名字，才能识别。本指人名。《左传·隐公元年》："庄公寤生，惊姜氏，故名曰寤生。"庄公是姜氏在睡醒的时候生下来的。寤即睡醒。引申为名誉。《庄子·养生主》："为善无近名，为恶无近刑。"即做善事不会马上得到好名声，做坏事不会马上受到惩罚。如 ~ bit 名讳，即名字。~ bit diel 周名讳，即汉语名字。~ bit hmub 苗语名字。Nenx maix ~ yangx 他有名（出名）了。hlieb ~ 粗名，名气大。

3. 铭，以名表音，上古音在明母、耕部。声母 m 变异为 n，韵母 ieng 转换为 ang。铭本指在青铜器上刻录文字。《礼记·祭统》："夫鼎有铭。铭者，自名也，自名以称其先祖之美，而著之后世者也。"器的主人一般都会刻上自己的名字，还会交代铸造此器的背景，训导后人等。《礼记·大学》："汤之盘铭曰：苟日新，日日新，又日新。"经引申，在其他材质上刻字，也叫铭。李白《古风》："铭功会稽岭，骋望琅邪台。"泛指铭记、记录，传之后人。今有"铭心刻骨"一词。苗语中，nangx 即指铭记。如 ~ hlib 铭思，即铭记、纪念。~ hxangb 铭宣，即铭记下来，昭示他人。

4. 蹍（niǎn），上古音在泥母、元部。韵首 i 灭失，an 转换为 ang。《广雅·释诂》："蹍，履也。"车轧为辗，足踏为蹍。张衡《西京赋》："当足见

踬，值轮被轹。"踬是踩，轹是车轧。苗语中，nangx 即踏。如 Dail leib ~
bil, dail fangs ~ vangx 猴踬阪，猿踬冈。指猿猴翻山越岭。~ hlangb 踬
跄，即登、爬。

5. 吟，上古音在疑母、侵母。声母本为 ng，转为 n；韵母"ang 化"了。吟
是拟声词，模拟呻吟的声音。《说文解字》："呻，吟也。""吟，呻也。"
《战国策·楚策一》："昼吟宵哭。"nangx 也应为呻吟的拟声词，作 ngangx
似乎更贴近。如 Nenx mongb hfud ~ hens hens 他头痛得哼哼地呻吟。

6. 拈，上古音在泥母、谈部。韵母 iam 转换为 ang。nangx 是 liangb——拈的
又音，字义略有不同。liangb 是以指取物，如采摘等，而 nangx 是将而未
取。《广雅》："拈，持也。"唐代卢延让《苦吟》："吟安一个字，拈断数
根须。"苗语中，nangx 也用于拈须。如 ~ hlangb hxangt niangs 拈攒须髯，
用手指将并聚拢胡须。

7. 镰（lián），也作镰，上古音在来母、谈部。声母 l 变异为 n；韵母 iam 转
为 ang。nangx 是 linx、dangd——镰的又音。《说文解字》："镰，锲也。"
"锲，镰也。"《墨子·备城门》："十步一长镰，柄长八尺。"指守城门的
兵器。《方言》五："刈钩……自关而西或谓之钩，或谓之镰，或谓之
锲。"锲有刻、嵌入之义。《急就篇》："矛鋋（shàn）镶盾刃刀钩。"钩
也是兵器。可见镰是一种弯的砍刀。苗语中，dangd 与 nangx 相同，都是
砍刀，而 linx 是收割庄稼的工具。如 nangx jangl 镰剑，指兵器。

8. 段，上古音在定母、元部。声母 d 变异为 n；韵首 u 灭失，an 转为 ang。
nangx 是 nangs——段的又音。做量词。如 ~ gheb nongd hlieb gheb wat 这
段活很费工。

ne

neb 疒（nè），上古音在泥母、锡部，入声。俗称病字头。《说文解字》："疒，倚
也。人有疾病，象倚箸（着）之形。"甲骨文中即有疒字：从丬、一。丬象
床（侧立形），一由人演变而来。会意为人有病，躺在床上。甲骨文中有
"祸凡有疒"等字样。另外，"疒齿"当是牙病；"疒止"当是足病。苗语
中，疒用来指人不正常、有毛病，或指能力弱、笨拙。如 Dail mongx ~ yan-
gx 那人疒了。指其精神有毛病。~ lob ~ bil 疒脚疒手，犹如笨手笨脚。

nef 1. 鱼，上古音在疑母，入声。声母本为 ng，转为 n；韵母略有偏转。nef 是
nail——鱼的又音，用法相同。如 Hot ~ niox laib wil 镀鱼在锅，即锅里

煮鱼。

2. 腻，上古音在泥母、脂部。韵母中 ei 转为 e。nef 是 lad——腻的又音，用法不同。《说文解字》："腻，上肥也。"即上好油脂。汉代蔡邕《为陈留太守上孝子状》："但用麦饭寒水，不食肥腻。"比喻像油脂一样细腻。杜甫《丽人行》："肌理细腻骨肉匀。"唐代裴铏《传奇·裴航》："脸欺腻玉，鬓若浓云。"苗语中，neb 指做事细腻。如 Nenx ait gid gongb ~ bongt wat 他做事情腻（细）得很。

3. 吝，上古音在来母、文部。声母 l 变异为 n；韵尾 n 灭失。《说文解字》："吝，恨惜也。"《方言》十："凡贪而不施或谓之吝。"也写作悋（lìn）。《三国志·魏书·荀彧传》："行已谨俭，而与有功者无所悋惜。"悋惜即吝惜。苗语中，nef 即指吝惜、吝啬。如 ~ seb 吝啬。ax gid ~ seb not 不要太吝啬。

4. 糯，上古音在泥母、歌部。本作稬（见 nax 字条）。但苗语中，稬泛指稻类，糯是后起字。司马光《涑水记闻》卷一三："守陵喜，运糯米以饷智高。"如 gad ~ 糯谷，即糯米饭。

5. 落，上古音在来母、铎部。声母 l 变异为 n。nef 是 nas、nat——落的又音。这里，落由草木凋谢引申为雨雪降落。如 ~ nongs 落雨。

6. 掷，上古音在定母、锡部。声母本为 d，变异为 n。韵母 ie 中的 i 灭失。掷又作擿（zhì），即投掷。《史记·刺客列传》："荆轲废，乃引其匕首擿秦王。"如 ~ mongl gux niox 掷往外了，即扔出去。

7. 擽（lüè），上古音在来母、药部。声母 l 变异为 n；韵母有偏转，但与汉语中的乐（乐）同。nes 是 liul——擽的又音，意思也相同，指击、打。如 ~ dail dlad ib det 擽犬一棍子。

nel 爇（ruò），上古音在日母、月部。声母本近乎 n；韵母中的 u 灭失。《说文解字》："爇，烧也。"《史记·秦始皇本纪》："真人者，入水不濡，入火不爇，陵云气，与天地久长。"《左传·昭公二十七年》："遂令攻郤氏，且爇之……国人弗爇。"如 ~ ib diot laib zaid dlaib jul 爇烟着宅，缁了。即烧火的烟子附着在房子上，（房子）黑了。

nes 1. 鹢（yì），上古音在疑母、锡部。声母本为 ng，转为 n；韵母为 ie，i 灭失。此字又写作鶂、鷊。《说文解字》："鶂，鸟也……鷊，鶂或从鬲。"《春秋·僖公十六年》："六鹢退飞，过宋都。"南朝江淹《杂体诗》："鹳鹢在幽草，客子泪已零。"据说，古时常在船头上画鹢鸟。又称这种船为鹢。司马相如《上林赋》："西驰宣曲，濯鹢牛首。"鹢即鹢首之船。鹢鹢连称，又指鹅，模拟鹅的叫声。《孟子·滕文公下》说齐国的仲子不吃他哥哥的不义之禄。有人送他哥一只生鹅，他厌恶地说："恶用是鶃鶃者为哉？"（为什么要用这种鶃鶃叫唤的东西呢？）有一天，他妈杀了这只鹅给他吃了，他哥从外面回来，说："是鶃鶃之肉也。"他出去吐了。也有书本认为鶃、鹢、鷁不是同一种鸟，但至少有一点是共同的，它们上古音都在疑母、锡部，应该都是拟声词，模拟像鹅这种大型鸟类的叫声。苗语中，nes 泛指鸟。如 ~ bos ghel 布谷鸟（bos ghel 模拟此鸟的叫声，略似汉语的"布谷"）。~ jab fangx 黄雀鸟，即黄鹂。~ zeil 贼鸟，指麻雀，因其偷吃、糟蹋粮食。~ ak ninx 挨（水）牛鸟，即八哥，喜欢站在牛背上。

鸑（yuè），上古音在疑母、屋部，其读音也可转换为 nes。《说文解字》："鸑，鸑鷟，凤属神鸟也。"《国语·周语上》："周之兴也，鸑鷟鸣于岐山。"三国嵇康《琴赋》："舞鸑鷟于庭阶，游女飘焉而来萃。"《说文解字》又说："江中有鸑鷟，似凫而大，赤目。"指大型水鸟。总之，鸑或鸑鷟是一种大鸟。苗语用其泛指鸟，也未可知。

2. 嫋（niǎo），上古音在泥母、药部，入声。《说文解字》释嫋为"弱长貌"。屈原《九歌·湘夫人》："嫋嫋兮秋风，洞庭波兮木叶下。"洪兴祖《补注》："嫋，长弱貌。"晋代左思《吴都赋》："蔼蔼翠幄，嫋嫋素女。"指柔弱而摆动的样子。苗语中，~ ~ 用作补语，指摆的样子。如 ket ~ ~ 磕嫋嫋，摇晃的样子。

net 濡（rú），上古音在日母、侯部，入声。声母本近乎 n；韵母只保留了韵尾。濡一为水名，一为"沾湿也"（据《集韵》）。《礼记·曲礼》："濡肉齿决，干肉不齿决。"即湿的肉用牙咬开，干肉不用牙去咬开。《诗经·邶风·匏有苦叶》："济盈不濡轨。"指车行济水之上，济水满了也不沾湿车底。《庄子·天运》："相濡以沫，不若相忘于江湖。"即：（两条鱼）与其在陆地上用口沫濡湿对方，不如生活在江湖中各顾各。引申为润泽。《诗经·邶风·羔裘》："羔裘如濡。"苗语也有相应的字义。

（1）指湿。如 Pangb ud nongd dail ~ wat 这件衣服濡（湿）得很。~ eb 濡水，指潮湿。

（2）由润泽引申为日子滋润、好过。如 Laib zaid mongx ~ wat 那家濡（滋润）得很。

nex 枼（yè），上古音在余母、叶部。但从以枼表音的字来看，如蝶、碟、谍、堞、喋、蹀、牒等字来看，它们均读 die。极有可能，枼的古音在定母、叶部。声母 n 变异为 d；韵首 i 灭失。枼是葉（叶）的本字。枼字本是整体象形，上部

的 "世" 即树木上的枝叶。而人世之世犹如枝叶的一个春秋，生息代谢。从枼的字往往都有扁平如叶的特征，如蝶、碟、牒等。《庄子·天瑞》："乌足之根为蛴螬，其叶为胡蝶。" 古人的想象也是有一定依据的。苗语中，nex 即叶。如 ~ jenl 茶叶。bit ~ 哔叶，即吹木叶（用一片树叶吹出曲调。哔是拟声词）。

nei

neib 轹（lì），上古音在来母、药部，入声。声母 l 变异为 n；韵尾灭失，保留 i，转为 ei。《说文解字》："轹，车所践也。" 即车轮碾轧。张衡《西京赋》："当足见碾，值轮被轹。" 李善注："足所蹈为碾，车所加为轹。" 引申为压倒、超过。《文心雕龙·时序》："经典礼章，跨周轹汉。" 唐代司空图《解县新城碑》："川广可逾，山高可轹。" 又引申为欺压。《吕氏春秋·慎大》："干辛任威，凌轹诸侯以及兆民。" 凌轹即欺凌、欺压。苗语中，neib 即指压。如 Bab dul gos lol ~ gos jil lob 一捆柴倒下来轹着脚了。

neid 捩（liè），从戾表音。戾的上古音在来母、质部。声母 l 变异为 n。实际上，表示扭、拧的字，声母都是 n。《集韵》释捩为 "拗也"。《晋书·安平献王孚法》："阿皮捩吾指，夺吾玺绶，不可不杀。" 王安石《彭蠡》："东西捩舵万舟回。" 捩即扭、拧，捩舵，转动舵。苗语中，neid 即扭动。如 ~ ghangb ~ ghad 捩尻捩臀，即扭屁股，指走起来歪歪扭扭的样子。~ ghangx 捩扛，指扁担在挑重物时的颤悠。

neif 1. 轹（lì），上古音在来母、药部。neif 是 neib——轹的又音，只不过用法更广泛。轹由车的碾轧引申出多项字义。

(1) 压。如 Ax gid ~ gos laib xangd dus niox 不要把那碗轹破了。

(2) 挤压。如 ~ bus 轹腐，指挤脓。~ eb wel liod 挤牛奶。

(3) 摁压。如 ~ yent 轹印，即盖印、盖章。~ ghab dad bil 轹手指，指按手印。

(4) 指压倒、超过。汉语中有艳压群芳、压卷（诗文等超过同类作品）等词。如 ~ nangl ~ jes 轹瀤轹究，即压倒下游压倒上游，指超群、出众。
顺便说一句，汉语中，相当于轹的常用的压字，本义相去甚远。《说文解字》："压，坏也。一曰塞补也。"

2. 摙、播。两字均以右部表音，其上古音均在来母、微部。声母 l 变异为 n。《集韵》释摙："急击鼓也。" 即猛敲鼓。《韵会》："别作播。" 今天多用播鼓。《宋史·礼志》："驰马争击，旗下播鼓。" 前蜀韦庄《秦妇吟》："忽看门外起红尘，已见街中擂金鼓。"苗语中，neif 指敲。如 Maix naix ~ di-ux 有人擂门。

neis 1. 烂，上古音在来母、元部。声母 l 变异为 n；韵母 an 一般转换为 ai，又偏转为 ei。neis 是 lax——烂的又音。用法有所不同；lax 主要用于有机体腐烂、溃烂，而 neis 主要用于破烂。烂本作爛，在饭、粥之间。引申指东西不结实、破烂。苗语中 neis 既指破烂，又做动词，指让东西变烂。如 ud ~ 破衣服。~ hab 烂鞋，指费鞋、将鞋磨烂。~ ud 烂衣，指费衣服。

2. 扐，上古音在来母、职部。声母 l 变异为 n。《集韵》释扐："筮（shì）者著蓍（shī）指间也。"即用草来占卜的人，将蓍草夹在指间。《易经·系辞上》："归奇于扐以象闰，五岁再闰，故再扐而后挂。"每次数蓍草，把余下来的蓍草夹在指间，以此象征闰年，五年闰两头，当指间夹了两次时，告一段落。说得这么复杂，其实，扐无非是用手指夹。苗语中，neis 指夹杂、掺杂。如 Heik ib haib eb ~ diot laib wil 舀一瓢水扐在锅里。

neit 捩，上古音应在来母、质部。声母 l 变异为 n。neit 是 neid——捩的又音。如 ~ lob 捩止，即扭脚了。~ diub 捩脊，即背扭伤了。

nen

nend 1. 恁（nèn），上古音在日母、侵部。声母本近乎 n。恁从心，本指思、念。但被借作代词，指那、那样。宋代柳永《定风波》："早知恁般么，恨当初不把雕鞍锁。"辛弃疾《沁园春》："君非我，任功名意气，莫恁徘徊。"苗语中，nend 相当于那。如 Benx dud niangb mongx hangd ~，ax niangb wil hangd nongd 书本在你那里，不在我这里。

2. 呢，语气词。如 Hangd mongx mongl ~，wil seix mongl 如果你去呢，我也去。Ax dios nenx，dios dail xid ~？不是他，是哪个呢？

3. 喃，象声词。如 ~ hangl ~ hangl 喃哄喃哄，像马的叫声。

nenf 扇，上古音在书母、元部。按说声母 sh 不能转换为 n，但苗语中，书为 dud，可见书母可对应于 d，进而变异为 n。韵母 an 转为 en。《说文解字》："扇，扉也。"本指门扇，从羽表义，指像翅膀一样可以开合。引申为扇风的扇子，因其像门扇摆动，即可生风。《方言》五："扇，自关而东谓之箑（shà），自关而西谓之扇。"《世说新语·轻诋》："大风扬尘，王以扇拂尘。"也做动词，指摇扇。《淮南子·人间训》："左拥而右扇之，而天下怀其德。"苗语中，nenf 也做名词、动词。如 Dad diangb ~ ~ hvent 拿把扇子扇凉。

nenk 1. 拧，从宁表音。宁的上古音在泥母、耕部。韵母 ing 转换为 en。汉语早期典籍未收此字。《金瓶梅》十一回："一只手拧着秋菊的耳朵，一直往前边来。"苗语中，nenk 的用法与拧完全相同。如 ~ laib ghab mes pinf jongt jongt 拧瓶帽（瓶盖）紧紧（的）。Nenx ~ mais mongl dangl ghangb 他拧面往尻端，即把脸拧向后面。~ ghangb ~ ghad 拧尻拧臀，与 neid ghangb neid ghad 相同，指东扭西歪。~ gid jud 拧絿（qiú）路，即向紧的方向拧。~ gid tad 拧脱路，即向松开的方向拧。组成叠韵词 ~ ghenk 拧卷（quán），即扭曲、歪扭，也指故意扭曲（事实）。

2. 零，上古音在来母、耕部。声母 l 变异为 n；韵母 ing 转为 en。《说文解字》："零，余雨也。"nenk 是 linf——零的又音，用法不同。这里由余雨引申为零星的、少量的。如 ib ~ 一零，即一点儿。~ daib 零滴，仍指一点儿。

3. 粦（lín），上古音在来母、真部。声母 l 变异为 n。《说文解字》："粦，鬼火也。兵死即马牛之血为粦。"人与动物遗骸含有较丰富的磷，因其燃点低，夏夜可见其发光。因磷火多出现于坟陵或战场，故被称为"鬼火"。粦字上部本为人体沾上星星点点的磷火状，下部的舛指脚步错乱，显示出人遇鬼火而慌乱逃脱的景象。粦有零星、微弱的光之含义。故磷指能发微光的矿物，潾指波浪的反光，鳞也有反光之义。粦又作燐。《淮南子·论训》："久血为燐。"苗语中，nenk 即指微弱而闪烁的光。如 fangx ~ ~ 煌粦粦，光线微弱闪烁的样子。

nenl 1. 佞，上古音在泥母、耕部。韵母 ing 转换为 en。不过，据《说文解字》："佞，巧谄高材也。从女，仁声。"佞，从仁、女，以仁表音，段玉裁认为这一点可信。仁在日母、真部，韵母本来就是 en。佞从女表义，应该说得不出巧谄、能言之义。很可能是佞的读音读别了，并与同为耕部的令字相混。令有善、善于之义，如"巧言令色，鲜矣仁。"又称自己不才为不佞。佞的本义倒无从知晓。从女的字除了表现女性特点、做古老的姓氏用字之外，多与婚姻、姻亲、称呼有关。假定佞即为苗语的 nenl——舅舅。如 Daib pik mongl khat, daib ~ nongx diangb 外甥女出嫁，舅舅吃妆钱（外甥女婿支付舅舅一笔费用）。

2. 闪，上古音在书母、谈部。读音与 nenf——扇相同，书母变异为 n；韵母 am，转为 en。nenl 是 dlind——闪的又音。用法有所不同。dlind 用于闪光；nenl 指闪现。如 fangx ~ 煌闪，指亮了一下又快速熄灭。hleid ~ 出闪，突然伸出来。

nens 1. 淀，上古音在定母、文部。声母近乎 d，变异为 n；韵母本就相当于 en。淀本作淀，殿表音兼有表义成分，建筑底座为殿，淀则指水底渣滓淤泥。《说文解字》："滓，淀也。"引申为沉积。沈括《梦溪笔谈》："汴渠有二十年不浚，岁岁堙淀。"苗语中，nens 指沉积、沉淀。如 Laib ghab dens ax bil ~ 那些淀还未沉淀。dens 与 nens 应为同一字，不过分别做名词和动词。

2. 埝（niàn），从念表音。念的上古音在泥母、侵部。韵母相当于 em，转为 en。《集韵》释埝："益也。"即增加、加高。埝又读 diàn，《方言》一三："埝，下也。"即地面低陷。《广韵》释埝："益也。又陷也。"指低陷，与垫相通。《尚书·益稷》："洪水滔天，浩浩怀山襄陵，下民昏垫。"《汉书·王莽传》："武功中水乡民三舍垫为池。"这里的垫即下陷。而今天，垫指使低洼处增高。埝、垫都有一对看似矛盾的字义：低陷、增高。汉语中类似情形，已有多起，恕不举例。今天，一些地区的方言里，埝指埂、堤坝，都有增高之义。苗语中，nens 指堆、叠。如 ~ ghad longd 埝菹莨，即堆草。ib ~ vib 一埝石，即一堆石头。

nent 1. 饵，上古音在日母、之部，入声。声母本接近于 n；韵母 n 化了。《说文解字》："饵，粉饼也。"米粉做的食物（早期的饼无饼状之义）。引申为吃、让某某吃。三国嵇康《与山巨源绝交书》："饵术黄精，令人久寿。"术与黄精都是野生植物。《战略策·中山策》："臣有父尝饿且死，君下壶飧饵之。"这里的饵即给吃、使吃。进一步引申为鱼饵，即给鱼吃的食物。《庄子·外物》："任公子为大钩巨缁，五十犗（jiè）以为饵，蹲乎会稽，投竿东海。"任公子蹲居于会稽山，用巨大的钓竿投钩于东海，用五十头阉过的牛做鱼饵。《文心雕龙·情采》："翠纶桂饵，反所以失鱼。"用非常精美的钓线、鱼饵，反而钓不到鱼。又引申为诱。《孙子·军争》："锐卒勿攻，饵兵勿食。"饵兵即诱兵。苗语中，nent 也有相应的字义。

（1）指鱼饵。如 Dail nail def ~ yangx 鱼儿叨饵了。

（2）指诱、钓。如 ~ nail 饵鱼，即用饵钓鱼。

2. 顿，上古音在端母、文部。声母 d 变异为 n；韵首 u 灭失。《说文解字》："顿，下首也。"即以头叩地。《左传·文公七年》："出朝则抱以适赵氏，顿首于宣子。"引申为像叩头一样的动作。《后汉书·夏馥传》："馥乃顿足而叹。"杜甫《兵车行》："牵衣顿足拦道哭。"苗语中，nent 指猛地向下。如 dail gangb yel ~ eb 蜻蜓顿水，即蜻蜓点水。~ ghangb ~ ghad 顿尻顿臀，即走起路来，屁股一颠一颠地，不流畅。

nenx 1. 恁（rěn），上古音在日母、侵部。声母本接近于 n；韵母本相当于 em，转为 en。nenx 是 nend——恁的又音。《广雅》："恁，思也。"《广韵》则释为"念也"。汉代班固《典引》："宜亦勤恁旅力。" 如 Xenb diex lob zaid hlat, bit dangx kangb yal yit, dot ~ sos dail xongt 阿妹回妈家，沉睡鼾悠扬，不会念阿哥。Niangb dab lol ~, hxud waix lol nos 坐下来念，站起来想。~ tongb 恁通，即想通、想到。

2. 恁，作为他指，与 nend——恁有相通的地方，nend 指那、那样，而 nenx 指"那人、那个"，即他、她、它。如 ~ mongl khat yangx 她出嫁了。Dail ninx qib diot diub ngex, ~ nongx nangx jul yangx 水牛关在厩里，它吃完草了。~ dol 他们。

3. 忍，上古音在日母、文部。声母本近乎 n。《说文解字》："忍，能也。"徐错曰：能，音同耐。段玉裁注："能耐本一字。"忍即忍受、耐受。《论语·八佾》："是可忍也，孰不可忍也。"又指残酷、狠心。汉代贾谊《新书·道术》："侧隐怜人谓之慈，反慈为忍。"慈和忍相反、相对。《史记·项羽本纪》："君王为人不忍。"不忍即不狠。苗语中，nenx 指发狠、发力。如 ~ ghad 忍葅，指用力拉屎。Kheib nenx, nenx ~ dait hlat yangx 捆他，他忍断索了。指发力挣断绳索。

4. 纶，上古音在来母、文部。声母 l 变异为 n；韵首 u 灭失。《说文解字》："纶，青丝绶也。"即带子。用这种青丝带做成的头巾叫纶巾。但这里纶读 guàn。纶别有一义，指丝绵、絮。《墨子·节葬下》："纶组节约，车马葬乎圹。"孙诒让《闲话》："纶，絮也。"《后汉书·章帝纪》："吹纶絮。"孝贤注："纶，似絮而细。"就是比絮还细。苗语中，nenx 指棉花。因棉是外来物种，其字也是后起的，苗语多用丝绵（mais）、毛状物（hsenb——氋）等字来表示棉花。如 dib ~ 打纶，即弹棉花。diot ~ 着纶，即种棉花。

5. 凛（lǐn），上古音在来母、侵部。声母 l 变异为 n。《玉篇》："凛凛，寒也。"《文选·古诗十九首》："凛凛岁云暮。"指寒冷的样子。比喻恐惧的样子，因为寒冷与恐惧都使人发抖。《三国志·蜀书·法正传》："先主每入，衷心常凛凛。"苗语中，nenx ~ 正如凛凛，指发抖的样子。kib ~ ~ 赫凛凛，颤抖状。

nga

ngad 獓（áo），上古音在疑母、宵部。声母本来即为 ng；韵母 au 转作 a。《集韵》引《山海经·西山经》："有兽焉，其状牛身四角，豪如披蓑，名曰獓烟

（yīn），是食人。"今本《山海经》，"獙烟"两字均为犭旁。苗语中，组成双声词 ~ ngol，指老虎一类的猛兽。其实，无论是獙、ngad、ngol，还是獒（猛犬），都是拟声词，模拟这一类猛兽发出的叫声。

ngal 1. 厌，上古音在影母、叶部，入声。影母即无声母，变异为 ng。本应写作厌（yā），《说文解字》："厌，笮也。""笮，迫也。"即迫近。但此字往往被用于厌弃、厌足（饱），今简化为厌。在迫近这个意义上，厌往往写作压（简化为压）。《左传·襄公二十六年》："楚晨压晋军而阵。"即楚军逼近晋军列阵。苗语中，ngal 即指迫近。如 ~ dab 压地，即贴地皮。

2. 委，上古音在影母、歌部，相当于 iwa。现代汉语中，i 灭失。苗语中，影母变异为 ng，w（相当于 u）灭失。《说文解字》："委，委随也。从女，禾声。"徐铉（xuán）曰："曲也，从禾垂穗，委曲之貌。"指禾苗像女性一样柔弱，因而下垂。委在萎、痿等字中表音兼表义。委有多项引申义，其中之一指萎靡、委顿。《周礼·考工记·梓人》："则必颓尔如委矣。"颓、委同义。《世说新语·排调》："通夜委顿。"韩愈《送高闲上人序》："颓堕委靡，溃败不可收拾。"委用来指人，即表示精神不振、浑身发软状。苗语中，ngal 指犯懒。如 Wil ~ mongl yel 我懒得去了。

ngas 1. 爱，上古音在影母、物部。影母变异为 ng；韵母略有偏转。《集韵》释爱："仁之发也……又亲也、恩也、惠也、怜也、宠也、好乐也、吝惜也、慕也。"爱的早期字义应为吝惜。《论语·八佾》："尔爱其羊，我爱其礼。"即你吝惜那只羊，我舍不得这个礼。《孟子·梁惠王上》："齐国虽褊小，吾何爱一牛。"齐国虽然狭小，我还不至于舍不得一头牛。引申出喜爱、情爱等。《老子》："是故甚爱必大费，多藏必厚亡。"《左传·隐公三年》："兄爱弟敬。"苗语中，ngas 也有类似的字义。

（1）指吝惜、节俭。如 Bad ~ daib nongx xangd 父爱（俭）子吃饱。

（2）指喜爱。如 Nenx ~ hmat wat 他爱白话（说）。~ hmat 爱说。~ ait ngas dot 爱为爱得，即喜欢自作自受。~ hvib 爱心，指欢喜。Wil hnangd jus deix ax ~ hvib ib nenk 我感到实在不舒心。

2. 渴（jié），上古音在群母、月部，入声。声母相当于 g，转为 ng（ng 发音部位在后腭，后 g 相近）。《说文解字》："渴，尽也。"渴从水，当指水尽，相当于涸。此与口渴欲饮是两个字，指口渴的字应在渴字右边加欠。ngas 是 khab——渴的又音。指水干涸、尽这个意义上，今天写作竭。《周礼·地官·草人》："渴泽用鹿。"郑玄注："渴泽，故水处也。"即从前有水，而今干涸。《吕氏春秋·任地》："利器皆时至而作，渴时而止。"渴时，即

397

时尽、时候过去了。苗语中，ngas 即指水干、无水分。如 ~ eb 渴水，即水竭。~ ghongd 渴颈，指嗓子干。~ liak 渴羸，即干枯瘦弱。~ mangl ~ mais 渴脸渴面，指面色憔悴，仿佛没有水分。~ yux 渴油，即油干了。

ngax 1. 衙，上古音在疑母、鱼部。声母本为 ng；鱼部字韵母多有变成 a 的，如巴、下等。《广韵》："衙，衙府也。"《北齐书·宋世良传》："每日衙门虚掩，无复诉讼者。"苗语中，ngax 即指衙门。如 Dail xid lol niangb ~，Bod Songb lol niangb ~ 哪个坐衙，宝松来坐衙。~ ghab lail 吏衙，也即衙门、官府。

2. 肉，上古音在日母、觉部。声母本近乎 n，转为 ng；韵母略有偏转（其另一读音作 ngix）。肉是整体象形字，做偏旁时讹为"月"。它是一个张着大口的兽头之形，肉或"月"下部的开口正像大张的口。以兽头指肉，是古人造字的无奈。因为今天常说的肉是没有任何固定形状的。今有"挂羊头，卖狗肉"一说，用兽头来指打猎后获得的兽肉，是一种差强人意的选择。《说文解字》："肉，胾肉也。"即切成大块的肉。但这个由兽头演变而成的肉还有另一个引申方面，指兽本身。用兽头来指兽也是可以理解的：因为各种兽的形体特征是不一样的，反而不好用某种兽的全身象形来泛指兽类。先秦《弹歌》："断竹续竹，飞土逐肉。"即把竹子砍下来，两头用弦连接起来（做成弹弓），发射特制的泥丸，追逐野兽。汉代赵晔《吴越春秋·勾践阴谋外传》也提到这支歌词。肉又泛指禽兽。《正字通》："禽鸟谓之飞肉。"《扬子·太玄经》："明珠弹于飞肉。"飞肉即鸟。苗语中，ngax 泛指各种兽。如 dias ~ 逐肉，即打猎。~ dab 地肉，指野猪，大概是因为野猪爱在地上打滚。~ dlad vud 野狗肉，指似狗的野兽。

顺便说一句，现代汉语中的禽、兽本是动词，而不是名词，分别是擒、狩的本字。

ngai

ngaib 哎，象声词。如 ~ ongd 哎嗡，指猫的叫声。Dail mob genx ~ ongd 猫儿咺哎嗡。即猫哎嗡哎嗡地叫。

ngang

ngangl 1. 噘（yàn），上古音在影母、元部。本无声母、变异为 ng；韵母 an 转换为 ang。《玉篇》释嚥："吞也，也作咽。"咽本指咽喉，被假借为吞咽之咽。《论衡·效力》："渊中之鱼递相吞食，度口所能容，然后嚥之。"《孟子·滕文公下》："三咽，然后耳有闻，目有见。"苗语中，ngangl 即指吞咽。如 ~ gad 咽饭；~ eb niux 咽口水。

2. 胫，上古音在匣母、蒸部。不过，与胫具有同样表音部件的经、泾、径、劲等都在见母，声母为 g。疑胫字的声母也应为 g，可转换为 ng。韵母 ieng 转为 ang。《说文解字注》："膝下踝上曰胫。"即小腿。《论语·宪问》："以杖叩其胫。"即用杖敲其小腿。《史记·李斯列传》提到大禹："胫无毛，手足胼胝。"指成天泥里来，水里去，小腿上的毛都掉光了，手足起老茧。苗语中，ngangl 即指小腿。如 dliangk ~ 胫癣，特指因长期烤火而起的小腿癣。

骭（gàn），上古音在见母、元部。声母 g 转为 ng，韵母 an 转为 ang，骭也可读为 ngangl。骭也指小腿。唐代段成式《酉阳杂俎·虫篇》："申王有肉疾，腹垂指骭。"可为参考。

3. 杆，上古音在见母、元部。声母本为 g，变异为 ng；韵母 an 转换为 ang。《论衡·变动》："旌旗垂旒，旒缀于杆。"这里杆即旗杆。苗语中，ngangl 指杆状物。如 ~ dok 杼杆，即织布的梭杆、梭子。

ngangk 按，上古音在影母、元部。无声母变异为 ng；韵母 an 转换为 ang。《广韵》释按"抑也"。《说文解字注》："以手抑之使下也。"《管子·霸言》："按强助弱。"苗语中，ngangk 即指向下压。如 ~ mongl dab 按下去。

ngangs 1. 鹅。鹅是拟声字，其读音模拟鹅的叫声。正如汉语中用以指牛的叫声的象声词为哞，而苗语则为 mangb 一样，苗语中，ngangs 也模拟鹅的叫声，并以此指鹅。《尔雅·释鸟》："舒雁，鹅。"李巡："野曰雁，家曰鹅。"雁、鹅都指这种体型较大的鸟。鹅的上古音在疑母、歌部，声母也本为 ng。雁的上古音在疑母、见部，声母也本为 ng，韵母 an 可转换为 ang。因此，ngangs 也可视为雁。《孟子·滕文公下》："则有馈其兄生鹅者……恶用是鶃鶃者为哉？"这一段话也印证了鹅是拟声字。鶃鶃，即模仿鹅的叫声，其字为疑母、锡部，与鹅古音相近。苗语中，ngangs 指鹅，以及体型较大的鸟。如 Dail ~ longd eb 鹅过河。~ cot 鹤鹅，指像鹤一样的长腿大鸟，即白鹭。~ waix 天鹅。

2. 应（yìng），上古音在影母、蒸部。无声母变异为 ng；韵母 ieng 转换为 ang。应是应、膺两字的简写、合并。两字均以上部（鹰的本字）表音。前者从心指应当；后者从言指回应。这里为后者。《说文解字》："应，以言对也。"即回答、回应。《易经·乾卦》:"同声相应,同气相求。"贾谊《过秦论》:"天下云集响应。"今天仍沿用"响应"一词:应是响声的回声,响声一起,回声紧随而至。苗语中,ngangs 则有回报之义。如 bex ～ 报应。报与应意思相近。报即回报,如投桃报李。应也有回馈之义。苗语中 bex 指偿还。如 bex ～ 仍指偿还。Qab dol xat sail bex ～ jul yangx 欠债悉报应绝了,即欠账都还完了。

3. 귱(yà),上古音在影母、铎部。无声母变异为 ng。韵母"ang 化"了。《说文解字》:"귱,覆也。"即倒扣。귱是象形字,类似酒坛盖子的剖面图:中间下部的突起,可塞紧坛口;周边如倒扣的碗,能更好地起到密封作用;上部是提手。覆、텪、覈(核实之核的本字)、贾四字的上部都是귱,并且以귱表义。覆指倒扣。텪,见于《史记·吕太后本纪》:"太后乃恐,自起텪孝惠卮。"吕太后在酒杯中下毒,本想毒死赵王如意,没想到自己的儿子孝惠帝端起了这杯酒,她赶紧텪其卮——打翻酒杯。清代龚自珍《自春徂秋偶有所触》:"遵王无텪轨。"텪轨即翻车。覈(核实、核验等)取反复(覆)之义。贾,《说文解字》认为贾以귱表音,但贾在见母、鱼部,声、韵母与귱均不同。俗语行商坐贾,贾是靠囤积居奇来赚钱,必须把货物储藏好。귱有密封好、保管严实之义。苗语中,ngangs 有遮盖严实之义。如 mes ～ yangx 冒귱了,即盖严实了。xab ax ～ 遮不귱,即没完全遮住。

严,上古音在疑母、谈部,入声。声母本为 ng。韵母 am 转为 ang,严即可读为 ngang。《说文解字》:"严,教命急也。"泛指急。现存严实之义,但似乎未见于经典。供参考。

ngangx 弇(yǎn),上古音在影母、谈部。无声母变异为 ng;韵母 am 转换为 ang。《说文解字》:"弇,盖也。"当是引申义。《周礼·考工记·凫氏》:"清浊之所由出,侈弇之所由兴……侈则柞,弇则郁。"讲的是如何造钟。侈、弇相对,指钟口大开或收拢。《吕氏春秋·仲冬》:"其器宏以弇。"指器的容量大而口窄小。再看弇的字形:上面的合本是容器的盖子与器相合之形;下面由双手演变而来。我们能大致推定弇的本义为捂盖子,不致容器中的东西轻易逸出。引申为掩盖、器口收拢之义。苗语中,ngangx 指母畜不生育,犹如说出口小,肚子里的东西倒不出来。如 Liod ～ 弇(黄)牛,不生育的黄牛。ninx ～ 弇(水)牛,不生育的水牛。

nge

ngeb 角，上古音在见母、屋部，入声。声母本为 g，变异为 ng；韵母 eo，保留了 e。ngeb 是 gib、ghot——角的又音，用法不同。《说文解字》："角，兽角也。"本指动物头部的角质突起，常见的是牛角。牛角中空，可做容器，如当酒杯。从角的字如：觥、觯、觿、觞、觚、觛等都是酒器，只是大小、形状不同。《礼记·礼器》："尊者举觯，卑者举角。"角比觯大。也做量器。《管子·七法》："斗斛也，角量也。"泛指容器。唐代司空图《力疾山下吴村看杏花》："客来须共醒醒看，碾尽明昌几角茶。"苗语中，ngeb 指茶杯、酒杯。如 ~ jenl 榼角，即茶杯。~ jud 酒角，酒杯。~ dlub 素角，白色的杯子，指瓷杯。~ ghab dab 土杯、陶杯。

nges 1. 揠（yà），从亚表音。亚的上古音在影母、鱼部。无声母变异为 ng；韵母略有偏转。《集韵》释揠为摇。《水浒传》十三回："左阵上急先锋索超兜住马，揠着金蘸斧。"即挥着金蘸斧。苗语中，nges 即摇。如 Ax gid ~ dail det mongx 不要摇那棵树。

2. 儗（ài），上古音在疑母、之部，基本上读作 nge。儗从疑表音，疑也有表义成分。疑右下为止，与走路有关，指举足不定、迟疑的样子。《广韵》："佁（yǐ）儗，痴貌。"痴本来也从疑，作癡。"佁儗"一词还见于司马相如《大人赋》。儗又被假借为拟（拟），其本义往往被写作呆（ái）、鼓（ái）等，呆、鼓均指行动迟缓的样子。儗由迟缓引申为拖延。这个意义后来写作捱。捱从厓（yà）表音，厓在疑母、支部，与儗读音极相近。苗语中，nges 即指拖延、耽搁。如 Hvit bil diot dax yal, ax gid ~ yel! 快点唱吧，不要儗（拖时间）了。Xangf nongd dax nongs, mongx ~ nenk yet hangb gid mongl 现在下雨，你儗会儿再走路。~ gheb 儗工，即误工。

爱，繁体为愛，上古音在影母、物部。无声母也可变异为 ng。在一些方言区，爱即读为 ngai。本来，指爱惜、喜爱的，有恶（ài）字，下面加夂后，讹变为爱。夂是脚的形状，爱因此与走路有关。《说文解字》："爱，行貌也。"《诗经·邶风·静女》："静女其姝，俟我于城隅。爱而不见，搔首踟蹰。"约会时，先到的那一位来回走动，等待另一人。爱应该是走走停停的样子。后来，爱假借为喜爱之爱。爱似乎也可指拖延。

3. 扱（yì），上古音在疑母、缉部。声母本为 ng；韵母近乎 e。《集韵》："亦手至地下。"指叩头要叩到双手触地。《仪礼·士昏礼》："妇拜扱地。"郑玄注："手至地也。"本指叩头，引申指点头。在皖西南方言中，点头为nge。苗语中，nges 即指点头。如 ~ khob 扱颡，即点头。

扱是多音字，又读 chā、xī。

ngex 厩（jiù），上古音在见母、幽部。声母本为 g，变异为 ng；韵母 ou 转换为 e。《说文解字》："厩，马舍也。"《论语·乡党》："厩焚。子退朝，曰：'伤人乎？'不问马。"由马棚泛指牲口棚。《战国策·齐策四》："狗马实外厩。"这里厩既指马棚，又指犬舍。厩肥，泛指牲口肥料。苗语中，ngex 指牲口棚。如 ~ bat 豝厩，即猪圈。~ gheib 鸡厩，即鸡埘。~ mal 马厩。

ngen

ngend 1. 骾，上古音在见母、阳部。声母 g 变异为 ng。韵母本为 ang，按说不会转作 en。但 en 对应于现代汉语的 eng。《说文解字》："骾，食骨留咽中也。"汉语中，往往引申为耿直、刚直。《汉书·杜周传》："王氏世权日久，朝无骨骾之臣。"可见，骾更多地强调其刚硬，至于"留咽中"可能是受哽或如鲠在喉之鲠的影响。苗语中，ngend 指口中食物含有坚硬的成分，如砂子、骨头等。如 ngend lot 骾咮（zhòu），食物中的异物硌嘴、硌牙。

2. 硬，稍晚出现的字，为疑母、净韵。声母本为 ng；韵母由 eng 转换为 en。或从革、从更。《玉篇》释为坚；《广韵》释为坚牢。本指坚硬，引申为坚强、勉强。《宋史·洪皓传》："汝作知事官，而口硬如许。"朱熹《答陈仲明》："经文本意，又都被先儒硬说杀了。"苗语中，ngend 也用作副词，指勉强、偏要，有可能是从汉语中照搬的。如 Hot nenx ait, nenx ~ ax ait 叫他做，他硬不做。

ngenl 罨（yǎn），上古音在影母、谈部。无声母变异为 ng；韵母 am 转换为 en。罨的上部是网字头，表义。《玉篇》释为"以网鱼也"，即捕鱼的网。晋代左思《蜀都赋》："罨翡翠。"即用网捕翡鸟、翠鸟。引申为遮掩。唐代张泌《春江雨》："子规叫断独未眠，罨岸春涛打船尾。"苗语中，ngenl 指天花板。天花板有遮掩作用，如防止屋顶上的脏东西坠落下来，故定 ngenl 为罨。汉语中也有用本来表示网的字来表示建筑部件的例子。如罦本是捕兔网，罦罳连用，指网状窗棂，又指屋檐下防鸟类栖息的网。罳顶也指天花板。宋代陆佃《埤雅·释草藻》："今屋上覆橑谓之藻井，取象于此。亦曰绮井，又谓之覆海，抑或谓之罳顶。"如 Nenx zaid qongd diongb dlangt maix laib ～ 他家中庼（qǐng）装有罱。即他家堂屋安天花板了。

ngi

ngif 厄（è），上古音在影母、锡部。无声母变异为 ng。《说文解字》："厄，隘也。"即狭小。《孙膑兵法·八阵》："易则多其车，险则多其骑，厄则多其弩。"即平坦处多设战车，崎岖处多设骑兵，狭窄处多设弓弩。苗语中，ngif 即指狭小，引申指心胸窄、气量小。如 ～ diux ～ zaid 厄门厄宅，指房子狭窄。～ khangd ngif qut 厄坎厄处，指地方窄。～ hvib 厄心，指心胸狭窄。

ngil 1. 瓦，上古音在疑母、歌部。声母本为 ng；韵母有所偏转。《说文解字》："瓦，土器已烧之总名。"这是泛指。实际上，瓦本指屋瓦，瓦字的原形是一仰瓦、一覆瓦相搭接。《世说新语·赏誉》："三间瓦屋，士龙住东头，士衡住西头。"苗语中，ngil 即指屋瓦。如 Pet ～ 铺瓦，即用瓦盖屋顶。Hfab ～ 番瓦，即制瓦，指制作瓦坯时旋转甄轮。

2. 委，上古音在影母、歌部，相当于 iwa。无声母变异为 ng；韵母中，wa 灭失，只保留了 i。ngil 是 ngal——委的又音，指萎靡、委顿，相当于汉语的懒。如 Gangt ngas nenk, ax gid ～ not 勤俭点，不要太懒。

ngit 1. 睨（nì），上古音在疑母、支部。声母本为 ng；韵母保留 i，灭失 e。《说文解字》："睨，邪（斜）视也。"向两个方向引申，一是视或斜视，二是斜。《楚辞·离骚》："陟升皇之赫戏兮，忽临睨夫旧乡。"王逸注："睨，视也。"《史记·廉颇蔺相如列传》："相如持其璧睨柱，欲以击柱。"这里的睨有斜视的意思。欧阳修《归田录》："卖油翁释担而立，睨之，久而不去。"《庄子·天下》："日方中方睨，物方生方死。"这里的睨即斜。苗语中，ngit 即看、视。如 ～ bongf 睨逢，即看见。Nenx niangb zaid ～ dud 他在家看书。

2. 閧(yà)，上古音在影母、月部。无声母变异为 ng；韵母略有偏转。《说文解字》："閧，门声也。"指开门时，门枢转动时发出的声音。《广韵》释为"门扇开也"。如 ～ laib khangd dlongd nenk 閧窗户点，即把窗户打开点。ngit lot 咮（zhòu）即咧嘴。ngit ghongs 閧间，即出现间隙。

ngix 肉，上古音在日母、觉部。声母近乎 n，转为 ng；韵母保留 i，韵尾灭失。ngix 是 ngax——肉的又音，用法不同。ngax 指兽类，ngix 即汉语通常所说的肉。杜甫有"朱门酒肉臭，路有冻死骨"之句。如 ～ bat 猪肉；～ sot 瘦肉；～ yenb 腌肉。

ngo

ngob 嗷，上古音在疑母、宵部。声母本为 ng；韵母 au 转换为 o。嗷是象声词。《诗经·小雅·鸿雁》："鸿雁于飞，哀鸣嗷嗷。"南朝谢朓《三日侍宴曲水代人应诏》："寥亮琴瑟，嗷咷埙篪（chí）。"指乐器的声音。苗语中，ngob 为拟声词，模拟陀螺（带响簧）旋转时发出的声音，指这种发声的陀螺。其另一名称 ngax ngenk 也是拟声词。又因这种陀螺形似男性生殖器，以此作为蔑称。

ngod 压，上古音在影母、叶部，入声。无声母变异为 ng；韵母有所偏转。《说文解字》："压（今简化为压），坏也。一曰塞补也。"指崩坏而坠落。从另一角度看，崩、塌的东西填于低处，故称"塞补"。塞即填。《左传·襄公三十一年》："栋析榱崩，侨将压焉。"房梁椽子崩塌，我子产必将压在下面。后多指从上向下施加力量。苗语中，ngod 即指向下压。如 ~ gangd 压杠。一种刑罚：将犯人两脚捆紧后，再用杠子插在两腿间，使劲向下压另一端。

ngof 熬，上古音在疑母、宵部。声母本为 ng；韵母 au 转换为 o。《说文解字》："熬，干煎也。"《方言》："凡以火而干五谷之类，自山而东，齐楚以往，谓之熬。"本是干煎，引申为煮干。《后汉书·边让传》："函牛之鼎以烹鸡，多汁则淡而不可食，少汁则熬而不可熟。"《南齐书·张融传》："熬波出盐。"指将海水煮干制盐。又引申为痛苦地耐受。汉代王逸《九思·怨上》："我心兮煎熬。"苗语中，ngof 也有大致相应的本义。

(1) 指煮干。如 ~ jab 熬药。~ vit 熬液，指熬胶。

(2) 指受煎熬。如 ~ yeed 熬夜。

ngol 1. 欬（kài），上古音在溪母、之部。欬是拟声词，模拟咳嗽的声音，今多写作咳。ngol 在苗语中也是模拟咳嗽声。如果欬作见母或群母（相当于 g）即可转换为 ngo。《左传·昭公二十四年》："余左顾而欬，乃杀之。"即以咳嗽为号。如 Ob hnaib nongd wil hnangd maix nenk ~ 这两天我感到有点咳。

2. 榾（gǔ），从骨表音。骨的上古音在见母、物部。声母 g 变异为 ng。《玉篇》《集韵》均以为是一种树木。但在文献实例中均指短木、残木，如：榾柮（duò）指木柴块；唐代元稹《缚戎人》："古墓深林尽株榾。"株榾即树桩。榾从骨表音，骨可能也有表义成分，指像骨头一样的木头，一节一节的。苗语中，ngol 做量词，但多数量词都是由相应的名词转换而来。如 ib ngol det hlod 一榾竹竿，即一节竹竿。ib ~ dad bil 一节手指。

ngos 嗷，象声词。如 Dail baif genx ~ ~ 猫儿嗷嗷叫。

ngong

ngongx 喁（yóng），上古音在疑母、东部。读音本作 ngong。喁也是象声词。喁喁犹如嗡嗡，人多而杂发出的声音。《说文解字》：“喁，鱼口上见。”像众多的鱼在水面争食，应是引申义。《史记·司马相如列传》：“延颈举踵，喁喁然，皆争归义。”《史记·日者列传》：“公之等喁喁者也，何知长者之道乎？”又指应和声。《庄子·齐物论》：“前者唱：于，而随者唱：喁。”也指虫鸣声。汉代扬雄《太玄经》：“蜩（diāo）鸣喁喁。”苗语中，ngongx 模拟哼唱、呻吟等。如 ~ hxak 喁韶，即哼着歌。~ hxat 叫苦、叫穷。Liek dail nes ~ gangb, mongl hangb nongd ~ ngaib, mongl hangb id ~ ngaib 就像鸟儿喁（叫）虫子，这里喁哎，那里喁哎。

ngu

ngub 吴，上古音在疑母、鱼部，本读如 ngu。吴为姓氏。如 ~ Xux Bangb 吴许邦；~ Yangx Senb 吴养生。

nguf 1. 篁（wū），从屋表音。屋的上古音在影母、屋部，入声。无声母变异为 ng。《玉篇》释为“竹密”。苗语中，nguf 即指密集。~ ghaib 篁荄，即植物的根密、株密。~ naix 篁人，即人密集。~ xangx 篁场，指集市上人多。~ gix 篁管，即芦笙密集，吹芦笙的人多。

2. 龠、籥（yuè），上古音在余母、药部。余母与影母相近，尤其是与韵首 i 结合后，与 i 相近，变异为 ng；韵母中只保留了 u。《说文解字》：“龠，乐之竹管，三孔，以和众声也。”“三孔”指其中的三个口。实际上，龠的下部与册相同，是多根竹、木编在一起的象形（册指编在一起的竹简），三个口表示它们是竹管，有口。三非确数。龠的上部即合字头，表示这些竹管合在一起，正如芦笙一类的乐器。龠加竹字头作籥，仍指这种乐器。《史记·乐书》：“故钟鼓管磬羽籥干戚，乐之器也。”包括了演奏的乐器和舞具。引申为风箱的风管，风箱所鼓的风由此送达火炉。《老子》第五章：“天地之间，其犹橐籥乎？”即天地间像风箱，不动即无风。橐指风箱箱体（橐是袋子，风箱的另一形式是风囊）；籥是送风管。苗语中，nguf 则指烟囱，极有可能也是由龠引申而来。因为，无论乐器，还是风箱的风管、烟囱，都是输送气流的管道。汉语说烟囱，只是言其表象：冒烟的通道。实际上烟囱的目的主要不是排烟，而是拉风。烟囱越高，抽吸能力也越墙，灶火越旺。烟囱充分利用了热气上升所带来的空气流动。如 ~ dul 火龠，即烟囱。ghab sot maix ~ 灶有龠，即灶有烟囱。

ngus 恶（wù），上古音在影母、铎部。无声母变异为 ng。《广韵》："又污去声，憎也，疾也。"即憎恶。《左传·隐公元年》："庄公寤生，惊姜氏，故名曰寤生，遂恶之。"姜氏讨厌庄公这个儿子。苗语中，ngus 即指憎恶、讨厌。

ngux 午，上古音在疑母、鱼部，本读 ngu。午是地支的第七位。《尚书·泰誓中》："唯戊午，王次于河朔。"即在戊午这一天，周武王在黄河北岸驻扎。苗族以地支纪日。如 Hnaib nongd hnaib ~, fub fal hnaib mais 今日午日，明天未日。

ni

nib 孺（rú），上古音在日母、侯部。声母接近 n；韵母 iwo，只保留了 i（现代汉语的读音只保留了 w）。《说文解字》："孺，乳子也。一曰输孺也。输孺，尚小也。"一指吃奶的孩子，二指尚小。《说文解字注》认为：输孺，叠韵词，与《方言》十二里"儒输，愚也"的儒输相同。可理解为尚小、不懂事。《说文解字》又释儿为"孺子"。《孟子·公孙丑上》："今人乍见孺子将入于井也，皆有怵惕恻隐之心。"孺子，即小子、小孩。苗语中，nib 即指小，主要用于人，也泛指东西的体量小。如 Xex hlieb hot xex yil, hot xex ~ fal lol 大的们呼小的们，呼小的们起床。xex nib 孺侪，即小的们。xex yil 仡侪，即后生们，与 xex ~ 基本同义。

nif 脷（lì），从利表音。利的上古音在来母、质部。声母 l 变异为 n。经典中几乎看不到这个字，但现在的广东话里，仍在使用。广东话里，脷叠脷即舌头叠舌头，指舌吻。想必其来有自。苗语中，nif 即指舌条或舌形物。如 ~ gix 管脷，即芦笙的簧片，吹奏时振动发声。簧片正是舌形，汉语有巧舌如簧一词。ib ~ hsent 一脷蒜，即一瓣蒜。花的瓣也是舌形。

nik 眲（lí），与黎同音，应在来母、脂部。声母 l 变异为 n。《玉篇》释眲为"目闭也"。如 xaf ~ 下眲，即打瞌睡。niuk ~ 啄眲，也是打瞌睡。
陧（niè），上古音在疑母、月部。《说文解字》："陧，危也。班固说：'不安也'。周书曰：'邦之阢陧。'"阢陧，双声词，不安定的样子。坐而打盹者，如随时欲倾，给人以危而不安之感。如 xaf ~ 也可能是下陧。

虺，上古音也在疑母、月部。虺从枭表音，从危表义，与陧字义相同。

nil 1. 昵，上古音在泥母、脂部。或写作暱。nil 是 naib、nal——昵、暱的又音。用法不同。《说文解字》：“暱，日近也。”naib、nal 都指最亲近的人——父母。而 nil 则指亲近、陪伴身边。《左传·襄公二年》：“若背之，是弃力与言，其谁暱我？”暱我，即亲近我、陪伴我。苗语中，nil 即指靠近、陪伴。

（1）指靠近、挨着。如 Wil ~ nenx diub guf 我尼着他臀脊，即我靠着他背。

（2）指陪伴。如 nil khat 昵客，即陪客。

尼（nì），上古音在泥母、脂部。《说文解字》：“尼，从后近之。”即紧跟。也可引申出陪伴之义。《尸子》：“不避远尼。”“悦尼而来远。”尼、远相对，尼即近。供参考。

2. 摁（nù），读音同耨，古音当为 niwo，是 nias——摁的又音。韵母中只保留了 i。摁即拄。如 ~ waix ~ dinx，~ dab ~ dins 摁天摁宁，摁地摁定，即支撑天地，很稳当。Dad ghaid det nil laib diux 拿节木头挂门（即顶门）。

3. 漓，上古音在来母、职部，入声。声母 l 变异为 n。漓一指水名，又释为水渗入地，又释为薄。南朝沈约《为南郡王侍皇太子释奠》：“政缺雅乖，风漓化改。”风漓即风俗不醇厚。漓即稀薄。另外，《说文解字》：“醨，薄酒也。”《史记·屈原贾生列传》：“何不餔其糟而啜其醨？”醨是浓度低的酒。漓、醨，一指水，一指酒，字义也应有相通之处。因此，推测漓应指水清浅。广西的漓江取名为“漓”也应与水流清浅有关（其水多流经石灰岩地区，水质清澈）。苗语中，nil 既指清纯，又指浅、薄，与漓对应。

（1）指清纯。如 ~ hvib 漓心，指思想纯真。可以理解为心就像清浅的水，让人一眼见底。

（2）指浅。如 ~ eb 漓水，即浅水。~ dangx 漓沉，指睡眠浅，容易醒。沉指入睡。~ hmat 漓譬，即浅譬，深入浅出地打比方，让人容易理解。~ hmat hveb niat 浅譬话茶，即说得直白，不客气、不绕弯地说。

（3）指薄。如 Laib lix nongd nil dab 这块田漓地（土层薄）。

4. 拟，上古音在疑母、之部。拟本从疑，作拟。声母本为 ng，转为 n。nil 是 nas——拟的又音。《说文解字》：“拟，度也。”本指用手去度量物体的大小。引申出比画、比拟、模拟等义。《荀子·不苟》：“言己之光美拟于舜、禹。”《汉书·公孙弘传》：“且臣闻管仲相齐有三归，侈拟于君。”这里的拟都有类似、如同之义。苗语中，nil 即指如、如同。如 Dlub ~ git gheib，lal ~ git niongx 素拟鸡子，蜡拟鸢子。即白得像鸡蛋，光滑得像野鸡蛋。nil dangf 拟同：一指如同，与拟同义；二指比如。如 Nenx sux hmat ob bib gid

hveb, ~ dangf: hveb hmub、hveb diel、hveb gud 他会说两三种话，比如：苗话、汉话、侗话。~ hmat 似乎也可以理解为：拟譬，即譬如。

5. 妮，从尼表音。尼上古音在泥母、脂部。妮是后起字，指少女。《新五代史·晋高祖皇后李氏传》："吾有梳头妮子，窃药囊，以弃于晋。" nil 也指姑娘。

nis 1. 裂，上古音在来母、月部。声母 l 变异为 n；韵母只保留了韵首 i。《广雅》："裂，裁也。"本指将衣料等割裂。《左传·昭公元年》："召使者，裂裳帛而与之。"即把衣服撕下一块给使者。泛指破裂。苗语中，nis 即为裂。如 dod zaid nongd nis ghongs yangx 这宅墙裂间了。裂间即裂缝，间指缝隙。

2. 烈，上古音在来母、月部。声母 l 变异为 n；韵母只保留了韵首 i。《说文解字》："烈，火猛也。"烈字的下部即火的变形。《左传·昭公二十年》："夫火烈，民望而畏之。"引申为猛烈、显赫等。《尚书·舜典》："烈风雷雨弗迷。"《国语·晋语九》："君有烈名，臣无叛质。"烈名即显著之名。《诗经·周颂·载见》："休有烈光。"苗语中，nis 指显赫、显眼。如 Laib zaid dud niangb hangd aib hsat ~ 学校在那里最烈（显眼）。~ mais 烈目，也即显眼。

3. 宜，上古音在疑母、歌部，入声。声母本为 ng，转为 n，韵母只保留了韵首 i。《说文解字》："宜，所安也。"解释的依据非本来字形，而是经典中的用法。《诗经·周南·桃夭》："之子于归，宜其室家。"这里的宜指相称、合适。苏轼《饮湖上初晴后雨》："欲把西湖比西子，淡妆浓抹总相宜。"苗语中，nis 也有类似意思。如 ~ sod 宜手，即不妨碍手的活动，指空间宽阔。~ bil fangd 宜手广，与 ~ sod 同义。bil 与 sod 都是手。

4. 暱，上古音在泥母，脂部。nis 是 nil、nal、naib 的又音。这里用其本义——日近也（据《说文解字》）。如 ~ hnaib 暱日，即近日、向阳。稍微引申：~ jent 暱颩（zhàn），即向风、当风。

nix 1. 银，上古音在疑母、文部。声母本为 ng，转为 n；韵母只保留了韵首 i。《说文解字》："银，白金也。"银为白色，故称白金。《管子·地数》："上有铅者，其下有银。"这里指银矿。又指银质货币。唐代张籍《送南迁客》："海国战骑象，蛮州市用银。"又指银器。杜甫《少年行》："倾银注玉惊人眼，共醉终同卧竹根。"银是苗族的重要物资，是做首饰的主要材料，也是流通货币。如 nis dlub 素银，即白银，也指银圆。~ dex 铜银，指这两种合金做的银圆。~ liangl 银两。~ gad 银谷，即钱粮。Dad ~ dangt hlinb hliongt 拿银锻圈钏。锻圈钏即打首饰，圈即项圈，钏即手镯。

2. 壬，上古音在日母、侵部。声母本接近于 n；韵母本相当于 ien，只保留了韵首 i。壬是天干的第九位。

3. 檥（yǐ），上古音在疑母、歌部。声母本为 ng，转为 n；韵母只保留了韵首 i（与现代汉语的相同）。《说文解字》："檥，榦（也作幹，今简化为干，如树干）也。""榦，筑墙端木也。"即固定筑墙版的立柱，幹又指树干。《说文解字》又有版本释檥："幹也。一曰立木表物。"总之，檥指竖立的杆、柱等。《史记·项羽本纪》："于是项王乃欲东渡乌江。乌江亭长檥船待。"这里的檥船似可理解为将篙插入水中，用来拴住船。苗语中，nix 正指柱一类的立木。不过，指柱的另有 dongs。如 ~ zaid 宅檥，即屋柱。Dad juf ob ~ mongl nil nangl 拿十二（根）檥去捬（nù）东，即用十二根立木撑住东边。

4. 弥，从尔表音。尔的上古音在日母、脂部。弥本应与尔同音或读音相近：日母近乎 n，读如你。而弥现在归于明母、脂部，声母发生了变异。在这个字上，有人还犯了一个错误，把它与从弓、玺的字混为一谈。《说文解字》释弓玺为"弛弓也"，即解下弓弦，使弓放松。《玉篇》将其当作弥。《说文解字注》对此作了批评。从弥的常用字义来看，多释为满、遍，其本义应为张满弓，与弛恰恰相反。司马相如《上林赋》："于是乎离宫别馆，弥山跨谷。"弥山即满山、遍山。张衡《西京赋》："态不可弥。"薛综注："弥，犹极也。"只有拉满弓才能引申出满、极之义。苗语中，nix 指把绳子繃紧、使劲瞪眼等，推测其义由弥引申而来。

（1）由弓拉满、弦繃紧引申出将绳子拉紧。如 Dliof jox hlat ~ nenk daib 擢条索弥零滴。即把绳子拽紧一点。

（2）由弓拉满引申出将眼睛瞪到最大程度。如 nix naix nix mais 弥耳弥目，指因生气使面目鼓胀到最大程度。

5. 蓝，上古音在来母、谈部。声母 l 变异为 n；韵母本相当于 am，因 m 极易灭失，偏转为 i。《说文解字》："蓝，染青草也。"本是做染料的草。《诗经·小雅·采绿》："终朝采蓝，不盈一襜（dān）。"《郑笺》："蓝，染草也。"《荀子·劝学》："青取之于蓝，而青于蓝。"即从蓝草中提炼出来的青比蓝草更青。蓝草也称蓼蓝，从中提炼出的染料即为靛蓝。苗语中，nix 正指蓼蓝和靛蓝（染料）。

（1）指蓼蓝。如 Dad laib lix nongd jenl ~ 拿这块田种蓝。

（2）指靛蓝。如 Ait ~ lol ded dob 为蓝来黩紆，即制靛蓝来染布。

nia

niad 荼（niè，今读阳平），上古音在泥母、质部。韵尾略有偏转。《韵会》："疲貌，一曰忘也。"《庄子·齐物论》："茶然疲役，而不知其所归，可不哀也?"成玄英疏："茶然，疲顿貌。"《唐书·白敏中传》："是时居易足病发，宰相李德裕言其衰茶，不任事。"可见茶有迟钝、呆滞之义。今有"不傻不茶"等语，傻与茶常连用。苗语中，niad 即指呆滞。如 Jus jas nenx, wil ghax ~ yangx, ax bub hmat laib gheix xid 一遇见他，我就茶了，不知说什么。nenx ~ wat 他茶得很。

niaf 稌（nuò），上古音在泥母、歌部。韵首 u 灭失，衍生出 i。《说文解字》："沛国谓稻曰稌。"niaf 是 nax——稌的又音，用法也不同。nax 泛指稻，而 niaf 则进一步指主食，正如 gad——谷指主食、现代汉语常说的饭一样。谷是粮食作物的总称，而稻是苗语人民最主要的粮食，都可以用来指饭食。如 ~ nef 糯稌，即糯米饭。nongx ~ 茹稌，即吃饭。

niak 儿，上古音在日母、支部。声母接近于 n，读如 nie。韵母略有偏转。《说文解字》："儿，孺子也。"并且说：儿字的上部像小孩头顶的囟门未合之状。婴儿的顶门囟未合上，可见其脑顶脉搏。可见，儿指婴儿，泛指孩子。《汉书·项籍传》："外黄令舍人儿年十三。"又泛指晚辈。《玉台新咏·古诗为焦仲卿妻作》："兰芝惭阿母：儿实无罪过。"这是儿媳妇对婆婆的自称。苗语中，niak 即指小孩、晚辈。如 ak ~ 挨儿，即背孩子。双声词 ~ niuk 柔儿，即初生儿。另外，湖南一带称小儿为伢，读如 nga，应该是儿的变音。如果 ng 转为 n，也近于 nia。

nial 1. 娆（rǎo），上古音在日母、宵部。声母近乎 n；韵母 iau 中的 u 灭失。《说文解字》："娆，苛也。一曰扰也，戏弄也。"这里取后者，指扰、戏弄。此字后被写作嬲（niǎo）。《三仓》释嬲："弄也，恼也。"三国嵇康《与山巨源绝交书》："足下若嬲之不置，不过欲为官得人，以益时用耳。"嬲之不置即纠缠不放。苗语中，nial 即指戏弄、扰。如 Dail daib id ngas genx wat, ax gid mongl ~ nenx 那孩子爱哭，不要去嬲他。双声词 nial nent 嬲弄，即戏弄。

2. 寥（liào），上古音在来母、幽部。声母 l 变异为 n；韵母有所偏转。nial 是 lial——寥的又音。《说文解字》中的寥作廖（liào）："空虚也。"《玉篇》："一作廖。"寥、廖是同源字，所从宀、广都是建筑物，本义应为指房子空。《老子》："寂兮寥兮，独立而不改。"唐代高适《苦雪》："寥落一室中，怅然惭百灵。"韩愈《华山女》："座下廖落如明星。"廖落即寥落，由空间的空阔转指其中的东西稀疏、稀少。苗语中，nial 即指稀疏。如 Dol vob liangs ~ wat 这些菜寥（稀）得很。

410

nias 搦（nù），从辱表音。据《集韵》，它与耨（nòu）同音。耨的上古音在泥母、屋部。声母本为 n；韵母 iwo，略有偏转。nias 是 nil——搦的又音，用法相同。《集韵》释搦："音耨，挂也。"虽未查到典籍上的实例，但其用法明确，即挂。苗语中，nias 正是如此。~ det 搦杖，即挂拐杖。如 Nenx dad ob jil bil ~ laib ghab ghangx 他两只手搦下颏。即双手撑住下巴。

niat 1. 腻，上古音在泥母、脂部。韵母 ei 转为 a。niat 是 lad、nef——腻的又音。《说文解字》："腻，肥也。"引申为因肥腻而吃不下、腻烦。《红楼梦》六十回："只怕逛腻了的日子还有呢!"苗语中，niat 即指腻味、腻烦。如 Nongx ngix not seix ~ 吃肉多了也腻。Hnaib hnaib niangb zaid, ~ bongt wat 天天在家，腻得很。

2. 茶（niè），上古音在泥母、质部。韵尾略有偏转。niat 是 niad——茶的又音，用法基本相同，指呆滞。如 Mongx ~ bongt nongd, laib nongd seix ax sux ait! 你这么茶，这个都不会做!

niang

niangb 1. 娘，上古音在泥母、阳部，本读 niang。《集韵》释娘："少女之号。"指年轻女子。《乐府诗集·子夜歌》："凡娘嘉容媚，愿得结金兰。"《唐书·平阳公主传》："高祖起兵，主与绍率数百人以应帝，定京师，号娘子军。""娘子军"之称今天仍沿用，尽管一些地区称娘为母亲。另外，《说文解字》："孃（niáng），烦扰也。一曰肥大也。"不做人称。苗语中，niangb 主要指年轻的出嫁女子。如 ~ hvib 新娘。~ dod 娘婿（duǒ），即嫂姑。Nenx dios nenx bangf dail ~ 她是他的娘子（妻子）。Wil zaid dail ~ nongd gangt ngas bongt wat 我家这娘子勤俭得很。这是老人称赞儿媳妇的话。

2. 留，上古音在来母、幽部。声母 l 变异为 n；韵母"ang 化"了。《说文解字》："留，止也。"留本应作畱，其上部是水沟通向田地的象形：中间两竖是水沟，两旁是田地，上面一横表示水沟断头，表示将水留止。《韩非子·十过》："因复留宿。"另外，《说文解字》："坐，止也。从畱省、从土。土所止也。此与畱同意。"原来，坐的上部也为乑，与畱的上部相同，无非其下部一个为土，一个为田。因此，意思相同，都训为"止"。今天，与畱同头的坐基本上被废弃，由坐取代。很有可能这是两个不同的字：畱头的坐表示停下来、坐下来；坐的上部是两人相向，与

411

官司有关，往往用于因某某而获罪。《汉书·贾谊传》："古者大臣有坐不廉而废者。"《陌上桑》："来归相怒怨，但坐观罗敷。"指因为看了美女罗敷，两口子回家吵架。因此说，留即坐、止。也不排除另一种可能：与畱同头的坐，即读留，取其上部的音。苗语中，niangb 即表示坐、安定下来等义。

（1）即坐。如 ~ dof 留凳，即坐板凳。~ dab 留地，即坐下。~ ghad hlat 坐月子。~ daib 坐胎，即怀孕。~ hvent bit dangx 坐得凉睡得沉，指起居如常，身体无恙。~ ceeb 坐车。~ niangx 坐船。~ dangl 留等，即坐等、等待。

（2）引申为居住。这可能与苗族是迁徙民族有关。迁徙途中停下来，即表示住下来。如 Wil mongl nenx zaid ~ jangx ghab juf hnaib 我去他家留了十来天。niangb vut 留好，指平安。

（3）指停留于，相当于在。如 Nenx ~ zaid ax ~？他留宅没留？即他在家不在？Mongx ~ hniut deis dax？你在哪年到（的）？即你是哪年生的？

（4）相当于有。如 Nenx zaid ~ not xus laix naix？他家有多少口人？顺便说一句，苗语中，最常用来表示有的是 maix。niangb dangl 留端，即有此一端，相当于既然。~ dangl mongx nongt mongl dail，bib ghax ax gangf mongx yel 既然你要走，我们就不挽留你了。

niangd　嚷，其前身为讓（简化为让），上古音在日母、阳部，声母本近乎 n。《说文解字》："讓，相责让。"即责备、责怪。《左传·僖公五年》："夷吾诉之，公使让之。"杜预注："让，谴让之。"即谴责。责让难免高声，后引申为高声喊、叫。《西游记》第三回："直嚷到森罗殿。"苗语中，niangd 指高声叫、哭喊。如 genx genx ~ ~ 咺（xuǎn）咺嚷嚷，即哭哭嚷嚷。~ ghad 嚷苴（zhǎ），指牲畜在闻到异性的排泄物后而号叫。~ das 嚷煞，即哭丧。

niangk　昂，上古音在疑母、阳部。声母本为 ng，转为 n。《类篇》释昂"日升也"。今指抬头。实际上，指抬头的，用卬（áng）即可。卬是一仰一俯两个人的象形。从其一方来说，须仰头看对方。仰、昂都承卬的抬头之义；迎则承卬的二人相对之义。屈原《远游》："服偃蹇以低昂兮，骖连蜷兮以骄骜。"低、昂相对。苗语中，昂指头抬起来，又点下去。如 ~ khob 昂颗，即抬头、点头。~ hfud ~ naix 昂页昂耳，即点头晃脑。

niangl　1. 凉（liàng），上古音在来母、阳部。声母 l 变异为 n。《说文解字》："凉，薄也。"本义指酒、饮料等淡，浓度低。《周礼·天官·浆人》："掌共王之六饮：水、浆、醴、凉，医、酏（yí）。"郑司农云："凉，以水和酒也。"即掺水的酒。泛指薄。《左传·庄公三十二年》："虢多凉德，其何土之能得？"杜预注："凉，薄也。"苗语中，niangl 即指薄。如 Benx dud nongd ~，benx dud aib dab 这本书凉（薄），那本书竺（厚）。Nenx nangl ud niangl bongt wat 他穿衣凉（薄）得很。niangl hvib 凉心，指感情脆弱。niangl bend 凉本，即底子薄、本钱小。niangl jid 凉躯，指身体单薄。

2. 酿，上古音在泥母、阳部。《说文解字》："酿，酝也。作酒曰酿。"《史记·孟尝君列传》："乃多酿酒，买肥牛。"因酿酒是在封闭的环境里使原料发酵，苗语里用来比喻生闷气、憋气。如 Bad leib jef ~ vongl, bad xed jef mongb hvib 公猴才酿谼（hóng），公虎才痛心。酿谼即在山谷中生闷气。

niangs 1. 攘（ràng），上古音在日母、阳部。声母本接近 n。《说文解字》："攘，推也。"有不同的引申义。一是推让，后来往往写作让（让的本义是责备）。二是驱赶，如"攘外必先安内"。从驱赶这个意义上引申出驱赶他人牲畜，即偷盗。《孟子·滕文公下》："今有人日攘其邻之鸡者……月攘一鸡，以待来年。"日攘即每天都偷；月攘一鸡，即每月偷一只。《墨子·非攻上》："至攘人之犬豕鸡豚者，其不义又甚入人园圃窃桃李。"《国语·齐语》："西征，攘白翟之地。"这里的攘则是侵夺。苗语中，niangs 则指强盗、偷盗者，可能是由攘转为名词。如 ~ lul 老攘，即老强盗、土匪头子。~ nangl ~ nes 鼠攘鸟攘，即鼠窃狗偷者、小偷小摸者。

2. 内，上古音在泥母、物部。韵母 ang 化了。《玉篇》释为"里也"。《论语·颜渊》："四海之内，皆兄弟也。"苗语中，niangs 即指里面。如 Cob mongl gux, hvuk mongl ~ 吹往外，吸往内。指里应外合。

另外，瓤、镶（ráng），上古音均在日母、阳部、入声。声母本接近 n。瓤指瓜的内部，《集韵》释为"瓜中"。《说文解字》："镶，作型中肠也。"型即模。内外模相套铸造成器壁，镶即内模。指镶嵌是引申义。瓤、镶二字读音均可转换为 niangs，且都有里面的意思。

3. 亮，上古音在来母、阳部。声母 l 变异为 n。《说文解字》："亮，明也。"这是引申义。亮的上部是高；下部本为儿，而不是几，儿是人的另一形式（置于字的底部，如光、允、儿均是如此）。亮会意为人在高处，故有显露之义，如亮相、亮出证件等。《古诗十九首》："君亮执高节，贱妾亦奚为？"这里的亮也有在高处之义。苗语中，niangs 指起来，多用于补语。如 Ghangt ~ yangx 扛亮焉，即挑起来了。gid ax ~ 揭不亮，即举不起。

niangx 1. 年，上古音在泥母、真部。韵母中 en 转换为 ang，或者说 ang 对应于现代汉语的 an。《说文解字》："秊（年的本字），谷熟也。"谷熟现多用稔表示。因黄河流域的粮食作物一岁一熟，遂用一熟指一年、一岁。《尔雅·释天》："夏曰岁，商曰祀，周曰年。"《左传·僖公二十八年》："晋侯在外十九年矣。"苗语中，niangx 即指岁、年，又泛指时间。如 ~ hvib 新年。~ hmub 苗年。~ diel 周年，指汉人的年，即春节。~ juf zab 年十五，即元宵节。~ ob 年二，省略月字，即二月份。~ hniut 年周，即岁月。niangx denx 先年，即从前。~ bal hniut yangf 败年痒（yáng，病害）周，指灾荒年景。

2. 舲（líng），上古音在来母、耕部。声母 l 变异为 n；韵母 ieng 转换为 iang。《玉篇》释舲"小船屋也"，《广韵》释为"舟上有窗"。舲大致为有篷屋、带窗户的小船。《淮南子·俶真训》："越舲蜀艇，不能无水而浮。"艇也是小舟。苗语中，niangx 泛指船。在西南山区，几乎没有大船，舲即可以代表各种船。如 niangb ~ 乘船。~ vongx 虹舲，即龙船。qab ~ 划船。

3. 娘，上古音在泥母、阳部。niangx 是 niangb——娘的又音。用法有所不同。niangx 指姑娘、阿妹。而 niangb 主要指已婚的年轻女子。如 ~ nil 娘妮，仍指姑娘。~ xenb 仙娘，是歌中对姑娘的美称。

4. 溜，上古音在来母、幽部。与留读 niangb 一样，溜也"ang 化"了，读 niangx。《说文解字》："溜水，出郁林郡。"本为水名。后动动词。欧阳修《玉楼春》："佳人向晚新妆就，圆腻歌喉珠欲溜。"苗语中，niangx 也指滑、溜。如 ~ dliek 溜霰（xiān），即溜冰。霰本指雪珠，泛指冰。

nie

nieb 1. 而，上古音在日母、之部，入声，读音本接近 nie。《说文解字》："而，须也，象形。"而字原来是下巴及其下垂的须髯的象形。耏（ér）或耐都指拔胡须的刑罚，比剃头的惩罚略轻，"罪不至髡也"（《说文解字》）。耍是女子戴须髯之形。《周礼·考工记·梓人》："必深其爪，出其目，作其鳞之而。"戴震补注："颊侧上出者曰之，下垂者曰而。"颊毛奢撒的叫之，须髯下垂的叫而。但苗语中，nieb 专指鸡的上冠，与而相反。如 ~ gheib，即鸡的上冠。Dail bad gheib laib ~ hlieb, dail mif gheib laib nieb yut 公鸡的冠子大，母鸡的冠子小。

2. 嗫，上古音在日母、叶部，入声，读音本接近 nieb。《广韵》释嗫“口动也”。多见于双声词嗫嚅。嚅的上古音在日母、侯部，其读音与嗫相近，似也可转换为 nieb。东方朔《七谏》：“改前圣之法度兮，喜嗫嚅而妄作。”这里指私语貌。韩愈《送李愿归盘谷序》：“口将言而嗫嚅。”这里指欲言又止貌。苗语中，~ ~ 即指口动的样子。如 Nenx jat gad ~ ~ 他嚼谷嗫嗫（或嗫嚅），指其吃饭时不断咀嚼的样子。

nied 脮（něi），与馁同音，上古音当在泥母、微部。韵首 u 灭失。《六书故》：“脮，肥貌。”《广韵》释叠韵字腲脮也为“肥貌”。《玉篇》：“脮，踵疾。”也释腲脮“肥貌”。可见脮大概为鼓胀貌。宋代李昭玘《观江都王画马》：“可信权奇尽龙种，不应腲脮失天真。”苗语中，nied 指鼓胀、凸出貌。如 ~ hniangb 脮顁（dìng），即额头凸出，俗话奔儿头。~ mangl ~ mais 脮脸脮面，即脸面鼓鼓的样子。Laib ghab zat nongd nied bongt wat 这块岩头脮（凸）得很。

另外，努、呶，上古音在泥母、鱼部，韵母与 ie 稍有出入，也有突出之意，如努（呶）嘴、努目（眼珠突出）。

nief 擽（lì），上古音在来母、药部。声母 l 变异为 n；韵母 iau 转 ie。nief 是 li-ul——擽的又音。《集韵》释擽：“音略。击也。”指手持东西摔打。如 Nenx nief laib xangd dus yangx 他擽盏隋焉。即他把盏（指碗）摔碎了。引申为摔跤、跌倒。~ nenx gos diot dab 把他摔倒在地。

niel 1. 浊，上古音在定母、屋部，入声。声母本相当于 d，变异为 n；韵母本为 eo，转作 ie。按《说文解字》，浊是水名。实际上，叫浊水的不止一处，仅《水经注》所载，就至少有两处。给水取名浊，无非因其浑浊。《诗经·邶风·谷风》：“泾以渭浊。”泾渭二水一清一浊。《史记·魏其武安侯列传》：“颍水清，灌氏宁；颍水浊，灌氏族。”族即灭族。《孟子·离娄上》：“沧浪之水清兮，可以濯我缨；沧浪之水浊兮，可以濯我足。”清浊相对。引申为世道混乱。《吕氏春秋·振乱》：“当今之世浊甚矣！”苗语中，niel 即水浑，引申为头脑发昏、昏暗等。

（1）指浑浊。如 ~ ghox ~ dlenl 浊搅浊沌，指像被搅过一样浑浊。~ eb 浊水。这里浊做动词，指水发浑。

（2）指天色阴沉昏暗。如 ~ nangl ~ jes 浊瀼（rǎng）浊究，指上下游都发浑。比喻天色昏暗。

（3）指头发昏。如 ~ nangl 浊瀼，即河流的下游发浑，比喻发昏。~ hfud ~

naix 浊头浊耳，即昏头昏脑。组成双声词 ~ niad 浊茶，比喻糊涂、痴呆。~ hvib 浊心，比喻心境不澄澈，即心烦。~ mais 浊目，即眼晕。

淰（niǎn），上古音在泥母、侵部。韵尾 m 灭失。《说文解字》："淰，浊也。"似乎也可释 niel。聊做参考。

2. 镯，上古音在定母、屋部，入声，与浊（繁体作濁）同音。声母本相当于 d，变异为 n；韵母转作 ie。《说文解字》："镯，钲也。从金、蜀声。军法：司马执镯。""钲，铙也，似铃，柄中。"《说文解字注》："镯、铃、钲、铙，四者相似而有不同。"是发号施令之器。《周礼·地官·鼓人》："以金镯节鼓，以金铙止鼓。"《周礼·夏官·大司马》："旅帅执鼙，卒长执铙，两司马执铎，公司马执镯。""群吏以旗物鼓铎镯铙，各帅其民而至。""鼓行，鸣镯，车徒皆行。"可见，镯与鼓一样，多用于军旅。至于，镯指手镯是较晚的事，有可能是因为手镯上带铃铛，才称为镯。苗语中，niel 指铜鼓，用于各种节日庆典等。其声音传得很远，也起到打节拍的作用。如 ~ dex 铜镯，即铜鼓。~ det 木鼓。~ cax cax 镲（chǎ）镲镯，即钹。dib ~ 打镯，即敲鼓。zuk ~ 趣镯，指踩着鼓点跳舞。

需要说明的是，黔东南地区的汉语中，都称这种镯为鼓，但实际上它与鼓有很大区别。一是形体的区别：汉语中的鼓中间粗、两头细（形容词鼓胀因此而来），两头蒙上，形成密闭的空间。而镯一般是两头粗、中间细，一端有底，另一端开敞。二是材质的区别：汉语所说的鼓，一般是木制鼓身，两端蒙以牛皮。而镯由全铜铸成，与铃、铙、钲一样。它与鼓的共同点无非都是打击乐器、有控制节奏的作用。释 niel 为镯，还有一个因素：在苗语西部方言里，这种铜鼓被称为 ndrual，与镯音更相近。

3. 留，上古音在来母、幽部，入声。声母 l 变异为 n；韵母相当于 iou，其中的 ou 转为 e。niel 是 niangb——留的又音，用法略有不同。留本指停下来、坐下来；坐也指停下来、坐下来（见 niangb 字条）。与 niangb 不同的是，这里指蹲，下身屈曲，臀不着地。实际上，这也不是蹲字的本义。《说文解字》："蹲，踞也。"《庄子·外物》："蹲乎会稽，投竿东海，旦旦而钓。"成玄英疏："蹲，踞也。踞，坐也。"后来才指臀不着地。唐代慧林《一切经音义》："蹲，犹虚坐也。"

（1）指虚坐、蹲。如 Ax gid ~ diot hangd nongd 不要留（蹲）在这儿。

（2）同 niangb 一样，指住下。如 Dliat fangb diot mangx ~，dliat eb diot mangx ngangl 谢方着你们留，谢河着你们咽。即辞别此地（交）给你们住，辞别这河（交）给你们喝。谢即辞别。

（3）指留住。如 ~ daib ax ~ hnid 留崽不留态，即留儿不留心。指孩子虽然跟你住在一起，但心不在此。

nies 1. 滴，上古音在端母、锡部，入声（一些方言里，读去声）。声母 d 变异为 n；韵母本为 ie。滴也写作渧（dì）。《说文解字》："滴，水注也。"《增韵》："涓滴，水点。"杜甫《发同谷县》："临歧别数子，握手泪再滴。"也做量词。唐代韦应物《咏露珠》："秋荷一滴露，清夜坠玄天。"苗语中，nies 也如此。如 eb ~ lol dab 水滴到地，即水往下滴。~ hxangd 滴盉（huāng），即滴血。ib ~ diangx 一滴油。

2. 坠，上古音在定母、物部。声母近乎 d，变异为 n；韵母相当于 iue，转为 ie。《尔雅》："坠，落也。"《吕氏春秋·察今》："自舟中坠于水。"引申为因沉重而有下落之势、下垂，如腹坠。苗语中，nies 即指下垂、下坠。如 Laib daif hsaid ~ lol dab 米袋子坠下来了。

缒（zhuì），上古音在定母、微部，相当于 diuei，也可转换为 nies。《说文解字》："缒，以绳有所悬也。"《左传·僖公三十年》："夜缒而出。"指从城墙上用绳子系住放下来。也可指下垂、下坠。

niex 留，上古音在来母、幽部。声母 l 变异为 n；韵母中的 ou 转换为 e。niex 是 niel——留的又音，即指蹲。与 niel 组成双声叠韵词：niex ~ 留留，仍指蹲。如 niex ~ diot but jib dul 留留在火塘边。

nin

ninf 1. 愞（nuò），从耎（ruǎn）表音，本应在泥母、元部。软本作輭（ruǎn），也在元部。但汉语中，本读 nuàn 的愞发生两大变化：一是韵尾 n 灭失，读成 nuò；二是字形讹变，写成懦。糯也是如此，本作稬（nuò）。另外，糯、懦等讹为歌部，而需以及真正从需表音的字如儒、濡等在侯部，截然有别。愞的异体字作了懦之外，还有偄、㦬等。由于韵首 u 灭失，an 又转换为 in，愞遂读 ninf。《说文解字》："愞，驽弱也。从心，耎声。"说得很清楚，以耎表音。《汉书·武帝纪》："匈奴入雁门关，太守坐畏愞弃市。"即太守因怯懦被处以弃市之刑（处死并在大街上示众）。《战国策·齐策四》："文倦于事，愦于忧，而性㦬愚。"㦬即懦弱。《荀子·大略》："偄弱易夺，似仁而非。"苗语中，ninf 指怯懦。如 Dail ninx nongd diut zuk ib dias ghax ~ yangx 这头水牛触趣一遭就愞焉，即刚与对方一顶角就怕了。

儜（níng），同样可转读 ninf。《宋书·明恭王皇后传》："后在家为儜弱妇人，不知今段遂能刚正如此。"《集韵》释僔："弱也。"

2. 敛，上古音在来母、谈部，入声。声母 l 变异为 n；韵母 iam 转换为 in。《说文解字》："敛，收也。"《广雅》："敛，取也。"《诗经·小雅·大田》："彼有不获稚，此有不敛穧（jì）。"不敛穧指尚未收取的禾束。《周礼·天官·大宰》："以九赋敛财贿。"即以各种税赋敛财。苗语中，ninf 指收取粮食、收获。如 Hnaib nongd bib mongl ~ gad ghol 今日我们去敛稷谷（收割小米）。khangd ~ 指收获季节。

ninl 领，上古音在来母、耕部。声母 l 变异为 n；韵母 ieng 转换为 in。《韵会》释领："统领也……承上令下谓之领。"《后汉书·耿弇传》："乃皆以为偏将军，使还领其兵。"唐代元结《宿回溪翁宅》："老翁八十犹能行，将领儿孙行拾稼。"如 ~ jib daib vut ghak 领小孩好戏，即带领小孩玩耍。

nins 1. 念，上古音在泥母、侵部。韵母接近于 iem，转换为 in。《说文解字》："念，常思也。"《论语·公冶长》："伯夷、叔齐不念旧恶，怨是用希。"不念旧恶即不记旧恨。杜甫《遣兴》："客子念故宅，三年门巷空。"今有纪念、念念不忘等词。引申为考虑、想法等。苗语中，nins 指回想往事、记忆。如 ~ vut 念好，即记住、记牢。~ hvib 念心，指记性好。

2. 醒（chéng），上古音在定母、耕部，入声。声母相当于 d，变异为 n；韵母 ieng 转换为 in。《说文解字》："醒，病酒也。一曰醉觉。"病酒则指酒后难受。醉觉即酒醒，与醒相同。《说文解字》："醒，醉解也。"《字林》释醒为"醉解"。张衡《南都赋》："其甘不爽，醉而不醒。"这里的醒即醒。苗语中 nins 即醒。如 ~ dliangb but 醒複（fù）仙，指从梦中醒来。dliangb but 即被中神仙，表示梦。~ dangx 醒沉，指从沉睡中醒来。Nenx langk mongl ib hxot ghax ~ lol yangx 他蠻（luán，比喻昏迷）了一会儿就醒来了。

ninx 牛，上古音在疑母、之部。声母本为 ng，转为 n；韵母被人为地"n 化"了。牛字本是牛头的象形，因有两只朝上弯曲的角，特点分明，用以指牛这种动物。苗族长期处于农耕社会，他们每天与牛打交道，除了用其耕地外，还经常开展斗牛活动。但牛有黄牛、水牛两大类。为了区别，又为了简洁，分别用 liod、ninx 称之。这两个音应该都是从牛（古音 ngiwo）衍生出来的。如 ninx hsent 骟（水）牛，即阉割过的水牛。~ tiab 岔（水）牛，指其双角很宽，如岔道。~ mongl eb, liod mongl bil（水）牛往水，（黄）牛往山。指各走各路，互不相干。~ xit diut, lod lob liod（水）牛相触，（黄）牛断脚，犹如城门失火，殃及池鱼。

nio

niod 1. 搦（nuò），上古音在泥母、药部，作 neau。《广韵》释为"捉搦也"即握持。《后汉书·臧洪传》："抚弦搦矢，不觉流涕之覆面也。"《史记·扁鹊仓公列传》："乃割皮解肌，决脉结筋，搦髓脑。"搦髓脑，即用手把髓脑拿出来。现多用捏代替搦。苗语中，niod 即用手抓、握。如 Dad jil bil lol ~ 拿只手来搦。Dail dlangd ~ dot dail gheib mongl yangx 老鹰抓一只鸡走了。

2. 嗫，上古音在日母、叶部，入声。读音本近 nie，是 nieb——嗫的又音，指嘴动的样子。~ ~ 也可视为双声词嗫嚅。如 jat ~ ~ 嚼嗫嚅，即不断地嚼东西的样子。nongx ~ ~ 即吃东西的样子。

niol 1. 慑（shè），从聂表音。聂的上古音在泥母、叶部，读音与 nio 接近。但后来的读音发生了变化。《说文解字》："慑，失气也。"即失去底气。《礼记·曲礼》："贫贱而知好礼，则志不慑。"郑玄注："慑，犹怯惑也。"《史记·项羽本纪》："诸将皆慑服。"引申为使慑服。《淮南子·氾论》："威动天地，声慑四海。"今有"威慑"一词。苗语中，niol 即指威慑、吓唬。如 Dail xed ~ naix 老虎慑人，即吓人。

2. 搦（nuò），与 niod——搦相同，只是用于量词。一搦即一把、一握。如 ib ~ zot 一搦刍，即一把柴。ib ~ dul 即一把火。

nios 1. 犖（luò），上古音在来母、药部，相当于 leau。声母 l 变异为 n。《说文解字》："犖，驳牛也。"即颜色斑驳的牛。犖应是会意字，繁体作犖，与荣（荣）字同头。这二者共同的部首也是荣的本字，像花枝繁盛之状。犖会意为颜色花杂的牛。唐代陆龟蒙《杂讽》："斯为朽关键，怒犖抉以入。"怒犖即怒牛。引申为颜色斑驳、鲜明。司马相如《上林赋》："赤瑕驳犖。"司马彪注："驳犖，采（彩）点也。"《史记·天官书》："此其犖犖大者。"《索隐》："犖犖，事之分明者。"今有"犖犖大端"一词。苗语中，nios 即指颜色花、斑驳。如 ~ mais 犖面，即花脸。~ waf 犖华，仍指颜色花。华即花。~ waf ~ lus 犖华犖绿，犹如花花绿绿。Dail xed ~ gid guf, dangx fangb dangx vangl bongf 老虎犖其脊，整方整寨知。即老虎背上的花纹，大家都看得见。

2. 摘，上古音在端母、锡部，入声。声母 d 变异为 n；韵母 e 转为 io。《集韵》："摘，采取也。"《唐书·建宁王倓传》："种瓜黄台下，瓜熟子离离。一摘使瓜好，二摘令瓜稀，三摘尚云可，四摘抱蔓归。"孟浩然《裴司士见访》："厨人具鸡黍，稚子摘杨梅。"如 ~ vob 摘蔬，即摘菜。

3. 鸷，上古音在章母、缉部。声母接近 d，可转为 n；韵母相当于 io。《玉篇》释为猛鸟，《说文解字》释为"击杀鸟"。屈原《离骚》："鸷鸟之不群兮，自前世而固然。"在苗族歌词中，nios 指阿哥，与 nes 相对，即阿哥与阿妹。nes 是鸟，nios 大约也应为鸟，故定为鸷。如 Nes dot nes dangx mongl, ~ hsent das ax xol 阿妹有偶了，阿哥再算计也得不到。

niox 1. 扰，上古音在日母、幽部。声母接近 n；韵母 iou 转为 io。《说文解字》："扰，烦也。"《广韵》释为乱。这都是引申义，本应为某一具体动作。朱骏声《说文通训定声》引用《吕氏春秋·音初》："水扰则鱼鳖不大。"不过，《吕氏春秋》有的版本为"水烦则鱼鳖不大"。今有搅扰、扰民等词。扰与搅应为近义或同义词。苗语中，niox 即搅。

（1）即搅、搅和。如 ~ laib teb eb vob 扰染缸，即搅染缸。组成双声词 niox ninf 扰乱（ninf 是 lins——乱的又音），即乱搅和。

（2）引申为烦人、烦心。双声词 ~ ninf 扰乱，又指闹腾。如 Dol jib daib ~ ninf bongt wat 孩子们闹得很。~ hvib 扰心。

2. 留（畱），上古音在来母、幽部。声母 l 变异为 n；韵母 iou 转为 io。niox 是 niangb、niel、niex——留的又音，用法不同。niangb、niel、niex 主要指坐、蹲和住下，而 niox 指人去物留，正如文天祥《过零丁洋》："人生自古谁无死？留取丹心照汗青。"如 ~ hmid lob 留脚印。~ xib wil nangl, dal mos wil det 留褡（xī）我穿，落（là，即落下）帽我戴。~ fangb dal qut 留方落（là）处，指把自己居住、生活的地方留给别人，犹如流离失所。

3. 了，上古音在来母、宵部。声母 l 变异为 n；韵母 iau 转为 io。有多个义项。《增韵》释为"决也"，指完毕、了结。杜甫《缚鸡行》："鸡虫得失无了时。"又做助词，表示完成。苏轼《赤壁怀古》："小乔初嫁了。"苗语中，niox 也有类似用法。

（1）指完毕、了结。如 ~ hveb 了话，指临终遗言。dias ~ dias saib 着了着接，指一着了，又接上来一着，即一次接一次。

（2）引申为罢了、算了。如 Nenx ax dax ghax ~ 他不来就了（算了）。~ mongl 了去，犹如罢了、而已。Dliangb but das ~ mongl 做梦而已，或做梦罢了。

（3）做语气词，表示动作完成。如 Leif ~ laib fangx 蘖了黄的，即剩下一个黄的。

4. 寥（liáo），上古音在来母、幽部。声母 l 变异为 n；韵母 ou 转为 o。niox 是 lial、nial——寥的又音。寥本指空虚，这里引申为空、空缺。

（1）犹如空有其表、空费钱财的空，指徒然、白白地。niox hsub 寥素，仍指白白地、徒然地。nios lial 寥寥，与汉语的指稀少不同，仍指白白地。如 Jul hnaib hmangx ~ lial 绝日暮寥寥，即白白地耗费昼夜（时光）。Xangs bul xangs ~ hsab, xangs dial ait nangx hlib 告诉别人白告诉了，告诉阿哥（我）将铭记。

（2）指空缺、缺。如 Bib dias dias kaib huid, ax maix ib dias ~ nenx 我们次次开会，没有一次缺他。

niong

niongl 曩（nǎng），上古音在泥母、阳部。韵首发生变异。《说文解字》："曩，向也。"即以往。《韩非子·外储说左下》："寡人曩不知子，今知矣。"《左传·襄公二十四年》："曩者志入而已，今则怯也。"曩与今相对。niongl 是 lax——曩的又音。lax 用于时间的长久，niongl 指过去的某一段时间。如 ~ denx 前曩，即前一阵子。~ nongd ax bongf nenx dax yel 尔曩无逢恁到也。即：这一阵子没见他来了。dax ib ~ yangx 来一曩焉，即来了一阵子了。

niongs 蝡（ruǎn），上古音在日母、元部，入声。声母近于 n；韵母 iuan，其中 an 一般转为 ang，受 u 影响，与之一起转为 ong。《说文解字》："蝡，动也。"实际上指虫子爬行。《汉书·匈奴传上》："跂行喙息蝡动之类，莫不就安利、避危殆。"跂行、喙息、蝡动分别指兽类、鸟类、爬虫类。蝡动即蠕动。蝡、蠕两字的右部往往被人弄混淆，比如懊也写成懦。蠕的古音也在日部。蝡也用于蛇名。《山海经·海内经》："有赤蛇在木上，名曰蝡蛇。"苗语中，niongs 即爬行。如 Dail gangb ~ mongl ~ lol 虫子爬来爬去。组成双声词：~ nias 蝡摅（nù），指人扶着家具、墙等慢慢移动。摅即拄、以他物为支撑。~ nias ghab diux 蝡摅其著，即扒着门走。

niongt 宁（nìng），上古音在泥母、耕部。本有韵首，eng 转为 ong。《说文解字》："甯，所愿也。""宁，愿词也。"甯、宁字义有所区别，前者做动词，表示愿意；后者做副词，相当于宁可。今天将它们与表安宁之宁简化为同一个字。甯即宁愿。《汉书·礼乐志·郊礼歌》："穰穰复正直往甯。"指获福既多，得偿往日所愿。《论语·八佾》："与其奢也，宁俭。"苗语中，niongt 即愿意。如 Nenx ~ mongl ax ~？恁宁往不宁？即他愿意去不愿意去？

苗语中，宁还读作 nongt，见后文 nongt 字条。

niongx 鸾，上古音在来母、元部。声母 l 变异为 n。韵母 uan 转为 ong，韵首 i 是衍生的。《说文解字》："鸾，赤神灵之精也。赤色，五采，鸡形，鸣中五音。"实际上，就是羽毛艳丽、叫声嘹亮的野鸡。汉语中更多的是用雉称野鸡，而鸾往往被神秘化，犹如凤凰。《山海经·海外西经》："此诸夭之野，鸾鸟自飞，凤凰自舞。"苗语中，niongx 指野鸡、锦鸡等。如 ~ gheib 鸡鸾，指短尾野鸡。因为没有普通野鸡的长尾巴，体型与鸡相似。~ bongl 鸾凤，即锦鸡，毛色特别漂亮。~ seix 钱鸾，指鱼鹰，大概是因为能给主人捕鱼赚钱。

niu

niub 略，上古音在来母、铎部，入声。声母 l 变异为 n；韵母中本有韵首 i，韵尾略有偏转。略从田表义，《说文解字》："略，经略土地也。"经略即经营谋划。段玉裁注："凡举其要而用功少皆曰略。"即大略、简略。《汉书·司马迁传》："书不能悉意，略陈固陋。"略陈即大概、简单地叙述。《孟子·万章下》："然而轲也尝闻其略也。"又进一步引申为略微、略略。苗语中，niub 相当于略微。如 ~ ghab daib 略其滴，即一点点。

niuf 1. 罍（léi），上古音在来母、微部。声母 l 变异为 n；韵母可能与㼡（léi）、垒（léi）相同，作 iwei，而 ei 灭失。《说文解字》："櫑（léi），龟目酒尊，刻木作云雷象……罍，櫑或从缶。"櫑、罍互为异体字，指酒尊。《诗经·周南·卷耳》："我姑酌彼金罍，维以不永怀。"《尔雅·释器》："彝、卣、罍，器也。"郭璞注："罍形似壶，大者受一斛。"苗语中，niuf 相当于坛子。如 ~ eb zas 泔水（洗米水发酵而成，可做调料，如烧制酸汤鱼等）罍。

2. 俪，上古音在来母、支部。声母 l 变异为 n；韵母 ie 转为 iu。《广雅》："俪，耦也。"耦今往往写作偶，指成双、成对。《左传·成公十一年》："鸟兽犹不失俪。"杜预注："俪，耦也。"《仪礼·士昏礼》："束帛，俪皮，如纳吉礼。"俪皮即成对的鹿皮。今有"伉俪"一词。niuf 是 liex——俪的又音，用法不同。liex 指配偶。niuf 则指双、对。如 ib ~ hab 一俪鞋，即一双鞋。ib ~ dius 一俪箸，即一双筷子。jangx bongl jangx ~ 成朋成俪，犹如成双成对。

3. 嘱，上古音在章母、屋部，入声，早期作属（zhǔ）。声母本接近 d，变异

422

为 n；韵母本为 iwo，o 灭失。属本作属，从尾、蜀。《说文解字》："属，连也。"像尾巴与身体相连。有多个引申义，其一为托付。《左传·隐公三年》："宋穆公疾，召大司马孔父而属殇公焉。"即把殇公托付给大司马孔父。《史记·留侯世家》："汉王之将，独韩信可属大事，当一面。"后来写作嘱，多用于嘱咐。《后汉书·卓茂传》："为汝有事嘱而受之乎？"如 Mongx nongt ~ nenx nenk daib 你要嘱着他点。Wil ~ nenx xangx ghangb dax 我嘱他下一场到。

4. 实，上古音在船母、质部。声母也接近 d，变异为 n；韵母相当于 ie，转为 iu。niuf 是 deis——实的又音。用法不同：deis 指籽粒饱满，niuf 指结实、实在等。《增韵》释实："充也，虚之对也。"《孙子·虚实》："兵之形，避实而击虚。"如 ~ hvib 实心，即专心、踏实。~ hvib ~ hnid 实心实态，仍指专心。~ bil 实手，即办事扎实。Mongx dib dlangx dab ~ nenk 你打地层（地面）实点。即把地面捶结实点。

niuk　1. 爇（ruò），上古音在日母、月部。声母近乎 n；韵母保留了 iu，韵尾灭失。niuk 是 nel——爇的又音，意思一样，都如《说文解字》："爇，烧也。"如 ~ dul jul yangx 爇楚绝焉，即柴燃烧尽了。

　　2. 啄（zhuó），上古音在端母、屋部，相当于 deo，变异为 niu。《说文解字》："啄，鸟食也。"段玉裁注："鸟喙锐，食物似啄。"用尖锐的工具在玉上雕琢叫琢，用尖锐的嘴取食就叫啄。《诗经·小雅·黄鸟》："无啄我粟。"苗语中，niuk 用来指打瞌睡时脑袋一下一下地前倾。如 ~ nik 啄瞖（lí），即打瞌睡。瞖是闭眼睛。kib ~ ~ 胖（xī）啄啄，指剧烈发抖，以至于脑袋如啄食动作。

niul　1. 绿，上古音在来母、屋部。声母 l 变异为 n；韵母为 iwo，韵尾 o 灭失。《说文解字》："绿，帛青黄色也。"《诗经·邶风·绿衣》："绿兮衣兮，绿衣黄黑。"王维《送别》："春草年年绿，王孙归不归。"苗语中，niul 除了指绿色外，还指作物不成熟、与熟相对。

　　（1）绿色。如 Dol nongd niul, dol aib fangx 这些绿，那些黄。

　　（2）相当于汉语中的青，指不成熟，如青涩、青黄不接。或指含有水分。如 Laib nongd hxangd yangx, laib aib dail ~ 这个熟了，那个还是绿（生）的。Dol dul nongd ~, ax bil ngas 这些柴绿，还没干。

　　（3）在指植物不成熟的基础上，又泛指陌生、生分等。如 naix niul 绿人，即生人、陌生人。~ hvib 绿心，指心不相近、疏远。~ mais 绿面，指神情异常、不同往常。也做动词。如 ~ naix 绿人，即认生，与人生分。

2. 嬬（rú），上古音在日母、侯部，入声。声母本近乎 n；韵母保留了 iw，韵尾 o 灭失。《说文解字》："嬬，弱也。一曰下妻也。"《博雅》："妻谓之嬬，一曰姜名。"下妻也即妾。嬬不外乎指柔弱、妻妾。结合其字形，约略可知，嬬本指柔弱的女性。苗语中，niul 指比自己或妻子年轻的女性，如姨妹、弟媳、堂妹、表妹等。姑且释为嬬（妾也有比妻小之义）。

3. 逐，上古音在定母、觉部，入声，相当于 diou，变异为 niul。《说文解字》："逐，追也。"niul 是 dias——逐的又音，用法不同。dias 偏重追赶；niul 偏重追求。《左传·昭公元年》："诸侯逐进，狎主齐盟。"《史记·淮阴侯列传》："秦失其鹿，天下共逐之。"今有逐利、苍蝇逐臭等词。如 ~ wid 逐妪，即追求对象、找老婆。

4. 著，上古音在端母、鱼部。声母 d 变异为 n；韵母中本含有韵首 i。著有多个义项。著后又写为"着"，一部分义项由"着"承担，如附着，还有助词等。唐代赵璘《因话录·商部》："鸡猪鱼蒜，逢著则吃。"这个"著"即相当于现在的"着"。着还表示赞同、认可。《儿女英雄传》："着！着！着！就是这么着。"一些方言仍在使用。如 Mongx hxid laib nongd ~ ax ~？你看这个着不着？着不着犹如行不行、中不中。

nius 1. 肉，上古音在日母、觉部，入声。声母本接近 n；韵母本相当于 iu。肉一般指供食用的动物组织，也引申指瓜果等可供食用的部位。《齐民要术·种竹》："取笋肉五六寸者。"这里的肉是相对于笋壳而言。苗语中也有类似用法。如 Nongx ~ ax nongx khub 吃肉不吃壳。

2. 凝，据《汉字古音手册》，上古音在疑母、蒸部。《说文解字》认为凝是冰的异体字。恐无充分依据。凝与冰同旁，以 冫 表义，指液体凝结成固体。疑应起表音作用，有如下依据：一是凝与疑同母，都是疑母，应该不是巧合。二是《集韵》《韵会》为凝标出三个音：牛孕切；觺，去声；鄂力切。其中后两者读音都与疑相近。三是疑的字义与凝似乎不沾边，只能解释为起表音作义。因此说，凝的读音本应与疑相同或相近。疑的上古音在疑母、之部。声母 ng 可转为 n；韵母本相当于 io，可转为 iu。另外，据《集韵》《韵会》，凝应为去声或入声。至于凝的韵母，后来被 in 化（牛孕切）或 ing 化了。《楚辞·大招》："天白颢颢寒凝凝只，魂乎无往盈北极只。"凝与极押韵，也可佐证凝的韵母与疑相同。《诗经·卫风·硕人》："肤如凝脂。"《易经·坤卦》："履霜坚冰，阴始凝也。"苗语中，nius 既指凝结，又指凝结状。

（1）指凝结。如 ~ bait 凝白，即结冰。"白"的原型可能是雪花，引申

424

为冰。

（2）指凝结状，液体浓稠近乎固体。如 Laib eb gad nongd nius bongt wat 这米汤凝（稠）得很。~ vit 凝液，即黏稠的液体。

niut 苶（niè），上古音在泥母、质部。韵母本相当于 ie，转为 iu。niut 是 niad、niat——苶的又音。《韵会》释为"疲也。"《庄子·齐物论》："苶然疲役。"成玄英疏："苶然，疲顿貌。"苗语中，niut 指疲于做某事、懒得做某事。如 ~ mongl 苶往，即懒得去。

niux 1. 噣（zhòu），上古音在端母、屋部。声母本为 d，变异为 n；韵母为 io，转为 iu。《说文解字》："噣，喙也。""喙，口也。"《史记·赵世家》："中衍人面鸟噣。"鸟噣即鸟嘴。噣又与啄相通。啄也指鸟嘴；《汉书·东方朔传》："尻益高者，鹤俛（fǔ）啄也。"颜师古注："啄，鸟嘴也。"反过来，噣也指啄食。《战略策·楚策四》："黄雀因是以俯噣白粒，仰棲茂树。"苗语中，niux 即指鸟嘴或鸟嘴状的东西。如 ~ nes 鴺噣，即鸟嘴。~ gheib 鸡噣（嘴）。niux kab 铧噣，即犁铧的尖。~ dlox jel 碓嘴。

2. 嫞（rú），上古音在日母、侯部。声母本近乎 n；韵母保留了 iw，o 灭失。niux 是 niul——嫞的又音。嫞用以指比自己或妻子年轻的女性。这里指阿妹，与阿哥相对。此字后写作妞。如 ~ niangb laib vangl sait, liex niangb laib vangl hxat 嫞（阿妹）住在好寨里，俪（阿哥）住在陋巷中。

no

nol 1. 捋（luō、lǔ），上古音在来母、月部，入声。声母 l 变异为 n；韵母保留韵首 u，韵尾灭失。《说文解字》："捋，取易也。"即以手握物，顺势脱取。《诗经·周南·芣苢》："采采芣苢，薄言捋之。"即顺着茎采下叶子。也指类似捋的动作。《古乐府·日出东南隅行》："行者见罗敷，下担捋髭须。"nol 是 los——捋的又音。los 引申指取利。nol 用其本义。如 Nenx ~ jox hlat tenk tenk 他轻轻地捋绳子。

2. 诺，上古音在泥母、铎部。韵母本无韵首 u。《说文解字》："诺，应也。"即答应。《老子》六十三章："夫轻诺必寡信。"也指答应声。《礼记·玉藻》："父命呼，唯而不诺。"唯、诺都是表示答应，唯则更恭敬。如 Laib lot ax bub ~ , laib hxut dax heib dlel 嘴上不知诺，心中很喜欢。

nos 1. 虑，上古音在来母、鱼部。声母 l 变异为 n；韵母有所偏转。nos 是 liel——虑的又音。《说文解字》："虑，谋思也。"《论语·卫灵公》："人无远虑，必有近忧。" liel 偏指忧虑，nos 偏指谋划、思考、想。如 ~ mongl ~ lol 虑往虑来，即思来想去。~ ax sos 虑不到。Nenx ax ~ diub zaid 他不虑家里，即他不念家。Wil nos hnaib nongd nenx ax dax yel 我虑（寻思）今天他不来了。

2. 檾（qǐng），据《汉字古音手册》，上古音在溪母、耕部。这里对该读音存疑。其读音依据可能来自《说文解字》。《说文解字》："檾，枲（xǐ）属。"这两个字下部所含的"木"都与麻字中的"木"一样，都与麻有关，而与树木之木无关。也就是说，檾、枲都是麻。这一点没有疑义。但其对读音的解释则值得探讨——"诗曰：衣锦檾衣。"而《诗经·郑风·丰》一般都作"衣锦褧（jiǒng）衣，裳锦褧裳"。《说文解字》又释褧为檾。褧是用麻做的衣，但并不等于檾，其读音也未必与檾相同。而褧的读音正是在溪母、耕部。大概是把褧、檾的读音画了等号，才读檾为 qǐng 的。《说文解字》还认为檾是以荧（荧）字头表音。荧字也的确在耕部。可能正由于这一点，让许氏以为檾的读音与褧相关。但是，要知道：以荧字头（从根子上讲，是荣字头）表音的字有两大系列，其读音截然有别。第一系列是荣、荧、萤、茔、营、蓥、荥、莹、莹等，韵母均为 ing，声母以 y 为主；第二系列是荦、劳以及下部分别为石、豆的字（均读 láo），声母都是 l，韵母作 uo 或 ao。因此，完全还有另外一种可能：檾读 luò、lào（劳也读去声）或 láo。果真如此，其即可转读为 nos。姑且释 nos 为檾。如 jenl nos 揩檾，即栽麻、种麻。hluk nos 脱檾，即剥麻，使麻纤维从麻秆上剥离。

3. 难（nuò），上古音在泥母、歌部。《说文解字》："难，鸟也。"其右边的隹即鸟。但它很少用于本义，多用于困难、灾难，拒斥（如刁难、诘难）等。其字义变幻的路径待考。在拒斥之义中，又专门指驱鬼。《周礼·春官·占梦》："遂令始难殴疫。"在驱鬼驱疫这个义项上，后多用傩替代难。但傩的本义是"行有节也"。《论语·乡党》："乡人傩，朝服而立于阼阶。"这里已经是借傩为难了。今天贵州等地仍有傩戏等活动，一个突出的特点就是人们戴着凶恶的面具，以驱鬼。苗语中，nos 指佛像等。这大约与佛教在苗族地区的传播不够深入、人们对其了解不多有关。人们很容易将佛教与驱鬼辟邪相联系。如 Laib zaib nos gid niangs maix dol ~ 傩宅里面有诸傩。傩宅即寺庙。

not 多，上古音在端母、歌部。声母 d 变异为 n。据苗语西部方言，多作 ndout，是复辅音词。极有可能，汉语取第二辅音 d；苗语中部方言取第一辅音 n。不过，多读去声才能对应于声调 t。哆、誃均读 duò，可佐证。《说文解字》："多，緟（chóng）也。""緟，增益也。"緟现都用重替代。多字中的"夕"，据金文，应为月（肉）的异体。用二"夕"表示多。另外，夥（huǒ），从多表义，也指多。《说文解字》："夥，齐谓多也。"《诗经·邶风·柏舟》："觏（gòu）闵既多，受侮不少。"多与少相对。苗语中，not 与多的用法几乎完全一样。如 ~ hvib 多心，即多疑。~ hveb 多话，即多嘴。~ niux ~ lot 多嘱（zhòu）多咮（zhòu），犹如多嘴多舌（嘱、咮都是嘴）。~ xus 多少。~ lob ~ bil 多脚多手，犹如三只手，指小偷小摸。

nox 1. 缕，上古音在来母、侯部，作 liwo。声母 l 变异为 n；韵首、韵腹灭失，保留韵尾 o（现代汉语中，则是韵尾 o 灭失）。《说文解字》："缕，线也。""线，缕也。"《墨子·尚同》："譬若丝缕之有纪，罔罟之有纲。"也泛指细或细长的东西。苗语中，指线的有 hfed——纥（hé）。这里的 nox 往往专指木匠用的墨线，或指黑线在木头上弹出的墨印（也是线状）。如 dliongb ~ 缕蛊，即墨斗，木匠工具，内存墨线。Muf jox ~ nongd hsat xend 攌这一缕最显。即弹的这条墨印最清晰。

2. 蓝，上古音在来母、谈部。声母 l 变异为 n；韵尾 m 灭失。nox 是 nix——蓝的又音。nix 取蓝的本义：染青草，如蓼蓝一类，是提炼染料的原草料；nox 则指这种染料的颜色。如 ghab waix ~ 蓝天。ghab bok ~ 青山。~ mais 蓝面，指脸色发青。

3. 瞩，上古音在章母、屋部。声母本近乎 d，变异为 n；韵母只保留了韵尾 o。瞩以属表音，属也有表义作用。属即连属，瞩则指注目。《晋书·桓温传》："登平乘楼，眺瞩平原。"如 ~ deix nenk daib 瞩值零滴，即（仔细）看准点儿。

nong

nongd 尔，上古音在日母、脂部。声母本接近 n；韵母"ong 化"了。汉语中也有类似现象。比如，而又读 néng，与能相通。《庄子·逍遥游》："知效一官，行比一乡，德合一君，而征一国。"而即能，其韵母"eng 化"了。尔做指示代词，除了指你、你们之外，还用于近指，相当于这、此。《诗经·周颂·思文》："无此疆尔界。"《孟子·尽心下》："去圣人之世若此其未远也，近圣人之居若此其甚也，然而无有乎尔，则亦无有乎尔！"即：虽然离圣人所处的时代不远，离他的故乡更近，但见不到这种人了，再也没有这种人了。"尔"还指如此。今有"不过尔尔"一词，尔尔也即如此。另外，迩即近，与远、遐相对，恐怕尔这个近指词也有表义成分。再者，在如此这

427

个意义上，还有能字，我推测，也是尔的变音，正如而与能相通一样。唐代张九龄《庭梅》："芳意何能早，孤荣亦自危。"苗语中，nongd 即相当于这。如 laix naix ~ 尔个人，即这个人。hangd ~ 尔巷，即这里。

nongf 1. 原，上古音在疑母、元部。声母 ng 转为 n；韵首 i 灭失，uan 转为 ong（an 往往转换为 ang，受 u 影响转为 ong）。现代汉语中，则是声母 ng 灭失，读作 iuan。《说文解字》："原，水泉本也。"是源的本字。《左传·昭公九年》："犹衣服之有冠冕，木水之有本原。"引申为原来、缘由等。苗语中，nongf 除了指原来外，还指自己。

（1）指原来。~ dios nenx hot! 原（本）是他呵! ~ ait nongd hot! 原（本）如此呵!

（2）相当于自、自己，犹如汉语的本人。原即本源，引申为自身。顺便说一句，汉语中常用的自，是鼻子的象形，鼻即以自表义，以畀表音。因为人们习惯了指自己的鼻子以自称，自引申为自身、本人、本来之义。如 Mongx ~ mongl hxid 孟原往视。即你自己去看。~ hmat ~ yangk 原臂原应。即自问自答、自说自话。~ diangd ~ fangb 原转原方，即各回各家乡。

2. 农。如 ~ minf 农民。照搬现代汉语。

nongk 醲（nóng），上古音在泥母、冬部。《说文解字》："醲，厚酒也。"即醇厚的酒。《淮南子·主术》："肥醲甘脆，非不美也。"引申为浓重、厚重。《后汉书·马援传》："夫明主醲于用赏，约于用刑。"又引申为熏陶，好比酿酒散发出浓香。唐代裴延翰《樊川文集序》："变醨养瘠，尧醲舜熏。"醨是薄酒。这里醲与熏同义。苗语中，nongk 即指烟熏。~ ib 醲烟，即烟熏。如 Laib ghab ghok nongd ~ bongt wat 这块（烧着的）木节醲（熏）得很。

nongl 廪（lǐn），上古音在来母、侵部。声母 l 变异为 n；韵母中的韵首 i 灭失，om 转为 ong。《说文解字》："廪，谷所振入也。"即收储粮食之所、粮仓。《孟子·万章上》："父母使舜完廪，捐阶，瞽叟焚廪。"舜的父母让他修补粮仓，（在他上去后）撤掉阶梯，（其父）瞽叟焚烧粮仓。如 ~ gad 谷廪，即谷仓。~ liangx 粮廪。泛指库房。~ dud 书廪，即书库。

nongs 扇（lòu），上古音在来母、侯部。声母 l 变异为 n；韵母"ong 化"了。《说文解字》："扇，屋穿水入也。"上部是屋字头，与雨会意为房子漏雨（而漏本专指计时工具，后来涵盖了扇的义项）。nongs 是 lot——扇的又音。所指不同：lot 指泄漏；nongs 则相当于雨。早期的雨字无上部一横，中间一竖也不出头，冂像屋子，里面是滴水之形，雨是屋子里滴水的场景，以此代表下雨。雨也做动词，如"天雨粟，鬼夜哭。"雨粟即落粟。"雨雪霏霏”，雨雪即下雪。如 dax ~ 到扇，即下雨。xuf ~ 濡扇，即淋雨。

nongt 宁（nìng），上古音在泥母、耕部。韵首 i 灭失，eng 转为 ong。《说文解字》：“宁，所愿也。”“宁，愿词也。”这两个字本分别作甯、宁，今一并与表安宁之宁简化为同一个字。甯即宁愿。《论语 · 八佾》：“与其奢也，宁俭。”《史记 · 酷吏列传》：“宁见乳虎，无直宁成之怒。”即宁愿遇见小老虎，也不想赶上宁成发怒。nongt 是 niongt——宁的又音。nongt 相当于汉语的欲、要、想要、将要。欲即有希望、想要、将要之义。如“欲速则不达”“山雨欲来风满楼”。要用于想要、将要，是较晚的事。

（1）做愿词，表示希望、愿望。如 Leit xangf id mongx ~ dax leif 到那时你宁（要）到哩。表示希望你到时来。

（2）表示将要。如 Nenx ~ mongl yel 他宁往也。即他要走了。~ genx jeed jeed 宁咺（xuǎn）亟亟，即马上要哭了。

nongx 茹，上古音在日母、鱼部。声母本接近于 n；韵母“ong 化”了，正如柱读 dongs、尔读 nongd 一样。《说文解字》：“茹，饲马也。”指喂马，泛指吃。《诗经 · 大雅 · 烝民》：“人亦有言，柔则茹之，刚则吐之。”茹与吐相对。《礼记 · 礼运》：“食草木之实、鸟兽之肉，饮其血，茹其毛。”遂有茹毛饮血一词。《颜氏家训 · 文章》：“衔酷茹恨，彻于心髓。”《庄子 · 人间世》：“不饮酒不茹荤者数月矣。”综观以上，茹即今天的吃，而且并没有喂马之类的例子。很可能是《说文解字》的作者从茹的草头推测是喂马。其实，古人的食物结构中，植物占很大的比例，吃“草”（草头源于植物的象形，只不过与木不同的是比较低矮，甚至表示菌类的字也是草头）是常事。顺便说一句，吃本指口吃、说话结巴；喫是较晚出现的字。苗语中，nongx 主要指吃、进食，引申为受用、靠某某（职业等）吃饭、谋生。

（1）即吃。如 ~ gad 茹谷，即吃饭。~ xab 吃斋。~ hlieb hek bongt 茹粗喝浡（bó），即大吃大喝。~ mol 茹卯。指农历六月卯日，新谷登场，尝新谷。这也是苗族节日。

（2）指挨、受。如 ~ diuk 茹刀，即挨刀。~ hxongt 茹铳，即挨枪子。nongx diangb 茹妆。按旧习，外甥女应优先嫁到舅舅家。如征得舅舅同意，嫁给他人，得补偿舅舅家一些钱财，作为舅家将来娶媳妇的妆奁费。对于舅舅来说，即为吃妆奁钱，也叫 ~ nix diangb，吃妆银。

（3）指以某某为生。如 ~ yongx 茹勇，指当兵吃饭。勇即兵，当是源于清代的兵勇。~ bad xed 茹父虎，指当刺客（父虎，即公虎，指刺客、亡命徒）。

nu

nul 1. 辱，上古音在日母、屋部。声母本接近 n；韵母只保留了 u，同现代汉语一样。《说文解字》："辱，耻也。"转指侮辱、使受屈辱。《礼记·儒行》："可杀而不可辱也。"《史记·廉颇蔺相如列传》："我见相如，必辱之。"苗语中，nul 指辱骂。如 Nenx ngas ~ naix wat 他很爱辱人。

2. 獿（nǎo），上古音在泥母、幽部。韵母只保留了韵尾 u。《说文解字》："獿，獿獟（xiāo）也。""獟，犬獿獿咳吠也。"《集韵》释獿为"犬惊吠貌"。本指狗凄厉的叫声。苗语中，nul 指兽类嗥叫。如 Dail xed niangb ghab vud ~ 虎在野里獿（叫）。

nus 1. 兆，上古音在定母、宵部。声母本相当于 d，变异为 n；韵母 iau，只保留了 u。《说文解字》："兆，灼龟坼也。"即龟壳经灼后出现的裂纹，古人据此占卜吉凶。《周礼·春官》："太卜掌三兆之法。""卜师掌开龟之四兆。"后来，人们占卜不限于灼龟壳，著（shì）草、铜钱等都可用来占卜。兆也泛指求神问卦时的卦象，甚至于一些自然现象也被视为征兆、兆头。如 daf ~ 投兆，即打卦。如把一些木棍、铜钱等撒出去，看其分布、俯仰等情况，来占卜吉凶。

2. 擽（lì、lüè），上古音在来母、药部。声母 l 变异为 n；韵母只保留了 u。nus 是 liul——擽的又音。《集韵》："音略，击也。"苗语中，nus 即击。如 ~ dail dlad ib det 擽（击）狗一棍子。~ dail xed ib hxongt 擽（击）老虎一铳（枪）。

提示：o 部无声母，对应于汉语以无声母、上古音的影母。

O

ob 1. 二，上古音在日母、脂部，入声。同现代汉语中的一样，声母灭失，韵母受声母影响，发生偏转。二是数词。《诗经·邶风·二子乘舟》："二子乘舟，泛泛其景。"苗语中，"二"除了做数词外，还有如两、俩。

（1）数词。如 ~ laix naix 两个人。~ bat zab 二百五，同汉语一样，指傻气。~ xongx hvib 二重心。即二心、不忠。

（2）相同于俩。如 ~ jid ad 二姐妹，即姐妹俩。~ wid yus 两夫妻，即夫妻俩。~ wuk niangb 婆媳俩。

（3）特指我俩。就像 mangb 专指你俩一样。如 ~ dios jid dax 我俩是弟兄。

2. 乌，上古音在影母、鱼部。本无声母。韵母略有偏转。乌本指乌鸦。因乌鸦体黑，引申为黑色。《史记·匈奴列传》："北方尽乌骊鸟。"苗语中，ob 指天尚黑，未亮。如 Laib waix ~, nenx ghax fal yangx 天（尚）乌，他就发（起床）了。~ waix、~ dab 乌天、乌地，都指天蒙蒙亮。

3. 懊（ào），上古音在影母、觉部，入声。本无声母；韵母接近 ou。《广韵》释为"懊恼也"。《集韵》释为"恨也"。《乐府诗集·懊侬歌》："懊恼奈何许！"《宋书·顾觊之传》："绰懊叹弥日。"即终日悔恨、叹气。苗语中，组成叠韵词：~ sob 懊躁，即悔恨、生气。如 ~ sob diot nenx 懊恼他，生他的气。

4. 喔，语气词。如 ~, Nongf dios mongx! 喔，原（来）是你！

od 1. 呕，上古音在影母、侯部，本作 o。《说文解字》作欧（从欠的字一般与呼吸吐纳有关）"欧，吐也"。《广韵》释呕："与欧同，吐也。"《左传·哀公二年》："吾伏弢呕血，鼓音不衰。"弢是弓囊。如 od gad 呕谷，即吐饭。~ hxangd 呕盐（huāng），吐血。~ ~ hliad hliad 呕呕嗳嗳，即连呕带吐。嗳也是吐。

2. 拗（ǎo），上古音在影母、幽部。本无声母。韵母 ou 转为 o。《韵会》："拗 戾，固相违也。"指用力改变对方或事物固有的性状。《乐府诗集·折杨柳 枝歌》："上马不捉鞭，反拗杨柳枝。"唐代温庭筠《达摩支曲》："拗莲作 寸丝难绝。"这里的拗相当于折断。前蜀贯休《偶作》："口如暴死人，铁石 拗不开。"这里的拗相当于撬。王安石得外号"拗相公"，即其道与常人相 违。苗语中，od 大致也有类似的义项。

（1）指相向用力。如 ~ hxenb 拗肱，即掰手腕，实为比臂力。

（2）相当于撬。如 ~ jos 拗撬。一等同于撬；二相当于抬杠、较劲。~ enk 拗压。一等同于撬；二相当于揭老底。~ laib diux 拗宁（zhù），即撬门。~ ghat 拗价，指抬高价格。也喻自抬身份、摆架子。

（3）比喻相违、相背。如 ~ tiod 拗吵，即争吵。

3. 恶（è），上古音在影母、铎部。本无声母，韵母与 o 相近。《广韵》释恶为 "不善也"。多指丑陋、年成不利、器具粗劣等，也指疾病。《左传·成公六 年》："……土薄水浅，其恶易觏。"杜预注："恶，疾疢（chēn）也。"苗 语中，od 指疾病。如 od nul 恶瘰（luǒ），即瘰病，指发炎。瘰本指淋巴结 发炎，泛指发炎。Ghab hsangb ~ nul dax yangx 创（口）恶瘰到焉。即伤口 发炎了。

4. 雾，上古音在明母、侯部。声母本为 m。同现代汉语中的一样，声母 m 灭 失。韵母只保留了韵尾 o。《说文解字》："雾，地气发，天不应曰雾。"《尔 雅·释天》："天气下，地不应曰雾。"古人认为雾是天之气或地之气，且是 在天地不和谐时产生的，导致天地昏暗。《庄子·秋水》："子不见夫唾者 乎？喷则大者如珠，小者如雾。"如 od niel 雾浊，指天气昏暗、阴沉。Ghab waix ~ niel dax yangx 天雾浊了。

of 哦，语气词。如 ~，jus deix ait nend！哦，真是如此！

ok 1. 鹜（wù），上古音在明母、侯部，与雾同音。声母本是 m。同现代汉语中的 一样，声母 m 灭失，韵母只保留了 o。《说文解字》："鹜，舒凫也。"即家 鸭。《左传·襄公二十八年》："公膳日双鸡，饔（yōng）人窃更之以鹜。" 孔颖达疏："凫，野名也；鹜，家名也。"凫是野鸭。因家鸭——鹜飞行迟 缓，故称舒凫。屈原《怀沙》："凤皇在笯（nú）兮，鸡鹜翔舞。""凤皇" 即凤凰，"笯"即笼，鸡鹜即鸡鸭。唐代王勃《滕王阁序》："落霞与孤鹜 齐飞，秋水共长天一色。"其中的鹜当指野鸭，应作凫，可能是出于平仄的 需要，选择了鹜。苗语中，ok 即鹜，同时有拟声词 gas——鸭。如 ~ mik ni- ux，gheib jud lot 鹜扁嘴，鸡锥咪。即鸭扁嘴，鸡尖嘴。

2. 楛（hù、hú），上古音在匣母、鱼部。声母 h 灭失，正如汉语中的曷（hé）又读成è、黄读成"王"（方言）一样。韵母略有偏转。《说文解字》："楛，楛木也。"其茎细长，可做箭杆。《国语·鲁语》："武王时，肃慎氏贡楛矢石砮（nǔ），长尺有咫。"楛矢，即用楛树做的箭，石砮指用石头做的箭头。肃慎在东北地区。楛也产于荆楚地区。《尚书·禹贡》"荆及衡阳惟荆州"一节即提到当地的贡品中有楛。楛作为贡品，其价值无非是可以做箭。苗语中，ok 即指箭。如 diux hnaid jangb diangb ~ 弹跟楛，即弓和箭。

顺便说一句，《说文解字》："箭，矢竹也。"本是一种竹子，因其可以制矢，后来人们用箭代替矢字。矢是连同箭头、箭杆、箭尾的整体象形。也只有矢才是本字、正字，箭、楛都是借代字。

ol 呃，语气词。如 ~，Nongf ait nend hot 呃，原来如此呵！

ot 1. 谒（yè），上古音在影母、月部。本无声母；韵母有偏转。《说文解字》："谒，白也。"指说明白。《尔雅·释诂》"祈、请、谒、讯、诰、告也。"《增韵》释为"访也，请见也。"又《说文解字》："请，谒也。"《礼记·月令》："太史谒之天子曰：某日立春。"《左传·昭公十六年》："宣子有环，其一在郑商。宣子谒诸郑伯，子产弗与。"这里的谒有请求之义。谒还指求见的拜帖、名片及官职名。苗语中，ot 主要指提出请求，请对方解答。

（1）指对歌中的设问、出歌题，请对方回答。如 ~ hxak 韶谒，即歌题、设问。Mangb ~ niangb nangx nend，ob put baib mangx hnangd 你俩这么问，我俩剖（析）你俩听。

（2）有试探、探风之义。如 Nenx dad dol hveb tied dangl lol ~ mongx jox hvib 他拿调端话来谒你的心。即他拿反话来试你的心。调端话即调头话、反话。

2. 由，上古音在余母、幽部，入声。声母 y 易灭失；韵母 ou 转为 o。不过此字本作粤，经典多假借由字为之。《说文解字》："由，木生条也。"指仆倒或枯死的树上长出新枝。《尚书·盘庚上》："若颠木之有由蘖，天其永我命于兹新邑。"由、蘖基本同义，都是树木上后长出的新枝。苗语中，ot 一般有此二义：一是菜薹（tái），即从菜心中长出的嫩茎；二是指幼小的、后出生的。

（1）指菜薹。如 Dol vob yux nongd qend bil longl ~ yangx 这些油菜起手（开始）萌由了。萌由即抽薹。~ vob 即菜薹。

（2）指幼小。如 ninx ot 由（水）牛，即小水牛。bat ot 小猪。在这点上，ot 等同于幼。幼在影母、幽部，读音也可转为 ot。

3. 沤，上古音在影母、侯部，本作 o。《说文解字》："沤，久渍也。"即长时间浸泡。《诗经·陈风·东门之池》：“东门之池，可以沤麻。”《左传·哀公八年》：“拘鄅人之沤菅者。”菅是茅草。如 ot nos 沤麻。~ xux 沤雪，即泡冬。指在入冬前将田中的杂草翻耕到泥土中以沤肥、过冬。

4. 怄（òu），上古音在影母、侯部，与沤同音，也可视为从忄、从沤的省略形。沤既表音，也有表义作用，有酝酿、郁积之义。如 ~ qit 怄气。

5. 燠（yù），上古音在影母、觉部。本无声母；韵母接近于 ou，转为 o。《说文解字》：“燠，热在中也。”《广韵》释为“甚热也。”《汉书·王褒传》：“不苦盛夏之郁燠。”苗语中，ot 指热、闷热（合于“热在中”）。如 ~ waix 燠宇，即天热。Hnaib nongd laib waix ~ wat，ghed nongt dax nongs dail 今日天燠得很，估计要下雨。燠指闷热。

郁，本作郁，上古音在影母、物部。本无声母；韵母也可转为 o。郁指容器中的气体、气味郁积不散。抑郁本作壹郁，壹也是壶。《吕氏春秋·尽数》：“形不动则精不流，精不流则气郁。”天气闷热似乎也可用郁来表示。

6. 翳（yì），上古音在影母、脂部。本无声母。韵母有所偏转。不过，医、瑿都在之部。设若翳也在之部，韵母就非常接近 o。《说文解字》：“翳，华盖也。”即车盖，大概由羽毛编成，故从羽。多见于遮蔽之义。《国语·楚语下》：“今吾闻夫差好罢（pí）民力以成私，好纵过而翳谏。”翳谏即屏蔽谏言。今天仍把眼球上遮蔽视线的斑点叫翳子。苗语中，ot 即遮蔽。如 ~ liuf 翳没。没也有遮蔽、隐没之义。Laib lix nongd ~ liuf wat，nax ax vut 这块田翳没得很，稻不好。翳没指遮挡了阳光。

ong

ongd 1. 壅，上古音在影母、东部，入声。本无声母。《广韵》：“壅去声。塞也。”《史记·秦本纪》：“河决不可复壅。”《左传·宣公十二年》：“川壅为泽。”即河道被堵，形成堰塞湖。今说交通拥堵，应为壅堵。给植物四周培土也称壅。还引申为蒙蔽等。苗语中，ongd 指水塘：在山谷中筑坝拦水，即成塘。如 Ghangb vangl maix laib ~ 寨脚有个壅（塘）。~ Gas 鸭塘，贵州省凯里市地名。~ ghet tit 公治壅，即祖宗治下的塘。

顺便说一句，塘的本义是堤，而不是池塘。《庄子·达生》：“被发行歌，而游于塘下。”有堤才能止水，后来借塘为蓄水池。壅、塘一理。

2. 痈，繁体作癕、癰，上古音在影母、东部，入声。本无声母。《说文解字》：“痈，肿也。”《灵枢经·痈疽》：“肿本义为痈，引申之凡为坟起之名。"皮肤发炎肿胀即为痈。组成叠韵词：~ hsongd 痈爽，仍指发炎。爽有伤、败坏之义（《老子·第十二章》："五音令人耳聋，五味令人口爽。"）

ongl 嗡，象声词。如 ongl ngas 嗡呀，像婴儿哭声。Dail niak genx ongl ngas 小儿咺嗡呀，即嗡呀嗡呀地哭。

ongt 瓮，繁体作甕（wèng），上古音在影母、东部，本无声母。《说文解字》："瓮，罂（yīng）也。"盛液体的容器，多为陶制。《礼记·檀弓上》："醯醢百瓮。"醯醢是醋酱一类。《淮南子·原道》："蓬户瓮牖。"瓮牖即用瓮口做窗户。苗语中，ongt 指缸、坛子一类。如 ~ jud 酒瓮。~ eb 水缸。~ eb zas hxub 酸汤水瓮，比喻糊涂人。~ ghangf 酱瓮，即腌菜坛子。

顺便说一句，以上几个作 ong 的字：壅、痈（痈）、瓮（甕）都以雍（或雝，雍的异体字）表音。故它们同音。

435

P

提示：苗语中，声母为 p 的字对应于汉语的 p、b、f，来自滂母、并母。

pa

pab 1. 披，上古音在滂母、歌部，近乎 pa。《广韵》释披："开也。"开是其本义，指披盖的，应为被。《史记·五帝本纪》："披九山，通九泽。"《汉书·项籍传》："羽大呼驰下，汉军皆披靡。"披是向两边分开，靡是倒状。扬雄《方言》："东齐声破曰厮，器破曰披。"披即裂开。今天，披露、披肝沥胆等词中，披皆为开。苗语中，pab 即为分开、劈开。叠韵词 ~ niab 披离，即扒拉开。如 ~ bil lios zat 披阪撩砠（jū），即披山倒岩，犹如开山劈岭。~ dul 披楚，即劈柴。

2. 跗（fū），上古音在帮母、侯部。又在并母。韵母有所偏转。《玉篇》释跗："足上也"，即脚背。实指脚板，与趾相对。《庄子·秋水》："蹶泥则没足灭跗。"即把脚淹没。引申指物体的足部、底部。《左传·宣公四年》："及鼓跗，著于丁宁。"鼓跗即鼓架的脚。《管子·地员》："朱跗黄实。"尹知章注："跗，花足也。"即花托、花萼。宋代《李师师外传》："帝遣迪赐师师蛇跗琴。"蛇跗即蛇腹部的皮。苗语中，pab 即指脚板及物体的底部。如 ~ lob 止跗，即脚板。~ hab 鞋跗，鞋底。~ tot 套跗，即袜底。

3. 柎（fù），上古音在并母、侯部，入声，也读平声。韵母有所偏转。《玉篇》释柎："花萼足也。"又指木板。《左传·昭公二十五年》："唯是楄（pián）柎所以藉干者。"楄柎是棺中垫尸的木板。《晋书·卫恒传》："每书辄削而焚其柎。"柎指书写的木板。苗语中，pab 指板状物。如 ~ bil 手柎，即巴掌。也做量词，用于板状物。ib ~ dul 一柎楚，即一片柴。
顺便说一句，拊指用巴掌拍。跗、柎、拊均与巴掌、脚板有关。

4. 钯（pā），上古音在滂母、鱼部，读音本近乎 pa。《广韵》："钯，镝也。"即箭头。《方言》九："凡箭镞……其广长而薄镰谓之錍（pī）或谓之钯。"指宽而薄的箭头。郭璞注："音葩。"苗语中，pab 指代箭。如 bangd ~ 放

436

钯，即射箭。

5. 撇，上古音在滂母、月部。《说文解字》："撇，饰也，从手敝声。一曰击也。"饰指拂拭。《韵会》也释为击。汉代王褒《四子讲德论》："故膺腾撇波而济水，不如乘舟之逸也。"撇波即击水。《世说新语·巧艺》："时有一书生，又能以其葛巾角撇棋也。"即以巾角推动棋子。用于丢开等，是后起义。苗语中，pab 指相击、相斗。如 ~ hxak 撇韶，即对歌。

pat 副（pì），上古音在滂母、职部。韵母略有偏转。pat 是 buk——副的又音。《说文解字》："副，判也。"从刀表音，指劈开（劈是后起字）。《礼记·曲礼》："为天子削瓜者，副之。"即剖开。《吕氏春秋·行论》："副之以吴刀。"即用吴刀剖开。苗语中，pat 指劈开、中分。如 ~ diongx 副筒。劈竹筒，离婚男女各持一半。为证。~ ghad 副乙，指开膛剖肚。乙是肠子。~ fab eb 剖西瓜。~ ghab nius fab diel 副南瓜肉，即嗑南瓜子。因为嗑瓜子须将壳从中间分开。~ gangb 副襟，指衣服对襟，犹如从中间分开。

pai

paib 1. 片（piān），上古音在滂母、元部。韵母为 ian，an 转换为 ai，韵首 i 灭失。《说文解字》："片，判木也。"即把木片沿纵向剖开。事实上，从小篆可以看出，将木字纵向从中劈开，就可以得到两个字：左边为爿，右边为片。引申为扁而薄的东西。白居易《太湖石》："削成青玉片，截断碧云根。"又做量词，用于扁而薄的东西。唐代刘禹锡《西塞山怀古》："千寻铁锁沉江底，一片降幡出石头。"也用于指一定的面积，如"听取蛙声一片"、一片汪洋。如 ~ fangb nongd 这片地方；tend ib ~ dud 褪了一片皮。

2. 纰（pī），上古音在滂母、脂部。韵母作 iei，韵首 i 灭失，ei 与 ai 相近。《广韵》释为"缯欲坏也"。《六书故》："纰，经纬不相持之谓纰。"指布帛丝缕披散。"纰漏"一词即出于此。但《正韵》又释为缘，即衣服的镶边，这也是集互反二义为一身的字：因衣服、布帛边缘破败，易抽丝，给其镶边、绲边。《诗经·鄘风·干旄》："孑孑干旄，在浚之郊。素丝纰之，良马四之。"指用素丝给旄（旌旗）镶边。《礼记·玉藻》："缟冠素纰。"指白色镶边的帽子。苗语中，paib 指缝补、弥补衣物破败处。如 ~ khet 纰裤，即补裤子。~ diob ~ dik 纰褶（dié，夹衣）纰叠，即补丁起夹层、补丁相叠。犹如补丁摞补丁。

3. 排，上古音在并母、微部。《说文解字》："排，挤也。"《释诂》："挤，推

437

也。"犹如推。《汉书·朱买臣传》："坐中惊骇，白守丞，相推排陈列中庭拜谒。"《史记·樊郦滕灌列传》："哙乃排闼直入。"排闼即推门。苗语中，paib 指猪用嘴向前拱。如 Dail bat dad laib jangf ~ ghab dab 猪拿喷（gòng，猪鼻）拱地。

4. 潘，上古音在滂母、元部。韵母 an 转换为 ai。潘是姓氏。如 ~ Lox Mod 潘老茂；~ Wul 潘武。

paid 派，上古音在滂母、锡部。韵母为 e，与 ai 相近。派本是水的支流，引申为分派、派遣。派遣是后起义。苗语中，paid 正指派遣，可能是照搬现代汉语。如 Hnaib nongd ~ nenx mongl ved gid 今天派他去守路（放哨）。

paif 1. 排。照搬现代汉语。如 ~ duid 排队；~ quf 排球；~ zangx 排长。

2. 盘，上古音在并母、元部。韵母 an 转换为 ai。《正字通》："盛物器，或木或锡铜为之。"《左传·僖公二十三年》："乃馈盘飧，置璧焉。"在送饭时，盘中放了一块璧。~ zix 盘子。

3. 般（pán），上古音在并母、元部。韵母 an 转换为 ai。《说文解字》释般为"象舟之旋"，认为有旋转之义，如般旋、般桓。《广韵》释为"般运"。《集韵》释为移。我们大致可以理解为船在两岸间来回运载，是其本义。唐代陆贽《请减京东水运收脚价》："并雇船车，般至太仓，谷价约四十有余。"盘费本应作般费。由运载引申为负担、供养。如 ~ jib daib duf dud 般孩子读书。

pait 1. 配，上古音在滂母、微部。韵母略有偏转。《说文解字》："配，酒色也。"即酒的成色，酒与水的比例。做动词，即按一定的比例配制。《说文解字注》认为：配的右部是妃的省略形，在此表音，也有表义作用。妃有匹配之义。此说可信，妃的上古音也在滂母、微部。因此，配既有配制之义，又有匹配之义。《玉篇》："配，匹也、媲也、对也、当也、合也。"《易经·系辞上》："夫易广矣大矣……广大配天地，变通配四时，阴阳之义配日月。"

（1）配制。如 ~ jab 配药。

（2）匹配。如 Nenx ax ~ ait dail ghet xangs 他不配为师。

2. 妃，上古音在滂母、微部，入声。《说文解字》："妃，匹也。"指婚配、配偶。《左传·文公十四年》："子叔姬妃齐昭公，生舍。"《左传·昭公三十二年》："天有三辰，地有五行，体有左右，各有妃耦。"妃耦，即配偶。《诗经·卫风·有狐》毛诗序："卫之男女失时，丧其妃耦焉。"因此，妃也指匹配。

3. 媲（pì），上古音在滂母、脂部，读音接近 pai。《说文解字》："媲，妃也。"韩愈《醉赠张秘书》："险语破鬼胆，高词媲皇坟。"今有"媲美"一词。也指匹配、比得上。

pang

pangb 1. 幡，上古音在滂母、元部。声母本为 p；韵母 an 转换为 ang。《说文解字》："幡，书儿拭觚布也。"徐锴曰："觚，八棱木。于其上学书已，以布拭之。"小孩练习写字，写完用幡擦去，以便再练。也指旗帜，以横杆悬垂。司马相如《大人赋》："垂绛幡之素蜺兮，载云气而上浮。"苗语中，pangb 做量词，用于布帛等。如 ib pangb bongk 一幡被，即一床被子。ib ～ jangs dab 一幡地荐，即一幅垫单。ib ～ bal 一幡网。ib ～ dinl 一幡簟（席子）。ib ～ ud 一幡衣，即一件衣。～ bit ～ jangs 幡被幡荐，即被子褥子。

2. 秠（pī），上古音在滂母、之部。韵母 ang 化了。《尔雅·释草》："秠，一稃二米。"郭璞注："此亦黑黍，但中米异耳。汉和帝时，任城生黑黍，或三四实，实二米。"《诗经·大雅·生民》："诞降嘉种，维秬（jù）维秠。"秬也是黑黍，与秠稍有差别。《苗汉字典》释 pangb 为稗。稗是并母、支部、去声，声调似不能转为 b。可能是稗与黑黍相似之故。另外，稗已有 bat。

3. 乓，象声词。组成叠韵词组：～ qangb pet qet 乓锵啪切，指窃窃私语，犹如嘀嘀咕咕。下文 pib qib pob qob 也是如此。

pangt 1. 畔，上古音在并母、元部。韵母 an 转换为 ang。《说文解字》："畔，田界也。"《国语·周语上》："恪恭于农，修其疆畔。"疆畔即疆界。疆也是田界。泛指边界、边。汉代刘向《九叹》："丛林之下无怨士兮，江河之畔无隐夫。"《苗汉词典》只释 pangt 为"路旁"，未举例。

2. 泮（pàn），上古音在滂母、元部。韵母 an 转换为 ang。《说文解字》释为"诸侯乡射之宫"，即泮宫，一边临水，一边是墙。但《诗经·卫风·氓》："淇则有岸，隰则有泮。"《传》释泮为坡。有学者认为，这是与畔相通。苗语中，pangt 指坡。大约不同于一般的山坡，而是堤坡、岸坡。如 But ～ liangs nangx mil 坡边诞（长）野草。

3. 《苗汉词典》指为"大碗"，未举例，不详。

pangx 碰，又作硑（pèng），是稍晚才有的字，在滂母、蒸部。韵母 eng 转为 ang。

碰是拟声词，类似石头相撞之声，也指碰撞。晋代成公绥《啸赋》："碰砍震隐。"即指大声。清代孔尚任《桃花扇》："香君惧怕，碰死在地。"如 ax gid ~ gos laib wil 不要碰及锅子。~ nenx gos dab 碰他倒地。

pe

ped 配，上古音在滂母、微部。韵母有所偏转。ped 是 pait——配的又音。仍指配制。如 Nius wat ghax ~ nenk eb diot 凝了就配点水进去。凝指浓稠。~ jenl 配槚，即沏茶。

pet 1. 白，上古音在并母、铎部，入声。pet 是 bait——白的又音。并母对应于今天的 p、b 两个声母。白可能是雪花的象形，指雪。苗语中，指白色的词有 dlub——素。如 dax ~ 到白，即落雪花。

2. 铺，上古音在滂母、鱼部。韵母略偏转。铺本指门环的金属底座，又做动词，指铺陈。《广韵》释为"布也"。《礼记·乐记》："铺筵席，陈尊俎。"筵是铺地竹席，席又铺于筵上。pet zaid 铺宅，指铺屋顶、屋面，犹如盖房子。如 Dad jex vix vib linl lol mes, dad juf vix vib linl lol pet 拿九层石块来盖，拿十层石块来铺。

敷，上古音在滂母、鱼部，入声。声本为 p。读音也可转为 pet，也指铺陈。《穆天子传》六："敷筵席，设几。"《文心雕龙·镕裁》："引而申之，则两句敷为一章。"可供参考。

3. 覆，上古音在滂母、觉部。声母本为 p。韵母相当于 iou。现代汉语中，只保留了韵尾 u。苗语中，i 灭失，ou 转换为 e。《说文解字》："反，覆也。""覆，覂（fěng）也。"段玉裁注："反覆者，倒其上下。"《荀子·王制》："水则载舟，水则覆舟。"如 ~ mes 覆冒，即反盖。冒即盖。Laib dlox ~ mes ghab mes yangx 甄（chuí，吊锅）覆冒其帽焉。即吊锅的盖子盖反了。mes 即帽，指盖子。

pei

peib 偏，上古音在滂母、真部。韵尾 n 灭失。《说文解字》："偏，颇也。"颇的本义是偏头。引申为副词，指与正常情况不同。唐代皇甫冉《曾东游以诗寄之》："正是扬帆时，偏逢江上客。"又指故意不按常理、正常的愿望等去做。苏轼《水调歌头》："不应有恨，何事长向别时圆！"苗语中，peib 组成叠韵词：~ hseib 偏偲，犹如偏偏、故意。《说文解字》："偲，强力也。"强力犹如犟。如 Hot nenx ait, nenx ~ hseib ax ait 喊他做，他偏偲（偏偏）不做。

peid 柿（fèi），上古音在滂母、月部。韵母本为 p。从市（fù）表音的字有肺（fèi）、沛（pèi）两音，但古音都一样。《说文解字》："柿，削木朴也。"即从木头上削下来的薄片，往往是木头加工的边角料。朴是树皮。《晋书·王濬传》："王濬造船于蜀，其木柿蔽江而下。"木柿多，说明用木也多。组成叠韵词：peid hleid 碎柿，即碎木片。如 Mongx mongl vux dol peid hleid lol diod 你去拾些碎柿来烧。

pen

penb 坋（fèn），上古音在并母、文部，入声。《说文解字》："坋，尘也。"从米为粉，从土为尘。不过，典籍中，坋多做动词，指尘土扬起、施敷粉末等。《后汉书·东夷传》："并以丹朱坋身，如中国之用粉也。"《汉书·五行志》："弃灰于道者黥。"为什么要对倒灰的人施以酷刑呢？孟康注："商鞅以弃灰于道必坋人，坋人必斗。"坋人即灰尘扬于人身。苗语中，penb 即灰尘、粉末。如 Jox dax nongd jit ~ not wat 这张桌子积坌（灰）多哇。~ vib 石坋，特指磷矿粉，是肥料。坋也写作坌（bèn）。

pend 1. 喷（pèn），上古音在滂母、文部。如 ~ wud qid 喷雾器，当是照搬现代汉语。

2. 歕（pèn），上古音在滂母、文部。《说文解字》："歕，吹气也。"《广韵》《集韵》中的解释，一是与喷相同，"一曰盛气疾歕也"。二是与《说文解字》中的解释相同，指喘粗气。班固《东都赋》："吐焰生风，欲（hè）野歕山。"欲是吸，与歕相反。组成叠韵词：~ hlend 歕喘，剧烈喘气，比喻紧张、急忙地做事。如 Mongx ~ hlend dol gheix xid? 你歕喘些什么？即你忙些什么？叠韵词组：~ hlend gangt hniangt 歕喘悁（juān）憧（chōng），犹如说急急忙忙、粗粗拉拉。悁，《广韵》释为"躁急"；憧，《说文解字》释为"意不定也"。如 ~ hlend pend hniangt 歕喘歕憧，与上相同。

penk 平，上古音在并母、耕部。韵母 ieng 中的韵首 i 灭失，eng 转换为 en。《说文解字》："平，语平舒也。从于、八。""于，象气之舒平。"平是由"于"字加两点构成。二字都有呼吸舒缓之义。引申出平和、平易、平服、平息、平均等义。如 ~ hvib 平心，即平静、不生气了。~ bongt 平风，即平气，指充气的器具里气不足了。jil bil angt, ~ yangx 手臃（肿），平焉。即手消肿了。

pi

pib 1. 焙，古音当在并母、之部。《说文解字》无焙字，但有煏（bī），释为"用火干肉也。"即烤、烘焙。唐代顾况《过山农家》："莫嗔焙茶烟暗，且喜晒谷天晴。"如 ~ jab 焙药，即把药罐放在火堆里，用小火长时间加热，也称作煨。~ bil 焙手，即烤手取暖。~ ngix 焙肉，即煏。

2. 墌（pì），上古音在滂母、职部，入声。《说文解字》："墌，凷也。"凷即块。《尔雅·释言》："块，墌也。"即土块、土坷垃。苗语中，组成双声词 pib pongb 墌坌。pongb 是 penb 的又音，下文 pongb 字条将会述及。墌、坌是土块和尘土，无非是土，指土的颜色。正如汉语中的灰用来指类似灰的颜色一样，墌坌指土黄色。如 Jox dob nongd pib pongb wat, ax vut hxid 这匹布土黄色，不好看。

3. 劈，上古音在滂母、锡部。《说文解字》："劈，破也。"《广韵》："分也。"在分、破这个意义上与擘相同。《史记·刺客列传》："既至王前，专诸擘鱼，因此匕首刺王僚。"匕首预先置于鱼腹中，扒开鱼腹才能拿出匕首。这个意义上又写作擗（pǐ）。如 ~ hvangb 劈赠，即把富余的钱财给别人，犹如分给人家一些。~ nenx nenk bix seix 擗他点钱币。即借点钱给他。
另外，也有假借枇为劈的。杜甫《房兵曹胡马》："竹枇双耳峻，风入四蹄轻。"马耳如斜劈之竹，故称竹枇双耳。

4. 耚（pī），从皮表音，皮的上古音在并母、歌部，有韵首 i。《博雅》："耚，耕也。"即犁地。耚恐怕同披一样，有分开之义，指土向犁的两边分开。苗语中，pib 指猪拱地，犹如犁地一样。组成叠韵词 ~ hleib 耚扡（chǐ），指猪"犁地"。扡有顺势分开之义。

5. 撇，上古音在滂母、月部，入声。pib 是 pab——撇的又音，用法相同。~ hxak 即 pab hxak，撇韶，对歌。

6. 噼，象声词。组成叠韵词组：~ qib pob qob 噼嘁颇悄，象声词。与 pangb qangb pet qet 同义，犹如嘀嘀咕咕、窃窃私语。

7. 批。照搬现代汉语。如 ~ pinf 批评；~ zunx 批准。

pid 1. 批，上古音在滂母、脂部。《说文解字》："批，手击也。"《左传·庄公十二年》："遇仇牧于门，批而杀之。"作为分批之批，当作仳（pǐ），指离别。

《诗经·王风·中谷有蓷》："有女仳离。"仳离即离别。分开来，其中的一部分也叫仳。如 Mail ib ~，dliat ib ~ 卖一仳（批），蓄（留）一仳（批）。Maix ib ~ naix dail ait gheb, ax bil diangd lol 有一批人还在干活，没转来。~ xangf 仳时，即部分时候、有时候。

2. 焚，上古音在并母、文部，入声。韵母相当于 iuen，只保留了韵首 i。焚也读去声。《说文解字》："焚，烧田也。从火、林。"本指以火烧林，是一种狩猎方法。田指田猎。泛指烧。《左传·僖公十五年》："火焚其旗。"后有焚书坑儒。如 ~ dud 焚书，指烧纸，祭奠先人。~ qub 焚幬。是一种葬俗，烧掉死者的衣巾。~ taib 焚推，即烧油锅、捞油锅（在滚油锅中把东西捞起来），以输赢决争讼。

燔（fán），上古音在并母、元部，入声。韵母相当于 iuan。当 u 灭失，an 转为 ai 时，易与 i 合并。《说文解字》："燔，爇（ruò）也。"也指焚烧。《礼记·祭法》："燔柴于泰坛，祭天也。"《汉书·儒林传》："燔诗书。"即焚诗书。燔可能还有烤的意思，因为燔指烤肉，二者还相通。如 pid jud 燔酒，即烤酒。

3. 匹（pǐ），上古音在滂母、质部。《说文解字》释匹为"四丈"，用于布的度量。这不是其原义，从匹字的原形看：一块石头裂作两块，稍稍分开，裂缝两侧的边缘线自然是相吻合的。匹配、双、偶之义皆从此引申出来。《左传·僖公二十三年》："秦晋匹也，何以卑我？"匹即匹敌、相当。屈原《九章、怀思》："怀质抱情，独无匹兮。"王逸注："匹，双也。"苗语中，pid 有相合之义。如 ~ mais 匹目，即与眼相合、顺眼。Hxid nenx ax ~ mais 视（看）他不匹目（顺眼）。

pif 1. 脾，上古音在并母、支部。但可能是照搬现代汉语。如 pid qid 脾气。Nenx laib ~ qid ax vut 他脾气不好。

2. 疲，上古音在并母、歌部。韵母只保留了韵首 i。《说文解字》："疲，劳也。"《韩非子·初见秦》："是故兵终身暴露于外，士民疲病于内。"疲即疲劳、疲惫。如 ~ tof 疲沓。沓的上古音在透母、缉部。韵母接近 o。疲沓指打不起精神的样子。Nenx ait gheb ~ tof bongt wat 他做事疲沓得很。

3. 撇，上古音在滂母、月部，是 pab、pib 的又音。但也可能是照搬现代汉语。如 ~ tof 撇脱。在西南地区汉语方言中，撇脱犹如放得下、丢得开。Nenx nongf ~ tof hot, ax maix ob laib hveb 他自撇脱，没有二话。

4. 皮。照搬现代汉语。如 ~ quf 皮球。

pik 婢（bì），上古音在并母、支部。《说文解字》："婢，女之卑者。"也就是说婢是形声兼会意字。此解释大致可取。不过，尊卑是相对的。《礼记·曲礼下》："公侯有夫人，有世妇，有妻，有妾……自世妇以下，自称曰'婢子'。"世妇在公侯面前称"婢子"，但其地位并不低。另外，即便是公侯的夫人在自觉有过错或有所请时，在公侯面前也自称"婢子"。《左传·僖公十五年》："姬曰：晋君朝以入，婢子夕以死。"后来多指伺候人的年轻女子。《墨子·七患》："马不食粟，婢妾不衣帛。"《世说新语·文学》："（郑玄）尝使一婢，不称旨，将挞之。"苗语中，pik 即指年轻女子，大概是相对长辈而言。如 Jex jangs jex bad mal，xongs ~ xongs bangx bel 九健（儿）九匹马，七婢（姑娘）七朵花。

pit 片，上古音在滂母、元部。韵母为 ian。an 一般转换为 ai，放在 i 后边易灭失。pit 是 paib——片的又音，用法也不同。paib 做量词，而 pit 多做名词。前面说过，将木竖向剖开，一分为二，得到互相对称的两个字爿、片。因此，《玉篇》释为："半、判。"片有半边之义。《论语·颜渊》："片言可以折狱者，其由也与？"即凭着（诉讼双方的）其中一方之词就可以断案，只有子路了吧！苗语中，pit 正兼有半、双边中的一边之义。

（1）相当于半。如 Ib laix ed ib ~ 一人要一片（半）。~ hxenb 片升，即半升。

（2）双边中的一边。如 ~ denx 前片（边）；~ ghangb 后边。~ jes 究片，即上边、上游、西边；~ nangl 瀼片，即下边、下游、东边。~ bil jangl 左手边；~ bil deix 右手边。~ hnaib dax 日出片，即东边；~ hnaib liuf 日没片，即西边。顺便说一句，汉语中常用的边（左边、右边、东边、西边等），《说文解字》释为"行垂崖也"，即行至无路处，引申为边界。

pix 1. 痞（pǐ），上古音在并母、之部。韵母只保留了韵首 i。《说文解字》："痞，痛也。"《玉篇》："痞，腹内结病。"即腹内结块。《南齐书·虞愿传》："食逐夷积多，胸腹痞胀，气将绝。"柳宗元《寄京兆孟容书》："痞结伏积，不食自饱。"又指脾脏的病。《素问·五常政大论》："其色黄，其养肉，其病否（pǐ，即痞）。"张隐庵《集注》："否者，脾病于中，而上下之气不交也。"苗语中，pix 也正好指腹内结块、脾病。

（1）腹内结块。如 Nenx laib ghab qub jangx ~ 他的肚子长痞。

（2）脾脏疾病。《苗汉词典》未举例。

2. 呸，上古音在滂母、之部。呸是象声词，象啐唾沫的声音。培、倍的右部是呸的异体字：上部一点是啐出的唾沫，其余部分表音，是否（pǐ）的变形。如 Nenx tut eb niux ~ ~ 他吐口水呸呸。也表示唾弃。~！Wil ax ait dol

hfud gid hat naix nongd 呸！我不做这些害人的事情。

piee

pieeb 篇，照搬现代汉语。如 ib ~ wenf zangb 一篇文章。

pin

pinb 1. 拼。照搬现代汉语。如 ~ yenb 拼音。ing 转换为 in。苗语中有自己的词指拼音：qangb hveb 串话，即串音。

2. 乒。照搬现代汉语。如 ~ pangb quf 乒乓球。

pinf 平。照搬现代汉语。如 ~ denx 平等；~ fangb 平方。ing 转换为 in。

po

pob 1. 泡（pāo），上古音在滂母、幽部。韵母 ou 转换为 o。泡一指水名，一指泡沫。《汉书·艺文志》："杂水陵山泡云气雨旱赋十六篇。"颜师古注："泡，水上浮沤也。"南朝谢灵运《聚沫泡合赞》："水性本无泡，激流遂聚沫。"引申为泡松、盛多。《方言》："泡，盛也。江淮之间曰泡。"大概是因为凡物体起泡、发泡后，显得多、大。苗语中，pob 有泡沫、发泡或泡松、虚浮等义。

（1）指泡沫、气泡、泡状物。如 ~ wol 泡沤，即泡泡，或者是颜师古所言"水上浮沤"。~ wol eb 水泡。~ hseib ghongd 塞颈泡，即瘿。

（2）指泡松。如 Nenx laib mangl mais maix nenk ~ 他的面目有点泡。犹如说浮肿。~ naix ~ mais 泡耳泡面，即头泡面肿。~ wox 泡渥，指浮肿。渥有厚的意思。

（3）指虚浮、虚夸。如 ~ hveb 泡话，指说大话、吹牛皮。~ lot 泡味，即夸口。~ jib 泡潗（jí），泡沫上涌，比喻说假话。

胕，上古音在并母、侯部，也可转为 pob，指浮肿。《素问·五常政大论》：胕肿。在泡松、虚浮等意义上，似乎也可用胕。

2. 脬（pāo），上古音在滂母、幽。韵母 ou 转换为 o。《说文解字》："脬，膀光也。"即膀胱，储尿的器官。《史记·扁鹊仓公列传》："风瘅（dān）客脬，难于大小溲。"溲即便，犹指小便。如 ~ wol 雨脬，即尿脬（雨是尿的宛转说法）。~ wol bat 猪尿脬。

3. 鳔，上古音在并母、宵部。韵母中韵首 i 灭失，au 转换为 o。《广韵》："鳔，鱼鳔，可作胶。"指鱼肚子中的泡，以其充气、排气，决定鱼的浮沉。也可以理解鳔为泡或脬（泡状）。如 ~ wol nail 鱼泡沤，即鱼鳔。也可理解单独的 pob 为鳔。

pod 1. 噗，象声词，像气流快速流动发出的声音。如 Nenx hek yenb ~ ~ 他欲烟噗噗，即他噗噗地吸烟。

2. 破。照搬现代汉语。如 ~ huaid 破坏。

pot 1. 炮，古音当在滂母、幽部。韵母 ou 转为 o。炮本指用火加工食物等。这里应该用砲、礮（pào），这俩都是后起字，指发射石头以杀伤敌人的武器。晋代潘岳《闲居赋》："砲石雷骇，激矢虹飞。"《新唐书·李密传》："以机发石，为攻城械，号将军礮。"宋代始有火炮。《宋史·兵志》："火箭火砲。"后来也指用炸药炸岩石等。如 Nenx gid ib jil ~ 他揭（杠）一支炮（火枪）。bangd ~ vib 放石炮，即炸岩石。~ dud 书炮，即纸炮。

2. 疱，上古音在滂母、幽部。韵母 ou 转为 o。《说文解字》中，疱作皰（pào），释为"面生气也"，指脸上长东西。《集韵》："疱，肿病。"指皮肤上所起的泡、疱疹。如 Jil lob dus ~ 脚上起疱。

3. 泡，上古音在滂母、幽部。韵母 ou 转为 o。pot 是 pob——泡的又音，用法差别不大。

（1）指水泡或泡状物。如 ~ eb 水泡。~ naix 耳泡，指戴在耳朵上的珠子。~ nix 银泡，是衣服上泡状银制装饰物。

（2）指泡松。如 ~ wos 泡渥，同 ~ wox，指浮肿状、泡松。~ mus 泡沫，指像泡沫一样稀松。~ dab 泡地，即土松软。

4. 勃，上古音在并母、物部，入声。这里本当作孛（bó）。按《说文解字》，孛指草木茂盛之貌。《说文解字注》引《谷梁传》："孛之为言，犹茀（fú）也。茀者多草。"草多得塞路叫茀，其读音在滂母、物部，与孛极近。《论语·乡党》："色孛如也。"即脸上的表情很丰富。今有勃然作色。孛已被勃取代。汉代马融《长笛赋》："气愤勃以布覆兮。"勃指盛貌。组成叠韵词：~ hsot 勃劭（shào），强盛之貌。勃为盛，劭为强。如 Dol det nongd ~ hsot bongt wat 这些树勃劭得很，即苗壮、长势旺盛。pot hsot 也用来指小孩长势好。

pong

pongb 坋（fèn），上古音在并母、文部，入声。并母接近 p。《说文解字》："坋，尘也。" pongb 是 penb——坋的又音。《说文解字注》:"今俗语如蓬,去声。按坋之言被也。"说的是坋做动词时(指粉末、尘土撒到他物上),读如蓬。苗语中,坋读 pongb 时,指尘土般的颜色、土灰色。如 gas ~ 坋鸭,即灰鸭。~ mangl ~ mais 坋脸坋面,犹如灰头土脸。组成叠韵词:~ hlongb 坋鏓(cōng),仍指灰不溜丢的颜色。马的毛色似青似白叫鏓。

pongd 朋,上古音在并母、蒸部。《说文解字》:"朋,古文凤,象形。凤飞,群鸟从以万数,故以为朋党字。"是说朋字原来是一个整体象形字,是凤的象形,也即凤的异体字。姑从其说,不过凤在并母、冬部,不在蒸部。群鸟跟在凤后面,故朋有朋党之义。屈原《离骚》:"世并举而好朋兮,夫何茕独而不予听。"《隋书·柳彧传》:"每以正月望夜,充街塞陌,聚戏朋游。"苗语中,朋做量词,用于人群。如 ~ mongl ~ dax 朋往朋到,即一拨走了,一拨又来了。Bib dios jus ~ naix 我们是一朋人。即我们属同一班辈。

pu

pub 1. 浮,上古音在并母、幽部。并母接近 p。韵母为 ou,其中 ou 可转换为 o。但这里转为 u,io 灭失。《说文解字》:"浮,泛也。"与沉相对。《诗经·小雅·菁菁者莪》:"泛泛杨舟,载沉载浮。"《国语·越语》:"范蠡遂轻舟,而浮于五湖。"如 ~ ~ dangx dangx 浮浮沉沉。Dail naix das ~ gangl diub eb dax 死人从水里浮上来。

2. 铺、敷,上古音在滂母、鱼部。是 pet——铺、敷的又音。这里指铺设、敷设。如 ~ gid 铺路。

pud 1. 爆,《汉字古音手册》注为帮母、药部。但从一些汉语方言来看,似乎应为并母。韵母 au 转为 u,正如同在药部的暴又读 pu 一样。《说文解字》:"爆,灼也。"徐铉注:"今俗音豹,火裂也。"南朝梁宗懔《荆楚岁时记》:"正月一日……鸡鸣而起,先于庭前爆竹,以辟山臊恶鬼。"爆竹即火烧竹,使其炸裂。这也是用火药做的爆竹的前身。苗语中,pud 即有炸开、夯开之义。如 ~ hmod gad wangx 爆王谷泡,即炸玉米花。王谷即玉米。~ bangx 爆蕃,即开花。~ dlot 爆屑,即(穿山甲一类的动物)鳞片张开。屑即鳞。~ khob 爆颗,指头发夯撒,蓬乱的样子。~ xed 爆虎,指老虎发威时毛竖起来的样子,比喻发怒、发威。

2. 伏,上古音在并母、职部,入声。声本接近 p。韵母相当于 iuo,保留了 u。

《说文解字》："伏，司也。" 即服侍。服侍也作伏司。典籍中多用于放低身姿、趴伏。《史记·项羽本纪》："项王乃驰，复斩汉一都尉，杀数十百人……乃谓其骑曰：'何如？'骑皆伏曰：'如大王言。'" 这里的伏也有折服之义。苗语中，组成叠韵词：pud qud 伏就，即伏而就之，伏而趋之，犹言讨好、服膺。如 Nenx gid gid seix sux ait, laix laix seix dax ~ qud nenx 他样样都会做，个个都来伏就他。

3. 拂，上古音在滂母、物部，入声。声本为 p。《说文解字》："拂，过击也。" 即一击而过，指快速掠过、带过。《仪礼·士昏礼》："主人拂几授校。" 拂几即拂拭桌几、掸尘。《楚辞·大招》："长袂拂面，善留客只。" 苗语中，组成叠韵词：~ hlud 拂促，快速带过、一带而过，喻敷衍了事。如 ~ hlud ~ dat 拂促拂大，仍指敷衍了事、马马虎虎。其中的"大"字是词尾配字，无实际意义，犹如土里土气的里。

puf 1. 菩。照搬现代汉语。如 ~ saf 菩萨。

2. 葡。照搬现代汉语。如 ~ Taof Yaf 葡萄牙。

put 1. 敷，上古音在滂母、鱼部，入声。声本为 p。《说文解字》："敷，施也。" 施犹如撒、布。《诗经·小雅·小旻》："旻天疾威，敷于下土。" 如 ~ ghad hxud 敷灰渣，即撒草木灰。Dat dat ghangt mux yel, ghangt hfat ~ nenx diangl 旦旦扛囷敊（yàn），扛籽敷它长。即每天早晨扛（籽，即糠）到猪圈里撒，撒糠它才长。这里的囷是猪圈；敊、敷实际上同旁，都从攵，都指撒。

2. 覆，上古音在滂母、觉部。声本为 p。韵母只保留了韵尾 u。这时的 put 是 pet——覆的又音，意思基本相同，指翻转、颠倒。如 ~ niangx 覆船，即翻船。~ xit gad 覆饭甑，即把饭甑倒过来，比喻翻跟头。

3. 曑（pù），上古音在并母、药部，与爆、曝相同。韵母只保留了韵尾 u。《说文解字》："曑，大呼自冤也。" 有些版本中，自冤作字勉。段玉裁依《广韵》改正。曑显然为暴字头。暴合并了两个字形相近的字，对应于两个不同的义项：一是将米拿出去晒。《说文解字》释晒为暴、释暴为晞。显然，暴就是晒，后又为此义造曝字。二指急、猛，这也是今天的常见义。曑显然以暴表音，暴也有表义成分：晒出真相，以便为自己辩解。《汉书·东方朔传》："上令倡监榜舍人，舍人不胜疼，呼曑。" 榜指棍击、鞭打一类的刑罚。曑从呼冤引申出辩解、解释。如 Nenx ~ diot bib hnangd 他曑着我们听，即解释给我们听。Wil ~ baib mangx hnangd 我曑给你们听。

Q

提示：苗语中的声母 q 对应于汉语中的 q、k、h、ch。古音一般在溪母、群母、清母等。

qa

qab 1. 歉，上古音在溪母、谈部。韵母相当于 iam，m 灭失。《说文解字》："歉，歉食不满也。"段玉裁注："（第二个）歉疑当作嗛（qiǎn），谓口衔食不满也。引申为凡未满之称。"《谷梁传》曰："一谷不升谓之歉。"歉本指（鸟兽等）吃东西嘴里没塞满，泛指不足，如收成不好叫歉收。唐代李商隐《行次西郊作一百韵》："健儿立霜雪，腹歉衣裳单。"唐代黄滔《壬癸岁书情》："江头寒夜宿，垄上歉年耕。"表示不足的，也假借欠为歉。白居易《寒食节》："忽因时节惊年岁，四十如今欠一年。"《旧唐书·宣宗纪》："今后凡隐盗欠负，请如官典犯赃例处分。"欠的上古音也在溪母、谈部，韵母相当于 iwam，入声。其本义为打呵欠。《说文解字》："欠，张口气悟也。"《仪礼·士相见礼》："君子欠伸。"欠伸即打呵欠、伸懒腰。如果说欠指倦怠、精力不济，引申为不足，似乎也无不可。如 ~ xat 欠债。~ bix seix 欠币钱，即欠钱。

2. 差，上古音在初母、歌部。声母由 ch 转为 q（苗语中无 ch）。《说文解字》释差："貣（tè）也，左不相值也。"貣是忒的假借字，即误差、不相值（不相当）。差的底部本为左，故称"左不相值"。《荀子·荣辱》："使有贵贱之等，长幼之差。"《史记·太史公自序》："失之毫厘，差以千里。"如 ~ ax not 差不多。~ nenk daib ghax das 差丁点就死。

3. 欺，上古音在溪母、之部。韵母有所偏转。《说文解字》："欺，诈也。"《论语·子罕》："吾谁欺，欺天乎?"引申为欺负、欺凌。杜甫《茅屋为秋风所破歌》："南村群童欺我老无力，忍能对面为盗贼。"如 ~ yaf 欺压。Ax gid ~ yaf naix 不要欺压人。

4. 挈，上古音在溪母、月部，入声。《说文解字》："挈，悬持也。"相当于拎、

449

提。《墨子·兼爱》："譬若挈太山越河济也。"引申为提携、率领。《公羊传·襄公二十七年》："公子鱄挈其妻子而去之。"苗语中，qab 有携带、转运之义。如 ~ nix ~ jenb 挈银挈金。这是一首古歌名，讲金银是如何生产、转运的。

5. 扱（chā、xī），上古音在溪母、缉部。声母本为 q；韵母略有偏转。qab 是 kad——扱的又音，扱本有拖移之义。《礼记·曲礼上》："其尘不及长者，以箕自向而扱之。"扱即拖移扫帚以收取尘土。如果说 qab 与 kad 有什么区别的话，kad 指用耙子在地上拖，以聚拢或扒散谷物，qab 可能还有插入（较松散的物质）而拖移之义。如 ~ gongb lix 扱田沟，指清除田沟的淤泥。~ niangx 扱舲，即划船，指用浆扒拉水。Dail gheib ~ dab 鸡扱地，即用爪子划拉土。~ gat 扱扴（jiá），即连抓带刨。扴即刮。

qad 妼（chǐ），上古音在昌母、歌部。声母 ch 转为 q。汉语中，韵母只保留了韵首 i，韵尾 a 灭失。苗语则相反。《说文解字》释妼为美。但《方言》六："南楚瀑洭之间……谓妇妣曰母妼，称妇考曰父妼。"南楚正是苗族地区。可知妼有姻亲之义。母妼即妼母，于本人来说是岳母，于自己的父母来说，是亲家母；父妼，即妼父，于本人来说是岳父，于自己的父母来说，是亲家公。苗语中，qad 指姻亲，也指婚姻双方平辈间的称谓，如妹夫、姐夫。如 Nenx ob laix tid ~ 他们二位治妼，即结亲。婚姻双方的长辈之间则称 ~ diangs：长妼，即双方亲家公、亲家母之间的互称。

qat， 瘯，上古音在清母、屋部。韵母略有偏转。《玉篇》："瘯蠡，皮肤病。"《左传·桓公六年》："谓其畜之硕大蕃滋也，谓其不疾瘯蠡也。"杜预注不疾瘯蠡："皮毛无疥癣。"可见瘯指疥癣一类。蠡指虫咬。苗语中，qat 指身上发痒的疾病。如 ~ bil 臂瘯，即手、臂起疥癣。~ lob 脚癣。qut ~ khob 造颗瘯，即头上长疥癣。

qang

qangb 1. 牵，上古音在溪母、真部。韵母 en 本不当转为 ang，但现代汉语既读 an，即可转为 ang。《说文解字》："牵，引而前也。"本指牵牛。《周礼·地官·牛人》："共其兵车之牛与其牵傍。"在前面拉叫牵，在旁边赶叫傍。引申为牵线、牵头等。《西厢记·草桥店梦莺莺》："这小贱人做了牵头。"如 ~ hsangb laix diot bul，~ ib laix diot wil 牵千位给他人，牵一个给我吧。牵即介绍对象。

2. 芟（chāi），读如钗，钗的上古音在初母、歌部。韵母"ang 化"了。芟是草芽。泛指芽。如 ~ def 豆芟，即豆芽。

3. 穿，上古音在昌母、元部。韵母中的 u 灭失，an 转换为 ang。《说文解字》："穿，通也。从牙，在穴中。"像老鼠打洞的情景。《吕氏春秋·察传》："吾穿井得一人。"《史记·孔子世家》："季桓子穿井得土缶。"可见穿多指打洞。引申为贯穿、贯通。北周庾信《对烛赋》："灯前绵衣疑不亮，月下穿针觉最难。"《汉书·司马迁传》："贯穿经传，驰骋古今。"苗语中，qangb 也有相应的用法。

（1）穿透。如 ~ nais liod 穿（黄）牛鼻子，指给牛穿上牛鼻桊，以便拴绳子。~ naix 穿耳，指穿耳眼。~ jub 穿锥，指穿针。

（2）打眼。如 Dad diangb jub hab mongl ~ 拿把鞋锥去穿。组成叠韵词：~ khangb 穿颃，即给葫芦扎眼（让里面的水流出来）。颃像葫芦的细脖状，代指葫芦。穿颃比喻讥讽、讥刺别人。~ hmib 穿幂，即把覆盖物扎穿，也比喻讥讽。

（3）指贯穿，即用绳索从若干物体中穿过，将其连在一起，相当于串。如 ib ~ ngix 一穿肉，即一串肉。ib ~ bix seix 一穿币钱，即一串钱。顺便说一句，串本读如毌（guàn），意思也相同。毌即贯，与串的区别无非是一横一竖：横贯即毌，竖贯即串。串读 chuàn 是很晚的事。

4. 惝（chǎng），上古音在昌母、阳部，入声。声母 ch 变异为 q。《玉篇》："惝悦（huǎng），失意不悦貌。"《庄子·则阳》："客出，而君惝然而有亡也。"即若有所失的样子。组成叠韵词 ~ hfangb 惝慌，也作惝怳、惝恍，失魂落魄的样子。

5. 厱（qiān），从金（仝，qiān）表音。金的上古音在清母、谈部。韵母 am 可转为 ang。厱从厂表义。厂象后面有壁、上面悬空、前面开敞的山崖，或类似的简易构筑物。《说文解字》释厱："崖岸危也。"《唐韵》："山崖空穴间貌。"古人以此山崖为遮蔽物、栖身之地，也就是早期的"住宅"。苗语中，除了 zaid，还用 qangb 指房屋。如 Dlenl ~ mongl hek jenl, dlenl zaid mongl hek eb 进厱去喝茶，进宅去喝水。~ nal 昵厱，即父母之宅，代指家乡。

6. 攒，上古音在从母、元部。韵首 u 灭失，an 转为 ang。《韵会》释为"族聚也"。司马相如《上林赋》："攒立丛倚，连卷累佹（guǐ）。"攒也即丛聚。苗语中，qangb 指汇聚、汇编。组成双声词 ~ qik 攒辑，或攒集。辑、集上古音都在清母、缉部。攒辑或攒集指汇编、编纂。如 ~ hxak 攒

451

韶，即攒歌，汇编歌词。~ hveb 攒话，指把声母、韵母攒在一起，犹如拼音。

qangd 1. 筐，上古音在溪母、阳部，入声。韵母中的 u 灭失。《说文解字》："筐，饭器也。"即盛饭的竹篮。泛指篮子。《诗经·周南·卷耳》："采采卷耳，不盈顷筐。"指筐未装满，向一边倾侧。如 Nenx dad ib ~ jed mongl diangb khat 他执一筐糍（巴）去瞻客（即走亲戚）。

2. 刱（创），上古音在初母、阳部。韵母中本无 u。《说文解字》："刱，造法刱业也。"现作创业，以创通假。《孟子·梁惠王下》："君子创业垂统，为可继也。"创即开创。引申为创作。如 Nenx sux ~ hxak lins niox 他善于创韶得很。创韶即创作歌曲。

3. 强（qiǎng），上古音在群母、阳部。强本作彊，《说文解字》释为"弓有力也"。泛指强劲。又引申为勉强、倔强（jiàng）等。《淮南子·修务》："名可务立，功可强成。" qangd 是 jangt——强的又音。qangd 指勉力或成心做某事。如 ~ ngol 强咳，指故意使劲咳。

qangk 1. 横，上古音在匣母、阳部。声母由 h 转为 q，犹如由 h 转为 k。事实上 qangk 正是 kend——横（hèng）的又音。横的韵母本作 ang。《说文解字》："横，阑木也。"本指横置的木头，引申为横置。唐代韦应物《滁州西涧》："春潮带雨晚来急，野渡无人舟自横。" qangk 也指躺倒。如 Nenx ~ gax lax diot dlangx dab 他横给拉在地板上。横给拉即直挺挺地躺着。gax lax——给拉，指像拉丝一样拉得直直的样子。给本指络丝。

2. 蛩（qióng），上古音在群母、东部。韵母本为 ong，变异为 ang。《字汇》："蛬（gǒng），蟋蟀……亦作蛩。"晋代崔豹《古今注》："蟋蟀，一名吟蛩，一名蛩。秋则生，得寒则鸣。"南朝鲍照《拟古》："秋蛩挟户吟，寒妇晨夜织。"苗语中，gangb qangk 或 qangk 均指蟋蟀。gangb ~ 犹如说蛩虫。Gangb ~ dib niel 打鼓蟋蟀，因其振动声如敲鼓。

qangt 撼，上古音在匣母、侵部。同横——qangk 一样，声母本相当于 h，转为 q；韵母近于 am，转为 ang。《说文解字》："撼，摇也。"韩愈《调张籍》："蚍蜉撼大树，可笑不自量。"如 ~ hvib naix 撼人心，即感人、使人感动。~ dab ~ waix 撼地撼天，犹如惊天动地。~ dongs 撼动，即动摇。

qe

qeb 1. 萪（kē），从科表音。科的上古音在溪母、歌部。《玉篇》释萪："萪藤，出海边。"北魏贾思勰《齐民要术·藤》:"葪藤，围数寸，重于竹，可为杖。篾以缚船及以为席，胜竹也。"葪就是藤。苗语中，qeb 正指藤类植物。如 ~ vil jil det ngas, naib vil dlol jit bens 葪曳（同拽，拽也读 ye）枯树枝，曧（指父母）曳朵（姑娘自称）结伴，即藤蔓缠着枯树枝，父母缠着我成亲。~ zat 岨葪，指长在岩石上的藤本植物，当地称岩豇豆。~ dlox jel 曰甄葪，可对译为碓嘴藤，寄生于枇杷树的藤，可止咳。

2. 学，上古音在匣母、觉部，入声。声母近于 x，转为 q。《说文解字》《广韵》:"学，识也。"《广雅》:"学，效也。"《论语·学而》:"学而时习之，不亦乐乎?"唐代陆龟蒙《奉和袭美添渔具》:"见说万山潭，渔童尽能学。"这里的学即学舌、学话。苗语中，qeb 既指学习，也指效仿、相仿。

(1) 指学习。如 ~ hxak 学韶，即学歌。

(2) 指相仿。如 Nenx ~ nenx bad 他学他爸，指他像他爸。

3. 襭（xié），上古音在匣母、质部，入声。声母本近于 x，转为 q。《说文解字》:"襭，以衣衽扱物谓之襭。"即把衣襟掖在腰带上兜东西。《诗经·周南·芣苢（yǐ）》:"采采芣苢，薄言襭之。"即采来芣苢，用衣襟兜住。引申为怀揣。《广雅》:"襭谓之怀。"苗语中，qeb 指承接，特指承接遗产。如 ~ ghaib 襭荄（gāi），即继承遗产。Ghet Nix das yangx, dios dail xid ~ nend? 倪公死了，是哪个襭（继承遗产）呢? 襭也写作撷。

4. 撷，上古音在匣母、质部，入声。声母本近于 x，转为 q。《集韵》释撷:"捋取也。又与襭同，以衣贮物。"指摘取。王维《红豆》:"愿君多采撷，此物最相思。"泛指取。如 ~ gib khangd lal 平处拾介。平地捡螺蛳，指很容易做到的事。

5. 指一种迷药，让别人喜爱自己。其字待考。

qed 侧，上古音在庄母、职部。声母与韵首 i 结合，近似 q。《集韵》释为"旁也，倾也"。这里取后者。《诗经·小雅·宾之初筵》:"侧弁之俄。"侧弁即歪斜的帽子。《诗经·周风·关雎》:"悠哉悠哉，辗转反侧。"反是翻身，侧是侧身。苗语中，qed 指倾倒、洒出，这当由容器的倾斜引申而来。如 ~ eb 侧水，即水洒出来。qed gad 侧谷，即饭洒落。Dad dex dlub ~ niel 拿白铜侧镯。即拿白铜铸造铜鼓。这里的侧指将熔化的液体金属倒进模子里。

qet 1. 乞（qì），上古音在溪母、物部，入声。乞有两个声调：上声、去声，本来只有一个入声。乞，《说文解字》中作𠤈（qì）:"下首也"，即叩头至地。又假借稽（qì）为旨首，叩头即稽首。《周礼·春官·火祝》:"辨九拜，一曰稽首……"稽的上古音在溪母、脂部。乞实由气字简化而来，专用来通

假 "稽首" 之稽或鵨。以叩头表示乞求。《左传·僖公十三年》："晋荐饥，使乞籴于秦。"即晋国一再闹饥荒，派人乞求秦国卖米。苗语中，qet 一指求神，二指赔礼，应当都源于乞的叩头之义。

（1）指乞求。如 Mongb ghax mongl vangs jab hek, ax gid mongl ~ dliangb 病了就去找药喝，不要去乞仙（求神）。

（2）赔礼。如 qet lil 乞礼，即叩头谢罪。qet khat 乞客，即向亲戚赔礼。Nenx tat bib hsad yangx, bib ed nenx ~ 他错骂我们了，我们要他乞（赔礼）。~ ghab mais 乞面子，指私奔者回门赔礼。

2. 葺（qì），上古音在清母、缉部。qet 是 jit——葺的又音。《说文解字》："葺，茨也。"即用茅草盖屋。草屋顶要年年盖，故葺又被理解为修补、修缮。如 Bal wil nongf lol ~, neis wil nongf lol paib 败（坏了）我自来葺，烂（了）我自来纸（补）。~ dab lix 葺田地，即平整田土。~ jof 葺角，指整理发髻，泛指梳妆打扮。~ mangs 葺面，与 "hsot mangs 涑（sù）面" 相同，指收拾打扮，比喻准备工作。

3. 造，上古音在清母、幽部。韵母本相当于 ou，转为 e。南方方言多都为 cao。《说文解字》："造，就也。"《广雅》："造，诣也。"即前往会见某人，去某地。《左传·哀公八年》："景伯负载，造于莱门。"《周礼·地官·司门》："凡四方之宾客造焉，则以告。"这里的 "造" 即 "到"。顺便说一句，制造的造，应写作艁（zào），本指造船，或谓并船成梁，即搭浮桥。苗语中，qet 指某某到了、来了。如 ~ mangs 造麻，即发麻。Hxud waix not ghax ~ mangs lob 站久了脚发麻。

qen

qenb 1. 清，上古音在清母、耕部。韵母 ing 转为 en。《说文解字》释为 "澄水之貌"。指水清澈，引申出清晰、清理、弄清楚等义。《汉书·晁错传》："诛晁错，以清君侧。"这里的 "清" 即清理。苗语中，qenb 指清点、弄清楚。如 ~ hut 清货，即盘点。Mongx ~ hxid dol naix dax jis jul ax bil 你清清看人们到齐了没有。

2. 亲，上古音在清母、真部。《广雅》释为近，《广韵》释为爱。《尚书·尧典》："克明俊德，以亲九族。"《玉台新咏·古诗为焦仲卿妻作》："我有亲父兄。"苗语中，叠词 qenb qenb 亲亲，指有血缘关系。如 Nenx ~ ~ dios wil zaid dial 他亲亲是我家大，即他是我亲亲的哥。

qend 1. 起，上古音在溪母、之部。韵母 n 化了。《说文解字》："起，能立也。"段
玉裁注："起本发步之称，引伸之训为立，又引伸之为凡始事、凡兴事之
称。"《墨子·公输》："子墨子闻之，起于齐，行十日十夜而至于郢。"这
里的"起"即起步、出发。又指起立。《庄子·齐物论》："曩子坐，今子
起。"引申为隆起、凸起。《后汉书·张衡传》："合盖隆起，形似酒尊。"
宋代吴自牧《梦粱录·历代方外僧》："左肩有肉起如袈裟条。"苗语中，
起也有类似的多项字义。

（1）指开始、起头。如 ~ bil 起臂，即起手、着手。~ hfud 起头。~ ait
yangx 起为焉，即开干了。~ lob 起脚，即出发。~ gol ~ dab 起叫起答，即
一开始叫就开始答，犹如一喊即答，即喊即答。

（2）指兴起。如 ~ dul hot gad 起炷镬谷，即生火煮饭。

（3）指隆起、翘起等。如 ~ lot 起咮（zhòu），即噘嘴、嘴巴凸起。Diangb
ghangx nongd ~ wat 这根扁担翘得很。

2. 启，上古音在溪母、脂部。韵母 n 化了。启本从户、攵，是开门之状。户
即门。再加口，作启或啟，指开导、启发。而启是启的简化。故《说文解
字》释启为开，又释启为教。《左传·昭公十九年》："启西门而出。"用
其本义。启同开一样，引申出开拓、开始等义。在开始这个义项上，与起
相同或相近。如 ~ dius 启莌，即开秧莌，是插秧典礼。~ gix 启管，即开
始吹笙。一种习俗，鼓头吹了几曲后，其他人才能跟着吹。~ kod 启课，
即开课。~ gheb 启工，即开工。

3. 尽，上古音在从母、真部。声母与韵首 i 结合，近乎 q。《说文解字》：
"尽，器中空也。"尽的繁体作盡，像洗刷器皿状，故说器中空。引申为竭
尽。《左传·成公十三年》："是故君子勤礼，小人尽力。"如 ~ ves 尽活，
即尽力。~ ves ait gheb jef dot nongx 尽力做工才得吃。得吃即吃得上。

4. 庆，上古音在溪母、阳部。韵母作 ang，不应转为 en。应是照搬现代汉语。
如 ~ zuf 庆祝。

qenk 刊，上古音在溪母、元部。当读 kán，《广韵》注音为"苦寒切"，并释为
"削也。又斫也。"《尚书·禹贡》："随山刊木，奠高山大川。"刊木，即削
木为记。《礼记·杂记上》："毕用桑，长三尺，刊其柄与末。"刊也是削。
毕是长柄网。如 ~ ghab liut 刊其肤，即削皮。

qenx 请，上古音在溪母、耕部。韵母 ing 转为 en。《说文解字》："请，谒也。"本
指下级见上级。引申为请求。《左传·隐公元年》："亟请于武公，公弗
许。"即多次请求武公，武公不答应。又指邀请。《汉书·孝宣许皇后传》：

455

"乃置酒请之。"如 ~ jad 请假。~ khat 请客。~ dail xangs jab dax diot jab 请药师（犹如郎中、医生）来着药（即施药、治病）。

qi

qib 1. 扱（xī），上古音在溪母、缉部。韵母只保留了韵首 i。qib 是 qab、kad——扱的又音。如 ~ dab 扱地，即扫地。~ vangl 扱巷，扫巷子，即扫寨子。~ penb yuf hxud 扱坋（fèn）揄（yòu）灰，即扫尘撮灰，比喻一扫而光。

2. 挈，上古音在溪母、月部，入声。韵母只保留了韵首 i，与现代汉语的相同。qib 是 qab——挈的又音，意思基本相同，有携带、转运之义。如 Bib dad niangx ~ hut mongl nangl 我们拿船运货到下游。

3. 区，上古音在溪母、侯部。韵母只保留了韵首 i，正如今日的广东话。区繁体作区，从匸表义，同匡（筐的本字）、匣、匮（简化作匦）等字一样指容器。《集韵》："量名，四豆为区。"即量器。《左传·昭公三年》："齐旧器量：豆、区、釜、钟。"此四种量器，由小至大，渐次排列。引申为像区一样的东西。《论语·子张》："譬诸草木，区以别矣。"这里的"区"指栽草木的坑。《汉书·扬雄传》："有田一廛，有屋一区。"区指小室。后以区区指小，以区间指某一空间、范围。区与匣、匮、匡等字又有不同，后三个字均为形声字，以匸里面的部件表音，而区从品，品即众也，不表音。区又做动词，指装、藏。《左传·昭公七年》："作仆区之法。"服虔注："仆，隐也；区、匿也。"《荀子·大略》："言之信者在乎区盖之间，疑则不言。"指话不能全倒出来，拿不准的不要说，你的话才有可信度。苗语中，qib 一指区域，一指放在狭小的空间里。

（1）用于区域。如 ~ yuf 区域。

（2）指放在小的空间里、限制活动范围。如 ~ lox 区牢，即关在牢里。~ liod 区牛，指把牛关在圈里。

4. 欺，上古音在溪母、之部。韵母只保留了韵首 i。qib 是 qab——欺的又音，即欺负。如 Mongx xet gid ~ nenx！你休要欺他！

qid 1. 曲，上古音在溪母、屋部，入声。韵母只保留了韵首 i。弯曲、歌曲之曲，读音本相同，后被人为地分成两个音。曲与直相对。《荀子·劝学》："木直中绳，其曲中规。"《论语·述而》："曲肱而枕之，乐亦在其中。"曲肱即曲臂。如 ~ jus 曲胭，即屈膝、下跪。

2. 取，上古音在清母、侯部。韵母只保留了韵首 i。《说文解字》："取，捕取也。从又从耳。《周礼》：'获者取左耳。'" 本指献俘虏的左耳以报军功，泛指取得、获得。《论语·公冶长》："无所取材。" 如 Nenx ~ dot dail bat lol yis 他取得（一）头猪来育（养）。

3. 指一种职务。依古俗，在起争论相持不下时，以烧油锅捞东西来决胜负。主事者的助手叫 qid。其字待考。

qif 1. 旗，上古音在群母、之部。韵母只保留了韵首 i。《释名·释兵》："九旗之名……熊虎为旗，军将所建，象其猛如虎。" 即泛指旗帜，特指上面画有熊虎的旗帜。如 ~ xok 红旗；~ nox 蓝旗。

2. 喫（chī），今简化作吃。照搬现代汉语。如 ~ kib 吃亏。从亏（kui）字的韵首 u 已灭失来看，是较早挪用汉语。如 Ax baib naix not ~ kib 不让众人吃亏。

qik 1. 尺，上古音在昌母、铎部，入声。韵母只保留了韵首 i。声母近于 ch，转为 q。《说文解字》："尺，十寸也。" 指长度单位，也指量长度的器具。《古诗为焦仲卿妻作》："左手持刀尺，右手执绫罗。" 如 ib ~ dob 一尺布。diangb ~ 尺子。

2. 籤（qiān），上古音在溪母、谈部，入声。韵母 iam，am 与 an 一样，容易转换成 ai；或者是韵尾 m 灭失。汉字简化后，将其与签署之签合成一个字。qik 是 jent——籤的又音，用法略有不同。《说文解字》："籤，锐也。" 实际上，籤不光尖，而且细。即今天牙签之签。《北史·鱼具罗传》："赞凶暴，令左右炙肉，遇不中意，以籤刺瞎其眼。" 这里的 "籤" 即烤肉时用来穿肉的竹签。如 Dad jox ~ lol qangb nail 拿根签来穿鱼。
而 jent 所指的签犹如抽签之签，是竹片。

qit 气，上古音在溪母、物部。韵母只保留了 i。《说文解字》："气，云气也。" 泛指气体、气息等。《列子·天瑞》："虹霓也，云雾也，风雨也，四时也，此积气之成乎天者也。" 引申指人的勇气、怒气等。《战国策·赵策四》："太后盛气而揖之。""盛气" 即怒气大的样子。苗语中，指气体、气流的有 bongt（风），qit 用于生气、气愤等。如 Nen ~ yangx 他气了，即生气了。~ dul 气炷，即气火，犹如生气、发火。

qix 1. 起，上古音在溪母、之部。qix 是 qend——起的又音，用法不同。qix 做补语，放在动词后。唐代吴融《野庙》："日暮鸟归人散尽，野风吹起纸钱灰。" 宋代柳永《曲玉管》："每登山临水，惹起平生心事。" 如 hangb ax ~ gid 行不起路，即走不动了。

2. 取，照搬现代汉语。如 Nenx kaox ~ dad xof yangx 他考取大学了。中间四字均为照搬现代汉语。

qo

qob 1. 悄，上古音在清母、宵部，入声。韵母相当于 ao，转为 o。《说文解字》：
"悄，忧也。"《诗经·陈风·月出》："劳心悄兮。"《诗经·邶风·柏舟》：
"忧心悄悄，愠于群小。"悄悄，忧愁貌。悄指寂静，是后起义。组成双声
词：~ qib 悄慽（qī）。慽也是忧。《说文解字》："慽，忧也。"在清母、觉
部。《汉书·王商传》："居丧哀慽。"也写作戚。《论语》："君子坦荡荡，
小人长戚戚。"悄慽即忧心忡忡的样子。

2. 吵（chāo），本作诮，上古音在初母、宵部。韵母相当于 ao，转为 o。《说文
解字》："吵，扰也。一曰吵狯。"吵狯犹如狡诈。明代冯惟敏《海浮山堂词
稿》："闹吵吵，甜言美语妄徒劳。"组成叠韵词：qob qib 吵嘻，闹闹嚷嚷、
嘻嘻哈哈的样子，特指孩童向大人撒娇。

qok 1. 橛，上古音在群母、月部。韵母 ue 转为 o。《说文解字》："橛，弋也。"
"弋，橛也。象折木斜锐者形。"实际上，从戈、戊、戉等字可以看出来，
弋是长柄，而戈、戊、戉等都是带长柄的武器。橛大致指木桩或木棍。《尔
雅·释宫》："橛谓之闑（niè）。"指在大门正中立的一根木头。只有君主出
入时，拿掉橛，供其从正中经过。其他人出入只能从橛的旁边经过。苗语
中，qok 指牵牛用的棍子，棍子的一端顶在牛鼻桊上。这样，牛的自由度就
很小。一般在杀牛或驯牛时用。如 Dail liod ghok gheb, nongt ed diangb ~ 黄
牛学工（指驯牛犁田），要用根橛。

2. 桥，上古音在群母、宵部。韵母相当于 ao，转为 o。《说文解字》："桥，水
梁也。"本指桥梁，泛指横木、横梁。顺便说一句，梁也本指桥梁。qok 是
jux——桥的又音。jux 指"水梁"，而 qok 则指屋梁。《仪礼·士昏礼》：
"缁被纁（xūn）里，加于桥。"即把浅红色被里的黑被子放在横木上。另
外，桥还指井上提水工具桔槔的横梁。苗语中，qok 相当于梁——屋梁。如
Jox nongd jox ~, ax dios jox lex 这根是桥，不是梠（lǔ）。桥指一般的梁，而
梠是脊梁。

qox 炒，上古音在初母、侯部。韵母本为 eo。早期作熝（chǎo）。《说文解字》：
"炒，熬也。"以火干物。《西游记》第七回："只是风搅得烟来，把一双眼
熏红了。"不过一般都用于烹饪。如 gab gab ~ ~ 熯熯炒炒，犹如说烹炒煎
炸，指做好吃的。

qong

qongb 茕（qióng），上古音在群母、耕部，入声。《说文解字》："茕，回疾也。"像鸟转圈儿疾飞之态。其下部与迅、飞相关。《说文解字注》："引申为茕独，取徘徊无所依之意。"《孟子·梁惠王下》："《诗》云：'哿（gě）矣富人，哀此茕独。'"今有成语"茕茕孑立"。也写作惸、睘、嬛（三字均读 qióng，同母、同部）。《周礼·秋官·大司寇》："惸独老幼。"郑玄注："无兄弟曰惸，无子孙曰独。"由茕独、无兄无弟，引申为自高自大的样子。如 ～ das 茕煞，即孤傲死了。

qongd 庼（qǐng），上古音在溪母、耕部。《说文解字》："庼，小堂也。"《集韵》又释为"屋侧""瓜屋"。苗语中，qongd 既指屋子，也做量词。相当于间。

（1）指屋子、房间。如 ～ dangx 堂庼，即堂屋。～ diongb 中庼，也指堂屋。因堂屋一般在宅子的正中。～ sot 灶庼，即灶房。

（2）做量词。如 Laib zaid nongd maix bib ～ 这宅子有三庼。引申为一个区间。Laib lix nongd maix dlob ～ 这块田有四庼，指被分割成四块。

qongk 控，上古音在溪母、东部。qongk 不同于 khangk——控。对应于 khangk 的控有摔打、击打之义，可能是假借字。而 qongk 用其本义。《说文解字》："控，引也。"即拉。白居易《宣州试射正中鹄赋》："在乎矢不虚发，弓不再控。"也指拉住马缰、控马。《诗经·郑风·大叔于田》："抑磬控忌，抑纵送忌。"毛《传》："止马曰控。"这里"磬控"是双声词（都在溪母），义同控；"纵送"是叠韵词，义同纵。两句诗说驭马能力强，能控能纵。抑是发语词，忌是语气词。泛指控制。《谷梁传·僖公五年》："桓控大国，扶小国。"苗语中，qongk 指控制、收刹。如 ～ hvib 控心，即忍住火气。～ lob 控止，即止步、停步。lob——止，脚。Nenx hmat bob lob bob lob, ax ～ ib nenk 他波罗波罗地说，不控一点。不控即不停、不节制。

qu

qub 1. 胠（qū），上古音在溪母、鱼部。《说文解字》："胠，亦（腋）下也。"马王堆汉墓帛书《战国纵横家书·李园谓辛梧章》："燕使蔡乌股符胠璧，奸赵入秦。"即燕国派蔡乌将符藏于大腿处、将璧夹在腋下，取道赵国入秦国。由腋下引申为两旁、从旁边打开，如《庄子·胠箧》。胠箧即从侧面打开箱子。苗语中，胠指肚腹位置。如 mongb qub 瘼胠，即肚子疼。~ lix hsab、~ lix mongl 均指牛胃，胃壁的肌理一粗一细。

2. 幧（qiāo），上古音在清母、宵部。声母与韵首 i 结合作 q，韵母为 iau，a 灭失。《说文新附》："幧，敛发也。"即束发的头巾。《方言》四："络头……自河以北，赵魏之间曰幧头。"《日出东南隅行》："少年见罗敷，脱帽著幧头。"据章炳麟《新方言》，浙东宁波、绍兴一带称帽子为幧。当是由头巾引申而来。苗语中，qub 泛指巾、帕一类。如 ~ hfud 页幧，即头巾。页即头。~ ghongd 颈幧，即围巾。~ sad mais 洒面幧，即洗脸帕。~ ghad 尿帕。~ zaid 宅幧，指屋顶上垂下来成串的灰尘。

3. 去，上古音在溪母、鱼部，入声。《说文解字》："去，人相违也。"即分手。《广韵》释为离。但这里做补语，放在动词后面。如 ait ~ dot? 为去得？即干得下去不？ait ax ~ 干不下去。西南汉语方言中正是这种说法，也许是与苗语相互影响。

qud 1. 驱，上古音在溪母、侯部，入声。同现代汉语一样，韵母只保留了韵腹 u。《说文解字》："驱，驱马也。"引申为驱逐、驱赶。《左传·桓公十二年》："驱楚役徒于山中。"《礼记·月令》："驱兽，毋害五谷。"苗语中，qud 指驱逐、赶走。如 Dail mongx ax dongx naix dos bul, nenx dax laix laix seix ~ nenx mongl 那人不同人合群，他来人人都驱他走。

2. 出，上古音在昌母、物部，入声。声母与韵首 i 结合作 q，同现代汉语一样，韵母只保留了韵腹 u。qud 是 hleid、dlius——出的又音，用法不同。《集韵》释出："自中而外也。"引申为发出、出现等。《诗经·邶风·日月》："日居月诸，东方自出。"如 qud eb niel 出浊水，即起浑水、水发浑。~ eb ib 出烟子，冒烟。~ qed 出侧，即洒出来、倒出来。~ wul eb 出水涡，起旋涡。

3. 翘，上古音在群母、宵部。韵母 au 只保留了韵尾 u。《说文解字》："翘，尾长毛也。"引申为上举、高出貌。《淮南子·修务》："夫马之为草驹之时，跳跃扬蹄，翘尾而走，人不能制。"《颜氏家训·文章》："凡此诸人，皆其翘秀者。"翘秀即突出、出众。如 Dail liod ~ qend ghab daid 黄牛翘起其骶（尾）。

4. 梂（qíu），上古音在群母、幽部，入声。韵母只保留了韵尾 u。《说文解字》："梂，栎实。"《尔雅·释木》："栎，其实梂。"栎树果实有专门名词，且与树名不同，这是其他植物所没有的。苗语中，qud 指用树心加工的白色珠子，用来给小孩做项圈。如 ~ wik 械棌，即用械树心做的珠子。

quf 1. 求，上古音在群母、幽部，韵母只保留了韵尾 u。求的原形象一只手从带毛的袖口探出，像摸索之形。《说文解字》认为求是裘的本字。但经典似无例证。《诗经·小雅·伐木》："嘤其鸣矣，求其友声。"即寻求。《尚书·君陈》："无求备于一夫。"即责求、苛求。如 Wil ngal mongl ~ nenx 我委往求他，即我懒得去求他。

2. 球，上古音在群母、幽部。这里的球本应为毬。《说文新附》："毬，鞠丸也。"即革制皮球，里面以毛充实。白居易《洛桥寒日作》："蹴毬坐不起，泼雨火新晴。"蹴毬即踢球。据《水浒传》，高俅本因踢毬踢得好，人称高毬。发迹之后，改称高俅。顺便说一句，球本是一种玉。《礼记·玉藻》："笏，尺子以球玉。"如 dib ~ 打球。deit ~ 踢球。

quk 1. 虬（qíu），上古音在群母、幽部。韵母只保留了韵尾 u。《说文解字》："虬，龙子有角者。"一说无角龙。多引申为像虬那样盘曲、扭结。杜牧《题青云馆》："虬蟠千仞剧羊肠，天府由来百二强。"宋代赵汝适《诸蕃志·海上杂国》："波斯国在西南，国上其人肌理甚黑，鬒发皆虬。"指都是卷发。如 ~ bob 虬包，即打结、卷成一团。

2. 絿（qíu），上古音在群母、幽部。韵母只保留了韵尾 u。《集韵》："音纠，义同。"认为絿相当于纠，即缠在一起。《说文解字》："絿，急也。""紧，缠丝急也。"可见絿的本义应是系或缠得紧，引申为急、急躁。《诗经·商颂·长发》："不竞不絿，不刚不柔。"quk 是 jud——絿的又音，用法不同。jud 指的是紧，而 quk 强调的是系、缠。如 ~ zod 絿识，即系标志。指一种习俗，在大门上系草标，表示谢绝来人或拒鬼神。

3. 求，是 quf——求的又音（声调 f 与 k 差别本来就很小），用法没什么不同。如 ~ dlak 求说（shuì），指祈祷。说指说服鬼神。~ ghab bob hxak 求韶包，指出歌题，以引出歌的主体。

qut 1. 处，上古音在昌母、鱼部。声母与韵首 i 结合，转为 q。处本作処，从夂、几，夂是脚丫子的形状。《说文解字》："処，止也，得几而止。"古人凭几而坐，故"得几而止"。处本指停留、休息、住下。《孙子·军争》："是故卷甲而趋，日夜不处。"曹操注："不得休息。"《易经·系辞下》："上古穴居而野处，后世圣人易之以宫室。"引申为处所、停留或居住的地方。《史记·五帝本纪》："迁徙往来无常处。"《汉书·张骞传》："知水草处，军得以不乏。"苗语中，qut 指处所。如 fangd ~ 广处，即地方宽敞。nongf niangb nongf ~ 各就各位。

461

2. 亓（qí），上古音在群母、之部，入声。韵母略有偏转。亓字本无上面一横，《说文解字》释为"下基也"。实为矮桌或榻之形，因上面可置物、睡人，故称"下基"。其、典二字下部的一横、两点即为此。其的读音当由此而来，故与其同音。也与其通假。《墨子·公孟》："亓父死，亓长子嗜酒而不葬。"但亓的本义当为矮桌或榻。苗语中，qut 指榻、床。如 qet ~ 茸亓，指整理床铺。顺便说一句，苗语中有 songx——床一词。二字也连用：songx ~ 床亓，还指床。

3. 蹻（qiào），上古音在溪母、药部。韵母 au 只保留了韵尾 u。《说文解字》无蹻。注释家莫衷一是。有的将蹻与噭（qiào）混为一谈，有的释为"马八髎（liáo）"，即髋骨。实际上，从典籍中看，很明了。《史记·货殖列传》："马蹄蹻千，牛千足。"《聊斋志异·促织》："不数岁，田百顷，楼阁万椽，牛羊蹄蹻各千计。"蹄、蹻应是一回事。马或牛羊蹄蹻千，即有 250 只。谁会用髋骨来计算牲畜呢？髋骨是看不见的。苗语中，qut 即蹻，引申指木屐。

（1）指蹄。如 qut mal 马蹻，即马蹄。qut bat 犯蹻，即猪蹄。Vangs dail ninx jud gib，vangs dail mal dus ~ 找只锥角（水）牛，找只隋蹻马。即寻找锥角水牛（水牛是扁角），寻找裂蹄的马（马蹄不裂瓣），比喻做不到的事。

（2）比喻木屐。如 Nenx diot ib niuf ~ 他着一俩蹻，即穿一双木屐。

4. 袭，上古音在邪母、缉部，入声。声母与韵首结合近乎 x，转为 q；韵尾相当于 o，转为 u。袭一般指加穿衣服。《礼记·内则》："寒不敢袭，痒不敢搔。"郑玄注："袭谓重衣。"袭做量词，相应地，指衣被等的一重。《汉书·昭帝纪》："有不幸者赐衣被一袭。"苗语中，qut 多用于裙子。因裙子套在其他衣服之外，故一条裙子称一袭。如 ib ~ khut 一袭裙。

5. 造，上古音在清母、幽部。韵母只保留了韵尾 u。qut 是 qet——造的又音，用法也基本相同，表示来了、到了。如 ~ qat bil 造臂瘯（cù），即起手癣。~ qat khob 造颗瘯，即起头癣，头发痒。

提示：苗文中，无声母 r。声母为 r 的读音，均照搬现代汉语。

提示：苗语中的声母 s 对应于现代汉语的 s、sh、z，对应于古汉语的心母、山母、邪母、精母、从母、崇母等。

Sa

sab 痧，从沙表音。沙的古音在山母、歌部。不过，痧是后起字，sab 可能是照搬现代汉语。如 faf ~ 发痧。liangb ~ 拈痧，即揪痧、掐痧。

sad 1. 洒（xǐ），从西表音。西的上古音在心母、脂部。声母即为 s。韵母有所偏转。汉语中也如是，故借洒为洒（sǎ）。洒扫庭除，应该用洒。而洒《说文解字》释为"涤也"，即洗涤。《左传·襄公二十一年》："在上位者洒濯其心，壹以待人。"洒濯即洗濯、洗涤。《孟子·梁惠王上》："愿比死者一洒之。"即愿替死者一洗冤仇。顺便说一句，与洒同音的洗本专指洗脚。《礼记·内则》："足垢燂（qián）汤清洗。"赤脚叫跣，洗脚叫洗。用洗泛指洗涤也无可厚非。如 ~ vob 洒蔬，即洗菜。~ mangl ~ mais 洗脸洗面。~ nangx ~ bit 洒名洒讳，指洗清被玷污的名誉，诬陷者向被诬陷者赔礼、澄清事实。

　　2. 贳（shì），上古音在书母、月部。《说文解字》："贳，贷也。"即借。《史记·汲郑列传》："县官无钱，从民贳马。"《史记·高祖本纪》："常从王媪武负贳酒。"贳酒犹如赊酒。也指租。《汉书·宁成传》："乃贳贷陂田千余顷。"苗语中，sad 即指租。如 Nenx niangb diub yis ~ dot ib qongd zaid 他在邑（城）里贳（租）得一顾（qǐng）宅子。

saf 槎（chá），上古音在崇母、歌部。《说文解字》："槎，衺（xié）斫也。"即斜砍。《国语·鲁语》："且夫山不槎蘖，泽不伐夭。"即不砍后长出的枝条、不伐初生的草木。苗语中，saf 泛指砍。如 saf dul 槎楚，即砍柴。~ gof 槎俄，即砍倒。比喻完结。gof 是 gos——俄的又音。俄即倾倒。

sal 萨，象声词。如 ~ vux 萨哦，赶鸡鸭时发出的声音。

sas 箑（shà），上古音在山母、叶部。《说文解字》："箑，扇也。"《方言》："扇，自关而东谓之箑，自关而西谓之扇。"《淮南子·精神》："知冬日之箑，夏日之裘，无用于己。"顺便说一句，扇本指门扇，可像鸟翅一样开合，故从羽。引申为扇风之扇。这里的篓显然是扇风之扇。也做量词，指一排柱子等，像展开的扇骨，在一个平面内。如 ib ~ zaid 一篓宅，即一排房柱。

翣（shà），与篓同音，古音也同母、同部，也指扇子。《淮南子·俶真训》："冬日不用翣者，非简之也。"《说文解字》释为"棺羽饰也"，那是因为这种羽饰也是扇形。

sat 1. 铩（shà），上古音在山母、月部。《说文解字》："铩，铍（pí）有镡（xín）也。"指刀剑有鼻。贾谊《过秦论》："锄櫌棘矜，非铦于句戟长铩也。"可见铩是长兵器。张衡《西京赋》："植铩悬瞂（fá，盾），用戒不虞。"可见铩可以竖立起来，也说明是长兵器。苗语中，sat 是长柄柴刀。如 Xangt ~ xenb nenx liangl 用铩砍它断。

2. 指配偶、伴侣（可以指男性，也可以是女性）。如 ~ dangl lob 脚端伴侣，犹如说暖脚的。其字待考。

sax 1. 耍，后起字，或者说早期经典未见，只出现在口语里。从字形来看，耍是会意字：而是胡须状，与女字组合，像女子戴假须（如戏台上的髯口），会意为玩耍、嬉戏。唐代李宣古《杜司空席上赋》："争奈夜深抛耍令，舞来挼去使人劳。"宋代周邦彦《意难忘》："长颦知有恨，贪耍不成妆。"如 ~ vongx denb 耍龙灯。~ hfend 耍幻，即耍魔术。~ lob bil 耍手脚，犹如耍拳腿，指练武术。

2. sax 是 seix、ax 的合音。由于 ax 无声母，且与 seix 同声调，口语中极易合成一个音，正如汉语中甭（běng，不用）、嫑（jiào、只要）一样。seix——也，ax——不，sax 正是也不之义。如 laib gheix xid ~ ed 什么也不要。mongl ~ mongl，niangb ~ niangb 往（去）也不往，留也不留。~ bub 也不知、殊不知。Wil dad hot nenx dail niangb Kad Linx，~ bub nenx nongf dax mongl DiubSenx yangx 我还说他仍在凯里（呢），也不知他已到省里（指贵阳）了。

sai

saib 1. 接，上古音在精母、叶部。声母接近于 z，变异为 s。saib 是 hsek、hsenk——接的又音。《说文解字》："接，交也。"屈原《国殇》："车错毂兮短兵接。"指挨上、碰上。如 Lal lol saib wil nenk daib 挪来挨我一点。saib jil vit dius 接枝挨蔸，本指两棵树挨得很近，比喻同一家族的人。组成叠词 ~ ~，指接二连三、连续地。Nenx niangb hangd aib mongt ~ ~ 他在那边连续地张望。

2. 嫉，上古音在从母、质部。声母接近于 z。按《说文解字》，嫉本指妒忌。屈原《离骚》："众女嫉余之蛾眉兮。"引申为憎恶。《史记·荀卿列传》："荀卿嫉浊世之政。"苗语中，saib 指憎恶、恨。如 Mongx ait xid ~ nenx bongt nongd？你为啥这么嫉他？

3. 嘶，象声词。如 Dail nes genx ~ ~ 鸟儿嘶嘶叫。

said 1. 子，上古音在精母、之部。声母接近 z，子是地支的第一位，用于计时，对应于农历十一月。《说文解字》："子，十一月阳气动，万物滋。"企图以近音字滋来解释子。苗族也用地支计时。

2. 截，上古音在从母、月部。声母接近 z。said 是 hleik——截的又音，用法基本相同。《说文解字》："截，断也。"《史记·苏秦列传》："韩卒之剑……陆断牛马，水截鹄雁。"如 ~ dlad 截狗，即把狗砍成两截。当众砍狗，表示与某人断绝关系。~ hlod 截竹，即砍竹子。~ gid 截路，指抄近路、走捷径。好比把路截去一段。不过，~ gid 也可释为捷路、捷径。

捷，上古音在从母、叶部。《左传·成公五年》："待我，不如捷之速也。"杜预注："捷，邪出。"即抄近道。如 ~ gid 也可释为捷路，即捷径。

3. 专，上古音在章母、元部。声母接近于 zh；韵母中 u 灭失，an 转换为 ai。《说文解字》："专……一曰纺专。"专繁体作专，其上部叀即纺专（也即纺锤，靠其旋转把纤维捻成线，专下面的寸是捻动纺专的手）。因此从专的字，如转、抟、团（团）等都含有旋转之义。而专的专一之义当是从所纺出的线都紧紧抱着轴这个意义上得来。《孟子·告子上》："不专心致志，则不得也。"如 said hvib 专心。~ hvib ~ hnid 专心专态，犹如专心专意。

saif 1. 蚀，上古音在船母、职部。声母在 d 与 zh 之间，近乎 zh。繁体作蚀。《说文解字》："蚀，败创也。从虫、人、食，食亦声。"虫的上部本还有人字。人的伤口遭虫子蚕食叫蚀。《韵会》："凡物侵蠹皆曰蚀。"《史记·天官书》："日月薄蚀。"日月一点点地被遮掩，因此叫日蚀、月蚀，也称日食、月食。如 ~ bend 蚀本，即亏本。~ bangx 蚀秉，即减产。禾物一把叫一秉。

2. 色，上古音在山母、职部。《说文解字》："色，颜气也。"本指脸色，有多项引申义，如颜色、女色、景色等。其中之一，指种类。《北史·长孙道生传》："客内无此色人。"此色人即此种人、此等人。宋代吴自牧《梦粱录·妓乐》："散乐传学教坊十三部，唯以杂剧为正色……有歌板色、琵琶色、筝色。"一色也指一类。如 Mangx dios jus ~ naix 你们是一色

（类）人。

sail　1.　巳（sì），上古音在邪母、之部。巳是地支中第六位。在甲骨文、金文中，凡用于地支第六位的都是"子"形，而用于地支第一位（今作子）的则是一大头娃的大头形。这也难怪 sail 与 said（子）如此相近了。如 hnaib ~ 巳日。

2.　已（yǐ），上古音在余母、之部。余母相当于 y，按说不大可能演变为 s。实际上，已与巳有分不开的血缘关系，或者说本来是同一个字，后来，人为地将其分为两个字：两个读音、两个用途——巳专用于地支，已则作为动词、副词等。说它俩是同一个东西，理由有以下几点：一是字形上有关联。这不仅是指今天的字形相近。甲骨文中看起来即像一个东西，只不过巳是大头冲下。故《说文解字》释已："用也，从反巳。"即一正一反。这就跟片、爿一样，实际上是一回事。二是读音上有关联。巳、已均在之部，恐怕不是巧合。三是作为部件，可看出二者的关系。从巳的字，如祀，与巳同音，但异、坦（yí）反而与已的读音接近；从已的字，如以（左部厶是已的变形）、苢（yǐ，下部也是已的变形）与已同音，而佀（似的异体）、耜（sì）反而与巳同音。以上说明，巳、已自古至今都是无法分开的两个字。换言之，已的早期读音与巳相同，故苗语也读 sail。已有多项字义，其中一项重要的字义指停止、完结。《史记·扁鹊仓公列传》："病旋已。"即病立即止住了。诸葛亮《出师表》："鞠躬尽瘁，死而后已。"即至死方休。《论语·公冶长》："令尹子文三仕为令尹，无喜色；三已之，无愠色。"三已之，即三次罢免了他的令尹职位。如 Mongx ~ laib vob nongd mongl 你已了这个菜吧！即：你完结（吃完）这道菜吧！Nenx dol ib laix sangx ~ ib laix 他们一位想已一位。指搞掉他人。这里的已指了结、搞掉。

3.　悉，上古音在心母、质部，入声。心母即 s。《说文解字》："悉，详尽也。"《汉书·张释之传》："对上所问禽兽簿甚悉。"甚悉即很详尽。《尚书·盘庚上》："王命众悉至于庭。"这里的悉则指全部。苗语中，sail 也指全、尽。如 ~ ves 悉活，即全力。~ dios bib bangf 悉是我们的。Dol naix ~ dax mongl yangx 人们悉走了。

4.　諰（xǐ），上古音在心母、之部。声母本为 s。《说文解字》："諰，思之意。"《广韵》释为"言且思之"。指谨慎、忧惧。《荀子·议兵》："秦四世有胜，諰諰然常恐天下之一合而轧己也。"也作葸，今有"畏葸"一词。组成叠词：sail sail 諰諰，犹如恐怕，做副词，指有可能、说不定。如 ~ ~ hnaib nongd nenx ax dax 諰諰（说不定）他今天不来。

467

sais 1. 旋（xuàn），上古音在邪母、元部。韵母中的 u 灭失，an 转换为 ai。《说文解字》："旋，周旋，旌旗之指麾也。"挥舞旌旗（以指挥部队）叫旋。泛指旋转，又指回旋状，如旋风、旋涡。还指旋涡状的东西，如环。《周礼·考记记·凫氏》："钟悬谓之旋。"这里指悬钟的环。旋还指人畜呈旋涡状的毛发，比如有人头上一个旋，有人两个旋。sais 是 dliangd——旋的又音，用法不同。苗语中，sais 即指毛旋、发旋。如 ~ liod（黄）牛旋。~ ninx（水）牛旋。

2. 誌（zhì），上古音在章母、之部。声母在 d 与 zh 之间。《说文新附》："誌，记誌也。"本指记录、记述。引申为标志、标记。北周宋懔《荆楚岁时记》："以血点其衣以为誌。"还与痣相通。《南齐书·江祐传》："高宗胛上有赤誌，常秘不传。"如 ~ dliok 铨誌，即秤杆上的刻度、秤星。

sait 1. 塞，上古音在心母、职部。《说文解字》："塞，窒也。"需要说明的是，这里的塞本没有下面的土。有土的，《说文解字》释为隔。塞（室）字像屋子里塞满东西；塞（隔）则引申出要塞、边塞之义。现合成一个字。《礼记·月令》："天地不通，闭塞成冬。"陆游《次韵和杨伯子主簿见赠》："谁能养气塞天地，吐出自足成虹霓。"sait 是 hseb、hsangd——塞的又音，有"窒"之义，主要指云气、雾气等充塞天地间。如 ~ eb hob 塞蔼水，即充满雾气、雾天。~ nongs 塞扁（lòu），即天因雨而阴沉。扁即雨。~ mais 塞目，指能见度低，特指黄昏。~ waix 塞宇，即天阴。

2. 俊（儁），上古音在精母、文部。声母相当于 z。韵母中的 u 灭失，en 像 an 一样转作 ai。事实上，儁即从隽（juàn，也写作隽）表音。隽即在从母、元部，韵母作 uan。《说文解字》："俊，才过千人也。"即千里挑一者，指才能出众。《孟子·公孙丑上》："尊贤使能，俊杰在位。""俊杰"二字基本同义。《说文解字》释杰（傑）"才过万人也"。《释文》认为儁"本或作俊"。《后汉书·袁绍传》："英才儁逸。"俊由才能出众引申为相貌出众、漂亮。如 ~ wangb 俊观，即外观俊美、漂亮。vangl ~ 俊巷，即寨子漂亮。

sang

sangb 1. 鲜，上古音在心母、元部。声母本为 s。韵母 an 转换为 ang。《说文解字》作鱻（xiān）："新鱼，精也。从三鱼，不变鱼也。"即用活鱼做菜叫鱻。《礼记·内则》："冬宜鲜、羽。"这里假借鲜（本是貉国所产的一种鱼）为鱻。后来用于新鲜的多用鲜而很少用鱻。由新鲜引申为好的、光亮的等。《玉篇》释为"生也""善也"。《汉书·广川惠王越传》："与我无礼，衣服常鲜于我。"这里指光鲜、华贵。《诗经·邶风·新台》："蘧（qú）篨（chú）不鲜。"蘧篨即粗竹席，不鲜即不好。苗语中，sangb 指好的、漂亮的。如 Nenx hxad dud ~ niox 他写书（指写字）鲜（漂亮）啊！~ liek zaid yaf dongt，hvib liek zend guf det 鲜（漂亮）如八柱的宅，高如树梢的果。~ wangb 鲜观，指装束、打扮得漂亮光鲜。

2. 宣，上古音在心母、元部，相当于 siuan（汉语中 si 变异为 x）。iu 灭失，an 转换为 ang。《说文解字》："宣，天子宣室也。"可能是发布政令的地方，才引申为散布、宣扬、宣泄等义。《国语·周语》："歌以咏之，匏以宣之。""为川者，决之使导；为民者，宣之使言。"即让老百姓把话说出来、倒出来。《左传·昭公元年》："宣汾、洮，障大泽。"即疏通汾河、洮河，加固大泽堤防。如 ~ denb 宣樽，即让杯中的酒都出来，犹如干杯。

3. 渐（jiān），上古音在精母（或从母）、谈部。韵母 am 转换为 ang，韵首 i 灭失。渐指河流的名称，也做动词——《广雅》释为"浸也"。这里取后者。《荀子·劝学》："兰槐之根是为芷，其渐之滫（xiǔ），君子不近，庶人不服。"指再香的东西泡在发酵的淘米水里，臭得谁都不爱接近。《淮南子·人间训》："及渐之于滫。"高诱注："滫，臭汁也。"《诗经·卫风·氓》："淇水汤汤，渐车帷裳。"指浸湿车上的帷幔。可以推测，渐渐、渐进之义也是由浸润之义引申而来。《尚书·禹贡》："东渐于海，西被于流沙。"其中的"渐"，也指河流悄悄地融入海中。苗语中，sangb 指雨长时间地下，犹如说雨水浸泡大地万物。如 ~ nongs 渐屚（lòu），即淫雨。顺便说一句，淫本也指浸渍。《说文解字》："淫，浸淫随理也……一曰久雨曰淫。"此二义是统一的。前者指浸渍、渗透入理，后者是引申义。《礼记·月令》："淫雨蚤（与早相通）降。"郑玄注："淫，霖也。雨三日以上为霖。"

4. 商。照搬现代汉语。如 ~ cangf 商场；~ liangf 商量（liàng）；~ liangx 商量（liáng）。

sangd 上。照搬现代汉语。如 ~ Haix 上海；~ kod 上课；~ baib 上班。

sangf 槎（chá），上古音在崇母、歌部。韵母"ang 化"，以区别于 saf——槎。《说文解字》："槎，邪斫也。"引申为被砍的枝干。于木为槎，于草为茬。唐代卢照邻："君不见长安城北渭桥边，枯木横槎卧古田。"又组成叠韵词：槎牙，指参差不齐貌，当是由被斜砍所剩的枝干参差不齐貌引申出来。苏轼《江上看山》："前山槎牙忽变态，后岭杂沓如惊奔。"陆游《邻曲相遇》："半落齿槎牙。"苗语中，sangf 指树木被斜砍所留槎口的形状，即椭圆形。如 ~ mangl 槎面，即椭圆脸，与 dlenx mangl 团面（圆脸）相对。顺便说一句，椭本指狭长。屈原《天问》："南北顺椭，其衍几何？"指南北向狭长。《尔雅·释鱼》："虫责（jī），小而椭。"指长形的小贝。郭璞注："椭，谓狭而长。"《淮南子·修务》："或以瓮瓴，或以盆盂，方员（圆）锐椭不同，盛水各异。"椭圆即长圆形。严格地说，仅椭字是不能指椭圆的。如果抛弃数学中椭圆的定义，描述椭圆最形象的就是圆柱的斜截面了，这也是斜斫树木时常见的情形。

sangl 丧（sàng），上古音在心母、阳部。《说文解字》："丧，亡也。"即失去。《国语·周语》："宣王既丧南国之师。"《孟子·告子上》："非独贤者有是心也，人尽有之，贤者能勿丧之。"丧指死亡，是婉转说法。如 ~ xongd 丧种，即没种子了，指绝后。~ xongd dait hniut 丧种断籼（zhòu）。断籼也是绝种。

sangs 1. 世，上古音在书母、月部。韵母 ang 化了。《说文解字》认为世是由三个十字组成，据此释为"三十年为一世"。实际上，世是葉（yè）字的省略形。葉是树上长出枝叶的情形，本义应为生长。《列子·天瑞》："亦如人自世之老，皮肤爪发，随世随老。"即人从生到老，肤发指甲，随时长出来，随时脱落。一世也即一生。正所谓人生一世，草木一秋。草木的叶子长出来，再凋零，此一周期，如人一生。《论语·卫灵公》："君子疾没世而名不称焉。"即君子恨的是一生过去了但声名未起。引申为世代、人世。《孟子·离娄下》："君子之泽，五世而斩。"即五代以后就湮灭了。苗语中，sangs 即一生、一代。

（1）指一生。如 ib ~ naix 一世人，即一辈子、一生。

（2）指世代。如 ~ lul 老世，即老辈子、长辈，或指古代。~ yut 幺世，即晚辈、小辈。~ denx 前世、上辈子。~ bad sangs ghet 父世公世，即父一辈祖一辈，指祖祖辈辈，或从前。

（3）指辈分。如 Ob dios jus ~ 我俩是一世，即同辈。Bib ~ nongd dol naix vas hxangt gid denx mongl 我们这一世人比以往的聪明。

2. 赞，上古音在精母、元部。韵母 an 转为 ang。赞又写作赞，上面是二夫，即两个人。《小尔雅·广诂》："赞，佐也。"实际上，这个字义即来自两个夫：一人帮助另一人之义。《国语·周语上》："太史赞王，王敬从之。"即太史帮助、引领王完成礼仪。《史记·秦始皇本纪》："阙廷之礼，吾未尝不敢从宾赞也。"宾赞即司仪，帮助、引导参与重大活动的人完成礼仪。司仪主持礼仪也叫赞礼。《汉书·王莽传》："周公奉鬯立于阼阶，延登，赞曰：假王莅政。"也泛指帮助。《左传·僖公二十二年》："天赞我也。"两夫下面加贝以后，《说文解字》释赞为"见"，贝是见面礼。今天，仍沿用了帮助之义，有"赞助"一词。至于称赞、赞扬，应加言旁。苗语中，sangs 取相伴者、相助者之义，特指伴侣。如 Ob ait ~ naix hul 我俩做赞人吧。赞人即伴侣、配偶。

sangt 1. 葬，上古音在精母、阳部。《说文解字》："葬，臧也。从死在茻中……《易》曰：古者葬，厚衣之以薪。"葬字的上下都是草头（艹）。上下艹即构成（茻）。一言以蔽之，葬以死者藏（臧）于草中，上下有草。可见，最初的葬不必埋于土中。《礼记·檀弓上》："葬也者，藏也；藏也者，欲人之弗得见也。"如 ~ das 葬煞，即入殓死者。

   藏，上古音在从母、阳部，也可读 zàng，也有葬之义。《列子·杨朱》："及其死也，无瘗埋之资，一国之人受其施者，相与赋而藏之。"藏即葬。《金史·世宗纪》："号其藏为光陵。"藏指墓葬。

2. 蚀，上古音在船母、职部，入声。韵母"ang 化"了。sangt 是 saif——蚀的又音。蚀本指虫吃、咬。这里用其本义。如 Dail gangb ~ jox ghab jongx liangl yangx 蚕儿蚀梗（根）断焉，即虫子把根咬断了。

   丧，繁体作喪，而从甲骨文看，像一棵桑树上有几个口（口多少不一，在桑上的位置也不固定），会意为野蚕或虫子吃树叶。其本义应为蚀、虫吃、虫咬。只不过经典上几乎找不到相应的例证。丧在心母、阳部、入声，与 sangt 相合。

   蚛（zhòng），如果 ong 转为 ang，似也可转换为 sangt。《广韵》释蚛为"虫食物"。唐代陆龟蒙《奉酬袭美秋晚见题》："失雨园蔬赤，无风蚛叶凋。"唐代冯贽《云仙杂记》卷八："晚年衰惫，齿皆蚛龋。"指生虫牙，牙为虫所蚀。

3. 尚，上古音在禅母、阳部。《说文解字》："尚，曾也、庶几也。从八，向声。"就是说尚是向字上面加"八"。原来，向像坡屋顶的房子，在房顶的两个坡面上加盖一层东西（八即加盖的材料），即表示"曾（增）"。庶几是引申出来的副词。《论语·里仁》："好仁者，无以尚之。"无以尚之，即无以增之、无以加之。有多项引申义，其中一项为匹配。《史记·李斯列传》："诸男皆尚秦公主。"指李斯的几个儿子都与秦国公主婚配。《史记·绛侯世家》："公主者，孝文帝女也，勃太子胜之尚之。"即周勃的儿子胜之与公主婚配。不仅仅是与帝王的子女婚配才叫尚。《史记·司马相如列传》："卓王孙喟然而叹，自以得使女尚司马长卿晚。"即卓王孙认为女儿卓文君与司马相如认识、结婚太晚。苗语中，sangt 即指婚配。如 Niux seix bub khat mongl, liex seix bub ~ bongl 妹也知嫁人，哥也知尚朋。尚、朋并列，指婚配、成双。

sangx
1. 想，上古音在心母、阳部。声母本为 s。韵首 i 灭失。《说文解字》："想，冀思也。"《说文解字注》改作"觊思也"，都有希望、打算做某事、得到某东西之义。晋代刘琨《劝进表》："四海想中兴之美，群生怀来苏之望。"如 Wil ~ ait dail xangs jab 我想当个药师（指医生）。Wil sangx mongl Beef Jenb duf dud 我想去北京读书。

2. 层，上古音在从母、蒸部。层的繁体为层，以曾表音。曾有 c、z 两个声母的读音，可以窥见从母在 c、z 之间。韵母 eng 转换为 ang。sangx 是 cenf——层的又音，用法基本相同。《说文解字》："层，重屋也。"即屋上有屋、楼房。引申为量词，用于楼房的一重。《老子》："九层之台，起于累土。"泛指上下相叠的物体的一重。如 bib ~ lox 三层楼。~ waix 上层。~ dab 下层。

3. 钱，上古音在从母、元部。韵首 i 灭失，an 转换为 ang。《说文解字》："钱，铫也，古音田器……一曰货也。"即钱一指农具，二指货币。实际上，在货币这个意义上，极有可能是假借钱作泉。泉也在从母、元部，本义为水源。《周礼·地官·泉府》："泉府掌以市之征布，敛市之不售货之滞于民用者……凡国之财用取具者。岁终，则会其出入而纳其余。"周代设泉府这个机构，主要职能是管理货币、调控市场。按郑司农注："其藏曰泉，其行曰布。"泉应是个比喻，藏在府库的货币好比源泉；流行在市面上的叫布。《汉书·食货志》："私铸造作泉布者，与妻子没入为官奴婢。"这里泉、布都是钱。汉代有一种钱，上有货泉二字，人们俗称"白水真人"，将泉字拆为白水，货则近似于真人二字。不过，钱字已被较早地假借为泉了。《国语·周语下》："景王二十一年，将铸大钱。"引申为重量单位，十钱为一两。这大约是某个时期一枚钱的重量。《三国志·魏书·方技传》："与君散两钱，当吐二升余脓血讫。"苗语中，指货币的钱转读为 seix，而 sangx 专指重量单位：十分之一两。如 Ed nix not xus liangl, ed jenb not xus ~？要银多少两，要金多少钱？

4. 旋（xuán），上古音在邪母、元部。韵母中 u 灭失，an 转为 ang。sangx 是 sais——旋（xuàn）的又音。旋本指挥动旗帜，有多个引申义。这里指还归、折返，犹如说转了回来。三国曹植《朔风》："昔我初迁，朱华未希；今我旋止，素雪云飞。"《易经·履卦》："视履考祥，其旋元吉。"即回来大吉。组成叠词：~ ~ sas sas 旋旋匝匝，即来回走、转圈。

顺便说一句：匝，也作币（zā）。《说文解字》："币，周也。从反之而币也。"原来币是之字的颠倒形，而之是止字下面加一横，表示出发、去某地。作为倒写的之，显然指回到出发地，在这个意义上，与旋相同相近。

se

seb 收。照搬现代汉语。如 ~ yenb jib 收音机。

sed 手，上古音在书母、幽部。韵母 ou 转为 e。手是象形字，手有多个引申义。作为人体最灵活、使用频繁的器官经常与另一重要器官连用。苗语也是如此，组成叠韵语：~ ghed 手脚，与另一表示方式 lob bil——手脚用法有相同的地方，指手段、伎俩。如 Nenx bangf bas ~ ghed id, dail gheix xid seix bub 他的那一套手脚，哪个都知道。

sef 适，上古音在书母、锡部。《说文解字》："适，之也。"sef 是 deid——适的又音。适有多个引申义。《诗经·郑风·野有蔓草》："邂逅相遇，适我愿兮。"《商君书·画策》："神农非高于黄帝也，然而名尊者，适于时也。"这两处都指适合、适宜。《吕氏春秋·处方》："韩昭厘侯出弋（指射鸟），靮（yǐn）偏缓……其右摄其一靮，适之……乡者靮偏缓，今适，何也？"马车两边系于马颈的革带有一边松了。拉紧其中的一根，调到正合适。高诱注："适，犹等也。"指将两边调成一样长。《荀子·法行》："瑕适并见。"杨倞注："适，玉之美泽调适之处也。"与瑕相对：瑕即瑕疵，适则质地均匀。这两处都有匀称、均等之义。苗语中，sef 也有相应的字义。

（1）指适合、适宜。如 ~ hxut 适愫，即称心合意。~ hxut bib ghax senl 合意我们就成亲。

（2）指匀称、合适。如 Mongx niox ~ nenk daib 你扰适一点，即你搅匀一点。langf eb ~ nenk 浸水适点（使水渗透均匀）。

sel 瑟，语助词。如 naf hvib ~ ~ 闹心瑟瑟，指心急、心慌。瑟无实义，犹如可怜巴巴的巴。

set 1. 事，上古音在崇母、之部。《说文解字》："事，职也。"指应该做的，应尽的义务，或谋生的手段。《论语·学而》："事父母能竭其力，事君能致其身。"《商君书·农战》："事商贾，为技艺。"引申为事情、事务。《诗经·

召南·采蘩》："于以用之，公侯之事。"如 ax vut ~ yangx! 不好事了！即：事情不好了！Dol nongd dol eb yangb nangl, dol ~ das naix 这些是淹瀿的水、死人的事。指出了命案，事情闹大了，如发洪灾一样。

2. 螫（shì），上古音在书母、铎部，以赦表音。《说文解字》："螫，虫行毒也。"毒虫用口咬或以尾刺蜇来放毒、攻击敌人都叫螫。《史记·淮阴侯列传》："猛虎之犹豫，不若蜂虿之致螫。"虿是蝎类，与蜂一样都以尾刺蜇人。如 Nenx yens dail gangb niongx ~ yangx 他遭马蜂螫了。

3. 栉，上古音在庄母、质部。《说文解字》："栉，梳比之总名也。"梳比即梳篦。《诗经·周颂·良耜》："其崇如墉，其比如栉。"后半句指像栉（齿）一样密。今有"鳞次栉比"一词，即指排列紧密。苗语中，set 用来比喻像栉一样的东西，这里指织布机上的综框及综线。综框上排列着一根根的综线，密如栉篦。每一根综线握持一根经线。而经线分成两拨，上下交错。在此两拨之间织入一根纬线后，这两拨上下交替，再织入另一根纬线。如此往复，织成布匹。控制经线向上向下，全靠提拉综框。如 ~ dok 纻栉，即织布用的"栉"——综框。纻即布。

sex 1. 手。照搬现代汉语。如 ~ biaox 手表；~ liuf daid 手榴弹。

2. 首。照搬现代汉语。如 ~ dub 首都。

sei

seib 嘶，象声词。如 Dial hfed jent ~ ~（阿）哥呼飚嘶嘶。即口哨吹得嘶嘶响。

seid 1. 实，上古音在船母、质部。seid 是 deis——实的又音。《说文解字》："实，富也。贯（从贯会意）为货物。"实本指家里财富殷实，有多个引申义。《孙子·虚实》："兵之形，避实而击虚。"实与虚相对。如 duf ~ 周实，犹如周密、密实。

2. 射，上古音在船母、铎部。《说文解字》："射，弓弩发于身而中于远也。"无非是借助势能将物体快速抛出，多指射箭。《左传·成公二年》："射右，毙于车中。"苗语中，seid 则指快速、疾速，做补语，往往放在动词的后面，指动作快如射箭一样。如 mongt ~ 望射，即快速地望一眼。naf ~ 辣射，指突然辣痛。

3. 嘶，象声词。如 Dail gangb genx ~ yol 虫子嘶哟叫。

seif 随，上古音在邪母、歌部。韵母中的 u 灭失。《说文解字》："随，从也。"引申出多个义项。这里 seif 是 des——随的又音，也与现代汉语更接近。这里取听任之义。《庄子·在宥》："神动而天随。"韩愈《进学解》："业精于勤而荒于嬉，行成于思而毁于随。"如 seif zaid 随在，即听任于、取决于。在有在于之义。Mongl hul, ax mongl hul, ~ zaid mongx 走也好，不走也好，随在你（随你定）。也可能是借用汉语。

seik 1. 接，上古音在精母、叶部，入声。声母接近于 z。《说文解字》："接，交也。"有多项引申义。seik 是 hsek、hsenk、saib——接的又音。后三者多指触碰、接合，seik 则指迎接、承接、接待。《孟子·万章下》："其交也以道，其接也以礼。"《史记·屈原列传》："出则接遇宾客，迎对诸侯。"如 ~ khat 接客，即迎接客人。seik jud 接酒，实为迎客酒。~ vongx denb 接龙灯，即把舞龙灯的请到自己家里来舞。又指承接。Nenx des diot wil, wil ~ ax gos 他递给我，我没接着。~ hfud hveb 接话头，即在别人说话时搭腔。~ jud 接酒，酿酒时以坛子承酒。

遬（sù），上古音在心母、铎部。韵母与射同。似乎也可读 seik，且有迎接之一。《诗经·大雅·桑柔》："如彼遬风。"遬风即迎风、向风。唐代刘禹锡《答容州窦中丞书》："今天挟弓注矢遬空而发者，人自以为皆羿可矣。"遬空即迎空。不过，遬没有承接之义。姑且置遬字以备考。

2. 摄，上古音在书母、叶部。《说文解字》："摄，引持也。"有多项引申义。seik 是 hseik——摄的又音。hseik 用于向自己的方向拉、扳等，而 seik 指吸。唐代顾况《广陵白沙大云寺碑》："磁石摄铁，不摄鸿毛。"《三国志·蜀书·刘焉传》："在犍为东界，摄敛吏民得千余人。"今有摄魂、摄影等词。如 ~ tok 摄坛，即拔火罐。摄即拔，坛即罐子。~ khob 摄颗，即摄头，指在头部拔火罐。摄有吸出毒气、湿气之义。

seil 飔（sī），从思表音，上古音当在心母、之部，入声。《说文新附》："飔，凉风也。"《后汉书·马融传》："靡飔风，陵迅流。"唐代刘禹锡《和河南裴尹侍郎宿斋天平寺诣九龙祠祈雨二十韵》："玉箫何时绝，碧树空凉飔。"又指风凉。《宋书·乐志四》："秋风肃肃晨风飔，东方须臾高知之。"苗语中，seil 泛指凉。如 Hnaib nongd ~, hnaib nongl hxed 今日飔（凉），昨日暖。seil hvib 飔心，即寒心、灰心。

seix 1. 斜，上古音在邪母、鱼部，与邪同音。韵母只保留了韵首 i（与 ei 接近）。《说文解字》："斜，抒也。"即用长柄容器舀取。斜从斗表义，斗即长柄容器。其本义很少见，多用来指偏斜、不正。大概是由舀这个动作引申而来，舀时必倾斜其斗。人们又假借邪为斜。《释文》："邪，字又作斜。"《礼记·乐记》："中正无邪。"邪与中正相对。后来人们习惯上以邪指人，以斜指物。汉代王延寿《鲁灵光殿赋》："枝撑杈枒（yá）斜据。"如 Laib zaid ~ yangx 宅子斜了。

2. 钱，上古音在从母、元部。韵母 an 一般转换成 ai，这里变异作 ei。seix 是 sangx——钱的又音。sangx 用于重量单位，十钱为一两。seix 则指钱币。钱假借为泉，见 sangx——钱字条。如 ib kaix ~ 一块钱。组成叠韵词：bix ~ 钱币。

3. 值，上古音在定母、职部。但从植、殖、埴的上古音在禅母来看，值的声母完全可以转换为 s（值的另一读音为 deix，见 deix 词条）。《说文解字》："值……一曰逢遇也。"《史记·酷吏列传》："宁见乳虎，无值宁成之怒。"宁成是酷吏之一。如 ~ dol bongx eb, songs dol bongt jent 值渤水，正猛飚。即遇到激流，碰到强风。songs——正，指面对。~ deid 值得，即赶上了，幸亏。不同于现代汉语的"值得"。如 ~ deid nenx dax sod, dax ghaib nend ghax yens nongs dail 幸亏他来得早，来晚一点就淋雨了。组成叠词：~ ~ 值值，犹如说大家相逢，指一起。如 Bib ~ ~ ait 我们一起干。

4. 也，上古音在余母、歌部。按说，余母相当于 y，不可能转换为 s。但我们应该知道，也、它本是同一个东西：蛇的象形。因为也后来用于虚词、它专做代词，在它的基础上另造蛇字。从它们的读音上大约还能看出相互间的关联。一是也、它、蛇虽然声母分别在余母、透母、船母，但都在歌部，也即韵母相同。二是蛇字有两个读音：she、yi（用于委蛇），对应的上古音分别为船母、歌部，余母、歌部。也就是说其第二读音与"也"相同。据此，我们假设，蛇作为也的后起字、异体字，其读音本与"也"相同，差不多都是或都接近于船母。在"也"字用于语气词等虚词之后，使用频率非常高，人们趋向于对读音进行"简化"，把比较难读的船母这个声母放弃，于是其韵首 i 脱颖而出，代替了原声母。总之，如果我们认定"也"的早期读音相当于蛇，就不难理解其转换为 seix 了。"也"字有多种功能，这里只选取与苗语相关的举例。《论语·公冶长》："赐也何敢望回。回也闻一以知十，赐也闻一以知二。"回、赐都是人名。这里的"也"字有表停顿的作用，似乎又体现了回与赐的并列关系。如 Niangb ~ hul, mongl ~ hul 留也好，走也好。唐代岑参《赴北庭度陇思家》："西向轮台万里余，也知乡信日应疏。"Mongx mongl nenx ~ mongl 你走他也走。

sen

senb 1. 清，上古音在清母、耕部，入声。声母相当于 c。不过，从青表音的字更多地在精母、从母，如晴、精、蜻、菁、情、晴、静、靖等。韵母 eng 转为 en。《说文解字》："清，寒也。"《礼记·曲礼上》："凡为人子之礼，冬温而夏清。"即冬天要让父母暖和，夏天要使父母凉快。senb 即指冷、凉。如 eb ~ 清水，即冷水。hvib ~ 清心，即寒心。~ bil 清手，即冻手。Ib laib wangb, ob laib jed；ib laib ~, ib laib hxed 一个簸箕两个糍，一个凉，一个热。这是谜面，谜底是天上的月亮和太阳。

2. 钻，上古音在精母、元部。韵母 uan 中的 u 灭失；an 转为 en。《说文解字》："钻，所以穿也。"即打孔工具，也指穿孔、钻孔。《孟子·滕文公下》："不待父母之命、媒妁之言，钻穴隙相窥，踰墙相从。"比喻钻营、往人堆里扎等。班固《答宾戏》："商鞅挟三术以钻孝公。"实际上是指钻到秦孝公的团队里。组成叠韵词：~ lenb 钻内（内，见 lenb 字条。内即入，与钻义近）。如 Ax gid ~ lenb mongl niangs 不要往里乱钻。

3. 仙，上古音在心母、元部。韵首 i 灭失，an 转换为 en。仙又作僊。《说文解字》："僊，长生僊去。"《释名·释长幼》："老而不死曰僊。"僊即升天。《庄子·天地》："千岁厌世，去而上僊，乘彼白云，至于帝都。"做名词时，僊与仙相同。苗语中，senb 是 dliangb——仙的又音。dliangb 既可指鬼，也可指神（仙），是善是恶，要看后面所跟的词。这里的 senb 似专指恶的那一类，故读音有别于 dliangb。如 jangx ~ jangx fak 成仙成怪。

4. 生，声母 sh 转为 s。eng 转为 en。一般都为照搬现代汉语。如 ~ caix duid 生产队。Hniut nongd laib ~ caix vut 今年的生产好，指收成好。

send 尽，上古音在从母、真部。声母与韵首 i 结合，即与 j 接近，韵首 i 灭失，声母即接近 z、s。现代汉语为前者，苗语为后者。send 是 qend——尽的又音，用法基本相同。《说文解字》："尽（繁体为盡），器中空也。"泛指竭尽。《左传·成公十三年》："是故君子勤礼，小人尽力。"做副词，指全部，犹如罄尽。《孟子·尽心下》："尽信书，则不如无书。"苗语中，send 也指全部。如 Das ~ yangx 煞尽焉。即死光了。

senk 1. 潜，上古音在从母、侵部。韵母本相当于 em，转换为 en。《说文解字》："潜，涉水也。一曰藏也。"又释泳"潜行水中也"。可见潜是在水下前行。藏则由没水之义引申而来。《荀子·议兵》："窥敌观变，欲潜以深。"苗语中，senk 即指隐藏、隐伏。如 Gheib ~ diot ghab gongk bel 鸡潜在刺丛里。

2. 寝，上古音在清母、侵部，入声。浸、寖二字都有 jìn、qìn 二音，分别对应于精母、清母，由此比照，寝也许也可置于精母。韵母接近于 em，转为

477

en。寝本指睡觉。《论语·公冶长》："宰予昼寝。"昼寝即白天睡觉。引申为停止、平息。《汉书·礼乐志》："其议遂寝。""汉典寝而不著。"颜师古注："寝，息也。"苗语中，senk 置于动词或动宾词组之后做补语，表示某动作平下来。如 dangx ~ 沉寝，指沉没而无声息。dangf ~ 停寝，指停下来而无声息。ghat mais ~ 阖目寝，闭上眼睛休息的样子。

senl 巽（xùn），上古音在心母、无部。声母本为 s；韵首 u 灭失，an 转换为 en。大家都知道巽是《易经》中的卦名，但具体指什么，都不甚了了。不过，巽有两个异体字：哭、㢱，结构非常清晰。这两个字下部相同，都是矮桌或榻一类，有桌（榻）面，两端有腿；上部是两个人：前者是两个屈身的人，后者（两个页）是两个突出头部的人。巽字极有可能是二人眠于床榻的会意。说哭、㢱的下部就是榻有两点理由：典字的下部与其相同，是矮桌的象形，其上部是册。会意为书放在桌子。桌子上面是不能坐人或躺人的。只有榻上才有人。前面 qut——亓字即说过，亓除了上面一横，下部即是床榻。再者，《易经·巽卦》卦辞中两处提到"巽在床下"，恐不无关联。因此，巽的本义应是二人上床，但儒家的经典"非礼勿言"，摈弃本义，顾左右而言他。苗语中，senl 就指男女成其好事。如 Sef hxut ghaid ax bil？sef hxut bib dax ~ 适愫（合意）了没有？合意我们就来巽（做夫妻）。《说文解字》："巽，具也。"《韵会》："巽，入也，柔也。"还是一头雾水。

sens 讯，上古音在心母、真部。声母本为 s。韵母中本无 u。《说文解字》："讯，问也。"《三国志·吴书·吕蒙传》："羽人还，私相参讯，咸知家门无恙。"《左传·昭公二十一年》："使子皮承宜僚以剑而讯之，宜僚尽以告。"这里指审问、审讯。sens 即指盘问、追根究底地问，与 nais——說（询问）不同。如 ~ mongl ~ lol 讯往讯来，即问来问去、问得很细。~ ghab jongx jenl 讯其精梗，犹如刨根问底。精是经过精加工的米，早已与其梗脱离。由米问到梗上，即追问。

sent 簪（zān），上古音在精母、侵部。韵母近乎 em，转为 en。《说文解字》作先，释为"首笄也"，是用来固定发髻的小棍，一头尖锐。杜甫《春望》："白头搔更短，浑欲不胜簪。"如 ~ hfud 页簪，即头簪。

senx 1. 尽（jǐn），上古音在精母、真部。《说文解字》："尽，器中空也。"senx 是 send、qend——尽的又音，用法不同。尽（jǐn）引申做副词，有尽量之义。《礼记·曲礼上》："虚，坐尽后；食，坐尽前。"又引申为放任，犹如允许某人尽可能做某事。白居易《题山榴花》："争及此花檐户下，任人采弄尽人看。"senx 也做副词。如 ~ ghab dlangl liangs det 尽其场诞树，即任凭场地长树。Dol det nongd ~ diot gid gux muk yangx 这些树尽着外面烂了。

2. 枸（sǔn、xún），上古音在心母、真部。声母本为 s。《玉篇》："枸虡
（jù），悬钟磬。"指悬挂钟磬的架子。《隋书·音乐志》："云孤清引，枸虡
高悬。"《诗经·大雅·灵台》："虡业维枞。"《毛传》："植者曰虡，横者
曰枸。"这个架子上的横梁叫枸，虡是立杆。苗语中，将屋架横向构架叫
senx。如 Dol nongd dol ~，dol aib dol bis 这些是枸，那些是片（板子）。

3. 省。照搬现代汉语。如 ~ huid 省会；~ zangx 省长；diub ~ 省里，犹如说
省会，指贵阳。

si

sib 1. 思。照搬现代汉语。如 ~ xangx 思想。

2. 司。照搬现代汉语。如 ~ jib 司机。

3. 私。照搬现代汉语。如 ~ xof 私学，即私塾。

4. 师。照搬现代汉语。如 ~ zangx 师长；~ zuaib 师专。

sid 1. 四。照搬现代汉语。如 ~ cuaib 四川；~ huad "四化"。苗语中的数词四为
dlob。

2. 市。照搬现代汉语。如 ~ weix 市委；~ zangx 市长。

3. 事。照搬现代汉语。如 ~ qenf 事情。苗语中，事读 set。

sif 食。照搬现代汉语。如 ~ tangf 食堂。

so

sob 椒，上古音在精母、幽部。韵母相当于 ou，转换为 o。椒本指花椒。辣椒是较
晚引进到我国的。《诗经·唐风·椒聊》："椒聊之实，蕃衍盈升。""椒聊"
是叠韵词（聊的古音也在幽部），仍指椒，即花椒。聊可能无实际意义，只
是音韵上的搭配。屈原《离骚》："杂申椒与菌桂兮，岂维纫夫蕙茞。"王逸
注："椒，香木也。"杜牧《阿房宫赋》："烟斜雾横，焚椒兰也。"可见，椒
也是香料。在我国西南地区，花椒是常用的食物佐料。~ gaf 花椒。如 Laib
nongd dios ~ gaf, ax dios zend jangl 这是花椒，不是木姜子（木姜的籽与花椒
的颗粒大小相同）。~ gaf vud 野花椒，是中药，能消炎、止血。

sod 1. 早，上古音在精母、幽部。韵母相当于 ou，转换为 o。《说文解字》："早，
晨也。"引申做形容词，相当于先。《战国策·齐策一》："早救之孰与晚救

之便。"苗语中，sod 也有相应的字义。

（1）指早晨。如 ~ dat 早旦，并列词组，实指过了今晚的早晨，即明天、翌日。~ dat nenx mongl dail 明天他走了。

（2）指先。如 Mongl ~ lol ~ 往早来早，即早去早回。

2. 所，上古音在山母、鱼部。韵母有所偏转，但与现代汉语读音正好对应：韵首 u 灭失，uo 转换成 o。《说文解字》："所，伐木声也。"《诗经·小雅·伐木》："伐木所所。"但往往被挪用为代词、连词等。《尚书·泰誓上》："民之所欲，天必从之。"后世多有这种用法，如所作所为。如 Nenx ~ ait deis hul 不管他怎么做都好。

3. 数（shuò），上古音在山母、侯部。韵母只保留了韵尾 o。《说文解字》："数，计也。"由数（shù）、计算引申出多个义项，其中一支为频繁、屡次，进而引申出密、细之义。《礼记·祭仪》："祭不欲数，数则繁。"指祭祀不可太频繁。《史记·伍子胥列传》："吾数谏王，王不用。"《孟子·梁惠王上》："数罟不入洿（wū）池，鱼鳖不可胜食也。"数罟即网眼很密的渔网，这种渔网会将小鱼一并打尽。组成叠字：sod sod 数数，犹如频频地、密密地。如 Mongx ~ ~ ait 你频频地做。犹如说，你不要管别的，只管做。~ ~ dax nongs hul, nenx seix mongl vud ait dul 密密地下着雨呢，他还上山打柴。~ khangd 数向，即非常接近、趋向于。向有接近之义（如向火即烤火，离火很近）。Hnaib nongd kib bongt wat, diot dail naix hnangd ~ khangd nongt das mongl 今天赫（热）得很，让人感觉（难受得）几乎要死了。

sof 砸，从匝表音。匝的上古音在精母、缉部。韵母接近 o。早期经典中未见砸字，可能只存在某些方言里，未上"台面"。《红楼梦》第九回："只听哗啷啷一声，砸在桌子上，书本、纸片等至于笔、砚之物，撒了一桌。"如 ~ bait 砸白，即砸雪球、打雪仗。

sok 鹫，上古音在从母、觉部。韵母相当于 iou，i 灭失，ou 转为 o。《广雅》："鹫，雕也。"汉代刘向《说苑·丛谈》："鹰鹫以山为卑。"鹫也是鹰。

sos 1. 凿，上古音在从母、药部，入声。《说文解字》："凿，所以穿木也。"给木头打眼的工具。《论衡·效力》："凿所以入木者，槌叩之也。"也做动词，指打孔。《庄子·应帝王》："日凿一窍，七日而浑沌死。""浑沌"脸上本无七窍，非要在其脸上开窍，害死他了。如 Dad diangb ~ mongl ~ khangd 拿把凿去凿孔。sos vib 凿石。

2. 造，上古音在清母、幽部。韵母 ou 转为 o。《说文解字》："造，就也。"并非造就之义，而是到某地、前往。《周礼·地官·司门》："凡四方之宾客造焉，则以告。"造即到。《左传·哀公八年》："景伯负载，造于莱门。"今有"造访"一词。如 Mongl ~ diub senx yangx 往造省里了，即到贵阳了。~ dab 造地，即到地。犹如到底、彻底。~ bil ~ lot 到手到嘴，即拿到就吃、不要客气。

3. 艁（zào），上古音在从母、幽部。韵母 ou 转为 o。《增韵》释艁："建也，作也，为也。"即制造之造。《吕氏春秋·古乐》："故乐之所由来者尚矣，非独为一世之所造也。"如 ~ gad 造饭，即做饭。古典小说中往往有"埋锅造饭"一词。~ hlat 造索，即制绳、搓绳。~ bais 造醅，造甜酒。

4. 酢（cù），上古音在从母、铎部。《玉篇》释为"酸也"，各家均认为它是醋的本字，经典中的确也是这么使用的。《隋书·酷吏传》："宁饮三升酢，不见崔弘度。"还指酬酢，即主客敬酒与回敬。可酢还有一义，往往被忽略，那就是腌制。《说文解字》："菹，酢菜也。"即腌菜。今天常吃的榨菜，实应为酢菜。因为这种蔬菜新鲜时并不受欢迎，而腌制之后特别畅销。而"榨"是说不通的。另外，《释名·释饮食》："鲊（zhǎ），菹也，以盐米酿鱼以为菹，熟而食之也。"《齐民要术》有专章讲做鱼鲊。可见，讲腌菜，离不开以乍表音的鲊、榨、酢以及菹。从字理上来说，酢更靠谱，酉可以看成腌菜坛子。如 ~ nail 酢鱼，即做鱼鲊。~ vob mangk 酢摩蔬，即腌咸菜。腌菜时，要在菜上一层层地抹盐，因而称摩。

sot 1. 瘦，上古音在山母、幽部。韵母 ou 转为 o。《说文解字》："瘦，臞也。"今言清臞，犹如清瘦。《淮南子·修务》："神农憔悴，尧瘦臞。"如 ~ gangt 瘦干，犹如干瘦。~ gab sot gul 瘦架瘦骨，指瘦得只见骨头。

2. 灶，上古音在精母、觉部。韵母相当于 ou，转为 o。《说文解字》："灶，炊灶也。"《吕氏春秋·论大》："灶突决，则火上焚栋。"突是烟囱。

3. 躁，上古音在精母、宵部。韵母相当于 ao，转为 o。《说文解字》："躁，疾也。"也作趮。也指躁动、扰动。《淮南子·精神训》："七月而成，八月而动，九月而躁，十月而生。"这里指胎儿的成长过程，说明躁比动剧烈。如 Dail jib daib nongd jus deis ~ naix bongt wat 这孩子着实躁人得很。指折腾人、好动。

4. 措，上古音在清母、铎部。韵母中本无 u。《说文解字》："措，置也。"指安放。sot 是 cot——措的又音。《论语·子路》："刑罚不中，则民无所措手足。"《庄子·田子方》："措杯水肘上。"如 ~ dit diot diub dax 措卮（指碗）于桌子。~ dul diot hangd nongd 措楚（柴火）于这里。~ hvib 措心。措心做某事，即把心放在做某事上，犹如下决心。~ hsaib 措恃，即寄予希望、有赖。~ hsaib diot mangx 寄望于你们。

sox 1. 槽，上古音在从母、幽部。韵母 ou 转为 o。《说文解字》："槽，畜兽之食器。"《晋书·宣帝纪》："又尝梦三马同食一槽。"这里马象征司马，槽象征曹。如 ~ mal 马槽。Dail mal nongx nangx diot laib ~ 马吃草于槽。

2. 砸，与匝同音，上古音当在精母、缉部。sox 是 sof——砸的又音。如 ~ vib 砸石（头）。

3. 斫，上古音在章母、铎部，入声。《说文解字》："斫，击也。"以石表音，以斤表义。斤即斧头。斫指用斧头砍。sox 是 dod——斫的又音。汉代枚乘《七发》："使琴挚斫斩以为琴。"斫、斩义近。如 ~ det 斫树，即砍木头。~ dongt zaid 斫房柱，一种驱鬼仪式。

4. 食，上古音在船母、职部，入声。韵尾相当于 o。食本是象形词：下部的皀是盛食物的容器，上部是盖子。食本指食物。《论语·乡党》："君赐食，必正席先尝之。"引申为动词，指吃，或给某人吃。《汉书·韩信传》："解衣衣我，推食食我。"第一个衣、食都是名词，第二个都是动词。食我即让我吃。汉代刘向《新序·刺奢》："食凫雁必以秕，无得以粟。"即只能以秕谷喂鹅鸭。这个意义上，后来用饲。苗语中，sox 即喂养。如 vel ~ vel diangs 越食（饲、喂养）越壮。

5. 所。照搬现代汉语。如 sox yix 所以。wil dios nenx tongf xof, ~ yix lias nenx 我是他同学，所以瞭（了解）他。

song

songb 1. 松，上古音在邪母、东部。声母为 z。不过，这里应为鬆（sōng），以松表音。《玉篇》："鬆，乱发貌。"头发蓬松的样子。唐代陆龟蒙《自怜赋》："首蓬鬆以半散，支棘瘠而枯疏。"泛指松散。陆游《春晚出游》："土鬆香草出瑶簪。"又引申为轻松、松快。苗语中，songb 正指后者。如 ~ hob 松活，即轻松、容易。Mongx dail hot ~ hof wat nend! Mongx lol ait mangf! 你还说松活得很呢！你来做嘛！

2. 鬃，上古音在从母、冬部。《玉篇》："鬃，高髻也。"本指发髻高，引申指兽畜项上的长毛。前蜀韦庄《代书寄马》："鬃白似披梁苑雪，颈肥如扑香园花。"苗语中，songb 指后者。如 Dot dail ninx dad daid, dot dail mal hsab ~ 得只（水）牛长骶（尾），得只马粗鬃。即获得长尾水牛、粗鬃马。

songd 双（shuāng），上古音在山母、东部。韵母本为 ong；双作姓氏时即读去声。《说文解字》："双（双的繁体），隹二枚也。"即两只鸟。泛指两个。《史记·淮阴侯列传》："诸将易得耳。至于信者，国士无双。"如 ~ hmid 双劈，指牙齿生出前后两层。

songl 1. 髒（zàng），上古音在精母、阳部。韵母 ang 变异为 ong。组成叠韵词肮（kàng）髒，指身体胖大貌。但单独使用，即为肮脏之脏。《说文解字》无髒字。用于肮脏之脏或许是其本义：中原以南的葬俗，死后暂厝，待尸体腐烂后，殓骨入土。可想见收拾残骨时的狼藉之状。髒或许即会意狼藉之状。而肮髒可能是昂藏（指雄伟）一词的又音。苗语中，songl 指肮脏。如 Diub zaid songl niox 家里脏得很。

2. 悚（sǒng），上古音在心母、东部。《说文解字》："悚，惧也。"《韩非子·内储说上》："吏以昭侯为明察，皆悚惧其所而不敢为非。"引申为胆小怕事。如 Dail mongx ~ wat 这人悚得很。

songs 正，上古音在章母、耕部。韵母 eng 转为 ong。正字从一、止。止是脚的象形。上面的一可以看成一条线，也可以看成一堵墙、一根门槛等等。笔者倾向于这是一根门槛，脚对着门槛，表示将要出门，因此，正月的正是一年之始，有起点之义。正也有了另外一个义项：正对着。《论语·阳货》："其犹正墙面而立也欤？"正墙面而立即对着墙面而立。如 Wil ~ nenx diot dangl gid 我正他在路上，即我在路上与他面对面了，表示相遇。Seix dol bongx eb，~ dol bongt jent 值浡水，正猛风。即赶上激流，迎上疾风了。

songx 床，上古音在崇母、阳部。韵母 ang 变异为 ong。《释名》："人所坐卧曰床。"可见床早期不仅指卧具，也指坐具。《玉台新咏·古诗为焦仲卿妻作》："媒人下床去，诺诺复尔尔。"这里的"床"是坐具。《诗经·小雅·斯干》："乃生男子，载寝之床。"这里的"床"是卧具。引申指类似于床、起支承作用的架子。杜甫《羌村三首》："赖知禾黍收，已觉糟床注。"今有机床、车床等词。
(1) 指睡床。如 ~ qut 床亓。亓也是床。qet ~ bit dab 茸床睡下。即整理床铺睡觉。Dial diangd bit songx jenb, nil diangd bit mox dongb, bit longd not gux gangb 哥归睡金床，妹归睡茅草，睡草多臭虫。
(2) 指床形架子。如 ~ dok 纴床，即织布机。纴即布。

su

sub 1. 书。照搬现代汉语。如 ~ jid 书记；~ baob 书包。

2. 苏。照搬现代汉语。如 ~ Lieeb 苏联。

suf 熟，上古音在禅母、觉部。韵母只保留了韵尾 u。《说文解字》："孰（熟的本字），食饪也。"即食物煮到可以食用了。《左传·宣公二年》："宰夫胹（ér）熊蹯不熟，杀之。"因为熊掌没有煮烂，就杀了宰夫。引申为熟习、熟练。杜甫《宗武生日》："熟精文选理，休觅彩衣轻。"如 suf xif 熟悉。组成双声词：~ saf 熟识。Hxak "Niangx Eb Seil"，nenx ~ saf lins niox "仰阿莎"歌，他熟识得很。Nenx hmat hveb hmub ~ wat 他说苗语熟得很。

sul 1. 似，上古音在邪母、之部。韵母有所偏转。《说文解字》："似，像也。"《论语·乡党》："孔子于乡党，恂恂如也，似不能言者。"如 yangx dab sul nius vit 熔地似凝液。即土地熔化像浓汁。

2. 凑，上古音在清母、侯部。凑从奏表音，奏则在精母。韵尾本作 o，略有偏转。《广韵》释凑："水会也，聚也。"原来，凑本应写作湊，从水旁。《说文解字》则释为"水上人所会也。"《战国策·燕策一》："乐毅自魏往，邹衍自齐往，剧辛自赵往，士争凑燕。"今有"辐辏"一词，指像车辐一齐指向轮轴，由周边向中心聚合。也指添加到、加入既有的某群体、某类事物中。宋代陈亮《与章德茂侍郎书》："岁食米四百石，只得二百石，尚欠其半，逐旋补凑。"如 ~ nenx dol ait jus gid mongl 凑（入）他们作一路去，即和他们一起去。~ nenk ghab hsaid nef hot 凑点糯米煮，即掺入点糯米来煮饭。~ bil 凑手，指在现有的人手里再加入一只手，即插手。

sux 熟，上古音在禅母、觉部。sux 是 suf——熟的又音，基本同义，也指熟练、熟习，精于做某事。如 ~ kab lix 熟铧田，即会犁田、善于犁田。~ hveb diel 熟周话，即会汉语。Mais ~ daib nangl lal，bad ngas daib nongx xangd 母熟（指手艺精）儿穿好，父勤儿吃饱。

T

提示：声母 t 对应于汉语中的 t、ch、d 等，主要源于古汉语中的透母、昌母、定母等。

ta

tab 侂（tuō），上古音在透母、铎部。《说文解字》："侂，寄也。"即寄居别人家里。但今天与委托（託）、托举之托均合并为托。《楚辞·招魂》："东方不可以托些。"汉代张衡《思去赋》："托山阪以孤魂。"这里的托都是寄居之义。如 ~ lax 侂落，叠韵词，流落在外。落也在铎部。

tad 1. 脱，上古音在透母、月部，入声。韵首 u 灭失。《说文解字》："脱，消肉臞也。"《尔雅》："肉去骨曰脱。"《尔雅》应是本义，《说文解字》释为消瘦应是比喻义。泛指脱离、脱落。《庄子·肤箧》："鱼不可脱于渊。"《管子·霸形》："言脱于口，而令行乎天下。"《史记·平原君虞卿列传》："使遂早得处囊中，乃颖脱而出。"tad 是 hluk——脱的又音，基本同义。

（1）指脱除。如 ~ ud 脱衣。~ khet 脱裤。~ hlat 脱索，即解除绳子的束缚。~ hxid lob bil 脱手脚率，率也是绳索。这个词指解除手脚的束缚，意谓手脚灵活。

（2）指脱离。如 ~ bil 脱手。与汉语的脱手有差别，指（鬼神）放手，不作祟、不害人。

（3）指脱落。如 Dail mif liod ~ ghab daib yangx 母（黄）牛脱崽了，指小黄牛离开母体、出生了。

2. 斥，上古音在昌母、铎部。昌母近乎 t、ch 之间。tad 是 cait、ceit——斥的又音。《集韵》注音为托。从斥表音的柝即读 tuò。《说文解字》："斥，却屋也。"段玉裁注："却屋者，谓开拓其屋使广也。"本指将只有后墙、没有前墙的简易房屋或遮蔽所向后拓展，有多个引申义。其中有开拓、充斥、释放之义。《庄子·田子方》："夫至人者，上窥青天，下潜黄泉，挥斥八极，神气不变。""挥斥"有放纵心情，释放之义。今有"斥资"一词。《左传·襄公三十一年》："盗寇充斥。"苗语中，tad 也有类似的字义。如 ~ ves 斥活，活指活力、力气。一指使力、使劲。这里的"斥"指释放。二指身体好转，浑身充满力气。这里的"斥"指充斥。

taf 1. 大，上古音在定母、月部。《说文解字》："天大，地大，人亦大。象人形。"与小相对。《孟子·梁惠王上》："以小易大。"如 Des ghab gif wil nail, jas ib taf nail bangl 顺沟来捉鱼，逮一大鳊鱼（鲫鱼）。按苗语习俗，这个"大"字一般应放在鱼后面（定语后置），但这里为使声调（f）与上一句的相对应，故放在鱼的前面。而且，表示大小之大，苗语较少用 taf——大，多用 hlieb——粗。

2. 嗤，上古音在昌母、之部。韵母相当于 o。《玉篇》："嗤，笑貌。"多指嘲笑、讥笑。《后汉书·樊宏传》："尝欲作器物，先种梓漆，时人嗤之。"如 ~ xif 嗤戏，即嘲笑、嘲弄。戏有戏弄之意。《国语·晋语九》："智襄子戏韩康子而侮段规。"如 Nenx dad gid ~ xif naix 他故意嗤戏（嘲弄）人。

taf xif 或释为踏亵。踏的上古音在透母、缉部。《说文解字》："踏，践也。"引申为作践。亵本指亵衣，引申为轻慢、亵渎。踏亵即轻侮、贬低。

tak 1. 退，上古音在透母、物部。韵母略有偏转。《说文解字》释退为"却也"，与进相对。《易经·乾卦》："进退无恒，非离群也。"引申为撤销、后撤等。《汉书·武帝纪》："在上位而不能进贤者，退。"这里的"退"即撤职。又指退让。《论语·先进》："求也退，故进之；由也兼人，故退之。"即冉求畏缩退让，因此激励他；仲由胜过他人，因此给他泼冷水。苗语中，tak 有相应的字义。

（1）后退、回转。如 Diangd mongl nenx diux, ~ mongl nenx zaid 转往他门，退往他宅。即回家了。

（2）退让。如 ~ gid 退路，指后退、让路。~ gid diot wil mongl 让路给我走。

（3）撤去。如 ~ dul 退烓，即撤火。

2. 插，上古音在初母、叶部，入声。声母本相当于 ch，变异为 t。《说文解字》："插，刺内也。"《广韵》释为"刺入也"。内、入同义。白居易《琵琶行》："沉吟放拨插弦中。"引申指栽植，将苗木插入土壤。陆游《大雨》："绵地千里间，四月秧尽插。"如 ~ xenk 插楔。~ xenk mif bil 插拇指楔。一种刑罚，将两个拇指绑在一起，再在中间加楔子。引申为在空隙里栽种，犹如插空。~ nax dul 插红薯，即补种红薯。

tat 1. 斥，上古音在昌母、铎部。tat 是 cait、ceit、tad——斥的又音，这里的字义与前几处不同，指斥责、责骂。《谷梁传·僖公五年》："目晋侯斥杀，恶晋侯也。""晋侯斥杀"指晋侯斥骂并杀死太子申生。今天仍有斥责、指斥等词。如 ax gid ~ naix 不要斥人，即不要骂人。

2. 坼（chè），上古音在透母、铎部。声母本为 t。《说文解字》："坼，裂也。"《淮南子·本经》："天旱地坼。"tat 是 ceit——坼的又音。泛指破裂。如 Nenx ob laix ~ dol yangx 他俩坼逴（chuō）焉，即他俩（的爱情）破裂了。~ dol 坼逴，疏远。~ hxangd 坼盂（huāng），即散（淤）血。

3. 拆，上古音也在透母、铎部，声母本为 t。拆与坼同音，还与坼互通。《诗经·大雅·生民》："不拆不副，无灾无害。"有的版本也作坼。不过，拆更多地指人为地分开。如 ~ xangx 拆场，即散场（集市结束）。~ was 拆濩（huò），即散开。濩有散布之义。

4. 踏，上古音在透母、缉部。《说文解字》："踏，践也。"指用脚踩。韩愈《送李六协律归荆南》："宋亭池水绿，莫忘踏芳菲。"如 ~ def del 踏投堕，即踏秋千，指踩着秋千晃起来，汉语中的"秋千"本作鞦韆，是双声词。def del 也是双声词，犹言抛出去，落下来。

5. 錔（tà），上古音在透母、缉部。《说文解字》："錔，金有所冒也。"本指柄端的金属帽，以防柄端开裂、披散。《玉篇》："錔，器物踏头也。"《左传·昭公二十五年》："郈氏为之金距。"服虔注："以金錔距。"就是给鸡的脚趾套上金属帽，以增强其在斗鸡时的杀伤力。《说文解字》："輨（guǎn），毂端錔也。"即车毂端头的金属帽叫輨。苗语中，tat 指防止器物裂散的部件，如箍一类的东西。如 ~ dif 提錔，即桶箍。可以装东西并能拎起来的容器叫提。Jil dif nongd ax bil diot ~ 这只提（桶）还没有上錔（箍）。

tax 沓，象声词。如 Gid nangl bet hxongt ~ ~ 东边枪声响沓沓。

tai

taib 1. 推，上古音在透母、微部。韵首 u 灭失。《说文解字》："推，排也。"指朝外移。《庄子·渔父》："孔子推琴而起。"《左传·成公二年》："苟有险，余必下推车。"有多项引申义。引申为推算。《淮南子·本经》："星月之行，可以历推得也。"又指理发工具：推子，或刨木工具：刨子。苗语中，taib 有相应的字义。

（1）指推究。在有争讼的双方相持不下时，用烧油锅、捞斧头的方式来判定谁输谁赢。如 pid ~ 焚推，就是这种解决争讼方式的简称。

（2）指顺推。如 ~ baib 推班，即轮班。Dias nongd ~ leit mongx yangx 这次

推到你了，即轮到你了。~ jud 推酒，指大家依次喝酒。

（3）指刨子。因为使用时要向前推而得名。如 Dad diangb ~ lol ~ liul bis 拿把推子来推（刨）木板。

（4）推诿。如 Nenx taib mongl taib lol 他推来推去。

2. 贪，上古音在透母、侵部。韵母 em 像 an 一样转为 ai。《说文解字》："贪，欲物也。"《墨子·非命中》："恶恭俭而好简易，贪饮食而惰从事。"贪有贪婪、贪得无厌等词。如 ~ nongx 贪茹，即贪吃。

3. 添，上古音在透母、谈部。韵母 am 像 an 一样转为 ai，韵首 i 灭失。《说文解字》中添作沾："沾，益也。"即增添。北周庾信《橙赋》："香添然蜜，气杂烧兰。"如 ~ xix 添禧，即添福。~ xix diot nangs 添福增寿。

taid 1. 泰。照搬现代汉语。如 ~ Saib 泰山；~ Gof 泰国。

2. 弹，上古音在定母、元部。韵母 an 转为 ai。《说文解字》："弹，行丸也。"指用弹弓发射弹丸。taid 是 hnaid——弹的又音。hnaid 指弹弓。taid 则指快速运动，放在动词后面，做补语，指该动作很快速。dik ~ 跃（tì）弹，指快速一跳的样子。如 Dub ~ 置弹，猛地一放（搁）的样子。

taif 台。照搬现代汉语。如 ~ Waib 台湾；~ Beef 台北。

tait 炭，上古音在透母、元部。韵母 an 转为 ai。《说文解字》："炭，烧木未灰。"炭是木头经燃烧失去水分后的黑色物质，仍有较高的燃烧值。《左传·定公三年》："自投于床，废于炉炭。"如 pid ~ 焚炭，即烧炭。~ vib 石炭，即化石炭、煤。苏轼有《石炭》诗："岂料山中有遗宝，磊落如黳（yī）万车炭。"这里的炭即石炭、煤。

tang

tangb 1. 梯，上古音在透母、脂部。可以视为韵母 ang 化了。《说文解字》："梯，木阶也。"《墨子·公输》："闻子为梯，将以攻宋。"这里的"梯"指攻城的云梯。梯从弟表音，弟可能也有表义成分：弟有次第之义。如 ~ lox 楼梯。jit ~ 跻梯，即爬梯子、登梯子。

　　磴、礳、隥（dèng）三字古音都在端母、蒸部，且都有石级（凿石或垒石而成的阶梯）之义。从登表音的字也有在定母、透母的，也就是说声母也有可能为 t；韵母 eng 转为 ang，磴、礳、隥也有可能在苗语中都读 tang，且具有阶梯之义。汉代班固《西部赋》："陵磴道而超西墉。"《水经注·河水》："羊肠坂在晋阳西北，石礳萦委，若羊肠焉。"《水经注·

汾水》："岭上东西有通道，曰銒（xíng）隥。"三字均从登，登有登高、登进之义。

（左）阝，是梯子的象形字。其象形源于最早的、简易的梯子：在一根长木上，按一定的间距砍出一个脚窝，倚于高处，就可以缘此登高。因此，表示阶梯的字如阶、除、阼、陛、陔均从（左）阝。而其他从（左）阝的字无非是以下几种情况：一指升降，如陟、降、坠、陨、陷等；二指高下，如险、阻、隰、隍等，无非与地形有关。均由这个（左）阝表义。很多人受《说文解字》误导，把（左）阝看作阜字。这一点已被后来的甲骨文学家、金文学家证明其弄错了。但（左）阝的读音是什么，还不得而知，在现有的汉字里没有找到以（左）阝表音的字。（左）阝的读音与梯、墱（磴、隥）、tang 是否有关，也是个悬案。

2. 橡，上古音在定母、元部。韵母中的 u 灭失，an 转为 ang。《说文解字》："橡，榱（cuī）也。"即屋顶上架于檩上、支撑屋瓦或草顶的木棍。《左传·桓公十四年》记载，宋人伐郑，"以大宫之橡归，为卢门之橡。"将人家宫室的橡子都卸走了。如 ～ zaid 宅橡，即屋橡。dib ～ 钉橡子。

又，《管子·侈靡》："橡能逾，则橡于逾能。"指梯子可以登高，登高是梯子的职能。尹知章注："橡，犹梯也。"说明"梯"的读音与橡相同。《管子》一书用的是齐国的语言，而齐与苗族的发源地重合。tang——梯、橡之间的关系耐人寻味。

tangf 唐。照搬现代汉语。如 Tangf Saib 唐山；Tangf Caof 唐朝。

tangt 1. 汤（tàng），上古音在透母、阳部。《说文解字》："汤，热水也。"《论语·季氏》："见不善如探汤。"探汤即以手试热水。又指用热水烫、浇。《广韵》释汤："热水沃也。"沃即浇。《集韵》："汤，热水灼也。"《礼记·月令·季夏之月》："烧薙（zhì）行水，利以杀草，如以热汤。"指该季节适合除草，就像用热水烫一样。《山海经·西山经》："汤其酒百尊。"汤酒即烫酒。烫是后起字。苗语中，tangt 也有相应的字义。

（1）指用浇热水的方式来烫。Tob eb lol ～ bat 烧水来汤猪。褪猪毛前用热水浇其表皮。

（2）泛指浇、淋。如 ～ eb 汤水，即淋水。～ nongs 汤扁，即淋雨。Jib daib xud ghad ～ khet 小孩拉屎淋裤子了。

2. 敞，上古音在昌母、阳部，入声。《说文解字》："敞，平治高土，可以远望也。"引申为开阔。《汉书·郊祀志下》："泰山东北趾古时有明堂处，处险不敞。"又引申为张开。《聊斋志异·采薇翁》："敞衣露腹。"苗语

489

中，tangt 即指敞开。如 ~ diux 敞宁（zhù），即敞开门。~ lix 敞田，指敞开田埂上放水的缺口、放田水。

3. 趟，可能是照搬现代汉语。趟是后起字，多用于量词，指一个来回。《西游记》二十二回："沿地云游数十遭，到处闲行百余趟。"如 Mongx job lob mongl Bangx Hat ib tangt 你交止（指快走）往旁海（镇名）一趟。泛指一次、一回。Tat nenx ib ~ 斥他一趟，即骂他一顿。

tao

taod　套。照搬现代汉语。如 ib ~ ud 一套衣。

te

teb　坛（繁体作罈、罎），从曇或覃表音。这二者都在透母、侵部。韵母相当于em，m 可不发音。坛是陶制容器。唐代许浑《夜归驿楼》："窗下覆棋残局在，橘边沽酒半坛空。"如 ~ jud 酒坛。~ eb 水坛。~ hsaid 粲坛，即米缸。

ted　1. 秒（chào），从少表音，当与钞、吵一样，古音在初母、宵部。韵母为 au，近于 ao，一般转换为 o，这里讹为 e。《广韵》："秒，重耕田也。"即对犁过的田再实施碎土、平整。也指用来秒田的农具。元代王祯《农书》卷十二："秒，疏通田泥器也……其齿比耙齿倍长且密。人以两手按之，前用畜力挽行。"如 ~ lix 秒田。

2. 读，上古音在定母、屋部，入声。韵母为 o。ted 是 duf——读的又音。《说文解字》："读，诵书也。"《庄子·天道》："桓公读书于堂上。"由读出书上的内容引申为宣讲、抽绎。《诗经·鄘风·墙有茨》："中冓（gòu）之言，不可读也。"即这里面的话就不要往外说了（因为是丑事）。《庄子·则阳》："今计物之数，不止于万，而期曰万物者，以数之多者而读之也。"这里的"读"犹如说。苗语中，ted 也有相应的字义。

(1) 即读书。如 Nenx niangb ghab qangb ~ dud 他在屋里读书。

(2) 指宣讲、说。如 ~ ghed 读古，即讲古，说古代故事。

tef　投，上古音在定母、侯部。韵母为 o。《说文解字》："投，掷也。"引申为投入、投奔。《庄子·让王》："因自投清冷之渊。"晋代张协《杂诗》："述职投边城，羁束戎旅间。"如 ~ diel 投敌；~ xangf 投降。

tek　1. 特，上古音在定母、职部。《说文解字》："朴特，牛父也。"《玉篇》："特，牡牛也。"总之，特是公牛，有多项引申义。其中一项为杰出、卓异。《诗经·秦风·黄鸟》："维此奄息，百夫之特。""奄息"是人名，言其百里挑一。又用于"特别"等词。如 ~ vut 特好。~ hlieb 特粗，指特别大。

2. 跎，上古音在定母、歌部。韵母中本无 u。跎往往与蹉组成叠韵词：蹉跎，也作跎蹉。蹉跎即俗语"脚底下打绊子"。《楚辞·九怀》："骥重两耳兮中坂蹉跎。"洪兴相注："蹉跎，失足。"后引申为虚度光阴或颠沛失意的样子。三国阮籍《咏怀》："娱乐未终极，白日忽蹉跎。"又作跎蹉。梁启超《意大利建国三杰传》："跎蹉岁月，何以为情！"苗语中，~ hsek 跎蹉，也是叠韵词，不过蹉——hsek 的声调似乎本不应为 k，当是受前面的跎——tek 影响之故。这里跎蹉用其本义：失足、打趔趄。如 Hangb gid ~ hsek, dliangd bil yangx 行路跎蹉，滚坡（跌倒）了。

tet 贷（tè），上古音在透母、职部。《说文解字》："贷，施也。"即拿出来给别人。《左传·昭公三年》："以家量贷，而以公量收之。"即以自制的量器往外放粮，用标准量器往回收粮。又反过来指借入。《史记·平津侯主父列传》："家贫，假贷无所得。"即借不到东西。苗语中，tet 取"施"之义。如 Tet ib nenk baib nenx 贷一点给他，即拿出一点给他。

tei

teib 添，上古音在透母、谈部。teib 是 taib——添的又音。如 ~ nenk eb diot laib wil 添点水搁锅里。

teid 隤（tuí），上古音在定母、微部，入声。韵母中的 u 灭失。《说文解字》："隤，下队（坠）也。"引申为败落、下降、跌倒等。司马迁《报任安书》："李陵既生降，隤其家声。"《淮南子·原道》："先者隤陷，则后者以谋。"韩愈《忆昨行和张十一》："驿马拒地驱频隤。"后两例均指跌倒。隤往往写作颓。颓应是通假字，本义为秃。诸葛亮《出师表》："亲小人，远贤臣，此后汉所以倾颓也。"隤还引申为精神不振。组成叠韵词：teid hleid 隤趖（suō），本指下坠、下滑（趖指下滑，hleid 是 hlod——趖的又音，韵母的变化也是受前面 teid 的影响），比喻小孩要赖，倒在地上，以要挟大人。如 Jib daib ~ hleid diot dlangx dab 小孩隤趖在地上。teid hleid 又指倒在地上，不想走。Hxid hangd nongd vut ghak, ghax ~ hleid ax hangd mongl 看这里好玩，就隤趖不愿走了。

teik 敦（duì），上古音在定母、微部。韵首 u 灭失。敦从攵表义。攵是手持工具之形。敦做动词。《庄子·列御寇》："北面而立，敦杖蹙之乎颐。""敦杖"即拄杖。镦从敦表音，也读 duì。敦似乎有表义成分，因为镦是矛、戟等柄端的金属帽，以保护柄端。显然，镦是常拄于地上的。镦或简化为镦。另外，鐜（duì），是打夯用的铁锤，也是砸在地上的东西。敦有多个引申义。《诗经·邶风·北门》："王事敦我，政事一裨益我。"敦我即推给我。敦促之义也是引申而来。今"墩布墩地"一说，恐怕应该用敦，敦地即杵地。而墩是名词，即土堆。至于敦厚之敦，是假借字，本应为惇（dūn）。苗语中，teik 即相当于拄、杵（动词）。如 ~ waix ~ dab 敦宇敦地，即顶天拄地，指屋子里堆满了东西。Dad ghab hxenb ~ nenx 拿肘敦他，即拿肘杵他。

teit 吥，语气词，常常用于突然吓唬人。如 ~，Mongx dax yangx！吥，你来啦！

ten

tend 1. 蜕，上古音在透母、月部。韵首 u 灭失，且韵母"n 化"了。汉语中也有类似现象，正如褪（tuì）又读 tùn。《说文解字》："蜕，蛇、蝉所解皮也。"蛇蜕、蝉蜕即其所脱之皮。也做动词。《广雅》："蜕，解也。"《史记·屈原贾生列传》："蝉蜕于浊秽，从浮游尘埃之外。"南朝任昉《述异记》："道家云，虎千年，则牙蜕而角生。"如 Daib nangb ~ dud, dail nes ~ dliub 蛇蜕皮，鸟蜕毛。~ liut 蜕肤，即蜕皮。~ nias 蜕癞，因生癞而致表皮脱落。

2. 退，上古音在透母、物部，韵首 u 灭失，且韵母 n 化了。《说文解字》："退，却也。"tend 是 tak——退的又音。字义也有所不同。tak 指退却，而 tend 则是引申义，指消退。《世说新语·文学》："桓自叹才思转退。"如 Laib dob nongd ~ jab yangx 这布退药了，即布煺色了。因深色衣服均由药物染成。tend jab 退药，即褪色。

退色，现多作褪色。褪是后起字，本指衣服脱落，也读 tùn。引申为消退。宋代周邦彦《满江红》："蝶粉蜂黄都褪了，枕痕一线红生肉。"苏轼《蝶恋花》："花褪残红青杏小，燕子飞时，绿水人家绕。"

3. 遄（chuán），上古音在禅母、元部，入声。韵首 u 灭失，韵母 an 转为 en。《尔雅·释诂》："遄速亟屡数迅疾也。"这几个字都指疾、快速。《诗经·邶风·泉水》："遄臻于卫。"《毛传》："遄，疾。"王勃《滕王阁诗序》："遥襟俯畅，逸兴遄飞。"如 ~ wenf 遄运，指快速移动。Dangx laib vangl dol naix tend wenf dax mongl jul yangx 整个寨子的人遄运出来了，指全体快速出动。

tenf 1. 屯，上古音在定母、文部。韵首 u 灭失。屯是象形字，一横像地面，中（cǎo）屈曲于地面之下，正待破土。《易经·屯卦》："屯，刚柔始交而难生。"草艰难破土。又指蓄积力量，故《释文》释为"聚也"。多引申为屯集兵力。《管子·轻重乙》："请以令发师，置屯籍农。"《旧唐书·郭子仪传》："诏子仪以步骑五万自河中移屯泾阳。"今有屯边、屯垦等词，均指集聚部队、兵团。也做名词，指军队驻扎地，或人们集居地。东北多把村落叫屯子。贵州地区，历代多有朝廷官兵驻扎，驻地叫屯。如 Diub ~ gid niangs maix dol yongx 屯里面有勇。勇即清朝的兵勇。

2. 腾，上古音在定母、蒸部。韵母 eng 转为 en。腾从朕表音，从马表义，指马跳跃。水上涌则为滕，从水表义，即沸腾之腾的本字。泛指跳跃、上升。《汉书·李广传》："虎腾，伤广，广亦射杀之。"《礼记·月令·孟春》："天气下降，地气上腾。"由跳跃离地引申为腾挪。苗语中，tenf 即指腾挪、腾地方。如 ~ qongd zaid nongd lol jis nax 腾这间房来装白薯。

3. 誊，繁体作謄，也从朕表音，上古音在定母、蒸部。《说文解字》："謄，移书也。"即誊抄，隐含腾挪之义。唐代王建《贫居》："蠹生誊药纸。"因纸生虫而重新誊抄。如 ~ dud 誊书。Mongx ~ vut nenk 你誊好点。

tenk 腾，上古音在定母、蒸部。韵母 eng 转为 en。tenk 是 tenf——腾的又音。腾由马跳跃引申出多个义项。《离骚》："路修远以多艰兮，腾众车使经待。"王逸注："腾，过也。"实际上指超越。又隐含快速之义。《离骚》："吾令凤凰飞腾兮，继之又日夜。"苗语中，tenk 也有类似含义。

（1）指超越。如 ~ gid 腾路，指超越路上的其他行人、车马，比喻争先。~ gid ait gheb 指抢着干活，在劳动中争先。

（2）指快速地。如 dik ~ 跃腾，即快速一跳。hxit ~ 试腾，指快速地试一下，组成叠词：~ ~ 腾腾，仍指快速地、时间过得很快。如 ~ ~ nongd dad zab hniut yangx 腾腾地这就五年了。dangl ~ ~ 等腾腾，即等一小会儿。

tent 1. 镫（dèng），上古音在端母、蒸部。不过，能转为声母 t 的，似应在定母。瞪、邓（鄧）都在定母。《广韵》："镫，鞍镫。"《正字通》："马鞍两旁，足所踏也。"镫从登表音，登也有表义作用——登此而上马。《南齐书·武十七王传》："纯银乘具，乃复可尔。何以作镫亦是银？"如 Jix mal nongt denf laib ~ vut nenk 骑马要蹬好镫子。

2. 澄，上古音在定母、蒸部，入声。《说文解字》作澂（chéng）："清也。"《淮南子·说山》："而鉴于澄水者，以其休止不荡也。"《增韵》："澄，水静而清也。"引申为明净。唐代常建《张山人弹琴》："玄鹤下澄空，翩翩舞松林。"又做动词。《集韵》："清浊分也"，即让水中的杂质沉淀，使水变清。《三国志·吴书·孙静传》："顷连雨水浊，兵饮之多腹痛。令促具罂缶数百口澄水。"即把水放到数百个容器里，使其澄清。

（1）指明净。如 Laib waix ~ lol yangx 老天澄来焉。指天变晴了，能见度好了。

（2）做动词。如 ~ waix nox 澄宇蓝，即天变蓝，指天晴。Maib dail xid ~ hlat, ~ laib hnaib bil ot 俾哪个澄月，（俾哪个）澄得日未沤？即派谁让月亮、太阳变得明净？

3. 熥（tēng）。早期经典中未见。《集韵》释熥为："以火煖（xuān）物也。"即加热。早期未见，不能说明此字就是后起的，也许它早在某些地区通行，只不过没被文人写入经典。如 Laib jed maif tef nongd senb yangx, dad lol tent nenk daib 这个馒头糍（糍与馒头同义重复，类似于学生娃）凉了，拿来熥一下。

4. 脱，上古音在透母、月部，入声，与蜕相同。韵母也"n 化"了。tent 是 tad——脱的又音。脱本指肉与骨脱离，有多个引申义，其中之一为挣脱，如脱颖而出，比如动物从母体中出生，与 tad——脱的第三义项相同。如 Mif liod ~ ghab daib 母（黄）牛脱其崽，即母牛下崽。

5. 托，上古音在透母、铎部，入声。韵母"n 化"了。《玉篇》："托，推也。"《集韵》："拓，手推物，或作托。"而托也有推托、找借口之义。《晏子春秋·内篇》："为君，厚藉敛而托之为民，近谗谀而托之用贤，远公正而托之不顺，君行此三者则危。"《后汉书·华佗传》："因托妻疾，数期不反。"如 Ob jid ad ib laix ~ ib laix mongl jit eb 姐妹俩一个托（推）一个去汲水。

6. 蜕，上古音在透母、月部。韵母"n 化"了。tent 是 tend——蜕的又音。由蝉、蛇蜕皮引申为蜕变。如 Gangb mod ~ jangx gangb yel 水虿（蜻蜓幼虫）蜕（变）为蜻蜓。

ti

tib 1. 剔（tì），上古音在透母、锡部，入声。《玉篇》释为"解骨也"。《尚书·泰誓上》："刳剔孕妇。"剔指用尖的刀具分解骨肉。引申为剔除或类似于剔的动作等。

（1）用其原义，指分解骨肉。如 ~ bod hsongd lal lal 剔得骨蜡蜡，即把骨头（上的肉）剔得光滑、干净。

（2）指类似于剔的动作。如 ~ denb 剔灯，指剔灯芯，将灯芯顶端烧成的黑疙瘩剔除，可以增加灯的照度。~ vib mus 剔磨石，指磨盘的齿槽将要磨平时，用凿子将其剔深。

（3）指挑选，即从一堆东西里剔出自己想要的。如 ~ laib vut nongx 剔好的吃，即挑好的吃。汉语中挑选的挑也是由类似的动作引申而来。如剔灯芯，也说挑灯芯。

2. 擿（tī），上古音在定母、锡部。《说文解字》："擿，搔也，从手，适声。一曰投也。"本与搔同义。而释为投，则与掷同音（指投掷时，擿读 zhì）。《列子·黄帝》："入水不溺，入火不热，斫挞无伤痛，指擿无痟（xiāo）痒。"痟与痒近义，擿即搔痒或胳肢。如 Dad dol ghab hsab hsaid nongd mongl ~ nenk niox 拿这些碎米头子擿一下。擿有扒拉、拨弄之义，比喻稍稍加工。

3. 痍（yí），上古音在余母、脂部。声母似乎不可能转为 t。但我们应看到，从夷表音的字如桋、荑、鴺都读 ti；而以易表音的字，如剔、踢、惕都读 ti。因此说，痍是有可能读 ti 的。《说文解字》："痍，伤也。"《公羊传·成公十六年》："王痍者何？伤乎矢也。"《后汉书·班超传》："身被金夷，不避死亡。"这里的"夷"假借为痍，金痍即金创，指兵器所致之伤。今有"满目疮痍"一词。苗语中，tib 做动词，相当于伤。如 ~ lob 痍止，即伤脚，指走路太多。~ naix 痍耳，犹如刺耳。~ hmib 痍劈，即伤牙，指吃了酸性食物而倒牙。Nongx ngix not, ~ yangx 吃肉多，痍焉。指吃肉过多而导致见肉即反胃。

4. 叠，上古音在定母、叶部，入声。韵母只保留了韵首 i。《说文解字》："重夕为多，重日为叠。"意思是说：两个夕组成多，多个日组成叠（叠）。多与叠相提并论，叠即多。《仓颉篇》："叠，重也，积也。"唐代杜牧《阿房宫赋》："剽掠其人，倚叠如山。"苗语中，tib 指多、众多。如 ~ naix 叠人，犹如诸位、大伙。

5. 锑（tī）。照搬现代汉语。锑是一种金属，硬度高。如 ~ gob 锑锅。

tid 治，上古音在定母、之部。治一作水名，一指治理，与乱（zhì）相通，乱是理乱丝的会意字。《山海经·河水》："昔禹治洪水。"有多项引申义，如办理、置办等。《史记·越王勾践世家》："父子治产，居无几何，致产数十万。""治产"即置办家产。苗语中，tid 即指置办、兴修。如 ~ zaid 治宅，即盖房。~ dax 治桌，即打造桌子。~ xongt 治兴，并列词组，犹如建设。~ lix 治田。~ ghab jit 治其计，即想办法。~ waix xit dab 治宇饬地，犹如开天辟地。~ khat 治客，指结亲。

tif 1. 掷，上古音在定母、锡部。tif 是 deif——掷的又音。定母既可转为 d，也可转为 t。《说文解字》作擿（zhì）："一曰投也。"《世说新语·任诞》："悉掷水中。"如 ~ seix 掷钱，即扔铜钱，一种赌博，以正反面朝上定输赢。

2. 题。照搬现代汉语。如 tif muf 题目。

tik 矗（chù），上古音在透母、觉部。韵母只保留了韵首 i，ou 灭失。《集韵》释为"长直貌"。《增韵》释为"耸上貌"。司马相如《上林赋》："于是乎崇山矗矗。"唐代杜牧《阿房宫赋》："蜂房水涡，矗不知其几千万落。"耸立的样子。苗语中，tik 指树立。如 tik det 矗树，即栽树。~ dius 矗箸，指把筷子插在饭中，使其直立。

tit 1. 替，上古音在透母、质部。《说文解字》："替，废也。一偏下也。"从金文看，像两个人（夫）站立于一高处、一低处，故有"偏下"之说，这显然有一上一下、一兴一废之喻。今天的"替"字保留了两个夫。早期的"替"多取废除、使某某下去之义。《尚书·大诰》："予惟小子，不敢替上帝命。"即不敢废天命。诸葛亮《答法正书》："君臣之道，渐以陵替。"后来多取替代之义（实际上还是一个上来、一个下去）。《乐府诗集·木兰诗》："愿为市鞍马，从此替爷征。"苗语中，tit 指替代。如 Ghab nex ~ ud nangl 树叶替衣穿。Nenx lol mongl ~ dail xeed zangx gid denx id 他去（接）替前一任县长。ghab nax ~ gad ngangl 白薯替谷咽，即白薯当饭吃。

2. 剃，上古音在透母、脂部。《说文解字》作鬀："剔发也。大人曰髡，小人曰鬀。"《淮南子·说山》："刀便剃毛。至伐大木，非斧不克。"如 ~ khob 剃颗，即剃头。~ hxangt niangs 剃须髯，即剃胡须。

3. 堞，上古音在定母、叶部，入声。《说文解字》："堞，城上女垣也。"即女墙、矮墙。《左传·襄公二十七年》："卢蒲嫳（piě）帅甲以攻崔氏，崔氏堞其宫而守之。"堞其宫，即在其宫上筑堞来防守。城上之堞的功用就是防御。苗语中，tit 指屋前的围墙、院墙。如 Nenx zaid ghab diux maix laib ~ 他家门前有堞。

tix 腆（tiǎn），上古音在透母、文部。韵尾 n 灭失，或者说其韵母接近于 ian，其中 an 转为 ai，在 i 之后被湮灭。《说文解字》："腆，多也。"《玉篇》释为厚。腆从月（肉）旁，指肉厚。腆肚子，指肚子多肉。如 faf ~ 发腆，即发福。

tia

tiab 1. 叉，上古音在初母、歌部。声母 ch 变异为 t。《说文解字》："叉，手指相错也。" 叉是又字加一点。"又" 是手的象形（准确地说，即右手），一点是手指间的物件。段玉裁注："凡布指措物间而取之曰叉，因之凡歧头皆曰叉。" 说明 "叉" 一是做动词：用手指夹物；二是做名词，如手指张开之状。但做动词、表示取物的，后多用 "扠"。苗语中，tiab 主要指用拇指与食指合取东西，或指拇指与食指张开所成之形。

（1）用拇指、食指取物，或握持。如 Dad jil bil ~ dail niangs bangf ghab ghongd 拿手叉匪徒的颈。

（2）做量词，指用拇指、食指合取东西的数量。如 ib ~ vob hsongb 一叉葱，即一小把葱。

（3）指拇指、食指一带，俗谓虎口。如 ~ bil 臂叉，即手叉、虎口。

2. 哆（chǐ），上古音在昌母、歌部，入声。《说文解字》："哆，张口也。" 以多表音，多也在歌部。《诗经·小雅·巷伯》："哆兮侈兮，成是南箕。" 哆、侈同音同义，都是张口、张开。南箕即南斗星，其形如箕，其口大敞。从张开这个意义上说，又可写作奓。奓的上古音在端母、歌部。《集韵》："奓，陟加切，张也。"《庄子·知北游》："日中奓户而入。" 奓户即开门。如 ~ lot 哆咮（zhòu），即张嘴。~ lob 哆止，即叉开双脚。~ mangl ~ mais 哆面哆目，即立眉瞪眼。~ gib 哆角，指牛角张开的样子。

tiat 1. 彻，上古音在透母、月部，本就相当于 tia。《说文解字》："彻，通也。"《左传·成公十六年》："与养由基蹲甲而射之，彻七札焉。" 养由基以善射著名。将甲叠在一起，他射穿了七层。由通彻引申为完全、彻底地。如 deis ~ 实彻，即实 "透" 了，特别结实。gek ~ 固彻，指特别坚固。hleid ~ 出彻，指物体几乎全部伸出、探出。

2. 嗒，象声词。如 Dad laib ghait dib laib vib bet ~ ~ 拿锤子敲石头响嗒嗒。

tiang

tiangb 撑，上古音在透母、阳部，相当于 teang。撑，也写作掌，从尚表音，正如趟、淌、倘、躺、堂、棠一样。而《说文解字》作樘："邪柱也。" 即斜柱。后多指支撑。杜甫《自京赴奉先县咏怀》："河梁幸未坼，枝撑声窸窣。" tiangb 是 hniangt——撑的又音，用法不同。tiangb 引申为顶、抵等。如 enk ~ 印撑，也可以写成摁撑。印、摁，都有挤压之义。印撑指拥挤得很，相互挤压、顶。baid ~ 畐撑。畐即满；撑指容器受到内容物的顶、挤（汉语中有肚子撑了一说）。畐撑，指容器里的东西很满。

tiangk 蹬，上古音在定母、蒸部。韵母本为 ieng，转换为 iang。《广雅》释为"履也"，即用脚踩。含有用力之义。《水浒传》三十八回："便把竹篙望岸边一点，双脚一蹬，那只渔船一似狂风飘败叶。"《西游记》七回："蹬倒八卦炉，往外就走。"如 Bit dab ax gid ~ bongk 睡觉不要蹬被。~ dux 蹬堵。堵本指墙，借指棺材帮，尤指两端的板。脚蹬棺材板，即死了。

tiangt 撑（chèng），上古音在透母、阳部。tiangt 是 tiangb、hniangt——撑的又音。汉语中，撑读去声时，一般做名词，指用于支撑的柱子。不过，苗语中，仍做动词，与 tiangb 不同的是，用于撑开。汉语中就有撑船、撑伞等词。如李白《下泾县陵阳溪至涩滩》："渔子与舟人，撑折万张篙。"如 ~ khangd dlongd 撑囱孔，即撑开窗户。引申为张开。~ niux ~ lot 撑嚼（zhòu）撑咮（zhòu），即张开大嘴。~ mais 撑目，即睁眼。

睻，与撑同音（读音均源自右上角的尚），也有大张着眼睛之义。

瞪，上古音在定母、蒸部，也可转换为 tiangt，也有圆睁双眼之义。

tiao

tiaof 调，照搬现代汉语。如 ~ gaix 调解。

tie

tied 调（diào），上古音在定母、幽部。韵母中的 ou 转换为 o（调从周表音，韵母本为 ou）。《说文解字》："调，和也。"本来可能是指调整琴弦，使其谐于音律。有多项引申义。《史记·夏本纪》："食少，调有余补不足。"《史记·袁盎晁错列传》："然袁盎以数直谏，不得久居中，调为陇西都尉。"苗语中，tied 主要用于调换。如 Dad ghab hsaid mongl ~ xid 拿米去调（换）盐。~ dangl 调端，即掉头（将两头换一个儿）、颠倒。tied ghad 调屁股，也即颠倒。

tiet 掣（chè），上古音在昌母、月部。《尔雅》释为曳，《玉篇》释为牵，即牵引、拉、拽。《晋书·王献之传》："七八岁时学书，羲之从后掣其笔不得。"今有掣肘一词，在别人做事时拽其肘，犹如捣乱。如 ~ bil 掣臂，即拽胳膊、拉手，也就是拽人家。~ dliof 掣擢，是并列词组，犹如拉扯。~ bas 掣萆（bì），指瓜类植物牵藤，也比喻行人络绎不绝的样子。~ ghut 掣节，指动物生长、骨节被抻开。

tiee

tieef 贴，照搬现代汉语。如 ~ dud 贴纸。苗语中，贴读 hniangb。

tin

tinb 1. 听，上古音在透母、耕部。韵母相当于 ing，转换为 in，或者说鼻音灭失。tinb 是 hnangd——听的又音。《说文解字》："听，聆也。"引申为听从、接受别人的意见。《史记·李斯列传》："秦王乃拜斯为长史，听其言。"如 ~ hsent 听信。有两个意思：一是听取信息，有打听之义；二是指采信。如 Mongx mongl ~ hsent maix naix hvad xangx ax maix 你去听信有人赶场（赶集）没有。Mongx ~ hsent hangd deis lol bub nenx ait nend？你听哪儿的信知道他是那样的？

2. 磌（tián），上古音在定母、真部。汉代班固《西都赋》："雕玉磌以居楹，裁金璧以饰珰。""磌"即础、礩，柱子下面的石头。"楹"即柱。如 gek ~ 确（gè）磌，指像磌石一样硬。jongt ~ 坚磌，指像磌石一样坚实。

3. 厅，照搬现代汉语，为机构名称。如 gongb ngaib ~ 公安厅；baid gongb ~ 办公厅。

tind 1. 铲，上古音在初母、元部。韵母 ean 转换为 in。铲本是平木器，做动词时，与刬（chǎn）相通。《玉篇》释刬为削。《齐民要术》："以刬地除草。"如 ~ ghab nangx 刬其苀，即铲草。
蒇（chǎn），上古音在透母、元部，也可转换为 tind。观其字义，相当于解决。《左传·文公十七年》："十四年七月，寡君又朝，以蒇陈事。"今天，称摆平某事，又说蒇事；消除驾驶员的违章记分，叫蒇分。从字形上看，蒇为草头，本义也当是除草。

2. 捵（tiǎn），当与腆一样，在透母、文部，韵母本相当于 in。未见于早期典籍。明代冯梦龙《卖油郎独占花魁》："专等女儿出门，捵开锁钥。""捵"即拨弄。如 Dad ghaid det ~ nenx mongl ib pit mongl 拿节棍子捵它往一边去。Laib lot nongx, laib nais ~ 嘴巴吃，鼻子捵，指猪边吃边拱。
掭（tiàn），以忝表音，当在透母、谈部，也可转换为 tind，也有拨弄之义。明代刘侗《帝京景物略》三："乃掭以尖草，不出，灌以筒水，（蟋蟀）跃出矣。"

tio

tiob 1. 焯（chāo），以卓表音，上古音应在透母或定母、药部。韵母 au 转为 o。《集韵》释为"小热也"。引申为放在热水中略煮。如 ~ vob 焯蔬，即把蔬菜放在开水里过一下。

2. 挑，上古音在透母、宵部。韵母 au 转为 o。《增韵》："杖荷也。"指以肩担物。宋代陆游《自题传神》："担挑双草履，壁倚一乌藤。"又指取。唐代杜荀鹤《山中寡妇》："时挑野菜和根煮。"又指挑逗。《汉书·司马相如列传》："卓王孙有女文君，好音，相如以琴心挑之。"综观"挑"字，均有由下向上之义。如 ~ mais 挑目，指眼珠向上翻，俗谓翻白眼。

tiod 歕（chāo），与超同音。超的上古音在透母、宵部，入声。《集韵》释歕："音超。歕歔，气上蒸。一曰健貌。"歕歔（xiāo），叠韵词，歔指气上出。苗语中，tiod 即健壮。如 Nenx ~ bongt wat 他歕（健壮）得很。

另外，超与歕同音。《说文解字》："超，跳也。"《孟子·梁惠王上》："挟泰山以超北海。"超隐含矫健之义。

tiong

tiongb 1. 噇（chuáng），以童表音。同音字幢、橦（chuáng）均在定母、东部。《玉篇》释噇："吃貌。"《集韵》："食无廉也。"当是指大吃大喝的样子。唐代张鷟《朝野佥载》五："噇却，作个饱死鬼去。"《元曲选·李逵负荆》："你看这厮，到山下去噇了多少酒。"苗语中，tiongb 即指吃，有贬义。如 Mongx zenx ~ zenx ~, ax bub gid xangd yel! 你尽（jǐn）噇尽噇，不知道个饱！

2. 恫（tōng），上古音在透母、东部。韵首 i 是后来衍生的。《说文解字》："恫，痛也。"《尚书·盘庚上》："乃既先恶于民，乃奉其恫。"即你们引导人们做坏事，才遭受痛苦。"《诗经·大雅·思齐》："神罔时怨，神罔时恫。"这里的"恫"指哀痛。苗语中，tiongb 指表示哀痛，即吊唁。如 ~ liangl 恫殓，指人殓时吊唁。

tiongd 统，上古音在透母、东部。韵首 i 是后来衍生的。《说文解字》："统，纪也。""纪，丝别也。""纪"是扎丝束的线头（从一束丝中抽出一根丝头扎捆丝束），而"统"则取丝头之义。《淮南子·泰族训》："茧之性为统，然非得工女煮以热汤而抽其统纪，则不能成丝。"一只茧是由一根丝制成的，只有找到丝头才能将茧抽成丝。《释名》："统，绪也。"即头绪。其引申义有两大类：一是名词，指一脉相传的东西，犹如一根丝上下来的，如血统、正统。二是动词，犹如说抓住其头绪即可带动全局，如统领、统帅。苗语中，tiongd 则指引领。如 Dail ninx nongd hangb ax hvit yel, nongt gid gid ~ nenx 这头（水）牛走不快了，要徐徐统（引领、牵引）它。

tiu

tiub 1. 叉，上古音在初母、歌部。tiub 是 tiab——叉的又音，或者说别音。tiub 相当于 tiab bil 手叉，即张开虎口，拇指端到食指端的距离，即拃（zhǎ）。如 maix ob ~ gid dad 有两叉（拃）来长。

2. 绦，上古音在透母、幽部，韵母本相当于 ou。《说文解字》："绦，扁绪也。"《玉篇》释为"编丝绳也"。实际上指扁带子。扁带子是编织出来的。唐代贺知章《咏柳》："万条垂下绿丝绦。"苗语中，tiub 指打绑腿用的长布条。如 khaid ~ 铠绦，即打绑腿。铠指用绦包裹在腿上。

tiuk 1. 触，上古音在昌母、屋部。韵母相当于 iuo，o 灭失。《说文解字》："触，牴（dǐ）也。"即用角顶。引申为接触。《庄子·养生主》："手之所触，肩之所倚。"又引申为碰撞、冲撞。《左传·宣公二年》："触槐而死。"《韩非子·五蠹》："兔走触株，折颈而死。"tiuk 是 diuk、diut——触的又音。tiuk 指接触、冲撞。

（1）指接触。如 ob dangl xit ~ 二端胥触，即两头相接。

（2）指冲撞。组成叠韵词：~ hliuk 触漱，即冲刷。如 Eb ~ hliuk ghab zat 水冲刷岩壁。

2. 啜（chuò），上古音在昌母、月部。韵母相当于 iua，a 灭失。《尔雅·释言》："啜，茹也。"即吃。《荀子·天论》："君子啜菽饮水，非愚也。"如 Mongx xit xus bongt wat ghax ~ diot 你饿得很就啜（吃）着。

3. 出（chù），上古音在昌母、物部。韵母相当于 iue，e 灭失。tiuk 是 dlius、hleid、qud——出的又音。《集韵》释为"自中而外也。"《正韵》："凡物自出，则入声；非自出而出之，则去声。"这里的"出"读去声，指让他（它）出去，或者被他（它）弄出去，而不是自己出去。《诗经·小雅·雨无正》："哀哉不能言，匪舌是出，维躬是瘁。"朱熹《集传》："出，出之也。"读去声。出与瘁押韵，都在物部。苗语中，tiuk 就是使某某出来。如

501

~ ghad 出萐，即屙屎。

tiut 触，上古音在昌母、屋部。tiut 是 diuk、tiuk 的又音。触即牴、用角顶。《易经·大壮》："羝羊触藩。"即公羊顶篱笆。又引申为触犯、冒犯。《楚辞·九叹·怨思》："犯颜色而触谏也，反蒙辜而被疑。"《汉书·元帝纪》："去礼义，触刑法。"tiut 也有相应的字义。

(1) 指顶、挤。如 jil hab nongd laid wat, ~ lob yangx 这只鞋短很了，触脚焉。触脚即顶脚、挤脚。nongx ngix linl ngas ~ hmid wat 吃炼肉（瘦肉）爱触牙（塞牙）。

(2) 指触犯。如 Hmat hveb ax gid ~ naix 说话不要触人。

to

tob 1. 熥（tēng），是 tent——熥的又音，韵尾 ng 灭失。按《集韵》，熥是"以火煖物"，即加热。tob gad 熥谷，即热饭。如 tob eb hxed nenk daib 熥水热乎点。

2. 彤，上古音在定母、冬部。韵母相当于 om，m 极易灭失。《说文解字》："彤，丹饰也。"即红色的装饰。多指红色。《诗经·邶风·静女》："静女其娈，贻我彤管。"即美女赠我红色的笔。彤管即红笔。《左传·哀公元年》："器不彤镂。""彤"指饰以丹漆，"镂"指雕刻。如 Laib hnaib ~ bongt wat 太阳彤（红）得很。

3. 焘，上古音在定母、幽部。韵母由 ou 转为 o。《说文解字》："焘，溥覆照也。""焘"从灬（火的变形）表义，与照字的相同。"溥覆照"犹如说阳光普照。溥即普、普遍。经典中很少用其本义，多取覆盖之义。表示覆盖的应写作帱（dào）。苗语中，tob 即阳光照耀。如 Laib hnaib ~ dax hxed bongt wat 太阳焘来暖洋洋。

4. 佻，上古音在透母、宵部。韵母为 iao，韵首 i 灭失，ao 转为 o。《说文解字》："佻，愉（tōu）也。""愉，薄也。"即轻薄。《诗经·小雅·鹿鸣》："视民不佻，君子是则是效。"今有"轻佻"一词。苗语中，tob 取轻之义，放在动词后面，指该动作很轻。如 dib tob 打佻，即轻轻地打。liul tob 指擽（lüè）佻，即轻轻地击打、捣。Hangb ~ ~ dax mongl 行佻佻到往，即轻轻松松地往前走。

愉，与偷同音，上古音在透母、侯部，读音正如 to，平声。愉、偷均指轻薄、苟且。《尔雅·释言》："佻，偷也。"想必本指动作轻，引申为偷盗。

《淮南子·道应》："楚有善为偷者。"

5. 拖，照搬现代汉语。如 ~ lab jib 拖拉机。

tod 1. 讨，上古音在透母、幽部。韵母 ou 转为 o。《说文解字》："讨，治也。"应是指研讨治人治事之策。《左传·宣公十二年》："其君无日不讨国人而训之。"引申为探究、探寻。晋代陆机《文赋》："或因枝以振叶，或沿波而讨源。"又引申为索取。《晋书·卫桓传》："或时不持钱诣酒家饮，因书其壁，顾观者以酬酒，讨钱足而灭之。""灭"指把题在壁上的字消掉。如 ~ liangl 讨两，两即银两，讨两即赚钱、做生意。

2. 撒（tuǒ），与椭同音，当在透母、歌部。韵首 u 灭失。《集韵》："弃也。"如 ~ gad diot dlangx dab 撒（弃、倒）饭于地上。~ eb diot jil dif 倒水到桶里。

3. 堕，上古音在定母、歌部。韵首 u 灭失。tod 是 los——堕的又音。堕即落。《史记·留侯世家》："直堕其履圯下。"即让鞋落到桥下。苗语中，tod 放在动词后面，强调迅速下落、向下的动作。如 dik tod 跃（tì）堕，即从高处跳下去。跃即跳。niangb dab ~ 坐地堕，即快速落座、坐下去。

tof 托，照搬现代汉语。如 ~ eef sox 托儿所。

tok 坛，繁体作罈，从覃表音。覃的上古音在定母、侵部，韵母相当于 om，m 极易灭失。覃指深，在苗语中作 dob。tok 是 teb——坛的又音。"罈"字未见于早期经典，但不能说它就是后起字。《红楼梦》八十一回："搁在小瓷坛内，清水养着。"如 ~ jud 酒坛。~ bangx 蕾坛，即花瓶。~ ghad ngol 咳䀋坛，即痰盂。咳䀋，即咳出来的痰。

tot 1. 韬，上古音在透母、幽部。韵母 ou 转为 o。《说文解字》："韬，弓衣也。"即弓袋。《玉篇》释韬为"剑衣"，即剑鞘。《集韵》又称韬："音套，臂衣也。"也就是说韬除了读平声，也读套。韬由弓衣或剑衣引申开来，泛指装东西的套子、袋子。《太公兵法》中有六韬：文韬、武韬、龙韬、虎韬、豹韬、犬韬，无非是装妙计的"锦囊"。后来人们称谋略为韬略。《周书·王悦传》："蕴韬略之秘，总熊罴之兵。"唐代李德裕《寒食三殿侍宴进奉》："不劳孙子法，自得太公韬。"如 ~ los 韬略，本为名词，苗语中指用韬略、出主意、谋划，做动词。Bib ~ los hxid ait deis ait 我们韬略（谋划）看怎么做。

2. 套，是后起字。套从大、长，本指地面上大而长的地貌，如河套。这里应写作韬。韬的上古音在透母、幽部。韵母 ou 转为 o。后人假借套为韬，韬是"弓衣"，泛指装东西的袋形器物。苗语中，tot 一指袋形器物，一指圈套。

（1）指袋形物，一般指袜子。如 diot ~ 著套，指穿袜子。~ bil 手套。diot ~ bil 著手套，即戴手套。

（2）指圈套。如 Nenx gos ~ yangx 他及套焉，他入（圈）套了。Dad ~ mongl diot nes 拿套去捉鸟。

3. 脱，上古音在透母、月部。韵母有所变化，但恰与现代汉语相合：uo 转为 o，u 灭失。tot 是 hluk、tad——脱的又音。《尔雅》："肉去骨曰脱。"泛指脱落、脱除。大概是从松脱引申出舒缓、舒迟貌。《集韵》："脱脱，舒迟貌。"《诗经·召南·野有死麕》："舒而脱脱兮，无感我帨兮，无使尨也吠。"《淮南子·精神》："脱然而喜矣。"注："脱，舒也。"这个意义上，字典注音读如蜕。苗语中，tot 有类似的字义。

（1）指脱除。如 ~ ghab dliub gheib 脱其鸡须，即煺鸡毛。~ ghab dliub gas 煺鸭毛。煺是脱（tuì）的后起字。

（2）指松脱。如 ~ hlat nenk，ax gid vuf jongt wat 脱索点（松开绳子一点），别勒紧了。~ los 脱落。~ los khet 脱落裤，即把裤子松开。Dangl ~ los nenk daib jef gid nongx 等脱落（松快）点才吃。这里的脱落指肚子里的食物消化得差不多了，有所舒缓。

tong

tongb 1. 通，上古音在透母、东部。《说文解字》："通，达也。"《国语·晋语二》："道远难通。"引申为通畅、通晓、通透等。苗语中，tongb 也有诸多相应的义项。

（1）指道路通达。如 Jox gid nongd ~ leit kad linx mongl 这条路通到凯里去。

（2）指通畅。如 ~ gid 通路，指道路畅通。~ bongt 通风，即通气。~ ghongd 通颈，指嗓门通畅、嗓子好。~ hvib 通心，指心怀敞亮、心胸开阔。

（3）通晓。如 Juf ob gid hxak，nenx sail ~ jul 十二路歌，他全通。tongb naix dul 通人情、识趣。

（4）指通透、穿孔。如 Pangb ud ~ laib khangd yangx 衣服通个孔了。组成双声词：~ tab 通彻，指尽是孔洞、破烂。~ hmongb 通梼（méng），指树空心。梼即树心。

（5）指通共，相当于共同的、全部的。《荀子·仲尼》："少事长，贱事贵，不肖事贤，是天下之通义也。"《孟子·告子上》："弈秋，通国……之善弈者也。"通国犹如说全国。如 Nenx vut niux ~ ib jox eb 她美丽通河。

指在这条河的上下游两岸，她是最美的。

另外，还照搬现代汉语的通：~ tiaof 通条，指杀猪或擦枪用的铁条。

2. 恫（tōng），上古音在透母、东部。《说文解字》："恫，痛也。"《诗经·大雅·思齐》："神罔时怨，神罔时恫。""恫"的另一组音义：读 dòng，指惊吓。苗语中，tongb 取前者。tongb 是 tiongb——恫的又音。如 Nos lol qit naix tongb 虑来气人恫，即想起来气得人痛。tiongb 则指哀痛。

tongd 1. 桶，上古音在透母、东部。《说文解字》："桶……受六升。"是可装六升的容器，也是量器。《史记·商君列传》："平斗桶权衡丈尺。"泛指容器。《急就篇》颜师古注："椭，小桶也。"如 ~ eb 水桶。~ eb yux 油水桶，即油桶。组成叠韵词：~ longd 桶笼，即大箩筐。笼是竹制容器，longd 是笼（lǒng）——longl 的又音。

桶也可写作筩。北魏杨衒之《洛阳伽蓝记·闻义里》："长丈七，以木筩盛之。"

2. 橐（tuò），上古音在透母、铎部。韵母"ng 化"了，正如柱读 dongs、茹读 nongx 一样。《说文解字》："橐，囊也。"有底曰囊，无底曰橐。橐实际上是一个布筒子，装上东西后，须两头扎缚。《诗经·大雅·公刘》："乃裹餱粮，于橐于囊。"特指牛皮风箱。实际上它是个牛皮筒，从一端压缩其中的空气，从另一端鼓风，以旺炉火。《老子》第五章："天地之间，其犹橐籥（yuè）乎?"天地之间难道像个大风箱吗? 籥是风箱上出风的管子。《墨子·备穴》："具炉橐，橐以牛皮。"橐即风箱，以牛皮制成。如 dliof ~ 擢橐，即拉风箱。

3. 峒（dòng），上古音在定母、东部。《广韵》："峒，山一穴也。"可能是因为山洞可以居住，峒引申为聚居地（一般见于贵州、广西民族地区）。柳宗元《柳州峒氓》："青箬裹盐归峒客，绿荷包饭趁虚人。""趁虚"即赶集。陆游《游卧龙寺》："峒人争趁五更市，我亦来追六月凉。"苗语中，tongd 指场所、处所，当是由聚居地之义引申而来。

tongf 1. 幢（zhuàng），上古音在定母、东部，以童表音，又读如童。《说文新附》释为"旌旗之属"，但不同于一般旌旗，应是筒形帷幕，如万民伞一样。佛教里把这种上写经文的器具叫经幢。《汉书·王莽传》："帅持幢，称五帝之使。"因其状如帷幕，又指车上的帷幕。汉代班固《西都赋》："抚鸿幢，御髚缴。"幢即指车帷。幢幢（tóng），摇曳貌，当是由其在风中飘荡之状引申而来。又做量词，如一幢房子，盖因其形状与房子略似。苗语中，tongf 也做量词。如 ib ~ zaid 一幢宅（房子）。ib ~ det 一幢树。这里

505

指大树，指树干粗大如幢。

2. 同，照搬现代汉语。如 ~ zid 同志。

3. 铜，照搬现代汉语。~ Renf 铜仁，贵州东部地名。

tongt 1. 段，上古音在定母、元部。韵母为 uan，an 往往转为 ang，受 u 影响，转为 ong。《广韵》："段，分段也。"又做量词。《晋书·邓遐传》："遐挥剑截蛟数段而去。"引申指时间上的一阵子、一会儿。苗语中，tongt 做量词，用于时间。如 Hxet ves ib ~ yet 休憩一段（一会儿）吧。

2. 冲（chòng），上古音在定母、冬部，入声。tongt 是 dlongs——冲的又音。dlongs 是名词，指山冲。tongt 则由动词引申为形容词。《说文解字》："冲，涌摇也。"本指水涌动，引申为快速、猛烈。《韩非子·喻老》："虽无飞，飞必冲天。"《史记·滑稽列传》："一飞冲天。"今有气味冲、说话很冲等说法。苗语中，tongt 即指很快之义，放在动词后面做补语。如 Nenx mongb ob hnaib ghax sot ~ yangx 他病两天就瘦冲了，即瘦得很快。

tongx 统，照搬现代汉语。如 ~ zaid bud 统战部。

tu

tub 1. 贷，上古音在透母、职部，长入声。声母本为 t；韵母接近 o，讹为 u。《说文解字》："贷，施也。"指借出、掏出。《左传·昭公三年》："以家量贷，而以公量收之。"借给人粮食时用自制的量器（来量），收回的时候用通用量器（来量）。同借字一样，既可指借出，又指借入。《史记·平津侯主父列传》："家贫，假贷无所得。""假贷"即借贷，即向人家借。如 ~ nenk bix seix diot nenx 贷点钱币给他。Nas nenx ~ dot ob jof seix 向他贷得二角钱。

2. 焞（tūn、tuī），上古音在透母、文部。韵尾灭失，只保留韵首 u。《说文解字》："焞，明也。"又指占卜时灼龟壳之火。《仪礼·土丧礼》："楚焞置于燋（jiāo）。"郑玄注："楚，荆也。荆焞所以钻灼龟者。"楚焞就是一端点燃的荆条，用于灼龟壳，以此占卜。燋是引火之物。焞焞，指光微弱的样子。《左传·僖公五年》："鹑之贲贲，天策焞焞。"杜预注："焞焞，无光耀也。"天策是星名。我们可以据此推想：焞即树枝、荆条、香等的一端被烧灼后发出微弱的光亮。苗语中，tub 与 hsenb 一起，指星星、星光。hsenb 即星（上古音在心母、耕部。声母本为 s，韵母 eng 转为 en）。歌谣中说：Peit hleit jangx dail xid? peit hleit jangx ~ hsenb 碎柿（pèi，木头碎片）成什么？碎柿成星焞。星焞即星光。

tud 隤（tuí），上古音在定母、微部。韵母只保留了韵首 u。tud 是 teid——隤的又音，与 teid hleid——隤趑一样，也组成叠韵词：~ hlud，仍为隤趑，指下坠、下滑。隤即下坠（见《说文解字》），趑即下滑，又见 hlod 词条。如 ~ hlud leit ghab diongl 隤趑（下滑）到（山）冲里。Jib daib ~ hlud diot dlangx dab 小孩聭趑在地上。指躺在地上耍赖。

tuf 徒，照搬现代汉语。如 ~ did 徒弟。

tuk 1. 欨（chù），上古音在昌母、屋部。《说文解字》："欨，盛气怒也。"欨从欠表义：欠表示出气貌。宋代吴潜《贺新郎》："时又夏，暑将溽，虚舟飘瓦何烦欨。""烦欨"即烦躁、烦恼。苗语中，tuk 即让人厌烦、生气。如 ~ hvib 欨心，即烦心、闹心。引申为腻烦、够了。nongx ~ yangx 茹欨焉，即吃够了。

2. 投，上古音在定母、侯部。韵母本为 o，讹为 u。《说文解字》："投，掷也。"引申为投奔、投入等。晋代张协《杂诗》："述职投边城，羁束戎旅间。"《庄子·让王》："因自投清冷之渊。"如 ~ hsenb 投生。按生死轮回说，人死后再投胎成人，即投生。hsenb 即生。生的韵母 eng 转为 en。

3. 搐，上古音在透母、觉部。韵母只保留了韵尾的 u。《集韵》："读若六畜之畜，牵制也。"即牵动。《汉书·贾谊传》："一二指搐，身固无聊也。"即动一两根指头，浑身就不得劲。今有"抽搐"一词。~ waix ~ dab 搐宇搐地，即牵动天牵动地，犹如震天动地，形容动静大。tuk 是 hliut——搐的又音。hliut 用于擤鼻涕，犹如牵动鼻子。

tut 1. 吐，上古音在透母、鱼部。《增韵》："出也，舒也。"《史记·鲁世家》："周公一饭而三吐哺。"如 ~ eb niux 吐口水。~ ghad ngol 吐痰。

2. 眝（zhù），上古音在定母、鱼部。《说文解字》："眝，长眙也。"即长望、远望。朱骏声《说文通训》释眝："字亦作佇、作竚。《汉书·外戚传》：'饰新宫以延眝兮。'今误作贮。"晋代陆机《吊魏武帝文》："登爵台而群悲，眝美目其何望。"苗语中，tut 用于瞄准远处物体。如 ~ deix 眝直，即瞄准。顺便说一句，瞄字很晚才出现。

3. 叞（dū），被简化得面目全非。原形的左部与涿、琢的右部相同，并以此表音，当在端母（或定母）、屋部。其右部为攴，表义。攴是手持棍棒之形，表示某个动作或做某事。叞，即用手指、棍棒轻轻地点。点叞，画画时随意点染的笔法。苗语中，tut 一是表示用手指点，二是表示用手指头蘸。

（1）指点。如 ~ bil 叞手，即用手指点。~ lob ~ bil 犹如指手画脚。

（2）如 ~ xid 叞盐，即蘸盐。~ eb sob 蘸辣椒水。

提示：u无声母，对应的汉字也无声母（古音称为影母）。或是因为声母灭失。

ud　衣，上古音在影母、微部，入声，相当于 oi，韵尾 i 灭失。衣是象形字，是上衣的上半部。主要是衣襟与两肩处的象形。《说文解字》："上曰衣，下曰裳。"《诗经·邶风·绿衣》："绿衣黄裳。"泛指衣物、服装。如 ~ dangb 单衣。~ dens 缎衣。~ hmub 布衣，指苗服。苗族自称为布。~ qub 衣幪，衣物的总称。幪是头巾。

ut　叔，上古音在书母、觉部，入声。声母灭失；韵母只保留了 u。《说文解字》："叔，拾也。"本为动词。《诗经·豳风·七月》："九月叔苴。"即九月捡麻籽。假借为伯叔之叔。《尔雅·释亲》："妇谓夫之弟为叔。"即小叔子。《释名》："叔，少也，幼者称也。"《广韵》释为"季父也"。《玉篇》称"伯叔也"。又特指排行第三。《仪礼·士冠礼》："曰伯某甫，仲叔季惟其所当。"由大到小，依次为伯仲叔季。总之，叔的早期字义（假借义）就指弟弟。《诗经·郑风·叔于田》："叔于田，巷无居人。"朱熹《集传》："叔，庄公弟共叔段也。"郑庄公的弟弟即共叔，因分封于段，人又称为共叔段。《左传·隐公元年》也记载了共叔段之事。叔父有父之弟的意思，不似后来单以叔字表叔父。《水浒传》中，潘金莲称武松为叔叔，可见其作者施耐庵所处时代，叔叔仍为弟弟或夫弟。苗语中，ut 即指弟。如 bed ~ 即伯叔，指兄和弟。~ yut 幺叔，即小弟。~ ghab but 其副叔，即堂弟。

　　顺便说一句，弟的本义强调的是顺序，尊重长者也叫弟，后作悌。

ux　侑（yòu），上古音在匣母、之部。声母灭失，韵母只保留了 u。《尔雅·释训》："酬酢侑，报也。"指人家敬酒后，回敬人家。《集韵》又释为："相佐也。"《周礼·天官·膳夫》："以乐侑食。"指奏乐以增进食欲。郑玄注："侑，犹劝也。"可以理解为劝酒、劝食（佐食）。苗语中，ux 也有劝进之义。如 ~ bad ninx xit diut 侑（水）牛父胥触，即怂恿公（水）牛相顶角。

508

提示：V 相当于 e 的清化音，对应于汉语的三类：一是影母（无声母），二是
喉音 g、h、ng，三是 sh（可以看作声母 sh 灭失）、l（可以看作声母 l
灭失）。

va

vab 1. 涸，上古音在匣母、铎部，入声。《尔雅·释诂》："涸，竭也。"《礼记·月
令》："杀气浸盛，阳气日衰，水始涸。" 如 Lix eb ~ eb yangx 水田涸水了。
即水田干了。

涸，上古音在见母、月部，入声。指干涸，本作渴，其读音似乎也可转为
vab。vab 可能是 gil——竭或涸的又音。

2. 芽，上古音在疑母、鱼部。《说文解字》："芽，萌芽也。" 即发芽，又指植
物新芽。白居易《种桃歌》："食桃种其核，一年核生芽。" 引申为嫩。如 ~
ghab liut 芽其肤（肤），即皮肤嫩。

3. 遏（è），上古音在影母、月部，入声。《说文解字》："遏，微止也。" 段玉
裁注："微者，细密之义。" 遏表示阻止、拦截。《孙子兵法·军争》："饵兵
勿食，归师勿遏。"《尔雅·释诂》："遏，止也。" 苗语中，vab 指打猎时，
拦截猎物。如 Dlad ~ ngax 犬遏肉（猎物），即狗拦猎物。

vaf 1. 谒（yè），上古音在影母、月部。《说文解字》："谒，白也。" 即陈说、禀
告。《礼记·月令》："先立春三日，太史谒之天子曰：某日立春。"《左
传·隐公十一年》："唯我郑国有请谒也。" 引申为请求。《左传·昭公十六
年》："宣子有环，其一在郑商，宣子谒诸郑伯，子产弗与。" 即宣子向郑伯
请求归还他的环，子产不给。苗语中，vaf 一指辩白，二指求告（含有陈述
原委之义）。

（1）辩白。如 Dios mongx ait hot, xet gid ~ yel 是你干的，休要谒（辩白）
了。~ lot 谒味，即口中争辩。

（2）求告。如 Hek denb nongd mongl, xet gid ~ yel 喝了这尊（杯），休要谒

（请求不喝）了。

2. 讦（jié），上古音在见母、月部。声母灭失。《说文解字》："讦，面相斥罪，相告讦也。"指当面揭发别人的过错、阴私等。《论语·阳货》："恶不孙以为勇者，恶讦以为直者。"即厌恶把不逊当作勇敢、把揭短当作直率的人。如 ~ lot 讦咮（zhòu），犹如吵嘴，互相揭短、骂街。~ niux ~ lot 讦嘬（zhòu）讦咮，如同 ~ lot。

vak 劀（guā），上古音在见母、质部，入声。声母灭失；本无韵首 u。《说文解字》："劀，刮去恶创肉也。"本指去除伤口腐肉，现作刮。《周礼·天官·疡医》："疡医掌肿疡、溃疡、金疡、折疡之祝药，劀杀之剂。"泛指刮削。如 ~ ghab dud det 劀树皮。~ liut 劀肤（肤），即刮皮。

vas 1. 锐，上古音在余母、月部。余母与影母接近。与其他声母为 r 的字不同：一般地，r 对应于日母，而锐、睿为余母。韵母中的 u 灭失。《说文解字》："锐，芒也。"指其像芒一样尖，又指像芒一样细小。《后汉书·袁绍传》："瓒兵三万……其锋甚锐。"《左传·昭公十六年》："且吾以玉贾罪，不亦锐乎?"杜预注："锐，细小也。"引申为精锐。《墨子·杂守》："厉吾锐卒，慎无使顾。""锐卒"即精锐之兵。还引申为疾速。《孟子·尽心上》："其进锐者，其退速。"苗语中，vas 除了指尖锐外，也有若干引申义。

（1）指尖锐。如 ~ jangx jub jit bangl 锐成绣花锥（针）。即像针一样尖。~ niux ~ lot 锐嘬（zhòu）锐咮（zhòu），即尖口尖嘴，犹如尖嘴猴腮。

（2）泛指锋利。如 diangb diuk nongd ~，diangb diuk aib lex 这把刀锐（锋利、快），那把刀鲁（钝）。

（3）引申为敏锐。如 ~ nais 锐臬，犹如鼻子尖，指嗅觉灵敏。~ mais 锐目，指有眼光、眼光敏锐，犹如眼尖。

（4）比喻专注。如 ~ hvib 锐心，即贪心。今有"锐意改革"一词，锐心与锐意类似，不过是贬义。

（5）指疾速。如 Nenx hangb gid ~ lins niox 他行路锐（快）得很。

2. 睿，上古音在余母、月部，与锐相同。《说文解字》："睿，深明也。"睿从目、谷（省略口），表示目光深远。《易经·系辞上》："古人聪明睿知，神武而不杀者夫?""睿知"即睿智。《尚书·洪范》："听曰聪，思曰睿。"郑玄注："睿，通于政事。"苗语中，vas 指聪明。如 Dail jib daib nongd hsat ~ 这孩子最睿（聪明）。

3. 会，上古音在匣母、月部。声母 h 是喉音，转为 v。韵首 u 灭失。《说文解字》："会，合也。"《管子·法禁》："上明陈其制，则下皆会其度。"引申为领悟，理解。陶渊明《五柳先生传》：“好读书，不求甚解，每有会意，便欣然忘食。”又进而引申为懂得、善于做某事。苗语中，vas 取后者之义。如 ~ eb 会水，即水性好、善游泳。~ dud 会书，即有知识。

vat 厌（yà），上古音在影母、叶部，入声。《说文解字》：“厌，窄也。”“窄，迫也。”即贴得很近。《荀子·解蔽》：“厌目而视者，视一以为两。”加土，作压（简化为压），仍有迫近之义。《左传·襄公二十六年》：“楚晨压晋军而陈。”即楚军大清早逼近晋军布阵。苗语中，组成叠字 ~ ~，做副词，表示与某种情况贴近、相合，犹如恰恰。如 Mongx hot bangx xangb died，~ ~ bangx xangb hliod 你说榜香（传说中的人名）㑇（zhóu，指固执、愚昧），恰恰榜香巧（聪明）。

vax 1. 芽，上古音在疑母、鱼部，是 vab——芽的又音。所不同的是 vab 引申为嫩，vax 用其本义——萌芽（见《说文解字》）。《梦溪笔谈·药议》：“但二月草已芽，八月苗未枯。”如 ~ bangx 芽蕃，指花儿尚处萌芽状态，犹如蓓蕾始成。

2. 乌（wú），上古音在影母、鱼部。vax 是 ax——乌的又音。乌本是乌鸦，又引申为黑色。在古文中常被借用为疑问代词，表示否定。可详见另两个否定词 ax、max 词条。

（1）做否定词。如 ~ yongs 乌用，即不用。genx ~ jangx，diek ~ dios 咺（xuǎn）乌成，咥（dié）乌是。即哭也不成，笑也不是，犹如啼笑皆非。

（2）指黑色。《史记·匈奴列传》：“北方尽乌骊马。”骊也是黑马。如 ~ mas 乌麻，指天阴沉沉的样子。Fangb waix zek gel dlel，fangb dab sait ~ mas 天上黑漆漆，地上阴沉沉。

3. 晔（yè），上古音在匣母、叶部。今天的汉语中，声母 h 灭失。古汉语中，晔与其表音字华读音差别不大：华在匣母、鱼部。《说文解字》：“晔，光也。”屈原《远游》：“恐天时之代序兮，耀灵晔而西征。”朱熹注：“晔，闪光貌。”韩愈《答李翊书》：“膏之沃者其光晔。”苗语中，vax 做补语，表示明亮的样子，通常后面加助词 ab，ab 无实际意义。ab 可以译做邪（yé），邪上古音在余母、鱼部。如 fangx ~ ab 煌晔邪，即亮堂堂、明晃晃。tongb ~ ab 通晔邪，即敞亮、空旷。

vang

vangb 1. 刮，上古音在见母、月部。韵母“ang 化”了。《说文解字》：“刮，掊

(póu) 杷也。""杷"即耙子，用以收拢地上的谷物。"刮"即以耙子等工具刮擦地面。从刮的字形来看，从刀表义，本义应指刀刃刮擦物体。引申为打磨。《礼记·明堂位》："刮楹。"《疏》："刮，摩也。楹，柱也。以密石摩柱。"韩愈《进学解》："刮垢磨光。"苗语中，vangb 也有相应的字义。

（1）指用刀刃刮。如 ~ ghab dliub niux 刮其嘴须，即刮胡子。

（2）指摩擦、打磨。如 ~ mongl ~ lol 刮往刮到，即磨来磨去，来回摩擦。~ vuk 刮扪（hú），仍指来回摩擦。扪有来回拨弄之义。Jox hlat nongd ~ vuk not pud mul jul yangx 这条绳子刮扪多了起毛了。

顺便说一下，今有钢（gàng），指用刀片等在物体上来回摩擦。钢似是假借字，其本字可转读为 vangl。

2. 央，苗族传说中人类始祖的名字。

vangd 腌（ǎn），上古音在影母、谈部。韵母 am 转为 ang。贵州地区往往读腌如俺，如一种发酵过的汤叫腌（ǎn）汤，闻起来特别臭，吃起来很香。《说文解字》："腌，渍肉也。"即腌肉。腌从月（肉）表义。也指腌鱼。《广韵》释为"盐渍鱼也"。也做动词，如宋代朱敦儒《朝中措》："自种畦中白菜，腌成瓮里黄齑。"苗语中，腌泛指腌渍的菜肴。如 ~ hxub 酸腌，即酸菜。~ ghangf 腌酱，即腌汤。

vangl 巷，上古音在匣母、东部。韵母本为 ong，同现代汉语的一样，转成 ang。vangl 是 hangd——巷的又音。在小篆中，巷是一个左右对称的字：中间是共，右、左边分别为一个邑、一个反写的邑。共有表音（也在东部）兼表义作用：二邑（反邑与邑无差别）相对，共用一条路。今天巷字的下部是邑字的省略形。《说文解字》："巷，里中道也。"也指聚居之处。《论语·雍也》："一箪食，一瓢饮，在陋巷。"辛弃疾《永遇乐·京口水固亭怀古》："斜阳草树，寻常巷陌，人道寄奴曾住。"苗语中，vangl 即指聚居处，在当地汉语中，常常称为寨子。如 ~ diel 周巷，即汉人住的寨子。~ ghot 旧巷，即老寨子。~ daib 崽巷，指子宫。

vangs 干（gàn），上古音在见母、元部。韵母 an 转为 ang。vangs 是 ghangl——干的又音。干是树干带枝（被削成半截）的象形，可作为长柄武器，能攻能守，与戈连称，是为干戈。《说文解字》："干，犯也。"即攻击。引申为夺取、获得。《尔雅·释言》："干，求也。"《论语·为政》："子张学干禄。"干禄即追求利禄。《尚书·大禹谟》："罔违道以干百姓之誉。"《荀子·议兵》："皆干赏蹈利之兵也。""干赏"即追求赏赐。明代马中锡

《中山狼传》："时墨者东郭先生将北适中山以干仕。""干仕"即求做官。苗语中，vangs 即求取。如 ~ nix ~ gad 干银干谷，即寻求钱粮，指谋生。~ nongx ~ hek 干茹干喝，即找吃找喝，也指谋生。~ vex diot jid 干痕着身，即自找伤痕（痕即疤痕），犹如自讨苦吃。~ xat 干债，即追债。

vangt 秧，上古音在影母、阳部，入声。《广韵》《集韵》释为禾苗。《正字通》释秧："苗始生，尚稚。分科植之。"《韵会》："蒔谓之秧。"反过来说，秧即蒔，即插秧。杜甫《行官张望补稻畦水归》："插秧适云已，引溜加溉灌。"引申指幼小者。《豫章漫抄》："今人家池塘所蓄鱼，某种皆出九河，谓之鱼苗，或曰鱼秧。"苗语中，vangt 一指稚者，二指小孩。

（1）指稚、年轻。如 vob ~ 秧蔬，即嫩菜。~ hniut 秧周，即青年、年轻。周即岁、年。

（2）小孩。如 hsad jid yis ~ 产躯育秧，即生儿育女。

vangx 1. 冈（gǎng，同岗），上古音在见母、阳部。冈繁体作岡，从山表义，从网表音（罔为网字头，与冈相同）。《说文解字》："冈，山脊也。"《诗经·周南·卷耳》："陟彼高冈，我马玄黄。"陟即登。如 ~ Hob 冈霍，地名，意为有雾的山脊。~ bil 冈阪，泛指山岭、山坡。~ diongx nais 臬筒冈，即鼻梁。臬筒犹如鼻管。Hsangb jox ~，wangs jox diongl，ninx ax nongx，nangx ax diangl 千条冈，万条冲，牛不吃，草不长。这是个谜面，谜底为瓦屋顶。vangx baid bil leif 冈冨阪满，即满山满坡，表示特产丰富。

2. 绗，从行表音。行的上古音在匣母、阳部。《玉篇》："绗，缝絍（zhì）也。"絍也是缝。章炳麟《新方言·释器》："今淮南、吴、越谓粗缝曰绗。"苗语中，vangx 即缝。如 ~ ud hvib 绗新衣；~ khet 绗裤。

3. 桁，上古音在匣母、阳部。《玉篇》："桁，屋桁也。"即檩条。三国何晏《景福殿赋》："桁梧复叠，势合形离。"李善注："桁，梁上所施也。"即架在梁上的部件。如 Jox ~ nongd ax deix 这条桁不直。~ zaid 宅桁，即屋檩。

4. 沿，上古音在余母、元部。韵母 an 转换为 ang。《说文解字》："沿，缘水而下也。"即顺流而下，引申出沿袭等义。后来，沿多用于边沿，如河沿、锅沿等，极有可能是借沿作缘。苗语中，vangx 表示边沿。如 ~ wil 锅沿。

缘，上古音在余母、元部，与沿不同的，仅仅是韵母中多一 u。《说文解字》："缘，衣纯也。"指衣物的镶边、边饰。《礼记·玉藻》："缘广寸半。"按说，用缘指物体的边沿顺理成章，但习惯上还是多用沿。

5. 颜，上古音在疑母、元部。韵母 an 转换为 ang。《说文解字》："颜，眉之间也。"《国语·齐语》："天威不违颜咫尺。"韦昭注："颜，眉目之间。"引申为面容、脸色。《汉书·韩王信传》："为人宽和自守，以温颜逊辞承上接下。"苗语中，vangx 即指容颜。如 ~ mais 颜面；Nenx laib ~ mais liek nenx mais 他的颜面像他妈。~ hxangb 颜相，即颜面、面容。

ve

ved 1. 守，上古音在书母、幽部。声母 sh 转为 v。韵母 ou 转为 e。《说文解字》："守，守官也。"指职守。也指看守、监守。《易经·坎卦》："王公设险，以守其国。"苗语中，ved 主要指看守。如 ~ ghab diux 守其宁（zhù），即守门。~ gid 守路，犹如放哨。~ gheb las 守其地，指看守庄稼（防人偷）。

2. 盖，上古音在匣母、叶部。做姓氏时，读 ge，可看出韵母与 ved 同。《说文解字》："盖，苫也。"既指覆盖，也指覆盖物。汉代王褒《僮约》："治舍盖屋。"如 ~ bongk 盖被子。ved 是 guk——盖的又音。ved 做动词。guk 做名词。

vef 陷，上古音在匣母、谈部。韵母为 eam，am 灭失。《说文解字》："陷，高下也。一曰堕也。"高下，即由高处而下。《左传·成公十年》："（晋景公）如厕，陷而卒。"即掉茅坑里死了，引申为城被攻克。《三国志·魏书·臧洪传》："城已陷，皆赴敌死。"苗语中，vef 一指塌陷，二指落于低凹处，三指人的精力、体力等下降。

（1）陷。如 Bet nongd ~ yangx 这里陷（下陷）了。

（2）落于低处。如 gheib ~ vil 鸡陷窝，指母鸡赖在窝里。~ vil 也比喻人待在家里不出门。~ git 陷子，指母鸡抱窝孵蛋。子指蛋。

（3）指精力、体力下降。如 Nenx ait gheb bongt wat, xangf nongd ~ yangx 他干活猛呀，现在陷（不济）了。~ lul 陷老，指因上岁数而不济，即衰老。

vel 益，上古音在影母、锡部。益的上部为水（横置），会意为容器中的水多。《说文解字》："益，饶也。"即多。《广韵》释为"增也"。《吕氏春秋·察今》："澭水暴益，荆人弗知。""暴益"即暴涨。《庄子·秋水》："十年九涝，而水弗为加益。"即水位不涨。益与损相对，如"满招损，谦受益"。引申作为副词，指更加：在原有基础上有所增加。《孟子·梁惠王下》："如水益深，如火益热。"《韩非子·喻老》："君之疾在肌肤，不治将益深。"苗语中，vel 即相当于更加、愈。如 ~ not ~ vut 益多益好，即愈多愈好。~ ait

~ vut 愈做愈好。组成叠字，~ ~ 益益，即更加。

ves 1. 活，上古音在匣母、月部，入声。韵首 u 灭失。《说文解字》："活，流声也。"段玉裁注："当作流貌。"即应指流水的样子。《诗经·卫风·硕人》："河水洋洋，北流活活。"《毛传》："活活，流也。"朱熹有诗"为有源头活水来"。引申为活动、活动的、有生命的。还引申指活计、生计。《魏书·北海王详传》："但令母子相保，共汝扫市作活也。"苗语中，ves 指生（与死相对）、活力、力气等。

(1) 指活着。如 Bib jenl dol det nongd sail ~ yangx 我们揸（栽）这些树悉活了。~ bet deis seix hul, das bet deis seix liangl 活（在）哪里都是好，死（在）哪里都是殓（埋葬）。

(2) 指活力、力气。如 ~ hlieb 粗活，指武力。~ ninx ~ liod（水）牛活（黄）牛活，即牛力气，指力气大。~ vongx ~ xed 龙虎之力，也指力气大。

(3) 指有活力的。如 ~ dul 活卓，指勇敢，ax baib dangl deis mens, ax baib dangl deis ~, ob dangl xit dangf zeis 不让哪头绵，不让哪头活，两头都一样。绵指秤杆低平，活比如秤杆高昂。这几句话表示主持公道，不向任何一方倾斜。

2. 介，上古音在见母、月部。从小篆看，人在两竖之间，而不是在两竖之上，像人前胸后背戴甲之形。因此，介有甲胄、甲壳之义，又有居二者之间之义。介又做量词，用于人。《尚书·秦誓》："如有一介臣。"今有"一介武夫"等用法。《康熙字典》："一夫曰一介。"并举《左传·襄公八年》的例子："亦不使一介行李告于寡君。"一介行李指一个使者。行李不同于今义。苗语中，ves 取后者之义，也做量词指整个人。如 ib ~ hniangk 一介涊，即一身汗。ves 是 gib——介的又音。gib 指介类（长壳的动物）。

vex 痕，上古音在匣母、文部。韵尾 n 灭失。《说文解字》："痕，胝瘢也。"即伤疤。《后汉书·赵壹传》："所好则钻皮出其毛羽，所恶则洗垢求其瘢痕。"如 Jox dax maix laib ~ 桌子有个痕。也做动词，指起痕。Baix laib vib dib jox dax ~ ib bet 落块石头砸了桌子起了一处痕。

vi

vib 1. 石，上古音在禅母、铎部，入声。韵尾灭失，只保留了 i。石是象形字。《诗经·小雅·鹤鸣》："它山之石，可以攻玉。"如 ~ mus 石磨。~ bax 石牌，指扁平的石头，即石碑。~ diangx bat 猪油石，指呈透明状的石头，即石英。~ langl gid 挡路石，即绊脚石。

2. 搤（è），上古音在影母、锡部，入声。搤以益表音。《说文解字》："搤，捉也。""捉，搤也。"同"捉"一样，"搤"既有握持之义，又有捕捉之义。《史记·周本纪》："养由基（人名）怒，释弓搤剑曰：'客安能教我射乎？'"引申为抓住、捉住。汉代扬雄《长杨赋》："搤熊罴，拖豪猪。"如 Nenx jus bongf wil ghax lol ~ bil 他一见我就来搤手。搤手即握手。Mongx mongl ~ nenx lol 他去搤（抓）他来。

vik 瘗（yì），上古音在影母、叶部。瘗以土表义（剩余部件表音）。《说文解字》："瘗，幽埋也。"即深埋。《周礼·春官·司巫》："凡祭事，守瘗。"按郑玄所注，祭地神时，需埋牲、埋玉，因而称瘗。引申为隐藏。《新唐书·魏征传》："大理卿马曙有犀铠数十首，惧而瘗之。"即把犀铠（用犀牛皮所制铠甲）藏起来。苗语中，vik 指隐藏，又引申为隐瞒。如 ~ dud diot hangd deis？把书藏哪里？~ vud 瘗野，埋于野，也比喻隐瞒。~ mais 瘗目，犹如蔽目，人们不容易看到。

vil 1. 穴，上古音在匣母、质部，入声。韵母只保留了韵首 i，韵腹、韵尾 ue 灭失。穴是象形字；宀象洞穴的入口；八是由洞口向下的坡道，表示穴是下沉的。《易经·系辞下》："上古穴居而野处，后世圣人易之以宫室。"引申为巢穴、窝。《荀子·劝学》："蟹六跪而二螯，非蛇鳝之穴无可寄托者，用心躁也。"说蟹有脚有钳子，却只能住在蛇、鳝的窝里，是因其浮躁、不能安心筑窝。苗语中，vil 指巢穴、窝。如 Dail nes seix maix laib ~ 鸟儿都有个穴。Bat ax maix laib ~，xongt ax maix ghab bul 猪儿没个穴，哥们没个伴。~ dlad 犬穴，即狗窝。~ mos 帽穴，帽子（或斗笠）窝窝、套在头上的部分。

2. 曳（yè），上古音在余母、月部。《说文解字》："曳，臾曳也。"指拖、拉。臾是揪人头发。《左传·襄公十年》："使乘车者左实右伪，以旆（pèi）先，舆曳柴而从之。""舆曳柴"即以车拖柴，为了扬起尘土，好虚张声势。《孟子·梁惠王上》："弃甲曳兵而走。"指败逃。"曳兵"即拖着兵器。又加扌，作拽，仍读 yè。唐代李商隐《韩碑》："长绳百尺拽碑拖。"拽读 zhuài 是后起音。苗语中，vil 指拖、拉、扯。如 ~ diangb dul lol diod 拽根柴来烧。Mongx ~ ob jox hfed diot wil 你曳两根线给我。~ hlat khet 拽裤索，即勒紧裤带。vil denl 拽拕，并列词组，仍指拉、扯。diongx ~ eb 曳水筒，即吸水筒。

3. 詍（yì），上古音在余母、月部。《说文解字》："詍，多言也。"但据《荀子·解蔽》："辩利非以言是，则谓之詍。""詍"则有争辩、强词夺理之义。苗语中，vil 指争辩、争吵。如 Mangb ~ laib gheix xid？你俩詍（争辩）

什么？

vis 1. 缢，上古音在影母、锡部。《说文解字》："缢，绞也。""绞，缢也。"说明二字基本同义。汉语中，缢往往用于以绳勒颈，包括自杀、他杀。《左传·昭公元年》："公子围至，入问王疾，缢而弑之。"即公子围以探病的名义进去勒死了王。《左传·哀公二年》："若其有罪，绞缢以戮。""绞缢"连用。绞也用于勒颈，今有"绞刑"一词。但绞、缢二字并非天然指勒颈，其实本泛指用绳索等环绕、缠绕。《急就篇》三："绳索绞纺。"颜师古注："绞即纠也。"柳宗元《晋问》："晋之北山有异材……根绞怪石。"这里的"绞"即缠。苗语中，vis 即指缠绕，又做名词，指如缠绕而形成的纹路。

(1) 指缠绕。如 ~ jik 缢系，并列词组，仍指缠绕。Jox bas ~ jik dail det 藤缠绕树。~ mongl ~ lol 缢往缢来，即绕来绕去。

(2) 做名词，比如指水牛角上一圈一圈的纹路。如 ~ ob ~ 缢二缢，即绕两圈。

2. 解（xiè），上古音在匣母、锡部。其另一读音在见母、锡部。《说文解字》："解，判也。从刀，判牛角。"即用刀分离牛角，是会意字。泛指分解、消解。《史记·封禅书》："为方仙道，形解销化。"《后汉书·仲长统传》："西夷侵叛，土崩瓦解。"又引申为精神离散。《礼记·杂记下》："三日不息，三月不解。"此意义上后作懈。苗语中，vis 指花、叶等从树上分离，而汉语中往往用"谢"字。"谢"字勉强可理解为辞谢。如 ~ bangx 解蕃，即花落。Dol zend gangl dail det gid waix ~ lol 果子从树上面解落。

3. 一，上古音在影母、质部。vis 是一——ib 的又音。一除了做数量词，又做形容词，指专一、统一等。《尚书·大禹谟》："唯精唯一。"即专一。唐代杜牧《阿房宫赋》："六王毕，四海一。"即统一。苗语中，vis 指同一、统一。如 dangx ~ 同一，指整齐的样子。dongx lot ~ ~ 同口一一，犹如异口同声。

vit 1. 鬻（yù），上古音在余母、觉部。韵母只保留了韵首 i，其余灭失。《尔雅·释言》："鬻，糜也。"鬻是会意字：鬲是炊具，上面有米，两个"弓"本是两道袅袅上升的热气。这就是一幅熬粥的情景。鬻是粥的原字。粥也读yù。粥与糜细分起来，一个稍稀，一个稍稠。《左传·襄公十七年》："食鬻，居依庐。"《左传·昭公七年》："饘（zhān）于是，鬻于是，以糊余口。"饘是稠粥。汉语中，鬻引申为养育，又做假借字，指卖，如卖官鬻爵。苗语中，vit 引申为粥状物、黏糊的东西，也指黏糊。

(1) 指黏糊的东西。如 Dad ~ mongl diot nes 拿鬻（一种黏膏）去粘鸟。

(2) 做动词或形容词，指黏糊。组成叠韵词 ~ mit 鬻糜，本都是名词，引

517

申为黏糊、黏。如 ~ hniangk 鬻涊（niǎn），指汗腻，因汗多而黏糊。~ lot 鬻咮（zhòu），犹如黏嘴，比如说话投机。~ mais 鬻目，指上下眼皮相粘，即眯眼。~ bil 指黏手。

2. 迩，上古音在日母、脂部，入声。同现代汉语中的迩一样，声母灭失。《说文解字》："迩，近也。"《诗经·郑风·东门之墠》："其室则迩，其人甚远。"迩与远相对。如 Mongx zaid hvak hangd nongd dol ghaid ~？你家离此处是逴（远）或迩？即是远还是近？

vix 虵（yí），上古音在余母、歌部。韵母只保留韵首 i。《说文解字》："虵，重次弟物也。"次弟即次第。虵指依次叠放。王筠《句读》："谓物之重叠者，其次弟谓之虵也。"因此有重叠之义。晋代左思《魏都赋》："兼重恎（pī）以虵缪。""重恎"与"虵缪"都指错上加错。缪通谬。《汉书·武帝纪》："受爵赏而欲移卖者，无所流虵。"颜师古注："此诏言欲移卖爵者，无有差次，不得流行，故为置官级也。虵音弋赐反。今俗犹谓凡物一重为一虵也。"使不同等级（层次）的爵赏可以流转，即流虵。又做量词，重叠的东西中的一重也叫一虵。犹如层本指屋上有屋，也用来做量词一样。苗语中，vix 正指一重、一层。如 Dail dlad nongd ob ~ dliub, ib ~ mongl, ib ~ hsab 这狗有两层毛，一层细一层粗。ib ~ ud 一层衣。

VO

vob 蔬，上古音在山母、鱼部。声母 sh 灭失；韵母略有偏转。《说文新附》："蔬，菜也。"《尔雅·释天》："蔬不熟为馑。"郭璞注："凡草菜可食者通名为蔬。"《礼记·月令》："有能取蔬食田猎禽兽者，野虞教道之。"郑玄注："草木之实为蔬食。"可见蔬不限于菜。苗语中，vob 不仅指菜，也指草药等。如 ~ gat 芥蔬，即芥菜。~ dlub 素蔬，即白菜。~ hsongb 葱蔬，就是葱。~ bat 猪草。~ gangb 蚕蔬，即桑叶。~ liof 蓼蔬，即辣蓼。~ ghob dab 钩地蔬，中药草，又名一朵云。~ hangt ghad gas 鸭屎臭蔬，即鸢尾，也是药草。~ gad 蔬谷，粮食的代称。

vof 1. 豪，上古音在匣母、宵部。韵母 au 转为 o。《说文解字》："豪，豕，鬣如笔管者。"即豪猪，身上的毛又粗又硬，如"笔管"，也是防身的武器，尾毛（刺）还可以射向敌人。《山海经·西山经》："鹿台之山，其上多白玉，其下多银，其兽多……白豪。"大概由于豪的特点，猛兽也奈何不了它，豪有多项引申义，有出众、不拘常格等义。《吕氏春秋·功名》："人主贤，则豪杰归之。"晋代左思《蜀都赋》："三蜀之豪，时来时往，养交都邑，结俦附党。"这里指豪强、依仗权势横行的人。又指豪放不拘。《史记·魏公子列传》："平原君之游，徒豪举耳。"又指奢华。《世说新语·汰侈》："石崇与王恺争豪，并穷绮丽。"苗语中，vof 有强势、勇猛、健旺等义。

（1）指强势、健旺。如 Dail nongd ~, dail aib mens 这个豪，那个绵。即一强一弱。hliod hliod ~ ~ 巧巧豪豪，指势力强。巧是有智力，豪是有勇力。Nenx lul hul, dail ~ wat 他老了，但健得很。

（2）指勇猛。如 ~ dul 豪卓，即勇猛，卓有突出之义。Nenx dib diangs ~ bongt wat 他打仗豪（勇猛）得很。Dail bad ninx nongd kab lix ~ wat 这头公水牛犁田豪（劲头冲）哇！

2. 哦，象声词。如 vof vof 哦哦，呼声。vof vof geb, vof vof geb! 哦哦哥，哦哦哥。鼓励、儿童学站发出的呼声。哥可以指小孩。

vos 1. 桷，上古音在见母、屋部，入声，以角表音。《说文解字》："桷，榱也，椽方曰桷。"即方椽子。《春秋·庄公二十四年》："刻桓宫桷。"即在椽子上雕刻，指奢侈。如 ~ zaid 宅桷，即屋椽。

2. 膏（gào），上古音在见母、宵部。韵母 au 转为 o。《说文解字》："膏，肥也。"本指脂肪、油脂。引申为膏状物。《后汉书·方术传·华佗》："傅以神膏，四五日创愈。"又引申为滋润、上油。《诗经·曹风·下泉》："芃芃黍苗，阴雨膏之。"韩愈《送李愿归盘谷序》："膏吾车兮秣吾马。"膏吾车即给我的车膏油，以减少车轴的摩擦力。苗语中，vos 即取滋润之义。如 Pangb ud nox ~ jab lol diot pangb ud dlub, nios yangx 蓝衣膏药到白衣上，荦焉。指蓝衣上的染料染到白衣上，（白衣）花了。荦本指杂色牛，引申为颜色斑驳。

3. 兽，上古音在书母、幽部。韵母 ou 转为 o。兽本作兽，从犬、从单（单的繁体）。单本是打猎的工具，再加上犬（猎犬），会意为打猎，也是狩字的前身。但它较早转为名词，并省略了犬。同禽一样：禽本是动词，即擒字的前身，也转为名字。《说文解字》："一曰两足曰禽，四足曰兽。"《诗经·小雅·车攻》："建旐（zhào）设旄，搏兽于敖。"这里的"兽"与"搏"并列，仍是动词。《孟子·滕文公上》："草木畅茂，禽兽偪（bī）人。"这里的"兽"是名词。苗语中，vos 做名词，指野兽。不过，指野兽的还有 ngax——肉，而 vos 反而用得少。如 ~ dlot 屑兽。指穿山甲。屑即鳞，穿山甲浑身是鳞，故名。

vot 呵，象声词。如 diek ~ ~ 咥（dié）呵呵，即呵呵地笑。khat ~ ~ 哗呵呵，即

519

呵呵地起哄。

vox 诿,上古音在泥母、歌部。以委表音,委的上古音在影母、歌部。诿的声母 n 脱落,即与委相同。我们从以委表音的倭(wō)字上,可以看出其韵母本与 o 相近。《说文解字》:"诿,累也。"有连累、烦劳之义。《汉书·胡建传》:"执事不诿上。"颜事古注:"诿,累也。言执事者,当见法即行,不可以事累于上也。"因此,诿也有推诿、让别人受累之义。《汉书·贾谊传》:"然尚有可诿者。"在把事情交付给别人这一点上,委、诿有相近、相通之处。苗语中,vox 即表示推诿、让别人做什么。如 Laix ~ laix mongl ait 位诿位往为,即一个推给另一个去做。~ dail xid, dail xid seix ax mongl 诿谁谁也不去。

vong

vongb 1. 行,上古音在匣母、阳部。韵母本为 ang,转作 ong(汉语中,发生了 ang 转为 ing 的事)。行是象形字,是十字路口的象形。在小篆之前,是一个中空的十字形,且 4 个端头敞开。以十字路口表示道路,是一种明智的造字方式。vongb 是 hangb——行的又音。《尔雅·释言》:"行,道也。"《吕氏春秋·下贤》:"桃李之于行者,莫之援也。"即路旁有桃李,不去伸手。有多项引申义。苗语中,vongb 主要有两项字义:一是行列之行,二是行走。

(1)引申为呈一条路状、一条线状,即行列之行。《释文》:"行,列也。"又做量词。《后汉书·应奉传》:"奉读书,五行并下。"即一目五行。苗语中,vongb 也做量词。如 ib ~ leix 一行谋,即一行字。ib ~ def, ib ~ gad wangx 一行豆,一行玉米。指豆和玉米间种。

(2)《说文解字》:"行,人之步趋也。"这是从道路引申出来的。《论语·述而》:"三人行,必有我师焉。"这里的行指行走,当然也可理解为同路。如 Mongx ~ ax gos nenx 你行不及他。即你赶不上他。

2. 攻,上古音在见母、东部。《说文解字》:"攻,击也。"《孙子·计》:"攻其不备,出其不意。"如 Dail dlad ~ ngax 狗攻兽。攻兽即打猎。Mongl gid eb hfek nail, mongl gid bil ~ ngax 去河里罨(指用网捕)鱼,去山上攻兽。

vongl 1. 谼(hòng),从共表音,共在群母、东部;从谷表义,指山谷。《玉篇》:"大谷名。"《类篇》:"大壑也。"苏轼《登望谼亭》:"河涨西来失旧谼,孤城浑在水光中。"山西吕梁有吕梁猴，即《庄子·达生》："孔子观于吕梁，悬水三十仞，流沫四十里。"所描绘之处。苗语中，vongl 即山谷。如 ~ liangl 岭猴，即高山之谷、深壑。Maix daib maix nal hsad，maix eb maix ~ dlod 有崽有娘产，有水有猴泻。

2. 笼（lǒng），上古音在来母、东部。声母 l 灭失。vongl 是笼——longl 的又音。longl 指箱笼，vongl 则指关家禽、捕鱼虾的竹器。《庄子·庚桑楚》："以天下为之笼，则雀无所逃。"又做动词，指笼罩。《史记·平准书》："大农之诸官，尽笼天下之货物。"唐代杜牧《泊秦淮》："烟笼寒水月笼沙，夜泊秦淮近酒家。"如 ~ gheib 鸡笼。~ gas 鸭笼。~ nail 鱼笼，用来在水中罩鱼。

3. 窿（lóng），从隆表音。隆的上古音在来母、冬部，入声。声母 l 灭失。窿从穴表义，指洞穴一类的东西。有叠韵词：穹窿。南朝何逊《七召·宫室》："复道耿介而连宫，阿阁穹窿而仰漠。""穹窿"是类似半球形的空间。今天用来指矿道、坑道的空间，如清理矿道的工人叫窿工。苗语中，窿指窑。如 ~ ngil 瓦窿，即瓦窑。~ tait 炭窑。

vongs 1. 蹸（lìn），上古音在来母、真部，作 lien。声母 l 灭失，韵母 ong 化。《广韵》："蹸，蹂蹸。"即践踏。司马相如《上林赋》："蹸玄鹤，乱昆鸡。"郭璞曰："蹸，践也。"《新唐书·武后传》："恐百岁后为唐宗室蹸藉无死所，即引诸武及相王、太平公主誓明堂。""蹸藉"即踩在下面。组成叠韵词：~ dongs 蹸蹬，即践踏、乱踩。如 ~ dol gheb las 蹸庄稼，即践踏庄稼。~ dab ngil 蹸瓦泥，即通过反复践踏制瓦的泥，使之质地均匀、富有黏性。组成叠韵词：~ nongs 蹸泞，犹如说践踏烂泥，指一片狼藉的样子。

2. 狷（juàn），上古音在见母、元部。韵母 uan 转为 ong。《说文新附》："狷，褊急也。"褊，本指衣服狭小。褊急指涵养小、易急躁。《后汉书·范冉传》："以狷急不能从俗，常佩韦以自缓。"指其人性急，因此佩较宽的革带提醒自己要宽缓一点。苗语中，vongs 即指急、性急的样子，多叠用。如 hangb ~ ~ 行狷狷，急于要走的样子。nongx ~ ~ 茹狷狷，急着要吃的样子。

vongx 虹，上古音在匣母、东部。《说文解字》："虹，螮蝀（dì dòng）也，状似虫。"古人又称彩虹为螮蝀。这几个字均从虫，虫的本义是蛇。甲骨文中，即有"虹饮于河"的记载。不过，那时的虹字是象形字，呈彩虹状，两端是龙头。这大约是古人对彩虹的理解：从天上垂下两首，从地上吸水，

521

故称"虹饮于河"。古人眼中，虹就是双头龙。苗语中，vongx 相当于龙。如 ~ hek eb 虹喝水，即彩虹。与其甲骨文一致。~ vil 虹穴，即龙宫，指美好的房屋。~ denb 虹灯，即龙灯。

龙，上古音在来母、东部。声母 l 灭失，似也可读作 vongx。《说文解字》："龙，鳞虫之长，能幽能明，能细能巨，能短能长，春分而登天，秋分而潜渊。"将其神化了。

vu

vud 1. 曰，上古音在匣母、月部，入声。就是说，其声母本作 h 或 x，现代汉语中已灭失。说明不独苗语有此类现象。韵母只保留了 u。《说文解字》："曰，词也。"小篆中，曰是口字上面加一笔，表示说话。《孟子·梁惠王下》："国人皆曰可杀。"如 ~ hseid 曰词，即说话。Nenx ~ nenx ax dax yel 他曰他不来了。

说，上古音在书母、月部，入声。韵母与曰相同；如果声母 sh 灭失，也可读作 vud。《说文解字》："一曰谈说。"《论语·八佾》："成事不说，遂事不谏，既往不咎。"《国语·吴语》："夫差将死，使人说于子胥曰……"

2. 野，上古音在余母、鱼部。野从予表音，又在墅字中表音，我们就很好理解为什么其韵母为 u 了。《说文解字》："野，郊外也。"《左传·僖公二十六年》："室如悬磬，野无青草。"指家里家外都空空如也。《孟子·万章下》："在国曰市井之臣，在野曰草莽之臣。"如 mongl ~ ait gheb 往野为工，即去野外干活。~ det 树野，即山林。

vuf 1. 束，上古音在书母、屋部。声母灭失，韵母只保留了 u。束本是上下对称的象形字：像一只两头扎缚的口袋。从囊、橐、橐等字身上都可以看到束字的身影，而它们都指口袋。束从扎紧口袋泛指扎、缚。《吕氏春秋·悔过》："过天子之城，宜橐甲束兵。"即路过天子所居城市，应该把甲装到袋子里，把兵器捆起来。引申为约束。《商君书·画策》："辨之以章，束之以令。"苗语中，vuf 也有相应的字义。如 Kheib dul nongt ~ jongt nenk daib 捆柴要束紧点儿。~ hlangb 束铨，指加强规范，强化制度。铨有度量之义，引申为规范。

2. 穴，上古音在匣母、质部。vuf 是穴——vil 的又音。不同的是，vuf 只保留了韵腹 u，vil 只保留了韵首 i。如 ~ nail 鱼穴，指冬天在田里或河里用泥土、石头等围起来的鱼巢。

3. 雇，上古音与户相同，在匣母、鱼部。雇以隹（zhuī）表义，隹即鸟。《说文解字》："雇，九雇，农桑候鸟。"也就是说，雇是候鸟，细分有九种：春雇、夏雇、桑雇等。《说文解字注》引贾侍中（贾谊）的说法："春雇……趣民耕种者也；夏雇……趣民耘苗者也；秋雇……趣民收敛者也；冬雇……趣民盖藏者也。""趣"即促，指催促。今有布谷鸟，叫声如"布谷"，好像催人播种。布谷鸟当属春雇。鸟当然是不会催人耕作的，实际上这是古人一种劝农方法，把候鸟与某个季节的农事联系起来，以候鸟的出现提醒农人该干某种农活了。雇用与雇佣，当是比喻引申：雇主当然会催促佣工干活，正如周扒皮半夜装鸡叫，以催促长工们半夜起床干活。苗语中，vuf 正有催、促之义。如 Eb dat ~ nangx mil, hnaib hniut ~ liex dial 露水促草密，光阴催人长。

vuk 1. 下，上古音在匣母、鱼部。至于其韵母为 u，从古诗中可以看出来。《诗经·豳风·七月》："五月斯螽动股，六月莎鸡振羽，七月在野，八月在宇，九月在户，十月蟋蟀入我床下。"下与股、羽、宇、户等押韵。屈原《九歌·湘夫人》："帝子降兮北渚，目渺渺兮愁予。袅袅兮秋风，洞庭波兮木叶下。""下"与渚、予押韵。vuk 是 khad——下的又音。苗语中，vuk 做动词，指由上而下。vuk dab 下地，即往下走。如 Daib ~ ghangb lix mongl, mais jit guf lix lol 儿由田往下（走），母跻田坎来。

2. 卷（juǎn、quán），上古音在见母、元部，或群母、元部。韵母只保留了 u。卷字下部本是一个屈膝下跪的人，以此表示弯曲。《说文解字》："卷，膝曲也。"《诗经·小雅·都人士》："彼君子女，卷发如虿。"也做动词。《诗经·邶风·柏舟》："我心匪席，不可卷也。"vuk 是 jangl、jangd——卷的又音。vuk 即卷曲。组成叠韵词：~ juk 卷皱。如 Dol ghab nex det nongd ~ juk yangx 这些树叶卷皱焉。指树叶枯萎后卷曲起来。Benx dud nongd ~ juk ghab gib yangx 这本书卷皱其角焉，指书角卷起来了。

3. 攫（huò），上古音在匣母、铎部。韵母只保留了韵首 u。又读 wò，在影母、铎部。《集韵》释攫："捕兽机槛也。"《礼记·中庸》："驱而纳诸罟攫陷阱之中，而莫之知避也。"《逸周书·周祝》："故虎之猛也而陷于攫。"也作动词，指捕获。张衡《西京赋》："杪木末，攫獑（chán）猢。"苗语中，vuk 指捕获。如 ~ dail niangs 攫强盗。

获（huò），上古音也在匣母、铎部，与攫的表音部件相同，从犬旁，指猎获。《易经·巽卦》："田获三狐。"今简化为获。也可释为 vuk。

4. 捋（luò、lǚ），上古音在来母、月部，入声。声母 l 灭失。韵母只保留了 u。

vuk 是 les——捋的又音，都指手握条形物体并顺其移动，如捋树叶、捋麦穗。如 ~ nax 捋稻，即顺着秆茎捋下稻粒。~ ghab nex 捋树叶。

vut 好，上古音在晓母、幽部。韵母 ou 转为 u，o 灭失。汉语中，好被分为两个音：上声做形容词；去声做动词，指喜好。苗语中则有 hul、vut 两个读音，用法不同。hul 一般用于表示某种语气，如这样也好。vut 则做形容词、动词、副词。《说文解字》："好，美也。"《方言》二："自关而西，秦晋之间，凡美色或谓之好。"《史记·滑稽列传》："巫行视人家女好者，云是当为河伯妇。"泛指美好。《诗经·郑风·缁衣》："缁衣之好兮，敝予又改造兮。"引申为喜好、喜爱。《论语·子罕》："吾未见好德如好色者也。"也做状语。杜甫有诗："青春做伴好还乡。"苗语中，vut 也有相应的字义。

（1）美好、良好。如 ~ lix 好田。~ nangs 好命，即命运好。~ niangx ~ hniut 好年好周，即年岁好，年成好。~ yangs 好样，指样式好。

（2）喜好。如 ~ khat 好客，指待客热情。~ bul 好副。副即伙伴。好副指对伙伴友善，合得来。

（3）做状语。如 Mongx ~ ~ ait 你好好做。

vux 1. 卷（juǎn），上古音在见母、元部。韵母只保留了韵首 u，而 an 一般会转为 ai，在此灭失。vux 是 vuk——卷的又音，字义无别，也是曲。~ juk 卷皱，与 ~ juk 基本相同，指原本平展的东西皱巴了。如 ~ juk ~ dat 卷皱卷搭，更口语化，与卷皱意思相同。其中 dat 是配词，无独立意义，就如土里土气的里。~ dit 卷摺（zhé），指脸上起皱。摺即折叠。

2. 叔，上古音在书母、觉部。韵母只保留了韵尾 u。在一些方言区，叔读第二声。《说文解字》："叔，拾也。从又（右手的象形），尗（shū）声。汝南名收芋为叔。"叔本是动词，指拾取。《诗经·豳风·七月》："九月叔苴。"即九月捡麻籽。用于兄弟排行——伯仲叔季，是借用为弟（详见 ut——叔字条）。vux 是 ut——叔的又音。顺便说一句，为什么说叔与弟的读音有关系？在叔中表音的尗指大豆，后来用豆（本是器皿）代替了尗；而以叔表音的督、裻（dū）声母均为 d。苗语中，vux 做动词，相当于拾、捡。如 Bib mongl ~ dul lol diod dat 我们去叔楚（即拾柴）烤火。

3. 薮（shǔ），上古音在心母、侯部，又在山母、侯部。韵母保留了韵腹 u。《说文解字》："薮，大泽也。从艹，数声。九州之薮……是也。"从草头，指有茂草的沼泽地。《释文》引《韩诗》："禽兽居之曰薮。"引申为人或物聚集的地方。《尚书·武成》："为天下逋逃主，萃渊薮。"指责纣成为天下逃亡罪人的魁首，商成为罪人聚集地。渊是鱼群聚集地，薮是禽兽聚集地。

苗语中，vux 正是聚集地之义。如 ~ vib 石数，即乱石堆。

4. 署，上古音在禅母、鱼部。《说文解字》："署，部署也。各有所网署。从网，者声。"署的上部是网字头；下面的者表音，暑、书（书的繁体，下面的"日"是者的省略形）均如此。从网字头的字，除了以其表音之外，基本上都指网或网状物。如罟、罝、罪（捕鱼竹网）、罗均如此，罩是竹器，器罾如网一样通透。《说文解字注》："部署，疑本作罘署。""罘"是捕兔网。将网安好，等动物入网，即为部署（或罘署）。"署"又指官府。不同的机构在不同的地点办公，办公地点即为署。相反，不同机构在一起办公即为合署。可见，署本应为名词。《新唐书·李程传》："学士入署，常视日影为候。"可以推想，署本是关不同动物的罩子或笼子，虽然典籍中很难找到原义的例子。如 ~ gas 鸭署，即鸭笼。~ gheib 鸡署，即鸡笼。~ nes 鸟笼。

提示：苗语中的声母 w 主要对应于汉语中的 w、hu、gu、yu。也就是说声母 h 与韵首 u 结合，易转为 w（上海话即有此种现象）。g 与韵首 u、y 与韵首 u 结合亦然。

wa

wab 1. 威，上古音在影母、微部。无声母，韵首 u 即为 w。韵母略有偏转。威从戌、女。戌是长柄大斧。《释名·释言语》："威，畏也，可畏惧也。"《左传·襄公三十一年》："有威而可畏谓之威。" 畏的上古音也在影母、微部。《诗经·周颂·我将》："畏天之威。" 如 ~ wongs 威勇，指有威风、势力。Nongx maix ~，hek maix wongs 吃（了）有威，喝（了）有势。

2. 埚（guō），从呙（wāi）表音。埚在见母、歌部，与娲（女娲。上古音在见母、歌部）同音。娲即读 wā。《广韵》："甘埚，所以烹炼金银。" 是用来熔化金属的容器，由耐火材料制成。苗语中，wab 即坩埚。

3. 冠，上古音在见母、元部。声母 g 与韵首 u 结合，转为 w（也可理解为声母 g 消失，u 即读 w）。韵母中的 an 一般转为 ai，这里讹为 a。《说文解字》释冠："弁冕之总名也。" 弁、冕都是帽子。《论语·乡党》："羔裘玄冠不以吊。""玄冠"即黑帽子。比喻鸡脑袋上的红色肉冠。如 ~ gheib 鸡下冠。

4. 糊，上古音在匣母、鱼部。鱼部易转作 a。《说文解字》中的糊从黍表义，从古表音，释为黏。也指具有黏性的物体，如糨糊。唐代冯贽《云仙杂记·宣武盛事》："日用面一斗为糊，以供缄封。" 苗语中，wab 指像糊一样黏稠的蜂蜜。如 nongx ~ 茹糊，指吃蜜。

5. 哇，象声词。如 ~ ~ 哇哇。幼儿常玩的一个动作，张嘴吐气，以掌拍嘴，所发出的声音。ait ~ ~ 打哇哇。~ naix 耳哇，即耳鸣。

wad 1. 雨，上古音在匣母、鱼部。声母灭失，只保留了韵母 ua。《说文解字》："雨，水从云下也。"《诗经·小雅·黍苗》："芃芃黍苗，阴雨膏之。" 也

526

做动词，此时读去声。《淮南子·本经》："昔者仓颉作书，而天雨粟，鬼夜哭。"天雨粟即天上下粟。苗语中，wad 做动词，是撒尿的委婉说法。如 Ax gid ~ diot hangd nongd! 不要雨（尿）在这里！

顺便说一句，苗语中表示下雨的有 nongs（扁）。

2. 舀（yǎo），上古音在余母、幽部。韵母本为 ou。但在不少方言里皆读如瓦，与 wad 相合。舀是会意字：上部是一只手；下部是臼，是供舂捣粮食等的容器。舀会意为用手将臼中的东西取出。《说文解字》："舀，抒臼也。"即从臼中取物。后多指用勺子等舀取。唐代张泌《妆楼记·半阳泉》："董子思饮，舀此水与之。"《水浒传》第十六回："手里拿一个瓢，便来桶里舀了一瓢酒。"苗语中，wad 指以手取物，也做量词，指一手所握之物。如 ~ ib ~ ghab hsaid diot laib wil 舀一舀米搁锅里。舀一舀米即抓一把米。组成叠韵词：~ niad 舀捏，还是指用手抓。~ jad 舀抓，还指抓。

3. 挖（wǎ），后起字，音、义均与 wad 相合。供参考。

waf 1. 划，早期经典未见。《广韵》释划："拨进船也。"《集韵》："舟进竿谓之划。"宋代张镃《崇德道中》："破艇争划忽罢喧。"如 ~ eb mongl hvangb bil 划水到对岸。也指类似划船的动作。如 Nenx hangb gid ~ lob ~ bil 他走路划脚划手。指走路扭动的样子。

2. 华，上古音在匣母、鱼部。声母灭失。《说文解字》："华，荣也。"指草木繁茂的样子，也指植物开花、花。《诗经·小雅·出车》："昔我往矣，黍稷方华。"方华指刚刚开花、扬花。《诗经·周南·桃夭》："桃之夭夭，灼灼其华。"花是后起字。引申为华丽等。如 ud ~ 华衣，即花衣服。

wal 1. 雨，上古音在匣母、鱼部。这里做名词，是 wad——雨的又音。是尿的婉转说法。如 xud ~ 出雨，即撒尿。

2. 违，上古音在匣母、微部，入声。声母灭失，韵母略有偏转。《说文解字》："违，离也。"唐代刘长卿《送皇甫曾赴上都》："东游久与故人违，西去荒凉旧路微。"又指避开。《易经·乾卦》："乐则行之，忧则违之。"《左传·定公四年》："违强陵弱，非勇也。"在此基础上引申出违背等义。苗语中，wal 即指离开、逃避。如 ~ khat 违嫁，指逃婚。Nenx ~ gid deis seix ~ ax faf 他违哪样也违不发。即他怎么逃也逃不脱。

迁，上古音在影母、鱼部，入声，似乎也可转为 wal。《说文解字》："迁，避也。"但以避释迁，在其他经典中很少见。

3. 迂，上古音在影母、鱼部，入声。《玉篇》释迂为远，指直线距离虽近，但不能直达，须迂回而往。故迂与直相对。《孙子兵法·军争》："以迂为直，以患为利。"《列子·汤问》："惩山北之塞，出入之迂也。"今有迂回、迂腐（墨守成规而不知变通）等词。苗语中，wal 指绕弯、绕远。如 wal gid 迂路，即绕道。wal pit aib dax 迂伊片到，即从那边绕过来。

was 1. 斡，上古音在影母、月部。斡从斗表义，斗是带柄的容器。《说文解字》："斡，蠡柄也。""蠡"即瓢。典籍中很少见用其本义，多用引申义：使用瓢勺时，持其柄而挥舞，《玉篇》因而释为旋。今有"斡旋"一词，有来回说合之义。《史记·屈原贾生列传》："斡流而迁兮，或推而还。"裴骃《集解》："斡，转也。"甚至由旋转引申为车轮。汉代扬雄、杜林以为辁车轮斡。这里斡指小轮。苗语中，was 即指旋转、转悠。

（1）指旋转、转动。如 Laib hxab eb ~ mongl ~ lol 水车斡往斡来。即水车转来转去。~ wul 斡舞，仍指旋转。~ mus 斡磨，即推磨（使之旋转）。~ mais 斡目，指因旋转使得头昏眼花，犹如说目眩。

（2）指转悠。组成叠韵词：~ dias 斡跮，即来回转悠。跮指欲进还退之状，也指青年男女游方，在一起游逛。如 ~ xangx 斡场，指赶集，在集上转来转去。~ zangt 斡商，即来回跑生意。

（3）比喻玩弄人，使人团团转。如 Dliangb zenb dongb ~ mongx! 怔忡仙斡侬，即疯鬼作弄你。怔忡仙，即使人怔忡的鬼神。

2. 搲（wò），上古音在影母、铎部。was 是 vuk——搲的又音。搲是捕兽的陷阱、机关，又指捕获。苗语中，was 也做动词，但是指设置机关、陷阱，以让人上当、中计。如 ~ ghab jit 搲其计，即设计害人。~ ghab liol 搲其略，与 ~ ghab jit 相同，也是设套。

3. 戽，以户表音。户的上古音在匣母、鱼部。从斗表义，指以斗汲水。《广韵》："戽，抒也。""戽斗，舟中泄水器也。"指从船里往外舀水。唐代贯休《宿深村》："黄昏见客合家喜，月下取鱼戽塘水。""戽斗"也是汲水灌田之器。陆游《喜雨》："水车罢踏戽斗藏。"下雨了，就不用水车和戽斗了。如 ~ eb 戽水。~ eb lol yis lix 戽水来浥田，即汲水润田。

4. 换，上古音在匣母、元部。韵母 an 一般转为 ai，这里又进而转为 a。was 是下文 waif——换的又音。《说文解字》："换，易也。"指互换、交易。《晋书·阮籍传》："尝以金貂换酒。"如 Dad gad mangl ~ gad dlub 拿麦子换白米。

5. 喔（wà），语气词。如 Bib mongl ~！我们走喔！耕田时，发出 was 的声音，表示让耕牛止步。

wat 1. 污，上古音在影母、鱼部。污也写作汙（亏是于的本字）。汙也读 wa。

《说文解字》："汙，秽也。一曰小池为汙。"可以这么理解，小池之水，久必腐，必致污秽。《左传·隐公三年》："潢污行潦之水。"服虔云："蓄小水谓之潢，水不流谓之污。"引申为污秽、不洁净。《尚书·胤征》："旧染污俗，咸与维新。"又引申为玷污。《史记·绛侯周勃世家》："事连污条侯。"条侯是周氏封号。"连污"即牵连、玷污。苗语中，wat 也有不洁净、玷污之义。

(1) 脏、不洁净。组成叠韵词：~ niat 污腻，即肮脏。

(2) 指玷污、弄脏。如 ~ ud 污衣，即弄脏衣服了。~ bil 污手，把手弄脏了。

(3) 指沾染。如 ~ ghad dab 污地渣，即沾泥巴了。

(4) 比喻影响名誉等。如 ~ nangx ~ bit 污名污讳，即名讳受玷污，声名扫地。

2. 忽，上古音在晓母、物部。韵母有所偏转。wat 是 hfut、ful——忽（曶）的又音。《左传·庄公十一年》："桀纣罪人，其亡也忽焉。"苗语中，wat 即指突然，但习惯上放在动词后面，指突然完成该动作。如 od ~ 拗忽，指突然撬开。hliub ~ 抽忽，指突然揭开盖子。

3. 过，上古音在见母、歌部。过古音还读如祸，与祸相通。《周礼·天官·大宰》："八曰诛，以驭其过。"俞樾《平议》："此过字当读为祸，古祸、过通用。"《睡虎地秦墓竹简·为吏之道》："正行修身，过去福存。"wat 是 hfed、fat——过的又音。《说文解字》："过，度也。"即经过，引申为超过。《论语·公冶长》："由也好勇过我。"又引申做副词，指超过一般、极度。《晋书·张华传》："园中茅积下得一白鱼，质状殊常，以作鲊，过美。"《世说新语：德行》："有一老翁犯法，谢以醇酒罚之，乃至过醉而犹未已。"苗语中，wat 也做副词，不过是做补语，放在动词之后，往往与 bongt（助词，相当于得）连用。如 vut bongt ~ 好得过，即好得很、好极了。也可不用助词 bongt，如 vut ~ 也指好极了。~ niox 过了，义同 bongt ~。

wai

waid 外，照搬现代汉语。如 ~ gof 外国。

waif 换，上古音在匣母、元部。韵母 an 转换为 ai。waif 是 was——换的又音。《说文解字》："换，易也。"除了与 was 相同，指交换（如 Dad def bud mongl ~

def het 拿黄豆换豆腐）外，还指变易、更换。《后汉书·朱浮传》："而间者守宰数见换易。"如 ~ wangb 换观，即换装。观指外貌。

waix 1. 元，上古音在疑母、元部。声母 ng 灭失，只保留了 uan，而 an 转换为 ai。《说文解字》《尔雅》均释元为始，其实这是引申义。元的本义为头。元上部的"二"是古"上"字，"儿"是人体，与人是同源部件。人的上部即头。《左传·僖公三十三年》："（先轸）免胄入狄师，死焉。狄人归其元，面如生。"说的是晋军统帅先轸战死于狄兵阵中。狄人向晋军归还了先轸的头。《孟子·滕文公下》："勇士不忘丧其元。"引申为始，元年即头一年。引申为为首的、为长的。《尚书·益稷》："元首起哉！""元首"即君王。又引申指天。元与天的构字方式完全相同：天字下面是大，大即人体，上面的一横本是脑袋（作圆形）。这里突出的是脑袋。《说文解字》释天："颠也。"即头顶。《淮南子·原道训》："执元德于心而化驰若神。"注："元，天也。"又指天然的，如元气。苗语中，waix 一指天、天空，二指上面，与下相对。

（1）指天、天空。如 ~ dlub 素元，即白天。~ nongs 雨天。~ niel 浊天，即阴天。~ heib dab, dab heib ~ 天连地，地连天。Xangf nongd laib ~ dail sod 现在天（色）尚早。

（2）指上面。如 ~ dab 元地，即上下。~ ~ dab dab 上上下下。bib juf hniut ~ dab 三十岁上下。

宇，上古音在匣母、鱼部。如果声母灭失，韵母稍稍偏转，有可能转读作 waix。《说文解字》："宇，屋边也。"即屋檐。《易经·系辞》："上栋下宇。"引申为房屋。《楚辞·招魂》："高堂邃宇。"又引申为更大的空间。《淮南子·齐俗训》："往古来今谓之宙。四方上下谓之宇。"而"宙"的本义是栋梁。用"宇"来指上面、天空，似乎也说得通。供参考。

2. 围，上古音在匣母、微部。声母灭失，只保留了韵母 uei。《说文解字》："围，守也。"但从围字看，其外框显然有包围、围合之义。《左传·襄公十二年》："莒人伐我东鄙，围台。""台"是地名。苗语中，waix 即包围。如 Dol niangs gos ~ diot diongl gid niangs 强盗被围在山冲里。组成双声词：~ wul 围捂，即包围。顺便说一句：捂的本义是相抵牾。用手捂盖，当为摀（wǔ）。如 Dol naix gangl ob dangl ob pit waix wul dax 人们从四面围捂过来。

wangb

wangb 1. 匚，上古音在溪母、阳部。声母 k 灭失，只保留了 uang。匚与狂、往一样，其读音均来自王（往，从王，与主无关）。匚以匚表义，指容器，与匣、籢（liàn，简化作奁）等字一样。后写为筐。《礼记·檀弓下》："蚕则绩而蟹有匚。"匚即盛蟹的器具。《诗经》中基本上都写作筐。《周南·卷耳》："不盈顷筐。"《诗经·召南·采苹》："维筐及筥。"苗语中，wangb 指竹编容器，或类似筐的器具。

（1）即筐，但指较浅的容器，类似簸箕。如 Dad laib ~ ced hsaid 拿个筐来筴（cè）粲。即拿簸箕簸米。~ ced hsaid 即簸箕。~ zab nax 晒稻筐（簸箕）。

（2）指类似筐的东西。如 ~ hxiab 筛筐，即筛子。

2. 观，上古音在见母、元部。声母灭失；韵母中的 an 转为 ang。《说文解字》："观，谛视也。"即审视、仔细看。引申为景观、景象。司马相如《封神文》："天下之壮观，王者之丕业。""丕业"即大业。《论衡·别通》："人之游也，必欲入都，都多奇观也。"又指人的外观、容饰。《墨子·辞过》："其为衣服，非为身体，皆为观好。"苗语中，wangb 即指外观、容饰。如 sangb ~ 鲜观，即外表光鲜、装束漂亮。~ diel 周观，指汉人的装束。

wangd 1. 碗，上古音在影母、元部，作 uan，其中 an 转为 ang。《说文解字》中碗作盌，"盌，小盂也。"是较小的容器。《世说新语·排调》："此盌腹殊空，谓之宝器，何邪？"苗语中，wangd 指碗状物。吃饭用碗，苗语多用 dit——厄。如 ~ kab 铧碗，即犁镜，装在犁铧的后上方，可起到将耕起的泥土翻到一旁的作用。因中间下凹，形略似碗，故名。汉语中，称为"犁镜"，大约是因为在泥土的摩擦下非常光亮。

2. 望，照搬现代汉语。如 ~ weex jend 望远镜。

wangl 1. 斡（guǎn），上古音在见母、元部。其实，斡与乾、干（gàn）具有共同的表音偏旁，本来都应在元部。斡读 wo，是读音发生偏转的结果。声母灭失；韵母 uan 转为 wang。wangl 是 wos——斡的又音。斡本义为斗柄，这里用作动词，指握斗柄，有掌握、掌管之义。《汉书·食货志》："浮食奇民欲擅斡山海之货，以致富羡。"颜师古注："斡谓主领也，读与管同。"《史记·平准书》即作管。苗语中，wangl 指掌管、掌控。如 Ax

baib dail xid dax ~ mongl 不让谁来掌管，指不能让别人掌控、占有。
顺便说一句：管，上古音在见母、元部。如果声母灭失，所剩韵母 uan
也可转为 wang。管用作动词是很晚的事。

2. 汪，上古音在影母、阳部。汪应读上声，与 l 相应。汉代县名汪陶，在
今山西省。其中汪即读如柱。《说文解字》："汪，深广也。一曰：汪，
池也。"这里取后一义。《左传·桓公十五年》："祭仲杀雍纠，尸诸周氏
之汪。"《通俗文》："亭水曰汪。"即水坑。苗语中，wangl 即指水塘、
水池。如 ~ nail 鱼汪，即鱼塘。~ ninx（水）牛汪，即黔东南所说牛滚
凼，供水牛打滚的水坑。~ ghad 粪坑。

3. 共，上古音在群母、东部。《汉字古音手册》注音为 giwong，可视为复
辅音。现代汉语中，第二辅音 w 灭失。而苗语中第一辅音 g 灭失，但保
留了 w。韵母 ong 转作 ang。共的原型为双手捧器。《说文解字》："共，
同也。"源于双手同举。引申为共同拥有、享用。《论语·公冶长》："衣
轻裘，与朋友共。"《墨子·非攻下》："币帛不足则共之。"今有"共
产"一词。苗语中，wangl 即共同拥有、享用。如 Ob laix ~ ib laib 二位
共一个。

wangs 1. 万，上古音在明母、元部，作 miwan。同汉语一样，第一个辅音 m 灭失，
保留第二辅音 w。韵母 an 转为 ang。万的繁体作萬。萬的原形是蝎子的
尾巴遭击打之状。但其本义几乎见不到，很早就被借用为数词。《诗
经·小雅·甫田》："乃求千斯仓，乃求万斯箱。"苗语也一样。如 ib ~
naix 一万人。hsangb niangx ~ hniut 千年万岁（岁也指年），指非常久远。

2. 坞，上古音在影母、鱼部。韵母 ang 化了。坞指四面高中间低的谷地、
洼地。唐代羊士谔《山阁闻笛》："临风玉管吹参差，山坞春深日又迟。"
今天称"坞"的地方多为此种地形。至于典籍中的"坞"指小城、土
堡，如《后汉书·董卓传》："又筑坞于郿，高厚七丈，号曰万岁坞。"
其中的"坞"应为隖（wù）。苗语中，wangs 即指洼地，与后文的 wul 同
源。如 ~ Dob 多坞，地名，在黔东南凯里市，是一处洼地。

wangt 轘（huàn），上古音在匣母、元部。声母灭失。韵母中的 an 转换为 ang。
《说文解字》："轘，车裂人也。"一种酷刑，将人的肢体朝不同方向拉，
使分离。《左传·桓公十八年》："齐人杀子亹（mén）而轘高渠弥。"杜
预注："车裂曰轘。"《左传·宣公十一年》："杀夏征舒，轘诸栗门。"用
车来拉裂叫轘，用双手将物体拉裂叫掝（huò），《唐韵》《集韵》皆释掝
为裂。掝与轘或许本来同音，轘读别了，读成掝。如 ~ laib jed ait ob

xangb 輾糍为二张。即把一块糍巴揪成两块。糍巴是由糯米做的，黏性大，因此要使劲拉才能做两块。

wangx

1. 园，上古音在匣母、元部。声母灭失。韵母中的 an 转换为 ang。《说文解字》："园，所以树果也。"即果园。泛指种植蔬果、有明确界限的地方。《诗经·郑风、将仲子》："无踰我园，无折我树檀。" 如 Dad laib ~ nongd jenl vob dlub 拿这园子种白菜。~ vob 蔬园，即菜园。

2. 王，上古音在匣母、阳部。第一辅音灭失，保留了 wang，与现代汉语相同。《说文解字》："王，天下所归往也。"以近音字往释王。《诗经·小雅·北山》："溥天之下，莫非王土；率土之滨，莫非王臣。"秦始皇以后，天子改称皇帝。汉代以后，诸侯中爵位最高的称王。《史记·项羽本纪》："乃分天下，立诸将为侯王。"苗语中，wangx 指最高统治者。如 ait ~ 为王，即称王、当皇帝。~ hmub 布王，即苗王，是苗族某一部落的统领者。~ waix 元王，指天帝、上帝。~ yel 野王，指单身、无拘无束。

3. 睘（huán），上古音在匣母、元部。也写作睘，又读 qiong。睘是睘的省略形。睘的上部为目，下面的袁表音。声母灭失。韵母中的 an 转换为 ang。《说文解字》："睘，目惊视也。"受惊而四顾的样子。睘作为单字虽不常见，但作为部件，我们并不陌生，如圜（圆）、鬟（huán，一种发型，头发挽成圈）、缳（绳圈，上吊也叫投缳）、環（环）。从睘表音的字，往往有呈圆形、呈圈状的意思，并非巧合，因为睘有环视之义，像受惊的动物看周围有无危险、威胁。睘在以上字里兼有表意功能。《素问·诊要经终论》："少阳终者耳聋，百节皆纵，目睘绝系。"王冰注："手足少阳之脉，皆至目锐眦，终则牵引于目，故目惊而邪视也。"苗语中，wangx 指朝四下里看、警惕地看。如 ~ mais 睘目，即留心察看。组成双声词：~ wis 睘瞁（xù），指很警惕地看、堤防的样子，也指盯着别人。瞁也指惊视。~ jid 睘躳，指防身。~ niangs 睘攘，即防盗、防贼。

   顺便说一句，园的繁体为园，同睘一样，均以袁表音。

4. 横，上古音在匣母、阳部，相当于 hoang。韵母本来就是 ang（以黄表音）；虽然没有韵首 u，但是有韵首 o，口形与 u 相近，与声母 h 结合，转为 w。事实上，在一些方言区里，横有韵首 u。wangx 是 henk——横的又音。《说文解字》："横，阑木也。"拦于门前的横木。泛指横向，与纵相对。《吕氏春秋·贵直》："行人烛过免胄横戈而进。"《淮南子·览冥训》："纵横间之，举兵而相角。"如 Dail det gos lol ~ diot jox gid 一棵树俄（倒）了，横在路上。~ ghangl ~ dat 横纵横搭，即纵横交错、横七竖八。

we

web 哇，象声词。如 genx web web 咺（xuǎn）哇哇，即哇哇地哭。

wef 洼，上古音在影母、支部，作 ue。《说文解字》："洼，深池也。"《庄子·齐物论》："大木百围之窍穴，似鼻、似口、似臼、似洼者。"引申为类似洼地的东西。《齐民要术·养牛骡马》："胁肋欲大而洼，名曰上渠，能久走。"指马的腋下向里凹，善于久跑。苗语中，wef 即指洼地，也指类似洼地之处。如 ~ xet 胁洼，即腋窝。

wel 乳，上古音在日母、侯部，作 riwo。第一声母 r 灭失，保留后半截 wo，极近于 we。乳是会意字：左上角是一只手，扶着小孩，右边的竖弯钩本来自乳房的侧面曲线。会意为给孩子喂奶、哺乳。但由于非礼勿言，儒家在解释这种字时，有意无意回避陈述这种场景。《说文解字》："乳，人及鸟生子曰乳，兽曰产。"这是不对的，因为恰恰兽是哺乳动物。《庄子·盗跖》："声如乳虎。"乳虎即小老虎。正因为乳的本义为哺乳，做名词即可指乳房，甚至指乳汁。《左传·宣公四年》："郧夫人使弃诸梦中，虎乳之。"梦是地名。老虎给此弃婴哺乳。《史记·仓公列传》："果为疽发乳上。"即乳房上长疮。《魏书·王琚传》："常饮牛乳。"这里指乳汁。如 Jib daib hek ~ 孩子喝乳，即喝奶。苗语中，wel 也指乳房。

wes 踒（wò），上古音在影母、歌部。一说在微部。《说文解字》："踒，足跌也。"即受力不当而损伤。《韩非子·说林下》："此其为马也，踒肩而肿膝。"踒肩即前肢的上部受伤。汉代刘向《说苑谈丛》："踒人日夜愿一起，盲人不忘视。"踒人指腿脚受伤而不能起立者。如 Dliangd bil ~ jil lob yangx 跌跤踒足了。踒足即伤了脚。

腕（wò、wàn）一指脚腕，也指脚受伤，与踒相同。《后汉书·李南传》："马腕足，是以不得速。"李贤注："腕，屈损也。"欧阳修《自岐江山行至平陆驿王言二十四韵》："度隘足虽腕，因高目还骋。"

现代汉语中，常说脚崴了，当用踒或腕。崴本指山势，与脚不沾边。

wex 蒍（wěi），上古音在匣母、歌部。第一声母灭失。《说文解字》："蒍，草也。"典籍中未解释这是什么样的草。蒍又作姓氏，疑其是一种常见的草，与茅既是常见的草又是姓氏用字一样。苗语中，wex 指狗尾草，疑蒍即指狗尾草。

wei

weib　威，照搬现代汉语。如 ~ xend 威信。

weid　1. 为，上古音在匣母、歌部。第一声母灭失。weid 是 ait——为的又音。ait 是动词，相当于做，而 weid 是介词。《庄子·养生主》："庖丁为文惠君解牛。"如 ~ mongx vut 为你好。Nenx ~ gheix xid ax dax? 你为什么不来？

　　　　2. 卫，照搬现代汉语。如 ~ senb 卫生；~ senb weed 卫生院。

weif　维、唯，照搬现代汉语。如 ~ wuf zux yid 唯物主义。

weix　1. 委，照搬现代汉语。如 ~ weef huid 委员会。

　　　　2. 伟，照搬现代汉语。如 ~ dad zux gof 伟大祖国。

wen

wenb　温，照搬现代汉语。如 ~ dud jid 温度计。

wend　问，照搬现代汉语。如 ~ tif 问题。~ haod 问号。苗语中，指提问的用 nais——説（nì），有打听、刺探之义。

wenf　1. 运，上古音在匣母、文部。第一声母灭失。《说文解字》："运，移徙也。"即从此地挪至彼地。《易经·系辞上》："日月运行，一寒一暑。"《三国志·诸葛亮传》："亮复出祁山，以木牛运，粮尽退军。"引申为运用、挥动。《史记·高祖本纪》："夫运筹策帷帐之中，决胜于千里之外，吾不如子房。""运筹"即摆弄筹策。《孟子·梁惠王上》："老吾老以及人之老，幼吾幼以及人之幼，天下可运于掌。"《庄子·徐无鬼》："匠石运斤成风，听而斫之，尽垩而鼻不伤。""运斤"即挥动斧头。苗语中，wenf 也有相应的字义。

　　　　（1）指搬运、挪移。如 ~ dax mongl gux 运到外面。

　　　　（2）指挥动（工具）。如 Nenx jus dik dax mongl ~ dangd diot dail vongx ait ob ghaid 他一跳过去运刀着龙为两截，即挥刀把龙砍为两截。

　　　　2. 挥，上古音在匣母、文部。声母灭失。挥以军表音，古音近于浑、运（简化为运）。《礼记·曲礼》："饮玉爵者弗挥。"注："振去余酒曰挥。"即甩杯子，以甩出杯中残剩的酒。引申为舞动、摇动。晋代刘琨《扶风歌》："挥手长相谢，哽咽不能言。"苗语中，wenf 指摆动的样子，放在动词后面做补语。如 hfat wenf wenf 擢（huò）挥挥，即微微挥动。neid ~ ~ 指颤悠悠的样子。

3. 闻，姓氏。如 ~ Gaif Xenb 闻国兴。

4. 文，照搬现代汉语。如 ~ huad 文化；~ mangf 文盲。

wenk 1. 輨（huàn），上古音在匣母、元部。韵母中的 an 转换为 en。wenk 是 wan-gt——輨的又音，意思相同，即连揪带扯，将东西拉裂、拉断。如 ~ vob diot laib wil 輨（揪）菜搁锅里。

2. 搵（wèn），上古音在影母、文部。《说文解字》："搵，没也。"《广韵》释为"按物水中也。"《唐国史补》："旭饮酒辄草书，挥笔而大叫，以头搵水墨中而书之。""搵"是将东西按在水里，这是无疑的。搵后来指擦泪，应是夸张的说法，言泪水之多，擦泪的帕子浸于泪水中。辛弃疾《水龙吟·登建康赏心亭》："倩何人唤取，红巾翠袖，搵英雄泪？"元代王实甫《苏小卿贬茶船》："我这里按不住长吁，搵不下泪点。"苗语中，wenk，即用于擦拭泪水。如 ~ eb mais 搵眼泪。

wenl 滚，上古音在见母、文部。声母灭失。《说文解字》作涫（guàn），"沸貌。"段玉裁注："滚水即涫，语之转也。""滚"即水翻腾的样子。杜甫《登高》："无边落木萧萧下，不尽长江滚滚来。"苗语中，wenl 常做补语，放在动词之后。如 but ~ ~ 沸滚滚，bongt ~ ~ 浡滚滚，均指水沸腾、翻滚的样子。

wi

wib 炜，上古音在匣母、微部。炜读如伟，又读如辉。《说文解字》："炜，盛明貌也。"《诗经·邶风·静女》："彤管有炜，说怿女美。"这里的"炜"指光彩鲜亮的样子。《汉书·王莽传》："青炜登平，考景以晷。"颜师古注："炜音晖。"苗语中，wib 也有鲜亮之义，多做补语。如 dlub ~ 素炜，犹如白生生，白得有光泽。dongx ~ 同炜，齐整的样子。

袆，有 huī、yī 二音，古音也在微部。《尔雅·释诂》："袆，美也。"张衡《东京赋》："汉帝之德，侯其袆而。"dlub ~ 也可释为素袆；dongx ~ 也可释为同袆。

wid 妃，上古音在滂母、微部，入声，作 piwei。第一音节灭失，只保留了 wei，即 wi。《说文解字》："妃，匹也。"这是以近音字相释。我们注意到妃的第一个音节读如匹，第二个音节才是 wi。妃即配偶。《左传·隐公元年》：

"惠公元妃孟子。"元妃即原配、大夫人。后来特指皇帝的妾，王、侯、太子的妻子。引申为女神的尊称。晋代郭璞《游仙》："灵妃顾我笑，粲然启玉齿。"妃也做动词，读如婚配之配，意思也一样。苗语中，wid 指妻子、已婚女子、女鬼或女神。

（1）指妻子。如 ~ yus 妃予，即夫妻。妃为妻，予为夫。~ mongl wid，daib mongl daib 妻离子散。~ yut 幺妃，即小老婆。~ wangx 王妃，即皇后。

（2）指结过婚的女子。如 ~ nas 落妃，指寡妇。落本指草木凋零，只剩光杆，比喻无偶。~ hxid 析妃，即寡妇。析指木头被剖成两半，比喻无偶。

（3）指女鬼。如 ~ hxangk 伥妃，死人复活的女鬼。~ ghab gongk khat 槎丛妃，刺蓬鬼。

wik　1. 洼（wà），上古音在影母、支部。现代汉语中，韵母有所偏转。洼又写作窊。《说文解字》："窊，污邪，下也。"即低洼处。《老子》第二十二章："洼则盈，敝则新。"韩愈《燕嘉亭记》："洼者为池，而缺者为洞。"苗语中，wik 指下凹处。如 ~ jud 酒洼，即酒窝。~ mangl 面洼，也指酒窝。

2. 械。当地汉语方言指马桑树。有待进一步确认。

wil　1. 予（yú），上古音在余母、鱼部，入声。只保留了韵首 i。予本指给予，但典籍中较早借为第一人称，相当于我。《论语·先进》："颜渊死。子曰：'噫，天丧予，天丧予。'""天丧予"即老天要我的命。《尚书·牧誓》："今予发唯恭行天之罚。""予发"即"我姬发"，是周武王姬发的自称。如 Mongx hmat yut hveb wat, ~ ax hnangd 你说话声太小，我听不见。

余，上古音也在余母、鱼部，入声，与予完全相同，也用于第一人称。屈原《离骚》："皇揽揆余初度兮，肇锡余以嘉名。名余曰正则兮，字余曰灵均。""余"即我。

2. 攫（jué），上古音在见母、铎部，入声。第一声母 g 灭失，保留了第二声母 w。《说文解字》："攫，爪持也。"即抓。《列子·说符》："昔齐人有欲金者，适鬻金者之所，攫其金而去。"即抓起金子就走。《战国策·齐策六》："徐子之狗犹将攫公孙子之腓而噬之也。"如 ~ gangb gux 攫蛄虫，即抓蚂蚱。~ niangs 攫攘，即抓贼。~ jed 攫糍，即揪糍巴。

3. 镬（huò），上古音在匣母、铎部。声母灭失。wil 是 hot——镬的又音。hot 做动词，指煮饭。而 wil 是名词，是煮东西的大锅、鼎。准确地说，是无足之鼎。《汉书·刑法志》颜师古注："鼎大而无足曰镬。"《淮南子·说山训》高诱注："有足曰鼎，无足曰镬。"《吕氏春秋·察今》："尝一脟（luán）肉，而知一镬之味，一鼎之调。"即尝一尝锅里的一块肉，就知道这一锅肉的滋

537

味。苗语中，wil 指做饭的锅、类似锅状的东西。如 ~ dex 铜锅。~ hlet 铁锅。~ sot 潲锅，煮潲水用的锅。~ dul 烓镬，即火盆。~ dliok 铨镬，指秤盘。顺便说一句，锅字的本义不是煮饭的器具，而是镶嵌在车毂内、套在车轴上的金属圈，提高耐磨性。指炊具是后起义。

wis 瞁（xù），上古音在匣母、锡部。声母灭失。《通俗文》："惊视曰瞁。"组成双声词：wangt ~ 罨瞁，警惕地看着四周的样子。

wix 1. 蹦（wāi），上古音在晓母、支部。声母灭失。有些方言中，读上声。wix 是 ab——蹦的又音。我们从蹦中可以看出三个部件：立、鬲，剩下的一个部件由脚演变而来。鬲是三足炊具，若断一足，则不能直立，歪向一边。蹦正是这样的会意字：鬲的一足在旁，立而不正。现写作歪。《说文解字》："蹦，不正也。"如 ~ dlangb nenk ghongd 歪肩拧颈，指身子不正。~ niux ~ lot 歪口歪嘴。~ hvib 歪心，即偏心。引申为不正直。如 Dail deix jef nongx ghaid dail ~ jef nongx 直（正直）的吃得开，还是歪的吃得开。

歪，较晚出现的字。

2. 迕，上古音在疑母、鱼部。声母灭失。《玉篇》释迕："遇也。"《后汉书·陈蕃传》："王甫时出，与蕃相迕。"《说文解字》无迕，有牾，也在疑母、鱼部，"牾，逆也。"逆也是遇、相逢。《史记·屈原贾生列传》："重华不可牾兮，孰知余之从容。"后来引申为作对、对抗。《汉书·严延年传》："自郡吏以下皆畏避之，莫敢与牾。"苗语中，wix 与抵相似，引申出违逆、抵赖义，又引申为到、抵达。

（1）遇到、见到，用其本义。如 Heib hab ax ~，khaid gad ax sos 徽鞋不遇，铠谷不造。指为了赶远路，特地编草鞋、带着饭，也没有遇到。

（2）指抵赖。如 ~ xat 牾债，即赖账。

（3）抵达。如 Nenx mongl ~ Beef Jenb yangx 他往迕北京焉。即他抵达北京了。

违，上古音在匣母、微部，声母灭失，也可读为 wix。赖账这个义项上，用违似乎也说得通。《说文解字》："违，离也。"由"离"引申为背离、违背。《孟子·梁惠王上》："不违农时，谷不可胜食也。"又引申为乖戾、偏离正常状态。汉代袁康《越绝书篇叙外传记》："子胥死，范蠡去，二人行违，皆称贤。"苗语中，wix 犹如背信、背离事实。如 ~ xat 违债，即赖账。

wo

wof 1. 猥（wèi），从畏表音。畏的上古音在影母、微部。韵尾 i 灭失，即相当于 wo。猥是拟声词，模拟狗的叫声，《说文解字》："猥，犬吠声。"以其声指狗，与 dlad 同义。做贬义词，均是引申义。

2. 沃，上古音在影母、药部。《说文解字》："沃，溉灌也。""浇，沃也。""沃"即浇水。《礼记·内则》："少者奉盘，长者奉水，请沃盥。""沃盥"即洗脸洗手。这里的"沃"可以理解为以水浇脸。段玉裁注："水沃则土肥，故云沃土；水沃则有光泽，故毛传云：沃沃，壮佼也。"《诗经·小雅·隰桑》："隰桑有阿，其叶有沃。"《诗经·卫风·氓》："桑之未落，其叶沃若。"《诗经·桧风·隰有苌楚》："夭之沃沃。"这些"沃"都指树叶有光泽的样子。苗语中，wof 也有相应的字义。

（1）指浇灌、盥洗。如 ~ mais 沃面，即洗脸。

（2）指有光泽的样子。用于人的长相，指营养充足的样子。如 ~ naix ~ hniub 沃耳沃釉（zhòu）。釉是稻种，但比喻人的眼珠。沃耳沃釉指耳朵油亮、眼珠放光，差近肥头大耳。

3. 握，上古音在影母、屋部。《说文解字》："握，扼持也。"即抓握。《楚辞·九章·怀沙》："怀瑾握瑜。"如 Dail dlangd dad jil gut gat mongl ~ dail ghab daib gheib 老鹰拿爪子握（抓）鸡崽。

4. 渥，照搬现代汉语。如 ~ Taid Huaf 渥太华。

5. 喔，象声词。如 neid ghangx wof wof 捩扛喔喔，指扁担挑起重物来喔喔地响。

wol 1. 雨，上古音在匣母、鱼部。声母灭失。wol 是 wal——雨的又音，作为尿的婉转词。如 pob ~ 雨脬，即尿脬、膀胱。

2. 舞，上古音在明母、鱼部。声母 m 灭失。韵母略有偏转。舞本是象形字，像一人双手拿舞具。到了小篆，下部出现"舛"字。舛是两脚相背之形，有别于平时的状态。这是舞蹈中左右脚交叉才会出现的情况。《论语·八佾》："八佾舞于庭。"引申为挥舞等。《史记·项羽本纪》："今者项庄拔剑舞，其意常在沛公也。"如 Nenx dad diangb sat liongx ~ ~ diot dail xed 他拿把铩（shā，柴刀）向老虎掟（dǐng）舞舞。掟也是挥舞。Ghab jil det li-ax lios diul ~ ~ lol dab 柳树枝弹舞舞落地，指柳条下垂拂动。

攉（huò），与霍同音，当在晓母、铎部。声母灭失，也可读 wol。按《集韵》，摚表示手反复动，指来回转动手掌，组成双声词：挥摚，后作挥霍。《木兰辞》："磨刀霍霍向猪羊。"可以把霍看成象声词，指磨刀的声音；也可理解为摚，指磨刀时，来回翻转，磨其两面。前二例中，对老虎挥刀、柳条摆动，似乎也可用摚字。

wos 过，上古音在见母、歌部。声母 g 灭失。wos 是 wat——过的又音。《说文解字》："过，度也。"指走过、经过。除了用于空间，也用于时间。杜甫《阻雨不得归瀼西甘林》："三伏适已过，骄阳化为霖。"今有过日子、过年、过节等。苗语中，wos 用于过节。如 Ob laix xit luf dongd, xit luf ~ nongx sod 二位胥掠正，胥掠过茹早。即两位互相抢节日（正即节日），抢得就早过。wos（过）、nongx（茹，即吃，过节也叫吃节）都可用于过节。

wong

wongb 邕，上古音在影母、东部，作 iwong。在 ongd、ongt 字条说过，以雍表音的字，如壅、臃、拥（简化为拥）、瓮（简化为瓮）等，实际上都是以邕表音，因为雍本写作雝。这些字的字义也往往与邕关联。《说文解字》："邕，四方有水，自邕城池者。"南宁又称邕城，即与四周有水有关。壅、拥等都有围堵之义。《汉书·王莽传》："长平馆西岸崩，邕泾水不流，毁而北行。"颜师古注："邕读曰壅。"即堵塞。齆（wèng），从邕表音兼表义，指鼻塞不通。安徽方言中，将读死书的叫"书邕子"，即没有读通。称糊涂、愚蠢为昏庸，似乎应做昏邕，即不通事理者。庸的上古音在余母、东部，相当于 yiwong，与邕读音极近，且庸的字义相当于用，引申不出昏庸之义来。苗语中，wongb 指糊涂。组成双声词：wongb wab 邕乎（乎的上古音在晓母、鱼部，声母灭失），犹如昏庸。如 Jangx ob hniut nongd lol, nenx maix nenk ~ wab yangx 近两年来，他有点邕乎了。

wongl 臃，上古音在影母、东部，入声。臃，《说文解字》作瘫（简化为痈），释为"肿"。《战国策·韩策三》："人之所以善扁鹊者，为有臃肿也。"《史记·扁鹊仓公列传》："色将发臃。""臃"是肿起的疮。扁鹊、仓公都是名医。引申为身材胖、笨拙的样子。如 Dail naix nongd wongl wat 这个人臃（笨）得很。

wongs 勇，上古音在余母、东部，相当于 yiwong，入声。第一音节灭失。《说文解字》："勇，气也。"《左传·昭公二十年》："知死不辟，勇也。""辟"即避。不怕死叫"勇"。《论语·为政》："见义不为，无勇也。"如 Dail mongx maix ~ wat! 那人有勇啊!

wu

wud 骛。上古音在明母、侯部，作 miwo。第一音节灭失。《说文解字》："骛，乱
驰也。"犹如马受惊，脱缰而奔。《韩非子·外储说右下》："代御执辔持
策，则马咸骛也。"指马跑得快。引申为快、急速。《素问·大奇论》："肝
脉骛暴，有所惊骇。"王冰注："骛谓驰骛，言其迅急也。"苗语中，wud 指
快跑。如 Nenx ~ nangl ~ jes 他骛灢骛宄，即他跑东跑西。diangd ~ 转骛，
指飞快地转。zuk ~ 趣骛，快速地跑。趣指跑。

wuf 1. 斡，上古音在影母、月部。韵母略有偏转。wuf 是 was——斡的又音。斡本
指勺柄，引申为旋转。苗语中，wuf 指陀螺。当是进一步引申的结果。如
Jib daib dib ~ 小孩打斡。打斡即抽陀螺。~ ngob 嗷斡，带响的陀螺。

2. 觟（huà），上古音在匣母、支部。声母灭失，韵尾灭失。《说文解字》：
"觟，牝牂羊生角者也。"《韵会》释为"牝羊生角"。总之，指母羊生角。
《尔雅义疏·释畜》："吴羊牝者无角，其有角者别名觟也。"母羊多无角，
有角也比较小，不似公羊威风。苗语中，wuf 指角小，一般用于牛。如 ~
gib 觟角，即水牛角较小（两角尖的距离因而较短）。

3. 芜，上古音在明母、鱼部。第一声母灭失。《说文解字》："芜，秽也。"
《尔雅·释诂》："芜，丰也。"指草茂盛，反过来指庄稼荒芜，也指丛生的
草、草木丛生的样子。白居易《东南行一百韵》："九派吞青草，孤城覆绿
芜。"南朝谢朓《游后园赋》："积芳兮选木，幽兰兮翠竹。上芜芜以荫景，
下田田兮被谷。"如 ~ sob 椒芜，即丛生的辣椒。

4. 无，照搬现代汉语。如 ~ caix gaib jib 无产阶级。

wuk 妪（yù），上古音在影母、侯部，作 iwo。《说文解字》："妪，母也。"《正字
通》："今俗称老妇曰妪。"《史记·高祖本纪》："有一老妪夜哭。"《汉书·
蔡义传》："短小无须眉，貌似老妪。"苗语中，wuk 指已婚的上年纪妇女，
或用于对妇女的尊称，故相当于"母"。如 ~ lul 老妪，即老婆婆。~ qad 姼
（chǐ）妪，即亲家母。~ sangx waix 元层妪，高层婆婆，指曾祖母、高祖母。
~ wangx 王妪，即皇后，王后。

wul 1. 坞，上古音在影母、鱼部。wul 是 wangs——坞的又音，指四周高、中间低
的洼地，西南话里称"坝子"。如 Baib nix lol ait dlas, laib hlieb mongl las
longl, laib yut mongl mail ~ 给银来致富。大锭去纳笼（装箱），小锭去买

坞。买坞即买田买地。山区低洼地难得，都是良田。

圩，平原地区，相对较低的田地叫圩。圩从于表音，也在鱼部。

2. 芜（wǔ），上古音在明母、鱼部，第一声母 m 灭失。wul 是 wuf——芜的又音。wuf 指草丛，而 wul 指丰、盛，极言其多。如 ~ hsangb ~ wangs 芜千芜万，犹如千千万万。

3. 纡，上古音在影母、鱼部，入声。《说文解字》："纡，诎也，一曰萦也。"有弯曲、萦绕之义，从纟，指像丝一样弯曲盘绕。战国宋玉《高唐赋》："水澹澹而盘纡兮。"白居易《长恨歌》："盘栈萦纡登剑阁。"指栈道盘绕于崖壁。如 gid ~ 弯路。

迂，与纡同音，指道路曲曲弯弯，也有盘绕之义。

4. 嗚，象声词，如风声、蜂蝇等扇动翅膀的声音。如 Dail gangb niongx genx ~ ~ 马蜂嗚嗚叫。Dail jent nongd dax, laib ~ hxangb bongt bongt wat 这阵风一到，嗚喧猛烈得很。嗚喧指风声。

WUS 1. 扤（wù），上古音在疑母、物部。声母 ng 灭失。《说文解字》："扤，动也。"《诗经·小雅·正月》："天之扤我，如不我克。"司马相如《上林赋》："扬翠叶，扤紫茎。""扤"即摇动、撼动。组成双声词：扤捏（捏也在疑母），指摇动的样子，引申为局势、心情等不安的样子。典籍中，多作阢陧（wù niè）、杌隉（wù niè）、兀臬等。其实这三个词从字面上如何也看不出摇动、不安的样子，应是扤捏的通假字。如 ket ~ nes 擢扤捏，使劲摇晃的样子。擢有来回摆动之义。khent ~ nes 掀扤捏，指使劲掀动、拱动物体的样子。

2. 搳（huò），从或表音。或的上古音在匣母、职部。声母灭失，韵尾灭失。从或表音的字如域、蜮读 yù。《集韵》："搳，裂也。"或作擖（huà）。今有词"划然不同"，犹如截然不同，这个划应为擖，指断开。搳即有断开之义。如 Nenx jil ghab hxenb ~ yangx 他一只肱（胳膊）搳（指脱臼）了。

3. 芋，上古音在匣母、鱼部。第一声母灭失。《说文解字》："芋，大叶实根，骇人，故谓之芋也。"因为吁有让人惊讶之义，故根大骇人，称为芋。俗称芋艿、芋头。《史记·项羽本纪》："今岁饥民贫，士卒食芋菽。"苗语中，wus 指像芋头一样的东西，指植物较粗的根茎。如 wus jut 苊芋，即白苊的地下块茎。Hsad jid nil wus jut, nil kod gil liangs not 产人如苊芋，如荸荠一样多。指人口繁衍得快。

4. 骛，上古音在明母、侯部。声母 m 灭失。wus 是 wud——骛的又音，指急速的样子。如 zuk wus 走骛，急速地跑。

5. 惧，上古音在群母、鱼部。声母灭失。《说文解字》："惧，恐也。"惊讶失措貌。《庄子·庚桑楚》：“南荣趎惧然顾其后。”《汉书·惠帝纪》：“闻叔孙通之谏则惧然，纳曹相国之对而心说。” 如 ~ has ~ has 即惊慌失措。

wux 璑（wú），上古音在明母、鱼部。第一声母 m 灭失。《说文解字》：“璑，三采玉也。”《周礼·夏官·弁师》：“珉玉三采。”郑玄注：“故书珉作璑。”郑司农云：“璑，恶玉名。” 实际上，就是呈不同颜色的矿石，有鲜艳的色彩，但没有雕琢价值，故称“恶玉”。苗语中，wux 指矾土。因矾土中所含金属不同，呈不同的颜色，有红、蓝、绿等色。其中明矾为白色结晶体，成分为十二水硫酸铝钾。明矾用途广泛，可使水澄清、消毒，可用作食品膨松剂，可做中药，有消毒、收敛作用。如 ~ hxub 收璑，即明矾。大概是因为有收敛作用。

X

提示：声母 x 对应于汉语中的 x，也对应于 zh、ch、sh、y。

xa

xab 1. 遮，上古音在章母、鱼部。前面讲过，鱼部主要对应于今天的韵母 u 和 a。《说文解字》："遮，遏也。"即阻止、拦住。《史记·陈涉世家》："陈王出，遮道而呼涉。""遮道"即拦路。引申为遮挡、遮掩。柳宗元《登柳州城楼寄漳汀封连四州刺史》："岭树重遮千里目，江流曲似九回肠。"《齐民要术·种麻子》："凡五谷地畔近道者，多为六畜所犯，宜种胡麻、麻子以遮之。"如 ~ hnaib 遮日。~ nongs 遮雨。~ daib ~ vangt，niangb hxed niangb vut 遮崽遮幼，留煖留好。即保护（保佑）小孩子，让他们幸福安康。

2. 斋，上古音在庄母、脂部。韵母有所偏转。《说文解字》："斋，戒絜（洁）也。"指祭祀前，洁净身心，以示虔敬。后指不吃荤。《孟子·离娄下》："虽有恶人，斋戒沐浴，则可以祀上帝。"杜甫《饮中八仙歌》："苏晋长斋绣佛前。"如 nongx ~ 茹斋，即吃素。

xad 1. 陕（xiá），上古音在匣母、叶部，入声。《说文解字》："陕，隘也。"今作狭，指地方窄小。《汉书·西域传》："道陕者尺六七寸，长者径三十里。"由狭小、转不开身引申为生活窘迫、贫穷。《荀子·议兵》："秦人其生民也陕隘，其使民也酷烈。"苗语中，xad 相当于汉语的难，由困难、艰难引申做副词。如 ~ ait naix 陕为人，即难为情。~ hvad 陕睎，即难看。~ hxid 陕视，也是难看。~ jel 陕臼，即难受。

顺便说一句，汉语常用的难，从隹，本是一种鸟，《说文解字》释为"难鸟也"，不知何故，后用于困难。

2. 茬（chá、chí），上古音在崇母、之部，入声。韵母有偏转，《说文解字》："茬，草貌。"指草多的样子。汉代泰山郡有茬山，当是因草盛而得名。《汉书·地理志》："东郡茬平。"颜师古注："在茬山之平地者也。"今作茌平，在山东。茬又通槎，指草木被斜砍后所剩之株。苗语中，xad 指草莽丛生的样子。如 Wangx vob ~ lins niox, bib mongl yis lal niox 菜园茬得很，我们去刈蜡了（砍光它）。~ vud ~ gongk 茬野茬丛，指草莽成片。

3. 差（chà），上古音在初母、歌部。xad 是 hsad——差的又音。意思也有所区别。hsad 指差错，xad 进而引申为不好的、坏的。《离骚》：“汤禹俨而祗敬兮，周论道而莫差。”“莫差”即没错、不错。如 Hxed seix vud ax jul, ~ seix vud ax jul 好也说不尽，差也说不尽。

4. 察，上古音在初母、月部，入声。《说文解字》：“察，覆审也。”即反复审核。《论语·卫灵公》：“众恶之，好察焉。众好之，必察焉。”对于众人都诋毁的或众人都称赞的，要核实，不能盲从。《易经·系辞上》：“仰以观于天文，俯以察于地理。”组成双声词：xad xid 察细，犹如详察，仔细。

5. 下，上古音在匣母、鱼部。xad 是 khad——下的又音。下本指下面，引申为动词，如降落、下达等。《史记·秦本纪》：“孝公下令国中曰……”如 ~ lif 下力，使劲、努力。

xaf 1. 吓，上古音在晓母、铎部。繁体作吓（hè）。《广韵》释为“怒也”。《庄子·秋水》：“鸱得腐鼠，鹓雏过之，仰而视之曰：‘吓！’”即在大声吓退对方。南朝鲍照《芜城赋》：“饥鹰厉吻，寒鸱吓雏。”李善注，引《毛诗·笺》：“口拒人曰吓。”如 Ax gid ~ naix! 不要吓人。Dail dlad xis ~ xis ~ 那狗猲（xié）吓猲吓，指狗靠气势和吠声吓人。

2. 下，上古音在匣母、鱼部。xaf 是 khad、xad——下的又音。这里指低下、向下。如 ~ mais 下目，指低着眼，不敢朝前看。~ nik 下智（lí），指打盹。智指闭眼，下指脑袋向下磕。

3. 瞎，以害表音。害的上古音在匣母、月部。《玉篇》释为“一目合也”。《类篇》释为“目盲”。《十六国春秋·前秦·苻生》：“苻生无一目。七岁，其祖洪戏之曰：‘吾闻瞎儿一泪，信乎？’生怒，引刀自刺出血曰：‘此亦一泪也！’”瞎本指一只眼看不见，后泛指目盲。引申指盲目地做事。如 ~ ait 瞎为，即乱搞。

xak 1. 疏，上古音在山母、鱼部，入声。《说文解字》：“疏，通也。”疏的右部是流的省略形，在此表义，指让水流通畅。《国语·周语下》：“疏为川谷。”《孟子·滕文公上》：“禹疏九河。”如 Laib set nongd ~ ax tongb yel! 这件事疏不通耶！即这事解决不了。

2. 梳，上古音在山母、鱼部，入声。事实上，梳是在疏的基础上造的字。梳兼具疏的二义：疏通、稀疏。梳子的功能就是将打绺的头发理顺，梳子的特点是其齿比篦子稀疏。《说文解字》：“梳，所以理发也。”这里的“理

发"指梳理，而不是剃发。《新唐书·吴兢传》："朝有讽谏，犹发之有
梳。"也做动词。扬雄《长杨赋》："头蓬不暇梳。"如 ~ khob 梳颗，即梳
头。~ dok 梳綆，指织布前将经线梳理好。

xas 恰，与洽同音。洽的古音在匣母、缉部，声母本为 x。《说文新附》："恰，用
心也。"用心应理解为从心，也即从恰的字形来看：合于心，与所想一致。
正是在此基础上引申出正好、刚刚之义。杜甫《南邻》："秋水才深四五尺，
野航恰受两三人。"恰有与愿望一致之义。苗语中，xas 指希望、想。如 Hsat
lax yangx，~ mongl hxid nenx ib mais 杀曩焉，恰往视他一目。即久违了，希
望去看他一眼。

xat 债，上古音在庄母、锡部。韵母略有偏转。债是责的一支字义上的后起字，即
在钱财上对他人应尽（还未尽）的义务。《史记·孟尝君列传》："问左右何
人可使收债于薛者。"《战国策·齐策》中这里的收债为"收责"。如 qab ~
欠债。tub ~ 贷债，即借债。vangs ~ 干债，即追债。干有求取之义。

xang

xangb 1. 镶，从襄表音。襄在心母、阳部。其另一读音同瓤，指铸造器物的内模。
内外模之间是要浇铸的器壁。其实，作为镶嵌之镶也源于内模：嵌于外模
之内。其读音是"秀才读字读半边"的结果。苗语中的 xangb 很可能是较
晚照搬现代汉语的。如 Dad ob liul bis ~ diot ib bet 拿两张板子镶在一处。

2. 兴，上古音在晓母、蒸部。韵母 ing 转为 ang。《说文解字》："兴，起
也。"兴的繁体作興，来自四只手抬东西（如担架）的象形，本指抬起
来，泛指起来。《诗经·卫风·氓》："夙兴夜寐。"即早起晚睡。引申为
建立、创立。《汉书·晁错传》："臣闻汉兴以来，胡虏数入边地。"今有
"大兴土木"等词。苗语中，xangb 指树立、立起来。如 Mongx ~ pab diot
wil bangd dax 你兴（树）靶，给我来放（射）。

3. 胜（xīng），上古音在心母、耕部。韵母 ing 转为 ang。按《说文解字》：
"胜，犬膏臭也。"与腥字同义，是腥的异体字（胜利之胜本应为勝）。但
按《管子·入国》："必知其食饮饥寒，身之疴胜而哀怜之，此之谓恤
孤。"王念孙认为："胜读如减省之省，胜亦瘦也。"读如省、又表示消瘦
的有瘠（shěng）。《广韵》释为瘦。《新唐书·李百药传》："容貌癯瘠者累
年。"也简写为省。《后汉书·袁闳传》李贤注："面貌省瘦。"苗语中，
胜——xangb 表示瘦。xangb 又引申为稻谷脱壳——稻粒瘦了。如 Hsaid

dod ～ yangx 粲捣胜焉，即米都捣脱壳了，指米舂好了。

4. 硟（xiān），上古音在心母、元部。韵母 an 转为 ang。《说文解字》："硟，以石扞缯也。""扞"犹如擀，用石头擀，使布更平展。硟从延表音，延也有表义作用，指延展。朱骏声《说文通训定声》："用石摩展绡痕使平，今俗谓之研（yà）。"颜师古注："硟，以石辗缯。""硟"当然可以泛指擀轧，如擀面饼。又由动词转为量词，用于扁平的东西，如一张网、一摞纸。如 ib ～ jed 一硟糍，即一张糍巴。因为糍巴是轧平的。

5. 乡、香、相等。照搬现代汉语。如 ～ zend fux 乡政府；～ liaod 香料；～ zaod 香皂；～ dangb 相当。

xangd 1. 盏，上古音在庄母、元部。韵母 an 转为 ang。《方言》五："盏，杯也。"杜甫《送杨判官使西蕃》："边酒排金盏，夷歌捧玉盘。"或写作琖。《礼记·明堂位》："爵，夏后氏以琖，殷以斝（jiǎ），周以爵。"盏本来指酒杯，泛指盏形容器，如灯盏，用来盛油。盛饭盛茶的器具也可称盏。苗语中，xangd 主要指餐具。如 Ngix niangb ～，jud niangb dit 肉在盏，酒在厄。～ diel 周盏，指外来的盏、瓷盏。ib ～ gad 一盏谷，犹如一碗饭。

碗，从宛表音。宛的上古音在影母、元部，作 iwan，这也是宛或从宛表音的字（如鹓），又读 yuan 的原因。又作盌（wǎn），《说文解字》释为"小盂"。如果 iwan 中的 i 发成吐气音，w 灭失，an 转为 ang，也可读成 xangd。

2. 厌、餍，上古音在影母、谈部，作 iam。i 读成吐气音，即变作 x；am 转换为 ang。这里的厌与餍相通。《玉篇》释为"饱也，足也"。《孟子·离娄下》："其良人出，则必餍酒肉而后反。""餍酒肉"即喝饱吃足。引申为满足。《孟子·梁惠王上》："苟为后义先利，不夺不餍。"《史记·太史公自序》："天下患衡秦毋餍。""毋餍"即贪得无厌。在满足的基础上进一步引申为腻烦、厌恶。《汉书·叔孙通传》："群臣饮，争功；醉或妄呼，拔剑击柱，上患之。通（即叔孙通）知上餍之。"《论语》中均作厌，如《乡党》一章："食不厌精，脍不厌细。"《雍也》一章："予所否者，天厌之，天厌之!"苗语中，xangd 也有饱、厌烦二义。

（1）指饱。如 Nongx ～ yangx 茹餍焉，即吃饱了。

（2）指厌烦、腻烦。如 ～ ghongd 餍颈，犹如说食物已经装到颈部，指吃够了、吃腻了。引申为厌烦。如 ～ ghongd leit laib khob 餍颈戾（到）颗，即厌烦透顶。

3. 閒（jiàn、xián），上古音在元部，有见、匣二母。声母 x 对应于匣部。韵

547

母 an 转为 ang。《说文解字》："閒，隙也。"閒是会意字：月光透过门缝，门有缝隙。本义即为间隙。《庄子·养生主》："彼节者有间，而刀刃者无厚，以无厚入有间，恢恢乎其于游刃必有余地矣。"引申到时间上，指一小会儿。《列子·黄帝》："立有间，不言而出。"又引申指空闲，犹如说做两件事之间的一段空隙。《史记·李斯列传》："吾常多閒日，丞相不来。"现在间隙、空闲二义由间、闲两个字分担。闲实际上是假借字，本义是木栅栏，引申为栏、防，引申不出空闲之义。苗语中，xangd 取间 (jiàn) 或之义。《战国策·齐策一》："数月之后，时时而间进。"文天祥《指南录后序》："间以诗记所遭。"组成叠词：～～间间，即间或、偶尔。如 Nenx ～～ dax haib 他偶尔来过。

4. 像、橡等，照搬现代汉语。如 ～ jaob 橡胶；ib liul ～ 一张像（片）。

xangf 1. 兴 (xìng)，上古音在晓母、蒸部。韵母 ing 转为 ang。《说文解字》："兴，起也。" xangf 是 xangb——兴的又音，字义也有所区别。xangb 指树立，而 xangf 则指兴起、产生。东汉王璨《登楼赋》："风萧瑟而并兴兮，天惨惨而无色。"韩愈《送窦从事序》："雪霜时降，疠疫不兴。"如 ～ gangb hmenb gangb daid 兴虱子跳蚤。～ ghab nangx 兴其莠（réng），即长草。Naix ～ dax not lins niox 人兴来多极了，指人繁衍得很多。

2. 曏 (xiàng)，上古音在晓母、阳部。《说文解字》："曏，不久也。"《玉篇》："曏，少时也。"均指不长的一段时间。引申为不久前，指过往的某个时间。今作向，如向来、一向。指不长的一段时间，此字又写作饷 (xiǎng)。饷的本义同"馈"，给人送吃的，假借为曏。韩愈《赠张秘书》："虽得一饷乐，有如聚飞蚊。"宋代柳永《鹤冲天》："青春都一饷，忍把浮名，换了浅斟低唱。"宋代周邦彦《霜叶飞》："又透入，清晖半饷，特地留照。""饷"后来又作晌，如半晌。苗语中，xangf 泛指某一时间、时段。如 xangf deis 什饷，即何时。～ nongd 尔饷，即现时、现在。～ id 伊饷，即那时。组成叠词：～～ 晌晌，即时时、常常。

时，上古音在禅母、之部。《说文解字》："时，四时也。"本指四季，泛指时间、光阴。如果韵母 ang 化，也可转为 xangf。

xangk 识，上古音在书母、职部，入声。韵母 ang 化，即转读为 xangk。《说文解字》释识："一曰知也。"即知道、认识。《论语·阳货》："多识于鸟兽草木之名。"引申为做标记，使人易于辨识。《礼记·檀弓上》："吾闻之，古也墓而不坟。今丘也，东西南北之人也，不可以弗识也。"这里的"识"指给坟墓做标记。《后汉书·冯异传》："进退皆有表识。""表识"

犹如标识、标志。《史记·封神书》："鼎大异于众鼎，文镂无款识。""款识"即以落款为标识。苗语中，xangk 也有这两项字义。

（1）指知道、认识。如 Wil xangk nenx, nenx ax ~ wil 我识他，他不识我。Nenx ~ leix hmub, seix ~ leix diel 他识苗文，也识汉字。

（2）做记号。如 Mongx ~ laib dit nongd 你识这只卮，即给这个杯子做记号。

xangs 1. 匠，上古音在从母、阳部。韵母为 iang。《说文解字》："匠，木工也。"匠从斤，斤是斧子，木工工具。匚是器具的象形。《庄子·马蹄》："匠人曰：'我善治木，曲者中钩，直者应绳。'"《孟子·公孙丑上》："矢人唯恐不伤人，函人唯恐伤人。巫匠亦然。"即造箭的只怕箭不伤人，造铠甲的只怕（因不能防护而）伤人。"巫"为人祷告怕人死，"匠"为人做棺材怕没死人。泛指各类技工。《论衡·量知》："能斲（zhuó）削柱梁，谓之木匠；能穿凿穴坎，谓之土匠；能雕琢文书，谓之史匠。"苗语中，xangs 即指各种技工、专业人员。如 ~ hlet 铁匠。~ det 树匠，即木匠。~ dib nix 打银匠。~ dliangb 仙匠，即巫师。~ dud 书匠，即老师。~ jab 药匠，即药师。

2. 详，上古音在邪母、阳部，入声。详从言表义。《说文解字》："详，审议也。""审议"指审慎地议、说，使对方明了。《诗经·鄘风·墙有茨》："中冓（gòu）之言，不可详也。所可详也，言之长也。""中冓之言，不可道也。"不可详与不可道，基本同义。明代冯梦龙《古今小说·沈小霞相会出师表》："将情具由，申详兵备道。""申详"即报告。今天，在信封上写"内详"，指里面有具体说明，详为动词。做形容词，指详细，是引申义。苗语中，xangs 即指告诉，详细地讲。如 Nenx ~ dax, bib jef bub 他详（说）来，我们才知道。~ hveb 详话，犹如宣告。

xangt 1. 櫼（jiān），上古音在精母、谈部，入声。韵母作 iam，其中 am 同 an 一样，转换为 ang。《说文解字》："櫼，楔也。"段玉裁注："木工于凿构相入处，有不固，则斫木札楔入固之，谓之櫼。"木榫入孔后，尚不紧固，打入楔子，这就是櫼。俗语称在两顿正餐之间吃点东西为"打尖"，实应为打櫼，犹如加楔子。苗语中，xangt 即指楔子，引申指钉子。因为钉子和楔子一样，都是挤入物体。如 ~ ghangx 扛櫼，指扁担两端沿垂直方向打入的楔子，露出半截在外，可防止扁担所挑的物体脱落。Dib ~ ghas ud 打櫼挂衣，指在墙上打入挂衣服的钉子。

籤（qiān），上古音在清母、谈部，入声。韵母与櫼相同。二字具有共同的发音部件，该部件有纤细之义（纤本作纤）。籤今简化为签，如竹签。《说文解字》释为锐。《北史·鱼俱罗传》："以籤刺瞎其眼。"也做动词。指用签子扎。《新唐书·酷吏传序》："拉胁籤爪，悬发熏目。"籤爪即扎手指头。如果说，籤引申为楔子，也是可以说得通的。何况，籤与櫼，一个从竹，一个从木，本来区别不大。xangt 可视为 qik、jent——签的又音。

2. 释，上古音在书母、铎部。韵母 "ang 化" 了。《说文解字》："释，解也。"解应是引申义。释字的偏旁比米字多了一撇，实际上与米字同源，是簸米或筛米的象形：早期的米字，中间一横，上面三点，下面三点。一横是筛子，上面是米，下面是糠或杂质，需要从米中分离、扬弃。释因此有释放、放弃、消解等义。《尚书·武成》："释箕子囚，封比干墓。"这里的 "释" 即释放。《老子》第十五章："涣兮若冰之将释。"这里的 "释" 指变暖后水面的冰块分解。从释放引申出放下。《韩非子·五蠹》："因释耒而守株，冀复得兔。"指放下农具，守株待兔。苗语中，xangt 指放下、放开。如 ~ bil 释手，即放手。~ dud 释书，一指放学，一指学校放假。~ liod 释牛，即放牛。~ mal 释马，即放马，也指纵马比赛、赛马。~ gheb 释工，即下班。~ dlongs nenk 释松零，即放松点。~ hveb 释话，即宣布。

3. 施，上古音在书母、歌部，入声。韵母 "ang 化" 了。此字本当从也、攵，作也攵。《说文解字》释为："敷也。"有敷设、铺陈之义。典籍中多借施（与旗帜有关）而为之。《诗经·周南·葛覃》："葛之覃兮，施于中谷。"《易经·乾卦》："云行雨施。"引申为施加。《论语·卫灵公》："己所不欲，勿施于人。"苗语中，xangt 即指施加、施展。如 ~ hfend 施幻，即施展法术。古代魔术为幻术。~ jab 施药，即下药、放毒。

4. 旋（xuàn），上古音在邪母、元部。韵母中的 u 灭失，an 转换为 ang。《说文解字》："旋，周旋，旌旗之指挥也。"本指挥旗，引申为旋转。《礼记·玉藻》："周旋中规。"如 ~ ngob 旋嗷，指转动带响的陀螺，因这种陀螺高速旋转后发出嗷嗷声而得名。xangt 是 dliangd——旋的又音。

xangx 1. 场，上古音在定母、阳部，后在澄母、阳部。xangx 是 dangx——场的又音。《说文解字》释场："一曰山田不耕者，一曰治谷田也。"即山间平整的场地，不用于种粮，而用于晒粮等。《诗经·豳风·七月》："九月筑场圃，十月纳禾稼。"大概是因为这种场地也是人们聚集之地，可供聊天、议事，引申为人们聚集地。汉代扬雄《剧秦美新》："遥集乎文雅之囿，翱翔乎礼乐之场。"南朝谢灵运《游名山志序》:"岂以名利之场贤于清旷之域耶?"也做量词。唐代高适《邯郸少年行》:"千场纵博家仍富,几处报仇身不死。"苗语中,xangx 同某些地区的方言一样,即集市——场。如 hvad ~ 晞场,即赶集。晞有去看看的意思。~ genl 场井,即集市。井即市井。~ denx 前场,即上一个赶集日。~ Mos、~ Vongx 均为凯里市地名。

2. 赏,上古音在书母、阳部。《说文解字》:"赏,赐有功也。"《尚书·泰誓》:"功多有厚赏。"引申为赞赏。《左传·襄公十四年》:"善则赏之,过则匡之。"杜预注:"赏,谓宣扬。"苗语中,xangx 指赞赏。如 ~ laib lal, hent laib vut 赏赖的,额好的,指对好的东西赞赏、肯定。赖的本义是赢利,也指好的。

3. ~ ghaib 指蓬间雀。xangx 待考。

xe

xeb 摄,上古音在书母、叶部,入声。《说文解字》:"摄,引持也。"《论语·乡党》:"摄齐升堂,鞠躬如也。""摄齐"指提起衣襟、提高下摆。引申为吸取。唐代顾况《广陵白沙大云寺碑》:"磁石摄铁,不摄鸿毛。"《三国志·蜀书·刘焉传》:"在犍为东界,摄敛吏民得千余人。"苗语中,xeb 也指摄取、提取等。如 ~ jud 摄酒,指提取纯酒。~ hxud 摄灰,指从草木灰中提取碱。~ yil 摄液,特指提取青冈树枝中的汁液。

xed 虎,上古音在晓母、鱼部。声母本作 x。韵母略有偏转。《说文解字》:"虎,山兽之君。"《易经·乾卦》:"云从龙,风从虎。"虎是老虎的象形字。如 ghet ~ 虎公,也指老虎。~ bot 豹虎,即豹子。~ mob 猫虎,还指豹子。虎、豹、猫都是猫科动物。~ dlad 犬虎,指豺狗。

xef 瓠(hù),上古音在匣母、鱼部。韵母略有偏转。瓠以夸表音,以瓜表义,指葫芦。《说文解字》将瓠、匏(páo)互训。匏也是葫芦。《庄子·逍遥游》:"今子有五石之瓠,何不虑以为大樽而浮乎江湖?"《汉书·食货志》:"瓜瓠果蓏(luǒ)。"瓠又读如壶,即指壶。实际上,瓠是形声字,壶是象形字,即壶形。而标准的壶即葫芦形。《尔雅·释器》:"康瓠谓之甈(qì)。"郭璞注:"瓠,壶也。""康瓠"即空瓠,里面无瓤。苗语中,xef 除了指葫芦外,也指壶。如 ~ jud 酒瓠,即酒壶。~ eb 水壶。

xek 1. 楔(xiē),上古音在心母、月部,入声。《说文解字》:"楔,櫼(jiān)

也。"段玉裁注："今俗语曰楔子。"一头尖锐，可插入它物中。《淮南子·主术训》："大者以为舟梁柱航，小者以为楫楔。"因大型楔子可以作为桩，故又指桩、柱子。《尔雅·释宫》："根（chéng）谓之楔。"郭璞注："门两旁木。"即门两旁的立柱。苗语中，xek 指楔子或桩。如 jenl ~ 掐楔，即插楔子，或栽桩。~ wangx 园楔，即插在园子周边的篱笆桩子。

2. 嚼，上古音在从母、乐部。声母与韵首 i 结合而转为 x。韵母也有所偏转。《说文解字》中，嚼作噍（jiáo），释为"啮也"。司马相如《上林赋》："咀嚼菱藕。"《汉书·高帝纪》："尝攻襄城，襄城无噍类。"无噍类，即无活口。噍类，即能吃东西的动物。如 ~ gad yis jib daib 嚼谷育小孩。嚼谷即把饭嚼烂。~ hmid 嚼劈，即磨牙。xek 是 jat——嚼的又音。

3. 士，上古音在崇母、之部。声母与韵首 i 结合，转为 x；韵尾本近于 e。士是象形字，引申指男人。《诗经·郑风·女曰鸡鸣》："女曰鸡鸣，士曰昧旦。"士与女相对。《荀子·非相》："处女莫不愿得以为士。"后来特指有一定身份的人。《谷梁传·成公元年》："古者有四民：有士民、有商民，有农民、有工民。"《汉书·食货志》："士农工商，四民有业。学以居位曰士。"士即读书人、文化人，地位高于农工商。苗语中，xek 即指有一定文化、明事理者。如 ~ taib 推士。当争执双方相持不下时，以一定方式解决争端，并请推士据理分析，推断谁对谁错。xek 还指"鬼师"的助手。"鬼师"即巫师，巫师的断语，还要靠士来"圆"。

xel 须，上古音在心母、侯部，入声。韵尾为 o，转为 e。xel 是 dliub——须的又音。《说文解字》："须，面毛也。"dliub 做名词，泛指须状、毛状物。而 xel 则指长（zhǎng）须、长毛。如 ~ mangl ~ mais 须脸须面，即满脸胡须。~ niux ~ lot 须嘴须咮，即嘴的周边都是胡须。

xet 1. 术（shù），上古音在船母、物部。韵尾相当于 e。今简化作术。《说文解字》："術，邑中道也。"術从行表义，从术表音。行即道路。《墨子·旗帜》："巷術周道者必为之门。门二人守之。"《汉书·燕刺王刘旦传》："归空城兮，狗不吠，鸡不鸣，横術何广广兮，固知国中之无人。"颜师古注："術，道路也。"引申为做事的途径、方法。《齐民要术序》："桑弘羊之均输法，益国利民之術也。"苗语中，xet 就指道路。如 dangl gid det ~ 半路中途。

2. 休，上古音在晓母、幽部，入声。韵母 ou 转为 e。休是会意字。《说文解字》："休，息止也。从人依木。"《诗经·周南·汉广》："南有乔木，不可休思。""思"是语气词。泛指休息、止息。《诗经·大雅·民劳》："民亦

552

劳止，汔可小休。"三国曹丕《典论·论文》："下笔不能自休。"由停下来引申为否定词，相当于不要、莫要。杜甫《诸将》："洛阳宫殿化为烽，休道秦关百二重。"苗语中，xet 也有停止和莫要之义。

（1）指停止。如 Xangf nongd laib waix ~ lol yangx 尔饷（现在）老天休了，指停止下雨了。

这里还可以将休理解为好、喜庆之义。《尚书·大甲中》："宝万世无疆之休。"《尚书·囧命》："万邦咸休。"今有"休戚与共"一词，休与戚相反相对。天休了，也可理解为天气好了、晴了。

（2）指不要、莫。如 ~ ait yel 休为矣，即不要干了。~ mongl yel 休往矣，即不要走了。~ gid 休介，与 xet 同义，仍指不要、莫要。

3. 絜（xié），上古音在匣母、月部，入声。《朱子·章句》："絜，度也。"即度量。絜字的下部为丝、绳一类的东西，在此表义，表示以绳、丝线来丈量。《庄子·人间世》："匠石之齐，至于曲辕，见栎社树，其大蔽数千牛，絜之百围。"指树干需百人合抱。汉代贾谊《过秦论》："试使山东之国与陈涉度长絜大，比权量力，则不可同年而语矣！"这里度与絜同义。如 ~ yangs 絜验，并列词组：度量并核验。~ yangs maix not xus? 絜验有多少？即测算一下，有多少。~ yangs ait 絜验为，即测算一下再干，犹如量力而行。

xex 俦（chóu），上古音在定母、幽部，后在澄母、尤部。韵母 ou 转为 e。《集韵》《韵会》释俦："众也，等类也。"《三国志·魏书·高柔传》："萧、曹之俦，并以无勋。"杜甫《归燕》："不独避霜雪，其如俦侣稀。"可见"俦"指伴侣、同类、同辈。萧、曹之俦，犹如萧、曹之辈。如 ~ aib 伊俦，即那帮人、他们。~ lul 老俦，即老辈。~ hlieb 长辈。

xen

xenb 1. 砖，上古音在章母、元部。声母与韵首 i 结合转为 x；韵腹 u 灭失；an 转为 en。砖字早期作塼。《集韵》："塼，烧墼也。"砖坯叫墼，烧过后叫塼。《宋书·王彭传》："乡里并哀之，乃各出夫力助作塼。"如 Dod hob dad niangb, ded xenb dad bangb 捣垣犹留，砖堵已崩。指夯土墙还在，坚固的砖墙却倒了。这个谚语比喻柔软的齿龈长存，坚硬的牙齿却先掉了。

2. 胆（dǎn），上古音在端母、谈部。但胆从詹表音，詹的上古音在章母、谈部。韵母 am 转为 en，声母与韵首 i 结合转为 x，詹即可读 xenb。这里不妨假设即读如詹。胆今简化作胆。《说文解字》："胆，连肝之府也。"即与肝相连的胆囊。《史记·越王勾践世家》：“置胆于坐，坐卧即仰胆，饮食亦尝胆也。”如 ~ bat 犯胆，即猪胆。Dail nail ax bil dub laib ~ 鱼还未椓（zhuō，剔除）胆。

3. 仙，上古音在心母、元部。韵母中的 an 转为 en。xen 是 dliangb——仙的又音。dliangb 指鬼神，而 xenb 相当于汉语中的天仙。如 niangx ~ 仙娘，即仙女。

4. 兴，上古音在晓母、蒸部。韵母 ing 转为 en。xenb 是 xangb、xangf——兴的又音。《说文解字》：“兴，起也。”有多个引申义。其中有二：一是行动起来。《史记·酷吏列传》：“汉大兴兵伐匈奴。”宋代李纲《靖康传信录》：“车驾犹未兴也。”“未兴”即未动。二是流行。韩愈《送窦从事序》：“雪霜时降，疠役（疫）未兴。”苗语中，xenb 也有相应的字义。

（1）指动、行动。如 Nenx ~ buf ~ ghax tat naix 他兴不兴就斥（责骂）人。兴不兴犹如动不动。

（2）指流行。如 Xangf nongd ax ~ dol nend yel 现时不兴这些了。

5. 删，上古音在山母、元部。韵母 an 转换为 en。删是会意字，从册、刀。册是竹简、木简编成的书，从刀，表示削除，将简上写错的或不需要的内容刮除，还可以在上面继续书写。《说文解字》将删与剟（duō）、刊互训。《汉书·律历志》：“故删其伪辞，取正义著于篇。”《商君书·定分》：“有敢剟定法令，损益一字以上，罪死不赦。”苗语中，xenb 指删除。如 ~ dail zeb eb deix jil, said dail hlod nail vut guf 删（削除）直枝水竹，截（砍断）茂叶鱼筚（zuò，鱼筚即紫竹）。

6. 真，上古音在章母、真部。声母与韵首 i 结合转换为 x。《韵会》释为“实也，伪之反也”。《庄子·田子方》：“其为人也真。”即真诚、率真。引申为副词，指确实、的确。《荀子·非十二子》：“此真先君之言也。”组成叠词：~ ~ 真真，仍指确实，犹如确确实实。如 ~ ~ dios mongx dad mongl yangx 真真是你拿走了。

谌（chén），上古音在禅母、侵部，也可转换为 xenb，也有的确、确实之义。

7. 休，上古音在晓母、幽部。韵母 n 化了。xenb 是 xet——休的又音，用法也不同。xenb 应该是后起义，专指婚姻的终止、与配偶分手。元曲《渔樵记》：“你休了媳妇，兄弟，你如今可往哪里去？”如 Nenx ~ dail niangb mongl yangx 他休了娘子了。Diux khat nongd ~ liangl yangx 这门亲事休断了。

xend 1. 显，上古音在晓母、元部。韵母 an 转为 en。显繁体作顯，是会意字：左边是将丝放在太阳（日）底下，右边是突出头部的人形，正注视这团丝。表示在太阳底下看东西看得很清楚。《玉篇》释顯为"明也，覿（dí）也，著也"，即显著。如近距离目睹。《尚书·泰誓》："天有显道，厥类惟彰。"今有明显、显著等词。苗语中，xend 指清楚。如 ngit ~ bongt wat 眙显得很，即看上去清楚得很。Nenx hmat hveb ax diangl ~ not 他说话不大显（清楚）。xend deis 显实，仍指清楚。

2. 慎，上古音在禅母、真部。《说文解字》："慎，谨也。"《诗经·小雅·巷伯》："慎尔言也。"如 ~ dins 慎定，并列词组，指慎重、有定力，即沉稳、稳重。

3. 信，照搬现代汉语。如 hxad ~ 写信。~ kof 信壳，即信封。苗语中，写信的信读 hsent。

xenf 1. 称（chèng），上古音在昌母、蒸部。声母与韵首 i 结合转为 x。韵母中的 eng 转为 en。《说文解字》："称，铨也。"本指秤。也做动词，指称重。由于早期的秤是用已知的重量来衡量未知的重量，秤两端的重量相等，才使秤平衡，引申出对称、相称等义。相称犹如相适应、符合。《左传·襄公二十七年》："服美不称，必以恶终。"指齐国庆丰所驾之车华美，与其身份不符。《韩非子·五蠹》："故罚薄不为慈，诛严不为戾，称俗而行也。""称俗"即合乎习俗。如 ~ seix 称钱，犹如值钱，物体的价值与一定的钱数相当。Jenb haib nix ~ seix niox 金和银称钱（值钱）了。~ ghat 称价，犹如值钱。Niuf hab nongd ~ not xus bix seix？这双鞋称（值）多少钱？ax xenf 不称，即不值得。

2. 行，照搬现代汉语，但后鼻音灭失。如 Nenx ~ niox！他真行！

xenk 楔，上古音在心母、月部，入声。xenk 是 xek——楔的又音。用法也有所不同。xek 指大的楔子，甚至指桩、柱。而 xenk 指小的楔子，如向卯眼中加楔，使榫头更紧固。如 dib ~ 打楔子。~ dul 楚楔，指劈柴时向柴缝里加入的楔子。

xenl 尽，上古音在从母、真部。声母与韵首 i 结合转为 x。《说文解字》："尽，器中空也。"器中无物，泛指竭尽。《左传·闵公二年》："曰：尽敌而反。敌可尽乎？虽尽敌，犹有内谗。"如 ~ hniub 尽秞（zhòu）。秞是稻种。尽秞即绝种。xenl 是 qend——尽的又音，用法不同。

xens 1. 线，上古音在心母、元部。韵母中的 an 转为 en。《说文解字》："线，缕也。"《玉篇》："线，可以缝衣也。"也写作綫。《周礼·天官·缝人》：

"缝人掌王宫之缝线之事。"苗语中，xens 指细的丝或线状物。如 ~ nix 银线，即银丝。~ hlet 铁线，铁丝。~ dex 铜线。

2. 澹（dàn），从詹表音。詹的上古音在章母、谈部。澹有多个读音：一同淡，上古音在定母、谈部。二同赡，在禅母、谈部。余不赘述。同胆（dǎn）取詹的读音而转为 xenb 一样，这里读 xens，可以视为从禅母演化而来。虽然《说文解字》："澹澹，水摇貌也。"但澹字单独使用；与淡相通。《庄子·天下》："澹然独与神明居。"澹即恬淡。杜甫《两当县吴十侍御江上宅》："塞城朝烟澹。"澹即淡。

淡，上古音在定母、谈部，从炎表音。而炎字上古音在匣母、谈部，声母即为 x；韵母中 am 若转为 en，读去声，即为 xens。《说文解字》："淡，薄味也。"《荀子·正名》："甘苦咸淡辛酸奇味，以口异。"引申为颜色淡、把事情看得淡等。杜甫《行次盐亭》："云溪花淡淡，春郭水泠泠。"

苗语中，xens 一指味淡；二引申为土地养分不足、地力差；三引申指不景气；四比喻心情低落。

（1）味淡。如 ~ xid 淡盐，即盐味淡。Laib vob nongd ax maix xid, ~ bongt wat 这个菜没有盐，淡得很。

（2）指地力差。如 ~ dab 淡地，即贫瘠之地。

（3）指不景气。如 ~ fangb 淡荒，并列词组，犹如萧条。~ saif 淡色，也比喻萧条。

（4）指心情不好。如 ~ hvib 淡心，或澹心，把一切都看淡了，犹如心灰意冷。

xi

xib 1. 师，上古音在山母、脂部。师泛指军队，特指 2500 人的建制。为什么又指教师、匠师呢？段玉裁在《说文解字注》中说：师是大众之称，"众则必有主之者"，人群中必有一个说话算数的就叫师。《周礼·地官》中就有乡师、族师、舞师等职。"族师各掌其族之戒令政事。""舞师掌教兵舞，帅而舞山川之祭祀。"也指有专门知识或技术的人。《孟子·梁惠王下》："为巨室，则必使工师求大木。"苗语中，xib 即指师傅、匠师。如 Ghab ~ ax lol, gol xangs ax dax 喊师不来，叫匠不到。

2. 觿（xī），上古音在匣母、支部。《广雅·释器》："觿，锥也。"此字也从角旁，作鑴（xī），用角或骨头制成的锥。《礼记·内则》："左佩纷帨、刀、砺、小觿、金燧。"郑玄注："小觿，解小结。觿，貌如锥，以象骨为之。"总之，这是用来挑开绳结的锥子。苗语中，xib 也指锥形物。如 ~ was dias 斡转镰，意为转动的锥子，即钻头。斡有旋转之义。

苗语中表示锥（针）的有 jub，表示锥形的有 jud。

3. 西、稀等，照搬现代汉语。如 ~ qif 稀奇；~ zangd 西藏。

xid 1. 盐，上古音在余母、谈部，入声。声母清化；韵母 iam，m 易消失。盐也读去声，指用盐腌。《说文解字》："盐，卤也。天生曰卤，人生曰盐。""盐"即经加工的卤，用于调味。《尚书·说命下》："若作和羹，尔唯盐梅。""盐""梅"都是做羹的调味品。《管子·山国轨》："盐铁之策，足以立轨官。""盐铁"都是重要的物资，由国家管控。如 diot ~ 着盐，即往菜里放盐。~ vib 石盐，在矿中取得。xens ~ 淡盐，即盐味淡了。

2. 谁，上古音在禅母、微部。韵母中的 u 灭失。《说文解字》："谁，谁何也。"疑问代词，多用于人。《左传·僖公四年》："君若以德绥诸侯，谁敢不服？"《庄子·应帝王》："吾与之虚而委蛇，不知其谁何。"谁何即谁、何人。苗语中，xid 往往与 dail 连用：dail xid 谁只，谁个，哪个。如 Dail ~ hxib dail ~！谁个怕谁个！~ deis 即谁谁，表示疑问，犹如怎么。xid 是 deis——谁的又音。Mongx ~ deis ax bub？你怎么不知？

疑问代词在不同地区有不同的词。如今天最常见的什么，实际上是两个不同地区的疑问代词合成的：西北用甚，相当于什；东部（如天津）用嘛，实际上即么（么）；东北用啥；西南用哪个；古代汉语用何。

什，上古音在禅母、缉部，似也可转为 xid。

xif 席，照搬现代汉语；如 zux ~ 主席。

xil 1. 示，上古音在船母、脂部。示的早期字形为 T 形或丁字形，是石制或木制的神主的象形，供人们拜祭。固化代表神。《周礼·春官·大宗伯》："大宗伯之职，掌建邦之天神、人鬼、地示之礼。"这里的示与神、鬼并列。《周礼·春官·大司乐》中则提到川泽之示、山林之示、丘陵之示、坟衍之示等，即各种"土地神"。作为拜祭的对象，示供人们祈祷、倾诉、表达愿望，引申为表示、示意。《史记·项羽本纪》："范增数目项王，举所佩玉玦以示之者三。"即范增多次向项羽使眼色，又多次举起玉玦示意项羽（下决心杀刘邦）。祈祷、祭祀等字均从示（礻），正是向鬼神表达意愿。苗语中，xil 即指向鬼神表达意愿。如 Dail xangs dliangb ~ dliangb 仙匠（巫师）示仙。示仙指口中念念有词，向鬼神祝祷。

2. 亦，上古音在余母、铎部。声母清化；韵母只保留韵首 i。亦是会意字，本作大字形，在大字的两腋处各加一点，指腋，是腋的本字。作为形声字的腋是后起字，但亦较早被挪用为副词，相当于今天的也、也是。《左传·成公三年》："臣不受君怨，君亦不受臣怨。"《史记·陈涉世家》："今亡亦死，举大计亦死。"如 xil vut 亦好，即也好。Mongl ~ vut, niangb ~ vut 往（去）也好，留也好。

xis 猲（hè, xiē），上古音在晓母、月部。韵尾灭失。《说文解字》："猲，短喙犬也。"即短嘴狗。但典籍中，与喝相通，指恐吓。《战国策·赵策二》："是故横人日夜务以秦权恐猲诸侯，以求割地。"苗语中，xis 指狗以气势吓人。组成双声词：~ xaf 猲吓，狗连吠带扑。

xit 1. 甗（yǎn），《汉字古音手册》认为其上古音在疑母、元部，入声。但甗从鬳（yàn）表音。而鬳的读音怎么来的呢？《说文解字注》引用戴桐之说：其上面的虎头是虍的省略形，以虍表音。虍的上古音在群母、元部，似可信。以此字表音的献（简化为献）在晓母、元部。假设甗与献（献）同音，韵母中的 an 往往转为 ai，极易混同于 i。《说文解字》："甗，甑也。""甑，甗也。"《周礼·考工记》："陶人为甗。"郑玄注："甗，无底甑。"甗、甑只是形制略有差异，都是用来蒸饭的炊具：下面盛水加热，以蒸汽催煮上面的食物。如 Laib ~ sos gad, laib wil gab vob 甗（甑）造饭，锅炒菜。

2. 置，上古音在端母、职部。早期声母为 d，后来为 zh。xit 应是后起的读音。《玉篇》释为"立也"，《广韵》释为"设也"。《左传·僖公十五年》："于是秦始征晋河东，置官司马。"这里的"置"即设立。引申为购置。《韩非子·外储说左上》："郑人有且置履者。""且置履"就是将要买鞋。苗语中，xit 也有相应的义项。

（1）指立、建立。如 ~ ghab diux ghab zaid 置其宁（zhù）其宅，即树门树宅，指建房子、建家园。

（2）指购置、添置。如 ~ jangx dol hmub jangd not not 置成工具多多，即添置了很多工具。

3. 斥，上古音在昌母、铎部。《说文解字》："斥，却屋也。"段玉裁注："却屋者，谓开拓其屋使广也。"有多个引申义。xit 是 ceit——斥的又音。与 ceit——逐斥之义不同，xit 接近原义：外扩。《史记·司马相如列传》："除边关，关益斥。"引申指有外扩之势，实指内部空间已满。《左传·襄公三十一年》："敝邑以刑政之不修，寇盗充斥。"如 Jil hniub mais ~ dax gux 眼珠斥到鼓，即眼珠外凸，鼓起来。~ ghangb ~ ghad 斥尻斥股，指屁股鼓凸，泛指穿衣服鼓鼓囊囊。

4. 絮，上古音在心母、鱼部。韵尾灭失。《说文解字》："絮，敝绵也。"即质地差的丝绵，纤维较短，较粗。引申指如絮的东西。《世说新语·言语》："未若柳絮因风起。"各种植物纤维形成的絮状物可做纸。《说文解字》："纸，絮一苫也。"段玉裁注："造纸昉（起始）于漂絮。其初丝絮为之，以苫荐而成之。"丝絮经漂洗后，摊于苫上，滤去水分，干了即是纸。《后汉书·蔡伦传》："伦乃造意，用树肤（皮）、麻头及敝布、鱼网以为纸。"这些原料都要捣碎成絮状，才能造纸。后来的考古发现，纸发明的年代在蔡伦之前。纸张的大量使用可能始于蔡伦。《通俗文》："方絮曰纸。"苗语中，xit 相当于纸。如 Dad ~ lol hxad leix 执絮来写讳，即拿纸来写字。pit ~ 焚絮，即烧纸。

另外，纸的古音在章母、支部，入声。其读音也有可能转为 xit。不过，纸应是稍晚出现的字。

5. 胥（xù），上古音在心母、鱼部。韵尾灭失。《说文解字》："胥，蟹醢（hǎi）也。"即蟹做成的酱。但在典籍中多借用为副词，表示相互之意，用法如"相"。《尚书·盘庚序》："盘庚五迁，民咨胥怨。""胥怨"即相怨。《诗经·小雅·角弓》："兄弟婚姻，无胥远矣。""尔之教矣，民胥效矣。"苗语中，xit 犹如相互之相。如 ~ dias 胥逐，即相追。~ dlab 胥诈，即相互欺骗。~ seix 胥随，即相随，在一起。~ liek 胥埒（liè），相似。~ tied 胥调，即互换。

6. 畜，上古音在晓母、觉部。韵母只保留了韵首 i。《说文解字》："畜，田畜也。"实际上，畜的上部本为兹。《说文解字》释兹为"草木多益"。畜的本义当为田中庄稼滋生繁衍。故由畜引申出畜养、养育。《论语·乡党》："君赐生，必畜之。"即君赐给活的禽畜，必须养起来。不单指养牲口，也指养人。《诗经·小雅·蓼莪》："父兮生我，母兮鞠我，拊我畜我，长我育我。"即父母生育我、抚养我。《左传·襄公二十六年》："获罪于两君，天下谁畜之？"指天下谁敢收留？司马迁《报任安书》："固主上所戏弄，倡优畜之。"即当作戏子养起来。如 Dail bad hsad, dail mais ~ 父亲产，母亲畜。上下句互文，实指父母生、父母养。

7. 既，上古音在见母、物部，又在晓母，与饩（xì）相通。既是会意字：左边是食器，右边是一个人把脸扭向一旁（冲食器的反方向），会意为吃完了。做副词，表示已经、完毕。《尚书·尧典》："九族既睦。"《三国演义》中，周瑜哀叹："既生瑜，何生亮。"既已经生了周瑜，为何还要生诸葛亮。如 Nenx ~ ait jangx 他既为成，即他已经做成了。

8. 见（xiàn），上古音在匣母、元部，后来写作现。韵母中的 an 转为 ai 后，极易与韵首 i 混同而灭失。见本作见，人身而顶一目，强调的是看。由看见引申为被看见，即出现。《论语·泰伯》："天下有道则见，无道则隐。"见与隐相对。《战国策·燕策之》："图究匕首见。""匕首见"即匕首现（显露）。引申为眼下的、现成的。《史记·项羽本纪》："军无见粮。"即军无现粮。苗语中，xit 即指眼下的、正在进行的。如 Nenx ~ duf dud 他见读书，即他正读书。

9. 脪（chǐ），中古音在彻母、歌部。《集韵》："刳肠曰脪。"指将肠纵向剖开。《庄子·胠箧》："昔者龙逢斩，比干剖，苌弘脪。"指苌弘被剖肠。泛指纵向切、割，如脪鱼，即把鱼从腹或背部纵向切开。引申为被划伤，如腿上脪掉一块皮。苗语中，xit 用后一义。如 Jil lob ~ ib zof 脚上脪掉一块（皮）。

xix 1. 禧（xǐ），上古音在晓母、之部。《说文解字》："禧，礼吉也。"段玉裁注："行礼获吉也。"即神所赐福祉。宋代王令《古庙》："工鼓于庭巫舞衣，祝传神醉下福禧。"今天，禧仍见于祝福用语。如 gal ~ 矮禧，即福分低、命运不好。

2. 实，上古音在船母、质部。xix 是 deis——实的又音，用法也不同。实繁体作实，从宀、贯。宀是房子，贯是成串的钱。因此，《说文解字》释实为"富也"。也指财货、财富。《左传·文公十八年》："聚敛积实。"杜预注："实，财也。"《左传·襄公三十一年》："其输之，则君之府实也。""府实"即府库中的财货。《礼记·哀公问》："好实无厌。"即对财物贪得无厌。如 Ed ~ ghaid ed nangs？要实或要命？即要财还是要命？

3. 絺（chī），上古音在透母、微部。絺又读如黹（zhǐ）。《说文解字》："絺，细葛也。"用细的葛纤维织成的布。《诗经·周南·葛覃》："为絺为绤（xì），服之无斁（yì）。"即织成细葛布、粗葛布，长穿不厌。《论语·乡党》："当暑，袗（zhěn）絺绤，必表而出之。"即夏天穿着葛布单衣，还必须罩一件才出门。在棉花尚未引进我国（汉以后才引进）、丝绸又极昂贵的上古，穿葛布、麻布是最常见的。苗语中，xix 泛指面料。如 Mail ~ lol van-gx ud 买絺来纫衣，即买布缝衣。

4. 铣（xǐ），上古音在心母、文部。只保留了韵首 i。xix 是 dliangt——铣的又音。这两个读音分别对应于汉语中的 xǐ、xiǎn 两个读音。dliangt 指光滑，源于有光泽的金属，而 xix 则指打磨。《说文解字》："铣，金之泽者。一曰小凿。"联系到今天的铣（xǐ），指加工金属器件的面。而金属的光滑、有光泽正是由打磨金属表面引申而来。苗语中，xix 指磨、磨损。如 Niuf hab

nongd sail ~ ghab liax yangx 这双鞋悉铣其踵（zhí）焉，即这双鞋后跟磨掉了。~ xal 铣害，即磨损、磨伤。害上古音在匣母、月部。《说文解字》："害，伤也。"从害的字如辖、瞎等，均读 xia。比喻消磨。如 ~ hnaib jul hmangt 铣日绝暮，消磨掉白天、晚上，即消磨时光。

5. 躧（xǐ），上古音在山母、支部。《说文解字》："躧，舞履也。"即舞鞋。《汉书·地理志下》："女子弹弦跕（tiē）躧，游媚富贵。""跕躧"即趿拉着鞋。《战国策·燕策一》："燕赵之弃齐也，犹释敝躧。""敝躧"也作敝屣，即破鞋。引申为踩、踏。这一点与履相同。履也是鞋，也引申为踩，如"如履薄冰"。南朝王融《永明乐》："振玉躧丹墀，怀芳步青阁。""躧丹墀"指踏上红色的台阶。《西游记》四十四回："急拽步往外走时，不知怎的，躧着一个荔枝核子，扑的滑了一跌。"苗语中，xix 即指踩、踏。如 Ax gid xangt ninx liod mongl ~ yil lix yib 不要释（水）牛（黄）牛去躧趾（yì）秧田，即不要放牛践踏秧田。躧趾即践踏。趾与蹀是同源字。蹀即踏。

6. 毇（huǐ），上古音在晓母、微部。声母本为 x，韵腹 u 灭失。《说文解字》："毇，米一斛舂为八斗也。"指舂得很精细的米。毇是会意字：左部有臼、米，臼是用来装稻谷并供舂捣的容器，一般用石头凿成。右部的殳是手持器具之形，这里可视为手持舂捣稻谷的杵。毇的本义是捣谷为米。徐光启《农政全书·水利·水碾》："（水碾）日所毇米，比于陆碾，功利过倍。"这里的"毇"，引申为碾米。苗语中，xix 指舂捣状。如 Dail diob nox lol ~ dail det mangx 啄木鸟来毇枫树，指啄木鸟不断用嘴巴敲击树干。Dad diangb ghab wol linx mongl ~ laib bod vib 拿镰刀尖去毇石头。

顺便说一句，毁是在毇的基础上造的字，以毇的省略形表音，也许有表义作用，即捣毁。毁的左下角本为土，而不是工。土器易毁。

7. 燬（huǐ），上古音在晓母、微部，韵腹 u 灭失。《说文解字》："燬，火也。"《释文》："齐人谓火曰燬。"也做动词，指燃烧。《晋书·温峤传》："峤遂燬犀角而照之。"即点燃犀角照明。《左传·僖公二十五年》："卫侯燬灭邢。同姓也，故名。"卫侯与邢侯同姓，同姓相残，人送卫侯谥号"燬"。燬当有焚毁、毁灭之义。苗语中，xix 有燃烧殆尽之义。如 ~ dul yangx 燬楚焉，即柴火烧完了。~ mongl ~ mongl 指逐渐燃尽。

XO

xob 1. 焦，上古音在精母、宵部。声母与韵首 i 结合转为 x；韵母中的 au 转为 o。

《说文解字》：“焦，火所伤也。”焦字下部灬即为火。《荀子·议兵》：“若赴水火，入焉焦没耳。”指入水即没（沉没），入火即焦，又指烧焦后发出的气味。《礼记·月令》：“其味苦，其臭焦。”即味道是苦的，气味是焦煳味。苗语中，xob 即指焦煳味。如 hangt ~ 焦臭（xiù），即焦煳味。

2. 收，上古音在书母、幽部。韵母 ou 转为 o。xob 是 hxob——收的又音。现代汉语里无 hx，故一般人读不出 xob 与 hxob 的区别。收有多个引申义。《墨子·七患》：“一谷不收谓之馑。”这里的收即收获。《左传·隐公元年》：“大叔又收贰以为己邑。”指大叔又取得二邑，收即取得。苗语中，xob 即指得到、取得。如 Ax ~ liangl diot hlat 不收两着月，即得不到银（两）给妈妈。hlat 是月亮，在诗歌里比喻妈妈。~ dinb 收丁，犹如添丁、增加人口，指结婚。

xof 学，照搬现代汉语（西南方言）。如 ~ xif 学习；~ senb 学生；~ leix hmub 学苗文。
学，上古音在匣母、觉部。按其古音也完全可以读为 xof。

xok 1. 赤，上古音在昌母、铎部。现代汉语中，只保留了韵首 i，韵尾灭失。赤是会意字，本为大、火二字组成。《说文解字》：“赤，南方色也。从大、火。”古人将东南西北中与五色对应。《周礼·考工记·画缋（huì）》：“杂五色，东方谓之青，南方谓之赤。”赤即红色。《尚书·康诰》：“若保赤子，唯民其康乂。”“赤子”即初生的婴儿。孔颖达疏：“子生赤色，故言赤子。”生下来时，皮肤为赤色，引申为身上不著衣物、赤条条，进一步引申为空的、一无所有。《南史·临汝侯坦之传》：“检家赤贫，唯有质钱帖子数百。”《韩非子·十过》：“晋国大旱，赤地三年。”赤地，指没有庄稼。苗语中，xok 也有此二义。

（1）指红色。如 ~ mais 赤面，即红脸。~ naix ~ mais 赤耳赤面，即面红耳赤。~ dex mais 赤目瞳，即眼珠红了。

（2）指不穿衣服、鞋。如 ~ lob 赤足。~ ghad ~ nid 赤股赤乳，犹如赤身裸体。

2. 卓，上古音在端母、药部。不过，从卓表音的字，如绰、婥（chuò）、焯等都在章母或昌母。章母或昌母与韵首 i 结合即可转为 x；韵母中的 au 转为 o。《说文解字》：“卓，高也。”《论语·子罕》：“如有所立卓尔。”卓为高貌。晋代左思《咏史》：“弱冠弄柔翰，卓荦观群书。”“卓荦”为叠韵词，指高超出众。今有卓越、卓尔不群等词。苗语中，xok 即指高、出众。如 ~ hveb 卓话，指说话声音高、尖。~ yox 卓谣，指歌的调高、歌声嘹亮。
秀，上古音在心母、幽部。韵母 ou 转为 o。xok 也可以看作 hsud——秀的又音。秀本指稻子抽穗，引申为高出同类。三国李康《运命论》："故木秀于林，风必摧之；堆出于岸，流必湍之。"如 ~ hveb 也可译为秀话，指说话声音高、尖。~ yox 也可译为秀谣，指调门高。供参考。

xol 1. 栅，上古音在初母、锡部，相当于 che。《说文解字》："栅，编树木也。""树木"即立木。栅所从册是象形字，既像一根根竹简编成的书册，又像用一根根竹木编成的栅栏。《后汉书·段颎传》："乃遣千人于西县结木为栅。"如 ~ nail 鱼栅，即河上用于拦鱼、但能透水的栅栏。汉语又称簖（duàn）。

2. 㗿，象声词。如 Jut det bet ~ ~ 锯树响㗿㗿，即锯木头沙沙作响。Jox eb dlod ~ liol lol mongl 河水泻（流）㗿咧而去。㗿咧均为象声词。

xot 裯（chóu），从壽（寿）表音。寿的上古音在禅母、幽部，入声。韵母 ou 转为 o。《说文解字》："裯，襌（dān）帐也。"即单层帐帏。《尔雅·释训》："裯谓之帐。"战国宋玉《神女赋》："褰余裯而请御兮，愿尽心之拳拳。""褰裯"即撩起蚊帐。如 Fix laib ~ gangb yud jef ax gik naix 挂蚊裯才不会咬人，即挂蚊帐才不会遭咬。

xong

xongb 1. 竦（sǒng），上古音在心母、东部，入声。声母与韵首 i 结合转为 x。竦从立表义。张衡《思玄赋》："竦余身而顺止兮，遵绳墨而不跌。"李周翰注："竦，立。"《汉书·韩王信传》："士卒皆山东人，竦而望归。"曹操《步出夏门行》："山岛竦峙。"有耸立之义。汉语中，竦由站立引申出恭敬、敬畏之义。苗语中，则由站立引申为停止，站立即停下来。如 Mongx dongf leit bet nongd, ~ ib hxot yet dad dongf 你讲到此处，停一会再讲。Mongx zenx ~ diot hangd mongx ait gheix xid? 你总竦在那里干什么？
顺便说一句，汉语中的停有停放之义；止的本义为脚。

2. 妆，上古音在庄母、阳部。uang 转为 ong。《说文解字》："妆，饰也。"即妆饰、装扮，或妆饰用品。《木兰诗》："阿姊闻妹来，当户理红妆。"又写作粧或糚。《南史·后妃传·元帝徐妃》："妃以帝眇一目，每知帝将至，必以半面粧以俟。"引申为假装，犹如说装扮成另一面貌示人。元代马致远《青衫泪》："可怎生妆聋作哑？"顺便说一句，现代汉语中，假装多用装。而装的本义应为往棉套里加絮，故既引申为服装，又引申为往容器里放东西。装离假装之义较远。苗语中，xongb 指装扮，而喻假装。

如 ～ lat 妆蜡。蜡，脂状物，也指以蜡涂物、修饰。妆蜡犹如装扮、化妆，比喻假装。如 Nenx ～ lat dax mongl dail hsab zaid dias vangl 他假装去别人家串门。dias vangl 逐巷（寨子），即上他人寨子串门。

3. 匈，照搬现代汉语。如 ～ Yaf Lid 匈牙利。

xongd 种（zhǒng），上古音在章母、东部。《说文解字》："种，埶也。"即栽种，也指用来栽种的籽实。《墨子·尚贤中》："稷隆播种，农殖嘉谷。"泛指生物遗传的载体。《史记·陈涉世家》："王侯将相，宁有种乎?"《史记·外戚世家》："女不必贵种，要之贞好。"今有人种、有种等词。苗语中，xongd 也有类似的字义。

（1）指人"种"。如 sangl ～ 丧种，即绝种、绝后。ax jangx ～ 不成种，比喻不成才。

（2）由种子引申为人。如 hlieb ～ 粗种，指大块头、大个。yut ～ 幺种，即小个。～ lul 老种，能干的人。

（3）指具有类似于种子功能的事物。如 ～ nes 鸟种，指圝（yóu）子。指捕猎者在圈套里放一只鸟做诱饵，以赚取猛禽或其他猎物。这只鸟即为圝子，或鸟圝子。因为这只鸟能为捕猎者带来其他的猎物，有"种子"的功能，故名。

xongf 雄，上古音在匣母、蒸部。《说文解字》："雄，鸟父也。"本指公鸟。泛指公的、雄性。《诗经·齐风·南山》："南山崔崔，雄狐绥绥。"又引申为杰出的、勇武的。《汉书·武帝纪赞》："如武帝之雄才大略。"苗语中，xongf 指雄壮。如 ～ bangd 雄放，犹如豪放。Dail bad nios mongx ～ lins niox! 那个小伙子雄（棒、威武）极了!

xongl 1. 撑（chèng），也作掌（chèng），上古音在透母、阳部，后在撤母。韵母 ang 转为 ong（现代汉语中转为 eng）。xongl 是 hniangt——撑的又音。汉代王延寿《鲁灵光殿赋》："枝撑杈枒而斜据。"指用来支撑物体的斜杆。如 Dad diangb ～ lol dod hob 拿根撑子来鬬（dòu）垣，即拿撑子顶住墙。

2. 舂（chōng），上古音在书母、东部，入声。《说文解字》："舂，捣粟也。"指给谷子等去皮，将谷子放在臼里舂捣。《史记·淮南衡山列传》："一尺布，尚可缝；一斗粟，尚可舂。兄弟二人不能相容。"泛指撞击、击刺。《史记·鲁周公世家》："鲁败翟于咸，获长翟侨如，富父终甥舂其喉，以戈杀之。"白居易《潜别离》："深笼夜锁独棲鸟，利剑舂断连理枝。"苗语中，xongl 指撞击。如 Dad det mongl ～ ghab hxongt zaid 拿棍子舂板壁。

xongs 1. 七，上古音在清母、质部，入声。声母与韵首 i 结合，转为 x。韵母 ong 化了。七是数目字，甲骨文中即如此。《诗经·曹风·鸤鸠》："鸤鸠在桑，其子七兮。"如 ~ laix naix 七个人。

2. 状，上古音在崇母、阳部。同 xong——妆一样，uang 转为 ong。事实上，状与妆有着共同的表音部件。《说文解字》："状，犬形也。"泛指形状、样貌。又做动词，指描述（事物的样貌）。《文心雕龙·物色》："故'灼灼'状桃花之鲜，'依依'尽杨柳之貌。"又引申为用于描述、陈述的文体。《汉书·赵充国传》："充国上状曰……"韩愈《与鄂州柳中丞书》："是以前状辄书鄙诚。"又指起诉书、供词等。《水浒传》二十七回："又唤过何九叔、郓哥，都取了明白供状。""念武松那厮是个有义的汉子，把这人们招状从新做过。"苗语中，xongs 正指后者。如 Ghot nenx ib ~ 告他一状。xongs 是 diangs——状的又音。

3. 鏨（zàn），上古音在从母、谈部。声母与韵首 i 结合转为 x。韵母中的 am，往往会转为 ang，这里转为 ong。《说文解字》："鏨，小凿也。"也做动词，相当于凿、刻。明代朱国祯《涌幢小品·石函》："殿有石函……其上鏨鸟兽花草，文理纤妙。"如 ~ vib 鏨石，凿石头。也可理解为凿石工具。

4. 《苗汉词典》释为"有蓄水槽的坛子"。其字待考。

xongt 兴，上古音在晓母、蒸部。韵母 eng 转为 ong。xongt 是 xangb、xangf、xenb——兴的又音。兴的繁体为興，源于两双手共抬一物。《说文解字》："興，起也。"有多个引申义。《汉书·晁错传》："臣闻汉兴以来，胡虏数入边地。"这里的"兴"就是建立。《诗经·小雅·天保》："天保定尔，以莫不兴。"王安石《兴贤》："国以任贤使能而兴。"这两处均指兴旺。苗语中，xongt 也有相应的字义。

（1）指推举。兴本有抬举之义。如 ~ nenx ait dail hfud 兴他为头，即推举他为领导。

（2）指建立、竖立。如 ~ zaid 兴宅，建房子。~ bax vib 兴石碑，即竖石碑。~ diux 兴著，即立大门。一种习俗：房子盖好后，择吉日立大门，请客人举行开门仪式。

（3）使……起来。如 ~ nenx fal lol 兴他夎（bá）来，即扶他起来。夎有站立之义。

（4）指兴旺。如 Ob hniut nongd bib fangb ~ dax yangx 这两年我们这地方兴起来了。~ yangs 兴样，可以理解为兴旺的样子，比喻长得漂亮。

xongx 1. 重（chóng），上古音在定母、东部，后在澄母。声母与韵首 i 结合转为 x。《说文解字》：“重，厚也。”有多个引申义。《易经·系辞下》：“八卦成列，象在其中矣；因而重之，爻在其中矣。”八卦两两组合，上下相叠，即演变出六十四卦。这里的“重”即重叠。“山重水复疑无路”也取此义。转为量次，相当于层。《史记·项羽本纪》：“项王军垓下，兵少食尽，汉军及诸侯兵围之数重。”“数重”即数层。今有“九重天”之说。苗语中，xongx 犹如层。如 Dail dlad maix ob ~ dliub 犬有二重须（两层毛）。

2. 从，上古音在从母、东部。声母与韵首 i 结合转为 x。xongx 是 gangl——从的又音。《说文解字》：“从，随行也。”二人前后相随。《左传·庄公十年》：“战则请从。”《论语·微子》：“子路从而后。”也做介词。《左传·宣公二年》：“从台上弹人，而观其避丸也。”苗语中，xongx 也有类似用法。

（1）跟从、随行。如 ~ ghangb 从尻，即跟在屁股后头。~ ghangb hveb 从话尻，即跟着别人说，随声附和。~ jox eb mongl jes 从河往究，即沿着河向上游走。

（2）做介词。如 lol ~ wil niangb 来，从我坐，即挨着我坐。

3. 劳（qióng），上古音在群母、冬部。声母与韵首 i 结合转为 x。《说文解字》：“劳，营劳也。”香草名。劳也单用。宋代梅尧臣《次韵永叔乞乐有感》：“亦莫如学钓，缗钩悬香劳。”如 ~ hxangb 香劳。当地称“小茴香”。

xu

xub 鑐（xū），与需同音。上古音在心母、侯母。韵母只保留 u。《广韵》：“鑐，锁中鑐也。”宋代赵叔向《肯綮录·俚俗字义》：“锁牡曰鑐”。《黄侃论学杂著》：“案鑐俗字正当作须发之须。古者谓牡……吾乡谓锁之在簧中为籥（yuè）所施者，曰锁须。”老式挂锁里，锁鑐插入锁体底部，即锁紧；在钥匙作用下，锁鑐被带出，即开锁。“锁牡”犹如锁的“雄性器官”。苗语中，xub 做动词，指雄性动物性交动作。

xud 1. 叙，上古音在邪母、鱼部。《说文解字》：“叙，次第也。”引申为按次第、等级来授官、奖励。《荀子·致士》：“德以叙位，能以授官。”后多引申为叙述、叙谈。大概是因为叙述时必须按一定的顺序有条不紊地进行。《国语·晋语三》：“纪言以叙之，述意以导之。”《三国志·魏书·臧洪传》：“述叙祸福。”述、叙连用。苗语中，xud 即叙谈。如 ~ hveb 叙话，即聊天。

2. 出，上古音在昌母、物部，入声。声母与韵首 i 结合转为 x；韵母只保留了 u。出是会意字，可以看作一株中（草）从凵（低洼处）长出来。有多个引申义。xud 是 qud——出的又音。苗语中，xud 有以下几种用法：

（1）指伸出、鼓出来。如 ~ lot 出咮，嘴巴向前伸出，即噘嘴。~ gul 出鼓，犹如鼓出来。Laib ghab qangb diut laib ghad dab ~ gul dax yangx 地下的柔芽鼓出地面了。

（2）指溢出、冒出。如 ~ hmad 出沫，即冒泡沫。~ ghad hmad lot 冒唾沫。

（3）指排泄出来。如 ~ ghad 出菹，即拉屎。~ wal ghab qut 出雨其丌，即尿床。雨喻尿，丌是床。

xuf 瀹（yuè），上古音在余母、药部。余母吐气即为 x；韵母只保留了 u。《说文解字》：“瀹，渍也。”即浸渍、浸泡。《仪礼·既夕礼》：“菅筲三，其实皆瀹。”贾公彦疏：“筲用菅草，黍稷皆淹而渍之。”即筲中的黍稷等粮食都浸泡过。《汉书·郊祀志下》：“东邻杀牛，不如西邻之瀹祭。”颜师古注：“瀹祭，谓瀹煮新菜以祭。”将菜放水里煮，由浸泡引申而来。如 ~ eb 瀹水，即被水浸湿。Pangb ud ~ hniangk yangx 衣服瀹（浸）涩（汗水）了。~ nongs 瀹屚（lòu），被雨浸湿。

xuk 1. 舁（yú），上古音在余母、鱼部。余母吐气则为 x。舁的原形为两双手，表示共抬。兴（兴的繁体）即从舁表义；舆、与（与的繁体）即从舁表音。《说文解字》：“舁，共举也。”即抬。《三国志·魏书·钟繇传》：“时华歆亦以高年疾病，朝见皆使载舆车，虎贲舁上殿就坐。”即把年迈的华歆抬上殿。柳宗元《段太尉逸事状》：“以大杖击二十，垂死，舁来庭中。”引申为装、盛等。韩愈有诗：“车载牲牢瓮舁酒。”苗语中，xuk 指抬、平举。如 Mongx ob laix ~ jox dax lol hangd nongd 你二位舁桌到这里。~ laib wil lol dub diot ghab jib 舁锅置于窭（jù），即端锅放在火塘上。

2. 携，上古音在匣母、支部，作 xiue。在现代汉语中，u 灭失。而苗语中，韵母独保留了 u。《说文解字》：“携，提也。”《庄子·让王》：“于是夫负妻载，携子以入于海，终身不反也。”如 xuk jil kent 携只笲，即提只篮子。~ dlox ~ wil 携甄携镬，指逼债者实在拿不到钱，将人家的锅拿走。~ niak 携儿。苗族风俗，孩子出生三朝，把孩子抱到大门口，并祭神、给孩子起名。~ daif 携袋，指要饭。

3. 下，上古音在匣母、鱼部。《诗经·豳风·七月》：“八月在宇，九月在户，十月蟋蟀入我床下。"可见，"下"与宇、户押韵。xuk 是 khad——下的又音。下有多个引申义，其中之一为今后的，如下次、下月。如 ~ dent 下顿，即下次。~ dent dad dax 下次再来。

4. 少，上古音在书母、宵部，入声。韵母作 iau。韵首 i 与声母结合转为 x；au 只保留了 u，如同老——lul 只保留 u 一样。少与小是同源字。在甲骨文中，小是四个点，指微小的东西，犹如屑。少，从中分化出不多的意思来，还有稍微、一点点的意思。《国语·周训下》："其何德之修，而少光王室，以逆天休。"这里的"少"即稍微。《孟子·万章上》："始舍之，圉圉焉，少则洋洋焉，攸然而逝。"这里的"少"即一小会儿。年纪小也称少。如 ~ dail 少只，即很少的几只、一两只。~ dent 少顿，即少次、一两次。~ laix naix 少位人，即一两个人。

xul 菹（zū、jù），上古音在庄母、鱼部。声母与韵首 i 结合转为 x。《说文解字》："菹，酢菜也。"即腌（菜）。《周礼·天官·醯人》："馈食之豆，其实葵菹。""葵菹"即腌过的葵菜。《诗经·小雅·信南山》："疆埸有瓜，是剥是菹。"指将瓜削皮腌制。《释名·释饮食》："鲊（zhǎ），菹也。以盐米酿鱼以为菹，熟而食之也。"如 nail ~ 菹鱼，即鲊鱼。ngix ~ 菹肉，鲊肉。

xus 少，上古音在书母、宵部，入声。xus 是 xuk——少的又音。《说文解字》："少，不多也。"也做动词，指缺少、减少等。如 xus naix 少人，即人少。~ lot 少咮，即少嘴，指话少、不健谈。Ax xus dail xid bangf bix seix 不少谁的钱。Dol dit nongd ~ mongl ob laib 这些碗少了两只。~ xid 少视，犹言罕见。~ xid vut 罕见的好，多么好！

xut 1. 瀹（yuè），上古音在余母、药部。余母吐气即为 x。xut 是 xuf——瀹的又音。二者意思相同，均为浸渍。如 ~ hniub nax 浸稻种。xut def 瀹豆，泡豆。~ eb xut nongs 瀹水瀹雨，即水里泡雨里浸。

2. 馀（yú），上古音在余母、鱼部，入声。余母吐气即为 x。《说文解字》："馀，饶也。"本指食物充足，引申为吃得饱。《战国策·秦策五》："今力田疾作，不得暖（xuān）衣馀食。"即拼命耕作，穿不暖、吃不饱。馀今简化为余。苗语中，xut 指饱。如 Nongx ax ~，nangl ax nox 吃不饱，穿不暖。饫（yù）、饇（yù），上古音在影母、侯部，读音与 xut 有些接近，都有饱的意思。《玉篇》："饫，食过多。"杜甫《丽人行》："犀箸厌饫久未下。"即因为吃得很饱，久久不下筷子。《诗经·小雅·角弓》："如食宜饇，如酌孔取。"毛《传》："饇，饱也。"

xux 雪，上古音在心母、月部。韵母只保留了 u。《说文解字》："雪，冰雨凝物者也。"《诗经·小雅·采薇》:"昔我往矣,杨柳依依;今我来思,雨雪菲菲。"苗语中,雪指代冬天。正如其春季用 hxed(煗,xuān,义同暖)、秋季用 seil(飀,sī,凉风)来表示一样。如 Leit ~ yangx 戾雪焉,即来雪了、冬天到了。~ senb 清雪,即寒冬。

顺便说一句,我国苗族大多居住在西南山区。这里的四季并不分明,比如山上长年是绿色,不似北方、中原地区。用冷暖来区分季节是比较适宜的。

提示：声母 y 对应于汉语的声母 y、古汉语的影母、余母。

ya

yab 鸭，《说文解字》所无。《尔雅·释鸟》："舒凫、鹜。"郭璞注："鸭也。""鸭"字应是根据其叫声后创的字。如 ~ niux yab lot 鸭嘎鸭咮，即像鸭子一样的扁嘴。yab 是 gas——鸭的又音。

yad 呀，语气词。如 Mongl ~ 往呀，即去吧！Mongx diangd mongl ~，ax gid dax yel！你转（返）去吧，不要来了！

yaf 1. 亚，上古音在影母、鱼部。亚是象形字。繁体作亞。如果其上下两横不出头，形象更为清晰：粗十字形，或者说是一个正方形的四角凹进去。古代大型墓穴的平面常呈亚形，有些建筑平面也如此。这样的建筑立面在阳光下凹凸有致，主次分明。亚因此有了次的意思。《国语·吴语》："吴公先歌，晋侯亚之。"《史记·陈丞相世家》："以平为亚将，属于韩王信。""亚之"即次之，"亚将"即副将。不过，苗语中的 yaf 未取主次之义，而做数目词，即八，因亚有八角。顺便说一句，数目字中，除一二三四用相应的几横或几竖来表示外，其他字多为约定俗成的借用。比如九本是衣带钩、千是亻加一横、百是白加一横，与所表达的数字之间并无必然关联。但六这个数目字与众不同。六的早期字形略如"介"，是简易的窝棚的象形，与庐是同源字。这种建筑有六个面：双面坡屋顶和四面围护结构。以亚指八也是如此。如 ~ laix naix 亚位人，即八个人。~ Vangl 八寨，即贵州省丹寨县。

2. 压，上古音在影母、叶部，入声。yaf 是 ngal——压的又音。ngal 为迫近。yaf 则有施压、压服之义。《公羊传·文公十四年》："子以大国压之，则未知齐晋孰有之也。"如 Bib ax mongl, nenx ghax ~ bib mongl 我们不去，他就压（压服、逼迫）我们去。

3. 押，《说文解字》所无。《集韵》释为按。引申为押解，犹如说押解时按住犯人的脖子。《册府元龟》："是月，殿直崔处纳（人名）押契丹伪定州刺史羽厥律以下一百七十人至。"如 Ob dail yongx yaf nenx mongl niangb lox 两个勇（兵丁）押他去坐牢。

押又同压。《后汉书·韩国传》："儿生，欲令其头扁，皆押之以石。"即用石头将小孩的头压扁。

yal 1. 雅，上古音在疑母、鱼部。声母灭失。雅即鸦，佳也是鸟。《说文解字》："雅，楚鸟也……秦谓雅。"一种乐器也称雅，大概因其形状而得名。《周礼·春官·笙师》："笙师掌教吹竽、笙、埙……舂牍、应、雅。"因雅这种乐器有定调作用，故又引申出雅正、规范之义。《论语·述而》："诗、书、执礼，皆雅言也。"因此，又指高雅。《荀子·富国》："必将雅文辩慧之君子也。"《史记·司马相如列传》："从车骑，雍容闲雅。"苗语中，yal 用来形容声乐等优美的样子。如 ~ yit 雅逸。bet hveb niel ~ yit 鼓声雅逸，犹如悠扬。

2. 浥，上古音在影母、缉部，入声。古汉语中，浥有 yì、yà 两个读音。《说文解字》："浥，湿也。"《诗经·召南·行露》："厌浥行露，岂不夙夜？"《毛传》："厌浥，湿意也。""厌浥"是双声词，厌无实义，该词只取浥的字义。南朝何逊《古热诗》："卧思清露浥，坐待高星灿。"唐诗有"渭城朝雨浥轻尘"。组成双声词：~ yud 浥油，湿漉漉的样子。油有光润之义。如 niul ~ yud 绿浥油，犹如绿油油。

yas 籅（yù），从与（与的繁体）表音。与的上古音在余母、鱼部。籅也作从竹、舁，以舁表音。舁有抬、平举之义，在其中也有表义成分，指用双手平举的竹制容器。故《广韵》释为"一曰箪"。苗语中，yas 指撮箕。如 ~ ghad 粪箕。~ dab 撮土的箕。~ mes 籅冒，即用撮箕来盖。冒即盖。

yat 是苗族对布依族的称呼，其字待考。

yax 移，上古音在余母、歌部。本应为迻（yí）。移是假借字。《说文解字》："迻，迁徙也。"《楚辞·九叹·远逝》："悲余性之不可改兮，屡惩艾而不迻。"苗语中，yax 指迁徙、移动。如 ~ zaid 移宅，即搬家。~ dangk 移凳子。

yang

yangb 1. 香，上古音在晓母、阳部。声母未吐气，或者说灭失。《说文解字》："香，芳也。"指气味芬芳。引申指添加香料的物品。南朝梁任昉《述异记》："日南有香市，商人交易诸香处。"yangb 是 hxangb——香的又音。

如 Pid ib dail ~ 焚一炷香。

2. 秧，上古音在影母、阳部。《说文解字》："秧，禾若秧穰（ráng）也。"指禾叶多的样子。实际上秧就是稻的幼苗，无籽无粗硬的茎；穰是脱穗的稻禾。因此，用秧穰形容禾叶多。杜甫《行官张望补稻畦水归》："插秧适云已，引溜加灌溉。"又做动词，指插秧。唐代元稹《纪怀赠李文户曹崔二十功曹》："蹋屐看秧稻，敲船和（huò）采菱。""秧稻"即插稻秧。苗语中，yangb 也做动词，泛指种植幼苗。如 Hlat yaf mongl ~ jax, diut juf mongl qeb leix 八月去秧茄（种茄秧），六十去学诔，指好时机已过。诔指文字。

3. 淹，上古音在影母、谈地。韵母 am 同 an 一样转为 ang。淹除了指河流名称外，《说文解字》释为渍，《集韵》释为没（mò）。《礼记·儒行》："淹之以乐好。"苗语中，yangb 指淹没。如 ~ nangl das det 淹瀼（ràng）煞树，指洪水泛滥，将下游淹没，将树泡死。~ nangl zek jes 淹瀼昊究，犹如洪水滔天，把下游淹没，使上游昏暗。瀼是下游，究是上游。

yangd 1. 踊，上古音余母、东部。声母 ong 变异为 ang。《说文解字》："踊，跳也。"《左传·哀公八年》："微虎欲宵攻王舍，私属徒七百人，三踊于幕庭。"即为了攻王舍，微虎训练这七百人的跳跃。如 yangd eb 踊河，即跳河、投水。~ niel 踊镯，即随着鼓的节奏跳跃。Gangl gid waix ~ lol dab 从上面踊（跳）下来。

2. 绾（wǎn），上古音在影母、元部，作 oan。其中 an 转为 ang。按《说文解字》《集韵》，绾是一种颜色：浅绛。但从典籍中看，绾做动词，指打结、系。《史记·绛侯周勃世家》："绛侯绾皇帝玺，将兵于北军。"唐代刘禹锡《杨柳枝词》九首之八："长安陌上无穷树，唯有垂杨绾别离。"后多用于指将头发盘成结、绾发髻。唐代李贺《大堤曲》："青云教绾头上髻，明月与作耳边珰。"宋代梅尧臣《桓妒妻》："妾初见主来，绾髻下庭隅。"如 ~ hfud 绾页，即绾头发。

3. 羕（yàng），上古音在余母、阳部。《说文解字》："羕，水长也。"泛指长。《尔雅·释诂》："羕，长也。"《广韵》："羕，长大也。"苗语中，yangd 做量词，用于长形物体。正如汉语中的"方"用作量词，以用于方形物体，如一方砚台、一方土地。如 ib ~ gid 一羕路，即一段路。

yangf 1. 痒（yáng），上古音在邪母、阳部。痒从羊表音，羊在余母、阳部。《说文解字》："痒，疡也。""疡，头创也。"痒本指伤病。《诗经·小雅·正月》："哀我小心，癙（shǔ）忧以痒。"《诗经·大雅·桑柔》："降此蟊贼，稼穑卒痒。"这里的"痒"指庄稼遭受的病虫害。而"疡"则指受伤、溃烂等。《素问·风论》："皮肤疡溃。"总之，痒、疡指遭受伤害病害。苗语中，yangf 指坏的、受损害的。如 Ax gid hvuk dol ~ nongx 不要选坏的吃。

2. 狠（yán），上古音在疑母、文部。声母 ng 灭失。韵母为 en，同 an 一样转为 ang。《说文解字》："狠，犬斗声。"本为拟声词，当是在争斗时发出的低沉的威胁声。引申指好斗、凶恶。《韩非子·亡征》："狠刚而不和，愎谏而好胜，不顾社稷而轻为自信者，可亡也。"元代马致远《黄粱梦》二折："怎禁那公人狠劣似狼豺。"苗语中，yangf 有凶狠之义。如 dail dlad nongd ~ wat 这只犬狠过（特别狠）。~ hvib 狠心。~ dliud 狠慄，也指狠心、恶毒。~ khangd niangs 瓢里狠，心毒。

实际上，与狠音义相近的字还有不少：

狺（yín），从言表音，上古音在疑母、元部。《说文解字》作犭斤，释为犬吠声。《楚辞·九辩》："猛犬狺狺而迎吠兮，关梁闭而不通。"

狋（yín），上古音在疑母、真部。此字不常见，但我们知道它在憖（yín、yìn）字中表音，憖有宁愿之意。《说文解字》："狋，犬张龈怒也。"即龇牙露齿发怒貌。《说文解字》在这里企图用同音字龈来训狋。实际上，狋是会意字：犬向人奔来，其读音与狺、狠极相近，皆为拟音，作低沉的威胁声，与高亢的汪汪声不同。发出汪汪之声的狗是不咬人的。正是俗语所说：咬人的狗不叫。正是作狺狺之声的，恰恰会偷袭人，凶狠。

3. 杨，姓氏用字。如 ~ Dad Luf 杨大六。

4. 洋，照搬现代汉语。如 ~ jeex 洋碱，指肥皂。~ hox 洋火，即火柴。~ wid 洋芋，马铃薯。

yangk 1. 应（yìng），上古音在影母、蒸部。韵母 eng 转为 ang。其繁体作應，上部与鹰、膺相同，表音；下部从言，表示回答、答应，与应当之应是两个字（后者下部从心）。唐代元稹《通州丁溪馆夜别李景信》："倦童呼唤应复眠，啼鸡拍翅三声绝。"苏轼《九月二十日微雪怀子由弟》："遥知读易东窗下，车马敲门定不应。"如 ~ hveb 应话，即答话。Nenx dab hel, wil ~ heis! 他答"嚯"，我应"嗨"!

2. 逾，上古音在余母、侯部。韵母 ang 化了。《说文解字》："逾，越进也。"即越过。《尚书·武成》："师逾孟津。"《尚书·禹贡》："至于荆山，逾于河。"如 ~ hxib 逾时，即过时候了。~ dongd 逾正，即过季了。~ nongs 逾漏，即雨过了，雨停了。~ xangx 逾场，即散场了。Nenx ~ hfud bil yan-

gx 他越过山头了。比如老人过世、过去了。Dail lul yangk mongl yangx 老者过去了。

3. 扬，也作飏（yáng），上古音在余母、阳部。《说文解字》："飏，风所飞扬也。"《楚辞·九辩》："何曾华之无实兮，从风雨而飞扬。"扬还有散播之义。《荀子·不苟》："君子崇人之德，扬人之美。"如 ~ bongt 飏风，即散发气味、挥发。bongt——风即气。Laib jud nongd ~ bongt yangx 这酒挥发了。

4. 痒（yáng），上古音在余母、阳部。yangk 是 yangf——痒的又音。yangk 与 yangf 本来就只是声调的轻重之别。痒指病害。如 ~ naix 痒耳，即病耳、耳受损害，即耳背、听力下降。与耳聋——dlongx 尚有区别。

yangl 1. 养，上古音在余母、羊部。《说文解字》："养，供养也。"繁体从羊、食，以羊表音，以食表义。《荀子·臣道》："若驭朴马，若养赤子。""赤"子即婴儿，也指怀孕并生育，即以母体供养胎儿。养即生养，也指后天的养育，包括以知识供养，即教育、教养。《周礼·天官·保氏》："而养国子以道，乃教之六艺。"《礼记·文王世子》："立太傅少傅以养之，欲其知父子君臣之道也。"郑玄注："养，教也。"苗语中，yangl 也有相应的字义。

（1）指生育、生养。如 ~ jib daib 养孩子，即生孩子。

（2）指抚养。如 ~ jib daib diot dial, dial ghangb hvib bongt bil 帮哥养孩子，哥高兴非常。养即抚养。

2. 引，上古音在余母、真部。韵母 en 像 an 一样转为 ang。古汉语中也有 yin 读成 yang 的。《大戴礼记·曾子事父母》："兄之行不中道则养之。"卢辩注："养，犹隐也。"本来是说将兄长做得不好的地方隐住，不宣扬，但隐写成养。《说文解字》："引，开弓也。"唐代卢纶《和张仆射塞下曲》："林暗草惊风，将军夜引弓。"引申为牵、拉、引导、带领等。《史记·魏公子列传》："引而使之，民不敢转其力。"苗语中，yangl 指引领。如 ~ hfud 引头，即领头。~ gid 引路。~ niel 引镯，即跳鼓舞时领跳。~ xed diot fangb 引虎著方，把老虎带到这一方，犹如引狼入室。

3. 延，上古音在余母、元部，入声。韵母 an 转为 ang。《说文解字》："延，长行也。"即远行。一是引申为占用时间长。今有拖延、延时等词。二是引申为（不惜走远路）延请。《尚书·顾命》："逆子钊于南门之外，延入翼室。"《汉语·公孙弘传》："于是起客馆，开东阁，以延贤人。"今有"延揽人才"等词。苗语中，yangl 也指延时、延请。

（1）用时长。如 ~ niel 延留，指走得慢。

（2）延请。如 ~ niangb 延娘，即接新娘。~ xed diot fangb 也可译为延虎著方，即把老虎请到此地。~ dliangb dab vongx 延地仙、龙，即请土地神和龙，是一种求神活动。

yangs 1. 样，上古音在余母、阳部。按《说文解字注》，样即橡。此二字上古音都在邪母、阳部。样为什么指样式、样子呢？是因为其与像想通。像也在邪母、阳部。杜甫《杨监又出画鹰十二扇》："近时冯绍正，能画鸷鸟样。"《隋书·何稠传》："何稠先令亘、衮立样，当时工人皆称其善。"样即样式。如 Mongx hxid nenx laib ~ aib 你视他那个样子！Jox dax nongd laib yangs vut hxid 这张桌子样子好看！

2. 让，上古音在日母、阳部。声母与韵首 i 结合，转为 y，如按有些地方方言的发音习惯，将 r 音发为 y 音。本当作攘，表示推开，引申为推让。让的繁体作让，从言表义，本义为责备。因与攘同音而通假。屈原《离骚》："屈心而抑志兮，忍尤而攘诟。"攘即忍让。《汉书·萧望之传》："踞慢不逊攘。"攘即谦让。古人也往往用让取代攘的推让、谦让之义。《战国策·赵策三》："鲁仲连辞让者三，终不肯受。"《水浒传》第七回："权且让他这一次。"即忍让。苗语中，yangs 也有推让、忍让等义。如 Dail naix hangb gid, dail dliangb nongf ~ 人走路，鬼让开。这里的 yangs 指把地方、空间推让出来。~ nenx mongl ghax niox 让他去算了。Ghab lail zaid ~ nenx yangx 政府让他了。指饶了他、忍让了他的错误、过失等。

3. 爓（yàn），上古音在余母、谈部。韵母 am 像 an 一样转为 ang。《说文解字》释为"火爓"，实际上是假借为焰。本义应当为放在热水中略煮一下。《礼记·郊特牲》："血腥爓祭。"指把肉稍煮一下来祭祀。另外，《释文》："燅（xún），一本作爓。""燅"即把肉在热水中略煮。《水经注·若水》："又有温水，冬夏常热，其源可燅鸡豚。"苗语中，yangs 比喻淬火，指打铁时将热的铁器放入水中，很快就拿起来。如 Dad diangb sat mongl ~ 拿铩（柴刀）去爓（淬火）。

4. 验，上古音在疑母、谈部。韵母 am 像 an 一样转为 ang。《说文解字》："譣，諟（xiān）也。"指预言与事实相合，今天写作应验之验。顺便说一句，验字应从言而不从马。从马者为马名，諟方与譣同义。引申为检验、查验，看事情是否与预计的、计划的一样，或者简单地说是否相合。《吕氏春秋·知度》："无职者责其实以验其辞。"如 ~ hof lob jef mail 验合足才买，指买鞋之前要看其是否合脚。~ nais 验梟，字面意思为查验一下鼻子。指让两头牛试斗，斗牛前需要检验牛鼻子。

yangt 1. 颺（yáng），上古音在余母、阳部，入声。《说文解字》："颺，风所飞扬也。"因此也指高飞。《后汉书·吕布传》："譬如养鹰，饥即为用，饱则颺去。"颺去，即飞走。鹰颺也写作鹰扬。如 Dail nes yangt niangb fangb waix 鸟儿在天上颺（飞）。引申为飞快地跑。Nenx ~ des dail bad nios id mongl yangx 她颺随那个小伙子去了，即飞快地追那小伙子了。

2. 扬，上古音在余母、阳部，入声。yangt 是 yangk——扬的又音，用法不同。《说文解字》："扬，飞举也。"比喻声音高。《礼记·曲礼上》："将上堂，声必扬。"《诗经·鲁颂·泮水》："不吴（huà）不扬。"吴犹如哗（huà），高声喧哗；扬也是高声说话。苗语中，yangt 指大声唱或说。如 Mongx ~ ib det hxak dax bib hnangd 你扬（高声唱）一支歌给我们听。

yangx 1. 容，上古音在余母、东部。声母本为 y。今天的很多方言仍是如此。韵母 ong 转为 ang。《说文解字》："容，盛也。"容从穴表义，穴可以容物；从公表音：公在颂、松等字中表音，而颂与容又相通（二者皆指容貌，容本无容貌之义）。《礼记·投壶》，一壶"容斗五升"。《尚书·君陈》："有容，德乃大。"苗语中，yangx 即容纳。如 Qongd zaid nongd jis ax ~ not xus naix 这间房子真不容多少人，即容纳不了多少人。Las ax ~ jib bil, bus ax ~ dail nangl 纳不容手，赴不容鼠。指洞小，放不进手，钻不进老鼠。

2. 溶，上古音在余母、东部。声母本为 y；韵母 ong 转为 ang。溶是会意字：水可容物，即某些固体物质可溶于水。但典籍中，常常叠用，指水大或流动的样子。《说文解字》释为"水盛貌"。杜牧《阿房宫赋》："二川溶溶，流入宫墙。"与溶解之本义不相干，应是取其"音效"。如 ~ xid 溶盐，即盐溶于水。

3. 熔，上古音在余母、东部。声母本为 y；韵母 ong 转为 ang。也作镕。《说文解字》释镕为"冶金法也"。镕本指铸造模型，也是会意字：盛受金属液体，冷凝后，就制成器具。引申为铸造。《隋书·食货志》："私家多镕钱。"又引申为熔化，因铸造必须将金属熔化为液态。李清照："落日镕金。"苗语中，如 yangx 指熔化。~ bait yangx 熔白焉，指雪融化了。白即雪。~ hvib 熔心，心都熔化了，表示激动。~ ves 熔活，指力气熔化，发软。

顺便说一句：雪由固态变为液态的水，应当用熔。现代汉语中多用融，是假借。因为融的本义是鬲中的水烧开后，从盖子四周冒出的热气最后在上方汇到一起。因此，融有融合、融洽、其乐融融、融资等用法，但没有固态化为液态之说。融的上古音在余母、冬部，不同于熔。

烊，从羊表音。羊的上古音在余母、阳部。烊也有熔化之义。唐代释道世《法苑珠林·破戒篇》："以铁钳开口，灌以烊铜。""烊铜"即熔化的铜水。

炀，上古音在余母、阳部。《字略》："炀，释金也。"与烊的意思相同。

烊、炀的音义均与 yangx 相符，可供参考。

4. 员，上古音在匣母、文部，相当于 xiuen。声母 x、韵腹 u 灭失；en 与 an 一样转为 ang。《说文解字》："员，物数也。"实际上，员的下部"贝"本是鼎的形状，上面的口即鼎口。就像"人口"一样，以口论数，员因此为"物数"。也就是说，员是天然的量词。与人口、纸张、马匹一样，量词放在名词之后，重新构成名词，因此，有人员、官员、吏员等词。《周礼·夏官·廋人》："正校人员选。"《汉书·百官公卿表》："吏员自佐史至丞相，十三万二百八十五人。"员字也可单用，指官员、吏员等。《百官公卿表》："员多至数十人""增员十二人"。如 ~ nenx 人员。nenx 即人，是 naix 的又音，不过，与汉语人员的意思有别。这里指普通人、庶民。~ nenx xab max gos dail yangx nenx, baif hsent dil max gos dail baif hsent 人员遮不及人员，百姓抵不及百姓，即百姓们不能相顾、相保。遮犹如罩住，抵犹如顶住、撑住，人员与百姓同义。

5. 焉，语气词，用在句末，一般表示某种情况已出现或某个动词已完成。如 Nenx mongl ~ 他往焉，即他走了。Dax nongs ~ 下雨了。

ye

yeb 1. 邀，上古音在影母、宵部。韵母 e 是 au 之转。《释文》："邀，要，遇也。"与遇不同，是主动地迎上去。《汉书·匈奴传》："大将军霍光欲发兵邀击之。"邀击，即半路截击、迎上去打。引申为邀请。《庄子·在宥》："黄帝退，捐天下，筑特室，席白茅，闲居三月，复往邀之。"《乐府诗集·长干曲》："逆浪故相邀，菱舟不怕摇。"苗语中，yeb 指邀请、邀约。如 ~ dot mongl ghab bul 邀得一帮朋友。

2. 攸，上古音在余母、幽部。韵母 ou 转为 e。《说文解字》："攸，行水也。"实际上，攸字中间一竖本应为水，是水的省略形。《孟子·万章上》："少则洋洋焉，攸然而逝。"指像水流走一样自然。典籍中多用悠。陶渊明《饮酒》："采菊东篱下，悠然见南山。"《说文解字》："悠，忧也。"凡指闲适的样子、悠长、悠久，都应该用攸。如 yangt ~ ~ 飏攸攸，即轻飘飘地飞。yux ~ ~ 游攸攸，也指飘飘的样子。

yek 鼬（yòu），上古音在余母、幽部。韵母 ou 转为 e。《说文解字》："鼬，如鼠，赤黄而大，食鼠者。"鼬有多种，但我国最常见的是"赤黄而大"的黄鼬，即黄鼠狼。因这种动物有肛腺，在危急时刻放出臭气，可以熏走敌人。如 hangt ~ 鼬臭（xiù），犹如狐臭。

yel 1. 游，上古音在余母、幽部，入声。韵母 ou 转为 e。《尔雅·释水》："顺流而下曰游。"泛指在水中游泳。《诗经·邶风·谷风》："就其浅矣，泳之游之。"《韩非子·难势》："越人善游矣。"如 ~ eb mongl hvangb bil 游河到对岸。

2. 遊，与游同音，今写作游。《玉篇》："遨游也。"即游逛。《庄子·秋水》："庄子与惠子游于濠梁之上。"《论语·里仁》："父母在，不远游，游必有方。"如 ~ mongl ~ lol 遊往遊来，即逛来逛去。~ ghob ~ diongs 遊鸽遊鹑，指像鸽子、鹌鹑一样游荡。

3. 以，上古音在余母、之部，接近于 ye。《说文解字》："以，用也。"《尚书·立政》："继自今立政，其勿以憸（xiān）人。"即不要使用奸邪之人。《论语·为政》："视其所以，观其所由，察其所安。"即用什么来做。也做介词，仍有用、拿之义。《左传·僖公二十三年》："以戈逐子犯。"即拿起戈追子犯。苗语，yel 也是如此。如 ~ ghangx diot dail bat 以杠著猪，即拿杠（扁担）打猪。~ zangx diub eb, lol ib mongl gangb kongb 以掌（耙子）入水，捞得一窝虾。

4. 敥（yàn），以炎表音，韵母相当于 am, m 灭失。《集韵》："音艳，以手散物。"即用手把（细碎的）东西撒出去。典籍中很难见到此字，但安徽方言中有此字，如敥石灰来画线。如 ~ mongl gux mongl 敥往外面，即撒到外面去。

5. 也，语气助词、象声词。如 Laib waix nongt zek dail, mongx xet mongl yel 天要黑了，你休往（走）也。也相当于现代汉语的了。Hek ngas niox khat el, ~ vux! 喝干了渴唉，也嗬！"喝干"与"了渴"是并列词组，都指把酒喝完。"渴"即竭尽。"也嗬"是欢呼声，也可译为耶。

yet 哟，也是语气助词，一般用于句尾。Mongx niangb ~ , wil mongl dail 你坐哟，我走了。

yex 1. 窑，上古音在余母、宵部。韵母 au 转为 e。《说文解字》："窑，烧瓦灶也。"也指窑状、可生火以熏敌人的设施。《墨子·备穴》："穴内口为灶，令如窑。"斩艾与柴，长尺，乃置窑灶中。"如 ~ ngil 瓦窑。~ xenb 砖窑。

2. 遊（yóu），上古音在余母、幽部。韵母 ou 转为 e。yex 是 yel——遊的又音。如 ~ ghaib 遊街。~ fangb 遊方，指青年男女的交往活动，相互串门串寨子。~ jongf 遊冲，也是青年男女的交往活动。冲即山冲。~ yangs 遊祥，即溜达。

3. 筱（xiǎo），上古音在心母、幽部。筱从攸（yōu）表音。声母灭失；韵母 ou 转为 e。《说文解字》："筱，箭属小竹也。""箭，矢竹也。"即做箭杆的竹子。可见，筱是较细的竹子。陆游《过大蓬岭度绳桥至杜秀才山庄》："柳空从筱出，松偃翠萝蒙。"苗语中，筱指较细的竹竿，不同于用来盖房子或剖开取篾的大竹子。如 ~ zab ud 晒衣筱，即晾衣竿。

yen

yenb 1. 烟，上古音在影母、真部。韵母本来即为 en。其异体字煙，在影母、文部，韵母也近乎 en，而非 an。《说文解字》："烟，火气也。"是物体燃烧不充分时排出的气体。《韩非子·喻老》："百尺之室以突隙之烟焚。"指大房子因为烟囱缝里冒出的烟而烧毁。后来又指烟草。清代文康《儿女英雄传》二十八回："太太嘴里正吃着烟。"又做双声词：烟煴（yūn），也做氤氲，指气体弥漫。汉代王延寿《鲁灵光殿赋》："包阴阳之变化，含元气之烟煴。"苗语中，yenb 既做名词，也做动词。

（1）指烟草（苗语中指"火气"的烟为 ib，n 灭失）。如 hek ~ 欿（hē）烟，即吸烟。~ ghad gheib 鸡屎烟，即鸦片。鸦片丸如鸡屎。~ hvid 熯（hàn）烟，即烤烟。

（2）指烟熏。苗族聚居地区有将肉类以烟熏制的习惯。熏过的肉耐久。如 ~ ngix 烟肉，熏肉。~ nail 烟鱼，熏鱼。

熏，上古音在晓母、文部，相当于 xiuen。声母 x 与韵腹 u 灭失，即为 yen。《说文解字》："熏，火烟上出也。"《诗经·豳风·七月》："穹窒熏鼠，塞向墐户。"熏也做名词。南朝陶弘景《许长史旧馆碑》："金炉扬熏。"汉语中的动词与名词往往是可以互相转换的。苗语也当如此。

2. 冤，上古音在影母、元部。韵腹 u 灭失，an 转为 en。《说文解字》："冤，屈也。"《广韵》释为"枉曲"。《论衡》有"无过而受罪，世谓之冤"之说。苗语中，~ jab 冤家一词与现代汉语中的意思一样，即死对头。

3. 因，上古音在影母、真部。如 ~ weid 因为，应是照搬现代汉语。~ weid

dat nongd dax nongs, ait nend bib jef ax dax 因为今晨下雨，因此我们才不来。

4. 阴，上古音在影母、侵部。韵母为 em，与 en 接近。《说文解字》释为"水之南、山之北也"。即背阴处。《史记·货殖列传》："故泰山之阳则鲁，其阴则齐。"即泰山的南面为鲁，背面为齐。阴与阳相辅相成。~ yangx 阴阳。

yend 印，上古音在影母、真部。印是会意字：左边是一只手，右边是一个跪着的人。《说文解字》释为"按"。将印的两个部件左右互换位置后，《说文解字》则释为"执政所持信也"，也就是官印。其实两个部件左右位置互换，并不改变字义："持信"是由"按"引申出来，盖印必须是按的。后起字摁（èn）是印的异体字，引申为印制。《梦溪笔谈·活版》："其法用胶泥刻字，薄如钱唇，每字为一印，火烧令坚。"活版印刷中，每颗印上刻一个字，此法沿用近千年。如 ~ dud 印书。

yenf 1. 赢，上古音在余母、耕部。韵母 ing 转为 en。《说文解字》："赢，贾有余利也。"即做生意赚钱了，比喻获胜。白居易《放言》："不信君看弈棋者，输赢须待局终头。"苗语中，yenf 也指输赢之赢。如 Bib dib ax ~ nenx dol 我们打不赢他们。

2. 营，照搬现代汉语。如 ~ zangx 营长。

3. 银，照搬现代汉语。如 ~ hangf 银行。

yenl 辕，上古音在匣母、元部，入声。声母与韵腹 u 灭失，an 转为 en。《说文解字》："辕，辀（zhōu）也。"指车上两根向前伸出的木头，连接到拉车的牲口上。《墨子·杂守》："板箱长与辕等。"引申为犁辕，即犁上一根较长的的弯木，与牛身上的挽具相连，起到牵引作用。《齐民要术·耕田》："今辽东耕犁，辕长四尺。"如 ~ kab 铧辕，即犁辕。

yens 饮（yìn），上古音在影母、侵部。韵母 em 接近 en。现代汉语中，将其分成上声、去声两个音调，用于给牛马等饮水时作去声。上古不分。《玉篇》释为"咽水也"。《论语·述而》："饭蔬食，饮水，曲肱而枕之，乐亦在其中矣。"引申为吞没。汉代刘向《新序·杂事》："昔者，楚熊渠子夜行，见寝石，以为伏虎，关弓射之，灭失饮羽。"即箭尾的羽毛都没入石中了。饮又有遭受之义。晋代郭璞《蛟赞》："汉武饮羽。"即汉武中箭。后有饮恨、饮冤等词。苗语中，yens 即遭受。如 ~ dib 饮打，即被打。~ jent 饮飐（zhǎn），即遭风了，指患风湿病。bangd ~ yangx 放饮焉，指射箭或打枪射（打）中了，箭或子弹进入目标体内。~ ves 饮活，吃劲、受力了。

yent 1. 印，上古音在影母、真部。yent 是 yend——印的又音，用法不同。印是"执政所持信也"。《史记·封神书》："使各佩其信印。"苗语中，yent 即印章。如 neif ~ 攃印，即盖章。攃有使劲砸、叩之义。

2. 膺，上古音在影母、蒸部，入声。韵母 eng 转为 en。《说文解字》："膺，胸也。"李白《蜀道难》："以手抚膺坐长叹。""抚膺"即抚胸。今有"义愤填膺"一词。与胸不同的是，膺还可以做动词，指服膺。此义来自膺的上部与鹰相同的部分。在金文中，本像人的腋下有鸟之形（隹即鸟），像人驯鸟。传说唐太宗玩鹰，见魏征过来，忙将鹰腋在怀里，不想魏征跟他说事说了好久，鹰竟在怀里闷死了。想必鹰、膺的上部含有驯服之义。《诗经·鲁颂·閟宫》："戎狄是膺，荆舒是惩。"即驯服戎狄，惩罚荆舒。《尚书·武成》："诞膺天命，以抚方夏。""膺天命"即服天命。苗语中，yent 即服膺。如 Bib nongt ed nenx ~ hak 我们要他服膺。

3. 任，上古音在日母、侵部。声母与韵首 i 结合转为 y。韵母 em 近于 en。《集韵》释任："克也，用也，又所负也。"任由负载、承担引申为任用、责任等。《论语·泰伯》："仁以为己任。"如 jit yent 跻任，即上任。

yenx 1. 鈏（yǐn），上古音在余母、真部。《尔雅·释器》："锡谓之鈏。"《玉篇》："鈏，白锡也。"苗语中，yenx 正指锡。《王安江版苗族古歌》"Qab Nix Qab Jenb"一章：Hlieb ~ dangt bad dod, ait laib hxongt ved zaid. Xus ~ dangt dut bal, dangt dut nef waix nail 大锡锻子弹，做铳守门户。小锡锻网坠，锻坠来捕鱼。

2. 寅，上古音在余母、真部。寅是地支中的第三位。如 hnaib yenx 寅日；hniut yenx 寅年。

3. 殷，上古音在影母、文部。汉语中，殷有平、上两个音调。用于殷勤是平声；用于雷声（《诗经·召南·殷其雷》："殷其雷，在南山之阳。"）读上声。声调 x 对应于上声。《说文解字》："殷，作乐之盛称殷。"引申为盛大、众多。《诗经·郑风·溱洧》："士与女，殷其盈矣。"殷指男女众多。现多指次数多，如殷勤。苗语中，yenx 犹如勤、多。如 Bib nongt sad jid ~ nenk daib 我们洗澡要勤一点。~ hnaib 殷日，即多日、长久。~ hnaib ~ hmangt 殷日殷暮，即多日多夜，连日连夜。

4. 瘾，照搬现代汉语。如 Ax gid hek yenb not, maix ~ dax ed ax dot 不要多吸烟，有瘾了要不得。

5. 影，照搬现代汉语。如 ~ xangx 影响。

yi

yib 1. 荑（yí），上古音在余母、脂部。又读 tí，在定母、脂部。对应的字又分别为割草和初生之茅。《玉篇》释为"始生之茅"。《诗经·卫风·硕人》："手如荑黄，肤如凝脂。"泛指草木初生的嫩芽。《晋书·郭璞传》："杞梓竞敷，兰荑争翘。"又引申为发芽。南朝谢灵运《从游京口北固应沼》："原隰荑绿柳，墟囿散红桃。"苗语中，yib 指初生的稻苗，即稻秧。如 dlut ~ 抽荑，即拔秧。

2. 依，上古音在影母、微部。《说文解字》："依，倚也。"《左传·僖公五年》："辅车相依，唇亡齿寒。"引申为依从、顺从，与"违"相对。《诗经·小雅·小旻》："谋之其臧，则具是违；谋之不臧，则具是依。"即好的谋划不听，不好的谋划反而听了。如 Hangd dail xid bub hangd dod det, bib ax ~ nenx 若有哪个随意砍树，我们不依他。

3. 医，照搬现代汉语。如 ~ senb 医生；~ weed 医院。

yid 1. 意，照搬现代汉语。如 ax maix ~ sib 没有意思；~ jeed 意见。

2. 噫，语气词。如 ~, nenx dax mongl hangd deis mongl? 噫，他去哪里了？

yif 1. 乙，上古音在影母、质部，入声。乙是天干的第二位。

2. 易，上古音在余母、锡部。易的原型是一个器皿中的液体倒向另一个器皿。古人也搞简化，去掉了第二个器皿。现在的易实际上就是倒水（液体）；三撇来自泼出的水，剩余的笔画来自口朝下、底朝上的器皿。一些学者未求得本源，对它做了多种推测。《说文解字》："易，蜥易。"因蜥蜴（易）颜色易变。还有人以为易是由日、月二字组成，世事变易如日升月落。均为牵强附会。易的多项字义，如交易、变易、平易等，均来自将一个容器中的水倒向另一容器。《左传·宣公十五年》："敝邑易子而食。"易即交换。苗语中，yif 直接指倒水、泼水。如 Dad laib gangf eb nongd ~ mongl gux mongl 把这盆水易往外面，即倒到外面。

3. 舓（shì），也作舐，上古音在船母、支部。声母灭失，只保留韵母 ie。事实上，舓以易表音。《说文解字》："舓，以舌取食也。从舌，易声。"还有狧（shì），音义均与舓、舐相同，字义无非为舔。《宋书·符瑞志》："汤将奉天命放桀，梦及天而舓之，遂有天下。"而舔是后起字。如 jib dlad ~ ghad 嗟犬舓渣，即呼狗舔屎。

4. 黟（yí），上古音在影母、歌部。《说文解字》："黟，黑木也。"典籍中似乎很难见到其"黑木"之义，但的确指黑色。欧阳修《秋声赋》："宜其渥然丹者为槁木，黟然黑者为星星。"苗语中，yif 即黑色。如 ~ mangl 脸黟，即脸上的黑斑。jit ~ 跻黟，即黑斑上了脸、脸上起黑斑。

5. 洇（yì），上古音在余母、质部。《说文解字》："洇，水所荡洇也。"《广韵》："洇，洇荡。"《论衡·效力》："沟洫决洇。"引申为放荡。《尚书·酒诰》："淫洇非于彝。"淫洇即纵欲、放荡。苗语中，yif 指晃荡。组成双声词：~ yel 洇游，即晃荡。游有随波漂荡之义。如 Jox niangx nongd ~ yel bongt wat 这条船洇游（晃荡）得很。

6. 液，上古音在余母、铎部。韵母只保留 i，韵尾灭失。《说文解字》："液，津也。""汁，液也。"即津液。《素问·腹中论》："鼻出清液。"后泛指液体。苗语中，yif 即指汁液。如 ~ gheid 松液，即松脂，松树分泌出来的汁。

7. 彝，照搬现代汉语。如 ~ cuf 彝族。

yil 1. 液，上古音在余母、铎部。yil 是 yif——液的又音，用法相同。如 Xeb ~ lol lad jif 摄液来抹疖，指将树枝燃烧并接触铁器，即可在铁器上得到树汁。

2. 洇，上古音在余母、质部。洇即荡洇。yil 是 yif——洇的又音，用法有所不同：yif 是水荡起来；yil 是使水荡起来。如 ~ lot 洇味，即漱口，鼓荡口中的水以清洁口腔。~ vob 洇蔬，即把蔬菜放在水中涮。~ bil 涮手。

3. 仡（yì），上古音在疑母、物部。声母及韵尾灭失。《广韵》《韵会》皆释为"壮勇貌"。《尚书·泰誓》："仡仡勇夫。"《公羊传·宣公六年》："祁弥明，国之力士也，仡然从乎赵盾而入。"也指高大的样子。《诗经·大雅·皇矣》："崇墉仡仡。"苗语中，yil 指年轻人、较年轻者。如 Nenx dios dail ~ 他是个仡（青年）。Wil zaid dail ~ niangb xof xaod duf dud 我家的仡（排行稍后的）在学校读书。

4. 已，上古音在余母、之部。《玉篇》释为："止也，毕也，讫也。"即停止、完事了。《诗经·郑风·风雨》："风雨如晦，鸡鸣不已。"《史记·扁鹊仓公列传》："病旋已。"病立即止住了。也做副词，表示某个动作完成、发生过了。《史记·高祖本纪》："老父已去，高祖适从旁舍来。"苗语中，yil 也有类似的用法。

（1）指结束、完成。如 ~ huid 已会，即会议闭幕了。~ gix 已管，指管乐会（芦笙会）结束了，散场了。

（2）做副词，即已经。如 Jenl mangx ~ deis sangs? Mangx hlieb ~ deis bes? 栽枫已几世？枫粗已几抱？

yis 1. 邑，上古音在影母、缉部。《说文解字》：“邑，国也。”邑上部的“口”与国之口是同一个东西，为城郭之形。邑一般比较小，是集居之地。《左传》中，人们称对方的国为“大国”，称本国为“敝邑”，即是自谦。《论语·公冶长》：“十室之邑，必有忠信如丘者焉。”引申指都市。《史记·五帝纪》：“一年而所居成聚，二年成邑，三年成都。”苗语中，yis 即城市。如 ~ Kad Linx 凯里邑，即凯里城。Laib yis gid denx id lox mongl yangx 以前的那座邑拆了。Yis Hvib 新邑，在台江县。

2. 育，上古音在余母、觉部。韵母只保留了韵首 i。育的上部是倒写的子，正是婴儿刚出母体的情形，下部从月（肉）表音。因此，育的本义是生育。《易经·渐卦》：“妇孕不育，失其道也。”引申为抚养。《说文解字》释为“养子使作善也”。《诗经·小雅·蓼莪》：“拊我畜我，长我育我。”《广韵》即释育为养。苗语也是如此。

（1）指生育。如 Nenx ~ dail daib dial 她育了个男孩，即生了个男孩。顺便说一句，育的异体字为毓，更全面地展示了生孩子的场景：有母、（右上角）倒写的子、（右下角）产血淋漓状。

（2）指养。如 ~ gheib ~ gas 育鸡育鸭。~ ninx 养牛。~ gad 育谷，实际上是育之以谷（喂养）的简称。

3. 浥（yì），上古音在影母、缉部。yis 是 yal——浥的又音，意思也有区别。yal 做形容词，指湿润的样子；yis 做动词，指润泽、浸润。王维《渭城曲》：“渭城朝雨浥轻尘。”浥还有水下流之义。晋代郭璞《江赋》：“乍浥乍堆。”“浥”是下泻，“堆”指涌起。苗语中，yis 指灌溉、润泽田地。如 Jox gongb eb nongd mongl ~ jox zangt lix aib 这沟水润那片田。

4. 乂（yì），上古音在疑母、月部。声母 ng 和韵尾灭失。《说文解字》：“乂，芟草也。”乂是大剪刀之形，可以除草。引申为治理。《尚书·尧典》：“有能俾乂？”有这样的人吗，可以让他去治理（洪水）？《史记·平津侯主父列传》：“汉兴六十余载，海内乂安，府库充实。”盖因除草可使庄稼长势好，才会引申出治理之义。苗语中，yis 就是除草治田。如 ~ lix yis lax 乂田乂地，即给田地除草。

5. 罻（wèi），上古音在影母、物部，作 iu。ue 灭失。罻从尉表音，与尉同音。看到这个拼音，我们就很容易理解尉有 wèi、yù 二音了。《说文解字》：“罻，捕鸟网也。”《礼记·王制》：“鸠化为鹰，然后设罻罗。”“罗”是网。晋代张华《鹪鹩赋》：“尚何惧于罿（chóng）罻。”“罿”也是网。如 ~ diongs 鹑罻，即捕鹌鹑的网。

yix 1. 睪（yì），上古音在余母、铎部。韵尾灭失。《说文解字》："睪，伺视也。从目（横置）从'幸'（非幸福之幸，而是古代的手铐之形，圉、报等字中也含此部件），今吏将目捕罪人也。"即像抓罪犯的眼线一样盯着罪犯。《广韵》《集韵》都释为"伺视"。苗语中，yix 即侦探、窥视。如 Dax mongl ~ dol niangs 去睪（侦探）敌人。

2. 惹，上古音在日母、铎部。声母与韵首 i 结合转为 y。韵尾灭失。《说文解字》："惹，乱也。"从字形看，应指心乱，或让人心乱。白居易《晚岁》："惹愁随世网，治苦赖空门。"后多用于招惹。如 Xet gid mongl ~ nenx 休要去惹他。

yo

yof 鹞（yào），上古音在余母、宵部。韵母 au 转为 o。《说文解字》："鹞，鸷鸟也。"即猛禽，老鹰一类的鸟。战国宋玉《高唐赋》："雕鹗鹰鹞，飞扬伏窜。"如 Dail dlangd juf gheib, dail ~ juf nes 鹞（zhàn，鹰类猛禽）攫（jué，抓）鸡，鹞攫鸟。

yol 唷，语气词，往往表示肯定。如 Wil seix mongl ~！我也去唷（有当然要去之意）！

yox 1. 谣，上古音在余母、宵部。韵母 au 转为 o。《说文解字》："谣，徒歌。"即无伴奏之歌。《诗经·卫风·园有桃》："心之忧矣，我歌且谣。"《汉书·艺文志》："孝文立乐府而采歌谣。"对歌与谣的区别有不同角度的解释。《毛传》："曲合乐曰歌，徒歌曰谣。"《韩诗外传》："有章曲曰歌，无章曲曰谣。"戴侗："歌必有度曲节，谣则但摇曳永诵之，儿童皆能为，故有童谣也。"苗语中，我们可以这样理解 hxak 与 yox 的关系：hxak 即韶，相当于歌。有词的叫 hxak（歌），无词的叫 yox（谣，也即调子），近似于"无章曲曰谣"。如 ~ hxak 韶谣，即曲调。~ hveb 话谣，即声调。Hveb hmub maix yaf laib ~ hveb 苗话有8个声调。

2. 鳦（yǐ），上古音在影母、质部。也许应该在影母、月部。韵母由 e 转为 o。鳦所从"乙"不同于甲乙之乙，它是鸟的象形。《说文解字》："乙（鸟），玄鸟也。鳦，乙或从鸟。"《说文解字注》："乙（鸟）本与甲乙字异，俗人恐与甲乙字乱，加鸟旁为鳦。"《史记·秦本纪》司马贞《索隐》："女修吞鳦子而生大业。"如 ~ eb 水鳦，水鸭。

585

yong

yongb 壅，上古音在影母、东部。《广韵》："壅，塞也。"《左传·宣公十二年》："川壅为泽。"即今所说堰塞湖。实际上，塞是引申义。壅本义有被土围住的意思。雍本作雝，壅字中本含有邕，这也是其读音的由来。邕即城邑环水。三国曹冏《六代论》："虽壅之以黑坟，暖之以春日，犹不救于枯槁。"即枯树的四周围上黑土（隆起曰坟），经暖阳照耀也活不过来。苗语中，yongb 也有类似的字义。

（1）指用土等从四周围住。如 ~ mux diot gad diel 壅溷着周谷，即在玉米周围施以厕肥。溷是厕肥；周谷即玉米，苗族以为玉米是从汉人那里传来，故称周谷。

（2）引申为填土。如 ~ ghad dab diot jox gid 在路上填渣土。

yongs 枩（yǒng），词典多未载此字。从字形大致可以推断，枩中的永除表音外，也有表义作用，指树木修长。永即长，也比喻人的身材修长、苗条。如 Dail det nongd ~ wat 这棵树枩得很。~ jid 枩躬，即身材苗条。

yongt 甬（yǒng），上古音在余母、东部，入声。甬应是象形字，上为提梁，下为桶身，是桶的象形。《吕氏春秋·仲秋》："正钧石，齐斗甬。"《礼记·月令》："角斗甬。"斗与甬都是容器，也是量器。郑玄注："甬，今斛也。"又用于甬道：两侧筑墙，中间为路，取其中空之义。《史记·汉高祖本纪》："高祖军荥阳，南筑甬道。"另一说，甬是钟的象形，上部为钟钮。据杨树达《积微居小学述林》，甬本来是钟，被缩小字义，指钟钮、钟柄。《周礼·考工记·凫氏》："凫氏为钟……舞上谓之甬……甬上谓之衡。"钟也是中空的，有一定容积。从甬的字，如通、桶等都有中空之义。苗语中，yangt 指肚中空空、饿。如 Laix laix sail nongx xut, ax baib dail xid ~ 个个都吃饱，不让哪个甬（饿）。

yongx 1. 勇。苗语中，勇指当兵的人。应该源于清朝。如 ~ jenb 军勇，即士兵。~ niangs 攘勇，即匪兵。

2. 容，上古音在余母、东部。声母本为 y。yongx 是 yangx——容的又音。容即容纳、承受，比喻用心来容纳、包容。《尚书·君陈》："有容，德乃大。"《史记·淮南衡山列传》："兄弟二人不能相容。"如 Ib laix ax ~ ib laix 一个不容一个。

yu

yub 揉，上古音在日母、幽部。声母与韵首 i 结合转为 y；韵母只保留韵尾 u。《说文解字》中作煣，释为"屈申木也"。使木头（或竹子）变形即为揉。在进行烧烤的同时使竹木变形，撤除外力后，竹木不反弹、不回复原形，因此揉也作煣。《易经·系辞下》："揉木为耒。"耒是耕地农具，需要一定的弧度，故要使直木变形。揉也指让曲的变直。《汉书·公孙弘传》："臣闻揉曲木者不累日。"颜师古注："揉谓矫而正之也。"苗语中，yub 一般指用力使东西弯曲。如 ~ jil ghab det nongd lol dab lol 揉这支树枝向下，即用力让树枝向下弯。~ hnaid 揉弹，即用力拉弓弦，使弓更弯。弹即弓。~ diub 揉脊，即驼背，指原本挺直的脊背变弯了。

yud 1. 郁，繁体为郁（yù），上古音在影母、物部，相当于 iue。韵尾 e 灭失。郁是会意字：鬯（chàng）是加香草酿的酒，彡表示散发的酒气，又有缶与平宝盖，会意为将酒的香气捂住。引申出郁积、郁闷之义。《吕氏春秋·尽数》："形不动则精不流，精不流则气郁。"《史记·淮阴侯列传》："吾亦欲东耳，安能郁郁久居此乎？"二字叠用，仍指愁闷、郁闷。顺便说一句：郁本是地名，与郁读音相近，简化后，以简代繁。苗语中，yud 即郁闷之郁。如 ~ bongt 郁风，即憋气，也比喻不吱声。~ ax dot 郁不得，即憋不住、忍不住。严格地说，表郁闷的字，也不能写作郁，应将上面的两个木换成舆字上部的左右部件，只不过一般词典和输入法里未收此字，只能以郁代之；郁字是在郁闷之郁的基础上造的字，上部换成两个木（林）之后，据《说文解字》，表示"木丛生也"。这也是用于郁郁葱葱的原因。

2. 驭（yù），上古音在疑母、鱼部。声母 ng 灭失。驭是会意字，本为一只手扬鞭、一匹马，表示策马。现在的驭字只剩马和一只手（又）。《荀子·王霸》："王良、造父者，善服驭者也。"王良、造父是两个著名的善于使马驾车的人。《尚书·五子之歌》："予临兆民，凛乎若朽索之驭六马。"引申为控制、利用。《周礼·大宰》："一曰祭祀，以驭其神；二曰法则以驭其官；三曰废置，以驭其吏；四曰禄位，以驭其士；五曰赋贡，以驭其用；六曰礼俗，以驭其民。"苗语中，yud 即控制。如 ~ lot, ax gid bet lot! 驭味，不要吭声！驭味，即管住嘴，相当于住嘴。~ bil niox, ax gid dib yel! 驭手了，不要打也！驭手即管住手。

3. 与（yǔ），上古音在余母、鱼部。繁体为与，以舁表音，从"与"表义。也

587

就是说，将"与"放进舁字的上部，就组成与。这个"与"是什么东西哩？《说文解字》以为，这个与由"一勺"组成，与就是给一勺。这显然与字形不符，是牵强附会的说法。实际上，在小篆及以前，与和牙的写法一模一样，也就是说与就是牙。准确地说，牙是食肉动物的牙：上下牙相互错开、相互啮合（见笔者所著《字理——汉字部件通解》）。而齿的原形是上下排列整齐的牙齿。正因为上下牙这种你进我出的交互关系，才引申出和、参与、给予等义。《管子·霸言》："夫欲用天下之权者，必先布德诸侯。故先王有所取有所与。"与和取相对。相似的说法还有"将欲取之，必先与之。"《史记·项羽本纪》："与斗卮酒。"即给予（樊哙）一大杯酒。苗语中，yud 即指给予、拿出。如 ~ bil dax seik 与手来接，即伸手来接。~ mongl ~ lol 与往与来，即递来递去、给来给去。

yuf 1. 揄（yú），上古音在余母、侯部。韵母只保留了 u，o 灭失。《唐韵》《集韵》释为"抒臼也"，即把臼里的东西撮出来。《诗经·大雅·生民》："或舂或揄，或簸或蹂。释之叟叟，烝之浮浮。"说的是从舂米到做饭的过程：舂米的舂米，撮米的撮米，簸米（除糠）的簸米，揉米的揉米，淘米的淘米，蒸饭的蒸饭。揄即撮米。如 ~ ib yas ghad dab 揄（撮）一簸（yù，畚箕）渣土。

2. 由，上古音在余母、幽部。韵母只保留了 u。由是象形字，像田间小路，是到田间的"必由之路"。《广韵》释为"从"，即从此行走。《论语·雍也》："行不由径。""谁能出不由户？"引申为随从、听从。《论语·颜渊》："为仁由己，而由人乎哉？"苗语中，yuf 即指听从、顺从。如 ~ nenx genx diot！由他哭着！Wil hot nenx ax yuf 我说他不由（从）。组成并列词组：~ zaid 由在，即任凭。在也有听任之义，如：这事在你自己。

3. 尤，上古音在匣母、之部。同现代汉语一样，声母灭失。韵母只保留了韵腹 u。很多人习惯上把尤看作尢（wǎng）加一点。实际上，尤若除去竖弯钩之外，是一只手。求字里也含有这样的一只手。这只手加竖弯钩，会意为手里的东西脱手。因此，尤有失手、过失之义。《论语·为政》："多闻阙疑，慎言其余，则寡尤。"多听，保留疑问，慎言就少有过失。同过失之过一样，尤也有过度、格外之义。《史记·五帝本纪》："择其言尤雅者，故著为本纪书首。"《世说新语·仇隙》："王右军素轻蓝田。蓝田晚节论誉转重，右军尤为不平。"尤其之尤即含此义。苗语中，yuf 也有类似的字义。

（1）指脱手。如 Diub zaid not gheb gid wat, jus laix bil ait ax ~ 家中活路多得很，一个人做不尤。做不尤即活脱不了手，做不完。

（2）指过了。如 Dol zend nongd hxangd ~ yangx 这些果实熟尤（熟过、熟透）了。~ ves 尤活，出过力了，累了。

4. 邮，照搬现代汉语。如 ~ jif 邮局；~ piaod 邮票。

yuk 1. 卸，上古音在心母、鱼部。声母灭失。实际上，卸字是在御字基础上造的字，即先有御，后有卸。御字里，有午（杵，棒子），有卩（跪着的人），表示控制。再加彳、止，这二者合起来即辶，表示在路上。因此御与驭相通，有控制、驾驭之义。去掉彳，表示不在路上了、到站了。以此表示给拉车、载人的牲口卸载。《说文解字》："卸，舍车解马也。"杜甫《携酒高亦同过用寒字》："空烦卸马鞍。"如 ~ enb mal 卸马鞍。泛指取下来。~ ghab dlangb liod 卸牛肩（指卸除牛肩上的轭）。~ kak kfud qok 卸桥头耙，即把横梁（桥）上的耙子取下来。

顺便说一句，御的上古音在疑母、鱼部，与卸同部，这不是巧合。两字声母不同，应是人为改变，以示区别。

2. 禦，上古音在疑母、鱼部。同现代汉语一样，声母 ng 灭失。《说文解字》："禦，祀也。"以御表音，以示表义。同其他许多从示（包括礻）的字一样，都有祭祀鬼神的意思。但有两种情况：一种是求赐福，另一种是求避祸。禦、禳都属后者。因此，引申出抵拒、防御之义。《国语·周语中》："薮有圃草，园有林池，所以禦灾也。"《诗经·小雅·常棣》："兄弟阋于墙，外禦其侮。"即兄弟虽然在家相斗，但会一致抵御外来侵犯。禦现写作御，与表示控制和有强烈控制欲的帝王相关的御混为一谈。如 ~ dliangb 禦伥，即防鬼。伥，即恶鬼。

yul 唷，象声词。如 ~ ，~, yangl niangb lol yangx! 唷，唷，接新娘来啦! 唷，表示欢呼声。liul qif yangt ~ ~ 旗帜唷唷扬（飘扬）。

yus 予，上古音在余母、鱼部，入声。从小篆可以看出，予是下方一箭头状东西进入上方另一物体。有送入之义。《说文解字》："予，相推予也。"典籍中，多表示给予。《诗经·小雅·采菽》："君子不朝，何锡予之？"锡予即赐予。对于予的字义，没有异议，但对于字形，各家莫衷一是。有一说，指雄性动物在性交中的输送。yus 在苗语中指丈夫、男子汉。如 wid ~ 妃予，即妻、夫。~ dlangt 单予，即光棍。~ dlent 俊予，即好汉、豪杰。~ ngil 懒汉。

yut 幺（yāo），上古音在影母、宵部。韵母只保留了韵尾 u。幺应与幼读音相近，在幼中会意兼表音。《说文解字》："幺，小也。"从字形看，如丝若断若续，本应指细。晋代陆机《文赋》："犹弦幺而徽急。"即弦细、系弦的绳绷得紧。苗语中，yut 指小的、年幼的，与 hlieb（粗）、lul（老）相对。如 ~

ghef 幺个，即小个。~ hvib 幺心，即小心、谦虚。~ ghab mais 幺面子，即不大方、拘束。

yux 1. 油，上古音在余母、幽部。韵母只保留了 u。油是河流的名称，同时形容液体的质感，也指有质感的液体。《楚辞·九叹·惜贤》："油油江湘，长流汩兮。"《史记·宋微子世家》："麦秀渐渐兮，禾黍油油。"指庄稼的叶片光润的样子。晋代张华《博物志·物理》："积油满万石（dàn），则自然生火。"指的是石油。苗语中，yux 指黏稠的液体或黏性。如 jak ~ 榨油。~ mix 油米，指芝麻，因其可榨油。Dol gad nongd maix ~ 这些饭有油（有糯性）。

2. 游，上古音在余母、幽部。韵母只保留了 u。此字准确的写法是：斿去掉子。它指旌旗上的飘带，或者说是窄幅的旗。我们注意到表旌旗一类的字（还有旆 pèi、旗 qí 等）都以它为部件。游、遊则承继了它的飘荡之义。后来也用游字来替代它。《说文解字》："游，旌旗之流也。"有的书则作"旌旗之旒。"故游除了指游泳外，还有漂荡、虚浮之义。《礼记·缁衣》："故大人不倡游言。"游言即虚浮之言。苗语中，yux 指飘荡。如 Qib dab nongt zos eb, ax dot yux penb wat! 扫地要洒水，不然游坌（bèn）哇！游坌即扬尘。~ hvib 游心，心神不定。

3. 冶，上古音在余母、鱼部，本就相当于 yu。《说文解字》："冶，销也。"即熔化金属。《庄子·大宗师》："今之大冶铸金。"如 ~ nix diot wangl vib, ghax jangx laib mangl hnaib; ~ jenb diot wangl zat, ghax jangx laib mangl hlat 冶银于石汪（石头凼），就成了太阳；冶金于岩凼，就成了月亮。在苗族传说中，太阳是用银子炼成的，月亮是用金子铸成的。~ hlet 冶铁，即炼铁。yux 泛指熔化。~ diangx 冶脂肪，即熬油，将固态的脂肪炼成液体的油。~ hfud ~ naix 冶头冶耳，犹如说焦头烂额。

提示：声母 z 对应于汉语中的 z、zh、s、sh、c、ch 等。

za

zab 1. 晒，上古音在山母、支部。韵母 e 转作 a。《说文解字》："晒，暴也。"即放到太阳底下。《齐民要术·收种》："将种前二十许日，开，水淘（淘去秕谷），即晒令燥，种之。"如 ~ ud 晒衣。~ nax 晒稻。~ hnaib 晒日，即晒太阳。

2. 乂（chā），即叉，上古音在初母、歌部。它是"五"的原形。到了小篆才加上下两横，后又变形至此。《说文解字》释五："阴阳（指上下两横）在天地间交午也。古文五如此。"交午即交叉。午与五的上古音也相同，在疑母、鱼部。午也有纵横相交之义。《广韵》释午为"交"。《韵会》释午："一纵一横曰旁午，犹言交横也。"这大约源于午字的原形：捣钵中的小杵，用于捣蒜、捣芝麻等。为防被捣的东西溅出，钵必有盖，小杵则从盖子中间穿过。杵与盖子呈"交午"之形。五与午还有一个巧合的地方，五是从一到九这个九个数的中点，午则是一日之中。而×、午的交叉点也是它们的中点。既然五、午都有交叉之义，而五的早期字形也是交叉，×就是五。疑母、鱼部的 ngǔ（后读 wǔ）是它的另一个读音。又也有交叉之义。《三国志·魏书·邓艾传》："使刘禅君臣面缚，又手屈膝。"苗语中，zab 即五。如 ~ laix naix 五个人；~ bat 五百。

3. 叉，上古音在初母、歌部。《说文解字》："叉，手指相错也。"即双手张开相交，手指相错。叉因此有张开、分叉之义。潘岳《西征赋》："挺叉来往。"叉即鱼叉，像张开的手指，故名叉。如 zab nangl 叉瀼，即分叉的支流。瀼指河流的下游。叉瀼表示不在一处、别处。

zad 1. 炸，照搬近现代汉语。炸是较晚出现的字。如 Xangt niangx yangt dax mongl ~ dol yongx niangs 释扬船（放出飞机）去炸敌军。

2. 洒，上古音在山母、支部。韵母 e 转为 a，与晒同音同转。繁体作洒（sǎ）。

591

《韵会》释为落。《礼记·内则》：“洒扫室堂及庭。”扫地前先洒水，不致扬尘。引申为散落、分。《逸周书·大匡》：“赋洒其币。”注：“散也。”张衡《南都赋》：“其水则开窦洒流，浸彼稻田。”李善注，引《汉书音义》：“洒，分也。”洒流即分流。苗语中，zad 即表示分。如 ~ bas bas leif！洒毕毕哩！即分遍，分到每人每处。毕有全部之义。

zaf 1. 奓（zhā），上古音在端母、鱼部。声母为 d，后来为 zh。对应于 f 似乎应读去声。zaf 是奓——diat 的又音。diat 即张开。《集韵》释为张。这里的 zaf 做名词，指张开的口子、裂缝。如 Nenx jil lob dait zaf 他的脚奓奓，即裂口了。第一个奓为动词，第二个奓为名词。Hsat dad jes ax dax nongs yel, dol lix las dus ~ jul yangx 好久不下雨了，田地都隋奓，即都开裂了。隋有裂开之义；奓指口子。

2. 嗾（sǒu），上古音在心母、屋部，入声，作 sò。韵母有所偏转。《说文解字》：“嗾，使犬声。”即唆使狗咬人的声音，用作唆使。《左传·宣公二年》：“公嗾夫獒焉，明搏而杀之。”即晋灵公唆使猛犬攻击赵盾，赵盾部属提弥明杀了这条狗。如 Ax gid ~ dlad def naix！不要嗾犬咥（咬）人！zaf 是 hlud——嗾的又音。

3. 紮（zā、zhā），以札表音。札的上古音在庄母、月部，入声。《广韵》：“紮，缠弓把也。”指用绳索等缠绕、加固。《水浒传》三十三回：“家家门前，紮起灯棚。”也指驻军加固帐篷，军队安营因此叫驻紮。今简化作扎。《水浒传》二回：“如今近日上添了一伙强人，紮下一个山寨。”如 Dol yongx ~ diot diub ghaib 当兵的紮（驻扎）在街上。

4. 炸（zhá），照搬近现代汉语，指将物体在高温中加工。《红楼梦》三十五回：“妹妹的项圈我瞧瞧，只怕该炸一炸去了。”也指油炸。如 ~ jed eb yux 炸油水糍，即炸油饼。

5. 拶（zā），照搬现代汉语。《集韵》释为：“逼也，相排迫也。”韩愈《辛卯年雪》：“崩腾相排拶，龙凤交横飞。”此字给我们印象深的，还是指刑罚，此时读 zǎn。它指将刑具夹住各个指头，从两边收紧绳索，以强力挤压手指。明代凌蒙初《二刻拍案惊奇》十二章：“就用严刑拷他，讨拶来拶指。”有了缝纫机后，加工衣物时，从衣料的上下两边用线来锁住衣料，与拶刑有相似之处，故称缝纫衣服为拶衣服。如 ~ ud 拶衣。

zal 洡，上古音在心母、鱼部。声母为 s。韵首 i 灭失。扬子《方言》：“泄，洡，为注下之症。”即拉肚子。如 ~ ghad 洡渣，即拉肚子。

zas 1. 㲋，上古音在精母、缉部，入声。韵母略有偏转。《说文解字》：“㲋，周也。"曹操《短歌行》:"月明星稀,乌鹊南飞,绕树三匝,何枝可依?""三匝"即三周。实际上,匝本写作帀,是倒过来的之字。《说文解字》:"从反之而帀也。"之是出去,倒之(帀)就是回来,含有走了一个来回之义。《广韵》释为遍。一匝犹如一趟、一遭、一回。如 gheib ghat ob ~ yangx 鸡叫二匝焉,即鸡叫两遍了。

2. 洎(jì),按《汉字古音手册》,上古音在群母、质部。但据《说文解字》:"洎,灌釜也。从水、自声。"以自表音。自的上古音在从母、质部,声母相当于 z 或 c。声母与韵首 i 结合才读如 j。以自表音的咱即读 za。灌釜即往锅里添水。《吕氏春秋·应言》:"市丘之鼎以烹鸡,多洎之则淡而不可食,少洎之则焦而不熟。"即用大鼎炖鸡,水加多了没味,水加少了就烧焦了。又指汤汁。《左传·襄公二十八年》:"御者知之,则去其肉以洎馈。"即去掉肉,以肉汤送人。苗语中,zas 指汤汁、菜汤。如 ~ gheib 鸡洎,即鸡汤。~ dliut 酎洎,即浓汤。hek ~ 喝汤。

顺便说一句,汤的本义是热水。

3. 霅(zhá,sà),上古音在心母、缉部,相当于 se。《说文解字》:"霅,霅霅,震电貌。"即雷电。宋代梅尧臣《明月楼》:"霅霅前溪白,苍苍后岭巍。"《说文解字注》:"今俗语云:霎时间,霎即霅之俗字。"《篇海类编》:"霎,片时也。"孟郊《春雨后》:"昨夜一霎雨,天意苏群物。"也就是说,霎用以指短时间,那是假借作霅。因雷电转瞬即逝。苗语中,zas 指短时间。如 Mongx mongl diot, ib ~ wil lol 你走着,一霎我到。~ deis 谁霎,即何时。~ ghab daib 一小霎,一会儿。

顺便说一句,霎本指小雨。霎霎指雨声。

4. 霅(shà),上古音在心母、缉部。这里不与前面的霅合并,因为恐非一字,只是读音相近或相同。《集韵》释为"散也"。马融《广成颂》:"霅尔霓落。"王念孙《疏证》:"霅者,霓下之貌。"有散落之义。汉代扬雄《甘泉赋》:"帅尔阴闭,霅然阳开。"李善注:"霅,散也。"苗语中,zas 指散乱、散落、撒,应是都由下霓子引申而来。

(1)指散乱。组成叠韵词:~ lias 霅撩,犹如说随便乱扔,以致凌乱不堪。

(2)指散落各处。组成叠韵词:~ was 霅雨(yù),即散落、散布。雨做动词,即落。如 ~ was diot fangb dab 散布于地方(各地)。

(3)指撒。如 ~ hniub nax 霅稻釉(zhòu),即撒稻种。~ gad diot dlangx dab 霅谷著地板,即饭撒在地上。

5. 鼠,上古音在书母、鱼部,入声。苗语中,组成叠韵词:~ was,姑且定为鸒（yù）鼠，即像乌鸦一样黑色、带有翅膀的老鼠，指蝙蝠。鸒的上古音在余母、鱼部，转为 was，即寒鸦。

不过，苗语中，指老鼠的较少用 zas，多用 nangl——齞，状其长牙外露的特点。

zat 1. 砠（jū），上古音在清母、鱼部，入声。接近于 cia 或 ciu。又写作岨。《说文解字》："岨，石戴土也。"即浮面有土的石山。《诗经·周南·卷耳》："陟彼砠矣。"《毛传》："石山戴土曰砠。"《尔雅·释山》："土戴石为砠。"苗语中，zat 指山岩。如 Dail ~ nongd dios dail ~ nox 此砠是蓝砠，即这岩石为青岩。wangl ~ 砠汪，即岩凼、岩窝。

2. 釃（shāi、shī），繁体作釃，与晒（晒）同音，在山母、支部，入声。《说文解字》："釃，下酒也。"即滤酒，将酒从糟中分离出来。《后汉书·马援传》："援乃击牛釃酒，劳飨军士。"引申为斟酒、倒茶。《晋书·周处传》："王浑登建邺宫釃酒。"元代关汉卿《状元堂陈母教子》："似那抢风扬谷，你这等秕者先行；瓶内釃茶，俺这浓者在后。"现也作筛酒。筛也有滤的意思。苗语中，zat 指斟酒、倒茶。如 ~ jud diot khat hek 釃酒着（给）客喝。~ jenl 釃茶。

3. 仄（zè），上古音在庄母、职部。韵母有所偏转。《说文解字》："仄，侧倾也。"仄是会意字，人在厂下，不得不偏侧或低下脑袋。《管子·白心》："日极则仄，月满则亏。"太阳到顶了就会偏西。《汉书·息夫传》："众畏其口，为之仄目。""仄目"犹如侧目。苗语中，组成叠韵词：~ lat 仄睐。睐是斜视。仄睐即不能正视，指强光耀眼。如 Laib hnaib dod dax ~ lat mais wat！太阳照来仄睐目哇！即阳光耀眼，不能正视。

zax 1. 爪（zhǎo, zhuǎ），上古音在庄母、幽部。韵母有偏转。《说文解字》："覆手曰爪。"即手掌向下的叫爪。《老子》五十章："兕无所投其角，虎无所措其爪。"引申指类似爪的东西。宋代周密《癸辛杂识》续集："铁锚四爪皆折。"苗语中，zax 指爪形器具——耙子。如 Gid diangb ~ mongl qab gongb lix。拿张爪（耙子）去扠（指疏通）田沟。~ hsod 爪锄，即耙子与锄，泛指农具。

2. 洒，上古音在山母、支部。zax 是 zad——洒的又音。在这里指分散、散开、离散。如 ~ wab 洒扦（yū），即散开。扦，上古音在影母、鱼部。《方言》十二："扦，填（tián），扬也。"洒与扦并列。Laib ngix nongd dlongb dad jes wat，~ yangx 这肉炖太长久了，洒焉，即肉全烂了，离散了。

zai

zaid 1. 宅，上古音在定母、铎部，入声。声母本为 d，后变为 zh。zaid 是宅——diaf 的又音。《说文解字》："宅，所托也。"即住所。《左传·昭公三年》："子之宅近市。"苗语中，zaid 指家、房子、窝。如 zaid ngil 瓦宅，即瓦房。ib bat not ~ 一百多宅（家）。~ nos 傩宅，指有塑像的庙宇。~ wel 乳宅，即乳房。~ mail hut 卖货宅，即商店。~ dud 书宅，指学校。~ gangb ad 蚕姐宅，即蚕茧。~ gangb wab 蜜蜂窝。

2. 在，上古音在从母、之部。韵母略有偏转。《说文解字》："在，存也。"即存在。引申为在于。《荀子·劝学》："驽马十驾，功在不舍。"今有"谋事在人，成事在天"之语。苗语中，zaid 即在于、听命于、听凭。如 ~ nenx ait deis ghax ait id 在他做啥就做啥。yuf zaid 由在，即任凭。

3. 择（zhái），上古音在定母、铎部，入声。声母本为 d，后变为 z。韵母有所偏转，同现代汉语一样。《韵会》释择："音宅。"即与宅同音。《说文解字》："择，柬选也。"即挑选、分拣。《墨子·尚同中》："是故择其国之贤者，置以为左右将军大夫。"《吕氏春秋·简选》："与恶剑无择。"即与恶剑没有分别。现用于择菜，即把好的、不好的分拣开。苗语中，zaid 相当于择菜的择。如 ~ ghab liut nas 择箬肤，即择笋壳。箬是小竹。

zaif 1. 渫（jí），上古音在精母、缉部，入声，相当于 zie。《广韵》释渫："泉出也。一曰水濆（fèn）也。"即水从地底涌出。组成叠韵词：潗渫。司马相如《上林赋》："潗渫鼎沸。"郭璞："皆水微转细涌貌。"细流涌出，犹如从水枪里射出的水，俗作"滋水"。滋应是渫的通假字，本身没有涌水、出水之义。如 diongx ~ eb 渫水筒，即水枪（俗称"唧筒"，唧也可能是假借为渫），可喷射细细的水流。

溅（jí）上古音在庄母、缉部，相当于 zhie。有水流疾速之义。如 diongx ~ eb 似乎也可释为溅水筒。供参考。

2. 啧，叹词。如 ~ yof, jox fangb nongd fangd bongt wat! 啧哟，这地方广（宽广）得很！

zait 吱，象声词。如 bet ~ gheit 指吱嘎声。

zaix 展，照搬现代汉语。如 ~ jend 展劲。西南汉语方言，表示肯使劲。~ laix guaix 展览馆。

zang

zangb 1. 章，上古音在章母、阳部。章是会意字，从辛、"日"。辛是尖刀，"日"是一个圆形的东西。应该是刻章。《说文解字》认为："乐竟为一章。从音、十。十，数之终也。"这是作者没看到早期字形的缘故。章有多项引申义，其中之一指花纹、纹理。《诗经·小雅·六月》："织文鸟章，白斾（pèi）央央。""鸟章"即鸟形花纹。《诗经·小雅·大东》："虽则七襄，不成报章。""章"指布纹理。柳宗元《捕蛇者说》："柳州之野产异蛇，黑质而白章。"即蛇身黑底白花。如 ~ det 树章，即木纹。~ dob 紵章，即布纹。

2. 纤（xiān），上古音在心母、谈部，作 siam。其中，i 灭失，am 像 an 一样转换为 ang。《说文解字》："纤，细也。"《三国志·蜀书·诸葛亮传评》："善无微而不赏，恶无纤而不贬。""纤"与微相近。苗语中，zangb 指细。如 Diangb ghangx nongd laib ghab sat ~ bongt wat 这个杠杀纤得很。即杠杀即扁担尖。杀有削减之义，指扁担端头越来越细。即扁担尖细得很。

3. 瞻，上古音在章母、谈部。韵母 am 像 an 一样转为 ang。《说文解字》："瞻，临视也。"即走近去看。zangb 是 diangb——瞻的又音。《诗经·邶风·燕燕》："之子于归，远送于野，瞻望弗及，泣涕如雨。"如 Nenx dax ax maix naix ~ nenx 他来没有人瞻他，犹如没有人睬他。

顺便说一句，睬是后起字，显然也有看、望的意思。另外，读音上与 zangb 更接近的张有张望之义。《水浒传》第四回："只在门缝里张时，见智深抢到山门下。""张"字本身显然没有此义，疑为瞻字之转。

4. 张，姓氏。

zangd 1. 丈，上古音在定母、阳部。声母本相当于 d，后变为 zh。《说文解字》："丈，十尺也。"如 ib ~ dob 一丈紵，即一丈布。

2. 仗，上古音在定母、阳部。声母本相当于 d，后变为 zh。zangd 是仗——diangs 的又音。《广韵》释仗："剑戟总名。"到了唐代，殿下兵卫也称"仗"。交战因之也叫打仗。如 dib ib ~ 打一仗。

3. 胀，上古音在端母、阳部。声母本为 d，后变为 zh。《广韵》释胀"腹满也"。《左传·成公十年》："将食，如厕，胀，陷而卒。"如 ~ qub 胀肚，即胀肚子。

4. 藏（zàng），照搬现代汉语。如 zangd cuf 藏族。

zangl 1. 散，上古音在心母、元部。韵母 an 转为 ang。zangl 是 hsangk——散的又音。现在的散含有两个字的字义：一就是散，从月（肉）表义，《说文解字》："散，杂肉也。" 也就是各种散碎的肉放在一起。二是不从月（肉）；一般字典、输入法均无此字。《说文解字》释为"分离"，源于剥麻。由第一项字义引申为散碎、散碎的东西（如屑状）。《三国志·魏书·方技传》："便饮其麻沸散，须臾便如醉死无所知。""麻沸散"即屑状麻药。第二项字义也是我们最常见的。苗语中，zangl 也有碎、离散、分离等义。

（1）指碎。如 Laib dit baix diot dlangx dab，~ yangx 厄（碗）掉在地上，散（碎）了。

（2）指分离、松散等。如 ib laix ~ ib gid 一位散一路，即各走各的，相互分手。Dent deis bangx dlub ~，dliot sangs ax hongb niul 何时花白散，结伴不会成。指结伴要趁早。花白散，指花褪色、离枝。组成叠韵词：~ ghangl 散束，指捆在一起的东西散开了。束从束表义。~ hfud ~ naix 披头散发。

2. 臧，象声词。如 ~ ghangl zait gheit 臧锵嗞格，犹如说吱嘎作响。hxud ~ 竖臧，犹如刷地站起来。

zangs 瘴（zhàng），从章表音。章的上古音在章母、阳部。古代汉人认为瘴气是一种病原，具有大面积的感染性，存在于南方山林的湿热空气中。常与疫病并提。《后汉书·马援传》："军吏经瘴疫死者十四五。" 实际上，是北方人到了南方不服水土，加上劳累，身体免疫力下降的结果。苗语中，zangs 指传染病、瘟疫，与汉语中瘴气的共同点是通过空气就可以传染。如 ~ gheib 鸡瘟。~ liod 牛瘟。das ~ 煞瘴，即死于瘟疫、发瘟，引申为瘟神。

zangt 1. 商，上古音在书母、阳部，入声。商从口表义，指双方相商。商字其余部分是象形字，源于觞的象形，表音。因为做生意双方需要相商，故引申为生意或生意人。《左传·宣公十二年》："商农工贾不败其业。" 如 ait ~ 为商，即经商、做生意。

2. 张，上古音在端母、阳部，入声。声母后来变为 zh。《说文解字》："张，施弓弦也。" 即拉弓。引申为展开。《老子》三十六章："将欲歙之，必固张之。" 张与歙相对。歙是闭合。如 ~ mais 张目，即睁眼。

睁，不见于早期典籍，以争表音。争的上古音在庄母、蒸部。韵母 eng 可转为 ang。元代王实甫《集贤宾·退隐曲》："睁着眼张着口尽胡诌。" 睁可能是专为"张目"所造的字，读音由张转过来。

3. 墠（shàn），上古音在禅母、元部。韵母中的 an 转为 ang。《说文解字》："墠，野土也。"段玉裁注："野土者，于野治地除草。"即在野外清理出一块场地。《礼记·祭法》："是故王云七庙，一坛一墠。"郑玄注："封土曰坛，除地曰墠。"古代帝王祭神，筑坛而祭叫封，除地（清理出场地）而祭叫禅（shàn）。禅即源于墠。西南多山，平地不多。苗语中，zangt 即平地。当地汉语称为"坝子"，指两山之间，河流冲积而成的小块平原。如 Ib ~ lix eb 一墠水田，即一片（平整的）水田。

Zangx 1. 掌，上古音在章母、阳部。《说文解字》："掌，手中也。"即手心。引申为动物之足（呈掌状）。《孟子·告子上》："鱼，我所欲也；熊掌，亦我所欲也。"又做动词，指掌握、掌控。《国语·晋语七》："使掌公族大夫。"苗语中，zangx 也有类似字义。

（1）指脚掌、鞋掌。如 Dail mal nongd dib ~ dot yangx 这匹马该打（钉）掌了。Dib ~ diot hab 钉鞋掌。

（2）指类似手掌的东西。如 Dad laib ~ heik nail 拿掌（耙子）扐鱼，即捞鱼。

（3）指掌握。如 ~ kab dins nenk! 掌铧定零，即掌犁（掌）稳点。

2. 场，上古音在定母、阳部。声母后转为 ch。zangx 是场——dangx 的又音。《说文解字》："一曰山田不耕者，一曰治谷田也。"《汉书·郊祀志》："坛场上下，氏姓所出者，以为宗。"颜师古注："积土为坛，平地为场。"zangx 与 zangt——墠相似，都是平地。苗语中，zangx 多用于地名，当来自平整的地形。如 Zangx Vob Hvid 蒿菜场，汉语为蒿菜坪，在黔东南台江县。Zangx Mais Hsenb 棉花坪，也在台江县。坪即山间平地。

3. 展，上古音在端母、元部。声母后来转为 zh；韵母 an 转为 ang。其原始字形为四个工（四把矩尺）拼在一起。现行展字的中部即由其转化而来。有铺展之义。引申为延展、展出等义。《史记·酷吏列传》："今冬月益展一月，足吾事矣。"这里的"展"即延长。如 ~ ~ zongs zongs 展展缫缫（zòng），即伸展的伸展、皱缩的皱缩。缫与展相对，指纱线等皱缩。组成叠韵词：~ yangx 展延，有摊平之义，引申为平整。

4. 展，上古音在端母、元部。声母后来转为 zh；韵母 an 转为 ang。《说文解字》："展，转也。"本指来回转身。三国曹丕《杂诗》："展转不能寐，披衣起彷徨。"苗语中，zangx 指清洗稻、麦等颗粒状东西时，将其盛在篮子里，放在水里涮，使其来回转动、晃荡，以去尘土、杂质。如 ~ hsaid 展粲，即涮米、淘米。

展开之展与辗转之展本是两个不同的字，后者是在前者基础上造的字。zangx 是 lind——展的又音。lind 兼有展开、辗转二义。

抟，从专表音，韵母 an 可转为 ang。抟也可转读为 zangx。抟有回旋之义。《庄子·逍遥游》："抟扶摇而上者九万里。" ~ hsaid 也可理解为抟米，使米在水中回旋。

ze

zeb 1. 竹，上古音在端母、觉部，入声。声母后来转为 zh；韵母相当于 ou，转为 e。竹，象形字，源于竹叶的象形。《诗经·小雅·斯干》："如竹苞矣，如松茂矣。""竹苞"即丛生的竹子。如 ~ eb 水竹。一种较细的竹子。

2. 猘（zhì），上古音在章母、月部，入声。《说文解字》中，猘从折表音，而不是从制，作猘（zhì），释为"狂犬也"。《左传·襄公十七年》："猘犬入华臣氏之门。"《吕氏春秋·首时》："郑子阳之难，猘狗溃之。"指郑人趁追杀疯狗之机，杀了子阳。如 dlad ~ 猘犬，疯狗，比喻人疯了，并列词组：~ nex 猘茶（nié），即又疯又傻。或作猘儗，儗在疑母、之部，有痴呆之义。

3. 周，照搬现代汉语。

zek 昃（zè），上古音在庄母、职部。《说文解字》："昃，日在西方时侧也。"昃从仄表音，仄也有表义成分，指偏侧。昃指太阳到了西边。《易经·斗卦》："日中则昃。"犹如月满则亏。《春秋·定公十五年》："日下昃，乃克葬。"指太阳快下山了，才葬成（之前一直下雨）。苗族住区多山，太阳接山早，日昃往往意味着光线转暗，引申为暗。如 ~ hlat 昃月，指没有月光。~ waix 昃元，指天黑。~ nangl zeb jes 昃瀼昃究，即上下游（东西方）全黑了，一片黑暗。引申为情况不明。~ ghab nangl 字面上指黑了东边，指不明就里、摸不着头脑、外行。

zel 1. 乍，上古音在崇母、铎部。乍的原型，应为席子的一角。编席从一角开始，乍因此指开始。李清照有词："乍暖还寒时候。"柳永《满朝欢》："巷陌乍晴。"引申为猝然。《孟子·公孙丑上》："今人乍见孺子将入于井，皆有怵惕恻隐之心。"zel 做补语，指突然……的样子。如 hxud ~ 竖乍，即忽然站起来。bongx hvib ~ 勃心乍，即突然兴奋起来。

2. 嗞，象声词。如 nongx ~ ~ 茹嗞嗞，即嗞嗞有声地吃。

zex 籔（sǒu），上古音在心母、侯部。韵母 o 转为 e。《说文解字》："籔，炊箪

（yù）也。"颜师古注："簏，炊之漉米箕也。"即竹箕。苗语中，zex 泛指小篮子。如 heib ~ 徽簏，即编制小篮子。

zei

zeib 1. 瘁（cuì），上古音在从母、物部，入声。韵母中的 u 灭失。zeib 是 hlod——瘁的又音。从瘁的用法看，有劳累而伤毁身体之义：其从卒，恐有表义作用——用尽力气。《诗经·小雅·蓼莪》："哀哀父母，生我劳瘁。"诸葛亮《后出师表》："臣鞠躬尽瘁，死而后已。"晋代陆机《叹逝赋》："悼堂构之隙瘁，悯城阙之丘荒。"这里的"瘁"有毁坏之义。如 liod lul ~ diub ngex 老牛瘁于厩，即在圈里起不来了。~ ghangb 瘁尻，即下半身瘫痪。

2. 瘠（jì），上古音在从母、脂部。《尔雅·释诂》："瘠，病也。"但没具体说什么病。《方言》九："凡物生而不长大，亦谓之啙（cī），又曰瘠。"即发育不良而短小。如 ~ lob 瘠足，一只脚没有另一只长，即瘸腿。Nenx hangb gid maix nenk ~ lob 他走路有点瘸腿。

3. 吱，象声词。如 ~ lib 吱呖，小鸟叫声。

zeid 猝，上古音在清母、物部。韵母中的 u 灭失。《说文解字》："猝，犬从草暴出逐人也。"即狗突然袭击人。泛指突然、疾速。《新唐书·兵志》："禁兵不精，其数削少，后有猝故，何以待之？""猝故"即突发变故。这个意义上，也借卒（cù）字替代。《战国策·燕策三》："群臣惊愕，卒起不意，尽失其度。"如 bangd ~ ~ 蹦猝猝，即突然跳起来。

zeil 贼，上古音在从母、职部，入声。《说文解字》："贼，败也。"本指伤害、败坏。也做名词，指败坏者。《论语·阳货》："乡原，德之贼也。"又指强盗、偷儿。《世说新语·假谲》："夜叫呼云：'有偷儿贼。'青庐中人皆出现。"如 nes ~ 贼鸟，指麻雀，因其偷吃粮食。

zeis 1. 猝，上古音在清母、物部。韵母中的 u 灭失。zeis 是 zeid——猝的又音。如 denl ~ 抻猝，即猛地一扯。luf ~ 掠猝，即猛地抢去。Nenx ob laix ~ xit vil dax 他们二位猝然相争起来。

2. 伙（cì），上古音在清母、脂部。韵母本为 ei。声母本相当于 c。《说文解字》："伙，便利也……一曰递也。"《诗经·唐风·杕杜》："独行踽踽，岂无他人？不如我同父。嗟行之人，胡不比焉？人无兄弟，胡不伙焉？"同父即兄弟。这几句是说：只身上路，无兄弟相伴，那么为什么不与路上的其他行人相伴呢？比与侪同义，即结伴、一起走。这大约是"便利"的由来。《诗经·小雅·车攻》："决拾既侪，弓矢既调。"指射猎的工具都准备好了。决是扳指，戴在拇指上以便于扣弓弦。拾是臂衣，以护臂。结合前例看，这里的侪应指将决、拾都拿出来放在一起，供大家选用。苗语中，zeis 指置于一起、并列。如 Nenx ob laix ~ xit dangf hlieb 他们二位搁一起，一样大。xit dangf 胥当，即相当、相等。Nenx ob laix ~ lob bil hot! 他们二位侪手侪脚啊！指二人是同一量级、一个水平——手脚可以相比。

zeit 1. 猝，上古音在清母、物部。韵母中的 u 灭失。zeit 是 zeid、zeis——猝的又音，仍指突然。如 fangx dlial zek ~ 煌乍昃猝，即忽明忽暗。煌是明，昃是暗。zuk ~ dax mongl 趣猝而去，即忽然跑过去。

2. 最，上古音在精母、月部。韵母有偏转，且其中的 u 灭失。不过，这里的最是通假字，本字不是现在的冒字头，而应为冖，作冣（或读 jù）。它们均以取表音。zeit 是 hsat——最的又音。《说文解字》："冣，积也。""最，犯而取也。"后者字义，今天基本上看不到了。而表示总括、极致之义的均由冣引申出来。《管子·禁藏》："冬，收五藏，最万物。"尹知章注："最，聚。"《史记·殷本纪》："大最乐戏于沙丘。"指在沙丘集中上演各种乐戏。苗语中，zeit 有收集之义，组成双声词：zeit zongk 最撰，指捕捉一些信息并编造。撰也有编、集之义。如 Dol hseid nongd sail dios nenx non-gf ~ zongk dax hot 这些话悉（全部）是他最撰来的。

萃、綷（cuì），上古音在精母或从母、物部，与最音相近，也有积聚之义。供参考。

3. 啧，象声词。如 Nenx xek hmid bet ~ ~ 他嚼劈（磨牙）啧啧响。

zeix 觜（zuǐ），上古音在精母、支部。韵母中的 u 灭失。《说文解字》："觜，鸱（chī）旧（jiù）头上角觜也。"即猫头鹰头上的毛角，似猫耳，故名。鸱旧即猫头鹰。旧本是鸟名，后借用为新旧之旧。觜比喻为鸟嘴。张衡《东京赋》："秦政利觜长距，故得擅场。"晋代潘岳《射雉赋》："裂嗉破觜。"后泛指向前突出的东西。嘴是后起字。如 zeix wix 歪嘴。

zen

zenb 1. 争，上古音在庄母、耕部。韵母中的 eng 转为 en。争是会意字：繁体作爭，去掉一竖，即为两只手。争字像两手争夺一根棍（一竖）。由争夺引申为争论。《战国策·赵策三》："鄂侯争之急，辩之疾。"争与辩义近。如 ax gid ~ yel 不要争了。

2. 振（zhēn），上古音在章母、文部。《说文解字》："振，举救也。"《一切经音义》释为"举也"。《国语·晋语七》："逮鳏寡，振废淹。"韦昭注："振，起也。"贾谊《过秦论》："振长策而御宇内。""振长策"即举长鞭。振也读平声。《诗经·周南·麟之趾》："振振公子。"即读阴平。苗语中，zenb 做名词，指篮子的提梁，举之使起。判断其为振的名词化，犹如"把"有动词、名词二个词性。如 ~ kent 笈振，即篮子提梁。~ yas 撮箕提梁。

3. 怔（zhēng），上古音在章母、耕部。韵母 eng 转为 en。《说文解字》无怔字。扬子《方言》："怔（zhēng）伀（sōng），遑遽貌。""怔伀"即怔忪。《玉篇》："怔忪，惧貌。"《后汉书·蔡邕传》："臣怔营怖悸。"怔后来又指发呆。《红楼梦》二十六回："宝玉怔了半天，方解过来了。"苗语中，~ dongb 怔忡，指发疯、发傻。如 ~ dongb dlaib 缁怔忡，即黑怔忡，指梦游或说梦话。~ dongb dangx 沉怔忡，也指梦游或说梦话。沉指沉入梦乡。

zend 1. 葚（shèn），上古音在船母、侵部。葚也写作椹（shèn）、黮（shèn）。《玉篇》释葚："桑实也。"《诗经·鲁颂·泮水》："翩彼飞鸮，集于泮林，食我桑葚，怀我好音。"《诗经·卫风·氓》："桑之未落，其叶沃若。于嗟鸠兮，无食桑葚。"柳宗元《闻黄鹂》："闭声回翅归务速，西林紫椹行当熟。"苗语中，zend 泛指果实。如 ~ dlenx 团葚，即桃子。~ git gheib 鸡子葚，指枣子。~ yux 油葚，即桐树果、桐子。桐子油可防腐。~ vob gangb 蚕蔬葚，即桑葚。蚕蔬即桑树、桑叶。引申为像桑葚的东西。~ wel 乳葚，即奶头。

2. 正，照搬现代汉语。如 Nenx ait dail ~，mongx ait dail fud 他当正的，你当副的。

3. 政，照搬现代汉语。如 ~ fux 政府；~ weid 政委。

4. 证，照搬现代汉语。如 ~ minf 证明。

5. 镇，照搬现代汉语。如 ~ yad 镇压；~ fux 镇政府。

zenf 1. 掷，以郑表音。郑的上古音在定母、耕部。声母后来转为 zh。韵母 eng 转为 en。现代汉语中，掷读 zhì。实际上，读 zhì、表示投掷的字应为擿。《集韵》释擿："读若呈，入声。投也。"《世说新语·任诞》："临去，都下人因附百许函书，既至石头（城），悉掷水中。"如 ~ mongl dab 掷地上。组成叠韵词：~ linf 掷零，即乱扔。

2. 转，上古音在端母、元部。声母本为 d，后来转为 zh。韵母中 u 灭失，an

转为 en。zenf 是 diangd——转的又音。如 ~ ghangb 转尻，即扭屁股。

3. 捘（zùn），上古音在精母、文部。韵首 u 灭失。《说文解字》："捘，推也。"《左传·定公八年》："晋师将盟卫侯……将歃，涉陀（晋国人）捘卫侯之手，及捥（腕）。卫侯怒。"涉陀推开卫侯的手，差不多是抓住腕子推开的，非常粗暴。如 ~ jenx dox bil diot nenx 捘拳头着他，即搡他一拳。

zenk 1. 尽（jìn），上古音在从母、真部。韵首 i 灭失。zenk 是 senx、send、qend——尽的又音。《说文解字》："尽，器中空也。"繁体作尽，像刷盘子（皿）之形，表示盘子空了。泛指竭尽。《左传·成公十三年》："是故君子勤礼，小人尽力。"如 hek ~ 喝尽，即喝干。lax ~ 烂尽，全部烂掉。waix ~ 围尽，完全围住。

2. 静，上古音在从母、耕部。韵母 eng 转为 en。《说文解字》中作竫（jìng），"亭安也"。以争表音，以立表义，指不动了。《论语·雍也》："知者动，仁者静。""知者"即智者。引申为寂静。《礼记·玉藻》："目容端，口容止，声容静。"苗语中，zenk 指寂静无声的样子。如 hxud ~ 竖静，悄悄站起来。nangl ~ 吭静，静静地吭吸。

3. 纼（zhèn），上古音在定母、真部。声母 d 后来转为 zh。《说文解字》："纼，牛系也。"即牵牛绳。纼从引，引有牵引之义。《礼记·少仪》："牛则执纼，马则执靮（dí）。""靮"是马缰绳。引申为牵引枢车（运棺车）的挽绳。明代何景明《祭李默庵先生》："不能弃官赴公丧，执纼道轵，我怀之悲惟公有灵鉴之。"苗语中，zenk 则指牛鞭。大概是牛绳较长，可以用另一端来鞭策牛，驱其前行，与牵引牛异曲同工。久之，被视作鞭子。如 ~ liod 牛纼，牛鞭。~ mal 马纼，马鞭。Dad diangb ~ lol ~ ninx 拿纼来赶（水）牛。第二个 zend 做动词。

顺便说一句，苗语中，指鞭子的有 ceib（策）这个字。鞭本指刑具。《尚书》有"鞭作官刑"。

4. 鍼（zhēn、qián），上古音分别在章母、侵部，群母、侵部，分别指缝纫工具（今作针）、地名或姓氏。《说文解字》："针，所以缝也。"《管子·海王》："一女必有一针一刀。"苗语中，zenk 指针状物。如 ~ leix 谋针，即写字的笔。顺便说一句，苗语的缝衣针，常常用 jub——锥。

zent 1. 践，上古音在从母、元部。韵首 i 灭失，an 转为 en。《说文解字》："践，履也。"即踩、踏。《庄子·马蹄》："马，蹄可以践霜雪，毛可以御风寒。"引申为践踏、蹂躏。《释名》："践，残也。"即糟践、伤害。如 ~ lins 践躏，犹如践踏、蹂躏。~ lins naix jub 践躏他人。

2. 葚，上古音在船母、侵部。葚本是桑实，泛指果实。这里的 zent 可能是 zend——葚的又音，做动词，指结果实。如 ~ zend 葚葚，一动词一名词，即结果子。

3. 乘，上古音在船母、蒸部，入声。乘有平、去二声：chéng、shèng。韵母 eng 转为 en。乘字以前作椉，像一人登上树顶。上面的一由人形演变而来；舛是双脚（舞字中的舛也是如此）。泛指上车、上马等。《诗经·豳风·七月》："昼尔于茅，宵尔索绹（táo）。亟其乘屋，其始播百谷。"指修缮好茅草屋（新草上了屋顶），又该播种了。如果把 zent 理解为乘，即果子登上枝头（今语登果），也是说得通的。如 ~ zend 乘葚，登果。

zenx 1. 尽（jǐn），上古音在从母、真部。韵首 i 灭失。zenx 是 zenk、senx、send、qend——尽的又音，对应于上声。尽由"器中空"，泛指竭尽，引申为尽量，此时读上声。《礼记·曲礼上》："虚，坐尽后；食，坐尽前。"又引申为尽管。白居易《题山榴花》："争及此花檐户下，任人采弄尽人看。"苗语中，zenx 也有类似的字义。

（1）指尽量。如 ~ ib bat laib nix mail 尽一百元钱买。Nenx ~ ait ~ ait 他尽为尽为，即他老是干活儿。~ nongx ax ~ khaid 尽吃不尽挟，即可以使劲吃，但不能带走。

（2）指尽管、任凭。如 ~ nenx ait deis hul 尽他做啥都行。

2. 准，上古音在章母、文部。韵母中的 u 灭失。繁体作准，从氵、隼。以水表义，指像水一样平；从隼表音。《说文解字》："准，平也。"《周礼·考工记·辀人》："辀注则利准，利准则久。"贾公彦疏："准，平也。"指车辕适当弯曲，利于车身平，车身平（拉车的牛马）则能持久。也指测平准的仪器。《庄子·天道》："平中准，大匠取法焉。"今有水准仪，核心即为水平仪。苗语中，zenx 即指平、水平。如 fangb khangd ~，vangl hangd bis 准方、猈（bì）巷，即平整的地方，平坦的寨子。

3. 攒（zǎn、cuán），上古音在从母、元部。韵首 u 灭失，an 转为 en。《韵会》释为"族聚也"。司马相《大人赋》："攒罗列聚。"《西游记》七十六回："我前日曾闻得沙僧说，也攒了些私房。"如 zenx sab 攒瘀，即揪瘀，将皮下的毒攒到某处，拔出来。攒即揪。

4. 整，照搬现代汉语。如 Nenx dad gid ~ naix 他故意整人。

zi

均为照搬现代汉语。

zib 支。如 ~ bud 支部；~ piaod 支票；~ weef 支援。

zid 自。如 ~ ~ qib 自治区。

zif 直。如 ~ xaf sid 直辖市。

zix 纸。如 ~ yenb 纸烟，即香烟（用纸卷烟丝）。

ZO

zob 踔（chuō），上古音在透母、药部，入声。踔以卓表音，近音字绰在昌母、药部。韵母 au 转为 o。《类篇》释踔："腾远貌"，引申为逾、越。《后汉书·蔡邕传》："踔宇宙之遗俗兮，眇翩翩而独征。"韩愈《陆浑山火和皇甫湜用其韵》："天跳地踔颠乾坤，赫赫上照穷崖垠。"苗语中，zob 表示轻捷的样子。如 bangd ~ 蹦踔，轻巧地蹦起来的样子。hxud ~ 竖踔，快捷地站起来。

zod 1. 踔（chuō），上古音在透母或昌母、药部，入声。zod 是 zob——踔的又音，也指轻巧、敏捷的样子，放在动词之后。如 yangd ~ mongl dab 踊踔往地，指轻巧地跳下来。

2. 识，上古音在书母、职部。zod 是 xangk——识的又音。《说文解字》："识，意也；一曰知也。"《论语·阳货》："多识于鸟兽草木之名。"引申为记住。《论语·述而》："默而识之，学而不厌，诲人不倦。"引申为做标记。《礼记·檀弓上》："吾闻之，古也墓而不坟。今丘也，东西南北之人也，不可以弗识也。"遥远的上古，葬死者不起坟。但孔丘认为自己是久不着家的人，葬父母必须做标识。这就是垒土起坟。又引申为标志、记号。《汉书·王莽传》："乞无文号旌旗表识，咸怪异之。"苗语中，zod 也有相应字义。

（1）做标记。如 Bet nongd bib ~ yangx, ax baib dail xid bus mongl gid niangs yel 这里我们识焉（做上标记了，表明此处有主了），不许他人赴内。

（2）标志、标记。如 Dail xid tik laib ~ diot hangd nongd? 哪个插识（标记）于此处？

zof 1. 撮，上古音在清母、月部，入声。韵母中的 u 灭失。《说文解字》："亦二指撮也。"桂馥认为："两指当作三指。"即用两指或三指来捏。做动词，指摄取。《庄子·秋水》："鸱鸺（猫头鹰）夜撮蚤，察毫末。昼出瞋目而不见丘山。"也用作量词，指极少一点。《礼记·中庸》："今夫地，一撮土之多。"苗语中，zof 也做量词。如 xit ib ~ dud 胣（chǐ）一撮皮，即划掉一小块皮。

2. 作，照搬现代汉语。如 ~ yif 作揖。但这个词于苗语是否从古代沿用下来，尚不可知。

3. 着，照搬现代汉语。如 ~ liangf 着凉。

zok 1. 作，上古音在精母、铎部。《说文解字》："作，起也。"《论语·子罕》："子见齐衰者、冕衣裳者与瞽者，虽少，必作。"这里的"作"即站起来。引申为兴起。《易经·乾卦》："圣人作而万物睹。"又指做、作为。《尚书·大甲中》："天作孽，犹可违；自作孽，不可逭（huàn）。"今有"作死"之说。苗语中，zok 指调皮、捣乱。如 Jib daib ax gid ~！小孩不要作！~ lob ~ bil 作脚作手，即动手动脚。

2. 削，上古音在心母、药部。声母为 s，与韵首 i 结合，容易转为 x。这里 i 灭失。《说文解字》释削，一为刀鞘，一为"析也"。析即破木头、削木头。《墨子·鲁问》："公输子削竹木以为鹊。"引申为削减、瘦削。《孟子·离娄上》："暴其民甚，则身弑国亡；不甚，则身危国削。""国削"指国土缩小。苗语中，zok 指瘦削。如 zok niux zok lot 削嘴（zhòu）削味（zhòu），指嘴巴尖削，犹如说尖嘴猴腮。~ mangl ~ mais 削脸削面，指脸上无肉。

zos 1. 束，上古音在书母、屋部。韵母相当于 iuo，只保留了 o。束是象形字，原始字形上下对称，像将橐（没有底的袋子）两头扎紧之形。《吕氏春秋·悔过》："过天子之城宜橐甲束兵，左右皆下，以为天子礼。"用袋子将甲装起来，将兵器捆起来，叫"橐甲束兵"。也做量词，一束即一小捆。《诗经·小雅·白驹》："生刍一束，其人如玉。"苗语中，zos 也做量词。如 ib ~ yib 一束萸，即一束秧。ib ~ ghad longd 一束稻草。

2. 湅（sè），上古音在山母、锡部。韵母 e 转为 o。《说文解字》："湅，小雨零貌。"《集韵》释湅："与渍同，沤也。"《齐民要术·蒸焦法》："豉汁湅馈（fēn，蒸饭），作糁。""湅"即浸渍、润渍。综观湅字，有小雨湿地皮之义。苗语中，zos 指洒水湿地（以防扬尘）。如 ~ eb yet, hangb gid qib dab 湅水后再去扫地。

3. 拙，上古音在章母、物部，入声。韵母中的 u 灭失。《说文解字》："拙，不巧也。"与巧相对。《尚书·周官》："作伪，心劳日拙。"《老子》："大直若屈，大巧若拙。"如 dik ~ 跃拙，跳得很笨的样子。跃是向上跳。yangd ~ 踊拙，很笨地往前跳。

zot 1. 汁，上古音在章母、缉部。韵尾相当于 o，韵首 i 灭失。《说文解字》："汁，液也。""液，津也。"津是体液。泛指动植物分泌的液体。《后汉书·边让传》："函牛之鼎以烹鸡，多汁则淡而不可食，少汁则熬而不可熟。"这里指汤汁，一定程度上也是被煮的动物体内成分逸出而形成的。苗语中，zot 指树脂。富含树脂的植物耐烧，也可照明，如北方的松明子。如 ~ yif 汁液，与汁相同，也指树脂。Dail det gheid nongd maix ~ not 这棵松树怀汁多（有很多树脂）。duk ~ 鬪汁，即把树脂点燃（以照明）。

2. 涑（sè），上古音在山母、锡部。zot 是 zos——涑的又音，用法有所不同。《说文解字》："涑，小雨零貌。"《类篇》："渍（sè）、涑，零落貌。"这里的"渍"与涑同音，上古音在从母、锡部。一般说来，渍读 zì，指浸泡、染。这里别为一义，是与涑通假。明代陈汝元《金莲记》："白发伤心，青山渍泪。"苗语中，zot 即指流泪。如 ~ eb mais 渍（涑）目水，即流眼泪。

3. 搊（chōu、zhōu、zhǒu），从芻（刍）表音。刍的上古音在初母、侯部，韵母就是 o。《六书故》释为"五指抠揽也"。《说文解字》："揽，撮持也。"宋代米芾《宝晋英光集》七："显公觉师举止异常，向前搊定，叫'贼'。"有紧紧攥住之义。另外，今天有一种用法，"把床搊（zhōu）起来"，即抬起一边或一端，使其翻转一个角度。另有方言：搊（zhǒu）螺丝，有拧、转之义。苗语中，zot 有紧攥并拧动之义。如 ~ liul qub sad mais 搊洗脸幰（qiāo），即拧洗脸帕子（毛巾）。

4. 酌，上古音在章母、药部。韵母 au 转为 o。zot 是 diot——酌的又音，二者用法不同。《说文解字》："酌，盛酒行觞也。"指取酒并劝饮。泛指舀取。《诗经·大雅·泂酌》："泂酌彼行潦，挹彼注兹。"即从远处水坑里舀水，注入这里。又比喻为考虑。《左传·成公六年》："子为大政，将酌于民者也。"杜预注："取民心以为政。"《礼记·坊记》："上酌民言，则下天上施。"郑玄注："酌犹取也。取众民之言以为政，则得民心。"今有"斟酌"一词。苗语中，zot 也有类似的字义。

（1）指舀取、取。如 ~ ghaib 酌荄（gāi），即从祖产中取出一部分（花掉）。荄是树根、草根，比喻祖产、家产。酌荄，有败家的意味。

（2）指斟酌、考虑。如 ~ nos 酌虑，即考虑。Mongx gid gid ~ nos 你徐徐（慢慢）考虑。

用于酌酒之酌，苗语作 diot。

zong

zongb 1. 聪，上古音在清母、东部。《说文解字》："聪，察也。"《管子·宙合》："耳司听，听必须闻，闻审谓之聪。"指听明白。《荀子·劝学》："目不能两视而明，耳不能两听而聪。"引申为听觉灵敏，如耳聪目明。苗语中，zongb 指聆听、仔细听。如 Wil job diot mongx hnangd, wil xangs diot mongx ～ 我教给你听，我详（细说）给你聪（仔细听）。～ naix 聪耳，仍指听、听取，犹如入耳。Dail xid hot nenx, nenx seix ax ～ naix 哪个说他，他也听不进。

2. 中，照搬现代汉语。如 ～ xof 中学；～ gof 中国；～ yangb 中央。苗语中，中作 diongb。

3. 钟，照搬现代汉语。如 ～ biaox 钟表。

zongd 重，照搬现代汉语。如 ～ dieex 重点；～ sid 重视。

zongs 1. 纵，上古音在精母、东部。《说文解字》："纵，缓也。一曰舍也。"本义应为约束不紧，引申出放任、释放之义。《左传·僖公三十三年》："吾闻一日纵敌，数世之患也。"今有放纵、纵欲等词。大约是因为凡物体不加约束、羁縻，即自然下垂、下落，纵引申出竖向之义，与横相对。东方朔《七谏·沉江》："不别横之与纵。"《论衡·道虚》："若士者举臂而纵身，遂入云中。"苗语中，zongs 则指竖向下垂。组成双声词：～ zangs 纵综（zèng），指下垂的样子。如 Lol ghad nais ～ zangs 落鼻涕纵综，即鼻涕下挂的样子。neis ud ～ zangs 烂衣纵综，即衣衫褴褛，布片奇拉的样子。～ wangs ～ hxongb 纵横纵伸，主要取纵横之义，指穿衣不整齐。

顺便说一句，综本是织布机上的综线，与经线相连，呈垂直状态，起到操控经线的作用，通过让经线上下交替，即可与纬线交织。因此，综也有垂直之义，只不过汉语中很少用此义。综的上古音在精母、冬部。

2. 緵（zòng, zǒng），上古音在精母、东部。緵有二义：一为细密的渔网。《广韵》："緵，小鱼罟也。"二为量词。《玉篇》释为"缕也"。布中含有一定根数的经线叫一緵。《史记·孝景本纪》："今徒隶衣七緵布。"《汉书·王莽传》："一月之禄，十緵布二匹。"又与稯（zōng）相通，《仪礼·聘礼》："四秉曰筥，十筥曰稯。"即四十把（秉）稻谷叫一稯。苗语中，也把一定量的东西叫 zongs。如 ib ～ pot xit 一緵絮炮，即一挂鞭炮。ib ～ hsongd 一緵歹（cán，骨头），即一把骨头（形容瘦）。

zongt 1. 鯮（zòng），上古音在精母、东部。《博雅》："石首鯮也。"即石首鱼。但《正字通》："鯮鱼体圆厚而长……细鳞腹白，背微黄色，性好啖鱼。诸书皆以为石首，非也。""石首"即头中有石头。晋代郭璞《江赋》："鯮鰲（zī）顺时而往返。"苗语中，zongt 用当地汉语来说，即黄尾鱼。姑且认定 zongt 即为鯮。

2. 缯（zèng），上古音在从母、蒸部，入声。韵母接近于 ong。《说文解字》：

"缯，帛也。"即丝织品。《汉书·灌婴》："灌婴，睢阳贩缯者也。"苗语中，zongt 即指绸子。

zongx 总。照搬现代汉语。如 ~ lix 总理；~ jeef 总结；~ tongx 总统。

zu

zuk 1. 趣，上古音在清母、侯部。韵母保留了 u，o 灭失。《说文解字》："趣，疾也。"从取表音，从走表义。走即相当于现在的跑。《韩非子·扬权》："腓大于股，难以趣走。"即小腿粗于大腿，跑不快。《汉书·贾谊传》："行以鸾和，步中《采齐》，趣中《肆夏》。"趣与行、步并称，指疾步、快行。又读如促，相当于催促，使快一点。《史记·陈涉世家》："趣赵兵亟入关。"即催促赵兵快入关。趣还有奔向、趋向之义。《吕氏春秋·为欲》："犯白刃，冒流矢，趣水火，不敢却也。"《史记·孙子吴起列传》："兵法：百里而趣利者蹶上将。"苗语中，zuk 也有类似的字义。

（1）指跑。如 ~ mongl ~ lol 趣往趣来，即跑来跑去。Ob ~ hxid dail xid hvit 我俩跑看谁快。~ diel 趣敌，是逃避敌人的简称，犹如逃难。

（2）指奔赴、趋向。如 ~ gix 趣管，即跳芦笙，到芦笙响处跳舞。~ gix ~ niel 跳笙跳鼓。

2. 卒，上古音在精母、物部。韵母只保留了 u。《说文解字》："卒，隶人给事者。衣为卒。卒，衣有题识者。"从小篆可以看出，卒是在衣字的下部加一笔，因此说卒为"衣有题识者"，即有标记的制服，代称"隶人给事者"，指军中下层人物、步兵，没有车骑者。《左传·僖公二十八年》："子玉收其卒而止，故不败。"苗语中，zuk 用来指无名指，正所谓无名小卒。如 jil ~ 卒指，即无名指。也指卒趾，即脚上的无名趾。顺便捋一下：拇指为 jil mif；bil 或 jil dad 执指，即食指，用来拿东西；jil diongb 中指，言其位置；jil lib 支指，向旁歧出者，小指。唯有无名指的作用最不突出，甚至不如小指头，因此无名指称卒指，或称 ~ bil 或 jil bangl 傍指，傍于中指，处于依附地位。无名趾又称 ~ lob，足卒。

zux 1. 走，上古音在精母、侯部。韵母 o 讹为 u。《说文解字》："走，趋也。""奔，走也。"可见走是快跑。《荀子·尧问》："君子力如牛，不与牛争力；走如马，不与马争走。"《孟子·梁惠王上》："弃甲曳兵而走。"走即跑、逃。引申为物体快速移动。唐代岑参《走马川行奉送封大夫出师西征》："一川碎石大如斗，随风满地石乱走。"苏轼《新滩阻风》："北风吹寒江，

609

来自两山口。初闻似摇扇，渐觉平沙走。"苗语中，zux 也用于物体的快速移动。如 ~ penb 走坌（bèn），即扬尘。坌即尘土。~ dab 走砂，砂石飞扬。~ zal 走洒，指砂石、泥巴等乱溅。~ zangl 走散，指器物等摔坏后碎片四溅。~ liux 走绺，指来回走动、趄摸，即小偷、扒手，可能是照搬现代汉语方言。

2. 沮（jǔ），上古音在精母、鱼部。韵首 i 灭失。沮一指河流名，一指低湿。组成叠韵词：沮洳（rú）。《广韵》："沮洳，渐湿也。"《诗经·魏风·汾沮洳》："彼汾沮洳。"即汾河边低湿。也单用。《孙子·军争》："不知山林险阻沮泽之形者，不能行军。"沮犹如沼泽、湿地。如 ~ hniangk 沮涊（nián），沮汗，指大汗湿身。

3. 沮（jǔ），上古音在从母、鱼部。韵首 i 灭失。《广韵》等释为止也、过也、坏也。《诗经·小雅·小旻》："谋犹回遹（yù），何日斯沮？"即邪谋歪道，何时才会破败？按说沮很难引申出败坏之义，极有可能是假借为菹或葅。菹为草头，有枯草之义。《管子·轻重甲》："请君伐菹薪，煮沸水为盐。"房玄龄注："草枯曰菹。"菹还指肉酱或剁成肉酱的酷刑。《礼记·少仪》："牛与羊鱼之腥，聂而切之为脍，麋鹿为菹。""菹"即肉酱。《庄子·盗跖》："子路欲杀卫君而事不成，身菹于卫东门之上。"即被剁成肉酱。《离骚》："后辛之菹醢兮，殷宗用之不成。""菹醢"也是剁成肉酱的酷刑。醢也是肉酱。葅从俎表音，俎也有表义作用：相当于砧板，可以剁东西。《汉书·吴王刘濞传》："臣卬（áng）奉法不谨，惊骇百姓，乃苦将军远道至于穷国，敢请葅醢之罪。"葅醢与菹醢相同。另外，菹与葅都有腌菜之义。综观沮、菹、葅，共同表达出破败、枯败或剁烂之义。苗语中 zux 就有破烂之义。如 Nenx diot niuf hab hxub nongd ~ jul yangx 他著（zhuó）这双草鞋菹绝焉，即他穿的草鞋烂完了、全烂了。

4. 祖。照搬现代汉语。如 ~ gof 祖国。

5. 组。照搬现代汉语。如 ~ zif 组织；~ zangx 组长。

6. 主。照搬现代汉语。如 ~ yid 主意；~ rend 主任；~ xif 主席。

zuang

zuangd 壮。照搬现代汉语。如 ~ cuf 壮族。

苗文方案

（中部方言）

中华人民共和国成立后，人民政府组织语言学专家和苗族知识分子，对全国苗语进行普查研究，在此基础上创制了东部（湘西）、中部（黔东）、西部（川黔滇）三种方言苗文方案，改革了滇东北苗文。1956 年 10 月，在贵州省贵阳市召开全国"苗族语言文字问题科学讨论会"。会议通过了 4 种苗文方案。本方案所指是中部方言苗文。

一、苗文标准音（Hveb Deix）

中部方言苗文以贵州省凯里市养蒿寨苗语的语音为标准音进行书写。

二、苗文字母（Ghab Hniub Leix）

苗文有 26 个字母，见下表。

小写	大写
a	A
b	B
c	C
d	D
e	E
f	F
g	G

小写	大写
h	H
i	I
j	J
k	K
l	L
m	M
n	N
o	O
p	P
q	Q
r	R
s	S
t	T
u	U
v	V
w	W
x	X
y	Y
z	Z

三、苗文字母（Hveb Bangx）

苗文有 32 个字母，见下表。

苗文字母	读音 （国际音标）	例词			
b	p	bangx 花	bongf 见	bub 知道	bib 三
p	ph	pob 浮肿	pat 剖	pud 开（花）	paib 缝补
m	m	mais 妈妈	mongx 你	mangx 你们	mif 母
hm	m^h	hmut 尝	hmangt 夜	hmit 闻	hmat 说

续表

苗文字母	读音 （国际音标）	例词			
f	f	fangb 地方	fangx 亮	fal 起来	fix 吊
hf	fʰ	hfat 庍	hfek 熄灭	hfud 头	hfaid 翻
w	v	wangx 园子	wuk 奶奶	wel 乳	wil 我
d	t	diob 螃蟹	diux 门	diangs 肥	det 树木
t	tʰ	tok 罐子	tiangk 蹬	tangb 梯子	tik 插
n	n	nangl 老鼠	niangb 在	nenx 他	nongx 吃
hn	n̥ʰ	hnaib 太阳	hnangd 听见	hnib 冠子	hniub 种子
dl	ɬ	dliangb 鬼	dlik 蝌蚪	dlaib 黑	dlad 狗
hl	ɬʰ	halt 月亮	hlangb 孙子	hlet 铁	hleik 割
l	l	laid 短	lias 熟悉	liangb 掐	leib 猴子
z	ts	zaid 家	zend 果子	zab 五	zuk 跑
c	tsʰ	cait 分开	ced 簸	cob 吹	cad 霰
s	s	sail 全部	sod 早	sad 洗	seik 接受
hs	sʰ	hsaid 米	hsangb 千	hsab 钢	hseid 话
r	z	rend 任（务）	Raix（姓）冉	Rif 日（本）	Ruid 瑞（士）
j	tɕ	jab 药	juf 十	jed 粑	jongt 紧
q	tɕʰ	qangt 震动	quk 打结	qend 起始	qeb 捡
x	ɕ	xongt 立	xangk 认识	xid 盐	xut 饱
hx	ɕʰ	hxad 写	hxangt 揩	hxid 看	hxud 站
y	ʑ	yangl 引	yongt 饿	yis 喂	yut 小
g	k	genx 哭	gik 咬	gangt 脆	gek 硬
k	kʰ	kib 热	kuk 蜈蚣	kongb 虾	kent 篮子
ng	ŋ	ngangs 鹅	ngas 勤	ngif 窄	ngex 厩
v	ɣ	vas 锋利	vangx 岭	vib 石头	vut 好
hv	xʰ	hveb 话	hvit 快	hvongd 推	hvob 找
gh	q	ghet 爷爷	ghangd 蛙	ghob 鸽子	gheib 鸡
kh	qʰ	khangb 葫芦	khet 裤	khuk 裙	kheib 捆
h	h	hangb 走	hot 煮	hek 喝	heik 舀

说明：声母 r 一般用来书写汉语等借词。

四、苗文韵母（Hveb Zend）

苗文有 26 个韵母，见下表。

苗文韵母	读音	例词		
i	i	ib 一	git 蛋	bib 三
e	ə	eb 水	zek 黑暗	ded 染
ee	e	jeed 阶（级）	teef 特（务）	Deef 德（国）
a	a	ad 姐姐	bat 猪	gal 矮
o	o	ob 二	not 多	lob 脚
u	u	ud 衣服	dul 火	luf 抢
ai	ɛ	ait 做	zaid 房屋	hnaid 弓
ao	au	baox 宝（贝）	Baob 包（公）	Aod 澳（门）
ei	ei	leib 猴子	deik 姑妈	seil 冷
en	en	enk 拥挤	kent 篮子	zend 果子
ang	aŋ	angt 肿	sangb 漂亮	yangd 跳跃
ong	oŋ	ongd 塘	gongb 沟渠	nongs 雨
ie	iə	dieb 扫帚	liek 像	Diel 汉族
iee	ie	lieef 烈（士）	Nieef（姓）聂	Wieef 越（南）
ia	ia	dial 哥哥	dias 驱逐	lias 熟悉
iao	iau	piaod（发）票	tiaud 跳	Liaof 辽（宁）
io	io	diob 啄木鸟	liod 黄牛	dios 是
iu	iu	diux 门	tiut 抵	dliud 心脏
in	ien	dinl 席子	hlinb 圆圈	lind 翻
iang	iaŋ	dliangb 鬼	diangs 肥胖	liangl 埋
iong	ioŋ	dliongb 槽	niongx 锦鸡	diongb 中
ua	ua	huad 化（学）	guad（马）褂	suaf（印）刷
uai	uɛ	suaid（元）帅	Huaif 淮（河）	Guaix（铁）拐（李）
uang	uaŋ	kuangd 矿（物）	Guangx 广（西）	Zuangd 壮（族）
ui	uei	suid 税（务）	Suif 隋（朝）	Guid 贵（州）
un	uən	Zunb 遵（义）	Kunb 昆（明）	Lunf 伦（敦）

说明：韵母 ee、ao、iee、iao、un、uai、uang、ui、ua 一般用来书写汉语等借词。

五、苗文声调（Hveb Yox）

苗文有 8 个声调，见下表。

苗文声调	调值	调类	例词		
b	˧33	1	dab（回）答	jub 针	gib 螺蛳
x	˥55	2	dax（外）来	jux 桥	gix 芦笙
d	˧˥35	3	dad 长（短）	jud 酒	gid 路
l	˨22	4	dal 丢失	jul 完	gil 旱
t	˦44	5	dat 早晨	yut 小	git 蛋
s	˩˧13	6	das 死	jus 止	gis 显现
k	˥˧53	7	dak 翅膀	juk 啄	gik 咬
f	˧˩31	8	naf 辣	juf 十	gif 沟

主要参考书目

1. ［汉］许慎：《说文解字》，中国书店，2011 年版。

2. ［清］段玉裁：《说文解字注》，中州古籍出版社，2006 年版。

3. ［晋］郭璞：《尔雅》，浙江古籍出版社，2011 年版。

4. ［春秋］左丘明等：《左传》，岳麓书社，2001 年版。

5. ［春秋］孔丘：《论语》，中华书局，2006 年版。

6. ［汉］《史记》，中华书局，2011 年版。

7. ［汉］班固：《汉书》，中华书局，2005 年版。

8. 中华书局编辑部：《小学名著六种》，中华书局，1998 年版。

9. 中华书局编：《四部备要》，中华书局，1989 年版。

10. 朱谦之：《老子校释》，中华书局，1986 年版。

11. 郭锡良编著：《汉字古音手册》，商务印书馆，2010 年版。

12. 容庚：《金文编》，中华书局，2012 年版。

13. 徐中舒主编：《甲骨文字典》，四川辞书出版社，2006 年版。

14. 康殷：《古文字形发微》，北京出版社，1990 年版。

15. 马学良主编：《汉藏语概论》，民族出版社，2003 年版。

16. 戴庆厦主编：《汉语与少数民族语言关系概论》，中央民族学院出版社，
1992 年版。

17. 丁邦新、孙宏开主编；《汉藏语同源词研究》（二），《汉藏、苗瑶同源词专题研究》，广西民族出版社，2001 年版。

18. 张永祥主编：《苗汉词典》，贵州民族出版社，1990 年版。

19. 王辅世主编：《苗语简志》，民族出版社，1985 年版。

20. 王辅世：《苗语古音构拟》，国立亚非语言研究所，1994 年版。

21. 曹翠云：《苗汉语比较》，贵州民族出版社，2001 年版。

22. 王春德：《苗语语法》，光明日报出版社，1986 年版。

23. 燕宝整理：《苗族古歌》，贵州民族出版社，1993 年版。

24. 吴一文、今旦校注：《苗族史诗》，贵州民族出版社，2012 年版。

25. 李云兵：《苗语方言划分遗留问题研究》，中央民族大学出版社，2000 年版。

26. 李锦平：《苗语同义词反义词词典》，贵州人民出版社，2005 年版。

27. 李锦平：《苗族语言与文化》，贵州民族出版社，2002 年版。

28. 李锦平、李天翼：《苗语方言比较研究》，西南交通大学出版社，2012 年版。

后 记

就像书名一样，这本书也是来自苗汉两个民族学者的共同学术结晶。

先说我吧，自从 2011 年我踏上黔东南这片神奇的土地、接触苗语开始算起，至今 12 年了。不得不说，这是一种缘分。作为一个汉族人，我的研究旨趣在于汉语，也出版、撰写了《字理——汉字部件通解》《汉字难在哪儿》等专著，但在这以前，我从未接触过苗语，我挂职的任务是协助凯里市领导做城建方面的工作，跟苗语研究也毫无关系。

出于语言研究的惯性，挂职期间，我在贵阳龙洞堡机场买了一本《侗族大歌》。书中收录了侗族大歌的歌词，用侗文（拼音）和汉字相对照。大致翻翻，发现侗语跟汉字是有一定对应关系的。我顺藤摸瓜，总结了几条基本规律，后来求教于当地一位侗族领导。这位领导建议我研究苗语，因为苗族人口占当地人口的 60% 以上，有一定代表性。

我寻求凯里市民宗局领导的支持。他们帮我收集了很多有关苗语和苗族文化的书籍，并请了一位苗语（同侗语一样，都是 20 世纪 50 年代国家为民族语言所做的拼音文字方案）老师教我苗语发音。

苗语有东部、中部、西部三大方言。我挂职的凯里市，是苗语中部方言标准音点的所在地。苗语的发音跟汉语差别较大，远大于侗语跟汉语的差别。苗语中部方言 32 个声母里，有 12 个是汉语所没有的；而苗语没有 zh、ch、sh、r 这几个声母，共有 8 个声调。可以说，苗族地区之外的大部分人可能一辈子都没有机会接触到那种神奇的发声方式，也想象不到还有这种方式。

既然如此，苗语跟汉语还有对应关系吗？虽然苗语和汉语同属汉藏语系，但却分属不同的语族，甚至现代一些西方语言学研究者认为，苗语不属于汉藏语系。曾经一度像许多人一样，我也认为苗语与汉语的共性关系不多。即使少数苗语跟汉语同音或是近音词，也是借词。我还曾几度怀疑自己所做这件事的意义何在，想过放弃。但经深入研究后发现，随着所掌握的资料越来越多，苗语跟汉语的对应点也越来越多，从量变到质变，最后到谁要是说它俩没有关系，我都不会答应。

后来，我在中国人民大学上党课时，聆听信息学院文继荣院长的课，我才意识到，这就是大数据的威力——样本越多，越能说明问题、显现规律。在此之前没有发现苗语与汉语对应关系这么多，那是因为：要么是苗语掌握得不够，要么是汉语掌握得不够。事实上，我既属于前者，也属于后者——通过对苗语的深入研究，我认识了不少以前从未碰过的汉字。

到了 2014 年，《苗语与汉字》书稿基本完成。但那时我心里还有些忐忑，这本书涉及两个民族、两种语言的共性研究，如果缺少了苗语学者的参与，那我只能算是在汉语世界里自话自说。加上《苗语与汉字》中论述到的苗语是中部方言，如果能有该苗语方言区学者的加入，就再好不过了。

再说天翼教授，也是机缘巧合，我们先通过书信结识，后来才见的面。天翼教授也是语言学专业出身，其父李锦平先生是苗语研究的资深专家。2016 年，他们在家乡创办了西江千户苗寨文化研究院。为了从语言上讲好苗汉两族交往交流交融的好故事，多年来他们积累了丰富的苗汉双语资料，这和《苗语与汉字》研究价值取向极为一致。于是我们通力合作，从各自的语言专业领域对书稿进行了多次研讨、修改和补充。几经完善，才让《苗语与汉字》这本书有了今天的骨肉丰满。

贵州省建设铸牢中华民族共同体意识模范省的实施，成为这部书稿得以正式出版的东风。一部中国史，就是一部各民族交往交流交融而汇聚成中华民族的历史。通过《苗语与汉字》的研究，我们发现，苗族和汉族这两个民族在语言上有着共同的内在结构和对应规律，而本书中所举例出来的共同语词比比皆是、不胜枚举，这也和历史文献中记载的苗汉密切关系互为印证。既是一家人，就不说两家话，因此，从这两种语言的共性来看，苗汉两族自古以来就有着过甚的交往交流交融的客观事实。语言是文化存在的家园。可以说在语言上，苗汉两个民族你中有我、我中有你，是同根共源一家人。

本书得以顺利面世，要感谢众多的领导和朋友们。感谢贵州民族大学领导们的慧眼识珠，尤其是校长王林教授、副校长周杰教授，他们在出版上给予了很大的支持；感谢贵州省委宣传部副部长黄其松，他十分关注本书的出版，多次询问出版进程；感谢贵州民族大学宣传部部长董强、教务处处长张乾、多彩贵州文化省部共建协同创新中心主任王俊、科研处处长龚德全的支持与帮助；感谢苗族学者麻勇斌研究员、刘锋教授，他们提出了许多宝贵的建议与思路；感谢贵州民族大学西江教学实践基地张静、杨孝军、陈艳丽、杨桂花、罗双琴等几位研究生，他们参与了本书的部分校对工作；感谢凯里市自然资源局文正杰、凯里市民宗局原局长杨胜海等领导，还有教我苗语发音的杨老师，中央民族大学出版社吴云女士……一路走来，太多的人给了我们帮助和支持，恕难一一表示！

619

　　前人丰富的语言学著述是进行《苗语与汉字》研究的重要基础，从众多的苗汉语言著述中，我们获得了无穷无尽的语言力量。由于自身才学有限，本书在研究上还有许多的不足和遗憾之处，有些例证还需要进一步斟酌和推敲。但我们相信，这部书的出版，是较为系统、具体、全面地研究中华民族内部各种语言对应关系的开始，通过对中华民族内部各种语言的共性书写，我们应该能找到中华一家的语言学线索，这也是增强中华民族文化认同、促进各民族交往交流交融和不断构筑中华民族共有精神家园的大道。

叶昌元　李天翼

2023 年 11 月